Kölner Kirchen

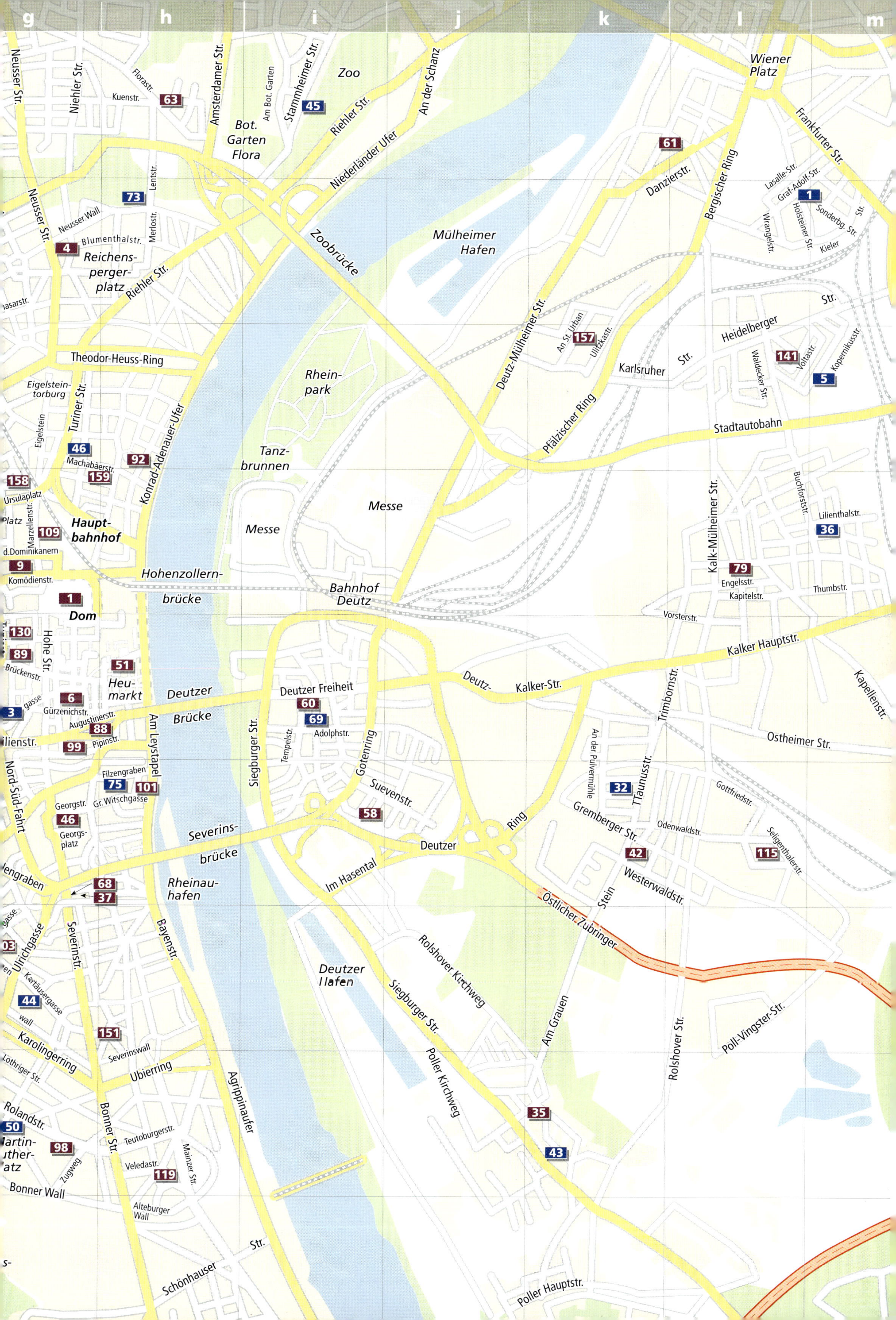
g
h
i
j
k
l
m
Neusser Str.
Niehler Str.
Florastr.
Kuenstr.
63
Amsterdamer Str.
Am Bot. Garten
Stammheimer Str.
45
Zoo
Bot. Garten Flora
Riehler Str.
An der Schanz
Niederländer Ufer
Wiener Platz
Frankfurter Str.
61
Danzierstr.
Bergischer Ring
Lasalle-Str.
Graf-Adolf-Str.
1
Holsteiner Str.
Sonderbg. Str.
Wrangelstr.
Kieler
73
Lentstr.
Neusser Wall
Blumenthalstr.
Merlostr.
4
Reichens-perger-platz
Zoobrücke
Mülheimer Hafen
Deutz-Mülheimer Str.
An St. Urban
157
Ulitzkastr.
Heidelberger Str.
141
Voltastr.
Kopernikusstr.
Waldecker Str.
5
Karlsruher Str.
Pfälzischer Ring
Stadtautobahn
Theodor-Heuss-Ring
Eigelstein-torburg
Turiner Str.
Eigelstein
Konrad-Adenauer-Ufer
Rhein-park
Tanz-brunnen
Messe
46
Machabäerstr.
92
159
158
Ursulaplatz
Marzellenstr.
109
Haupt-bahnhof
d.Dominikanern
9
Komödienstr.
Hohenzollern-brücke
Bahnhof Deutz
1
Dom
Buchforststr.
Lilienthalstr.
36
Kalk-Mülheimer Str.
79
Engelsstr.
Kapitelstr.
Thumbstr.
Vorsterstr.
130
Hohe Str.
89
Brückenstr.
51
Heu-markt
Kalker Hauptstr.
Kapellenstr.
Deutz-Kalker-Str.
Deutzer Freiheit
60
69
Adolphstr.
Deutzer Brücke
Trimbornstr.
6
Gürzenichstr.
Augustinerstr.
88
99
Pipinstr.
Am Leystapel
Siegburger Str.
Tempelstr.
Gotenring
Ostheimer Str.
An der Pulvermühle
Taunusstr.
32
Gottfriedstr.
Nord-Süd-Fahrt
Filzengraben
75
101
Georgstr.
Gr. Witschgasse
46
Georgs-platz
Suevenstr.
58
Ring
Gremberger Str.
Odenwaldstr.
Seligenthalerstr.
Severins-brücke
Deutzer
42
115
Westerwaldstr.
68
37
Rheinau-hafen
Im Hasental
Östlicher Zubringer
Stein
Severinstr.
Ulrichgasse
Bayenstr.
Kartäusergasse
44
Deutzer Hafen
Rolshover Kirchweg
Siegburger Str.
Poller Kirchweg
Am Grauen
Rolshover Str.
Poll-Vingster-Str.
Karolingerring
151
Severinswall
Ubierring
Lothringer Str.
Agrippinaufer
Rolandstr.
50
Bonner Str.
Teutoburgerstr.
35
98
Zugweg
Veledastr.
Mainzer Str.
43
119
Bonner Wall
Alteburger Wall
Schönhauser Str.
Poller Hauptstr.

Kölner Kirchen

Die Kirchen der katholischen
und evangelischen Gemeinden in Köln

Herausgeber
Manfred Becker-Huberti
Günter A. Menne

Textbeiträge
Evangelische Kirchen
Helmut Fußbroich

Textbeiträge
Katholische Kirchen
Carsten Schmalstieg
Monika Schmelzer

Fotografien
Robert Boecker
Markus Bollen
Karlheinz Ernser
Celia Körber-Leupold

Glossar
Markus Eckstein

J.P. Bachem Verlag

Alle Daten und sonstige Informationen zu den einzelnen Kirchengemeinden im vorliegenden Buch sind mit größter Sorgfalt recherchiert und zusammengestellt worden. Herausgeber und Verlag können jedoch keine Gewähr oder Haftung für eventuelle Änderungen oder Fehler übernehmen. Sollten sich falsche Angaben (z.B. Telefonnummern, Internetadressen) eingeschlichen haben, wären wir für einen Hinweis dankbar.

Bibliografische Information Der Deutschen Bibliothek
Die Deutsche Bibliothek verzeichnet diese Publikation in der Deutschen Nationalbibliografie; detaillierte bibliografische Daten sind im Internet über http://dnb.ddb.de abrufbar.

1. Auflage 2004

Projektidee GÜNTHER ORTMANN, BERGISCH GLADBACH
Reproduktionen / Titelgestaltung, Layout
REPROWERKSTATT WARGALLA / NADJA FERNANDES, KÖLN
Karten BARBARA KÖHLER, BERGHEIM
Druck DRUCKEREI J.P. BACHEM GMBH & CO. KG, KÖLN
Printed in Germany
ISBN 3-7616-1731-3

www.bachem-verlag.de

Inhalt

Fördertafel	6
Einleitung der Herausgeber	7
Vorwort der katholischen Kirche	8
Vorwort der evangelischen Kirche	9
Die Kirchen der katholischen Gemeinden in Köln	10
Die Kirchen der evangelischen Gemeinden in Köln	160
Glossar	251
Biografien der Autoren	258
Biografien der Fotografen	259
Register	260
Bildnachweis	263

FÖRDERTAFEL

KÖLNER VERKEHRS-BETRIEBE AG

KREISSPARKASSE KÖLN

PAX-VERSICHERUNGSDIENST GMBH

Einleitung der Herausgeber

Schon früher galt »dat hillige Kölle« nicht nur wegen der besonderen Frömmigkeit der dort lebenden Menschen als »hillig«, sondern vielmehr noch wegen der großen Zahl seiner Reliquien und Kirchen. Zwar sind die Menschen im Christentum zur Heiligkeit berufen, doch zu prüfen, ob sie es denn auch schon sind, fällt – gerade in Köln – nicht eben leicht. Im Laufe der Jahrhunderte sind jedenfalls Reliquien verloren gegangen und Kirchen zerstört worden, doch haben sich in Köln auch viele alte Kirchen erhalten, sind etliche Kirchen neu erbaut worden. Sie sind Orte der Heiligkeit, sie sind Orte des Gebetes, der Eucharistie- oder der Abendmahlfeier. Kirchen sind spirituelle Orte, die der unverfügbaren Anwesenheit Gottes Raum bieten.

Im Zentrum der Stadt steht nach wie vor der Kölner Dom, die Bischofskirche und Mutter aller katholischen Kirchen Kölns. Um die Kathedrale herum sind in den Stadtvierteln über Jahrhunderte hinweg Pfarrkirchen entstanden, unverwechselbar eingefügt in die urbane Architektur. Die Orte, welche der Stadt Köln im Laufe der letzten Jahrhunderte eingemeindet wurden, haben in der Regel noch ihre alte Kirche mitten im Dorfkern, auch wenn die Dörfer inzwischen oft ganz mit der Stadt verwachsen sind. Markante Punkte im territorialen Gebäudenetz der Pfarrkirchen setzen stadtübergreifend die Kloster- und Krankenhauskirchen, die eigenen Gesetzmäßigkeiten folgen.

Seit gut 200 Jahren haben sich in der Stadt neben den katholischen Kirchengebäuden evangelische entwickelt, das heißt, sie wurden den Kölner Protestanten überlassen oder von ihnen neu errichtet: architektonische Belege auch der schmerzenden Kirchenspaltung, über die hinweg eine gastfreundliche Kölner Ökumene mit dem Wort vom »Reichtum der Verschiedenheit« heute versöhnliche Brücken schlägt. Doch erst am 23. Mai 1802 konnte in Köln (im ehemaligen Haus der Brauerzunft übrigens) die erste evangelische Predigt frei und öffentlich gehalten werden. Ab diesem historischen Datum reihen sich die neu erbauten evangelischen Kirchen auf eine vergleichsweise kurze Zeitachse der Stilgeschichte: Mit den frühen Objekten setzt man sich noch von den in Köln damals vorherrschenden Baustilen ab, das ändert sich aber mit den Jahren durch Anpassung an das Zeitgenössische; nach 1945 orientieren sich dann Bauherren und Architekten bei den – nach dem Zweiten Weltkrieg notwendigen – Neubauten evangelischer Kirchen an modernen Bauformen.

Dieses Buch stellt alle 166 katholischen und 81 evangelischen Kirchengebäude Kölns in Bild und Text vor. Die beispiellose Kölner Kirchenarchitektur-Landschaft repräsentiert nahezu jeden Baustil und alle denkbaren Formen der Raumausstattung. Dabei hat jeder sakrale Bau seine eigene Individualität entwickelt, die stets geprägt wird durch die Menschen, die eine Kirche geplant, finanziert, gebaut, renoviert oder wieder aufgebaut haben; und nicht zuletzt: durch die Menschen, die in ihr gebetet haben – und beten.

Dieses Buch will Zugänge zu den Kölner Kirchen eröffnen, denen als Werken der Architektur und Räumen der Kunst ein liturgisches Konzept zugrunde liegt – wodurch ein Kontext geschaffen wird zur Begegnung mit dem Geheimnis Gottes: Auch dieser Zusammenhang soll mit dem vorliegenden Text- und Bildband erhellt werden. Das Buch will die Kölner Kirchen neu entdecken helfen, damit diese Orte als Kultur- *und* Kultstätten im »hillige Kölle« auch den Menschen heute verständlich sind.

Wir bedanken uns herzlich bei den Sponsoren, die durch ihre Unterstützung einen günstigen Verkaufspreis dieses Buch ermöglicht haben.

Am Fest der Auferstehung im Jahr 2004

Dr. Manfred Becker-Huberti
Günter A. Menne M. A.

Prälat Johannes Bastgen

Vorwort der katholischen Kirche

Bereits nach vier Jahren erscheint das Buch über die katholischen und evangelischen Kirchen in Köln in einer zweiten, in Wort und Bild überarbeiteten Auflage. Dies darf sicher dahin gedeutet werden, dass die Initiatoren auf eine echte »Marktlücke« gestoßen sind und dass unsere Kölner Gotteshäuser nach wie vor ein breites Interesse finden.

Dies gilt nicht nur für den Dom und die zwölf großen romanischen Kirchen in der Kölner Altstadt, die durch eine imaginäre »Via Sacra« miteinander verbunden sind, sondern auch für die kleinen romanischen Kirchen wie auch für die Sakralbauten, die in den Epochen der Gotik, des Barock, des Historismus und der Moderne entstanden, bis hin zur jüngsten katholischen Kirche Sankt Katharina von Siena in Köln-Blumenberg, die erst Ende des Jahres 2003 geweiht wurde.

Unsere Kölner Kirchen tragen nicht unwesentlich mit dazu bei, dass Köln international als eine Kulturmetropole angesehen wird.

Das vorliegende Buch bietet eine hilfreiche Besprechung unserer Kölner Kirchengebäude und ihrer Innenausstattung, die mit ihrer Architektur, ihren Figuren, Fenstern und Gemälden Zeugnis vom Glauben und der Frömmigkeit unzähliger Menschen aus den vergangenen Jahrhunderten und der Gegenwart geben. Es ist schade, dass ein noch so gutes Buch seinen Lesern und Leserinnen das einladende Läuten der Glocken, das vielstimmige Spiel der Orgeln nicht hörbar machen und noch weniger die Atmosphäre des Betens und des Singens der Liturgie feiernden Menschen vermitteln kann, denn ein Sakralbau als Ort der Gottesbegegnung lebt erst vom Gottesdienst, für den er ja auch errichtet wurde.

Allen, die an diesem ökumenischen Werk mitgearbeitet haben und allen, die die Herausgabe des Buches ermöglichten, danke ich herzlich. Allen Leserinnen und Lesern wünsche ich, dass sie durch das vorliegende Buch einen vertieften oder auch neuen Zugang zu unseren Kölner Kirchen und dem, was sie in künstlerischer Weise aussagen wollen, finden.

Prälat Johannes Bastgen
Stadtdechant

Ernst Fey

Vorwort der evangelischen Kirche

Kirchen sind besondere Orte. Sie geben der Seele einen Raum. Einen Raum der Stille und der Besinnung, der Zuflucht und des Friedens, der Gemeinschaft und des Feierns. Kirchräume eröffnen Menschen die Möglichkeit, den Alltag zu unterbrechen und anderes zu erleben.

Wenn Menschen in eine Kirche gehen, dann nehmen sie eine Auszeit vom Alltäglichen: sei es in der sonntäglichen Feier des Gottesdienstes gemeinsam mit anderen Christinnen und Christen sei es im Hören eines Konzerts mit geistlicher Musik am Abend oder sei es auch im stillen Nachdenken und Beten in der Ruhe auf einer Kirchenbank mitten in der Woche. Kirchen geben Raum für nicht alltägliche Erfahrungen – mit Gott, mit anderen und mit sich selbst.

Gerade eine Großstadt wie Köln braucht solche (spirituellen) Orte, die eine Unterbrechung des Alltäglichen ermöglichen. Zu einer lebendigen und pulsierenden Stadt gehören auch Orte, die Raum für andere Erfahrungen anbieten, die für eine andere Welt stehen. Die Architektur von Kirchen weist auf diese Andersartigkeit hin. Kirchen fallen im Stadtbild auf. Schon von der Ferne sind Gotteshäuser als Kirchen zu erkennen. Die Kirchengebäude mit ihren Türmen sind ein einladendes Hinweiszeichen: Es gibt einen Gott, der zum Leben in der Stadt dazugehört.

Der vorliegende Bildband Kölner Kirchen zeigt, wie vielgestaltig die Kölner Kirchen sind: in ihrer Architektur, in ihrer Kunst, in ihrer Innenraumgestaltung und auch in ihrer Historie. Die prägnanten Texte von Kunst- und Architekturhistoriker Dr. phil. Helmut Fußbroich geben einen Eindruck davon, welche Geschichte und Geschichten im Besonderen mit unseren evangelischen Kirchen verbunden sind. Auf den kunstvollen Fotografien von Celia Körber-Leupold sind zwar nicht immer Menschen zu sehen – und doch gehören sie im Alltag immer dazu! Denn Kirchen sind für die Menschen da. Unsere Kirchräume werden erst lebendig durch die Menschen, die in ihren Kirchen geglaubt und gezweifelt, getrauert und gefeiert, Gott gelobt und geklagt haben – und es auch in Zukunft tun werden.

Wenn mit diesem Werk, nach einer ersten Version nun schon zum zweiten Mal, alle evangelischen und katholischen Kölner Kirchen gemeinsam in einem Buch präsentiert werden, dann ist das ein Zeichen für die Wirklichkeit ökumenischer Verbundenheit in unserem Köln. Und es ist Hinweis darauf, dass evangelische und katholische Christinnen und Christen das gemeinsame Anliegen verbindet, mit unseren Kirchen für die Menschen in Köln da zu sein.

Ich danke allen, die an diesem Buch mitgearbeitet haben und wünsche den Leserinnen und Lesern interessante Einblicke in die Kölner Kirchen, verbunden mit der herzlichen Einladung, sich vor Ort von der Vielfalt und Schönheit der – auch vielleicht weniger bekannten – Kirchen zu überzeugen.

Ernst Fey
Stadtsuperintendent

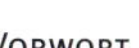

Die Kirchen der katholischen Gemeinden in Köln

Im Dekagon von Sankt Gereon.

Gottesdienst zum Domjubiläum 1998.

Hohe Domkirche Sankt Peter und Maria (Dom)

Hohe Domkirche Sankt Peter und Maria (Dom)

Innenstadt

Domkloster 4
50667 Köln

☏ 0221-92584740
www.koelner-dom.de

• Karte 1, g4
Ⓗ Dom, Hbf
Linien 5, 16, 17, 18, 19

Der Dom als Zentrum und Mutterkirche des Erzbistums

Der Kölner Dom ist der Mittelpunkt der Stadt und ihr unumstrittenes Wahrzeichen, da er seit dem Mittelalter das berühmte Kölner Rheinpanorama beherrscht. Bereits seine an gleicher Stelle errichteten Vorgängerbauten hatten die bedeutende Aufgabe, Mutterkirche des Kölner Erzbistums zu sein. Heute ist das Erzbistum Köln, gemessen an der Zahl der Katholiken (2,23 Millionen), das größte Bistum in Deutschland.

Der erste namentlich bekannte Kölner Bischof Maternus wird zu Beginn des 4. Jahrhunderts in verschiedenen Quellen erwähnt. Spätestens seit dem 6. Jahrhundert befand sich am Ort des heutigen Domes das Zentrum des Bistums.

Der Name Dom kommt vom lateinischen Wort »domus« = Haus. Der Dom ist also das besonders ausgezeichnete Haus Gottes innerhalb der Diözese. Die ebenfalls häufig für Bischofskirchen benutzte Bezeichnung »Kathedrale« erinnert an die Kathedra, den Bischofsstuhl, der die besonderen Aufgaben des Bischofs als Hirte und Lehrmeister des Bistums symbolisiert. In der Vierung des Domes steht heute der von Dombaumeister Willy Weyres 1952 entworfene Bischofsthron aus Kirschbaumholz, über ihm hängt immer das persönliche Wappen des amtierenden Erzbischofes. Als Sitz des Erzbischofes ist der Dom der zentrale Ort für spezielle liturgische Feiern. Zu den bedeutendsten Ereignissen, die im Dom stattfinden, gehören die Bischofs-, Priester- und Diakonenweihen. Der Erzbischof sendet von hier die neugeweihten Priester als seine Vertreter in die verschiedenen Gemeinden des Erzbistums aus.

Das große mittelalterliche Chorgestühl verweist auf eine wichtige Institution am Dom: das Metropolitankapitel mit dem Dompropst an seiner Spitze. Im Mittelalter war dieser Gruppe von Priestern das gemeinsame Gebet für das Bistum und die Sorge um die Bischofskirche anvertraut. Heute sind die Mitglieder des Domkapitels vorwiegend mit umfangreichen Aufgaben der Bistumsverwaltung beschäftigt und daher sieht man sie nur noch im sonntäglichen Hochamt ihre Plätze im Chorgestühl einnehmen. Das Metropolitankapitel hat heute in bestimmten Situationen eine große Verantwortung für das gesamte

Die Domtürme sind das weithin sichtbare Wahrzeichen der Stadt.

Erzbistum. So ist es eng in die Bischofswahl eingebunden und übernimmt bei Tod oder Ausscheiden des Erzbischofes automatisch die Regierungsgewalt für das Bistum. Der Erzbischof muss außerdem bei bestimmten Entscheidungen Rat oder auch Zustimmung des Kapitels einholen.

Jedes Jahr zu Fronleichnam ist der Dom das Zentrum der großen Fronleichnamsprozession für die Gemeinden der Innenstadt. Seine Aufgabe als Wallfahrtskirche wird jährlich am 6. Januar deutlich, wenn Menschen von weit her zusammenströmen, um das Fest der Heiligen Drei Könige zu feiern und den Schrein mit deren Gebeinen zu besuchen. Der Dom ist aber auch für viele Kölner Bürger wie auch Touristen wichtiger alltäglicher Andachtsort. Das Kerzenmeer vor der Schmuckmadonna bezeugt jeden Tag die vielen kleinen und großen Bitten, die die Menschen der Gottesmutter anvertrauen. Darüber hinaus ist er aber auch einfache Pfarrkirche. Der Dompfarrer ist für eine kleine Pfarrgemeinde der Innenstadt verantwortlich, und alleine an jedem Werktag werden den Gottesdienstbesuchern fünf bis sechs Gemeindemessen zu verschiedenen Zeiten angeboten.

Das Kerzenmeer vor der Gnadenmadonna bezeugt die vielen Sorgen und Gebete, die der Gottesmutter täglich anvertraut werden.

Der Dom vor dem Weiterbau im 19. Jahrhundert.

Vorgängerbauten und Baugeschichte des heutigen Kölner Domes

Seit 1946 sind die Archäologen bei Grabungen unter dem Dom den Resten seiner Vorgängerbauten auf der Spur. Die ersten sicher einer Kirche zuzuordnenden Baureste stammen aus dem 6. Jahrhundert. Damals entstanden ein gemauertes Taufbecken und ein besonders gestalteter Leseplatz, der sich in seiner speziellen Form nur in einer Kirche befunden haben kann.

Anfang des 9. Jahrhunderts errichtete man einen großen Neubau in frühromanischen Formen, der jedoch schon bald, vermutlich nach 857 durch einen weiteren Neubau ersetzt wurde. Diese Kirche, der 873 geweihte, so genannte »Alte Dom«, war einer der größten und bedeutendsten Kirchenbauten im deutschen Raum. Im 11. Jahrhundert wurden ihm zwei zusätzliche Seitenschiffe angefügt, mit denen man eine enge Beziehung zu Alt Sankt Peter in Rom herstellen wollte, denn die Grabeskirche Petri besaß damals ebenfalls fünf Schiffe. Darüber hinaus unterstrich das in Köln spätestens für das 7. Jahrhundert nachweisbare Peterspatrozinium des Domes ebenfalls die enge Verwandtschaft mit einer der bedeutendsten Kirchen Roms.

Das Jahr 1164 markiert eine einschneidende Wende für den Dom und die ganze Stadt. In diesem Jahr brachte Erzbischof Rainald von Dassel, der damals Kanzler für den Reichsteil Italien war, vom Feldzug Kaiser Barbarossas aus Mailand die Reliquien der Heiligen Drei Könige in seine Bischofsstadt. Die besten Goldschmiede der damaligen Zeit wurden gerufen, um einen großen, prachtvollen, goldenen Schrein zur Aufnahme der Reliquien zu erstellen und von weit her setzten sich Pilgerströme in Bewegung, um das Grab der Heiligen Drei Könige im Dom zu besuchen. Köln wurde einer der bedeutendsten Wallfahrtsorte Europas und der wirtschaftliche Aufschwung der mittelalterlichen Stadt ist nicht zuletzt auch auf den Pilger-Tourismus der damaligen Zeit zurückzuführen. Der romanische Dom als Ziel der Pilger, die wichtigste Kirche der Stadt, war jedoch mittlerweile unmodern geworden. In Frankreich waren bereits seit dem 12. Jahrhundert große gotische Kathedralen entstanden, Kirchen in einem vollkommen neuen Baustil. Unter Erzbischof Konrad von Hochstaden legte man am 15. August 1248 den Grundstein zum heutigen Dom. Vielleicht war die im April 1248 geweihte Sainte Chapelle in Paris, die als gläserner Reliquienschrein für die Dornenkrone Christi gebaut worden war, ein zusätzlicher Auslöser für den Baubeginn in Köln. Man wollte die eigenen bedeutenden Reliquien ins rechte Licht rücken und griff daher beim Neubau auf die jüngsten französischen Architekturentwicklungen zurück und errichtete in Köln eine Kathedrale nach französischen Vorbildern. Ganz besonders die 1220 bis 1288 errichtete Kathedrale von Amiens zeigt eine enge Verwandtschaft mit der Kölner Bischofskirche.

Man begann den Neubau im Osten, riss zunächst die östliche Hälfte des alten Domes ab und errichtete zuerst den Chorumgang und dann den Binnenchor. Um 1300 war der gesamte Chor bis zur Vierung architektonisch vollendet. Verschiedene Künstler schufen die größtenteils heute noch vorhandene Ausstattung und 1322 konnten Chor und Hochaltar geweiht werden. Im Bereich des Langhauses hatte man vorübergehend die westliche Hälfte des alten Domes weiterbenutzt; die wurde nun abgerissen und man baute Stück für Stück die unteren Bereiche des Langhauses. Gut 300 Jahre nach Baubeginn legte man im Jahr 1560 die Baustelle still. Schon lange waren die Bauarbeiten nur noch sehr schleppend vorwärts gegangen: Es war kein Geld mehr vorhanden, die Gotik war unmodern geworden und auch die Reformation hatte den Bauwillen erlahmen lassen. Das Langhaus war nicht mal bis in halbe Höhe emporgewachsen und erhielt provisorische Dächer. Von der Turmfassade stand erst der südliche Turm mit seinen beiden unteren Geschossen, der nördliche fehlte noch fast vollständig. Auf dem südlichen Turmstumpf blieb der nun nutzlos gewordene große hölzerne Kran stehen und wurde zum Wahrzeichen der Stadt. Alle nachmittelalterlichen Ansichten Kölns zeigen stets den unvollendeten Dom mit diesem Kran.

Erst im 19. Jahrhundert, im Zeitalter der das »große deutsche Mittelalter« verehrenden Romantik, erwachte langsam das Interesse für die älteste und größte Baustelle der Stadt. Zunächst strebte man nur die schlichte Renovierung des mittlerweile äußerst baufälligen Gebäudes an. Unter engagiertem Einsatz einiger Kölner Bürger und später auch aufgrund der Begeisterung des Preußischen Königs Friedrich Wilhelm IV. wurde der Kölner Dom zum Symbol des neuerwachten »Nationalbewusstseins« der Deutschen und man fasste den Beschluss zur Vollendung, die von 1842 bis 1880 erfolgte. Erst seit gut 120 Jahren sind nun die Domtürme das Wahrzeichen der Stadt.

Im Zweiten Weltkrieg wurde der Dom von 14 Bomben schwer getroffen. Trotz großer Schäden ragte er nach Kriegsende als Zeichen der Hoffnung über die Ruinen der Altstadt, die zu 95 Prozent zerstört war. Der Wiederaufbau des Domes unter der Leitung des damaligen Dombaumeisters Willy Weyres dauerte bis 1956. Viele Schäden am Mauerwerk und an der Ausstattung sind jedoch bis heute noch nicht behoben, was beispielsweise die bis 2010 geplante Verkleidung der »Domplombe« am Nordturm mit neuen Werksteinen sehr eindringlich zeigt.

Die besondere Bedeutung des Domes als Monument von internationalem Rang wurde im Dezember 1996 endlich offiziell bestätigt, indem die UNESCO den Kölner Dom in die Liste des Weltkulturerbes aufnahm.

Hohe Domkirche
Sankt Peter und Maria
(Dom)

Das himmelsstürmende Äußere des Domes

Das Steingebirge des Domes und ganz besonders seine Türme überragen die Stadt und bieten immer wieder neue, reizvolle Blicke auf dieses große Monument. Gerade die Kölner bewundern bei jeder Fahrt über die Rheinbrücken ihren Dom. Es lohnt sich aber auch, die aufgetürmten Mauermassen ausführlich von nahem anzuschauen, da es dort unendlich viel zu entdecken gibt.

Die Außenwände sind entweder von großen Fenstern durchbrochen oder mit zahlreichen Schmuck- und Gliederungsformen überzogen. Nur die unteren Wandbereiche sind schlicht gestaltet, da die mittelalterliche Bebauung direkt bis an den Dom reichte und dort die aufwändigen Verzierungen verdeckt hätte. Der heute freigeräumte Platz um den Dom entstand erst im 19. Jahrhundert, als man sämtliche umgebende Bebauung abriss und große, aufwändig gestaltete Plätze plante, von denen man den Dom in seiner vollen Größe und Schönheit betrachten sollte.

Nur die Mauern des Chores und die unteren Wandbereiche des Langhauses stammen aus dem Mittelalter. Die Westfassade wurde im 19. Jahrhundert in Anlehnung an die aufgefundenen mittelalterlichen Baupläne errichtet und die Querhausfassaden sind Entwürfe des 19. Jahrhunderts. In allen Bauphasen hat man sich ungewöhnlich eng an die Formen des von Meister Gerhard ab 1248 errichteten Chores gehalten, was die heutige einheitliche Wirkung der Architektur hervorruft, der man die langen Bauunterbrechungen kaum ansieht. Nur bei genauem Hinsehen entdeckt man die kleinen Ungereimtheiten. So finden sich beispielsweise an der dem Bahnhof zugewandten nordwestlichen Langhausseite reiche spätgotische Formen vom Ende des 15. Jahrhunderts, die sich jedoch der großen Wandgliederung unauffällig unterordnen und zunächst kaum auffallen. Auch die drei Portale in der Turmfassade verraten nur dem geübten Auge, dass einzig das Petersportal im Südturm aus mittelalterlicher Zeit stammt und die anderen Portale mit ihren vielen Figuren erst im 19. Jahrhundert entstanden sind.

Der Dom und die zerbombte Stadt nach dem Krieg.

Unzählige Fialentürmchen rahmen den Blick auf den Vierungsturm, der vom Stern von Bethlehem bekrönt ist.

Die darüber himmelwärts strebende Turmfassade erreicht eine Höhe von 157 Metern. Der ebenfalls erst im 19. Jahrhundert vollendete Turm des Ulmer Münsters ist zwar mit 161 Metern der höchste Kirchturm in Deutschland, dafür hat der Kölner Dom jedoch gleich zwei Türme. Alle Schmuckformen streben nach oben, man hat tatsächlich den Eindruck, die mittelalterlichen Baumeister wollten bis in den Himmel bauen.

Der Blick von anderen Seiten offenbart Hunderte von kleinen Türmchen, die sich ebenfalls dem Himmel entgegenstrecken. Auf dem 1859 errichteten und 1970 renovierten Vierungsturm steht der goldene Stern als wichtiges Zeichen über der Stadt. Er hatte den Heiligen Drei Königen den Weg zum Stall von Bethlehem gewiesen und erinnert nun an ihren Grabesort im Chor des Domes.

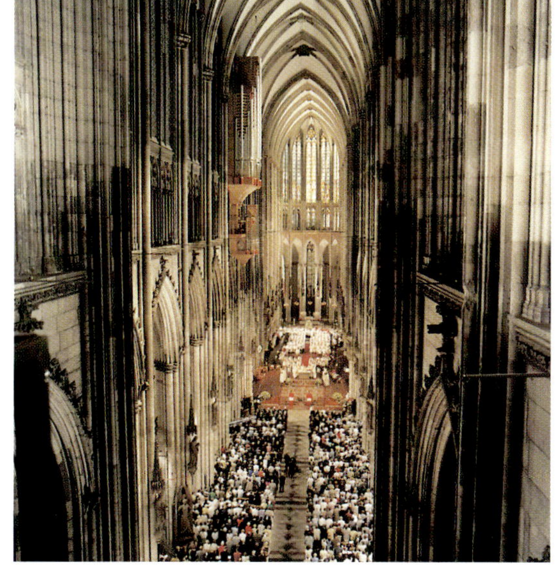

Blick durch das Langhaus in den Chor.

Ein Sinnbild des Himmels auf Erden: Der Kölner Dom von innen

Die durch das Westportal eintretenden Besucher fühlen sich zunächst erschlagen von dem Raumeindruck, der sich ihnen bietet: steil aufragende hohe Wände, ein Wald von Pfeilern, überall Fenster. Überraschenderweise ist der Dom im Inneren trotz seiner etwa 10.000 Quadratmeter Fensterfläche an vielen Tagen sehr dunkel. Berücksichtigt man jedoch den schmalen, hohen Raum des Mittelschiffes, wird schnell deutlich, dass das Licht hier fast senkrecht einfallen müsste, um den Betrachter am Boden des 43 Meter hohen Raumes erreichen zu können.

Der Dom besitzt einen äußerst ausgeklügelten, harmonisch wirkenden Grundriss. Hinter den großen Turmhallen mit ihren ausgesprochen kräftigen, die Türme tragenden Bündelpfeilern öffnet sich das Langhaus, das mit seinen fünf Schiffen zumindest in diesem Punkt die Konzeption des romanischen Vorgängerbaus übernommen hat. Das hohe Mittelschiff wird zu beiden Seiten von zwei Seitenschiffen begleitet und kreuzt sich in der Vierung mit dem dreischiffigen Querhaus. Der Chor führt die Fünfschiffigkeit des Langhauses fort, hier bilden allerdings die äußeren Seitenschiffe einen Kapellenkranz. Der innere Chorbereich ist durch hohe Schranken und Gitter von dem ihn umschließenden Umgang abgetrennt. Alle Raumbereiche sind von eleganten Rippengewölben überfangen, die von aufwändigen Blattkapitellen getragen werden. Im Chor hat man die originale Farbfassung der Kapitelle wiederhergestellt, sie leuchten hier in Rot und Gold.

Besucht man in Köln eine der romanischen Kirchen, so wird deutlich, wie die dem Dom vorausgehende romanische Architektur beschaffen war: Sie besaß meist kräftige Außenmauern mit kleinen, aus der Mauerfläche ausgeschnittenen Fenstern. In der Spätromanik, beispielsweise in Sankt Aposteln oder Groß Sankt Martin, wurde die Mauer bereits stark ausgehöhlt und gegliedert. Die aus Frankreich kommende Gotik setzte diese Entwicklung fort und errichtete kaum noch Mauern, was sich am Dom sehr gut ablesen lässt. Er entpuppt sich beim genauen Hinsehen als ein Skelett aus Pfeilern, zwischen die in der Außenhaut große Fensterflächen gespannt wurden. Um den enormen Schub der Gewölbe abzufangen, errichtete man außen das für gotische Bauten typische System aus Strebepfeilern, die neben ihrer statischen Funktion den Bau zusätzlich schmücken. Mauerflächen sind kaum noch vorhanden; durch die farbig verglasten Fenster kann unbegrenzt Licht in den Raum einströmen, das für die mittelalterlichen Theologen eine sehr wichtige Bedeutung hatte. Die Fenster bildeten außerdem eine große Bilderbibel für die leseunkundigen Menschen des Mittelalters.

Auch im Inneren streben alle Linien nach oben, auch hier wird der Blick unweigerlich himmelwärts gezogen. Die mittelalterlichen Baumeister wollten ein Abbild des Himmels, das Himmlische Jerusalem auf Erden errichten. Darauf verweisen beispielsweise die goldenen Sterne unter den Chorgewölben oder auch die zwölf Portale, die Johannes in der Offenbarung bei der Beschreibung des Himmlischen Jerusalems erwähnt (Offb 21,12).

Die mittelalterliche Ausstattung des Domchores

Der innere Chorbereich des Domes überliefert bis heute einen ungefähren Eindruck seines mittelalterlichen Zustandes, da sich zahlreiche Ausstattungsstücke aus der Erbauungszeit erhalten haben. Ursprünglich war die Einrichtung jedoch noch sehr viel umfangreicher als heute, vieles ist im Lauf der Jahrhunderte zerstört oder verändert worden. Der um 1300 fertig gestellte Chor wurde in den ersten Jahrzehnten des 14. Jahrhunderts ausgestattet und 1322 geweiht. Zu den letzten Bauarbeiten gehörte das Einsetzen der 17,80 Meter hohen Obergadenfenster. Diese großen Fenster, die bis heute mit gut 95 Prozent ihres mittelalterlichen Glases erhalten sind, zeigen 48 stehende Königsfiguren und im Achsfenster die Szene der Anbetung der Heiligen Drei Könige. Die Chorfenster des Domes enthalten mit circa 850 Quadratmetern den größten erhaltenen Glasmalereizyklus des 14. Jahrhunderts in Europa.

Im Achsfenster des Chores zeigt die Verglasung aus der Zeit um 1300 die Anbetung der Heiligen Drei Könige.

Die großen Pfeilerskulpturen zeigen die zwölf Apostel sowie Maria und Christus. Sie entstanden bereits während des Bauverlaufs am Ende des 13. Jahrhunderts. Auf den die Figuren bekrönenden Baldachinen spielen Musiker eines kleinen mittelalterlichen Orchesters himmlische Musik.

Im Chorhaupt steht der große Hochaltar, der 1322 geweiht wurde. Seine große Altarplatte aus schwarzem Marmor ist mit nahezu zehn Quadratmetern und einem Gewicht von 6,7 Tonnen der größte Stein am Dom. Rundherum standen ehemals kleine Figuren in Maßwerkarkaden aus italienischem Carraramarmor. Heute sind nur noch die dem Chorgestühl zugewandten Apostelfiguren mit der mittleren Darstellung der Krönung Mariens original erhalten.

Detail einer Wange des Chorgestühles.

Das große Chorgestühl zu beiden Seiten des Binnenchores wurde um 1310 aus Eichenholz geschnitzt. Mit 104 Sitzen ist es das größte erhaltene Chorgestühl in Deutschland. Die seitlichen Wangen, die Knäufe zwischen den Sitzen und die Flächen unter den hochklappbaren Sitzflächen sind mit reichen Schnitzereien geschmückt. Hinter dem Chorgestühl trennen die hohen steinernden Chorschranken den inneren Bereich des Chores als ungestörten Raum für das gemeinsame Stundengebet des Domkapitels ab, welches im Mittelalter sieben Mal am Tag stattfand. Die Bemalung der Schranken mit vielen verschiedenen Szenen war um 1340 abgeschlossen.

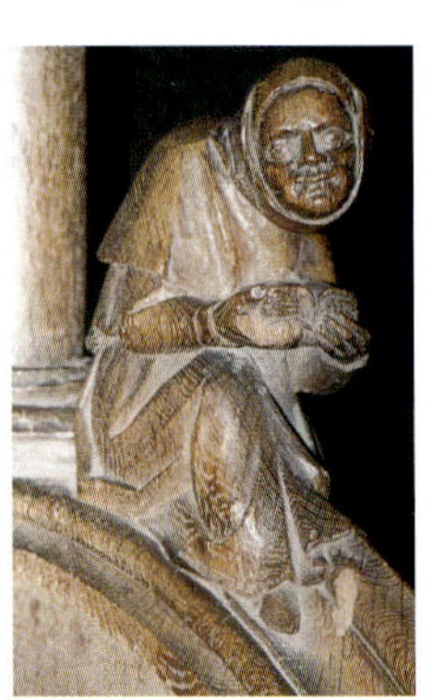

Ein Knauf vom Chorgestühl.

Hinter dem Hochaltar steht seit 1974 der aufwändig renovierte Dreikönigenschrein mit den Gebeinen der Heiligen Drei Könige. Nachdem Erzbischof Rainald von Dassel 1164 die bedeutenden Reliquien aus Mailand in seine Bischofsstadt gebracht hatte, begannen herausragende Goldschmiede einige Jahre später mit der langwierigen Herstellung des Schreines. Der Dreikönigenschrein ist der größte Reliquienschrein mit dem umfangreichsten Figurenprogramm unter den zahlreichen Schreinen des Rhein-Maas-Gebietes. Die mittelalterlichen Goldschmiede schufen mit Treibarbeiten aus dünnem Gold- und Silberblech die auffallend tiefen Figuren des Schreins. Zahlreiche filigrane Friese, leuchtend bunte Streifen aus Emailornamenten und mehr als 1000 kostbarste Edelsteine, unter ihnen viele Gemmen und Kameen aus antiker Zeit, machen den Schrein zum Hauptwerk der Goldschmiedekunst seiner Zeit. Am Fest der Heiligen Drei Könige am 6. Januar wird ein Stück der Vorderseite des Schreins geöffnet. Dann sind hinter einem Gitter drei Schädelknochen sichtbar. Nach mittelalterlichen Quellen sollte der Schrein wahrscheinlich in der Vierung aufgestellt werden, dort wäre viel Platz für zahlreiche Pilger gewesen. Zur Chorweihe 1322 stellte man den Schrein jedoch in der mittleren Achskapelle auf, und damit wurde der Chorumgang zum großen Pilgerweg für die häufig von weit her angereisten Wallfahrer.

Die Anbetung der Könige auf der Vorderseite des Dreikönigsschreins.

Der Dreikönigenschrein.

Triptychon von Stephan Lochner.

Die mittelalterliche Ausstattung im Chorumgang und später in den Dom gelangte mittelalterliche Kunstwerke

Der Chorumgang mit dem angefügten Kapellenkranz war bereits um 1265 fertig gestellt und benutzbar, während am inneren, sehr viel höheren Chorbereich noch bis um 1300 weitergebaut wurde. Das mittlere Fenster der Achskapelle, das so genannte Ältere Bibelfenster, gehört zu den ersten Ausstattungsstücken des neuen Domes, es wurde bereits kurz nach 1260 eingesetzt. Die Theologen entwickelten für dieses Fenster ein anspruchsvolles Programm. Auf der rechten Seite findet man chronologisch von unten nach oben Szenen aus dem Leben Jesu, denen links verschiedene Episoden des Alten Testamentes zugeordnet sind. Damit wollte man zeigen, dass bereits in den viel älteren Schriften des Alten Testamentes auf Ereignisse im Leben Jesu hingewiesen wurde. Ein besonders anschauliches Beispiel findet sich in der zweiten Reihe von oben. Dort ist rechts die Auferstehung dargestellt und links erkennt man einen hellblauen Fisch, in dessen Maul ein Mann sitzt. Das ist der Prophet Jona, der drei Tage lang im Bauch eines Wals lebte und dann lebendig an den Strand gespuckt wurde.

In der links von der Achskapelle liegenden Kapelle steht das Hochgrab des Erzbischofs Konrad von Hochstaden, der 1248 den Grundstein zum gotischen Domneubau gelegt hatte. Die Bronzeplatte auf der über seinem Grab errichteten Tumba zeigt den Bischof mit Mitra und Bischofsstab und gehört zu den bedeutendsten Bronzekunstwerken, die um die Mitte des 13. Jahrhunderts in Deutschland entstanden sind. In den anderen Kapellen und auch im Chorumgang stehen viele weitere, meist bischöfliche Hochgräber. Besonders auffällig ist das an den Stadtmauerbau 1180 erinnernde Grab des Erzbischofs Philipp I. von Heinsberg, an dem sich auch die früheste Darstellung des Kölner Wappens mit den drei Kronen aus der Zeit um 1300 befindet.

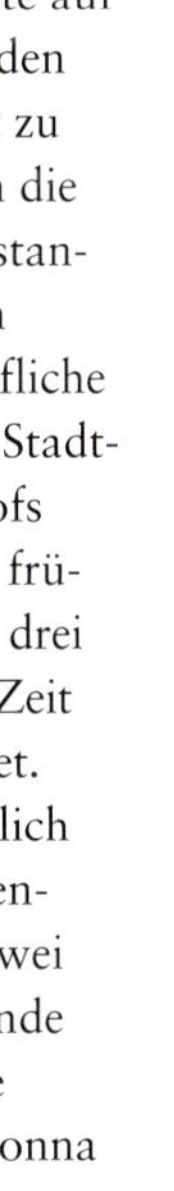

Die Mailänder Madonna stand schon um 1300 in der Marienkapelle.

In der südlich gelegenen Marienkapelle stehen zwei weitere bedeutende Kunstwerke: die Mailänder Madonna und der Altar der Stadtpatrone. Die Mailänder Madonna wurde bereits Ende des 13. Jahrhunderts hier aufgestellt. Ihren Namen verdankt sie einer wundertätigen Madonnenfigur, die Erzbischof Rainald von Dassel mit den Reliquien der Könige aus Mailand mitbrachte und deren Bedeutung später auf diese Holzskulptur aus der Zeit um 1280 überging. Das Altarretabel mit der Darstellung der Kölner Stadtpatrone wurde um 1445 vermutlich von dem Kölner Maler Stephan Lochner für die Kapelle des Rathauses gemalt. 1809 gelangte das Triptychon in den Dom. Die Mitteltafel zeigt die Anbetung der Heiligen Drei Könige mit ihrem Gefolge. Die Könige sind als Männer unterschiedlicher Lebensalter dargestellt, um zu zeigen, dass Menschen aller Generationen zu Christus kommen. Erst einige Jahre später entstanden nach der Entdeckung der anderen Kontinente Darstellungen dieser Szene mit einem schwarzen König, um zu zeigen, dass Menschen aller Kulturen und Rassen von Christus eingeladen sind, ihn zu suchen und ihm zu folgen. Auf den Flügeln sind die bereits sehr viel länger als Patrone von Köln verehrten Heiligen Ursula und Gereon dargestellt, die in frühchristlicher Zeit das Martyrium vor den Toren der Stadt erlitten haben sollen.

Genau gegenüber der Marienkapelle befindet sich die Kreuzkapelle mit dem großen frühmittelalterlichen Gerokreuz. Dieses Kreuz ist neben dem Dreikönigsschrein das einzige Kunstwerk, das auch schon den Alten Dom geschmückt hat. Vermutlich von Erzbischof Gero am Ende des 10. Jahrhunderts gestiftet und dann über einem der beiden Chöre des alten Domes aufgestellt, ist es heute die älteste erhaltene lebensgroße Darstellung von Christus am Kreuz. Zu dem ursprünglichen Kruzifix gehören nur der Korpus und die Kreuzesbalken; Heiligenschein, Strahlenkranz und marmorner Altarumbau sind Hervorhebungen aus späteren Zeiten.

Das Gerokreuz befand sich schon im Vorgängerbau des heutigen Domes.

Im nördlichen Seitenschiff steht heute der Klarenaltar, der Altar der 1804 abgebrochenen Klosterkirche der Kölner Franziskanerinnen. Er entstand um 1360 und besitzt drei verschiedene Öffnungsmöglichkeiten. An den meisten Tagen im Jahr ist die mittlere

An den ehemaligen Franziskanerinnenkonvent erinnert der Klarenaltar.

Öffnung zu sehen, die jeweils zwölf sehr fein gemalte Szenen aus der Kindheit und der Leidensgeschichte Jesu zeigt. In der Mitte des Retabels ist immer der Tabernakel mit der Darstellung einer Messfeier sichtbar. Er ist der älteste erhaltene, fest in einem Altarretabel eingebaute Tabernakel.

Die Stadt Köln stiftete das 1508 fertig gestellte Fenster der Geburt Christi im nördlichen Seitenschiff.

Die benachbarten nördlichen Seitenschifffenster wurden kurz nach 1500 eingesetzt, sie zeigen stilistisch den Übergang von der Spätgotik zur beginnenden Renaissance und wurden von Bischöfen, Mitgliedern des Domkapitels und der Stadt gestiftet. Die Bischöfe und Domkapitulare ließen die Wappen ihrer acht Vorelterngenerationen väterlicher- und mütterlicherseits in direkter Linie, also 16 Wappen, abbilden. Dieser Adelsnachweis war im Mittelalter Voraussetzung, um in das dem Adel vorbehaltene Kölner Domkapitel aufgenommen zu werden.

Die künstlerische Ausstattung des Domes im 19. und 20. Jahrhundert

Mit der Vollendung des Domes bis 1880 erhielt er auch viele bedeutende Ausstattungsstücke des 19. Jahrhunderts, denen nach dem Zweiten Weltkrieg zahlreiche moderne Stücke folgten.

Die Fenster des südlichen Seitenschiffes stiftete König Ludwig I. von Bayern. Sie wurden in der Königlichen Anstalt für Glasmalerei in München hergestellt und 1848 eingesetzt. Der Zyklus beginnt im Westen mit der Predigt Johannes des Täufers, dann folgen die Anbetung der Hirten und Könige sowie die Kreuzabnahme. Die letzten beiden Fenster zeigen das Pfingstwunder und die Steinigung des heiligen Stephanus. Die Gestaltung aller Fenster ist durch große Farbflächen, schwere, gelbgrundige Farben und die auffällige Rahmung mit neugotischem Maßwerk bestimmt.

In den Seitenschiffwänden befinden sich auch die neugotischen Kreuzwegstationen, die Wilhelm Mengelberg zwischen 1895 und 1898 schuf. Die meisten wurden in mittelalterliche Wandnischen eingesetzt, welche ursprünglich Altarschränke aufnehmen sollten, aber nie so benutzt wurden. Die im Krieg zerstörte neunte Station »Jesus fällt zum dritten Mal unter dem Kreuz« wurde 1981 von Elmar Hillebrand in modernen Formen gearbeitet. In der Halle unter dem Südturm steht die 13. Kreuzwegstation, eine monumentale Darstellung der Kreuzabnahme, die Wilhelm Mengelberg unter einem großen neugotischen Baldachin platzierte.

Das wohl größte Ausstattungsstück ist der Mosaikfußboden im Vierungs- und Chorbereich, der nach Plänen von August von Essenwein 1885 bis 1892 durch die Firma Villeroy & Boch in Mettlach realisiert wurde. 1350 Quadratmeter Bodenfläche wurden mit einem großartigen Bildteppich ausgelegt, unter anderem findet man im Chorumgang die Namen und Wappen aller Erzbischöfe vom vierten bis zum 19. Jahrhundert.

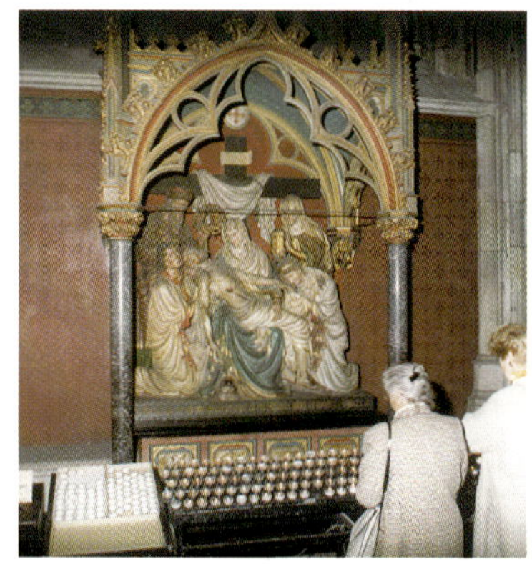

Wilhelm Mengelberg schuf die 13. Kreuzwegstation in der Südturmhalle.

Nach dem Ersten Weltkrieg bekamen Stadt und Dom mit der in Apolda gegossenen Petersglocke ein weiteres Wahrzeichen. Die von den Kölnern liebevoll als der »decke Pitter« bezeichnete Glocke läutet nur an hohen Festtagen und zu ganz besonderen Anlässen. Sie ist mit einer Höhe von 3,13 Metern und einem Durchmesser von 3,21 Metern die größte freischwingende Glocke der Welt und wiegt 480 Zentner.

Nach dem Zweiten Weltkrieg waren trotz aufwändiger Schutzmaßnahmen viele Ausstattungsstücke zerstört oder mussten für die sich wandelnde Liturgie neu geschaffen werden. Mehrere Fenster entstanden in den ersten Jahrzehnten nach dem Krieg. Besonders eindrucksvoll ist das »Kinderfenster« im nördlichen Querhaus, für das Kölner Kinder nach 1948 sehr viel Geld sammelten. Es zeigt Szenen aus dem Alten und dem Neuen Testament und aus dem Leben der Kirche, in denen Kinder beteiligt sind.

König Ludwig I. von Bayern stiftete die Fenster des südlichen Seitenschiffes.

Der »decke Pitter« ist die größte freischwingende Glocke der Welt.

Im Zwickel zwischen nördlichem Querhaus und Chor steht die 1948 von der Bonner Firma Klais gebaute, 1956 erweiterte und 2002 reorganisierte Orgel auf einer Empore aus Beton. Die Orgel besitzt 88 Register mit vier Manualen. Da sie 1948 für den damals aufgrund der Kriegszerstörungen nur teilweise zu benutzenden Raum geplant war, gab es später bei der Bespielung des gesamten Domes Probleme. 1998, zum 750-jährigen Jubiläum der Grundsteinlegung des gotischen Domes, errichtete die Firma Klais die Schwalbennestorgel im Langhaus. Diese Orgel besitzt auf kleinstem Raum 53 klingende Register, drei Manuale und 3956 Pfeifen, von denen die längste 11,80 Meter misst. Beide Orgeln können seit 2002 von einem Spieltisch auf der Orgelempore im Querhaus gespielt werden. Die Unterseite dieser 1948 für die Orgel errichteten Empore aus Beton wurde 1964 von Peter Hecker mit Szenen zur Geschichte der Kirchenmusik bemalt. Über dem Abgang zur modernen Krypta sieht man Kardinal Frings beim Geigenspiel.

Peter Hecker verewigte unter der Orgelempore Kardinal Frings beim Geigenspiel.

Ein besonderer Anziehungspunkt für Kinder ist die in der Advents- und Weihnachtszeit in der Nordturmhalle aufgestellte Krippe. Sie wurde 1992 von dem Kölner Künstler Theo Heiermann und seiner Frau Barbara geschaffen. Nach dem Tod ihres Mannes ist Barbara Heiermann auch heute noch jedes Jahr für die Aufstellung und Betreuung der Krippe verantwortlich. Neben der Heiligen Familie, den Heiligen Drei Königen und den Hirten begegnen dem Betrachter auch Personen der heutigen Zeit: da gibt es Steinmetzen und einen Domschweizer, einen türkischen Straßenkehrer und einen jugendlichen FC-Fan. Alle Figuren erinnern aus unterschiedlichen Blickwinkeln daran, dass Weihnachten nicht nur ein historisches Fest, sondern die Geburt Jesu auch heute äußerst aktuell ist.

Die Menschen am Dom und das DOMFORUM

Die zahlreichen Aufgaben von Domkapitel und Dompfarrer können nur durch die Mithilfe vieler Menschen erfüllt werden, von deren Arbeit die meisten Dombesucher nichts ahnen.

Die 20.000 Touristen, die durchschnittlich im Sommer jeden Tag in den Dom kommen, wissen nicht, dass an jedem Werktag sechs bis zwölf öffentliche und private Messen im Dom gefeiert werden. Die Vorbereitungen für diese Gottesdienste sind den drei Domküstern anvertraut. Die Küster kennen die besonderen Wünsche der etwa 14 Geistlichen, die regelmäßig Gottesdienste im Dom feiern und legen jedem ein Messgewand zurecht, das den liturgischen Vorschriften und seinem Geschmack entspricht. Sie verfügen über circa 250 liturgische Gewänder, darunter sind auch sehr alte Paramente, die nur noch zu besonderen Anlässen benutzt werden. An besonderen Feiertagen müssen auch schon mal 40 Priester gleichzeitig versorgt werden. Die Küster sind außerdem für den Blumen- und Kerzenschmuck zuständig und kaufen bei einem Kölner Frauenkloster circa 150.000 Hostien im Jahr. Am Jahrestag der Einführung des amtierenden Erzbischofs hängt einer der Küster einen neuen Jahresstab im nördlichen Querhaus auf. Dort kann man nach einem alten Brauch immer die Amtszeit des Erzbischofs ablesen. Eine beliebte Aufgabe der Küster ist die Weinprobe, die sie jedes Jahr zusammen mit dem Dompfarrer in Bingen machen, um dort einen guten Messwein auszusuchen. Für die Reinigung und Instandhaltung der Textilien ist zusätzlich eine Frau angestellt. Aufwändigere Reparaturen an wertvollen Gewändern werden aber genauso wie Ausbesserungen an Goldschmiedearbeiten von der Restaurierungswerkstatt der Dombauhütte übernommen. Tagtäglich sind vier Raumpflegerinnen im Dom und seinen angrenzenden Räumen im Einsatz, um den ständigen Kampf gegen den von den vielen Besuchern hereingetragenen Schmutz aufzunehmen.

Die auffallendsten Angestellten des Domes sind aber wohl die Domschweizer in ihren roten Talaren. 24 Männer versehen abwechselnd diesen traditionellen Dienst am Dom. Sie sorgen für Nachschub von Opferkerzchen, legen Gebetbücher für die Gottesdienste bereit, lenken an großen Festtagen die Menge

Die große Domkrippe ist der Besuchermagnet in der Weihnachtszeit.

Die Domschweizer regeln die Besucherströme im Dom.

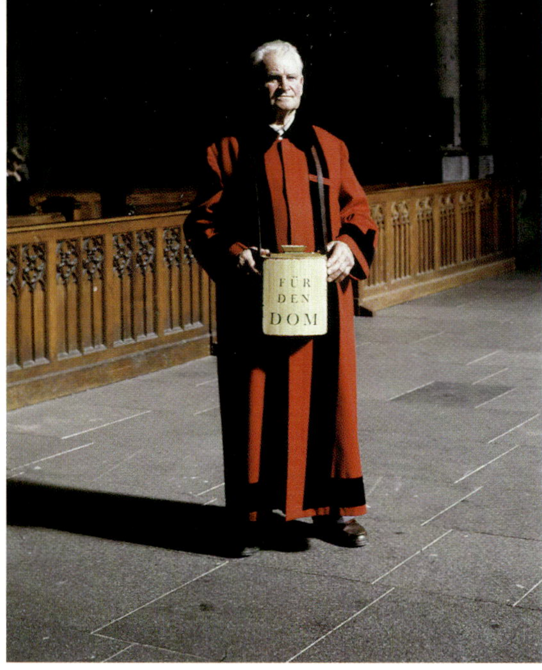

HOHE DOMKIRCHE SANKT PETER UND MARIA (DOM)

der Gottesdienstbesucher und haben oft die undankbare Aufgabe, eintretende Besucher zu einem dem Gotteshaus angemessenen Verhalten zu ermahnen.

Seit 1995 besteht gegenüber vom Dom, zu Füßen seiner Türme, ein besonderes kirchliches Angebot: das DOMFORUM. Der Gesamtverband der katholischen Kirchengemeinden Kölns rief mit ihm ein damals einzigartiges Projekt ins Leben, das inzwischen deutschlandweit viel beachtet ist und mittlerweile auch in anderen Bistümern Nachahmung findet. Das Haus ist Besucherzentrum des Domes und Informations- und Begegnungszentrum für Touristen und Passanten.

Im verglasten Foyer mit direktem Blick auf den Dom können Passanten eine Kaffeepause einlegen, Informationen zu Dom, Kirche und Kultur in Köln erhalten, persönliche Gespräche mit den Mitarbeiterinnen und Mitarbeitern führen, individuell beraten werden oder auch die zahlreichen Informationsmaterialien des Schriftenstandes nutzen. Nachmittags ist das Foyer etablierter Veranstaltungsort für kulturelle Veranstaltungen, Glaubensgespräche sowie Kinder- und Jugendprogramme. Das DOMFORUM organisiert Dom- und Kirchenführungen für Einzelbesucher und Gruppen. Der Kinosaal im Haus bietet Raum für weiterführende Medienangebote wie zum Beispiel die Multivision »Faszination Kölner Dom«, die jeweils im Anschluss an die Domführungen angeboten wird.

Als Angebot einer neuartigen City-Pastoral begegnet die Kirche auf diesem Weg vielen Menschen, die durch die Gemeindearbeit nicht mehr erreicht werden. Sie bietet hier spontane Gastfreundschaft und unverbindliche, aber persönliche Präsenz der Mitarbeiterinnen und Mitarbeiter an. In den oberen Etagen sind zahlreiche Einrichtungen der katholischen Kirche der Stadt Köln untergebracht, die hier seitdem zentral erreichbar sind: das Stadtdekanat, der Katholikenausschuss, das Dompfarramt, das Katholische Bildungswerk, das Domradio, das Katholische Familienbildungswerk und die Katholische Glaubensinformation (FIDES).

Der Dom als ständige Baustelle

Das alte Kölner Sprichwort »Wenn der Dom vollendet ist, wird die Welt untergehen«, steht den Bewohnern und Besuchern der Stadt zurzeit wieder sehr lebendig vor Augen, wenn sie die abenteuerlich anzusehenden Gerüste am Nordturm des Domes betrachten. Auch heute noch sind ständig circa 60 Handwerker mit Restaurierungsarbeiten am Dom beschäftigt: Steinmetzen, Bildhauer, Gerüstbauer, Glaser, Restauratoren, Schlosser, Schreiner und ein Schmied.

Ein mehrjähriges Bauprojekt war im Oktober 2000 abgeschlossen: Die Errichtung der neuen Schatzkammer. Nach Plänen von Architekt Bernd Billecke, dem Stellvertreter der Dombaumeisterin Barbara Schock-Werner, entstand nördlich von Sakramentskapelle und Sakristei der auffällige Schatzkammertresor, der mit seiner bronzenen Außenverkleidung an die mittelalterliche Goldene Kammer, den Aufbewahrungsort der kostbar in Gold und Edelsteinen gefassten Reliquien, erinnert. Auf engstem Raum wurden zwischen Dom und dem Straßentunnel der Trankgasse auch die mittelalterlichen Gewölberäume unter der Sakristei einbezogen, deren Mauern zum Teil aus einem Stück der römischen Stadtmauer bestehen. Römische und mittelalterliche Mauern bieten einen reizvollen Hintergrund für die hochkarätigen Exponate der Ausstellung.

In den nächsten Jahren werden zwei große Gerüste zunächst den Nordturm, dann den Südturm umwandern. Die Steinmetzen prüfen dort den Zustand der Steine und ihrer Verbindungen, die teilweise stark verwittert sind. Die Handwerker festigen die Bausubstanz, wo es nötig und möglich ist, oder tauschen sie ganz aus.

1961 wurden bereits zahlreiche der großen Standfiguren des Südquerhauses abgebaut, die aufgrund von Kriegsschäden und wegen ihres weichen Steinmaterials schwere Schäden aufwiesen. Von den um die Mitte des 19. Jahrhunderts entstandenen Figuren wurden unter Zuhilfenahme der erhaltenen alten Gipsmodelle seit 1988 in der Dombauhütte Kopien angefertigt, die seit kurzem alle wieder an der Fassade versetzt sind.

Zu Füßen der Domtürme liegt das DOMFORUM.

Die Handwerker der Dombauhütte haben immer zu tun.

In der der Dombauhütte angeschlossenen Glasrestaurierungswerkstatt, der größten in Europa, sind zur Zeit zehn Handwerker hauptsächlich mit der Beseitigung von Kriegsschäden beschäftigt. Die Obergadenfenster des Chores vom Beginn des 14. Jahrhunderts werden Stück für Stück ausgebaut, um Kriegs-, Alterungs- und Umweltschäden zu reparieren. Ein weiteres großes Projekt ist zur Zeit die Wiederherstellung der Fenster in den Turmhallen, die im Krieg zerstört wurden. Die Entwurfkartons der Fenster aus dem 19. Jahrhundert (Johannes Klein) sind noch erhalten und dienen nun als Vorlage für die neu herzustellenden Scheiben. Die Verglasung der nördlichen Turmhalle ist bereits abgeschlossen, die Glasmalereien des südlichen Turms sind zum Teil noch in Arbeit.

Zahlreiche Steine lagern in den Depots der Dombauhütte.

Zahlreiche weitere Ausstattungsstücke des Domes werden sukzessive restauriert, zum Beispiel die mittelalterlichen Bischofsgrabmäler und die Bronzeportale des 19. Jahrhunderts. Die Skulpturen des westlichen Marienportals wurden alle mittels Laser gereinigt.

Neben diesen großen Projekten haben die Handwerker der Dombauhütte während des Jahres auch sehr spezielle Aufgaben auszuführen: Nur der Goldschmied darf den Schrein am Dreikönigstag, dem 6. Januar, öffnen, und die Gerüstbauer sind beispielsweise auch für den Aufbau der Krippenlandschaft zuständig.

All diese Aufgaben kosten sehr viel Geld. Der Etat des Jahres 2003 belief sich auf circa 6,2 Millionen Euro. Davon zahlten das Erzbistum Köln, das Land NRW, das Domkapitel und die Stadt Köln unterschiedliche Anteile. Der größte Beitrag, ungefähr 52 Prozent, wurde von den freiwilligen Mitgliedern des Zentral-Dombau-Vereins finanziert, der seit seiner Gründung 1841 enorme Summen zur Vollendung und Erhaltung des Domes zusammengetragen hat. Wer also etwas für den Erhalt des Domes tun möchte, kann Mitglied des Dombau-Vereins werden und durch Spenden die enormen Anstrengungen der Dombauhütte für den Dom unterstützen.

Trotz vieler Diskussionen um die städtebaulichen Veränderungen Kölns im 20. und 21. Jahrhundert sind sich in einem Aspekt alle einig: *»Mer losse d'r Dom en Kölle«*. *M.S.*

In den nächsten Jahren werden die Türme nicht mehr ohne Gerüste zu sehen sein.

Sankt Adelheid

Sankt Adelheid

Neubrück

An St. Adelheid 5
51109 Köln

☎ 0221-892103
www.sanktadelheid.de

• Karte 2. g6
Ⓗ Straßburger Platz
Linie 157

»Kirche will in unserer Zeit nicht mehr wie früher, entsprechend ihrer damaligen gesellschaftlichen und kulturellen Stellung, dominierende bauliche Mitte menschlicher Ansiedlung sein, sie hat dafür mehr dienende Aufgaben übernommen.« Mit diesen Worten formulierte der Architekt der Kirche Sankt Adelheid Paul Georg Hopmann die Baugesinnung der Zeit nach dem Zweiten Vatikanischen Konzil (1962 bis 1965). Bereits von außen wird die dienende Funktion der Architektur sichtbar: Es gibt keinen hohen Glockenturm und der Baukörper fügt sich durch seine geringe Höhe organisch in das die Kirche umgebende Gemeindezentrum und die ab 1965 errichtete Siedlung Neu-Brück ein. Für die 1966 bis 1969 erbaute Kirche fanden einfache Materialien wie etwa Backstein, Sichtbeton, Holz und Basalt Verwendung.

Der zum Altar hin leicht abfallende Innenraum schafft durch seine Architektur alle Voraussetzungen für die Gemeinschaft der Gläubigen, die sich unter Herstellung von Blickkontakt um den Altar als Mittelpunkt versammeln können. Auf einer Seite des Altares haben die Mitglieder des Chores ihren Platz. Sie können, da sie nicht auf einer Empore stehen, als mitgestaltende Liturgen unmittelbar am Gottesdienst teilnehmen. Zum privaten Gebet lädt die Umgangszone der Kirche mit Sakramentskapelle, Beichträumen, Gebetsnischen und dem von Pater Rudolf Fritz geschaffenen Kreuzweg ein. In diesem Bereich steht auch eine Plastik der Muttergottes von Josef Kreutzer, eine Stiftung des Seniorenwerks an Sankt Adelheid.

Der Innenraum wurde unter maßgeblicher Beteiligung des Bildhauers Georg Hoffmann künstlerisch gestaltet. Er entwarf den Altar, die Altarleuchter, den Tabernakel, die an irische Hochkreuze erinnernde Kreuzstele, den Ambo, den Buchständer, die Taufstelle und den höchst bemerkenswerten Osterleuchter. Dieser wurde aus einem Erdbohrer gestaltet. Er soll darauf hinweisen, dass aus der Tiefe der Erde, aus dem Grab, Christus zum Leben ersteht und im Licht der Osterkerze in alle Welt ausstrahlt. C.S.

Die Kirche fügt sich organisch in die Umgebung ein.

Sankt Ägidius

Sankt Ägidius

Wahn

Frankfurter Straße 177
51147 Köln

☎ 02203-64153

• Karte 2, h9
Ⓗ Wahn Kirche
Linie 162

1358 wurde in Wahn ein so genanntes Benefizium zum Unterhalt eines Geistlichen zur regelmäßigen Feier der Gottesdienste in einer dem Heiligen Ägidius geweihten Kapelle eingerichtet. Das Benefizium wurde 1835 in die Pfarrei Sankt Ägidius umgewandelt. Im Verlauf des 19. Jahrhunderts nahm die Bevölkerung nicht zuletzt durch die wachsende Militärpräsenz im Zusammenhang mit dem Ausbau des Truppenübungsplatzes Wahner Heide stark zu, so dass die Kapelle als Gottesdienstraum bald nicht mehr ausreichte. In den Jahren 1893 bis 1895 wurde daher anstelle eines barocken Vorgängerbaus eine von dem Architekten A. Becker entworfene neugotische Backsteinhallenkirche errichtet, die 1896 geweiht werden konnte. Sankt Ägidius wurde zwischen 1989 und 1992 einer gründlichen Restaurierung unterzogen, die auch eine Erneuerung der Gewölbe sowie die Neuausmalung der Kirche und den Einbau eines modernen Fensters einschloss. Zu den original erhaltenen Ausstattungsstücken des späten 19. Jahrhunderts gehören der Hochaltar, zwei Seitenaltäre, das Taufbecken, die Kreuzwegstationen und die Kanzel, deren Schalldeckel im letzten Weltkrieg beschädigt wurde und in den Sechzigerjahren verloren ging. Der rechte Seitenaltar ist dem Heiligen Josef geweiht. Der linke Seitenaltar zeigt Maria als Himmelskönigin, umgeben von Heiligen. Aus der Erbauungszeit der Kirche datieren die Fenster hinter dem Hochaltar. Das mittlere zeigt Christus am Kreuz mit Maria, dem Apostel Johannes und Maria Magdalena. Im linken und im rechten Fenster sind die beiden Pfarrpatrone Sankt Ägidius und Sankt Sebastian abgebildet. Die Fenster der Seitenschiffe bestehen zum Teil aus Fragmenten der Originalverglasung. Im Erdgeschoss des Turmes befindet sich als nunmehr ältestes Ausstattungsstück das im 17. Jahrhundert geschaffene Wandepitaph des damaligen Eigentümers der Burg Wahn, Wilhelm von Zweiffel und seiner Gattin Agnes Schall von Bell, das aus dem Vorgängerbau von Sankt Ägidius stammt. C.S.

Sankt Ägidius in Wahn.

Die Kirche wendet Turm und Hauptportal dem Neusser Platz zu.

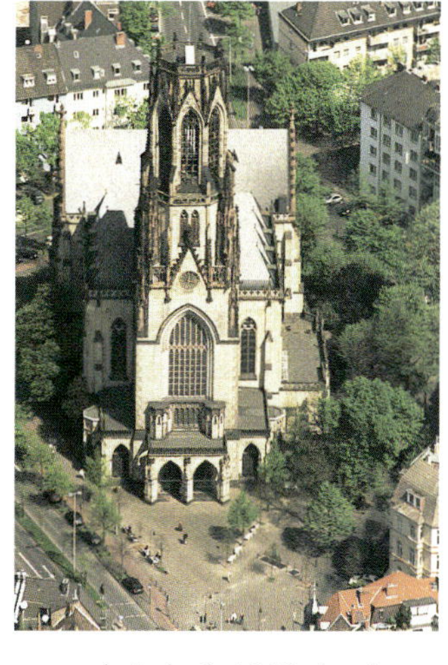

Sankt Agnes

Sankt Agnes ist nach dem Dom die größte Kirche Kölns. Im Zuge der Neustadtplanung des Stadtbaumeisters Hermann Josef Stübben wurde der Neusser Platz als großer sternförmiger Platz mit zehn zuführenden Straßen angelegt. Die städtischen Planer legten besonderen Wert auf großartige Blickachsen und wünschten sich daher auf diesem Platz, in genauer Sichtachse zum mittelalterlichen Eigelsteintor und im Verlauf der alten Römerstraße nach Norden, einen Kirchenbau als »Point de vue«.

Der Kölner Bürger Peter Joseph Roeckerath, zunächst Oberlehrer, später im Zuge der Neustadtplanung als Bodenhändler, Bau- und Wohnungsunternehmer sehr vermögend geworden, stiftete 1890 die Kirche zum Andenken an seine verstorbene Frau. Seit 1889 entstanden die ersten Wohnhäuser entlang der Neusser Straße. Bis dahin war dieses Gebiet außerhalb der mittelalterlichen Stadtmauer jedoch ausschließlich landwirtschaftlich genutzt, daher erklärt sich der alte Spitzname der Kirche »Sankt Agnes auf dem Kappesfeld«.

Nach Plänen der Architekten Carl Rüdell und Richard Odenthal wurde 1896 mit dem Bau begonnen. Entsprechend der Wünsche des Stifters wurde eine große neugotische Hallenkirche mit Querschiff und einer 62 Meter hohen Turmanlage ohne Helm errichtet. Unter dem Chor legte man eine halb in den Boden eingetiefte Krypta an. Nach fünfjähriger Bauzeit konnte der Neubau am 21. Januar 1902 gesegnet werden.

Seitdem gibt die Agneskirche dem ganzen umliegenden »Veedel« seinen Namen und bildet zusammen mit dem heute teilweise verkehrsberuhigten Neusser Platz das Herz des beliebten, lebendigen Wohnviertels.

Auch die Agneskirche erlitt starke Kriegszerstörungen, wurde aber im Gegensatz zu anderen neugotischen Kirchen Kölns relativ originalgetreu wiederaufgebaut, so dass sie bis heute ein prachtvolles Beispiel der neugotischen Architektur Kölns darstellt. Allerdings verzichtete man nach dem Krieg auf die Wiederherstellung der Gewölbe und zog eine holzverkleidete Betonflachdecke ein. Diese Deckenkonstruktion wurde jedoch 1980 durch einen Brand, der den gesamten Dachstuhl zerstörte, baufällig und man stellte die neugotischen Gewölbe wieder her.

Die in Nord-Süd-Richtung erbaute Kirche wendet ihren im unteren Bereich massiven, weiter oben filigran aufgelösten Turm nach Süden dem Eigelsteintor und damit der Stadt zu. Eine kleine, mit weiten Spitzbögen zum Platz geöffnete Vorhalle empfängt den Besucher. Vor den Arkadenpfeilern stehen die Standfiguren verschiedener Heiliger, allesamt Namenspatrone der Kinder des Stifters Roeckerath. Der ganze Außenbau ist reich mit figürlicher Skulp-

Das Innere von Sankt Agnes mit den wiederhergestellten Gewölben.

Innenstadt

Neusser Platz 18
50670 Köln

☏ 0221-733300
www.st-agnes.de

• Karte 1, g2
Ⓗ Reichenspergerplatz
Linien 5, 16, 18, 19

An der Neusser Straße bezeichnet das Kreuz den Weg der jahrhundertealten Kevelaer-Prozession.

Die apokalyptische Frau in den Chorfenstern von Wilhelm Buschulte.

tur geschmückt, viele Werke wurden vom Bildhauer Alexander Iven gefertigt.

Der Innenraum wird durch große seitliche Fenster mit pastellgetönter Nachkriegsverglasung mit viel Licht durchflutet. Das nur wenig nach außen vorspringende Querschiff besitzt zu beiden Seiten große Portale und darüber liegende breite Maßwerkfenster, an der Nordseite große Rosenfenster. Der polygonal geschlossene Chor ist durch den angedeuteten Kapellenkranz in der unteren Wandhälfte betont aufwändig gegliedert.

An die ursprüngliche neugotische Kirchenausstattung erinnert der Hochaltar von 1902. Zum Abschluss der Wiederherstellung in den Achtzigerjahren errichtete Elmar Hillebrand 1987 den heutigen, zur Vierung vorgezogenen Gemeindealtar. Die Chorfenster wurden in zwei Abschnitten von Wilhelm Buschulte entworfen. Die mittleren Fenster (1989) zeigen Szenen aus der Offenbarung des Johannes, die seitlichen Chorfenster (1993) beschreiben Szenen aus dem Buch Daniel. In ihrem Mittelpunkt steht der Lobgesang der drei Jünglinge im Feuerofen als Anspielung auf die drei Märtyrer der Katholischen Arbeitnehmer-Bewegung (KAB) unter den Nationalsozialisten.

Das neugotische Taufbecken.

Links vom Chor befindet sich die etwas tiefer liegende Taufkapelle, deren Fußbodenbelag an Wasserwellen erinnert. In ihr ist das schöne neugotische Taufbecken aufgestellt.

Daneben liegt die 1908 ausgebaute Petruskapelle mit dem Grab des 1905 verstorbenen Stifters; der neugotische Petrusaltar und die erhaltene Wandgestaltung überliefern ein Stück der historistischen Ausstattung. In der gegenüberliegenden Marienkapelle steht eine Madonna mit Kind von Wilhelm Albermann. Aus beiden Kapellen führt eine Treppe zur unter dem Chor liegenden Krypta. Heute dient dieser 1995 von dem Künstler Anatol Herzfeld modern gestaltete Raum als Erinnerungsstätte an die drei Märtyrer der KAB, außerdem wird er häufig für Werktagsmessen im kleineren Kreis genutzt.

Als weitere Ausstattungsstücke sind zu erwähnen: der Kreuzweg, dem Kinder der Gemeinde eigene Bilder hinzugefügt haben und die »15. Kreuzwegstation« von Hella Berent, ein zeitgenössisches, abstraktes Bild, das im Rahmen einer der in Sankt Agnes stattfindenden Kunstausstellungen »Welten im Agnesviertel« den dauerhaften Weg in die Kirche fand. Direkt daneben steht das alte Kevelaer-Kreuz, ein Wegekreuz, das seit 1834 am Ort der späteren Agneskirche den Weg der Kevelaer-Prozession bezeichnet und dessen Vorgängerkreuz bereits um 1609 im Plan des Abraham Hogenberg an dieser Stelle eingetragen war. Nach mehreren Zerstörungen steht heute draußen an der Straße eine Kopie.

Die große Orgel der Agneskirche wurde 1989 von der österreichischen Firma Rieger neu gebaut. Sie besitzt drei Manuale, 50 Register und hat einen besonderen Schwerpunkt im Hinblick auf das Spielen französisch-romantischer Orgelliteratur. *M.S.*

Blick in den fensterlosen, parabelförmigen Chor.

Sankt Alban

Innenstadt

Gilbachstraße 25
50672 Köln

☏ 0221-513336

• Karte 1, e5
Ⓗ Christophstraße
Linien 6, 12, 15

Die Kirche Sankt Alban am Quatermarkt gehörte neben Sankt Peter, Sankt Kolumba und der zerstörten Laurentiuskirche zu den vier ältesten Pfarrkirchen Kölns. Nachdem ihre Ruine 1954 zur Erinnerungsstätte für die Opfer des Zweiten Weltkrieges bestimmt wurde, übertrug man 1956 Patrozinium und Vermögen dieser bedeutenden Pfarrei einer geplanten neuen Pfarrkirche im nördlichen Bereich des Stadtgartens. Dieser Park mit seinen alten Bäumen gehört zu den ältesten Grünanlagen Kölns und wurde 1827 außerhalb der damals noch bestehenden mittelalterlichen Stadtmauer angelegt.

Die neue Kirche entstand von 1957 bis 1958 auf der Basis einer intensiven Zusammenarbeit zwischen Pfarrer Hugo Poth und Architekt Hans Schilling. Man wollte einen Raum schaffen, der den zukünftigen pastoralen und liturgischen Ansprüchen gerecht werden würde. So entstand ein Kirchenbau, der zu seiner Entstehungszeit zusammen mit einigen anderen rheinischen Kirchen eine revolutionäre Vorreiterrolle für die neue liturgische Gliederung des Kircheninnenraumes spielte. Eine offizielle Umgestaltung der Kirchen wurde erst 1963 vom Zweiten Vatikanischen Konzil für alle katholischen Kirchen gefordert und sie wäre ohne die vorhergehenden Erfahrungen unter anderem im rheinischen Kirchenbau nicht denkbar gewesen.

Die Mauern der Kirche entstanden aus Trümmerziegeln von der alten Oper, welche den wuchtigen Außenwänden eine lebendige Oberflächenstruktur und einladende Wirkung verleihen.

Dem von der Gilbachstraße ankommenden Besucher wendet der Bau seine hochaufragende, fast fensterlose Apsis wie ein Schiffsrumpf entgegen. Die seitliche Ansicht erinnert mit der aufstrebenden Dachlinie und den ausgeschnittenen Fensteröffnungen an Le Corbusiers Wallfahrtskirche in Ronchamp/Elsass, die bis 1954 errichtet wurde. Der Eingang liegt zum Stadtgarten hin; der Park mit seinen großen alten Bäumen ist die grüne Vorhalle zur Kirche, wo sich nach dem Gottesdienst auch die Gemeinde gerne trifft. Die schweren Türflügel des Hauptportals von Toni Zenz symbolisieren mit Themen von Sünde und Erlösung die Paradiespforte.

Der Kirchenraum besteht aus einem Zentralbau, auf dessem fünfeckigen Grundriss der Gemeinderaum angelegt ist. Diesem sind die parabelförmige Altarapsis mit darunter liegender Taufkapelle, die niedrige quadratische Sakramentskapelle und die Sakristei mit Nebenräumen angegliedert. Die Decke steigt zur Apsis stark an und betont dadurch den Altarraum.

Der Innenraum wirkt aufgrund des warmen Farbtons der Backsteine und der umschließenden, massigen Wände wie eine bergende Höhle; der zentralisierende Grundriss betont die Gemeinschaft der versammelten Gemeinde. Während in anderen Kirchen dieser Zeit der Altar noch direkt vor der Apsiswand stand und der Priester nur mit dem Rücken zur Gemeinde zelebrieren konnte, ist hier der Altar weit von der Wand abgerückt und für die Zelebration zum Volk hin bestimmt. Diese Aufstellungsform nimmt die bereits erwähnte, fünf Jahre später vom Zweiten Vatikanischen Konzil für alle katholischen Kirchen geforderte liturgische Neuordnung vorweg. Traditionell ist dagegen immer noch der stark erhöhte Standort des Altares.

Auf dem Deckel des Taufbeckens aus Alt Sankt Alban steht der Pfarrpatron.

Den fünfeckigen Tabernakel zieren zahlreiche biblische Szenen zum Thema der Eucharistie.

Die Chorgitter von Toni Zenz lassen bei genauer Beobachtung stilisierte Vögel und Schlangen als Symbole für Licht und Finsternis erkennen. Die Kommunionschranken zeigen viele Hirsche, die den Psalm 42 in Erinnerung rufen: *»Wie der Hirsch lechzt nach frischem Wasser, so lechzt meine Seele, Gott nach dir.«*

Eine bedeutende liturgische Entwicklung ist auch die Realisierung der Sakramentskapelle, für deren Errichtung Kardinal Frings noch eine Ausnahmegenehmigung erteilen musste, weil es bis 1963 üblich war, den Tabernakel auf dem Altar zu errichten. In Sankt Alban bekam er erstmals eine eigene Kapelle.

Der Tabernakel von Elmar Hillebrand, dessen fünfeckiger Grundriss die Form des Kirchenraumes wieder aufnimmt, ist mit den Kommunionschranken durch ein Podest verbunden. Die fünf Seiten des bronzenen Tabernakeltürmchens zeigen in vielen Einzelszenen eine Gegenüberstellung von Heilstaten im Alten und Neuen Testament. In kleinen Bildern an den Wänden der Sakramentskapelle hat Elisabeth Hoffmann-Lacher die Geheimnisse des schmerzhaften Rosenkranzes verdeutlicht (1973). Das Portal der Sakramentskapelle ist ebenfalls ein Werk Elmar Hillebrands. Auf dem Türsturz verweisen eine Kreuzigungsdarstellung und ein Familienmahl auf die Bedeutung der Eucharistie, welche auf der bronzenen Tür als Mitte der Welt dargestellt ist, indem das herabhängende Baulot auf den Priester am Altar verweist.

Links vom Altarraum führen viele Stufen in die Taufkapelle hinunter. Der tiefliegende Raum, aus dem der Täufling nach der Taufe in die Kirche heraufsteigt, verdeutlicht die Geburt des Neuen Menschen in der Taufe und seine Anteilnahme an der Auferstehung Christi. In der Taufkrypta befindet sich das bronzene Taufbecken, das 1642 für die alte Sankt Albanskirche hergestellt wurde. Über dem kleinen Altar hat Elisabeth Hoffmann-Lacher ein Krippenmosaik aus Natursteinen angebracht.

Die Fenster der Kirche entwarf Franz Pauli, die vielen Fenster des Gemeinderaumes verweisen auf einzelne Verse des Lobgesanges der drei Jünglinge im Feuerofen (Dan 3,51-90), die in einem Fenster ganz rechts dargestellt sind.

Das große Gemmenkreuz über dem Altar zeigt auf seiner Vorderseite Emaildarstellungen folgender Szenen: Majestas Domini, Verkündigung, Geburt, Auferstehung und Himmelfahrt; auf der Rückseite ist der gekreuzigte Christus abgebildet. Dieses Kreuz wurde ebenso wie der Osterleuchter und das Bibelpult von Lioba Munz gestaltet.

Die Orgel mit 26 Registern baute die Firma Franz Breil in Dorsten.

Neben der bisher erwähnten, extra für den Neubau gestalteten Ausstattung, sind auch einige Ausstattungsstücke der alten Albanskirche hier zu finden, die die Kontinuität der alten Pfarrei betonen, wenn auch am anderen Ort. Neben dem schon erwähnten Taufbecken stammen auch die Apostelfiguren an der Orgelempore (erste Hälfte 15. Jahrhundert), die im Krieg stark zerstörte Pietà (um 1420), das hölzerne Kruzifix und das Schürenfels-Triptychon aus Alt Sankt Alban. Das kleine Triptychon wurde Anfang des 16. Jahrhunderts von dem Kölner Bürgermeister Konrad von Schürenfels gestiftet, er ist mit seiner Frau als Stifter dargestellt. Die spätgotische Madonna und die hölzerne Kanzel wurden für den Neubau hinzugekauft. *M.S.*

Der wie ein Schiffsrumpf hochaufragende Chor von Sankt Alban.

Das »Trauernde Elternpaar« in der Ruine von Alt Sankt Alban.

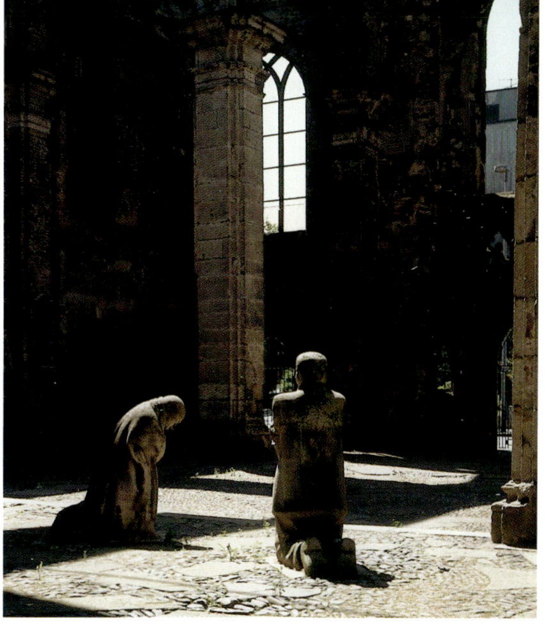

Alt Sankt Alban

Die ehemalige Bürger-Pfarrkirche Alt Sankt Alban ist heute Mahn- und Gedenkstätte für die Toten der beiden Weltkriege. Ein erster Sakralbau im südöstlichen Bezirk der römischen Stadt bestand vermutlich bereits in vorkarolingischer Zeit (7. Jahrhundert) und ist für die Zeit um 1080 und 1176 als eine der drei ältesten Pfarrkirchen der Stadt bezeugt. Aus dem 10. und 11. Jahrhundert finden sich nur noch einige Spuren; vom Gotteshaus der Stauferzeit, wie es um das Jahr 1200 bestand, sind nur geringe Reste im Mauerwerk der südlichen Konche und des Turmes erhalten. Das Langhaus dieser Pfeilerbasilika wurde Ende des 15. Jahrhundert gotisch umgebaut; der Nordturm 1494 in romanisierenden Formen erneuert.

Die dreischiffige Basilika mit polygonal umgebauten Chorschluss wurde 1633 nach Süden erweitert und in den Jahren 1668 bis 1672 durch Arnold Gulich durchgreifend zu einer dreischiffigen Hallenkirche mit Stern- und Netzgewölbe im Stil des Barock umgebaut. Weitere Umgestaltungen folgten, bis die Kirche 1884 bis 1896 im Zuge einer gründlichen Instandsetzung, die Turm und Westfront veränderte, eine neugotische Ausmalung nach Zeichnungen von Wilhelm Mengelberg und eine erneuerte Ausstattung erhielt. Die Figurengruppe über dem Portal der Westfassade von Alexander Iven (Christus zwischen Maria und Martha; um 1896) überdauerte zwar die Bomben des Zweiten Weltkrieges, doch brannte die Kirche völlig aus und es kam zum Einsturz von Teilen der Mauern und Gewölbe. Nach Sicherung der verbliebenen Bausubstanz (Umfassungsmauern, Gurt- und Scheidbögen der Gewölbe und deren Stützen) war die weitere Nutzung von Sankt Alban ungewiss. Der Krieg hatte den Pfarrbezirk entvölkert; nur etwas mehr als 300 Katholiken lebten noch in ihm. Wie aus den Quellen hervorgeht, wurde in dieser Situation sogar ein Abriss der Ruine erwogen. Seit 1949 wurde sie seitens der Planer immer stärker in den Gürzenich-Aufbau mit einbezogen, um so dessen Fläche zu vergrößern. Spätestens seit 1951 war zumindest der Bestand gesichert, denn der Landeskonservator verweigerte seine Zustimmung zu »einem zum Zwecke gärtnerischer Gestaltung vorgeschlagenen Abbruch«. Es kam schließlich zu Verhandlungen zwischen dem Erzbistum Köln und der Stadt, in deren Eigentum die Ruine der nunmehr aufgegebenen Pfarrkirche 1954 im Tausch gegen andere Grundstücke überging. Dabei verpflichtete sich die Stadt zur Restaurierung des Turmes und zur Einrichtung und Erhaltung einer Kapelle für den heiligen Konrad von Parzam (1818-1894). Dieser seit 1964 genutzte Andachtsraum besitzt eine Ausmalung von Peter Hecker und Fenster von Will Thonett. Das heutige Erscheinungsbild der Ruine ist allerdings nicht allein auf die Kriegsfolgen zurückzuführen, sondern das Ergebnis einer planmäßigen Konservierung und Inszenierung: es ging nicht nur um die Sicherung des überkommenen Bestandes; das Kircheninnere sollte vielmehr zum Hofraum umgestaltet und in den wiederaufgebauten Gürzenich (Architekten: Rudolf Schwarz und Karl Band) integriert werden. Daher entfernte man die verbliebenen Altäre (bis auf den Stumpf der Altarmensa) und Putzreste und ersetzte den erhaltenen Fußbodenbelag durch Bruchsteinplatten und dazwischen senkrecht stehende Rheinkiesel. Verbliebene Ausstattungsstücke wurden in die Kirche Neu Sankt Alban in der Gilbachstraße am Stadtgarten überführt, so dass schließlich kaum noch ein Detail auf die frühere Funktion als Sakralraum hinwies. Seit 1959 steht die Figurengruppe des »Trauernden Elternpaares« in der Ruine. Die Gruppe stammt aus dem Atelier des Bildhauers Ewald Mataré (1953) und ist die verkleinerte Nachbildung eines Denkmals, das Käthe Kollwitz 1931 zum Gedenken an ihren im Ersten Weltkrieg gefallenen Sohn Peter für den Soldatenfriedhof Roggevelde bei Dixmuiden/Belgien schuf. Seit der Auflösung dieser Ruhestätte 1955 befindet sich die Kollwitz-Plastik in Vladslo-Praedbosch. Die Figuren tragen die Gesichtszüge der Künstlerin und ihres Mannes.

Die Ruine ist leider nicht – wie einst geplant – der Öffentlichkeit zugänglich; das Innere ist nur von einem Gitter aus einsehbar. Die Nähe der Totengedenkstätte zum Festhaus Gürzenich ist kein Widerspruch: *»Die Feste des Lebens werden vor den Hintergrund des Todes gestellt«* (Rudolf Schwarz). *C.S.*

Das Innere der Kirche vor der Zerstörung im Zweiten Weltkrieg.

Altstadt

Quatermarkt 4
50667 Köln

• Karte 1, g5
Ⓗ Heumarkt
Linien 1, 7, 8, 9

Blick in den Chor mit der Ausmalung Peter Heckers.

Sankt Albertus Magnus

Sankt Albertus Magnus

Lindenthal

Suitbert-Heimbach-Platz 9
50935 Köln

☏ 0221-432452
www.albertus-magnus-koeln.de

• Karte 1, b8
Ⓗ Koppensteinstraße
Linie 146

Neben dem »Krieler-Dömchen«, der seit 1224 als Pfarrkirche bezeugten, aber ins 10. Jahrhundert zurückgehenden romanischen Kirche, entstand 1950 ein größerer Neubau. Dieser erhielt das Patrozinium des in Sankt Andreas bestatteten großen Dominikaner-Gelehrten Albertus Magnus (um 1200-1280). Albertus Magnus gründete 1248 das Generalstudium der Dominikaner in Köln, welches lange vor der Gründung der Kölner Universität im Jahr 1388 bereits ein sehr bedeutender Ort theologischer Studien war. Das Patrozinium unterstreicht die räumliche Nähe zu der seit den Dreißigerjahren des 20. Jahrhunderts in Lindenthal angesiedelten Universität, für die sich der zeitweise angestrebte Name Albertus Magnus offiziell jedoch nie durchgesetzt hat.

Der in Lindenthal-Kriel wohnende Architekt Otto Bongartz entwarf die neue Pfarrkirche in betont einfachen Bauformen. Die Außenhaut besteht aus Trümmerziegeln; die basilikale Fassade und der schlichte Innenraum mit offenem Dachstuhl erinnern an frühchristliche Basiliken. Als Glockenturm wurde seitlich der Kirche ein freistehender Campanile errichtet.

Der dreischiffige Innenraum mit Rundbogenarkaden auf Betonsäulen und glatten Obergadenwänden erhielt 1962 seine besondere Prägung durch die Chorausmalung Peter Heckers, der hier sein letztes großes Wandbild schuf. Thema ist die Verklärung Christi auf dem Berg Tabor. Von Peter Hecker stammen auch die Bilder des Albertus- und des Marienaltares (1944, 1951), das Elisabethbild, das Franziskusfresko, der Kreuzweg (1958) und das Albertus-Mosaik über dem Eingang. Der Tabernakel und das Altarkreuz sind Werke von Fritz Zehgruber. Die Wetterfahne mit Kreuz und Posaunenengel entwarf Elmar Hillebrand. Auch zwei mittelalterliche Marienskulpturen schmücken die Kirche: eine Madonna (um 1370) und eine Pietà des 15. Jahrhunderts. Die Orgel wurde von der Firma Romanus Seifert, Kevelaer gebaut und besitzt 24 Register. *M.S.*

Sankt Amandus

Sankt Amandus

Rheinkassel

Amandusstaße 2
50769 Köln

☏ 0221-7087220

• Karte 2, d1/2
Ⓗ Kasselberg
Linie 121

sZu den romanischen Kirchen Kölns gehören nicht nur die weltweit bekannten »zwölf großen romanischen Kirchen« der mittelalterlichen Stadt innerhalb der Ringe, sondern auch circa ebensoviele kleinere romanische Kirchen, die ehemals meist Pfarrkirchen der Dörfer rund um Köln waren, nach den Eingemeindungen aber nun ebenfalls zum Stadtgebiet gehören. Jede dieser Kirchen hat ihren eigenen Reiz und ist einen Ausflug wert, ganz besonders aber die landschaftlich überaus reizvoll über dem Rheinufer gelegene Kirche Sankt Amandus im äußersten Kölner Norden.

Links vom Turmportal ist ein barocker Totenkopf eingemauert, der an einen alten Namen der Kirche erinnert: »Zum dode Mann«. Auf einer Radierung von Wenzel Hollar aus der Mitte des 17. Jahrhunderts findet sich bereits die ähnlich lautende Bezeichnung »Dormannskirch«.

Daten für die erste Kirche an dieser Stelle sind nicht überliefert. Im 12. Jahrhundert bestand ein Streit zwischen dem Kölner Stift Sankt Gereon und dem Prämonstratenserkloster Knechtsteden um das Eigentumsrecht der begüterten Pfarrei. Von 1220 bis 1803 unterstand die kleine Kirche nachweislich jedoch dem Kollegiatsstift von Sankt Gereon in Köln, das bis zur Säkularisation 1803 die Pfarrer stellte.

Der Heilige Amandus mit dem von ihm gegründeten Kloster Elno.

Totenkopf neben dem Turmportal.

Die enge Beziehung zu dem Kölner Stift wird durch eine im Jahr 2003 auf dem Kirchplatz aufgestellte Stele mit einer Figur des heiligen Gereon unterstrichen.

Grabungen des Römisch-Germanischen-Museums legten 1979 Fundamente einer ersten Saalkirche an dieser Stelle frei, deren Bauzeit um das 11. Jahrhundert angenommen wird. Diese einfache Kirche wurde im 12. Jahrhundert um drei Meter erhöht und erhielt um 1200 den heute noch erhaltenen, aber im 17. Jahrhundert um ein Geschoss reduzierten, mächtigen Westturm. Um 1220 setzte eine umfangreiche Erweiterung und Modernisierung ein, die die kleine Kirche vergrößerte und mit prächtigem Bauschmuck auszeichnete, der weit über das ansonsten bei den Kölner Landkirchen übliche Maß hinausging. Die Saalkirche erhielt zwei Seitenschiffe und einen neuen, innen und außen aufwändig gegliederten Chor, der durch zwei seitliche Türme besonders hervorgehoben wird. Die bis dahin bestehende Holzdecke wurde durch ein Gewölbe ersetzt (das heutige gotisierende Gewölbe stammt aus dem 17. Jahrhundert). Die aus dieser staufischen Erweiterung hervorgegangene Kirche bildet mit ihrer Chorfassade und auch mit einzelnen Bauformen bis heute eine vereinfachte, verkleinerte Kopie der Kölner Stiftskirche Sankt Gereon.

Die Farbfassung des Außenbaues in weiß und rosa rekonstruiert seine ursprüngliche Farbigkeit, bestimmt aufgrund von gefundenen Farbresten. Dank der jüngsten Restaurierungen, ebenfalls auf der Basis von originalen Farbbefunden, gibt auch der Innenraum von Sankt Amandus einen gewissen Eindruck der spätromanischen Kleinkirche wieder, ursprünglich waren jedoch auch die Wände teilweise bemalt.

Die Ausstattung der Kirche bezeugt ihre lange Geschichte und mehrere Restaurierungskampagnen seit dem 19. Jahrhundert: Von der wenig bemalten, überwiegend holzsichtig belassenen neuromanischen Ausstattung des 19. Jahrhunderts sind noch viele Stücke erhalten, die dem Raum einen harmonischen Eindruck verleihen. Dazu gehören die Kanzel mit den Darstellungen von Petrus, Christus und Moses, die Seitenaltäre mit den Figuren von Maria und Josef, die Kommunionbank, die Kreuzwegstationen und die Gemeindebänke. Die historisierende Kreuzigungsgruppe des Chores wurde um 1920 erworben.

Die rechts vom Chor aufgestellte thronende Madonna mit Kind (um 1300) befindet sich erst seit 1954 in der Kirche, sie ist das einzige mittelalterliche Ausstattungsstück. Verschiedene Heiligenfiguren des 17. Jahrhunderts vervollständigen die Ausstattung: Amandus und Hubertus sowie Barbara und der Erzengel Michael, die letzteren aus der benachbarten Pestkapelle an der alten Römerstraße. Drei 1987 von Dieter Hartmann entworfene Chorfenster symbolisieren die göttlichen Personen der Dreifaltigkeit.

Die Orgel beinhaltet Teile einer 1789 vom Kölner Orgelbauer Johannes Georg Arnold errichteten Orgel, für die man vermutlich schon auf einen älteren Orgelprospekt aus der Zeit um 1700 zurückgreifen konnte. 1981 wurde die Orgel mit elf Registern und einem Manual von der Firma Peter restauriert.

Gottfried Böhm errichtete 1976 das benachbarte Pfarrzentrum und 1979 die westlich anschließenden Wohnhäuser. *M.S.*

Die romanische Chorfassade ist eine stark vereinfachte Kopie von Sankt Gereon.

Sankt Andreas

Innenstadt

Komödienstraße 4-8
50667 Köln

☏ 0221-160660
www.sankt-andreas.de

• Karte 1, g4
Ⓗ Dom/Hbf.
Linien 5, 16, 17, 18, 19

Die ehemalige Chorherren-Stiftskirche Sankt Andreas lag bis zur Stadterweiterung von 1106 vor den Mauern Kölns im Stadtgraben, unmittelbar nordwestlich des römischen Nordtores. Eine erste Kapelle an diesem Ort trug den Namen Sankt Matthäus in fossa (im Graben) und war vermutlich 870 bis 889 errichtet worden. Gesicherter ist die Berufung von Kanonikern aus Sankt Maria im Kapitol und die Gründung eines Chorherren-Stifts unter Erzbischof Bruno. Mit dieser Gründung war ein Kirchenneubau verbunden, der von Erzbischof Gero 974 dem Apostel Andreas geweiht wurde. Zur Regierungszeit der Salier, um 1050/60, wurden Chor und Krypta der Kirche erneuert. Reste dieser Bauphase haben sich an der Ostwand der modernen Unterkirche erhalten. Das heute bestehende Langhaus ist das Ergebnis einer Baumaßnahme zwischen 1190 und 1220. Der Westquerbau war spätestens 1244/45 mit der Weihe des Michaelaltares auf der darüber liegenden Empore vollendet. Um 1300 baute man Kapellen an die Seitenschiffe an, die zu einem geräumigeren Eindruck des Kircheninneren beitrugen. Nach dem Vorbild des Aachener Domes wurde der romanische Chor von 1414 bis in die Zwanzigerjahre des 15. Jahrhunderts durch einen gotischen ersetzt und dabei die salische Krypta zerstört. Der südliche Querarm wurde 1492 vollständig gotisiert, während sich im nördlichen noch Reste der spätromanischen Wandgliederung des frühen 13. Jahrhunderts erhalten haben. An die Querarme schlossen sich ehemals Vorhallen an, von denen nur die nördliche als Sakristei die Zeiten überstanden hat. Nach der Säkularisation des Stifts im Jahre 1802 wurde Sankt Andreas zur Pfarrkirche. Im Zweiten Weltkrieg im Vergleich zu anderen Kölner Kirchen nur leicht beschädigt, konnte bereits 1947 wieder Gottesdienst gefeiert werden. 1947/48 diente Sankt Andreas als Ersatzkathedrale des Erzbistums Köln anstelle des Domes. 1947 übertrug Erzbischof Josef Kardinal Frings dem Orden der Dominikaner die Nutzung der Kirche. Für den kleinen Konvent wurden 1954/55 nach Plänen von Karl Band die Flachbauten an der Südseite der Kirche errichtet. 1953 bis 1955 wurde unter dem gotischen Chor die Krypta des 11. Jahrhunderts freigelegt und nach einem Entwurf von Karl Band modern ausgebaut, erweitert und eingerichtet als Gebetsraum und Grablege für den heiligen Albertus Magnus. Weitere Restaurierungsmaßnahmen folgten in den nächsten Jahrzehnten in regelmäßigen Abständen. So erhielt das Innere eine von Karl Band entworfene und von Hans Heider ausgeführte ornamentale Farbfassung. Infolge des Erdbebens vom April 1992 wurde bis 1997 eine umfassende Innen- und Außenrestaurierung erforderlich.

Man betritt die Kirche heute durch einen Flügel des 1843 abgerissenen Kreuzgangs, der wie eine Vorhalle wirkt. Der Raum mutet beinahe orientalisch an: ausgezackte Gurtbögen wirken wie Zitate aus der maurisch-arabischen, beziehungsweise der byzantinischen Architektur.

Im kurzen dreischiffigen Langhaus der Gewölbebasilika mit seinem deutlich akzentuierten Stützenwechsel wird deutlich, dass Sankt Andreas die reichste Architekturgliederung unter den romanischen Kirchen Kölns aufweist. Kapitelle von höchster Qualität mit Tier- und Pflanzendarstellungen bekrönen die Pfeiler und Halbsäulen. Horizontal wird die Wand über den Mittelschiffarkaden durch einen Rankenfries und ein Nischentriforium gegliedert, sie wird zum vielgestaltigen Relief, wie dies für die spätromanische Architektur kennzeichnend ist.

Sankt Andreas bewahrt als besonderen Schatz einige bemerkenswerte mittelalterliche Wandmalereien. Die westliche Kapelle der Nordseite etwa wird vom größten Wandgemälde des Rheinlandes beherrscht. Es zeigt Darstellungen aus dem Marienleben und ist um 1325 entstanden. Durch die Vierung mit ihrem kuppelartigen Gewölbe gelangt man in den lichten, wie ein gläserner Schrein wirkenden,

Blick aus dem Chor nach Westen.

Turm und südliches Querschiff.

gotischen Chor. Auf dem Hochaltar befindet sich ein spätgotischer Holzschrein, der 1859 die Gebeine des heiligen Albertus Magnus aufnahm. Der Schrein wurde vom Kölner Stadtbaumeister Weyer im Kunsthandel erworben. Die farbigen Fenster des Chores stammen zum Teil aus dem 19. und 20. Jahrhundert. Das Sakramentshaus entstand um 1550; das reiche Chorgestühl datiert von etwa 1430.

Im südlichen Querarm der Kirche befindet sich der religions- und kunstgeschichtlich bedeutende Makkabäerschrein. Geschaffen hat ihn zwischen 1520 und 1527 der Goldschmied Peter Hanemann. Die im Alten Testament (2. Makkabäerbuch, Kapitel 6 und 7) erwähnten Leiden der makkabäischen Brüder und ihrer Mutter werden dargestellt in einem ausführlichen Zyklus von 42 getriebenen Tafeln und vollplastisch gegossenen Figuren als heilsgeschichtliche Vorbilder des Leiden Jesu und seiner Mutter Maria, sowie der christlichen Märtyrer. In der westlichsten Kapelle der Südseite steht der kurz nach 1500 entstandene Flügelaltar der Rosenkranzbruderschaft, der dem Meister von Sankt Severin zugeschrieben wird. Er zeigt in der Mitte Maria als Königin des Rosenkranzes umgeben von den Heiligen Dorothea, Dominikus, Petrus Martyr und Cäcilia (von links nach rechts). Maria zu Füßen knien geistliche und weltliche Mitglieder der 1474 in Köln gegründeten Bruderschaft; darunter unter anderem Papst Sixtus IV., Kaiser Friedrich III. und der spätere Kaiser Maximilian I. Der Dominikaner-Heilige Petrus Martyr – auch Petrus von Mailand oder von Verona genannt – ist der Patron der Kölsch-Brauer-Bruderschaft »Sankt Peter von Mailand«, der 1396 gegründeten ältesten Bruderschaft Kölns. Sankt Andreas ist ihre »Brauerkirche«.

Sankt Andreas ist die Grabeskirche des großen dominikanischen Universalgelehrten des Mittelalters und Heiligen Albertus Magnus, der, um 1200 in Lauingen an der Donau geboren, am 15. November 1280 in Köln starb. Ursprünglich in der Dominikanerkirche Heilig Kreuz bestattet, nur wenige Schritte von Sankt Andreas entfernt, wo sich heute eine Seniorenresidenz und ein Hotel erheben, ruhen seine Gebeine in einem aus Sankt Ursula stammenden römischen Sarkophag, der genau unter dem Altar der Vierung steht. An dieser Stelle der Krypta betete Papst Johannes Paul II. 1980 während seiner ersten Deutschlandreise.

Die Firma Orgelbau Weyland lieferte 1995 eine Orgel mit 42 Registern. *C.S.*

Die Vorhalle der Kirche.

Die Krypta mit dem Albertus-Magnus-Grab.

Blick durch die Kirche in den Chor.

Sankt Anna

Ehrenfeld

Schadowstraße 47
50823 Köln

☎ 0221-555124

• Karte 1, d2
Ⓗ Liebigstraße
Linie 5

Mitten in Neu-Ehrenfeld findet man ein Stück Westfalen. Von der 1907 errichteten neuromanischen Basilika Sankt Anna war nach den Kriegszerstörungen nur der massige, 56 Meter hohe Westturm erhalten geblieben und dieser hat sein Vorbild im Turm des Paderborner Domes. Der Paderborner Turm stammt aus dem 13. Jahrhundert und erhielt im 19. Jahrhundert vier kleine seitliche Türmchen, die nun auch für Sankt Anna typisch geworden sind.

Der Entwurf der ersten Annakirche stammt von dem Architekten Adolf Nöcker, der bereits vorher in Köln die neugotische Kirche Maria Hilf (1896 bis 1898) in der Neustadt und wenig später die Pfarrkirche Sankt Bonifatius in Nippes (1913) baute.

Nach den Kriegszerstörungen drehte man die Ausrichtung der neuen Kirche um. Ehemals bezeichnete der in der Achse der Eichendorffstraße stehende Turm den Eingang zur Kirche, heute bekrönt er den Chor. Vater Dominikus und Sohn Gottfried Böhm planten hier ihr letztes gemeinsames Werk, Dominikus Böhm verstarb im Jahr vor der Fertigstellung 1956.

Die neue Kirche wurde aus den zermahlenen Trümmerresten des Vorgängerbaus errichtet, das gab dem Außenbau bis in die Siebzigerjahre einen freundlich rotgrauen Farbton. Aufgrund von Feuchtigkeitsproblemen in der Wand wurde eine Verkleidung der Außenmauer notwendig und diese neue, dunkle Verkleidung aus Schiefer und Kupferbändern (Rolf Link) veränderte den Außeneindruck grundlegend. Von der Straße sieht der Betrachter das über zwei konische Stützen leicht geschwungene Dach, welches über der großen Fensterfläche der Eingangsfront sehr leicht wirkt. Im Kontrast dazu steht der massive Portikus aus groben Werksteinen, der den Besucher in das Innere geleitet. Die außen bereits erkennbare Gliederung setzt sich auch innen fort: Über den grazilen Stützen wölbt sich die geschwungene Betondecke einer dreischiffigen Halle. Der Kirchenraum ist beseelt von einer ungeheuren Leichtigkeit: Große Fensterflächen dominieren, die seitlichen streng geschlossenen Mauerflächen wirken wie aufgehängte Tücher unter dem schmalen, hellen Fensterband, das Decke und Seitenwände voneinander trennt.

Das Innere lebt von dem Licht, das durch das helle, silbrig-gold leuchtende Ostfenster der Eingangsseite fällt. Die vielen dargestellten Türme und Häuser lassen das Thema des »Himmlischen Jerusalems« erkennen; an den im Büro Böhm entstandenen Entwürfen arbeiteten Heinz Bienefeld und Rolf Link. Das Schiff auf der linken Seite ist ein Symbol der »starke Frau«, es stammt aus einer alttestamentlichen Lesung, die früher am Fest der heiligen Anna gelesen wurde (Spr 31, 10-31). Die Berglandschaft rechts bietet einen Ausblick auf den Kalvarienberg. Dies erinnert an einen Satz, den der frühere Pfarrer Wöllgens 1942 nach den ersten Bombardierungen an die Gemeinde schrieb: »*Ich soll euch nun nach Golgotha führen...*«. Das strahlende Fenster war nach den schweren Jahren des Krieges ein Symbol des Neuanfangs für die Gemeinde.

Gegenüberliegend stammen die Fenster seitlich des Altarraumes von Robert Rexhausen (links) und Hubert Schaffmeister (rechts). Von links oben nach rechts unten werden uns die sechs Tage der Schöpfung in Erinnerung gerufen (1983).

Detail des Kreuzweges von Ludek Tichy.

Der Altarbereich wurde zwischen 1973 und 1975 den neuen Bestimmungen des Zweiten Vatikanischen Konzils angepasst. Gleichzeitig mit diesen räumlichen Veränderungen schuf Elmar Hillebrand den Tabernakel und den Sakraments-Baldachin. Der Baldachin besteht aus Stuckgips und ruht auf wiedergefundenen Säulchen der alten Kirche. Die Bogenform soll an den Bund Gottes mit den Menschen erinnern, als Zeichen seines Bundes setzte Gott den Regenbogen in den Himmel. Die Außenseiten erzählen viele verschiedene Ereignisse des Alten Testamentes, auf den Innenseiten befinden sich Szenen des Neuen Testamentes. Der Tabernakel selber ist mit verschiedenen symbolischen Darstellungen geschmückt, die auf das Heil hinweisen, das uns durch die Eucharistie geschenkt ist.

In der Turmkapelle befindet sich eine schwarze Anna Selbdritt, ein Geschenk der Partnergemeinde in Tansania, außerdem zwei Probeabgüsse von Relieftafeln, die die Kölner Künstler Theo Heiermann und Elmar Hillebrand für den Dom in Eichstätt herstellten. Die Tafel mit Szenen des Alten Testamentes stammt von Theo Heiermann, die Ereignisse des Neuen Testamentes wurden von Elmar Hillebrand gestaltet.

Der Kreuzweg (1975 bis 1980) und das über dem Altar hängende Kruzifix sind Werke des Prager Künstlers Ludek Tichy. Letzteres verbildlicht den Satz Jesu: »*Wenn ich am Kreuz erhöht bin, werde ich alle an mich ziehen*«. Der Kreuzweg dokumentiert den Glauben der lange vom Kommunismus unterdrückten Kirche in der ehemaligen Tschechoslowakei.

Bei der Orgel von Sankt Anna zeigt sich nochmals, dass die Rheinländer von Westfalen doch profitieren können – und dies sogar in ökumenischer Hinsicht: Die Orgel mit 28 Registern stammt aus der evangelischen Kirche in Halle/Westfalen. Die Firma Detlef Kleuker, Brackwede, baute sie in den Sechzigerjahren. 1989 wurde sie für Sankt Anna erworben und von der Firma Siegfried Sauer überholt und auf den neuen Raum abgestimmt. *M.S.*

Außenansicht der Kirche.

Sankt Anno

Der heiliggesprochene Erzbischof Anno II. (1056 bis 1075) gehört zu den bedeutendsten Persönlichkeiten der Kölner Stadtgeschichte. Er ließ den Langchor von Sankt Gereon errichten und gründete die Stifte Sankt Maria ad Gradus und Sankt Georg in Köln, sowie die Abtei in Siegburg, in der er in einem goldenen Schrein seine letzte Ruhestätte gefunden hat. Auf eine ihm geweihte Kirche musste er lange warten; eine nach ihm benannte Pfarre wurde erst 1963 gegründet. Schon bald danach wünschte sich die rasch wachsende Gemeinde eine eigene Kirche und ein dazugehöriges Gemeindezentrum, dessen Gebäude in mehreren Abschnitten errichtet wurden. Zunächst entstand der Pfarrsaal, der ab 1966 als Notkirche diente. Das Bauvorhaben einer größeren Kirche wurde buchstäblich vom heiligen Anno gefördert, denn der mit dem Jahr 1975 herannahende 900. Todestag des Heiligen wirkte sich positiv auf das Genehmigungsverfahren aus. 1974/75 entstand dann tatsächlich nach Plänen des Architekten Theo Scholten ein quadratischer Backsteinbau mit einem dreifach gefalteten Satteldach und einem dem Kirchenraum vorgelagerten, ungegliederten Turm. Vor der Eingangsseite des Turmes liegt ein großer Platz als Übergangsraum zwischen Kirche und Straße.

In das Innere der Kirche gelangt man durch einen im Vergleich zur zentralen Halle bewusst niedrig gehaltenen Vorraum. Den Gottesdienstraum überfängt eine mehrfach gefaltete Betondecke wie ein leichtes Zelt. In seinem unteren Bereich ist er von hohen und glatten Backsteinwänden umschlossen. Die seitlichen Giebelfelder sind vollständig verglast, um das Einfallen von viel Tageslicht zu ermöglichen.

Die Gemeinde kann sich auf drei Seiten um den weit in den Kirchenraum hineingerückten Altar versammeln. Die rechts hinter dem Altar gelegene Tabernakelkonche erhielt ein Fresko von Anna M'barek. Die fünf Farbfenster von 1998 entstanden nach Entwürfen von Dieter Hartmann. Die gesamte Ausstattung stammt von Elmar Hillebrand aus dem Jahr 1974. *C.S.*

Holweide

Pfarrer-Weber-Weg 7
51067 Köln

☎ 0221-632675

• Karte 2, f4
Ⓗ Buschfeldstraße
Linie 157

Sankt Antonius

Sankt Antonius

Mülheim

Tiefentalstraße
51063 Köln

☏ 0221-6470853

• Karte 2, f4
Ⓗ von- Lohe- Straße
Linien 153, 250

Unweit des Güterbahnhofs Köln-Mülheim plante Heinrich Renard eine neugotische Kirche, die vom Beginn des 20. Jahrhunderts an in zwei Bauabschnitten errichtet wurde. Im Jahre 1921 fand die feierliche Schlussweihe durch Erzbischof Karl Joseph Kardinal Schulte statt. Im Zweiten Weltkrieg beschränkten sich die Verluste im Wesentlichen auf die Fenster und auf Teile des Daches, so dass bereits am 12. Juni 1946 wieder Gottesdienst gefeiert werden konnte. Seit 1967 liegt die Seelsorge in der Hand der Salesianer Don Boscos. Zur gleichen Zeit wurde das Innere durch Gottfried Böhm neu gestaltet. Eine umfassende Restaurierung erfolgte 1993.

Die Kirche ist eine dreischiffige Basilika mit Querhaus und Rechteckchor. Über dem Chor erhebt sich ein Giebelreiter, der nach Süden und Norden von zwei kleinen quadratischen Türmen begleitet wird. Der Westfassade gleichsam als Verlängerung der Seitenschiffe vorgelagert sind zwei eingeschossige Eingangshallen mit spitzen Pyramidendächern. Durch diese beiden kapellenähnlichen Bauteile gelangt man in das Innere der Kirche. Auf der Altarinsel in der Vierung steht ein Zelebrationsaltar aus Travertin von Gottfried Böhm. Mittelpunkt der Kirche ist das zwischen Vierung und Chor hängende neugotische Triumphkreuz des Mülheimer Bildhauers Schmitz. Es war zunächst zusammen mit den Figuren der Maria und des Johannes Teil des Hochaltares, der 1916 durch einen neuen ersetzt wurde. Der höher liegende Chorbereich vor dem Hochaltar, der heute als Werktagskirche dient, wird farblich durch bunte Glasfenster aus dem Jahre 1983 belebt. Diese entwarf das Gemeindemitglied Dietmar Bongard.

Einen Kontrast zu den neugotischen Heiligenfiguren bildet die Bronzefigur des heiligen Antonius von Padua, die nach einem Entwurf von Hildegard Bienen 1973 geschaffen wurde.

Die Kirche besaß ursprünglich eine Orgel der Firma Klais in Bonn. Das heutige Instrument stammt aus den Niederlanden und hat 16 Register. *C.S.*

Der Chor von Sankt Antonius.

Ansicht des Chores vom Neumarkt aus.

Sankt Aposteln

Ein erstes, den heiligen Aposteln geweihtes Gotteshaus an dieser Stelle bestand wahrscheinlich bereits vor dem Jahr 1000. Erzbischof Pilgrim (1021 bis 1036) gründete hier ein Kanonikerstift und ließ den unmittelbar vor der alten römischen Stadtmauer gelegenen Vorgängerbau um 1030 durch eine dreischiffige, doppelchörige, flachgedeckte Pfeilerbasilika mit westlichem Querbau ersetzen, die er zu seiner Grablege bestimmte. Um 1150 errichtete man im Westen anstelle des dortigen Chores die unteren Geschosse eines mächtigen quadratischen Turmes mit seitlichen halbrunden Treppentürmen und eine Krypta. Vor 1192 brannte der Maria geweihte Ostchor ab und wurde um 1200 durch die heute noch bestehende Dreikonchenanlage ersetzt. Zeitgleich erfolgte die Seitenschiffeinwölbung. Bis 1220 wurde das nach 1030 errichtete Langhaus umgebaut. Den Wänden legte man eine neue Gliederung vor und ersetzte die Flachdecke durch ein sechsteiliges Rippengewölbe. Bis etwa 1230 wölbte man das Westquerschiff ein und stockte den Turm auf, der ein Rhombendach erhielt. Westchor und -krypta wurden 1643/44 im Zuge der Barockisierung der Kirche aufgegeben und die Turmwestseite zur Schaffung eines Doppeleingangs durchbrochen.

Mit der Säkularisation von 1802 übernahm Sankt Aposteln die Funktion einer Pfarrkirche. Im 19. und 20. Jahrhundert erfolgten mehrere Restaurierungen unter Johann Peter Weyer und Heinrich Nagelschmidt. Um 1900 entwarfen Antonio Gobbo, Alexander Kleinertz und Friedrich Stummel Mosaiken in byzantisierendem Stil für Wände und Gewölbe, von denen sich ein Feld im nördlichen Westquerschiff mit Christus als »Guten Hirten« erhalten hat. Nach der verheerenden Kriegszerstörung bemühten sich Willy Weyres, Günther Hagen, Wilhelm Schorn und Otmar Schwab bis 1975 um die weitgehende Rückgewinnung des baulichen Zustands des frühen 13. Jahrhunderts. Die alte salische Krypta legte man 1955 wieder frei und fand dabei die Gebeine des Erzbischofs Pilgrim, die heute in einem 1907 aus weißem Marmor geschaffenen Sarkophag in der Südkonche ruhen.

Die Kirche bietet ein äußerst geschlossenes und harmonisches Bild. Im Osten erhebt sich zum Neumarkt hin der Dreikonchenchor, der das Vorbild von Maria im Kapitol variiert und in der Nachfolge des 1172 geweihten Chores von Groß Sankt Martin steht. Es entstand ein reich gestalteter Etagenchor mit achtseitigen Winkeltürmen und einem achtseitigen Chorturm, der von einer feingliedrigen Laterne mit Kreuz bekrönt wird. Der Chor wirkt von außen fast wie ein Zentralbau, also wie ein Bau mit annähernd gleichen Raumachsen. In einem Blendbogenfeld der Ostkonche ist eine zugemauerte Tür sichtbar – das so genannte »Pilgrimpförtchen«. Dessen Schwelle markiert die obere Grenze der ehemaligen nach dem Jahre 50 nach Christus erbauten Römermauer. Weiter nach Westen schließen sich Langhaus und Westbau an. Den Abschluss, gleichsam als Gegengewicht zum Chor, bildet der markante 67 Meter hohe Westturm, der im Volksmund auch gelegentlich etwas respektlos aber treffend als »Apostelnklotz« bezeichnet wird.

Im Inneren sind die beiden wichtigsten Bauphasen auf gelungene Weise miteinander verbunden: Die Wände des Langhauses und die Buntsandstein-Pfeiler stammen noch aus dem Pilgrim-Bau. Ihnen ist aber eine weitere Wandschicht mit Rundbogenfries, Halbsäulen und ein Blendtriforium vorgelegt. Die Ornamentfenster des darüber liegenden Obergadens entstanden nach Entwürfen des früheren Dombaumeisters Willy Weyres. Höhepunkt des Raumes aber ist der Chor, dessen Altarinsel 1975 von Sepp Hürten gestaltet wurde. Er schuf unter Verwendung romanischer Säulen einen Zelebrationsaltar und entwarf nach dem Vorbild des Aachener Barbarossaleuchters einen Baldachin, unter dem die Taube des heiligen Geistes zu schweben scheint. Diese umklammert mit ihren Füßen den Tabernakel. Die um 1330 entstan-

Die rekonstruierte Krypta.

Sankt Aposteln

Innenstadt

Neumarkt 30
50667 Köln

☏ 0221-9258760
www.st-aposteln.de

• Karte 1,f5
Ⓗ Neumarkt
Linien 1, 3, 4, 7, 8, 9, 16, 17, 18, 19

Christus als Schmerzensmann.

denen Holzfiguren der Apostel stammen vom ehemaligen Hochaltar und sind heute in ein von Paul Nagel 1987 geschaffenes Retabel integriert. In der Nordkonche hängt das von dem Rubensschüler Johann Wilhelm Pottgießer 1671 gemalte Bild des Martyriums der heiligen Katharina von Alexandria, sowie ein Tafelgemälde von 1510, welches die Aussendung der Apostel zeigt. Die um 1450 entstandene Holzfigur des heiligen Georg fand ihren Platz am südwestlichen Pfeiler der Vierung; die Steinfiguren des heiligen Paulus und der Muttergottes mit Kind (um 1480) an den östlichen Vierungspfeilern.

Zwischen 1988 und 1993 erhielten die Chorgewölbe eine neue Ausmalung von Hermann Gottfried nach dem theologischen Konzept des damaligen Pfarrers Karl Günter Peusquens und von Professor Wilhelm Nyssen. Dargestellt sind Szenen aus der Offenbarung des Johannes.

Im Nordflügel des Westbaus steht eine um 1450 geschaffene hölzerne Figur, die Christus als »Mann der Schmerzen« darstellt. Gegenüber im südlichen Arm befindet sich die Marienkapelle. In ihr steht ein neugotischer Altar mit einem von Dieter und Henrike Franz 1993 geschaffenen Marienzyklus und Statuen der »Vierzehn Nothelfer«.

Etwas unterhalb der Orgelbühne befindet sich der Eingang zur Krypta, der von Statuen der Heiligen Petrus und Paulus vom 1760 gestifteten barocken Hochaltar flankiert wird. Die Hauptorgel von 1996 der Firma Fischer & Krämer aus Endingen ist mit 80 Registern die größte der Region nach der Domorgel von 1948. Die Firma Fischer & Krämer hatte bereits 1989 eine Chororgel mit zwölf Registern zur Begleitung von Solisten, Chor und der kleineren Werktagsgemeinde geliefert. Neben der Hauptorgel zeigt ein Gemälde von Otto Mengelberg (1839) den Erzengel Michael.

Einen interessanten Kontrast zur romanischen Architektur bildet die sich an das südliche Seitenschiff anschließende nach Pfarrer Dr. Josef Können (1876 bis 1960) benannte Aula. Die Flügel der in die Aula führenden Tür sind Arbeiten von Reinhold Ostlender aus dem Jahr 1965. Die gesamte Südwand des 1956 fertiggestellten lichten Raumes besteht aus einem Glasgemälde von Ludwig Gies, welches die Aussendung der Apostel und damit das Patrozinium thematisiert. Den jüngsten Beitrag zur Ausstattung der Kirche leistete Gerd Mosbach, der Ostern 2002 in Sankt Aposteln das Sakrament der Taufe empfangen hatte: Er schenkte der Gemeinde sein Apostelgemälde, das nun zunächst »versuchsweise« im nördlichen Seitenschiff aufgehängt ist. *C.S.*

Blick durch das Langhaus in den Chor.

Sankt Barbara von außen.

Sankt Barbara

Bereits seit 1917 gab es Überlegungen zum Neubau einer weiteren Kirche für die immer größer werdende Gemeinde Sankt Peter in Ehrenfeld, aber erst 1927 erhielt der Architekt Karl Colombo, der 1925 Nebengebäude für Sankt Peter errichtet hatte, den Auftrag. Bereits im Dezember 1928 konnte die fertiggestellte Kirche geweiht werden, der Ausbau der Unterkirche mit Krypta, Saal, Kindergarten und Jugendräumen erfolgte im nächsten Jahr. Obwohl sich die Bauformen in ihrer Schlichtheit deutlich vom Historismus der vorausgehenden Jahrzehnte distanzierten, war der Einfluss romanischer Stilelemente in rundbogigen Fenstern und seitlichen Arkaden noch deutlich spürbar. Vieles davon ist bei den Umbauten nach dem Krieg (1965, Architekt Toni Wichterich) verloren gegangen. Zahlreiche ehemalige Bogenformen im Innenraum wurden eckig und der Chorneubau entstand auf rechteckigem Grundriss. Die neue geknickte Holzdecke betont den veränderten Raumeindruck. Der Außenbau veränderte sich 1976 entscheidend, als die vorher weiß verputzten Außenwände rot verklinkert wurden.

Nach dem Umbau wurden viele neue Ausstattungsstücke für die Kirche geschaffen. Die Fenster stammen von Franz Pauli (1965). Der Bildhauer Sepp Hürten entwarf und fertigte den Altar, das hinter dem Altar aufgestellte Sakramentshaus mit Baldachin (Bronze mit aufgesetzten Bergkristallen), den Ambo, das Altarkreuz, die Altarleuchter und den Kreuzweg. Der hölzerne Osterleuchter wurde bereits 1942 von Toni Zenz geschnitzt, auf dem umlaufenden Bildband sind zwölf alttestamentliche Szenen dargestellt, die zugehörigen zwölf Schriftstellen wurden früher in allen katholischen Kirchen in der Osternacht verlesen.

Um endlich wieder ein Bildnis der Pfarrpatronin in der Kirche zu haben, kaufte die Gemeinde 1987 die Ikone der heiligen Barbara (17. Jahrhundert). Die Marienskulptur rechts neben dem Altar ist die Kopie einer mittelalterlicher Madonna aus dem Wiener Stephans-Dom. 1966 wurde die neue Orgel von der Bonner Firma Klais mit 29 Registern und zwei Manualen gebaut. *M.S.*

Sankt Barbara

Ehrenfeld

Rothenkruger Straße 2
50825 Köln

☏ 0221-555126

• Karte 1, c1
Ⓗ Takuplatz
Linie 5

Sankt Bartholomäus

Die Pfarre Sankt Bartholomäus entstand 1957 durch Abtrennung von der Mutterpfarrei Sankt Rochus, mit der sie heute – gemeinsam mit Sankt Dreikönigen – wieder einen Pfarrverband bildet. Für die Planung war der Düsseldorfer Architekt Hans Schwippert beauftragt, am Heiligen Abend 1959 konnte der erste Gottesdienst in der gerade fertiggestellten Kirche gefeiert werden. Erst zwei Jahre später entstand der 30 Meter hohe Campanile neben der Kirche, der mit vier Glocken bestückt wurde. Turm und der würfelartige Bau der Kirche sind außen mit rotem Backstein verkleidet, die glatten Kirchenmauern sind durch die hohen Fensterfelder gegliedert. Der kubische Innenraum ist relativ karg, diese zurückhaltende Architektur gibt der Gemeinde jedoch Freiraum für die verschiedenen gottesdienstlichen Feiern. Die betonsichtigen Wände sind auch von innen ungegliedert, einziger Schmuck sind die seitlichen hohen Fensterflächen und die darunter liegenden zwei Emporen.

Durch großzügige Stiftungen war es in den Jahren nach der Fertigstellung möglich, verschiedene Ausstattungsstücke zu erwerben. Dazu gehören die beiden Holzskulpturen der Madonna und des heiligen Bartholomäus sowie das Kreuz über dem Altar, welches der Gemeinde 1966 geschenkt wurde, der Korpus ist um 1600 in Nordspanien entstanden. In einer Seitenkapelle steht der von Fritz Schwerdt gearbeitete Tabernakel (1963) mit dem zugehörigen Wandbehang nach einem Entwurf von Ludwig Schaffrath. Seit 1963 steht der Taufbrunnen im hinteren Bereich der Kirche (Josef Jaekel). Eine für die Raumgestalt besonders wichtige Investition konnte 1976 bis 1978 realisiert werden, indem die Buntverglasung der Fenster nach Entwürfen des Österreichers Giselbert Hoke eingebaut wurde .

Die Orgel tat bereits in zwei anderen Kirchen in Norddeutschland und in Siegen ihren Dienst, bevor sie 1968 von der Kevelaer Firma Romanus Seifert für Sankt Bartholomäus umgebaut wurde. *M.S.*

Der Turm steht frei neben dem kubischen Baukörper der Kirche.

Sankt Bartholomäus

Bickendorf

Melatener Weg 25
50825 Köln

☏ 0221-545222

• Karte 1, ab2
Ⓗ Leyendeckerstraße
Linien 3, 4

Blick durch die Kirche in den Chor.

Sankt Bartholomäus

Sankt Bartholomäus

Urbach

Frankfurter Sraße 522
51145 Köln

☏ 02203-922560

• Karte 2, h8
Ⓗ Urbach, Kaiserstraße
Linien 152, 161

Die Pfarre Sankt Bartholomäus wurde 1166 erstmals erwähnt und gehörte seit 1208 zum Stift Sankt Severin. Ein damals erbautes romanisches Gotteshaus wurde 1879 bis auf den Westturm zugunsten eines Neubaus von Heinrich Nagelschmidt abgetragen. Es entstand eine neuromanische Backstein-Hallenkirche mit einem »Pseudoquerhaus«, das nach außen nur den Eindruck eines quer zum Langhaus verlaufenden Bauteils vermittelt. Dieser Neubau konnte 1886 geweiht werden. Um 1900 erhielt die Kirche einen neuen Vierkantturm, ebenfalls im neuromanischen Stil.

Die Altarzone mit Zelebrationsaltar, Ambo und Sedilien entstanden 1966 bis 1970 nach Entwürfen des Bildhauers Hein Gernot. 1978 wurde der Innenraum farblich neu gefasst. Die jüngste Renovierung erfolgte 1992 bis 1994. Im Chorraum befindet sich eine Kreuzigungsgruppe, deren Figuren aus verschiedenen Jahrhunderten stammen: der Korpus ist eine Arbeit aus dem 15. Jahrhundert, die beiden Assistenzfiguren des Johannes und der Maria wurden gegen Ende des 19. Jahrhunderts geschaffen. Aus der gleichen Epoche stammen auch die Stationen des neugotischen Kreuzwegs.

Die Orgel mit heute 21 Registern war 1554 von Veit ten Bendt für die ehemalige Pfarrkirche Klein Sankt Martin, deren nahe beim Heumarkt gelegener Turm sich bis heute erhalten hat, gebaut worden. 1640 erhielt sie einen neuen, heute noch vorhandenen Orgelprospekt und gelangte 1804 in die alte Bartholomäuskirche, wo sie 1880 erweitert wurde. 1912 nahm der Orgelbauer Ernst Seifert weitere Veränderungen vor, und 1962 wurde das Instrument durch die holländische Firma Verschueren ein weiteres Mal modernisiert. Die letzte Restaurierung führte die Firma Romanus Seifert in Kevelaer 1993 durch. Immerhin haben sich 302 der Originalpfeifen und damit die ältesten klingenden Pfeifen des gesamten Erzbistum Köln in Sankt Bartholomäus erhalten. *C.S.*

Sankt Bernhard

Sankt Bernhard

Longerich

Hansenstraße 39a
50739 Köln

☏ 0221-5991507

• Karte 2, d3
Ⓗ Meerfeldstraße
Linien 6, 15

Mitten in der »Katholikentags-Siedlung«, deren Grundstein 1956 während des in Köln stattfindenden 77. Deutschen Katholikentages gelegt wurde, steht die Kirche Sankt Bernhard. Von außen ist der Bau sehr schlicht: rote Backsteinwände mit wenigen Fenstern, einzig der hohe runde Turm fällt schon von weitem ins Auge. Inmitten der manchmal eng gedrängten Reihenhäuser umfängt die Kirche den Besucher mit einem wohltuend großzügigen weiten Raum.

Der Kölner Architekt Fritz Lill errichtete den 1961 fertiggestellten Bau über einem T-förmigen Grundriss. Zwei Grundgedanken prägten die Planung: Man wollte einerseits die dem Gründer des Zisterzienserordens, dem heiligen Bernhard von Clairvaux, geweihte Kirche dem Ideal der Zisterzienser entsprechend relativ schlicht bauen. Zum anderen sollte auch das Bild der Arche in der Architektur ausgedrückt werden. Die genau in der Kirchenachse im stumpfen Winkel gebrochenen Wände von Altar- und gegenüberliegender Langhauswand rufen tatsächlich die Vorstellung eines Schiffes hervor. Die Gemeinde versteht dieses Schiff als Arche, die die ganze Schöpfung sammelt, daher befindet sich am Eingang auch ein Relief der Arche Noah (Elisabeth Baumeister-Bühler). Die Schöpfung wird ebenfalls in den Fenstern von Wilhelm Schmitz-Steinkrüger thematisiert. Der dort dargestellte Lobgesang der Jünglinge im Feuerofen (Dan 3,51-90) preist die vielfältigen Erscheinungen der Schöpfung. Man findet in den Fenstern Sterne, Blumen und Fische, aber auch Schöpfungen des Menschen wie zum Beispiel einen Düsenjet oder Windräder. Im Westen ist der Taufbrunnen von Hein Wimmer leicht vertieft aufgestellt. Auf dem Kupferdeckel thront eine Taube als Zeichen des Heiligen Geistes, der den Täufling erfüllt. Der gleiche Künstler hat auch den Tabernakel geschaffen.

Sankt Bernhard aus der Luft.

Die Orgel von St. Bernhard wurde 1967 von der Bonner Firma Klais mit 36 Registern und drei Manualen gebaut und ist mit den Pfeifen aus Kupfer und dem asymmetrisch angeordneten, schwungvoll modernen Prospekt wichtiger Blickfang im Raum. *M.S.*

Sankt Blasius

Der Chor.

Blick von Nordosten.

In Sankt Blasius steht eine Figur des Pfarrpatrons aus dem 18. Jahrhundert, die noch aus der wahrscheinlich im 12. oder im 13. Jahrhundert erbauten ersten Kirche des Ortes stammt. Dieses Bauwerk ähnelte dem »Krieler Dömchen« in Lindenthal. Da die Kirche im späten 19. Jahrhundert zu klein und baufällig geworden war, plante man einen Neubau, der 1887 bis 1890 nach Plänen von Theodor Krämer verwirklicht wurde. Es entstand eine dreischiffige Backstein-Hallenkirche mit Querschiff und halbrunder Apsis. Im Westen erhebt sich ein Turm, der nach oben hin vom Vier- ins Achteck übergeht. Verantwortlich für die Ausmalung war der spätere Kölner Dombaumeister Bernhard Hertel. Sankt Blasius überstand den Zweiten Weltkrieg relativ leicht beschädigt. 1952 wurde die originale Ausmalung einfarbig überstrichen und der Innenraum durch das Entfernen von Ausstattungsstücken dem damaligen Zeitgeschmack entsprechend schlicht umgestaltet. Diese Maßnahme bewertete man ab etwa 1970 als »Fehlleistung« und machte sie teilweise rückgängig. Wolfgang Reuter fertigte 1970 aus Teilen des 1952 entfernten Hochaltars einen Zelebrationsaltar an. Im gleichen Jahr restaurierte man das 1904 von Auguste Ternes gemalte Blasiustriptychon sowie das Bildnis der Veilchenmadonna, eine Kopie nach Stefan Lochner. 1972 wurde die Ausstattung um einen Tabernakel von Wolfgang Reuter bereichert. Gangolf Minn legte 1977/1978 die originale prachtvolle Farbfassung wieder frei, restaurierte sie und nahm Ergänzungen vor. 1982 gestaltete Paul Milles den Ambo. 1987 wurde der Hochaltar aus Originalteilen, einem Altaraufsatz aus einer anderen Kirche und einem aus der alten Kanzel gefertigten Altartisch, neu geschaffen. Alle diese Maßnahmen führten zu dem Erfolg, *»dass Sankt Blasius heute in Köln als einziger Sakralraum einen Eindruck der Qualität historistischer Gesamtausstattung vermittelt«* (Hiltrud Kier). C.S.

Sankt Blasius

Meschenich

Brühler Landstraße 425
50997 Köln

☏ 02232-68724

• Karte 2, d8
Ⓗ Meschenich Kirche
Linie 132

Sankt Bonifatius

Aufgrund des enormen Bevölkerungszuwachses in Nippes entstand 1900 bis 1905 ein neues Wohngebiet zwischen Flora- und Nordstraße. Die zugehörige Kirche wurde erst 1913 bis 1914 nach Plänen von Adolf Nöcker errichtet.

Heute ist die Bonifatiuskirche zusammen mit der umgebenden Gründerzeitbebauung ein in seltener Vollständigkeit überliefertes Ensemble dieser Epoche. Sie ist aufgrund ihrer nahezu komplett erhaltenen Ausstattung der Zehner- und Zwanzigerjahre des 20. Jahrhunderts unbedingt einen Besuch wert.

Bedingt durch den Bauplatz wendet die Kirche ihre Werksteinfassade nach Norden. Die durch große Rundbögen aufgebrochene Schaufront mit einer Kreuzigungsgruppe im Giebelfeld ist seitlich von zwei unterschiedlichen Türmen flankiert.

Im Inneren bietet sich dem Besucher ein ungewöhnlich einheitliches Raumbild, das Stilelemente des späten Historismus mit moderneren Formen der durch den Deutschen Werkbund geprägten Zehnerjahre verbindet.

Die dreischiffige Basilika mit Querschiff, Chor und Seitenapsiden vermischt noch romanisierende und gotische Formen. Die achteckigen polierten Pfeiler mit schweren figürlichen Kapitellen sowie die fünf erhaltenen Beichtstühle und die Gemeindebänke bezeugen aber die sich vom Historismus entfernende Formensprache der Erbauungszeit. Darüber hinaus sind auch die Ausstattungen der Taufkapelle und der Nische mit Marienikone sowie die Maria und Bonifatius geweihten Seitenaltäre unzerstört. Ein besonderes Kleinod ist die unter dem großen Turm angelegte Kreuzkapelle mit einem gemalten Kreuzweg, aufwändiger Wandverkleidung und den Namen aller in den beiden Weltkriegen gefallenen Gemeindemitglieder (1921).

Die Fassade von Sankt Bonifatius ist in die Straßenfront einbezogen.

Der Hochaltar ist eine Arbeit des Goldschmiedes Fritz Zehgruber von 1939. Die Orgel wurde 1928 von der Firma Seifert errichtet und 1995 völlig restauriert. M.S.

Sankt Bonifatius

Nippes

Gneisenaustraße 15
50733 Köln

☏ 0221-766700

• Karte 2, de4
Ⓗ Florastraße
Linien 6, 12, 15

Aus der Luft lässt sich das Nebeneinander von Romanik und Moderne gut erkennen.

Sankt Brictius

Sankt Brictius

Merkenich

Brictiusstraße 22
50769 Köln

☏ 0221-705630

• Karte 2, e2
Ⓗ Merkenich Mitte
Linie 12

Römische Funde auf dem Plateau des großen Rheinbogens lassen einen römischen Gutshof an der Stelle des heutigen Merkenich vermuten. Der Patron der heutigen Kirche, der heilige Brictius, war von 397 bis 444 der Nachfolger des heiligen Martin auf dem Bischofssitz von Tours. Urkundlich ist das Dorf erstmals 1241 genannt, damals besaß das Kölner Stift Sankt Kunibert das Recht, die Pfarrer für Merkenich zu bestimmen; das fränkische Patrozinium lässt jedoch eine ältere Tradition der Kirche vermuten.

In romanischer Zeit gab es vermutlich eine kleine Saalkirche, welcher Anfang des 13. Jahrhunderts der heute noch vorhandene Kirchturm vorgesetzt wurde. 1886 ersetzte man die romanische Kirche durch einen neoromanischen Neubau, riss diesen jedoch nach dem Krieg ab und erneuerte ihn 1963 durch einen modernen Bau von Karl Band. Der romanische Turm blieb erhalten und trägt nun als frei stehender Campanile das Geläut der neuen Pfarrkirche.

Die moderne Kirche ist im Äußeren durch das große gefaltete Satteldach geprägt, welches von schlichten, weiß verputzten Wänden getragen wird. An Chor- und Eingangsseite ragt jeweils eine halbrunde hohe Apsis hervor, die sich in Form und durch das Material Backstein deutlich vom restlichen Bau abheben.

Im Inneren ist der Raum von dem großen holzverkleideten Faltdach überfangen; in den Giebelspitzen befinden sich große Fenster zum Thema Feuer und Wasser von Hans Lünenborg (1963). Die fensterlose, ungegliederte Altarapsis erinnert an die Apsiden frühchristlicher Kirchen, axial vor ihr steht der Altar. Hein Gernot schuf Altar (1963), Altarkreuz (1968), Tabernakel und Kreuzweg, sowie einen dazu passenden Ambo (2000). Das Taufbecken ist in ein romanisches Kapitell eingelassen, als Fuß dient ein römischer Säulenschaft, den man in Köln gefunden hat. Die Sitzmadonna ist nach neueren Erkenntnissen in die Zeit um 1350 zu datieren, die Kanzel entstand um 1630 und stammt aus der ehemaligen Kölner Pfarrkirche Sankt Lupus. *M.S.*

Sankt Bruder Klaus

Sankt Bruder Klaus

Mülheim

Bruder-Klaus-Platz 3
51063 Köln

☏ 0221-643997
www.perpetua.de

• Karte 2, f4
Ⓗ Bruder-Klaus-Siedlung
Linie 152

Im Jahr der Währungsreform 1948 legte der damalige Kölner Erzbischof Josef Kardinal Frings den Grundstein für eine Siedlung, die in Selbsthilfe gebaut werden sollte und die nach dem Schweizer Eremiten und Nationalheiligen Nikolaus von der Flüe (1417 bis 1487) den Namen »Bruder-Klaus-Siedlung« erhielt. Ihr Mittelpunkt ist die 1956/57 erbaute Kirche »Sankt Bruder Klaus« von Fritz Schaller, die der Kölner Stadtkonservator Ulrich Krings als dessen *»reifste Schöpfung«* bezeichnete. Allerdings zeigten sich bereits nach knapp zehn Jahren Risse in der Dachhaut, die daraufhin mit Kupferblech erneuert werden musste. 1974 sanierte man den seitlich eingebauten 35 Meter hohen Turm wegen Absplitterungen am Beton.

Der quadratische Kirchenraum wird in Längsrichtung durch ein über schlanke Rundstützen aus Beton hochgeführtes Mittelteil in der Art einer Basilika erhöht. Dabei wächst dieser mittlere Bereich als gestrecktes Sechseck aus einem geschlossenen Quadrat heraus, das durch die Stellung der Stützen und die wechselnden Raumhöhen überlagert wird. Anstelle eines Obergadens ist die Wand in diesem Bereich in filigranes Maßwerk aus Betonfertigteilen mit Fenstern von Georg Meistermann aus dem Jahr 1964 aufgelöst. Der gesamte Hauptraum ist, unterstrichen durch die Lichtführung, auf den Altar hin ausgerichtet. Dieser wurde 1957 aus grünem Dolomit von Elmar Hillebrand gefertigt und umschließt Reliquien der Kölner Stadtpatrone Sankt Gereon und Sankt Ursula. Hillebrand schuf auch die Kanzel aus Schiefer (1957), den Taufstein (1960), sowie 1972 das Weihwasserbecken, das Christus als Keltertreter zeigt, den Tabernakel, das Ewige Licht und das Hängekreuz. In den Seitenräumen sind Tauf- und Beichtkapelle, eine Marienkapelle und der Raum für den Kirchenchor untergebracht.

Die Orgel aus der Werkstatt Seifert in Kevelaer wurde 1959 geweiht und 1974 von neun auf siebzehn Register erweitert. *C.S.*

Fritz Schallers Kirche bildet den Mittelpunkt der »Bruder-Klaus-Siedlung«.

Sankt Bruno

Der Mainzer Dombaumeister Ludwig Becker errichtete 1924 bis 1926 die Kirche in gemäßigten expressionistischen und an barocke Architektur erinnernden Formen. Im Inneren wurde die von einem stuckierten Korbbogen geschlossene dreischiffige Halle von dem Architekten Hans Hansen ausgestattet. Während des Zweiten Weltkrieges verlor die Kirche nicht nur Dach und Fenster; die Stahlkonstruktion des Dachstuhls und ein Teil des Chorgemäuers stürzten gleichfalls ein. Nach einer provisorischen Wiederherstellung in den späten Vierzigerjahren wurde das Gebäude 1953 bis 1956 unter Änderung der Choranlage durch Hans Hansen grundlegend verändert. In die Seitenwände des Chores baute man tief herabgezogene Betonmaßwerkfenster ein und der gesamte Kirchenraum erhielt eine flache Decke. Auf die Nischen rechts und links des Chores wurde zu Gunsten einer glatten Wand verzichtet.

Aus der Vorkriegszeit hat sich der Kruzifixus in der Kreuzkapelle erhalten. Elmar Hillebrand schuf 1956 einen Hauptaltar aus grünem Dolomit, 1958 die Bronzeleuchter und den Taufsteindeckel, der Christus in der Kelter zeigt. Hillebrand gestaltete auch die beiden Marmorskulpturen vor der Kirche. Sie stellen Jakobs Kampf mit dem Engel Gottes und Christus als den guten Hirten dar. Das Altarkreuz aus Ebenholz mit Silberkorpus und den Tabernakel gestaltete Hanns Rheindorff im Jahre 1957. Von Herman Berges stammen das bronzene Adlerpult (1967) und das Reliquiar der Krypta (1957), für die Jakob Berwanger 1958 die Fenster gestaltete. Er entwarf auch die außen am Chor angebrachten Mosaike. Der bronzene Kreuzweg ist eine Arbeit von Jutta Osten. *C.S.*

Der monolithische Turm von Sankt Bruno.

Sankt Bruno

Klettenberg

Klettenberggürtel 71
50939 Köln

☏ 0221-2611210

• Karte 2, d6/7
Ⓗ Sülzgürtel
Linien 13, 18, 19

Sankt Cäcilien (Museum Schnütgen)

Sankt Cäcilien und Sankt Peter sind heute in Köln die letzten bestehenden »Doppelkirchen«. Diese unmittelbare Nachbarschaft von Kloster- und Pfarrkirche gab es bei vielen anderen der bis heute erhaltenen romanischen Kirchen. Nach der Aufhebung von Stiften und Klöstern durch die Säkularisation im Jahr 1802 wurden in mehreren Fällen die größeren und prachtvolleren Stifts- und Klosterkirchen den Pfarrgemeinden übertragen und die benachbarten kleineren Pfarrkirchen abgerissen. Die Stiftsgebäude von Sankt Cäcilien wurden 1802 jedoch als Bürgerhospital umgenutzt und aus der ehemaligen Stiftskirche wurde eine Krankenhauskirche.

Das Tympanon des Nordportals von Sankt Cäcilien.

Im 9. Jahrhundert wurde an dieser Stelle ein Damenstift gegründet. Der heutige Kirchenbau stammt aus der Mitte des 12. Jahrhunderts. Damals errichtete man eine dreischiffige, flachgedeckte Pfeilerbasilika mit gewölbtem Chorquadrat und einer Apsis im Osten sowie einem rechteckigen Westchor über einer in das Mittelschiff hineinragenden westlichen Krypta. Mitte des 15. Jahrhunderts lebten nur noch zwei Kanonissen im Stift, weshalb man 1475 die Stiftsgebäude an Augustinerchorfrauen übertrug. Diese sorgten für eine Renovierung und Modernisierung: Um 1483 wurde das Mittelschiff mit Gewölben versehen und die spätgotische Sakristei angebaut. Im 19. Jahrhundert hat man im Zuge des Abrisses der ehemaligen Stiftsgebäude auch das westliche Ende des Langhauses verkürzt und mit einer neoromanischen Fassade versehen.

Nach schweren Kriegszerstörungen im Zweiten Weltkrieg wurden Sankt Cäcilien und Sankt Peter unter Leitung des Architekten Karl Band wiederaufgebaut und die Cäcilienkirche erhielt 1956 eine neue Nutzung durch den Einzug des Museum Schnütgen. Dieses Museum trägt seinen Namen nach dem Domkapitular Alexander Schnütgen (1843-1918), der seine Sammlung christlicher Kunst im Jahr 1906 der Stadt Köln unter der Bedingung schenkte, dass diese

Sankt Cäcilien (Museum Schnütgen)

Innenstadt

Cäcilienstraße 29
50667 Köln

• Karte 1, fg5
Ⓗ Neumarkt
Linien 1, 3, 4, 7, 8, 9, 16, 17, 18, 19

Der Chor von Norden.

einen eigenen Museumsbau errichte und einen Fachmann als Direktor einstelle. Nach Stationen im ehemaligen Kunstgewerbemuseum am Hansaring und in Sankt Heribert in Deutz gelangte die zwischenzeitlich stark vergrößerte Sammlung nach dem Krieg an ihren heutigen Ort. Man hätte wohl keinen angemesseneren Rahmen für die bedeutenden Werke christlicher Kunst vom Frühmittelalter bis zur Zeit des Barocks finden können. Unter dem Eindruck der einzigartigen Synthese von Raum und Exponaten sprach Theodor Heuss vom *»schönsten deutschen Museum«*.

Am Außenbau ist das Relief über dem Nordportal besonders beachtenswert. Das um 1160 hergestellte Original befindet sich heute im Museumsbestand, draußen ist ein Abguss zu sehen. Er zeigt die Kirchenpatronin Cäcilia mit ihrem Mann Valerius und dessen Bruder. Ursprünglich reichte ein Engel der Heiligen die Märtyrerkrone, die im Laufe der Jahrhunderte zerstört wurde. An der neuromanischen Westfassade trifft man auch auf moderne Kunst: Der Schweizer Künstler Harald Naegeli, der »Sprayer von Zürich«, hat das vermauerte Portal mit einem seiner Totentanz-Strichmännchen versehen.

Im Inneren verweist ein Wandmalereizyklus des 13. Jahrhunderts im Chorjoch auf die mittelalterliche Ausstattung der Stiftskirche. Die nördlichen Szenen erzählen die Legende der heiligen Cäcilia, denen auf der Südseite Szenen des Neuen Testamentes gegenübergestellt sind.

Die wertvollen Exponate des Museums werden seit dem 23. März 2003 neu präsentiert. Kostbarste Kunstwerke – nunmehr thematisch präsentiert – garantieren dem Besucher ein hohes Kunsterlebnis. Zugleich wird über die wichtigsten Themen christlicher Kunst und Kultur informiert. In dem bis 2008 in unmittelbarer Nachbarschaft entstehenden neuen Museumskomplex für Rautenstrauch-Joest-Museum und Kunsthalle wird auch das Museum Schnütgen zusätzliche Ausstellungsfläche erhalten. Bisher nur angedachte Ausstellungsprojekte mit dem Völkerkundemuseum versprechen dann ganz neue Blickwinkel auf die christliche Kunst durch kulturvergleichende Gegenüberstellung.

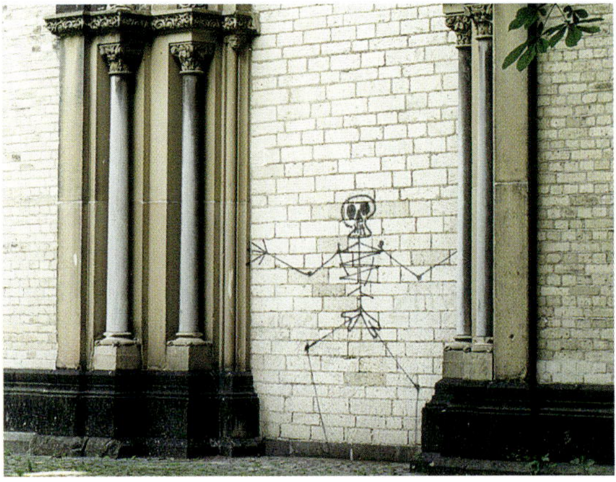

Totentanz-Strichmännchen von Harald Naegeli.

Trotz der Museumsnutzung bleibt der Status als Kirche gewahrt, denn mindestens zweimal im Jahr, am Fest der heiligen Cäcilie (22.11.) und zu Weihnachten, wird hier eine Messe gefeiert. Die Tradition der Weihnachtsmesse in Sankt Cäcilien ist sehr alt. Aus dem Mittelalter wird überliefert, dass der Erzbischof die zweite Weihnachtsmesse – nach der ersten Messe des Weihnachtstages in Sankt Maria im Kapitol – in Sankt Cäcilien feierte. *M.S.*

Der Innenraum mit neu gestalteter Präsentation.

Die Außenansicht von Christ König ist durch das große Satteldach bestimmt.

Christ König

Alte Fotos zeigen, dass die Kirche Christ König auf der grünen Wiese am Rande der Gartenstadt-Nord gebaut wurde. Der Bau mit seinem einseitig heruntergezogenem Satteldach passt sich gut in die – wenig später – errichtete umgebende Wohnbebauung ein. Der Kirchhof öffnet sich nach Norden und bildet dort, abseits der Wilhelm-Sollmann-Straße, einen ruhigen Platz. 1951 realisierte der Kölner Architekt Fritz Schaller mit einfachen Mitteln einen einladenden Bau. Der Rotton des Backsteins, die von dem großen Satteldach geprägte, überdimensionierte Hausform versinnbildlicht das »Haus Gottes« für diesen damals neu entstehenden Stadtteil.

Ein offener Dachstuhl überfängt den behaglichen Innenraum, ein typisches Gestaltungsmerkmal auch der späteren Kirchenbauten Fritz Schallers. Das Dach wird von vier V-förmigen Holzbindern getragen, die gesamte Dachkonstruktion erweckt »Erinnerungen« an den Stall von Bethlehem. Die seitlichen Mauern schwingen auf Höhe der Träger leicht nach innen ein, dies ruft bei den ansonsten ungegliederten Wänden einen Eindruck von Bewegung hervor. Im Osten wölbt sich die Apsis mit wohlproportionierten Halbkreisformen im Stil der frühchristlichen Basiliken nach außen. Im Südwesten springt die Taufkapelle aus der Mauerflucht heraus.

Altar, Tabernakelunterbau und Ambo wurden von Elmar Hillebrand nach Entwürfen des Architekten gefertigt. Das ovale Taufbecken aus Muschelkalk mit geschnitztem Eichenholzdeckel stammt in Entwurf und Ausführung ebenfalls von Elmar Hillebrand. Hildegard Domizlaff schuf das hängende Altarkreuz (1951). Bedeutend ist der handgestickte textile Kreuzweg mit farbigen Wollfäden auf Leinen von Hildegard Buchholz, welcher 1977 durch Brand beschädigt und aufwändig restauriert wurde. Das violette Passionstuch von Maria Blindert zeigt die Marterwerkzeuge.

Nachträglich ergänzte Fritz Schaller die Orgelempore am Haupteingang, die Orgel mit 29 Registern baute die Firma Seifert in Kevelaer. *M.S.*

Longerich

Altonaer Straße 65
50737 Köln

☏ 0221-742700

• Karte 2, d3
Ⓗ Herforder Straße
Linien 6, 15

Christi Auferstehung

In der Nähe des Friedhofs Melaten wurde 1920 eine neue Pfarre gegründet, die das Patrozinium Christi Auferstehung erhielt. Zwischen 1934 und 1936 errichtete der Düsseldorfer Architekt Franz Schneider eine traditionelle Kirche, die jedoch aufgrund von Kriegsschäden bis 1968 so starke statische Mängel aufwies, dass sie abgerissen wurde. Die heutige Kirche entstand von 1968 bis 1970 nach Entwürfen von Gottfried Böhm und wurde 1971 geweiht.

Von außen ist zunächst die Lage an der Stirn des Lindenthaler Kanals bedeutsam. Die Kirche ist umgeben von Wasser und alten Bäumen, zwischen denen sie als hochaufgetürmte Gottesburg emporragt. Unregelmäßige, ineinander verschachtelte, an kristalline Formen erinnernde Baukuben steigern sich zu einer Überhöhung, die das liturgische Zentrum der Kirche, den Altarraum kennzeichnet. Seitlich ist der Turm angeschlossen. Dessen spiralförmige Treppe hat den früheren Pfarrer an eine Weinranke erinnert, woraufhin er die gesamte Kirche mit den unterschiedlichen Dachhöhen als Weinberg interpretiert hat. Der Architekt selber sah seine Kirche allerdings mehr als eine Fortsetzung des von alten Bäumen umstandenen Kanals. Die Betonträger im Inneren erinnern tatsächlich auch an große Bäume, deren kräftige Äste sich im Gewölbe verzweigen.

Auf dem Portal hält eine Hand eine lange Lanze, Zeichen des Wächters am Grabe Christi. Der eintretende Besucher muss die schwere Tür mit viel Kraft öffnen, als müsse er den Stein vom Grab wegrollen. Der sich dahinter öffnende Raum ist zunächst dunkel, erinnert an eine bergende Höhle. Langsam gewöhnen sich aber die Augen an das wenige Licht und versuchen, den asymmetrischen Raum zu erfassen. Pfarrer Bollenrath, während dessen Amtszeit die Kirche gebaut wurde, beschreibt: »*Der Besucher, der die Vorstellung alter Basiliken und Dome mit ihren vielen Heiligenfenstern, Figuren, Seitenkapellen und alten Kunstwerken mitbringt, ist überrascht. Nichts von alledem. Nichts drängt sich auf. Wie die Aufer-*

Kirche und angrenzende Pfarrbauten von Christi Auferstehung.

Lindenthal

Brucknerstraße 16
50931 Köln

☏ 0221-4911444

• Karte 1, a5
Ⓗ Melaten
Linien 1, 7

Die aufgetürmten Baukörper empfangen den Besucher wie eine Gottesburg oder ein Weinberg.

stehung Christi ein Geheimnis ist, so auch dieser Raum. Man muss ihn auf sich wirken lassen, betrachten und erklären.« Im Innenraum verbinden sich die kontrastierenden Materialien Beton und Backstein zu einer Einheit und strahlen Wärme aus. Im Gegensatz zu Böhms annähernd zeitgleichen reinen Betonbauten wie z.B. Sankt Gertrud wirkt diese Kirche sehr viel einladender. Wand-, Fenster- und Deckenformationen sind sehr vielgestaltig, Auge und Geist entdecken immer wieder etwas Neues.

Am Eingang wurde 1987, im Jahr der Seligsprechung Edith Steins, in der ehemaligen Taufkapelle eine Gedenkstätte für die große Philosophin und Theologin eingerichtet, die 1933 in den benachbarten Karmel an der Dürener Straße eingetreten war. Die Gestaltung der Kapelle war den Schönstatt-Brüdern in Vallendar anvertraut.

Der Altar war ursprünglich von Böhm mehr in der Mitte des Raumes geplant. Entsprechend den neuen Bestimmungen des Zweiten Vatikanischen Konzils sollte er im Mittelpunkt der feiernden Gemeinde stehen, doch ganz so weit wollte die Gemeinde nicht gehen. Hoch über dem Altar schwebt der Kruzifixus (Frankreich, 16. Jahrhundert), die Backsteine hinter ihm bilden ein dünnes Kreuz.

1984 wurde der Tabernakel aufgestellt, den der Limburger Bildhauer Karl Matthäus Winter entwarf. Die Gemeinde wünschte, dass der Tabernakel ein würdevolles, markantes Zeichen für die Gegenwart Christi in Gestalt der Eucharistie sein solle. So steht er sechs Meter aufragend in der Sakramentsnische und lädt mit seiner ungewöhnlichen Form zur eingehenden Betrachtung ein. Grundlage für die Gestaltung waren Texte aus der Offenbarung des Johannes: Die Säule ist in Kapitel 3,12 erwähnt: *»Wer siegt, den werde ich zu einer Säule im Tempel meines Gottes machen, und er wird immer darin bleiben.«* Das große T, der Buchstabe Tau des hebräischen Alphabetes, ist im Buch Ezechiel 9,4 das Zeichen der zu Rettenden. Auf der Spitze des Tabernakels ist das Lamm dargestellt, Offb 21,23 sagt dazu: *»Die Stadt braucht weder Sonne noch Mond, die ihr leuchten. Denn die Herrlichkeit Gottes erleuchtet sie, und ihre Leuchte ist das Lamm.«* Die vordere Tabernakeltür illustriert Offb 22,16-17: *»Ich bin die Wurzel und der Stamm Davids* (Davidsstern), *der strahlende Morgenstern* (Bergkristall). *Der Geist* (Taube) *und die Braut aber sagen: Komm! Wer hört, der rufe: Komm! Wer durstig ist, der komme. Wer will, empfange umsonst das Wasser des Lebens.«* Die Rückseite bezieht sich auf Offb 3,20: *»Ich stehe vor der Tür und klopfe an. Wer meine Stimme hört und die Tür öffnet, bei dem werde ich eintreten und wir werden Mahl halten, ich mit ihm und er mit mir.«*

An der rechten Seite steht ein Taufstein aus dem Westerwald (um 1800), der 1983 für die Kirche erworben wurde. Den modernen Deckel mit dargestellten Wasserströmen arbeitete Sepp Hürten.

Der Entwurf für die Fenster stammt vom Architekten Gottfried Böhm. Für die einzelnen Scheiben wurden Stahlnägel, Messingstifte und rote Farbe zwischen zwei Kunststoffscheiben eingeschmolzen. Im Norden über den Beichtstühlen befindet sich das Schöpfungsfenster: die Gestirne, das Paradies, der Sündenfall, die Arche und der Berg Sinai. Im Süden das Erlösungsfenster mit drei Namen: Maria, Johannes XXIII. und Martin Luther King. Das intensive Rot soll an das Blut Christi erinnern, mit dem unsere Erlösung »erkauft« wurde (1 Petr 18-19). Das Auferstehungsfenster hoch über dem Altar zeigt das geöffnete Grab mit den drei Frauen, die Beischrift sagt: *»Drum fürcht' Euch nicht. Er ist auferstanden.«* Ein Pfeil zeigt nach rechts oben auf das Kruzifix. In der Turmkapelle befindet sich schließlich ein Marienfenster mit einem Rosenstock. Die Rose im vierten Feld von unten ist ein wichtiges Symbol für die Gottesmutter, denn die Rose galt im Mittelalter als Königin der Blumen, ihre Dornen und die rote Farbe wurden auf die Schmerzen Mariens bezogen. Die lauretanische Litanei nennt Maria die »geheimnisvolle Rose«.

Die Orgel mit 1573 Pfeifen ist ein Werk der Firma Seifert, Kevelaer. Den Prospekt entwarf Gottfried Böhm. *M.S.*

Detail der von Gottfried Böhm entworfenen Fenster.

Christi Geburt

Die Namensgebung der Kirche Christi Geburt ist laut einer Umfrage von 1984 einmalig in Deutschland. Der Gedanke an die Menschwerdung Christi könnte jedoch anspornendes Programm für viele Gemeinden sein. Der Evangelist Matthäus überliefert den Satz Jesu: »*Wo zwei oder drei in meinem Namen versammelt sind, da bin ich mitten unter ihnen*« (Mt 18,20). Das Patrozinium »Christi Geburt« muss heutzutage also nicht ausschließlich die Erinnerung an die historische Geburt Jesu beinhalten, sondern kann darüber hinaus auch auf seine aktuelle Gegenwart unter den Menschen verweisen: Christus vermag immer wieder neu unter uns lebendig, unter uns »geboren« zu werden, wenn wir in seinem Namen versammelt sind.

In diesem Sinne ist die Namenswahl ausgesprochen passend für die junge Gemeinde in Bocklemünd-Mengenich. 1965 wurde der erste Spatenstich für die neue Siedlung getan, die damals für ca. 10 000 Menschen geplant wurde. Bis dahin war das Gebiet ausschließlich landwirtschaftlich genutzt, was heute noch an den großen Höfen des südlich gelegenen historischen Ortsteils ablesbar ist. Das Generalvikariat bemühte sich um ein zentral gelegenes Grundstück für die Errichtung der katholischen Pfarrkirche, 1969 begannen die Bauarbeiten der Kirche nach Plänen des Hamburger Architekten Eduard Frieling. Am Palmsonntag 1971 konnte die erste Messe in der neuen Kirche gefeiert werden, am 3. September 1972 wurde sie durch Erzbischof Joseph Kardinal Höffner geweiht.

Der Architekt hatte die schwierige Aufgabe, die Raumbedürfnisse verschiedener geplanter Gemeindeinstitutionen auf einem relativ kleinen Grundstück zu verwirklichen. Neben Kirche, Pfarrhaus und Schwesternwohnungen entstanden auch der Kindergarten, eine Seniorentagesstätte, Jugend- und Pfarrheim sowie die Pfarrbücherei. Alle Gebäude gruppieren sich um einen kleinen Platz, der die Fortsetzung der Fußgängerzone bis zur Kirche bildet. Die Kirche ist durch ihre aus Flächen, Kanten und Zacken aufgetürmte Form der optische Mittelpunkt. Ihr Turm beherrscht den Innenhof, kann und will aber in seiner Höhe nicht mit den umliegenden hohen Wohnhäusern konkurrieren. Obwohl in ganz eigenständigen Formen errichtet, passen sich Kirche und Pfarrzentrum gut der Siedlungsbebauung an und sind ein Teil von ihr. Nach Plänen des Kölner Architekten Johannes Schilling wurde dem Gebäude im Jahr 2002 ein Vorraum angefügt. Nun ist es möglich, dass die Kirche den ganzen Tag über zum Gebet und zur Meditation offen steht.

Der Besucher ist überrascht von der sammelnden, harmonischen Atmosphäre, die der Innenraum ausstrahlt. Der fünfeckige Grundriss und die unterschiedlichen Deckenhöhen vermitteln einen bewegten, abwechslungsreichen Raumeindruck. Der rötliche Backsteinfußboden und die holzverkleidete Decke erzeugen Wärme und Geborgenheit. Dazu im positiven Spannungsverhältnis stehen die großen Sichtbetonflächen, die durch ihre Oberflächenmodellierung und die umfangreiche farbige Ausmalung in ihrem harten Ausdruck entscheidend gemildert sind.

Der Raum orientiert sich zu einer Spitze des Fünfecks, dort befindet sich der Altar als Mittelpunkt des gottesdienstlichen Geschehens. Links vom Altar stehen Taufbecken und Ambo, rechts das Sakramentshaus. Alle vier bilden eine gedachte Linie, aber nur das Taufbecken steht auf dem Bodenniveau des Gemeinderaumes, alle anderen im leicht erhöhten Altarraum. Von Sepp Hürten stammen die Entwürfe für die aus weißem Marmor geschaffenen Ausstattungsstücke. Die Gemeindebänke umschließen den Altarraum von drei Seiten, diese Anordnung unterstützt die gemeinschaftliche Feier der Gemeinde.

Der Turm überragt die Eingangsfront und den Platz vor dem Gemeindezentrum.

Bocklemünd-Mengenich

Görlinger Zentrum 4
50829 Köln

☏ 0221-501032

• Karte 2, b4
Ⓗ Görlinger Zentrum
Linie 127

Blick zum Chor mit der Ausmalung von Hermann Gottfried.

Der Raumeindruck wird entscheidend durch die Wandmalereien von Hermann Gottfried geprägt. Der Bensberger Künstler schuf entlang der rechten Seitenwand einen Kreuzwegfries und gestaltete die hochaufragende Chorwand. Hinter dem Altar befinden sich Darstellungen der Geheimnisse des freudenreichen und des glorreichen Rosenkranzes. Unten sieht man nebeneinander die Verkündigung, den Besuch bei Elisabeth, die Geburt Christi, die Darbringung im Tempel und die Wiederauffindung Jesu im Tempel, darüber die Szenen des glorreichen Rosenkranzes. Die obersten Szenen werden erst sichtbar, indem man sich dem Altar nähert und in die ihn überfangende Deckenspitze schaut. Die Kreuzwegstationen entlang der Seitenwand beinhalten auch die Geheimnisse des schmerzhaften Rosenkranzes, die Szenen sind von rechts nach links zu lesen. Das letzte Bild, die 15. Station, zeigt den Auferstandenen.

Die Fenster in Kirche und Beichtkapelle sind mit geometrischen Gläsern nach Entwürfen von Ludwig Schaffrath gefüllt, in ihnen dominiert ein kräftig blauer Farbton. In der sich zum Gemeinderaum öffnenden Beichtkapelle befindet sich eine hölzerne Madonna aus dem 18. Jahrhundert, die dem Beter ihr Kind auf einem Kissen entgegenhält. Die barockisierende Figur des heiligen Josef an der linken Kirchenwand wurde von einem Südtiroler Schnitzer Anfang der Achtzigerjahre hergestellt. Die Orgel mit 21 Registern und 1508 Pfeifen baute die Firma Seifert in Kevelaer 1976. *M.S.*

Detail des von H. Gottfried gemalten Kreuzweges auf der rechten Seitenwand.

Christi Verklärung

Bis zum Ende des 19. Jahrhunderts bestand Heimersdorf lediglich aus drei Hofanlagen. Seit den Dreißigerjahren des 20. Jahrhunderts hat sich diese Situation entscheidend verändert, es entstand eine umfangreiche Wohnbebauung, so dass 1963 die Kirchengemeinde Christi Verklärung gegründet wurde. Der Düsseldorfer Architekt Josef Lehmbrock erhielt den Auftrag zur Planung des Kirchenbaus, welcher bereits 1966 geweiht werden konnte.

Die Kirche entstand auf kreuzförmigem Grundriss, den man allerdings auch als Bild des verklärten, betend seine Arme ausstreckenden Christus auffassen könnte. Die vier Stirnseiten bestehen aus 16 Meter hoch aufragenden, leicht konkaven Betonwänden, von denen nur eine, die Eingangswand im Westen, durch eine große Fensterrosette gegliedert ist. Dieses Fenster ist das Erkennungsmerkmal der Kirche geworden. Die Seitenwände bestehen aus schmalen, gegeneinandergestellten Betonlamellen, die mittels verglaster Zwischenräume indirektes Licht nach innen durchlassen. Das leicht gewölbte Dach ist außen mit Kupfer verkleidet, im Inneren ist die feingliedrige Holzkonstruktion offen geblieben und erinnert an gotische Netzgewölbe. Die Atmosphäre des weitgespannten Innenraumes ist durch die senkrechten Lichtstreifen bestimmt, welche durch die spezielle Wandkonstruktion entstehen. Licht fällt aber auch durch die Fensterrosette, die aufgrund des Zusammenspiels von Form und Glas fast zu rotieren scheint; die Verglasung schuf Günther Pelzer (1966).

Heimersdorf

Taborplatz 6
50767 Köln

☏ 0221-791630

• Karte 2, c3
Ⓗ Heimersdorf
Linie 15

Der Altarbereich ist im oberen Balken des Grundriss-Kreuzes angelegt und dehnt sich bis in die Vierung aus. Die Gemeindebänke gruppieren sich aus den drei anderen Kreuzarmen halbkreisförmig um die leicht erhöhte Altarinsel. Von Josef Klein stammt der Altar mit dem Weinstockmotiv. Josef Gülden schuf das Altarkreuz (1971), das an seinen Enden die Evangelistensymbole zeigt. Der seitlich stehende Tabernakel mit den Szenen der Taufe Jesu, der Heiligen Drei Könige, der Verklärung Christi und der Apokalypse ist ein Werk Jutta Ostens. *M.S.*

Fensterrose und Fensterbänder bestimmen den Außenbau von Christi Verklärung.

Kubische Formen dominieren die Architektur der Kirche.

Christus König

Als erste Christus-König-Kirche diente ab 1929 der umgebaute Unteroffizier-Speisesaal des Fliegerhorstes Wahn. 1934 musste die Gemeinde ihre Gottesdienste wieder als »Gast« in Sankt Ägidius feiern, da ihr Kirchengebäude zunächst von der Polizei und ab 1936 durch das Militär als Kino und Turnhalle genutzt wurde. Von 1945 bis 1960 diente dann das Haus der Familie Emil Lichius als Notkirche. Im Jahre 1960 konnte die Gemeinde ihre frühere Kirche auf dem Gelände des Fliegerhorstes Wahn erneut benutzen. Das Gotteshaus stand sowohl den Soldaten als auch der Zivilbevölkerung offen. 1963 wurde Christus König zur selbstständigen Rektoratspfarre erhoben. 1968 legte man an der Sportplatzstraße den Grundstein zum Neubau einer Garnisonskirche nach Plänen von Hanns Josef Schäfer. Der 1969 geweihte Gottesdienstraum ist als Hallenkirche mit einem Flachdach angelegt. Der Innenraum ist verklinkert und in der oberen Hälfte holzvertäfelt und wird von einer Faltdecke nach oben abgeschlossen. Auf halber Höhe zieht sich zwischen Fußboden und Decke ein Band aus 54 Fenstern um den gesamten Raum herum. Dieses Fensterband entstand 1969 nach Entwürfen und Kartons von Paul Weigmann und symbolisiert die Königskrone Christi. Einen großen Anteil an der Innenausstattung haben Werke des Bildhauers Walter Prinz. Er schuf 1969 den Altar aus weißem Travertin-Naturstein, den Ambo, die Sakramentsstele, das Taufbecken und die zwölf Apostelkreuze. Bei vielen Ausstattungsstücken ist der Künstler unbekannt, so etwa bei dem Tabernakel, einem gotischen Kreuz, der Madonna und dem Schmerzensmann. Die drei letztgenannten Werke sind spanischer Herkunft und wurden von Frau Gertrud van Helden gestiftet, die damit ein Versprechen einlöste. Sie war 1945 in der Endphase des Zweiten Weltkrieges vor Unheil bewahrt worden und hatte damals gelobt, ein gutes Werk zu tun. 1993 wurde die neue, mit 23 Registern ausgestattete Orgel der Firma Seiffert eingeweiht. *C.S.*

Christus König

Wahnheide

Sportplatzstraße 5a
51147 Köln

☏ 02203-63977

• Karte 2, h8
Ⓗ Bieselweg
Linie 160

Sankt Clemens

Die neugotische Kirche von 1890/91 liegt dem südlichen Kölner Vorort Godorf gegenüber in einem weit nach Westen ausgreifenden Rheinbogen. Der unmittelbare Vorgängerbau, der 1889 abgerissen wurde, war eine längsrechteckige Saalkirche mit einem dreiseitigen Chorabschluss im Osten und einem später im Westen vorgesetzten quadratischen Turm. Dieser war zunächst aus Holz errichtet und wurde erst 1769 durch einen steinernen ersetzt. Der Urbau der Kirche stammt aus dem 10. Jahrhundert und war eine zum ehemaligen Fronhof Langel gehörende Eigenkirche, die vermögensrechtlich dem Grundherren des Fronhofes unterstand. Um 1300 wurde sie als Pfarrkirche im »Liber Valoris«, einer Taxliste für den erzbischöflichen Zehnten, genannt. Im 19. Jahrhundert wurde auf Grund der stark angestiegenen Bevölkerung von Langel ein Neubau dringend notwendig. Die damals entstandene dreischiffige Backstein-Hallenkirche, erbaut von Heinrich Nagelschmidt mit Querhaus und westlichem Vierkantturm, ist von hohem Denkmalwert, da sie eine weitgehend erhaltene originale Ausstattung enthält. Die ursprüngliche ornamentale Ausmalung von 1891 und 1914 wurde 1979/80 freigelegt und erneuert. Altäre, Kanzel und Orgel schuf der Schreinermeister Johann Wolks. Weitere Ausstattungsstücke sind eine aus Holz geschnitzte Pietà in der Kapelle der Eingangshalle aus den Jahren um 1500 und ein aus Terrakotta gefertigter Kreuzweg. Die heutige Kanzel stammt aus der Pfarrkirche Sankt Antonius in Kürten-Bechen. Die Fenster datieren aus den Fünfziger- und Sechzigerjahren des 20. Jahrhunderts und von 1991. Im Jahre 1998 konnte die Orgel mit ihren 15 Registern, die 1899 von der Werkstatt Johannes Klais in Bonn gebaut wurde, nach umfassender Restaurierung durch Philipp Klais, dem Urenkel von Johannes Klais, wieder eingeweiht werden. *C.S.*

Sankt Clemens

Langel

Lülsdorfer Straße 111
51143 Köln

☏ 02203-82559

• Karte 2, f9
Ⓗ Porz Langel, Zur Kirche
Linien 164, 501

Ursprüngliche Farbigkeit im Inneren der Kirche.

Der Turm und die barocken Quergiebeldächer.

Sankt Clemens

Mülheim

Mülheimer Ufer 3
51063 Köln

☏ 0221-967020

• Karte 2, e4
Ⓗ Wiener Platz
Linien 4, 13, 17, 18, 19

In Köln finden die Fronleichnamsprozessionen nicht nur zu Lande, sondern auch zu Wasser statt: zwischen elf und dreizehn Uhr fahren Schiffe mit einer geweihten Hostie von Mülheim bis zur alten Kölner Stadtgrenze. Ausgangs- und Endpunkt der »Mülheimer Gottestracht« ist die frühere Schifferkirche Sankt Clemens am Rheinufer unweit der Mülheimer Brücke. Nach einer Legende raubte ein Dieb goldene Kelche aus dem Tabernakel. Sein Versuch, über den Rhein zu entkommen scheiterte, denn das Boot des Diebes blieb in der Mitte des Stromes stehen. In einem der Kelche fand man eine geweihte Hostie, die man in feierlicher Prozession von Schiffen begleitet

Erzbischof Joachim Kardinal Meisner erteilt während der Gottestracht den sakramentalen Segen.

in die Clemenskirche zurückführte. Das Bauwerk entstand im 12. Jahrhundert als romanische Saalkirche, die 1692 und 1720 zu einer dreischiffigen, barock ausgestalteten Halle mit Quergiebeldächern erweitert wurde. Der Ostturm mit Balustrade, Achteckgeschoss, welscher Haube und Laterne verwendet Formen, die auch am Turm von Sankt Mariä Himmelfahrt in der Marzellenstraße und später an jenem der Klosterkirche Sankt Maria vom Frieden in der Schnurgasse Verwendung fanden.

Sankt Clemens ist seit 1864 Nebenkirche von Liebfrauen. Nach den schweren Kriegszerstörungen wurde Sankt Clemens mit einer flachen Holzdecke im Inneren von 1952 bis 1960 durch Joachim Schürmann wiederaufgebaut. Da man erst 1939 bei Renovierungsarbeiten in der barocken Kirchenanlage einen romanischen Kern entdeckt hatte, folgte der Architekt bei der Wiederherstellung dem Prinzip einer »Romanisierung« im Geiste der Moderne, das heißt er versuchte mit den verbliebenen Gebäudeteilen ein an die Romanik erinnerndes Erscheinungsbild der Kirche herzustellen, ohne dabei originale Teile zu restaurieren. Auch die westliche Vorhalle ist bisher nicht neu erstanden. 1979/80 wurde die Kirche durch Schürmann restauriert.

Der Grundriss der Kirche ist – bedingt durch die Baugeschichte – durchweg unregelmäßig, denn es gibt nur wenige korrekte Achsenbezüge und rechte Winkel. Der Innenraum erscheint nach Kriegszerstörung und Wiederaufbau äußerst schlicht, ja beinahe unvollendet. Rundbogenarkaden auf längsrechteckigen Pfeilern trennen die Schiffe voneinander, die von einer durchgehenden flachen Holzdecke abgeschlossen werden. Das Altarkreuz gestaltete Werner Schürmann, der Bruder Joachim Schürmanns. Tabernakel und Fenster stammen von Gerda Schürmann-Frömel.

Das 1960 von Joachim Schürmann geschaffene Bronzeportal der Kirche wird jährlich nur einmal zur Fronleichnamsprozession geöffnet. Auf seiner Innenseite befinden sich Motive aus dem Leben des heiligen Clemens. *C.S.*

Der schlichte Saal von Sankt Clemens.

Giebelformen bestimmen den Außenbau von Sankt Clemens.

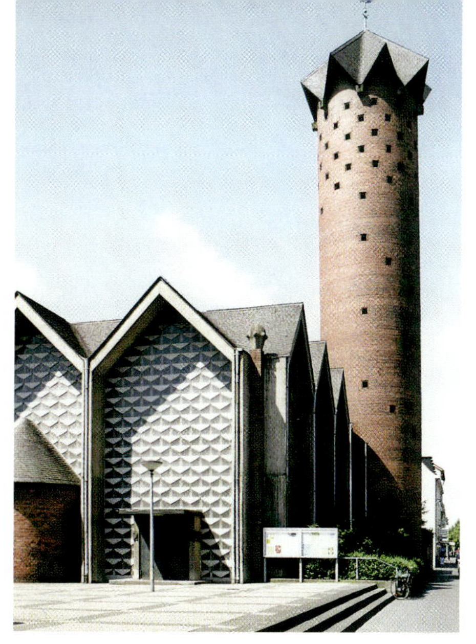

Sankt Clemens

Als Ersatz für eine kleine Kirche der Dreißigerjahre entstand 1963 bis 1964 der heutige Neubau nach Plänen des Kölner Architekten Karl Band.

Die Kirche ist mit rotem Backstein auf rechteckigem Grundriss errichtet. Seitlich schließt sich der 32 Meter hohe runde Glockenturm an. Im Äußeren ist das Gebäude mit auffallenden Giebelformen gestaltet, die die Dachzone abschließen und ähnlich auch in der Turmbekrönung wieder auftauchen. Diese gefalteten Dächer werden von vorstehenden Betonmauern getragen und erinnern an Hausformen; sie sind damit Zeichen für das Haus Gottes. Einen betonten Kontrast zu den eckigen Dachkonturen bilden die sich rund nach außen vorwölbenden Bereiche der Apsis, der Taufkapelle, der Beichträume und natürlich auch des Turmes.

Der Innenraum ist stark auf den hellen Altar in der Apsis mit angedeutetem Säulenumgang ausgerichtet. Seitlich, ganz aus der Apsis herausgerückt, steht der Ambo, auf der anderen Seite der Sakramentsaltar, beide in dunklem Marmor vom weißen Altar abgesetzt. Zwischen den Eingängen, dem Altar gegenüberliegend, hat der Architekt leicht eingetieft auf rundem Grundriss den Taufort realisiert. Der bronzene Deckel des Taufbrunnens zeigt verschiedene biblische Szenen, welche Bezug auf die Taufe nehmen. Die meisten Stücke der Kirchenausstattung wurden von dem Kölner Künstler Hein Gernot geschaffen: 1964 der Altar, die Kommunionbank, der Taufbrunnen und die Portaltüren. 1967 folgten Tabernakel, Altarkreuz, Ambo und die Sitze am Ambo, wenig später auch der Sakramentsaltar mit der Darstellung des Lammes. Das Fensterband des Chores und die Fenster in den kleinen Giebeln des Kirchenschiffes entwarf Wilhelm Buschulte.

Die Orgel mit 22 Registern und zwei Manualen baute 1964 die Firma Seifert in Kevelaer. *M.S.*

Sankt Clemens

Niehl

Friedrich-Karl-Straße 222
50735 Köln

☏ 0221-765977
www.kirche-koeln-niehl.de

• Karte 2, e4
Ⓗ Friedrich-Karl-Straße/ Niehler Straße
Linie 134

Sankt Cornelius

Nördlich der heutigen Kirche entstand im 12. Jahrhundert ein dem römischen Märtyrer Cornelius geweihtes Gotteshaus. 1826 wurde die alte Pfarrkirche wegen Baufälligkeit bis auf einen heute noch stehenden Turm abgerissen. Der Nachfolgebau entstand 1833/34 als klassizistische, flachgedeckte Backstein-Saalkirche mit eingezogener Apsis. 1880/81 wurde das Bauwerk durch ein westliches Querhaus und bald danach durch Theodor Kremer um einen vorgestellten Westturm in neuromanischen Formen erweitert.

Der reich gegliederte Turm von Sankt Cornelius.

In den Dreißigerjahren des 20. Jahrhunderts erhielt die Kirche eine neue Ausmalung. Dem Wiederaufbau nach 1945 folgte von 1957 bis 1967 eine gründliche Renovierung unter der Leitung des Architekten Hans Walter Lückerath. 1977 wurde das Innere der Pfarrkirche durch Brandstiftung beschädigt und musste erneut hergerichtet werden.

Der Innenraum zeichnet sich durch Einfachheit und Klarheit aus. Die braunen Deckenbalken, die wie ein Gitter die weiße Flachdecke unterfangen, bringen durch ihren Farbton Wärme in den ansonsten hellen Raum mit seinen glatten Wänden. Die Apsis wurde 1970 mit Blattornamenten und Stuckreliefs von Sepp Hürten ausgeschmückt. Diese sind in Weiß und Gold gehalten und zeigen vier Opferszenen aus dem Alten Testament, die Kreuzigung und die Symbole der vier Evangelisten. Der Zelebrationsaltar aus Aachener Blaustein ist ebenfalls eine Arbeit von Hürten. Neben der Apsis steht eine erst 1996 renovierte barocke Statue des heiligen Cornelius in päpstlichem Ornat. Die Fenster in ihren leuchtenden Farben zeigen die glorreichen und die freudenreichen Geheimnisse des Rosenkranzes. Sie wurden von Frau Maria Mülhens gestiftet und von dem aus der Gemeinde stammenden Benediktinerbruder Notker Becker 1956 entworfen.

Die Orgel mit 19 Registern lieferte 1997 die Firma Weimbs. Es handelt sich um eine so genannte »italienische Orgel«, bei der der Organist mit dem Fuß Pauken und Becken bedienen kann. *C.S.*

Sankt Cornelius

Rath-Heumar

Eiler Straße 98
51107 Köln

☏ 0221-865962

• Karte 2, h6
Ⓗ Rath-Heumar
Linie 9

Hell leuchtet der Putz der Kirche in Weiler.

Sankt Cosmas und Damian

Sankt Cosmas und Damian

Weiler

Regenboldstraße 4
50765 Köln

☎ 0221-799518
www.kreuz-koeln-nord.de
www.k-k-n.de

• Karte 2, c2
Ⓗ Wezelostraße
Linie 126

Die älteste historische Nachricht einer Kirche in Weiler stammt aus dem Jahr 1135, damals übergaben die Gebrüder Regenbolt und Wezelo eine auf ihrem Landgut »Wilre« erbaute Kirche dem Kölner Stift Sankt Kunibert. Im alten Dorfkern an der Keimesstraße befindet sich bis heute die frühere Pfarrkirche, deren Baujahr 1766 noch am Turm abzulesen ist. Nach Plänen von Eduard Endler entstand bis 1925 die heutige Kirche etwas weiter südlich. In den Sechzigerjahren wurde der Turm aufgrund großer Bauschäden vollkommen verändert, trotzdem sind im Äußeren die neubarocken Formen noch erkennbar. Im Inneren herrscht dagegen eine schlichte neuklassizistische Gestaltung vor. Das Mittelschiff ist von einer flachen Tonne überwölbt, achteckige Säulen mit ionischen Kapitellen tragen einen geraden Balken, die Seitenschiffe besitzen flache Kassettendecken. Links vom Eingang befindet sich die ehemalige Taufkapelle, die 1929 von Elisabeth Wiehen szenisch bemalt wurde: Im Gewölbe ist die Taube des Heiligen Geistes dargestellt, auf den Wänden die Pfarrpatrone Cosmas und Damian, die Taufe Jesu und die Erscheinung des auferstandenen Christus bei den Jüngern am See. In der Achse der kürzlich neu gestalteten und pastell ausgemalten Apsis befindet sich der neue Tabernakel, für den die alten, 1931 von Fritz Zehgruber für den damaligen Hochaltar gestalteten Tabernakeltüren wiederverwandt wurden. Aus dem Jahr 1931 stammen auch die von Fritz Zehgruber gestalteten Apostelleuchter aus Messing, auf denen die Namen der Apostel festgehalten sind. Gleichzeitig wurde die dazu passende Ewig-Licht-Lampe von einem Architekten des Ortes entworfen. Den modernen Altar schmücken die 1929 von Hildegard Domizlaff gearbeiteten Messingreliefs mit Szenen des Lebens Christi, die ursprünglich zu einem seitlichen Herz-Jesu-Altar gehörten. Dessen ehemals zugehörige große Holzskulptur steht heute im rechten Seitenschiff. Die Fenster im Kirchenschiff stellen Kölner Heilige vor, sie wurden zwischen 1954 und 1956 von Josef Scheuer entworfen und angefertigt. *M.S.*

Sankt Dionysius

Sankt Dionysius

Longerich

Longericher Hauptstraße 62 a
50739 Köln

☎ 0221-5991859

• Karte 2, c3
Ⓗ Lindweilerweg
Linie 121

Longerich blickt bereits auf eine lange Geschichte zurück. Anfang des 10. Jahrhunderts erstmals erwähnt, besaß das Dorf spätestens 1080 eine eigene, dem Ursulastift in Köln zugehörige Kirche. Erst die Säkularisation löste 1802 die Zugehörigkeit der Pfarrei zum Kölner Ursulastift auf. Nach der Eingemeindung Longerichs nach Köln im Jahre 1888 stieg die Bevölkerungszahl deutlich an, die alte Kirche auf dem Kriegerplatz wurde zu klein. So entschloss man sich 1897, westlich der alten Kirche einen größeren Neubau zu errichten. Die von Vincenz Statz in neugotischen Formen geplante Kirche wurde 1898 bis 1899 errichtet.

Der Außenbau hat sich in den 100 Jahren wenig verändert, bis heute präsentiert er sich als neugotische, dreischiffige Backsteinbasilika ohne Querschiff und mit seitlichem Turm im Südwesten.

Am 13. März 1942 wurden große Teile der neugotischen Kirche durch eine Luftmine zerstört. Der von Karl Band Anfang der Sechzigerjahre betreute Wiederaufbau ersetzte im Langhaus die kriegszerstörten Gewölbe durch Holzdecken und schuf eine neue Innenraumgestaltung. 1956 entwarf Maria Meng die Chorfenster zum Leben Jesu, die – nach Art der mittelalterlichen Bibelfenster im Dom – verschiedenen Szenen aus dem Leben Jesu vergleichbare Ereignisse aus dem Alten Testament gegenüberstellen. Der Kölner Künstler Hein Gernot schuf viele Ausstattungsstücke, z. B. den Altar, später die Portale (1971), die Altarkreuzgruppe, die Kommunionbank und das Sakramentshaus mit Ambo (1973). 1992 entstanden nach Entwürfen von Dieter Hartmann zwei Fenster mit Symbolen der Marienlitanei im rechten Seitenschiff. 1995 schuf der Bozener Künstler Franz Thaler die neuen Kreuzwegstationen.

Mehrere Stücke der alten Ausstattung blieben erhalten: die Madonna und die Anna Selbdritt aus dem 15. Jahrhundert sowie die barocken Skulpturen des Pfarrpatrons Sankt Dionysius (1777) und des heiligen Jakobus (Terracotta, 1776). Der Apostel Jakobus erinnert mit Pilgerstab und Muschel an die heute wieder sehr beliebte Wallfahrt zu seinem Grab nach Santiago de Compostela in Nordspanien.

Die Klais-Orgel mit 22 Registern und zwei Manualen stammt aus dem Jahr 1966. *M.S.*

Der Turm von Sankt Dionysius ist weithin sichtbar.

Blick auf den frei stehenden Turm von Sankt Dreifaltigkeit.

Sankt Dreifaltigkeit

Die heutige Kirche entstand 1950 bis 1953 nach Plänen von Karl Band. Bemerkenswert ist, dass die Gemeinde den Bau größtenteils aus Eigenmitteln finanzierte. Band versuchte daher, beim Wiederaufbau möglichst viele Reste der 1929 erbauten Vorgängerkirche zu verwenden. Der alte Turm musste allerdings 1968 wegen Baufälligkeit abgebrochen werden. Er wurde durch einen Neubau als Campanile, also als freistehender Turm, von Hans Schilling ersetzt. Der Kirchenraum erhielt einen quadratischen Grundriss, um die Bedeutung der Kirche als Versammlungsraum des Volkes Gottes um den Altar zu verdeutlichen. Die Kirchenausstattung ist bis auf eine Kopie der in Sankt Maria im Kapitol befindlichen gotischen Limburger Madonna fast durchweg modern. Die von Walter Prinz entworfenen bronzenen Türgriffe stellen Löwe, Taube und Lamm dar, also Tiere, die auf Glaubensinhalte verweisen. Der Taufbrunnen von Toni Zenz hat die Form eines Fisches, der zu den Symbolen des Christentums gehört. Den Chorraum, ja den gesamten Innenraum, beherrscht das silbergefasste Holzkreuz von Toni Zenz, der auch den Altar, den Tabernakel, die Stele, die Aposteleuchter, das Holzkreuz im Kircheneingang, das Bronzegitter der Taufkapelle und den Ambo schuf. Für den Ambo wählte Zenz das Motiv der »Ehernen Schlange«, ein uraltes Heils- und Erlösungssymbol, das im Alten Testament erwähnt wird (Numeri 21, 8-9). An die beiden Stützpfeiler des Chorraumes hat Herbert Bienhaus Skulpturen von Petrus und Paulus als schmale Gestalten angebracht. Bienhaus hat auch das Michaelssgraffito, den Kreuzweg und zusammen mit Wilhelm Schmitz-Steinkrüger die Fenster geschaffen. Ein Schmuckstück der besonderen Art ist der Weihnachtsbehang von Toni Zenz, der die Anbetung der Drei Weisen, die Taufe Christi im Jordan und die Hochzeit zu Kana als drei Arten der Offenbarung des Mensch gewordenen Wortes Gottes zeigt. Die Kirche besitzt eine Walcker-Orgel mit 22 Registern und 1630 Pfeifen. *C.S.*

Sankt Dreifaltigkeit

Poll

Am Altenberger Kreuz 16
51105 Köln

☏ 0221-8303147

• Karte 1, k8
Ⓗ Poll, Raiffeisenstraße
Linie 7

Sankt Dreikönigen

Westlich des alten Dorfkerns von Bickendorf wurden seit 1913 drei umfangreiche Siedlungsbauprojekte verwirklicht, die bis heute wichtige Zeugnisse des modernen Siedlungsbaus jener Zeit sind. Mit der Siedlung Bickendorf II entstanden nach Plänen von Wilhelm Riphahn und Caspar M. Grod zwischen 1923 und 1938 entlang der Achse Schlehdornweg-Wacholderweg-Am Rosenhof Wohnhäuser im Stil des rheinischen Expressionismus mit betonter Tendenz zum Funktionalismus des »Neuen Bauens«. Die Häuserreihen sind durch Plätze und Grünflächen aufgelockert, ein umfassendes Farbprogramm des Malers Heinrich Hoerle überzog sämtliche Gebäude in den Farbtönen grün/weiß bzw. ockergelb/weiß.

Als Mittelpunkt der Siedlung war von Anfang an eine katholische Kirche vorgesehen, für die 1928 ein Wettbewerb ausgeschrieben wurde, den der Kölner Architekt Hans Peter Fischer gewann. Seine Architektur aus gestaffelten, hell verputzten Baukuben korrespondiert mit der umgebenden Siedlungsbebauung, die vom geradlinigen, hohen, schmalen Turm der Kirche überragt wird. Wichtigstes Gestaltungsmerkmal neben den aufgetürmten weißen Wandflächen sind die auffälligen Lanzettfenster, die noch wie ein Überbleibsel der Neugotik erscheinen, aber durch ihre betont schmale Ausbildung ebenfalls in die Architektur der Zwanzigerjahre passen.

Auch der Innenraumeindruck ist überwiegend durch die Lanzettfenster bestimmt. Ihre Verglasung stammt von Jan Thorn-Prikker (1929 bis 1930), man hat sie nach dem Krieg anhand von Fotos rekonstruiert. Das Westfenster mit den Heiligen Drei Königen schuf 1932 der Prikker-Schüler Wilhelm Schmitz-Steinkrüger. Ein großes schlichtes Kreuz, das die lange schmale Form der Fenster aufnimmt, schmückt die fensterlose Altarwand; der seitliche Bildteppich verweist wieder auf das Patrozinium der Kirche: die Heiligen Drei Könige.

Die Orgel mit drei Manualen und 44 Registern wurde 1986 von der Firma Sauer errichtet, sie bezieht Teile der Vorgängerorgel mit ein, die 1935 von der Aachener Firma Stahlhut gebaut worden war. *M.S.*

Moderne Bauformen bestimmen das Bild von Sankt Dreikönigen.

Sankt Dreikönigen

Bickendorf

Weißdornweg 91
50678 Köln

☏ 0221-95652011

• Karte 1, a1
Ⓗ Akazienweg
Linien 3, 4

Elendskirche (Sankt Gregorius im Elend)

Innenstadt

An Sankt Katharinen 5
50678 Köln

• Karte 1 gh6
Ⓗ Severinstraße
Linien 3, 4

Die spätbarocke, dem heiligen Papst Gregor dem Großen geweihte Kirche ist eine Stiftung der Kölner Patrizierfamilie von Groote und noch heute im Eigentum der Familie; sie gehört zur Gruppe der ehemals 30 Kölner Eigenkirchen. An ihrer Stelle lag seit dem 14. Jahrhundert ein so genannter »Elendfreythof«, ein Ort also, an dem vor allem Fremde (besonders Pilger), Heimatlose und Arme (= Elende) bestattet wurden.

Schon im 15. Jahrhundert stand auf dem Friedhof eine spätgotische Michaelskapelle. Die Familie von Groote nahm sich dieses Ortes an; sie war um 1580 aus Gent über Antwerpen nach Köln geflohen, da sie wegen ihres katholischen Glaubens in den südlichen Niederlanden verfolgt wurde. Die Familie hatte also das Schicksal der »Elenden« selbst teilen müssen. Jakob von Groote der Ältere (1589 bis 1663) ließ eine Mauer um die Begräbnisstätte errichten; sein Sohn Jakob von Groote der Jüngere (1627-1681) gründete 1677/78 eine Familienstiftung zur Abhaltung eines öffentlichen Gottesdienstes in der Michaelskapelle, die er erweitern und zusätzlich dem heiligen Papst Gregor I. weihen ließ. Der Kanonikus Everhard Anton von Groote stiftete schließlich zusammen mit seinem Bruder Bürgermeister Franz Jakob Gabriel von Groote die heutige Kirche, die ab 1765 errichtet und 1771 geweiht wurde. Die Elendskirche war damit der letzte Sakralbau Kölns vor dem Einmarsch der Franzosen und dem Ende der reichsstädtischen Zeit im Jahre 1794.

Im Zweiten Weltkrieg brannte die Kirche mit ihrer einheitlichen Innenausstattung vollständig aus; nur die Außenmauern blieben stehen. Eine erste Wiederaufbauphase ab 1952/53 unter der Leitung von Karl Band konnte bis 1967 abgeschlossen werden. In dieser Zeit wurden der Fußboden aus schwarzen und weissen Marmorplatten und auch die drei Altäre weitgehend wiederhergestellt. In den Neunzigerjahren wandte man sich der Restaurierung des Kirchenäußeren zu. In einem ersten Abschnitt wurde 1993/94 der bildhauerische Schmuck der besonders stark verwitterten Westfassade erneuert. In einem zweiten Abschnitt von 1996 bis 1998 restaurierte man das Dach mit Dachreiter, den gesamten Sockel und die übrigen Fassaden mit ihren rotgetönten Fugen. Eine Restaurierung des Innenraumes soll in den nächsten Jahren folgen.

Das besonders im Äußeren schlichte und äußerst sparsam durch hohe rundbogige Nischen und Fassadenreliefs sowie Gesimse aus Sandstein gegliederte Gotteshaus ist eine in Backstein unter der Leitung des Maurermeisters Heinrich Nikolaus Krakamp erbaute Saalkirche, die an Werke des westfälisch-kurkölnischen Hofbaumeisters Johann Conrad Schlaun (1694 bis 1773) erinnert. Der Entwurf stammte von dem Bildhauer und Architekten Balthasar Spaeth. Die reich gestaltete Westfassade mit ihrem Portal und dem Dreiecksgiebel, den das Wappen der Familie von Groote ziert, hebt sich deutlich vom übrigen einfach gehaltenen Außenbau ab. Im Mittelpunkt steht eine von Friedrich Geiger entworfene und ausgeführte reliefierte Allegorie des Todes, die mit päpstlichen Insignien ausgestattet, auf einem offenen Sarg sogar über Päpste und Heilige triumphiert. Diese

Westportal der Elendskirche; darüber die Allegorie des »Triumphierenden Todes«.

Allegorie stellt allerdings nicht den auch als Patron der »Armen Seelen im Fegefeuer« verehrten Kirchenlehrer Papst Gregor den Großen (Pontifikat von 590 bis 604) selbst dar, sondern nur seine Insignien (Tiara, Krummstab und Petrus-Schlüssel), die den Symbolen des Todes (Sarkophag, Schädel, Knochenhand und Sense) zu- und untergeordnet werden. Doch hat der Tod nur scheinbar das letzte Wort: öffnet man das Portal, so erblickt man den Hochaltar, von dessen Bekrönung Gottvater auf Christus und dessen die Menschheit erlösenden Tod am Kreuz hinweist. Diese Erlösung vollendet sich am Ostersonntag mit der Auferstehung, die sich im Messopfer am Altar vergegenwärtigt.

Die Darstellung der Maria, die ihren toten Sohn in den Armen hält und betrauert, bildet das Zentrum des wiederhergestellten Hochaltares von 1768. Flankiert wird diese als Pietà bezeichnete Gruppe von Statuen des heiligen Papstes Gregor (links) und des Erzengel Michael (rechts). Darüber befinden sich Allegorien der Tapferkeit und der Gerechtigkeit. Die Figuren aus weiß bemaltem Holz stammen von Johann Josef Imhoff aus den Jahren 1770 und 1771. Der nördliche und der südliche Seitenaltar besteht jeweils aus Unterbauten von Johann Scholl (1767), die 1806 Aufsätze aus der Kartäuserkirche erhielten. Im gleichen Jahr schuf der Bildhauer Franz Xaver Bernard Imhoff die Alabasterfiguren des heiligen Jakobus des Älteren (nördlicher Seitenaltar) und der heiligen Thekla von Ikonium (südlicher Seitenaltar). An der Westwand schmücken eine Figur des heiligen Johannes von Nepomuk und des heiligen Antonius von Padua (beide Figuren aus dem 18. Jahrhundert) die Kirche.

Der Kircheninnenraum mit dem Hochaltar und den Seitenaltären.

Ansicht der Elendskirche von Südwesten.

An die Elendskirche wurde 1963 die Kapelle der Schönstatt-Schwestern angebaut. Die Schwestern betreuen und pflegen die Kirche und nutzen sie auch gelegentlich für Gottesdienste. Das Bauwerk wird mit Geldern des Landes, der Stadt, des Erzbistums und aus dem Stiftungsfonds der Familie von Groote erhalten, der durch die Provisoren Wulff von Groote und Freiherr Geyr von Schweppenburg verwaltet wird. Gemäß der Stiftungsidee finden bis heute katholische Gottesdienste von nationalen Minderheiten statt. Früher waren es hauptsächlich Spanier und Tschechen, heute sind es Serben und Rumänen. Am 1. November (Allerheiligen) aber gehört die Kirche ausschließlich den Angehörigen der Familie von Groote, die sich an diesem Tag, aber auch zu verschiedenen Familienfeierlichkeiten, in der Kirche zu einem Gottesdienst versammeln. *C.S.*

Sankt Elisabeth (Krankenhauskirche)

Sankt Elisabeth
(Krankenhauskirche)

Hohenlind

Werthmannstraße 1
50935 Köln

☏ 0221-4677361

• Karte 1, a7
Ⓗ Brahmsstraße
Linie 7

Die Kirche des Sankt Elisabeth-Krankenhauses war zu ihrer Erbauungszeit in zweifacher Hinsicht ein programmatischer Bau. Sie ist einserseits stark beeinflusst von den Bestrebungen der Liturgischen Bewegung, die bereits seit den Zwanzigerjahren die Kirchen als Räume gemeinschaftlicher Feiern verstehen und umgestalten wollte, andererseits versucht sie ungewöhnlich deutlich ihrer Funktion als Krankenhauskirche gerecht zu werden.

Prälat Johannes van Acken forderte 1922 in seiner für den modernen Kirchenbau bedeutsamen Schrift »Christozentrische Kirchenkunst«, den Altar wieder in das Zentrum der gottesdienstlichen Versammlung zu rücken. Als 1927 der architektonische Wettbewerb für das Krankenhaus ausgeschrieben wurde, war Prälat van Acken als Caritasdirektor Bauherr des Projektes. Die Klinikgebäude wurden von 1930 bis 1932 nach Entwürfen der Düsseldorfer Architekten Hans Tietmann und Karl Haake gebaut. Mit den Plänen für die in diesen Bau integrierte Krankenhauskirche beauftragte van Acken jedoch Dominikus Böhm, der 1923 bereits theoretische Entwürfe für die von van Acken in seiner Schrift geforderten Änderungen des Kirchenraumes gezeichnet hatte.

Das Material Backstein verbindet Krankenhaus und Kirche optisch sehr eng miteinander, die hochaufragende, halbrund geschlossene Apsis und die hohen schmalen Fenster heben die Kirche jedoch eindeutig als Sakralbau hervor.

Der Innenraum ist erstaunlich groß. Die drei Schiffe der hohen Hallenkirche erscheinen nahezu wie ein großer Saal ohne einzelne Schiffe, so sehr treten die äußerst dünnen Pfeiler in den Hintergrund. Trotz der Kargheit der einzelnen Bauelemente wirkt der Raum einladend. Vom Mittelschiff führt ein Stufenberg zum stark erhöhten Altarbereich. Der Altar ist weit aus der ihn im großen Schwung umfangenden halbrunden Apsis herausgerückt. Entsprechend der Forderungen van Ackens in Bezug auf den Kirchenbau ist er stärker als andere Altäre der Dreißigerjahre in das Zentrum der feiernden Gemeinschaft hineingerückt und in der Apsis zusätzlich von halbrunden Bänken umschlossen – wenngleich seine betonte Erhöhung für heutiges Raumempfinden immer noch stark trennend erscheint. Das Bodenniveau der Seitenschiffe ist weit über das des Mittelschiffs angehoben, es stimmt mit dem Niveau des Chores überein. Diese »Emporen« sind für liegende Kranke vorgesehen, für deren Betten dort genug Platz ist und die von dieser Höhe aus bequem zum Altar blicken können. In einem links angefügten Seitenarm liegt auf gleichem Niveau die Schwesternempore für die früher im Krankenhaus tätigen Ordensschwestern. An der Rückwand des Gesamtraumes befinden sich zwei weitere, balkonartige Emporen, die den unkomplizierten und naheliegenden Zugang von höheren Etagen der Klinik ermöglichen. Wer schon einmal in anderen Krankenhäusern durch viele Flure die ermüdende Suche nach der Kapelle auf sich genommen hat, weiß solche Planungen zu schätzen. Diese enge Verbundenheit des Kirchenraumes mit den einzelnen Krankenstationen verweist auf die mittelalterliche Institution der Hospitäler, die Armen, Alten und Kranken Fürsorge in sakralen Räumen zuteil werden ließen.

Ursprünglich waren das tiefliegende Mittelschiff und die schlanken Pfeiler mit schwarzem Marmor verkleidet, die Emporen darüber jedoch hell gestaltet. Nach dem Krieg wurde der dunkle Stein entfernt, was den Raum freundlicher macht, die ursprüngliche Gestaltungsabsicht des Architekten, insbesondere die Lichtwirkung, jedoch stark verändert hat.

Der Altarraum ist zu beiden Seiten mit hohen, von rundbogenförmigen Öffnungen durchbrochenen Wänden abgeschlossen. Diese Bogengitterwände umrahmen die große Apsis, durch sie gelangt nur von links indirektes, gelbgetöntes Licht in den Chor; die Beleuchtung des Kirchenschiffes erfolgt dagegen durch hohe, rundbogige, weiß-bläuliche Fenster von rechts.

Die Apsis war zunächst schlicht weiß verputzt, hinter dem Altar stand ein großes Kreuz. Nach dem Krieg gestaltete Peter Hecker 1949 diesen Bereich durch die umfangreiche Ausmalung entscheidend um. Sein Apsisgemälde zeigt Szenen aus der Offenbarung des Johannes, neben dem Altar finden sich aber auch verschiedene alttestamentliche Szenen, die auf Vorbilder des Opfers Christi hinweisen, wie zum Beispiel die Opfer Abels, Abrahams und Melchisedechs. Ganz links unten verewigte sich der Künstler mit einem Selbstbildnis und der lateinischen Beteuerung, dass sein Werk nur der größeren Ehre Gottes dienen soll.

Blick in den stark erhöhten Chor mit der späteren Ausmalung von Peter Hecker.

Ewald Mataré schuf die Figur »Ecce Homo« für das Grab des Krankenhausbegründers Prälat van Acken.

In den unter den Emporen liegenden Kapellen finden sich Mosaiken von Ludwig Baur (1934 bis 1937): links eine Mariendarstellung »Unsere liebe Frau von Hohenlind« und der heilige Josef, in der Chorkrypta Christus zwischen Paulus und Johannes, rechts Johannes der Täufer und der Kreuzweg mit symbolischen Darstellungen der Leidensstationen. Die Schrifttafeln der Krypta wurden vom Architekten Dominikus Böhm entworfen, das Altarkreuz mit den Marterwerkzeugen stammt von Ewald Mataré.

In einem Gang hinter der Krypta-Altarwand befindet sich das Grab des Krankenhausbegründers Prälat Johannes van Acken. Über seinem Grab ist die 1937 von Ewald Mataré für diesen Ort geschnitzte Holzskulptur »Ecce Homo« aufgestellt, die aufgrund ihrer Eindringlichkeit immer wieder von vielen Kranken intensiv betrachtet wird. Ausgezehrt, den Umhang von den dürren Schultern heruntergerutscht, sitzt Christus und scheint vor Erschöpfung fast zur Seite zu sinken. Beide Füße sind schräg gestellt, als wären sie schon am Kreuz befestigt. Die eine Hand verweist auf das Grab unter ihr, sie ist aber auch zum Betrachter hin geöffnet als wolle sie alles geben und auch alles empfangen; die andere Hand hält ein Stück Holz. Dieser Ast zeigt dicke Knospen und ist somit ein Verweis auf das Holz des Kreuzes, das zum Lebensbaum, zum lebendigen Baum wird, indem durch Christi Tod und Auferstehung auch uns Menschen das ewige Leben verheißen wird. *M.S.*

SANKT ELISABETH

Die dreischiffige Backstein-Hallenkirche Sankt Elisabeth, in deren Architektur sich romanische und spätgotische Formen verbinden, entstand zwischen 1908 und 1910 auf Initiative der Gemeindemitglieder Friedrich Decker, Franz Faßbinder und Michael Miebach, die den Kirchenbau auch finanziell unterstützten. Bis zum Zweiten Weltkrieg wurde die Kirche mit Glocken, einer Orgel und einer Kirchenuhr ausgestattet. Dabei war es dem Bauherren Dechant Martin Köllen wichtig, dass »*Kirchenräume* [...] *nicht kahl sein* [sollen], *sondern,* [...] *durch thematische Verglasung, durch Heiligenfigurenschmuck und auch durch Nebenaltäre den Gläubigen zur Andacht verhelfen*«. Damals wurde eine Figur des heiligen Johannes mit dem Tränentuch und eine Statue der Schmerzhaften Mutter aufgestellt. Die Fenster stifteten Privatleute. Nach dem Krieg wurde Sankt Elisabeth durch den Architekten Dominikus Böhm und seinen Sohn Gottfried in den Jahren 1956/57 erweitert und der Chorraum erneuert, für den Dominikus Böhm die seitlichen Fenster entwarf. Allein im Jahre 1956 entstand ein großer Teil der Ausstattung von der Hand Hanns Rheindorfs: der Altar, der Tabernakel, die sechs Altarleuchter und das große, sechs Meter hohe Standkreuz hinter dem Altar. 1959 gestaltete Rheindorf den marmornen Taufbrunnen, 1965 die Kreuzwegstationen aus Email und 1968 den Osterleuchter. Im gleichen Jahr kam eine neue Orgel der Firma Breil hinzu. Acht Fenster der Kirche Sankt Elisabeth zum Thema »Die sieben Werke der leiblichen Barmherzigkeit« wurden von Rolf M. Koller 1982/83 geschaffen. Die Fenster zeigen allerdings nicht die guten Taten, sondern die jeweilige Not, die es zu lindern gilt. Weitere drei Fenster von Koller folgten 1988. *C.S.*

SANKT ELISABETH

Höhenberg

Höhenberger Straße 15
51103 Köln

☏ 0221-872176

• Karte 2, f5
Ⓗ Höhenberg, Frankfurter Straße
Linie 1

In der Architektur von Sankt Elisabeth vereinen sich romanisches und gotisches Formengut.

Turm und Chor von Sankt Elisabeth.

Sankt Elisabeth

Sankt Elisabeth

Mülheim

Elisabeth-Breuer-Straße 46
51065 Köln

☏ 0221-613012

• Karte 2, f5
Ⓗ Wiener Platz
Linien 4, 13, 17, 18, 19

Wie eine Oase liegt Sankt Elisabeth und die die Kirche umgebende Grünfläche im dichtbesiedelten Mülheim. Das Gotteshaus entstand 1951/52 nach Plänen von Karl Band. 1953/54 kam ein frei stehender Turm hinzu, dessen 20 Glocken zur vollen Stunde Kirchenlieder spielen. Als Material für die dreischiffige Hallenkirche wählte Band Ziegel, die ein Skelett aus Stahlbeton ausfüllen. 1972 wurde der Altarraum umgestaltet; weitere Veränderungen nahm man 1985/86 vor: Die Sichtbetonstützen und -sparren erhielten einen neuen Anstrich in einem warmen Farbton. Gleichzeitig baute Hans Schilling zwischen Kirche und Pfarrhaus ein Pfarrzentrum mit Gruppenräumen und wandelte die alte Sakristei in eine Werktagskapelle um.

Im Kircheninneren tragen schlanke Stahlbetonstützen ein zum Raum hin offenes Satteldach unter dem sich Fensterbänder entlang ziehen. Im südlichen Seitenschiff wurde die Beichtstuhlkonche zu einer Totengedächtniskapelle umgestaltet, in der alle Kreuzwegstationen von Heinz G. Bücker zusammengefasst sind. Die am Eingang unterhalb der Orgelempore, dem Chor gegenüberliegende Taufkapelle wird von einem halbrunden apsisartigen Vorbau umschlossen, dessen Wand aufgelöst ist in Betonraster mit Buntglasscheiben von Herbert Bienhaus aus dem Jahre 1952. Das tiefer liegende Taufbecken gestaltete im selben Jahr Hans Dinnendahl. Von ihm stammt auch der Altar aus schwarzem Marmor, der vollständig von Tüchern in der jeweiligen liturgischen Farbe verhüllt ist. Das Altarkreuz und der Tabernakel sind Arbeiten von Heinz G. Bücker aus den Sechziger- und Siebzigerjahren des 20. Jahrhunderts. Die weiße Rückwand des Chores sollte einst mit Fresken versehen werden. Heute hängen hier Ikonen, die einen wichtigen Beitrag zu größerer Frömmigkeitskonzentration leisten. Die Orgel mit 21 Registern auf der Empore über dem Taufbecken wurde von der Firma Walcker gebaut und 1958 installiert. *C.S.*

Sankt Elisabeth

Sankt Elisabeth

Pesch

Kapellenweg 4
50767 Köln
☏ 0221-5902041
www.kreuz-koeln-nord.de

• Karte 2, bc3
Ⓗ Otto-Müller-Straße
Linie 127

Über die Ursprünge von Pesch ist bisher wenig bekannt; der Ortsname ist wohl vom lateinischen Wort »pascuum« (Weide) abzuleiten, was auf eine frühe Nutzung als Weidegrund schließen lässt. 1312 wird Pesch in einer schriftlichen Quelle erwähnt, um 1609 bezeichnet Abraham Hogenberg in seinem Plan von Köln und Umgebung vier Höfe an einer Wegekreuzung mit dem Namen »Besch«.

Die barocke Donatuskapelle gehört gemeinsam mit dem gegenüberliegenden Kriegshof zu den ältesten Gebäuden in Pesch, sie ist auf ihrem Türsturz mit der Jahreszahl 1774 datiert.

Neben der alten Kapelle steht seit 1980 die neue Kirche von Pesch, Sankt Elisabeth. Sie wurde von dem Kölner Architekten Paul-Georg Hopmann errichtet, einem ehemaligen Mitarbeiter Emil Steffans.

Hopmann hat keinen komplizierten, hochaufgetürmten Baukörper in dem immer noch ländlich geprägten Dorf errichtet, sondern Kirche und Pfarrzentrum passen sich der Umgebung an und erinnern eher an eine etwas überdimensionierte Hofanlage.

Die Kirche wird von außen und innen durch das Material Backstein, das große Satteldach und den überschaubaren rechteckigen Grundriss bestimmt. Im Innenraum stehen Altar und Ambo vor der Längswand, dadurch ist der Raum quergelagert. Die Bänke sind großzügig von drei Seiten um den Altar gruppiert. Taufbecken und Tabernakel stehen links vom Altar, sie befinden sich wie Altar und Ambo im Zentrum der feiernden Gemeinde und doch hat jedes einzelne Element einen unabhängigen, würdevollen Platz. Für die Beichte hat der Architekt einen kleinen »Raum im Raum« errichtet. Zum Eingang öffnet sich eine – auch an Werktagen zugängliche – Andachtsnische mit einer Schutzmantelmadonna.

Die Fenster auf der rechten Seite zeigen die Evangelistensymbole. Daneben steht die große Orgel: Der orgelbegeisterte Pfarrer Boos sorgte dafür, dass die gerade fertiggestellte Kirche eine anspruchsvolle Orgel bekam. Die Firma Klaus Becker aus Schleswig-Holstein baute 1983 in Anlehnung an norddeutsche Vorbilder eine Orgel mit drei Manualen und 26 Registern. *M.S.*

Kirche und barocke Donatuskapelle in Pesch.

Die Fassade von Sankt Engelbert.

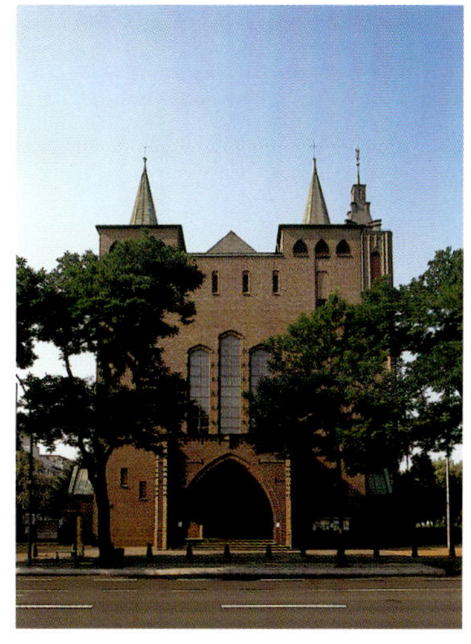

Sankt Engelbert

Eine erste Notkirche wurde in Humboldt 1898/1899 durch Eduard Endler im neugotischen Stil erbaut. 1926/27 entstand an gleicher Stelle ein Neubau im Stil eines an Romanik und Gotik erinnernden Expressionismus. Entworfen wurde dieser dreischiffige Kirchenbau von den Architekten Heinrich Renard und Josef van Geisten. Das Innere wurde im Zuge des Wiederaufbaus nach dem letzten Weltkrieg nicht unerheblich verändert. 1975 führten Karl Band und Ludwig Roszyk eine Erneuerungsmaßnahme durch, bei der das alte Gewölbe durch eine sattelförmige Holzdecke ersetzt wurde.

Sankt Engelbert ist ein ornamentierter Klinkerbau mit Satteldach, mächtigem doppeltürmigen Fassadenriegel und Portikus zum Vorplatz. Aus dem Häusermeer erhebt sich weithin sichtbar der Vierkantturm mit seinem Kupferhelm und der bekrönenden Engelbertsstatue von Hein Gernot. Der Turm als Wahrzeichen des Stadtteils konnte nur durch die große Opferbereitschaft der Gemeinde gebaut werden.

Die um 1900 entstandenen Ausstattungsstücke der 1926 abgerissenen Kirche Alt Sankt Engelbert wurden weitgehend sichergestellt und weiter verwendet. Bis heute haben sich das Gestühl, die Kanzelreliefs und Skulpturen, der neugotische Kreuzweg, der Taufstein und sechs Figuren von Erhard Schmitz erhalten. Der Altar ist eine Arbeit von Hein Gernot (1968), der danach noch sechs große und sechs kleine Altarleuchter, das Ewige Licht, den Osterleuchter sowie Ambo und Tabernakel schuf. Das Hängekreuz über dem Altar gestaltete Hanns Rheindorf im Jahre 1981. Rheindorf hatte bereits 1927/28 die Monstranz und das Vortragekreuz geschaffen. Die Fenster des Kirchenraumes entwarf der Glasmaler Paul Weigmann zwischen 1959 und 1965. 1968 kam ein weiteres Fenster für die Marienkapelle hinzu, die im gleichen Jahr mit Mosaikmedaillons von Willi Strauss ausgeschmückt wurde.

Die Orgel wurde 1972 von der Firma Romanus Seifert in Kevelaer gebaut, aber erst 1999 vollendet. *C.S.*

Humboldt

Gremberger Straße 34
51105 Köln

☏ 0221-834160

• Karte 1, k6
Ⓗ Weilburger Straße
Linie 153

Sankt Engelbert

Mit der vom Volksmund liebevoll-ironisch genannten »Zitronenpresse« des Architekten Dominikus Böhm fand 1931 die in den Zwanzigerjahren weit ausgedehnte Bebauung Riehls ihren architektonischen Höhepunkt. Aus einem beschränkten Wettbewerb für die geplante Pfarrkirche des bereits 1888 nach Köln eingemeindeten Stadtteils ging Dominikus Böhm mit einem für die damalige Zeit außerordentlich gewagten Entwurf als Sieger hervor.

Nachdem der Kölner Erzbischof Antonius Kardinal Fischer noch im Jahre 1912 Kirchenneubauten für sein Bistum ausschließlich im gotischen oder romanischen Stil gefordert hatte, bedeutete die Planung Böhms einen ungeheuren Bruch mit dem Gewohnten und einen von der Liturgischen Bewegung lange vorbereiteten Aufbruch zu einer ganz neuen Kirchenarchitektur. Ähnlich revolutionär, aber im Entwurf sehr konträr war die gleichzeitig von Rudolf Schwarz in Aachen errichtete Fronleichnamskirche. Das Generalvikariat tat sich zunächst schwer mit der Baugenehmigung und bat *»zu prüfen, ob es möglich ist, durch Milderung des Neuartigen dem Bauwerk das Befremdliche zu nehmen.«*

Auf einem hohen Podest erheben sich die parabelförmigen Außenwände der Kirche: schlichte Backsteinwände, nur weit oben von einem Rundfenster durchbrochen. Das Metalldach ist zwischen den einzelnen Wandstücken tief eingekerbt und weit nach unten gezogen. Der Chor springt aus dem achtteiligen Kreisgrundriss hervor, seine ebenfalls parabelförmige Stirnwand ist weit nach außen verschoben. Für Dominikus Böhm versinnbildlicht die Parabel *»die Überwindung der Schwere«*, *»das Loslösen von der Erde«*: Verweise auf die Auferstehung. Seitlich, aber durch einen als Werktagskapelle genutzten Raum mit

Die ausgefallenen Bauformen der Riehler Kirche waren richtungsweisend für den modernen Kirchenbau.

Riehl

Riehler Gürtel
50735 Köln

☏ 0221-764121

• Karte 2, e4
Ⓗ Reichenspergerplatz
Linien 5, 16, 17, 18

der Kirche verbunden, steht der Turm in Gestalt eines Campanile.

Äußerlich greift der Bau auf das traditionelle Material des Backsteins zurück, im Inneren offenbart sich jedoch, dass die kühne Architektur nur aufgrund des damals neuen Baumaterials Beton möglich wurde. Die innere Rippenkonstruktion aus eisenverstärktem Bimsbeton bildet die tragenden Teile der Kirche, die nichttragenden parabelförmigen Außenwände sind mit Backstein verkleidet. Damit stellt die Kirche einen Kompromiss dar. Sie nutzt zwar die neuen technischen Möglichkeiten, macht sie aber weitgehend unsichtbar, da die pure Verwendung von Beton im Kirchenbau zu dieser Zeit noch heftige Kontroversen auslöste.

Durch drei von Leonhard Karl geschaffene Portale gelangt man in das Innere. Der Zentralraum ist zunächst sehr dunkel, nur aus den 1955 von Arnold Wendling geschaffenen Rundfenstern und vor allem aus dem durch ein seitliches hohes Fenster belichteten Chor gelangt Licht hierher. Diese Lichtführung hat der Architekt ganz bewusst so inszeniert, die Gemeinde sollte vom mystischen Halbdunkel in den hellen Altarraum blicken.

Obwohl der Gemeinderaum auf rundem Grundriss zunächst Zentralraumcharakter hat, ist er doch stark auf den Chor ausgerichtet. Die Entwicklung der katholischen Liturgie war in den Dreißigerjahren noch nicht so weit fortgeschritten, dass es möglich gewesen wäre, den Altar stärker in die Mitte zu stellen, wie es ein ausschließlich kreisförmiger Raum erfordert hätte.

Der aus dem Zentralgrundriss herausgeschobene Chor nimmt im Gewölbe und in der leicht gebogenen Apsiswand die Parabelform wieder auf. Bis 1967 stand der Hochaltar am äußeren Ende des Chores, knapp vor der östlichen Abschlusswand, dann erfolgte eine Umgestaltung im Sinne der Beschlüsse des Zweiten Vatikanischen Konzils durch den Sohn des Architekten, Gottfried Böhm. Dabei wurden der alte Hochaltar und die Seitenaltäre abgerissen und durch einen neuen, näher zum Gemeinderaum gerückten Altar ersetzt. Seit 1991 verfolgt die Gemeinde das Projekt »Altar in der Mitte der Gemeinde« und hat einen Zelebrationsaltar im Innenrund der Kirche errichtet. Dieses Vorhaben ist noch nicht abgeschlossen und soll weiter vervollkommnet werden.

Die mit dem Bau der Kirche geplante Ausstattung konnte aus Geldmangel nur sporadisch verwirklicht werden. Geplante Evangelistenfiguren über dem Eingangsportal und eine vom Architekten ohnehin nicht gewünschte Chorausmalung wurden nicht realisiert.

Im Kirchenraum befinden sich zwei bedeutende Skulpturen: die »Riehler Pietà« (17. Jahrhundert) und eine Madonna auf der Mondsichel (16. Jahrhundert). Hildegard Domizlaff fertigte seit 1967 verschiedene liturgische Ausstattungsstücke: das Sakramentshaus, das Ewige Licht, den Ambo, den Taufbrunnen, den Osterleuchter, vier Altarleuchter und ein Gitter für die Reliquiennische. Beim rechten Seiteneingang befindet sich ein Fenster Franz Paulis »Der Geist Gottes über dem Chaos« (1969), das alte Fensterreste mit modernen Gläsern verbindet.

Die Orgel von Sankt Engelbert ist mit drei Manualen und 64 Registern eine der größten Orgeln Kölns. Sie wurde schon an verschiedenen Orten gespielt: 1908 von der Firma Walcker aus Ludwigsburg als Konzertorgel für die Hamburger Musikhalle gebaut, wurde sie 1950 an das Wuppertaler Thalia-Theater verkauft und bereits 1954 von der Firma Walter Seifert stark verändert in Sankt Engelbert wiederaufgebaut. Zurzeit ist im Rahmen einer erforderlichen Restaurierung dieser als historisch zu bezeichnenden Orgel eine partielle Wiederherstellung der ursprünglichen Gestalt von 1908 geplant.

Böhm stellte die Kirche auf einen hohen Sockel und realisierte in diesem »Untergeschoss« Räume für das Gemeindeleben: Pfarrsaal, Jugendräume und Platz für die Pfarrbücherei. Damit wurde Sankt Engelbert früher Vertreter eines Kirche und Gemeinderäume eng verknüpfenden Gemeindezentrums.

In Sankt Engelbert hielt Kardinal Frings an Silvester 1946 seine berühmte Predigt, in der er den Kölnern im Voraus die Absolution für lebensnotwendiges Klüttenklauen gab. Seitdem bürgerte sich in der Kölner Bevölkerung für das Klauen der unentbehrlichsten Lebensmittel und Heizmaterialien der Begriff »fringsen« ein. *M.S.*

Der Chor wird durch ein seitliches Fenster hell erleuchtet.

Aus der Luft sind Kapelle, Türme und der runde Kirchenraum von Sankt Franziskus gut zu erkennen.

Sankt Franziskus

Der Name des Stadtteils Bilderstöckchen bezieht sich auf einen bereits 1556 als Grenzstein erwähnten Bildstock an der Longericher Straße. Nachdem lange Zeit in der Siedlung nur eine Notkirche vorhanden war, errichtete man von 1957 bis 1960 den heutigen Kirchenbau nach Entwürfen des Kölner Architekten Hans Schilling.

Die Kirche präsentiert sich von außen als einladender moderner Backsteinbau auf rundem Grundriss. Die Außenhaut ist durch ein Ziegelrelief von Willi Strauß (1959) aufgelockert und originell gestaltet. Zwei niedrige Türme flankieren den Haupteingang. Davor steht eine kleine runde Kapelle, die ursprünglich als Taufkapelle errichtet wurde, heute aber als Werktagskirche genutzt wird. Im Vorraum, der Kapelle und Kirche verbindet, empfängt den Besucher das kräftig grünblaue Licht des Franziskusfensters von Bruder Lukas Ruegenberg aus Maria Laach.

Der große Innenraum vermittelt durch die ihn rund umfangenden Mauern eine geschlossene, die Gemeinde um den Altar zusammenfassende Atmosphäre. Seine regelmäßig gemauerte Backsteinwand ist durch wenige sehr kleine Fenster aufgebrochen. Licht erhält der Raum durch das unter der Decke umlaufende Fensterband und mittels der an der Eingangsseite zum Innenraum vollständig geöffneten Türme, durch welche Licht von oben in den Raum fällt.

Das Fensterband zum Sonnengesang des heiligen Franziskus (1963) und das große Altarbild »Christus das Opferlamm« (1961) stammen wie das Außenrelief von dem in der Nachbarschaft wohnenden Künstler Willi Strauß. Der Tabernakel, die Franziskus- und die Marienstatue sind Werke von Theo Hammers. Bruder Lukas schuf neben dem Franziskusfenster auch den Kreuzweg, der die Leidensgeschichte Jesu mit Hilfe von Fotos in die unmittelbare Umgebung der Kirche verlegt. Die Orgel mit zwei Manualen und 19 Registern wurde 1962 von der Firma Weyland gebaut.

Sehenswert ist auch die naheliegende, 1991 erbaute Edith-Stein-Kapelle in der Alzeyerstraße, unter anderem mit einer Ausmalung von Bruder Lukas. *M.S.*

Sankt Franziskus

Bilderstöckchen

An St. Franziskus 2
50739 Köln

☏ 0221-173677

• Karte 2, d4
Ⓗ Alzeyerstraße
Linie 148

Sankt Fronleichnam

Das Gebiet, auf dem die heutige Kirche liegt, war Anfang der Fünfzigerjahre des 20. Jahrhunderts noch Ackerland. Auf diesem entstand ab 1951 eine Siedlung, deren seelsorglichen Mittelpunkt zunächst ein Schulraum an der Humboldtstraße bildete. Später diente das Franz-Hitze-Haus als Notkirche. 1957 wurde dann die Kirchengemeinde Sankt Fronleichnam errichtet, für die ein neuer Gottesdienstraum benötigt wurde. Die Architektur der 1958 bis 1960 von Gottfried Böhm erbauten Fronleichnamskirche erinnert an einen fernöstlichen Tempel oder eine Pagode. Der quadratische, als dreischiffige Halle angelegte Kirchenraum, wird im Mittelschiff von einem mit einem kegelartigen Helm gekrönten großen und innen offenen Pyramidendach überragt. Die Seitenschiffe werden hingegen von Dächern mit gefalteter Oberfläche in Sichtbeton bedeckt. Die gesamte Decke wird von 36 sehr schlanken Betonstützen getragen, so dass der Raum den Eindruck eines »Zelt Gottes« vermittelt.

Noch im Jahr der Weihe entstanden der Altar aus Mainsandstein, der Taufstein und die Fensterwand der halbrunden Taufkapelle. Die von Gottfried Böhm gestalteten Scheiben der Kapelle bestehen aus blauem Ornamentglas mit einer aufgemalten Taube in Silber als Symbol des Heiligen Geistes. Der von

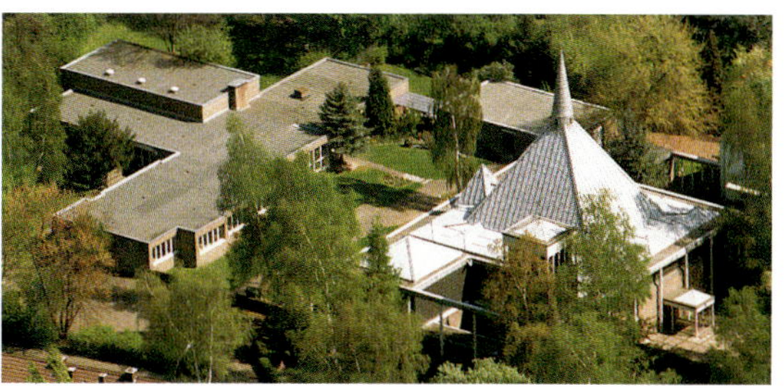

Die Kirche wirkt wie ein fernöstlicher Tempel.

dem Künstler Reiermann entworfene Taufstein ist aus rotem Mainsandstein gearbeitet und wird von einem achtseitigen Messingdeckel mit einer in Bronze gegossenen Figurengruppe abgeschlossen. Über der Taufkapelle erhebt sich ein kegelartiger Betonbaldachin. Im Verlauf der Sechzigerjahre gelangten weitere Stücke in die Kirche. Zu ihnen gehört der Osterleuchter von Egino Weinert und der Tabernakel von Eva Burgeff. Die aus Holz geschnitzte Pietà stammt dagegen vom Ende des 18. Jahrhunderts. Das Kreuz über dem Altar war ein Geschenk des Architekten Böhm an die Pfarrgemeinde. 1995 wurde eine neue Orgel der Firma Oberlinger mit 18 Registern angeschafft. Das Gehäuse entwarfen Wilhelm Jungherz, das Architekturbüro Gottfried Böhm und Wolfgang Oberlinger. *C.S.*

Sankt Fronleichnam

Porz

Bonner Straße 3
51145 Köln

☏ 02203-33859

• Karte 2, g7
Ⓗ Kopernikusschule
Linie 160

Sankt Georg

Innenstadt

Georgsplatz 17
50676 Köln

☏ 0221-210801

• Karte 1, g6
Ⓗ Severinstraße
Linien 3, 4

Am Kölner Waidmarkt befindet sich ein gedrungenes und wehrhaft wirkendes Bauwerk: die Kirche Sankt Georg. Möglicherweise befand sich an diesem Ort an der Ausfallstraße nach Bonn unmittelbar vor dem römischen Stadttor eine Benefiziarierstation (Polizeistation) oder ein Tempel. Später entstand an der gleichen Stelle eine dem römischen Märtyrer Caesarius geweihte dreischiffige Kirche. Im Jahre 1059 siedelte Erzbischof Anno II. hier ein Chorherrenstift an und ließ die Kapelle durch eine nach 1067 geweihte flachgedeckte zweichörige Säulenbasilika mit Querschiff ersetzten. Um 1150 wurde die Flachdecke durch Gratgewölbe ersetzt, was aus statischen Gründen das Einstellen von Pfeilern zwischen den Säulen als Auflager der Gewölbe erforderlich machte. Noch vor 1188 vollendete man einen neuen Westchor. In den Siebzigerjahren des 18. Jahrhunderts trug man die beiden Querhausarme ab und malte das Innere barock aus. Im 19. und frühen 20. Jahrhundert wurde die Bausubstanz der Kirche nicht ausreichend konserviert und um 1920 schien ein Abriss wahrscheinlich. Es ist dem Einsatz des damaligen Pfarrers Heinrich Fabry sowie der Architekten Clemens Holzmeister, Wilhelm Schorn und Wilhelm Hartmann zu verdanken, dass Sankt Georg zwischen 1927 und 1930 gründlich instand gesetzt wurde. Die Querhausarme erstanden neu und der Raum des späten 12. Jahrhunderts wurde weitgehend wiederhergestellt. Allerdings wurde das Resultat der Arbeiten durch die damals geschätzte »Neue Sachlichkeit«, die unter anderem für eine unmittelalterliche Steinsichtigkeit eintrat, nicht unwesentlich beeinflusst. Im Zweiten Weltkrieg erlitt Sankt Georg stärkste Zerstörungen. Die Restaurierung unter der Leitung von Wilhelm Schorn, Wilhelm Hartmann und Dombaumeister Willy Weyres dauerte bis 1964. Angestrebt wurde eine weitgehende Wiederherstellung des baulichen Zustandes von 1930. Den Westchor krönt seit 1949 ein steiles Walmdach anstelle der verbrannten Barockhaube.

Der Weg in die einzige erhaltene Säulenbasilika des Rheinlandes führt durch eine Vorhalle aus der Zeit der Renaissance (1551/52). Diese Halle, an deren Wänden Votivtafeln angebracht sind, ist ein Beispiel für lebendigen Glauben und Dankbarkeit. Die roten Sandsteinsäulen des Langhauses sind mit Würfelkapitellen versehen und stammen aus römischen Bauten. Der einladend wirkende quadratische Innenraum des nach Albert Verbeek *»zu den hervorragensten Werken der staufischen Klassik«* gehörenden Westchores mit seinen fünf Meter dicken zweigeschossigen Wänden wird von einer Kuppel überfangen. Die durch Säulen, Pilaster, Nischen und einen Laufgang im oberen Geschoss gegliederten Wände werden von je einem Rundbogenfenster durchbrochen. In der Mittelnische der westlichen Wand steht ein Gabelkruzifixus, ein so genanntes Pestkreuz aus der Zeit um 1380, dessen ausgemergelter Korpus drastisch auf die Entstehungszeit und das Elend der Kranken hinweist, die in dieser Darstellung des Gekreuzigten Trost suchten und fanden. Der Westchor wurde von den nichtgeistlichen Stiftsangehörigen für ihre Gottesdienste benutzt. Aus diesem Grunde steht in der Mitte ein romanischer

Votivtafeln in der Vorhalle.

Blick in den Westchor.

Sankt Georg 1945.

Georgsfenster von Jan Thorn-Prikker.

Taufstein vom Anfang des 13. Jahrhunderts. Unter dem Triumphbogen des Ostchores hängt über dem Altar die ergänzte Kopie eines 1067 geschaffenen Triumph-Kreuzes, dessen Original seit den Zwanzigerjahren des 20. Jahrhunderts im Museum Schnütgen aufbewahrt wird und im Jahr 2000 zur Weltausstellung (EXPO) nach Hannover reiste. Es steht in der Tradition des Gerokreuzes im Dom und hing nach dem Krieg unbeschadet im Gurtbogen des Chores und wurde dadurch, wie auch die »Trümmermadonna« in Sankt Kolumba, zu einem besonderen Hoffnungszeichen. Ein weiteres Ausstattungsstück des Ostchores ist der in der Werkstatt des Barthel Bruyn 1556 bis 1558 entstandene dreiflügelige Beweinungsaltar, eine Stiftung des Propstes und späteren Kölner Erzbischofs Johann Gebhard von Mansfeld. Altar, Ambo und Osterleuchter sind Arbeiten von Sepp Hürten aus dem Jahr 1963. Hürten integrierte den 1930 von Michael Powolny gestalteten Tabernakel in der offenen Westwand des südlichen Nebenchores in ein Bronzegitter. Der nördliche Nebenchor hingegen nimmt seit November 2002 die neue Schatzkammer der Kirche auf. Der Raum, dessen Einrichtung von Ingrid Bussenius entworfen wurde, ist jederzeit vom Kirchenraum aus einsehbar. Im Mittelpunkt steht eine kostbare Prachthandschrift aus dem 11./12. Jahrhundert, das Evangeliar von Sankt Georg. Ermöglicht wurde die Einrichtung der Schatzkammer vor allem durch die großzügige Unterstützung der Mitglieder des Fördervereins Romanische Kirchen.

Besonders beachtenswert sind in Sankt Georg die in den späten Zwanzigerjahren des 20. Jahrhunderts entstandenen farbigen Fenster von Jan Thorn-Prikker (1868 bis 1932), damals Lehrer an den Kölner Werkschulen, der mit Symbolen, Buchstaben und geometrischen Formen arbeitete. Diese Fenster markieren den Beginn der modernen Glasmalerei in Köln. Bereits 1913 schuf Thorn-Prikker – inspiriert durch einen Aufenthalt in Ravenna – das Madonnenmosaik im südlichen Seitenschiff und zusammen mit Milli Schmitz-Steinkrüger die Mosaiken der Kreuzwegstationen im 1930 gestalteten nördlich an die Kirche anschließenden Innenhof. Hier fanden die Opfer des letzten und schwersten Luftangriffes auf Köln vom 2. März 1945 eine würdige Ruhestätte. Unter den Toten war auch Heinrich Fabry, der langjährige Pfarrer von Sankt Georg. *C.S.*

Sankt Georg

Weiß

Kirchplatz 1
50999 Köln

☏ 02236-64794

• Karte 1, g6
Ⓗ Weißer Hauptstraße
Linien 130, 131

Für die Einwohner von Weiß gehören der Ort und die Kirche Sankt Georg untrennbar zusammen. Eine dem heiligen Georg geweihte einschiffige Kapelle mit Wänden aus Rheinkiesel, Basalt, Tuff- und Backstein ist seit 1433 urkundlich bezeugt. 1821 wurde dieses Gotteshaus ohne eine flächenmäßige Erweiterung umgebaut. In den Zwanzigerjahren des 20. Jahrhunderts wurde die Kapelle Teil einer Notkirche und im Zweiten Weltkrieg schwer zerstört. Erst 1965 begann die Rekonstruktion und 1982 folgte – unter tatkräftiger Mitwirkung von Gemeindemitgliedern – eine umfassende Renovierung. Die Ausmalung stammt von Elmar Hillebrand, Theo Heiermann (Arche Noah an der Nordwand) und Hillebrands Tochter Anna M'barek. Sie malte den heiligen Christophorus und das noch unvollendete Triptychon mit einem vollplastischen Kruzifix, einem Bild des heiligen Thomas Morus, sowie einer Darstellung von Patienten der Klinik Michaelshoven. Die Fenster der Kapelle schuf Paul Weigmann. Die Kapelle wird heute noch gelegentlich in die Liturgie der Gemeinde miteinbezogen und vor allem für Andachten genutzt.

Die Geschichte der neuen Georgs-Kirche begann um das Jahr 1900. Damals kam der Wunsch nach einem größeren Gottesdienstraum auf. Ab 1920 entstand eine an die Georgs-Kapelle südlich angebaute Notkirche, so dass die Kapelle zum Querschiff der Notkirche wurde. Nachdem Weiß 1923 in den Rang einer selbstständigen Pfarrei erhoben worden war, beschloss man 1927 den Neubau einer Kirche auf dem Rheinberg, also genau an der Stelle, an der das heutige Bauwerk steht. Während des Zweiten Weltkrieges wurden die Georgskapelle und die angebaute Notkirche bis auf die Grundmauern zerstört, so dass das Jugendheim die Funktion einer Notkirche übernahm. Bald nach Kriegsende nahm man das Projekt einer neuen Pfarrkirche unter großen materiellen Opfern erneut in Angriff. Der Neubau entstand 1953/54 nach Plänen von Josef Bernard, der vor dem Krieg mit Dominikus Böhm zusammen gearbeitet hatte.

Die Kirche ist ein schlichter Backsteinsaal auf langgestrecktem, rechteckigem Grundriss. Das verschieferte Dach ist auf der Nordseite weit heruntergezogen. Im Osten, zum Rheinufer hin, ragt das Satteldach über den Chorabschluss hinaus und wird von zwei gemauerten, von wildem Wein bewachsenen Rundstützen getragen. Unter dem überkragenden Dach entstand damit eine Außen- oder Schifferkapelle mit einem von Rosensträuchern umrahmten Altar. Durch diese Anlage wird die Rheinlandschaft in den Kirchenbau einbezogen. In der Wand hinter dem Außenaltar öffnet sich ein kleines, kreisrundes Fenster mit einer darin hängenden Ewig-Licht-Ampel, die hier in der Tradition einer Schiffer- oder Ansteuerleuchte steht und besonders nachts über den Strom hinweg zu sehen ist.

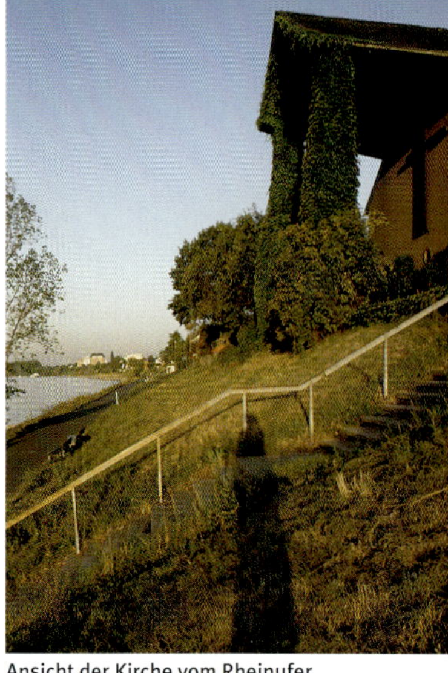
Ansicht der Kirche vom Rheinufer aus.

Im Inneren überfängt ein offener Dachstuhl mit sichtbarer Balkenkonstruktion den Raum, der dadurch den Charakter einer »Scheune« erhält. Diese schlichte Form wurde in der Nachkriegszeit bewusst und häufig von Architekten gewählt, um entweder an den Stall von Bethlehem, das Göttliche Zelt (Offenbarung 21,3) oder an ein umgedrehtes Boot zu erinnern. Im leicht aber deutlich erhöhten Chorbereich steht der Altar von Hein Gernot, der die Füße der Altarplatte in weichen Formen als Seesterne gestaltete. Der Tabernakel entstand unter der Leitung von Elmar Hillebrand durch das Weißer Künstlerehepaar Tong. Der die Ostwand des Altarraumes beherrschende Kruzifixus trägt einen um 1500 entstandenen Korpus aus der Pfarrkirche von Esenhausen in Baden-Württemberg, der als Dauerleihgabe der Familie des Künstlers Elmar Hillebrand nach Sankt Georg gelangte.

Für die Taufkapelle schuf Paul Weigmann die Darstellung einer Uferzone mit verschiedenen Wasserpflanzen, die sich auf die Taufe, auf das neue Leben aus dem Wasser beziehen. Weigmanns Fenster, eine Stiftung des damaligen Kölner Regierungspräsidenten, fanden so viel Anklang, dass man den Künstler mit dem Entwurf für das große Fenster im Isabellensaal des Gürzenich beauftragte. In der Taufkapelle befindet sich auch ein Ölbild, das man wohl der flämischen Malerei des 17. Jahrhunderts zuordnen kann. Es zeigt die heilige Familie, also Anna, Joachim und Maria.

Links vom Chor liegt die Werktagskapelle, deren Fenster von Lucyna Mentis entworfen wurden. Die Künstlerin gestaltete auch den Wandbehang. Dieser zeigt neben Christus und den Jüngern den heiligen Nikolaus. Die Darstellung des Gotteslamms stammt von Hein Gernot. Die Madonna mit Kind wurde aus der alten Weißer Georgskapelle übernommen. Die fein gearbeitete Figur ist wohl um die Mitte des 14. Jahrhunderts im Rhein-Maas-Gebiet entstanden. Unter der Orgelempore stehen drei Statuen aus verschiedenen Epochen. Die Figur des heiligen Judas Thaddäus wurde in den Zwanzigerjahren des 20. Jahrhunderts in Oberammergau, die des heiligen Antonius um 1900 geschnitzt. Die Plastik des heiligen Josef ist eine Arbeit aus der Zeit um 1700. Die Orgel mit 14 Registern wurde 1958 von der Firma Romanus Seifert in Kevelaer geliefert und 1988 durch den Orgelbauer Peters renoviert und erweitert. Bei dieser Gelegenheit ergänzte man die Ausstattung der Kirche um einen von Elmar Hillebrand gestalteten Orgelprospekt mit Blumenrankenornament. *C.S.*

Das schwer beschädigte Dekagon 1945.

Sankt Gereon

Köln hat viele bedeutende Kirchen, aber nach dem Dom ist keine so altehrwürdig wie Sankt Gereon.

Auf einem vor der Stadtmauer an der Straße von Köln nach Tongern gelegenen Gräberfeld entstand in der zweiten Hälfte des 4. Jahrhunderts eine Totengedächtniskapelle. Die Legende berichtet, dass die heilige Helena, die Mutter des römischen Kaisers Konstantin, den Anstoß zum Kirchenbau gegeben haben soll. Der Bau war zunächst eine überkuppelte Ellipse mit einer halbrunden Apsis im Osten und je vier kleineren Konchen im Norden und Süden. Im Westen befand sich eine Vorhalle (Narthex) und ein von Säulen umstandener Vorhof (Atrium). Die Ausstattung der Kirche mit einem Märtyrergestalten darstellenden goldenen Mosaikfries fand ihren Niederschlag in einer Würdigung durch Bischof Gregor von Tours, der die Kirche im Jahre 590 als *»ad sanctos aureos«*, das heißt *»zu den goldenen Heiligen«*, bezeichnete. Die abgebildeten Heiligen wurden bald darauf mit dem römischen Märtyrer und Kölner Stadtpatron Gereon in Verbindung gebracht, der, zusammen mit den von ihm befehligten Soldaten der Thebäischen Legion, in der Gegend des heutigen Ehrenfeld für den christlichen Glauben ermordet wurde. Die Leichen sollen in einen Brunnen geworfen worden sein, der sich an der Stelle der heutigen Kirche Sankt Gereon befunden haben soll. Unter Erzbischof Anno II. wurde die spätantike Apsis der Herrenstiftskirche zwischen 1067 und 1069 durch einen Langchor mit zwei Flankentürmen und einer dreischiffigen Krypta ersetzt. Zwischen 1151 und 1156 erweiterte man den Langchor um eine turmflankierte Apsis. 1190 entstand am Übergang vom Langchor zum römischen Bau eine Märtyrergruft (Confessio), die drei in ihrer Form an den zeitgleich entstandenen Dreikönigen-Schrein erinnernden Sarkophage aufnahm. 1219 bis 1227 erhielt der spätantike Ovalbau einen steinernen Mantel, wodurch dieser zum Dekagon (= Zehneck) wurde. Diesen Bau krönte man mit der bedeutendsten Kuppel neben der 532 bis 537 erbauten Hagia Sophia in Konstantinopel und der Kuppel der Florentiner Domes (1420 bis 1436). Die Bauzeit der Taufkapelle fällt in den Zeitraum von 1242 bis 1245; die Sakristei entstand neben 1315 und 1319. Im Verlauf des 19. Jahrhunderts mehrfach restauriert, fügte der Zweite Weltkrieg der Kirche schwerste Schäden zu. Das Bauwerk brannte 1942 vollständig aus, und 1944 zerstörte eine Sprengbombe den nordwestlichen Teil des Dekagons. Die äußere Wiederherstellung dauerte bis 1979; danach setzte man die Arbeiten im Inneren fort und seit Oktober 1984 wird nun im Dekagon von Sankt Gereon wieder Gottesdienst gefeiert.

Nähert man sich der Kirche von Osten, so erblickt man zunächst den repräsentativen, von zwei Türmen flankierten Etagenchor mit seiner reichen Gliederung. Nach Westen folgen der vergleichsweise schlichte Langchor, das Dekagon und eine Vorhalle, an die sich nach Süden eine von Heinrich Krings 1897/98 erbaute prächtige Kapelle mit einer Pietà aus weißem Marmor von Johann Reiss anschließt. Die Ausmalung dieser Kapelle lässt erahnen, wie die Farbfassung des Dekagons bis zur Zerstörung gewirkt haben muss.

Im Dekagon: Blick in das Rippengewölbe.

Innenstadt

Gereonsdriesch 2-4
50670 Köln

☏ 0221-134922
www.stgereon.de

• Karte 1, f4
Ⓗ Appellhofplatz
Linien 3, 4, 5, 16, 17, 18, 19

Das Innere des Dekagons ist ein vertikal betonter Zentralraum mit einer Scheitelhöhe von 34,55 Metern. Über dem Fußboden mit Steinreliefs von Elmar Hillebrand erheben sich zwischen den Pfeilern die spätantiken Konchen mit zum Teil noch sichtbaren römischen Backsteinen. Die Fenster dieser antiken Raumnischen stammen von Wilhelm Buschulte (1986/87). Darüber folgt ein Emporengeschoss, wiederum mit Fenstern von Buschulte (1983 bis 1985) und schließlich ein doppelter Lichtgaden, bestehend aus Fächerfenstern und spitzbogigen Lanzettfenstern. Das farbige Glas dieser Fenster wurde 1980 bis 1986 von Georg Meistermann geschaffen. Darüber wölbt sich die seit 1979 wieder farbig gefasste Kuppel mit einer Spannweite von 21 Metern, deren goldene Flammenzungen an die Ausgießung des heiligen Geistes erinnert, während sich der blutrote Hintergrund auf das Martyrium der Thebäischen Legion bezieht. Der hängende Holzknauf in der Kuppelmitte hat die Form eines Granatapfels und symbolisiert die Auferstehung Christi. In der an die Südseite des Dekagons angebauten Taufkapelle erhält man einen guten Eindruck von originaler mittelalterlicher Farbigkeit. Der Langchor liegt deutlich höher als das Dekagon und ist über eine Treppenanlage zu erreichen. Die nur noch schemenhaft erhaltenen Wandmalereien der Apsis entstanden in der zweiten Hälfte des 12. Jahrhunderts und zeigen im Zentrum Christus als Weltenherrscher. In der unter dem Langchor gelegenen dreischiffigen Hallenkrypta befindet sich ein aus Kalkstein etwa zwischen 1530 und 1540 gefertigter Kreuzaltar im Stil der Frührenaissance. Der Mosaikfußboden stammt aus dem 12. Jahrhundert und lag ursprünglich im Langchor. Die Farbfenster der Krypta entwarf Alfred Mannessier im Jahre 1964.

Blick aus der Vorhalle durch Dekagon und Langchor nach Osten.

In der Taufkapelle.

Da die Chororgel der Firma Klais von 1954 mit 16 Registern dem Kirchenraum klanglich nicht mehr angemessen war, wurde 1998 ein neues Instrument bei der Firma Josef Weimbs Orgelbau/Hellenthal in Auftrag gegeben. Die neue Orgel mit 36 Registern befindet sich über dem Eingang an der westlichen Seite des Dekagons und wurde am 22. September 2001 eingeweiht. Den mit Lorbeer und kleinen Vögeln geschmückten Orgelprospekt gestaltete Elmar Hillebrand. *C.S.*

Sankt Gereon inmitten des baumbestandenen Kirchhofes.

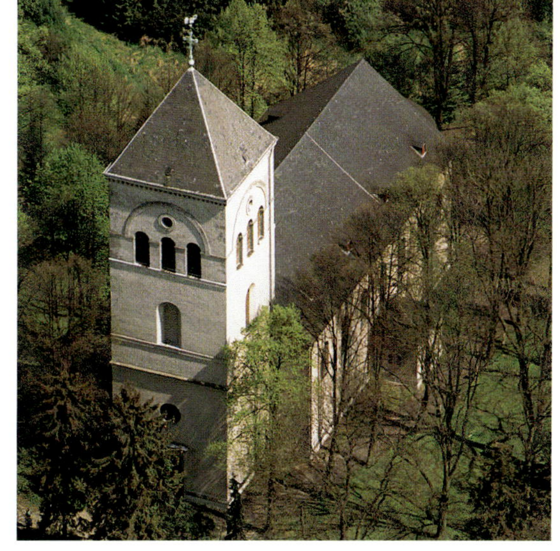

Sankt Gereon

Inmitten eines bis heute erhaltenen baumbestandenen Kirchhofes erhebt sich die Pfarrkirche Sankt Gereon. Das vornehme Kölner Gereonsstift gründete im Rechtsrheinischen eine Pfarrkirche, die, 1274 zum ersten Mal erwähnt, zu einem kirchlichen Zentrum dieses Gebietes wurde. Im Dreißigjährigen Krieg wurde Sankt Gereon von Spaniern, Schweden und Franzosen geplündert. Heute gibt es dieses romanische Bauwerk nicht mehr, denn die alte Kirche stürzte 1816 ein und musste im Jahr darauf abgebrochen werden. Der Kölner Stadtbaumeister Johann Peter Weyer entwarf einen klassizistischen Neubau, der 1821 geweiht wurde. Die flachgedeckte Saalkirche erfuhr 1907 durch Heinrich Renard gleichzeitig eine Beseitigung von Bauschäden, eine Erweiterung und eine Umgestaltung in neuromanischen Formen. 1956/57 wurde von Wolfgang Lahaye das Innere durch Veränderung von Einzelformen (z.B. Verkleidung der Granitsäulen) dem klassizistischen Äußeren angepasst und mit einer neuen farblichen Fassung versehen. Weitere Restaurierungen erfolgten 1974 unter dem Architekten Günssler und 1995 bis 1997 unter Paul Palm, der die Säulen wieder freilegte.

Viele Einrichtungsgegenstände wurden im 19. Jahrhundert aus Kölner Altstadtkirchen erworben. Aus Sankt Aposteln gelangten die Altäre, aus Sankt Kolumba die Beichtstühle und aus der 1804 abgebrochenen Dominikanerkirche Heilig Kreuz das Orgelgehäuse nach Sankt Gereon. Das zugehörige Instrument wurde 1976 eingebaut und ist mit 26 Registern ausgestattet. In den Siebziger und Achtzigerjahren entstanden weitere Ausstattungsstücke, so etwa der Kruzifixus des Bildhauers Peter Joseph Imhoff und der Altar aus rotem Mainsandstein von Herbert Kreutzer. Er gestaltete auch den bronzenen Ambo und den Osterleuchter. Der Tabernakel ist eine Arbeit von Hans Palm. Seit dem Jahr 2003 ist vor dem Ambo die Abbildung eines »Hörenden« von dem Merheimer Künstler Toni Zenz zu sehen. *C.S.*

Sankt Gereon

Merheim

Von-Eltz-Platz 6
51109 Köln

☏ 0221-692739
www.st-gereon-merheim.de

• Karte, 2, g5
Ⓗ Broichstraße
Linie 157

Sankt Gertrud

Nach Plänen des Kölner Architekten Gottfried Böhm errichtete man zwischen 1962 und 1965 die Gebäude von Kirche und angrenzendem Pfarrzentrum mit Kindergarten auf dem schmalen Grundstück zwischen Krefelder Straße und Eisenbahndamm. Die hoch aufsteigenden massiven Mauern aus grobem Waschbeton formen einen Kirchenraum auf unregelmäßigem Polygongrundriss mit Faltdecke und kristallartig endenden Überhöhungen von Apsis und Seitenkapellen.

Im Inneren ist der Gemeinderaum leicht eingetieft, die Apsis mit einem schlichten Altar hat dagegen die gleiche Bodenhöhe wie der Eingangsbereich und der seitliche Umgang. Der Umgang schließt zwei im Außenbau polygonal vorspringende kapellenartige Nischen für den Tabernakel und den Taufbrunnen ein. Die Architektur Böhms schafft auf diese Weise herausgehobene Raumbereiche für verschiedene liturgische Orte oder formt diese sogar aus den massiven Mauern heraus, wie zum Beispiel den Ambo und die Beichtstühle. Die massigen Außenmauern knicken weit oben um und bilden eine großartige, gefaltete Decke, welche über der Apsis stark ansteigt und oberhalb des Altares eine dreieckige Wandfläche umrahmt.

Das Fenster links von der Orgel ist ein Werk Hans Kurt Lautens aus Kürten, alle anderen Fenster entstanden nach Entwürfen des Architekten.

Im Kirchenraum verteilt befinden sich verschiedene Holzskulpturen. Erwähnenswert ist die spätgotische Figur der heiligen Gertrud von Nivelles in der Nähe des Tabernakels. Robert Hieronymi schuf das große Gemälde der Himmelfahrt Christi auf der rechten Seite (1912). M.S.

Spitze Bauformen bestimmen die Fassade zur Straße.

Sankt Gertrud

Innenstadt

Krefelder Straße 45
50670 Köln

☏ 0221-733300

• Karte 1, g3
Ⓗ Krefelder Wall
Linie 148

Gross Sankt Martin

Gross Sankt Martin

Innenstadt

An Groß Sankt Martin
50667 Köln

☎ 0221-2577540

• Karte 1, h5
Ⓗ Heumarkt
Linien 1, 7, 8, 9

Der beeindruckende Vierungsturm von Groß Sankt Martin bestimmte bis ins 19. Jahrhundert als markantestes Bauwerk das Rheinpanorama der Stadt. Erst 1880 bei Fertigstellung des Domes erlangten die vollendeten Domtürme den Ruhm als Kölner Wahrzeichen.

In römischer Zeit war der Stadt eine kleine Insel vorgelagert, die durch einen alten Rheinarm von der Stadt getrennt war. Ausgrabungen brachten zum Vorschein, dass die Römer zunächst eine Sportanlage mit Schwimmbecken und später große Lagerhallen auf dieser Insel errichtet hatten. Im 10. Jahrhundert entstand auf dem mittlerweile zugeschütteten Rheinarm das neue Marktviertel, und Erzbischof Bruno gründete an der Stelle der ehemaligen römischen Lagerhallen ein Kanonikerstift, das wenig später in ein Benediktinerkloster umgewandelt wurde. Die Baumaßnahmen des 10. und 11. Jahrhunderts sind nicht eindeutig zu klären, der heute bestehende Bau wurde nach einem Brand des Martinsviertels im Jahre 1150 neu errichtet und war bis circa 1250 vollendet. Die Ausmaße dieser Kirche sind von der römischen Lagerhalle bestimmt, denn die beiden Seitenschiffaußenwände nutzen die römischen Mauern als Fundamente, was man in den unter der Kirche zugänglichen Ausgrabungen noch sehen kann. 1802 führte die Säkularisation zur Aufhebung des Klosters. Die Klosterkirche wurde von der Brigidenpfarre übernommen, deren kleinere Pfarrkirche an das südliche Seitenschiff von Groß Sankt Martin angebaut war und nun abgerissen wurde. Einzig der Grundriss dieser 1172 erstmals erwähnten Pfarrkirche ist bis heute im Straßenpflaster ablesbar.

Vom Fischmarkt, den Rhein im Rücken, hat man wohl den beeindruckendsten Blick auf die formenreiche spätromanische Architektur der Kirche, die dem Rhein als damals wichtigstem Verkehrsweg ihre Schokoladenseite zuwendet. Die auffallende Form des um 1050 in Maria im Kapitol erstmals in Köln errichteten Kleeblattchores wurde hier 100 Jahre später wieder aufgegriffen und mit einer anspruchsvollen Gliederung versehen. Die Konchenanlage wurde bis 1172 fertiggestellt, bis circa 1220 folgte das gewaltige Massiv des quadratischen Vierungsturmes mit seinen begleitenden Ecktürmchen. Der Turm wurde im Zweiten Weltkrieg fast vollständig zerstört, es dauerte bis 1965, bis er unter großen Anstrengungen wiederhergestellt und damit die auffallende Lücke der Rheinfront geschlossen war.

Im Inneren, dessen Wiederherstellung erst 1985 abgeschlossen wurde, setzt sich die für die staufische Baukunst typische reiche Wandgliederung fort. Den Wänden sind nicht mehr schlichte Gliederungsformen aufgelegt, sondern sie sind ausgehöhlt, plastisch gestaltet und in zwei Mauerschalen unterschieden. In den Konchen und im Langhaus ist ein Laufgang in die Mauer eingefügt. Diese Aushöhlung und beginnende Auflösung der Wand in der Spätromanik verweist auf die großen Neuerungen der Gotik, die bereits wenig später mit dem gotischen Domneubau in Köln realisiert wurden.

Die Wände des heutigen Innenraums wirken fast nackt, nur an einigen Stellen sind noch blasse Reste der Ausmalung des 19. Jahrhunderts sichtbar (Entwurf August

Der Vierungsturm von Groß Sankt Martin bestimmt heute zusammen mit den Domtürmen das Kölner Rheinpanorama.

Eine Ansicht aus der Zeit um 1835.

Essenwein, 1868). Bereits in romanischer Zeit war die Kirche kräftig bunt ausgemalt. Der Innenraum wurde bis 1985 im Rahmen des Wiederaufbaus unter der Leitung des Kölner Architekten Joachim Schürmann gestaltet. Die äußerst zurückhaltende schlicht-moderne Ausstattung mit neuem Vierungsaltar, Radleuchter, Lesepult und beweglicher Bestuhlung lässt den geschichtsträchtigen Mauern und der erhaltenen historischen Ausstattung den nötigen Freiraum. Einzig die bislang noch nicht alle eingesetzten Fenster sollen eine neue, den Raumeindruck bestimmende Verglasung von Hermann Gottfried erhalten. Die Fenster der Konchen werden die Kirchenpatrone präsentieren: Martin im Osten (bereits eingesetzt), Eliphus im Norden und Brigida im Süden. Im dreigeteilten Westfenster ist Maria als Königin aller Heiligen dargestellt, darunter die Taufe Jesu, die Anbetung der Drei Könige und der Besuch Mariens bei Elisabeth. Die geplanten sechs Seitenschifffenster illustrieren die Schöpfungsgeschichte, die ebenfalls bisher nur geplanten Obergadenfenster die Himmlische Stadt. Das Fenster beim Taufbrunnen im nordwestlichen Seitenschiff zeigt den Auferstandenen. Der moderne Fußbodenbelag integriert die wenigen erhaltenen Mosaikplatten des historistischen Fußbodens von August Essenwein: Um den Altar sind die acht Seligpreisungen der Bergpredigt angeordnet, vor der östlichen Konche findet sich ein Lebensbaum mit zwei Hirschen (vgl. Ps 42,2).

Von der mittelalterlichen Ausstattung sind noch einige bedeutende Stücke erhalten. Der Taufstein stammt aus dem 13. Jahrhundert und gehörte ursprünglich wahrscheinlich in die benachbarte Pfarrkirche Sankt Brigiden. Seinen modernen Deckel schuf der Bildhauer Karl Matthäus Winter mit Wasser-Szenen aus Altem und Neuem Testament. Hinter dem Taufbrunnen befindet sich eine spätgotische Blendarkade, die vielleicht 1509 als Rahmung des ehemaligen Kreuzaltares geschaffen wurde und heute die gleichzeitig entstandene Kreuzigungsgruppe umfängt. Die Grablegungsgruppe daneben und der Schmerzensmann im Südseitenschiff stammen ebenfalls vom Anfang des 16. Jahrhunderts. Von den ursprünglich wahrscheinlich in großer Zahl vorhandenen Altarretabeln hat sich nur das Dreikönigstriptychon (um 1530) erhalten.

Vor dem leider meist geschlossenen Westportal liegt das große Holzkreuz von Franz Gutmann, das ursprünglich für einen Meditationsraum in der Abtei Siegburg gedacht war.

Groß Sankt Martin besteht seit Kriegsende nicht mehr als eigenständige Pfarrei. Das Gotteshaus steht heute den spanischen, portugiesischen und philippinischen Gemeinden zur Verfügung. *M.S.*

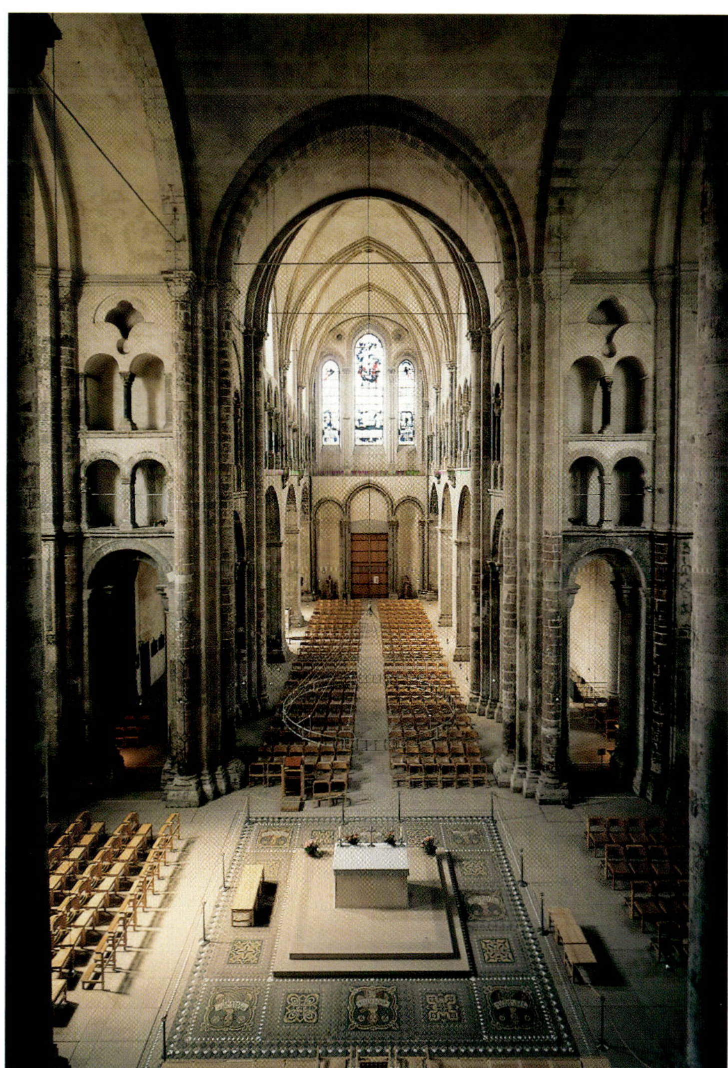

Der Innenraum mit der modernen Ausstattung von Joachim Schürmann.

Sankt Hedwig

Höhenhaus

Von-Ketteler-Straße 2
51061 Köln

☎ 0221-6401609
www.sthedwig.de

• Karte 2, f4
Ⓗ Im Weidenbruch
Linie 4

Nähert man sich als Ortsunkundiger der Höhenhauser Kirche Sankt Hedwig, so hilft kein hoher Turm, die Kirche zu finden. Der Architekt Emil Steffan, der 1966 die Kirche errichtete, war bestrebt, den Bau der Höhe der umgebenden Wohnbebauung anzupassen. Deshalb wurde das Bodenniveau des Bauplatzes extra etwas tiefergelegt, so dass man nun zur Kirche hinuntergehen muss. Das Haus Gottes soll nach dem Wunsch des Architekten nicht von seiner Höhe her auffallen, es erhält seine besondere Auszeichnung durch das in Köln ungewöhnliche Material von hellen Bruchsteinen, die äußerst schlichte asketische Gestaltung und den goldglänzenden Pinienzapfen auf dem Dach. Dieses ungewöhnliche Schmuckstück wird manchmal auch für eine Ananas gehalten, was der Kirche den Spitznamen »Sankt Ananas« eintrug. Der Pinienzapfen war in römischer Zeit bedeutendes Symbol für das Leben und die kaiserliche Macht. Die Christen haben das alte Symbol umgedeutet auf die Macht Christi und das neue Leben, das von ihm ausgeht.

Der Kirchenbau ist auf quadratischem Grundriss errichtet. Einfache geometrische Formen, nämlich Quadrat, Rechteck und die großen Dreiecksformen der Dachflächen bestimmen den Bau. Die Außenwände sind von jeweils zwei vorspringenden Pfeilern gegliedert, zwischen denen kleine Rundbogenfenster in die Wand eingelassen sind. Der Haupteingang liegt an einem kleinen Platz auf der von der Straße abgewandten Seite. Hier ist der Kirche ein flacher, seitenschiffartiger Vorbau angefügt, der dem Eingangsbereich und einer kleinen Werktagskapelle Raum bietet.

Da in Höhenhaus zur Zeit der Entstehung der neuen Pfarrei viele heimatvertriebene Schlesier wohnten, weihte man die Kirche der heiligen Hedwig von Schlesien. Hedwig, die Patronin von Polen und Schlesien, der Heimatvertriebenen und der Brautleute, wurde 1174 auf Schloss Andechs in Bayern geboren. Als Zwölfjährige verheiratete man sie mit dem schlesischen Herzog Heinrich I., mit dem sie eine glückliche Ehe lebte. Hedwig bekam sieben Kinder, widmete sich intensiv dem Wohl des Volkes und der Vertiefung des christlichen Glaubens. Sie stiftete zahlreiche Hospitäler, unter anderem das Zisterzienserinnenkloster Trebnitz im Norden von Breslau. Nach dem Tod ihres Mannes zog sie sich im Alter in das Trebnitzer Kloster zurück, wo sie 1243 starb.

Der eintretende Besucher wird von einer hölzernen Hedwigsstatue empfangen, die in ihrem Podest Reliquien der heiligen Hedwig birgt, die zusammen mit dem ebenfalls dort eingefügten Stein des Trebnitzer Klosters der jungen Kölner Pfarrgemeinde von einer Ordensschwester geschenkt wurde, die am Ende des Zweiten Weltkrieges mit ihrem Konvent aus Trebnitz flüchten musste. Rechts von dieser Holzskulptur sieht man den eingemauerten Grundstein, auf dem Hedwig mit Rosenkranz und ausgezogenen Schuhen dargestellt ist. Der Überlieferung nach ging Hedwig immer barfuß, um Buße zu tun.

Nachdem man den niedrigen Eingangsraum durchschritten hat, ist man von dem großzügigen, von einem großen offenen Dachstuhl überfangenen quadratischen Kirchenraum umgeben. Auch hier setzt sich die klare, asketische Gestaltung des Äußeren fort. Der Architekt hat durch die Reduzierung auf Grundformen und die Nutzung von Naturmaterialien einen Ort geschaffen, der sich nicht selber in den Vordergrund stellt, sondern der Gemeinde Raum gibt und Gemeinschaft bildet. Man hat den Eindruck, sich in einem »großen warmen Stall« zu befinden, der die Gemeinde, die Herde, beherbergt, ihr Schutz und Geborgenheit schenkt. Durch die kleinen Fenster gelangt nur wenig Tageslicht hinein, auch dies eine bewusste Gestaltung des Architekten, der den Raum in mystisches Halbdunkel hüllen wollte. Ähnliche Gestaltungsideen hat Emil Steffan in der Lindenthaler Kirche Sankt Laurentius verwirklicht, die bereits 1961 gebaut wurde (vgl. S. 98).

Die längsrechteckige, auf zwei Stufen erhöhte Altarinsel schiebt sich von einer

Der schlicht-harmonische Kirchenraum von Sankt Hedwig.

Die Madonna aus Spanien.

Außenwand weit in den Raum hinein. Der Altar ist nahezu in das Zentrum des Raumes hineingerückt, die Gemeindebänke umschließen ihn von mehreren Seiten. Neben dem Altar steht der Ambo, seine wichtige Bedeutung als Ort des Wortes wird durch die im Gegensatz zum massiven Altar sehr filigrane Gestaltung jedoch kaum deutlich. Hinter Altar und Ambo schließt die Priesterbank den Kreis der Gemeinde um den Tisch des Herrn, darüber ragt das Altarkreuz auf. Der Bildhauer Jochem Pechau hat hier für den ehemaligen Korpus eines Südtiroler Wegekreuzes ein neues, farbiges Kreuz in der Form des Lebensbaumes geschaffen. Den seitlich an der Wand stehenden Tabernakel mit asymmetrischen Formen schuf der Bildhauer Walter Prinz.

Im Zentrum des Raumes hängt ein großer, 24-flammiger Radleuchter. An der dem Altar gegenüberliegenden Seite steht der Taufbrunnen, ein grob behauener Steintrog, der sich den unbehauenen Bruchsteinen der Wände und den zurückhaltenden Architekturformen gut einfügt. Die vier aufgesetzten Medaillons zeigen die Evangelistensymbole.

An der linken Raumseite öffnen sich kräftige Rundbogenöffnungen zu dem niedrigeren Seitenraum, in dem die Werktagskapelle eingerichtet ist. In einem Pfeiler ist ein Stein eingemauert, der innerhalb einer Spitzbogennische die Madonna mit Kind zeigt. Pfarrer Freund, der erste Pfarrer an Sankt Hedwig, hat diese Nachbildung einer gotischen Madonna aus Spanien mitgebracht. *M.S.*

Heilige Drei Könige

Um die Jahrhundertwende erbaute Jacob Marchand eine neugotische Backsteinkirche, die 1919 zur Pfarrkirche erhoben wurde. Diese neue Bedeutung brachte den Wunsch nach einem Turm mit sich, der allerdings erst 1957 nach Plänen von Werner Starck verwirklicht wurde. Dieses kastenförmige Bauteil, etwas breiter als das Schiff und etwa doppelt so hoch, wurde mit einem Pyramidendach bekrönt. In den Sechzigerjahren wurde dann der Chorraum umgestaltet. Ende der Achtzigerjahre profanierte man die Kirche und baute sie um. 1987 bis 1989 entstand nach Plänen des Architekten Karl Josef Ernst eine neue Kirche an der Hahnenstraße. Diese zeichnet sich besonders durch ein gestaffeltes Dach aus, dessen zum Altarraum hin leicht ansteigende Firstlinie den über quadratischem Grundriss errichteten Innenraum wie eine Diagonale in zwei gleiche Hälften teilt. Diese Diagonale verbindet den Eingangsbereich unter dem niedrigen Turm mit dem Altarraum, hinter dem die Wand nach innen gewölbt ist. Dieser Wandkrümmung folgend sind auch die Kirchenbänke um den Altar herum annähernd halbkreisförmig angeordnet. Schlanke Stützen tragen den nach unten offenen Dachstuhl. In die neue Kirche wurden einige Ausstattungsstücke der alten aus verschiedenen Epochen übernommen. Dazu gehören unter anderem das Relief aus dem Hochaltar, das sich heute als Patronatsbild in der Werktagskapelle befindet, der Taufstein, der Kreuzweg, die Apostelleuchter und das Bild der »Immerwährenden Hilfe«. Die Fenster mit Darstellungen der Bergpredigt, dem Abendmahl und Pfingsten entwarf Manfred Ott in den Sechzigerjahren. Im gleichen Jahrzehnt schuf Sepp Hürten den Altar und die Balken des Altarkreuzes. Ein Vierteljahrhundert später vervollständigte dieser Künstler die Ausstattung der neuen Kirche mit der Altarmensa der Werktagskapelle, dem Dreisitz und dem Ambo.

Die Orgel mit 27 Registern baute 1998 die Firma Klais in Bonn. Der Prospekt hat die Form eines aufgeschlagenen Buches. *C.S.*

Die Orgel als aufgeschlagenes Buch.

Rondorf

Hahnenstraße 21
50997 Köln

☎ 02233-21410

• Karte 2, e8
Ⓗ Rondorf
Linie 132

Luftaufnahme der Heilig Geist Kirche.

Heilig Geist

Heilig Geist

Gremberghoven

Frankenplatz 15
51149 Köln

☎ 02203-33859

• Karte 2, g7
Ⓗ Gremberghoven, Talweg
Linie 152

Im Anfang war ein Bahnhof, genauer gesagt der ab 1917 gebaute Rangierbahnhof Gremberghoven. Für die Bahnarbeiter legte man in der Umgebung eine Gartenstadtsiedlung an. 1922 wurde ein Seelsorgebezirk eingerichtet, in dessen Mittelpunkt, etwas südlich der heutigen denkmalgeschützten Kirche gelegen, eine hölzerne Notkirche stand. Diese fiel 1944 den Bomben zum Opfer. Als Ersatz und um das Platzangebot für die Gemeinde einer rasch wachsenden Siedlung zu erweitern, entstand 1955 bis 1957 nach Plänen von Joseph Bernard ein Neubau, der sich durch prägnante Einfachheit und Klarheit auszeichnet.

Das Innere ist ein schlichter backsteinsichtiger, längsrechteckiger Saal mit holzverschalten Dachflächen und sichtbarer, raumbeherrschender Deckenkonstruktion und klarer Lichtführung. Das Dach der Kirche ist über die im Osten und Westen aus der Flucht des Gebäudes seitlich hervortretenden Bauteile weit heruntergezogen. Hinter dem um drei Stufen erhöhten Altarbereich im Osten liegt der Turm über querrechteckigem Grundriss mit Satteldach. Durch eine raumhohe Öffnung zum Turminneren, die zwischen den beiden in den Kirchenraum vortretenden westlichen Turmpfeilern liegt, wird der Turm in den Kirchenraum mit einbezogen. Seine Seitenmauern laufen nach oben leicht kegelförmig zu. Im Westen nimmt eine Orgelempore aus Beton auf Sichtbetonpfeilern mit Holzbrüstung und Holzboden die gesamte Breite des Raumes ein.

Typisch für die Architektur der Fünfzigerjahre im Allgemeinen und für Joseph Bernard im Besonderen ist die Mischung verschiedener natürlicher und technisch produzierter Materialien wie Holz, Backstein, Metall, Beton und Glasbausteine. Insbesondere durch die Verwendung von Holz wird die architektonische Strenge des Raumes gemildert.

Alle Ausstattungsstücke des Innenraumes aus der Bauzeit der Kirche sind original erhalten. *C.S.*

Heilig Geist

Heilig Geist

Weiden

Bunzlauer Straße
50858 Köln

☎ 02234-77627

• Karte 2, b6
Ⓗ Ostlandstraße
Linien 143, 145

Aufgrund der wachsenden Einwohnerzahlen war die alte Pfarrkirche Weidens, die Marienkirche, zu klein geworden und man beauftragte die Architekten Bernhard und Bernd Rotterdam mit einem Neubau. 1970 konnte der erste Gottesdienst in der neuen Kirche gefeiert werden.

Die seitlich von einem hohen Glockenturm überragte Kirche zeigt nach außen eine schlichte Backsteinhaut. Das Flachdach umklammert den oberen Wandabschluss und das hier verlaufende Fensterband mit einer auffälligen zahnfriesartigen Bleiverkleidung.

Der eintretende Besucher ist zunächst überrascht von dem im Gegensatz zum Außenbau im Inneren verwandten Tuffstein, der den Raum hell und weit erscheinen lässt. Gemeinderaum und auch Altarraum sind auf trapezförmigem Grundriss geplant: der gesamte Raum ist auf den Altar ausgerichtet, die holzverkleidete Decke steigt zum Chor hin an. Ein breites, abstrakt gestaltetes Fensterband in violett und hellgrau bildet den oberen Raumabschluss.

Über dem Altar aus grauem Marmor hängt ein hölzernes Altarkreuz, das 1971 erworben wurde. Der seitliche Tabernakel hat die Form eines Hauses. Auf der dem Tabernakel gegenüberliegenden Seite hat eine barocke Madonna ihren Platz gefunden.

Rechts vom Portal befindet sich im Erdgeschoss des Turmes eine kleine Marienkapelle mit einer Pietà. Links öffnet sich ein niedriger Nebenraum, der als Werktagskapelle und Taufkapelle dient. Der Taufstein ist mit Fischreliefs verziert, auf seinem Deckel thront die Taube als Zeichen des Heiligen Geistes. *M.S.*

Die Außenansicht der Kirche ist zurückhaltend und wird vom hohen Turm dominiert.

Heilig Kreuz (Dominikanerkirche)

Hinter den relativ unscheinbaren Mauern an der Lindenstraße befindet sich ein Dominikanerkloster mit bedeutender Geschichte. Es führt die Tradition des mittelalterlichen Dominikanerklosters in der Nähe von Sankt Andreas weiter, das in der Säkularisation aufgelöst wurde und dessen Gebäude damals vollständig abgerissen wurden. In diesem 1221 errichteten Konvent wirkte der große Dominikanergelehrte Albertus Magnus.

Kloster und Kirche liegen unmittelbar an der Lindenstraße.

1898 kehrten die ersten Dominikaner nach Köln zurück und bauten zu Beginn des 20. Jahrhunderts Kirche und Konventsgebäude an der Lindenstraße. Die Kirche in neugotischen Formen wurde durch die Bomben des Zweiten Weltkrieges bis auf wenige Mauern zerstört. Der Architekt Hans J. Lohmeyer war 1951 für den Wiederaufbau verantwortlich, er realisierte auf der Basis der erhaltenen Reste einen vollkommen anders gearteten modernen Raum. Unter Verwendung der Arkaden und Außenmauern des Langhauses entstand ein dreischiffiger Raum mit stark erhöhtem Chor.

Der frisch renovierte, mit leuchtender Farbigkeit versehene Innenraum der Klosterkirche Heilig Kreuz.

Im Jahr 2002 wurde im Rahmen einer Renovierung der Innenraum durch den Münchner Künstler Gerd Winner völlig neu gestaltet. Konvent und Künstler strebten eine offene, moderne Gestaltung der Kirche an und wählten dafür kräftige Farben, grauen Granit und Edelstahl. Nun schmücken 21 Kreuzreliefs aus Edelstahl die Altarwand, davor hängt das Altarkreuz aus Edelstahl, welches mit Siebdruck farbig gestaltet wurde. Zu verschiedenen Festen im Kirchenjahr wird eine andere Seite des drehbaren Kreuzes sichtbar. Altarverkleidung, seitliche Ambonen und die »Immerwährende Hilfe« sind ebenfalls Werke Gerd Winners. Das rechte Seitenschiff wurde für Werktagsgottesdienste umgestaltet (Altarkreuz Hanns Rheindorf, 1952) und erhielt außerdem ein neues Chorgestühl für das Stundengebet des Dominikanerkonventes (Winner). Die Kirchenfenster wurden 1952 von Vincenz Pieper geschaffen. *M.S.*

Innenstadt

Lindenstraße 45
50674 Köln

☏ 0221-2071414

• Karte 1, e6
Ⓗ Rudolfplatz
Linien 1, 6, 7, 12, 15

Ein großes Rundfenster gliedert die Turmfassade von Heilig Kreuz in Weidenpesch.

Heilig Kreuz

Heilig Kreuz

Weidenpesch

Floriansgasse 2
50737 Köln

☏ 0221-742745
www.mauniewei.de

• Karte 2, d4
Ⓗ Scheibenstraße
Linien 6, 12, 15

Nur die langgestreckte Merheimer Straße erinnert heute noch an den ursprünglichen Namen der 1180 erstmals erwähnten Ortschaft Merheim. 1952 wurde sie in Weidenpesch umbenannt, um Verwechslungen mit dem rechtsrheinischen Merheim auszuschließen.

Spätestens seit dem 13. Jahrhundert gab es hier eine Kirche, die mittelalterliche Kapelle wurde 1860 durch einen neogotischen Neubau von Vincenz Statz ersetzt, dieser wiederum musste 1931 aufgrund der stark zunehmenden Bevölkerungszahlen einem sehr viel größeren Neubau weichen. Den ausgeschriebenen Wettbewerb gewann der Braunsfelder Architekt Heinrich Bartmann. Er verwirklichte einen Bau, der den eher konservativ-traditionellen Vorstellungen der Jury entsprach.

Der massive Kirchenbau ist äußerlich durch den breiten Turmvorbau und das hochaufragende Mittelschiff bestimmt. Blickfang der Eingangsfront ist das große Rundfenster. Im Inneren dominiert das saalartige Mittelschiff, die niedrigen Seitenschiffe sind nur noch als Gänge mit seitlichen Andachtsnischen konzipiert; der gesamte Innenraum ist hell verputzt.

Die Fenster in Chor und Langhaus betonen mit ihren Kreuzformen den Namen der Heilig Kreuz Kirche (Entwürfe 1944 von Anton Wendling), das große Rundfenster zeigt die Auferstehung Christi (1953 von Hans Lohbeck). Der Chorraum wurde von 1966 bis 1969 umgestaltet, Rudolf Peer schuf hierfür Altar, Ambo, Sakramentshaus und Apostelleuchter. Die Kirche beherbergt auch einige bedeutende Holzskulpturen: die Merheimer Madonna (um 1210, Kind um 1430), die große Kreuzigungsgruppe (um 1410), den heiligen Antonius (um 1420, Kind und Lilie um 1800) und eine barocke Madonna (um 1650). Die Orgel mit drei Manualen, 35 Registern und 2336 Pfeifen baute 1981 die Leverkusener Firma Weyland. *M.S.*

Sankt Heinrich

Sankt Heinrich

Deutz

Tenkterer Straße 7
50679 Köln

☏ 0221-813789

• Karte 1, i6
Ⓗ Suevenstraße
Linien 3, 4

Den Mittelpunkt eines lang gestreckten Baukörpers am viel befahrenen Deutzer Ring bildet die 1966/67 von Alfons Leitl erbaute Pfarrkirche Sankt Heinrich mit ihrem schlanken frei stehenden Glockenturm. Eine zeltartige, reich gegliederte Decke überspannt den schlichten quadratischen Innenraum mit Wänden aus Beton und rötlichen Ziegellochsteinen, die für eine behagliche Atmosphäre sorgen. Die Belichtung des Raumes erfolgt mittels eines schmalen Fensterbandes, das sich um den ganzen Raum herum zieht. Die Bedeutung des Altares als Mittelpunkt der Gemeinde und als Tisch des Herrn wird nicht nur durch eine leichte Erhöhung sondern insbesondere durch die geschickte Lichtführung betont: Über der Altarzone ist die Decke in Form einer Lichtkrone verglast. Diese Dachkrone soll an die Krone des heilig gesprochenen Kaisers Heinrich II. (973-1024), des Pfarrpatrons, erinnern. Die Verglasung selbst thematisiert das Pfingstereignis.

Hauptaltar, Nebenaltar, Ambo, Tabernakelsäule und die zwölf Apostelleuchter aus dem Material Trachyt lieferte 1967 die Firma Peter Bell. Von dieser Firma stammt auch der 1970 entstandene Taufstein. Der Tabernakel von 1967, eine Arbeit von Fritz Breuer, besteht aus vergoldeten Messingplatten und vergoldetem Kupferblech. Über dem Hauptaltar schwebt das bronzene Kreuz von Arnold Morkramer (1968). Er schuf außerdem 1970 eine Holzplastik der heiligen Familie und im selben Jahr ein Bronzerelief des heiligen Antonius. Den Kreuzweg mit Holzrahmen von Paul Mersmann entstand 1968. Weiterhin gehört zur Ausstattung eine 1981 von F. M. Meininger angefertigte Nachbildung der »Salzburger Madonna« und ein Osterleuchter von Egino Weinert aus dem Jahr 1986. Das Relief »Schöpfung« an der Altarrückwand ist eine Arbeit von Klaus Balke.

Die Orgel mit 22 Registern wurde 1975 in der Berliner Orgelbauwerkstatt Karl Schuke gebaut. *C.S.*

Sankt Heinrich mit dem schlanken Glockenturm.

Die neugotische Fassade von Sankt Heinrich und Kunigund, der ersten Nippesser Kirche.

Sankt Heinrich und Kunigund

Sankt Heinrich und Kunigund

Nippes

Simon-Meister-Straße
50733 Köln

☏ 0221-735280

• Karte 2, d4
Ⓗ Florastraße
Linien 6, 12, 15

Die kleine Backsteinkirche ist mit dem davor liegenden Platz eine ruhige Oase mitten im belebten Nippes. Sie war die erste Kirche von Nippes und wurde bis 1856 für die wenigen dort ansässigen Bauern und Fabrikarbeiter errichtet.

Vincenz Statz stellte dem 1849 gegründeten Nippeser Kirchbauverein kostenlos drei Entwürfe kleiner Vorstadtkirchen zur Verfügung, von denen einer mit großer Begeisterung umgesetzt wurde. Innerhalb des ehemaligen Dorffriedhofes steht die turmlose, neugotische Backstein-Saalkirche. Die Eingangsfassade ist von einem offenen Glockenstuhl bekrönt. Im Tympanon, dem Bogenfeld über der Tür, erinnert das Relief der Immaculata an das 1854 verkündete Dogma der Unbefleckten Empfängnis Mariens.

Im Inneren hat die Kirche im Laufe ihrer Geschichte das meiste der ursprünglichen Ausstattung verloren. Die Fenster stammen aus der Waisenhauskirche in Eupen; abgebildet sind die Heiligen Nikolaus, Karl Borromäus, Josef, Augustinus, Maria, Johannes der Evangelist, Elisabeth von Thüringen und Gertrud von Nivelles.

Die Skulpturen im Querhaus zeigen Maria, Josef und das heilige deutsche Kaiserpaar Heinrich und Kunigunde, denen die Kirche seit 1953 geweiht ist.

1981 baute die Köln-Mülheimer Firma Willi Peter die kleine Orgel (elf Register, zwei Manuale). Den sich der neugotischen Architektur anpassenden Prospekt hat Karl-Heinz Müller aus Brühl geschnitzt. *M.S.*

Sankt Heribert

Sankt Heribert

Deutz

Tempelstraße 2
50679 Köln

☏ 0221-812402

• Karte 1, i5
Ⓗ Deutzer Freiheit
Linien 1, 7, 8, 9

Zu den markantesten, wenn auch unmaßstäblichsten Gebäuden der Deutzer Rheinfront zählt seit Ende der Sechzigerjahre das Hochhaus der Lufthansa, das sich neben der Auffahrt zur Deutzer Brücke erhebt. In seinem Schatten stehen die Gebäude der Kirche und des früheren Klosters Sankt Heribert. Die Benediktinerabtei wurde 1002 durch Erzbischof Heribert gegründet. Die dazugehörige Kirche, die im Verlauf der Geschichte mehrfach zerstört wurde, ist in ihren heutigen Formen zwischen 1659 und 1663 errichtet worden, war seit 1804 anstelle der 1784 beschädigten und 1862 abgebrochenen Kirche Sankt Urban Heimat der Pfarrgemeinde und dient heute nach Wiederaufbau und Renovierung der griechisch-orthodoxen Gemeinde als Gottesdienstraum.

Im späten 19. Jahrhundert bekam Sankt Heribert »Konkurrenz«, als der Düsseldorfer Architekt Caspar Clemens Pickel 1891 bis 1896 eine neue Heribertkirche erbaute, die seither im Volksmund treffend als »Düxer (Deutzer) Dom« bezeichnet wird. Wie damals unter Architekten üblich, bediente sich auch Pickel aus dem Setzkasten architektonischer Formen und schuf eine der rheinischen Spätromanik verpflichtete dreischiffige Basilika mit zwei Fassadentürmen im Norden, dreischiffigem Querhaus, Vierungsturm, Chorflankentürmen und einer Halbkreisapsis im Süden. Als Baumaterial fanden Backsteine Verwendung, die im äußeren mit Tuff verkleidet sind, während alle gliedernden Elemente aus Sandstein bestehen. Der regelmäßige Grundriss ist aus Quadraten konstruiert, mit der Vierung im Zentrum als Maßeinheit für den Gesamtgrundriss. Nach den schweren Kriegszerstörungen der Jahre 1943 bis 1945, bei denen Sankt Heribert Dächer, Dachreiter, Gewölbe, Fenster, Teile der Umfassungsmauern und den größten Teil der Ausstattung verlor, bauten Rudolf Schwarz und Josef Bernard die Kirche 1949 bis 1952 in vereinfachter Form wieder auf. Nach Ansicht des Architekten Rudolf Schwarz sollte *»man die Geschichte sehen* [...], *die der Bau erlitten hat«*. Die Reduzierung betraf vor allem die verlorenen

Blick von Süden auf den »Deutzer Dom«.

Blick durch das Mittelschiff in den Chor.

Der Heribertschrein.

Gewölbe, die durch ein holzverschaltes Satteldach ersetzt wurden, die Zwerggalerie an Lang- und Querhaus und die ehemals reich gestaltete Dachlandschaft, die heute von flachen Pyramiden- und Satteldächern beherrscht wird. 1986 bis 1988 wurde Sankt Heribert sorgfältig saniert; dabei wurde außen die Werksteinverkleidung und innen weitgehend die Farbfassung aus den Fünfzigerjahren erneuert.

Der Haupteingang der nach Süden ausgerichteten Kirche liegt an der Deutzer Freiheit. Über dem Hauptportal befindet sich ein Christus darstellendes Tympanonrelief von Hein Gernot aus dem Jahr 1961. Der Innenraum ist wie der Außenbau gleichmäßig gegliedert. Pfeiler aus Quadern wechseln sich mit Granitsäulen ab. Die Wände werden horizontal durch ein Blendtriforium und vertikal durch der Wand vorgelegte Pilaster und Dienste gegliedert. Reiche Bauplastik, besonders die Gestaltung der Kapitelle mit Blattwerk, Blüten, Trauben, Vögeln, Drachen und Masken, tragen zur Milderung der strengen Architektur bei.

An der Stelle des früheren Hochaltares in der Südapsis befindet sich heute der um mehrere Stufen tiefer gelegte Taufort. Die Ornament-Fenster des Chores schuf der damalige Dombaumeister Willy Weyres zwischen 1957 und 1963. Für Lang- und Querhaus gestaltete 1977 bis 1987 Wilhelm Buschulte die Verglasung.

In der Vierung ist der 1160 bis 1170 für die Gebeine des Klostergründers geschaffene Heribertschrein aufgestellt, ein Hauptwerk der rheinisch-maasländischen Goldschmiedekunst der Spätromanik. Der Schrein wurde zuletzt 1993 gesichert und konserviert. An seiner Stirnseite ist der heilige Heribert unter Christus als Weltenherrscher abgebildet. Die beiden Längsseiten zeigen Apostelfiguren, zwischen denen Propheten in Emailtechnik dargestellt sind. Auf der Rückseite des Schreins thront Christus auf dem Schoß der Maria zwischen zwei Engeln. Die Emailmedaillons der Dachflächen erzählen die Lebensgeschichte des heiligen Heribert. Der Schrein steht auf einem von Säulen getragenen Stein aus grünem Turiner Marmor hinter dem Altar, der, wie auch die anderen Aufbauten der Altarinsel mit Ausnahme der Sakramentsstele, von Rudolf Schwarz entworfen und von Hein Gernot 1954/55 ausgeführt wurde. Eine ähnliche Aufstellung in der Vierung war auch einst für den Dreikönigenschrein im Kölner Dom geplant. Die Sakramentsstele wurde vom ehemaligen Dombaumeister Arnold Wolff 1972 entworfen und bildhauerisch von Karl Mathäus Winter gestaltet. Der bronzene Kreuzweg der Kirche ist eine Arbeit von Theo Heiermann aus dem Jahr 1962. In jenem Jahr erhielt Sankt Heribert nach dem jahrelangem Provisorium einer Kinoorgel ein Instrument der Firma Seifert mit 52 Registern, das 1988 durch die Firma Weyland renoviert wurde.

Seit einiger Zeit ist ein Nebenraum der Sakristei als Sacrarium, also als Aufbewahrungsort für Reliquien, liturgisches Gerät und liturgische Gewänder eingerichtet (Gesamtkonzeption: Ingrid Bussenius). Hervorzuheben sind Sekundärreliquien des heiligen Heribert: der Heribertstab, der Heribertpokal, eine um 1000 aus einem byzantinischen Seidengewebe gefertigte Kasel (liturgisches Obergewand) des Heiligen und byzantinische Brokatstoffe, die man um 1920 dem Heribertschrein entnommen hat. *C.S.*

Die Mülheimer Herz Jesu-Kirche mit ihrem helmlosen Turm.

Herz Jesu

Im Herzen Köln-Mülheims erhebt sich die 1894 bis 1897 von Julius Busch erbaute dreischiffige neugotische Herz-Jesu-Kirche. Sie besitzt einen eingezogenen Chor, ein kaum betontes Querhaus und einen Turm, der ursprünglich von einem hohen Helm mit Kreuz und Hahn bekrönt wurde. Ausgestattet wurde die seit jeher als »Mülheimer Dom« bezeichnete Kirche durch die Arbeit eines Sammelvereins und durch großzügige private Stiftungen. Im Zweiten Weltkrieg fiel das Bauwerk bis auf die Mauern den Bomben zum Opfer. Ab 1947 fanden wieder Gottesdienste in dem als Notkirche genutzten Pfarrsaal statt. Der Wiederaufbau ohne Turmhelm und Gewölbe erfolgte von 1955 bis 1958 unter Leitung von Otto Bongartz. Gerade die »Helmlosigkeit« des Turmes ist heute ein markantes Wahrzeichen Mülheims. 1962 wurde bei der Restaurierung des Turmes Sandstein durch Basaltlava ersetzt. 1970 erfolgte eine Innenrestaurierung mit Einbau einer neuen Holzdecke. Trotz der Zerstörungen des letzten Krieges haben sich Ausstattungsstücke aus dem ersten Jahrzehnt des 20. Jahrhunderts erhalten. Zu ihnen gehört der Marienaltar von Ferdinand Hachenberg, das Taufbecken, der Tabernakel und die vergoldeten, farbig gefassten Holzreliefs des ehemaligen Hochaltars von Wilhelm Albermann und Heinrich Renard. Sie zeigen die wunderbare Speisung des Volkes am See Genezareth und das Letzte Abendmahl. 1957 stiftete die Pfarre der Kirche die Marienstatue, die im 17. Jahrhundert in Österreich entstanden ist. Ihr gegenüber eine um 1520 in der Schweiz geschaffene Figur, die Christus als Schmerzensmann zeigt. Die Fenster von Herz-Jesu entwarf Paul Weigmann im Jahre 1960. Die fünf Chorfenster schuf 1964/65 Hermann-Josef Baum. Von Baum stammen auch das Buntglasfenster über der Pietà der Vorkapelle und die Holzschnitte der Kreuzwegstationen. Die Orgel baute 1959 die Firma Ernst Seifert in Bergisch Gladbach. *C.S.*

Herz Jesu

Mülheim

Danzierstraße 53
51063 Köln

☏ 0221-613390

• Karte 1, kl1
Ⓗ Grünstraße
Linie 4

Herz Jesu

Im Zuge der seit 1880 groß angelegten Neustadtplanung außerhalb der mittelalterlichen Stadtmauer wurden auch mehrere Kirchenneubauten beschlossen. Architekt der Herz-Jesu-Kirche war der Baumeister Friedrich von Schmidt, der von 1843 bis 1856 in der Dombauhütte ausgebildet wurde und später Dombaumeister in Wien war.

Die zwischen 1893 und 1909 errichtete neugotische Kirche besaß einen großzügigen hellen Innenraum, der aus der Verbindung eines Hallenlanghauses mit Querhaus und Umgangschor bestand. Im Sinne der damaligen Stadtplanung bildete der aufwändige Chor eine besondere Akzentuierung des damals neu entstandenen Zülpicher Platzes.

Starke Kriegszerstörungen und die geringe Wertschätzung der historistischen Architektur in den Fünfzigerjahren verhinderten den Wiederaufbau dieser bedeutenden neugotischen Kirche. Die Architekten Wilhelm Hartmann und Willy Weyres wollten eine moderne Kirche errichten, bezogen aber aus Kostengründen Reste des zerstörten Baus mit ein. Den modernen Wohn- und Bürobauten am Zülpicher Platz stellten die Planer nun eine hohe Chorwand aus Stahlbetonrastern entgegen, deren Strenge durch die Backsteinfüllungen und mittels der niedrigen Sakramentskapelle etwas gemildert wird. Die als Werktagskirche dienende Sakramentskapelle wurde in der erhalten gebliebenen inneren Arkadenstellung des neugotischen Chores eingerichtet. Im Gegensatz zu diesem eher intimen Raum nimmt die neue Gemeindekirche als nahezu stützenfreie Hallenkirche den Gedanken des großzügigen neugotischen Hallenlanghauses mit der schlichten Architektursprache der Fünfzigerjahre wieder auf.

An die reiche neugotische Ausstattung erinnern die Herz-Jesu-Figur von Alexander Iven, die Tympanonfiguren von Wilhelm Albermann und die Pietà von dessen Sohn Franz Albermann.

Der silberne Kruzifixus von Hanns Rheindorf wurde 1958 über dem Altar aufgehängt; 1981 schuf Franz Pauli die kleinen Fenster der Seitenschiffe. *M.S.*

Herz Jesu

Innenstadt

Zülpicher Platz
50674 Köln

☏ 0221-9212580
www.Herz-Jesu-Koeln.de

• Karte 1, e6
Ⓗ Zülpicher Platz
Linien 6, 8, 9, 12, 15

Das ehemalige neugotische Langhaus von Herz Jesu wurde beim Wiederaufbau vollkommen umgestaltet.

Die Chorwand ist von kleinen Fenstern durchbrochen.

Sankt Hildegard in der Au

Sankt Hildegard in der Au

Nippes

Correnssstraße 2
50733 Köln

☏ 0221-763313

• Karte 1, h1
Ⓗ Kuenstraße
Linie 147

Diese Kirche am östlichen Rand von Nippes wurde 1961 von Stefan Leuer errichtet, einem Architekten, der in dieser Zeit auch mehrere Kirchen in Bonn entworfen hat.

Die Kirche besitzt einen nahezu quadratischen Grundriss mit zwei abgerundeten Ecken, der runde Kirchturm steht etwas abseits. Sie wendet ihre breite, im großen Bogen vorschwingende Fassade einladend der Kreuzung von Correns- und Florastraße zu. In der Fassadenmitte öffnet sich ein großes Portal, das durch einen nach innen verglasten Vorraum mit Grisaillefenstern von Hubert Schaffmeister den eintretenden Besucher in den Kirchenraum geleitet.

Im Innenraum erhielt die weich ausschwingende Außenfassade auf ihrer gegenüberliegenden Seite ein »Spiegelbild«: Der Kirchenraum ist auch nach Osten, hinter dem Altarbereich, mit einer hohen, geschwungenen Mauer abgeschlossen. Auf beiden Seiten ist die Wand durch versetzte kleine quadratische Fenster durchbrochen, deren farbige Verglasung mit Symbolen aus dem Gedankengut der heiligen Hildegard ebenfalls von Hubert Schaffmeister stammt. In den rechtwinkligen Raumecken reichen die Fenster bis in Besucherhöhe hinunter, zur Mitte der beiden gebogenen Fassaden steigt die Fensterlinie jedoch an. Der mittlere Wandbereich besitzt nur noch weit oben unter der geraden Raumdecke einige Fenster.

Die Gemeindebänke sind im weiten Halbkreis um die Altarinsel angeordnet. Altar, Tabernakel und Kreuz sind Werke von Klaus Balke. Die Altarwand ist mit Gobelins geschmückt, die ein Motto der heiligen Hildegard ins Bild setzen: *»sci vias«* (wisse die Wege). Zwischen den Eingangstüren steht das Taufbecken mit einem Holzdeckel von Jochem Pechau. Eine kleine Werktagskapelle bietet Platz für kleinere Gottesdienstgruppen. Die hier in violetten Farbtönen gehaltenen Passionsfenster schlagen eine Brücke zwischen dem Leiden Jesu Christi und den Leiden der heutigen Gesellschaft, sowie zwischen damaligen und heutigen Werken der Barmherzigkeit. *M.S.*

Sankt Hubertus

Sankt Hubertus

Brück

Olpener Straße 954
51109 Köln

☏ 0221-843077
www.st-hubertus-koeln-brueck.de

• Karte 2, gh5
Ⓗ Brück, Mauspfad
Linie 1

Im Jahre 1444 gründete Herzog Gerhard II. von Jülich und Berg eine Kapelle zu Ehren der Gottesmutter. Diese wurde 1708 durch eine neue, den Heiligen Hubertus und Antonius geweihte Kapelle ersetzt. 1863 bis 1865 entstand wiederum ein Neubau, während die Kapelle von 1708 abgerissen wurde. 1889 folgte die Erhebung von Sankt Hubertus zur Pfarrkirche, die schon bald zu klein wurde, so dass man sich seit Ende des Ersten Weltkrieges Gedanken über einen neuen Kirchenbau machte. Dieser entstand 1930/31 – mitten in der Weltwirtschaftskrise – nach Plänen der Architekten Noven und Villach in modernen Formen, doch mit Anklängen an romanische Architektur. Der verputzte Backsteinbau mit Satteldach ist einheitlich als Saalkirche mit niedrigen und schmalen Seitenschiffen konzipiert. Das sachlich gestaltete, an den späten Bauhaus-Stil erinnernde Innere wirkt kantig-kastenartig und wird von einer dreiteiligen Flachdecke überfangen. Im Süden ist ein eingezogener Rechteckchor angefügt, im Norden befindet sich eine Empore. 1971 renovierte man die Kirche, wobei die Orgel von der Empore in den Chorraum an die Stelle des Hochaltares versetzt wurde. Eine niedrige Mauer trennt seitdem den Chor vom Kirchenschiff. Der davor von Dieter Boers 1975 gestaltete Altarbereich wurde etwas in das Kirchenschiff hinein verlegt. Das über dem Altar aufgehängte Kreuz aus altem Eichenholz ist eine Arbeit von Walter Prinz aus dem Jahre 1974. An dem Kreuz hängt ein Bronze-Korpus in kubischen Formen.

Das älteste Ausstattungsstück der Kirche ist eine im letzten Viertel des 15. Jahrhundert geschaffene Marienfigur vom Niederrhein. Zwei Bilder des 17. Jahrhunderts befinden sich in der Seitenkapelle und im Turmzimmer. Es handelt sich um Darstellungen der Kreuzigung und der Grablegung. Die Fenster stammen aus der Entstehungszeit der Kirche mit Ausnahme der Chorfenster, die von Th. Landmann und P. Winnen in den Fünfzigerjahren gestaltet wurden. *C.S.*

Die Architektur der Hubertus-Kirche erinnert an die Romanik.

Hermann Gottfried schuf Fenster und Ausmalung für den historistischen Raum.

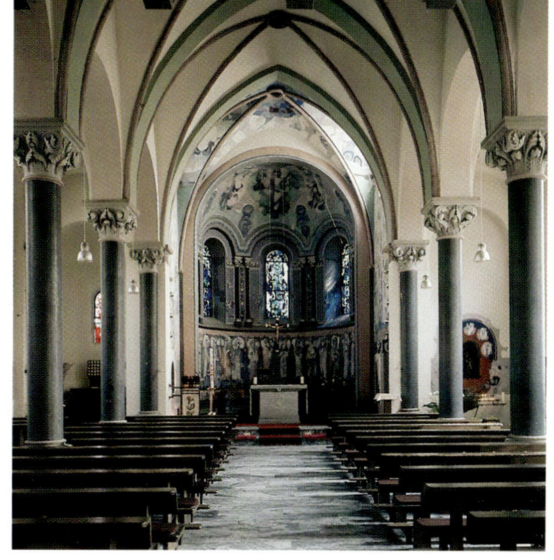

Sankt Hubertus

Wer farbige Kirchen liebt, sollte nach Flittard fahren und dort die Bilderwände Hermann Gottfrieds ansehen. Die 1000 Jahre alte Pfarrei Flittard besitzt heute eine neoromanische Kirche, welche 1897 von Theodor Kremer errichtet wurde und als Hinweis auf ihr hohes Alter den romanischen Turm des 12. Jahrhunderts erhalten hat. Anschließend an den romanischen Westturm errichtete der Architekt eine dreischiffige Staffelhalle aus Tuffstein.

Unter Pfarrer Fritz Frank war 1976 eine Innenraumrestaurierung nötig, und man plante ein umfassendes Gestaltungsprogramm, das den gesamten Kirchenraum und seine Ausstattung miteinbeziehen sollte. Der Maler Hermann Gottfried schuf die Ausmalung des Innenraumes und die Neuverglasung der Fenster unter dem Thema: »*Weg des Herrn – Weg des Heils*«. Steht man am Ende des Langhauses, entfalten sich zu beiden Seiten zwei Zyklen: links der Kreuzweg, rechts die Darstellung der sieben Sakramente. Der Maler hat den 14 Kreuzwegstationen moderne Häuser und auch den Rhein beigefügt, um zu betonen, dass wir den Kreuzweg heute gehen, so wie Jesus gesagt hat: »*Wer mein Jünger sein will, der nehme täglich sein Kreuz auf sich und folge mir nach*« (Lk 9,23). Der Kreuzweg bedeutet jedoch nicht nur Leiden und Tod, sondern auch Hoffnung auf Auferstehung und das Ewige Leben, deshalb ist anschließend in der nördlichen Chorwand die Auferstehung verbildlicht.

Die Sakramentsdarstellungen beziehen den romanischen Taufstein mit ein und leiten über zur Darstellung von Abendmahl und »Ewigem Frieden« auf der südlichen Chorwand. Die Apsis ist dem thronenden Christus mit den Evangelistensymbolen vorbehalten, darunter stellen verschiedene Heilige den Bezug zur menschlichen Lebenswelt her. Die spätromanische Madonna (frühes 13. Jahrhundert) ist umgeben von den fünf Geheimnissen des freudenreichen Rosenkranzes. *M.S.*

Sankt Hubertus

Flittard

Hubertusstraße 3
51061 Köln

☏ 0221-663704

• Karte 2, e3
Ⓗ Edelhofstraße
Linie 152

Sankt Jakobus

Während die prächtigen alten Hofanlagen von Widdersdorf mehr und mehr zu Wohnanlagen umgebaut werden, ist in der Pfarrkirche Sankt Jakobus die Zeit seit 250 Jahren nahezu stehen geblieben. Bis auf wenige Veränderungen zeigt die Kirche bis heute ihr barockes Gesicht und das ist im Kölner Raum äußerst selten.

Im Jahr 1211 ist für Widderdorf erstmals ein Pfarrer genannt, die erste Kirche war aber vermutlich älter. Seit 1494 gehörte die Pfarrkirche zur Abtei Brauweiler. Im Jahr 1745 beschloss man den Bau einer neuen Pfarrkirche, das Erbauungsjahr ist bis heute an den Eisenankern der Südmauer ablesbar.

Die Kirche ist ein äußerlich schlichter, unverputzter Backsteinbau. Das einschiffige Langhaus schließt im Osten mit einem dreiseitig geschlossenen Chor, im Westen ist ihm ein hoher Turm vorgesetzt. Die lateinische Inschrift des Westportals lautet übersetzt: »*Hier ist das Haus Gottes und die Pforte des Himmels*«. Über dem Portal sieht man die beiden Apostelbrüder Jakobus und Johannes. Jakobus ist als Pilger mit muschelbesetztem Umhang zu sehen, Johannes wurde mit seinem Evangelistensymbol des Adlers und dem auf eine Wunderlegende seines Lebens verweisenden Giftbecher dargestellt.

Der Innenraum wurde seit dem Krieg bereits zweimal renoviert, gibt aber trotzdem einen guten Eindruck einer schlicht-ländlichen Barockkirche aus der Mitte des 18. Jahrhunderts. Große Rundbogenfenster schenken dem Raum viel Licht. Die Chorfenster wurden 1968 von Franz Pauli neu gestaltet. Im Chor befindet sich noch der barocke Hochaltar (um 1745), über dem im Altar integrierten Tabernakel ist der Pfarrpatron, der heilige Jakobus, zu sehen. Die seitlich stehenden barocken Skulpturen von Maria und Johannes gehörten ursprünglich zu barocken Seitenaltären, die 1872 abgebaut wurden. An den Seitenwänden hängen Kreuzwegbilder aus der Zeit um 1900. *M.S.*

Sankt Jakobus

Widdersdorf

Hauptstraße 10
50859 Köln

☏ 0221-508173

• Karte 2, a4/5
Ⓗ Adrian-Meller-Straße
Linie 145

Die barocke Pfarrkirche von Widdersdorf.

Bestimmendes Element für die Außenansicht sind die tropfenförmigen Fensterraster.

Sankt Johann Baptist

Sankt Johann Baptist

Höhenhaus

Honschaftsstraße 339a
51061 Köln

☏ 0221-639086
www.stjohannbaptist.de

• Karte 2, f4
Ⓗ Honschaftsstraße
Linien 155, 434

Die weiß strahlende Höhenhauser Kirche des Architekten Paul Krücken gehört zu den frühen Kölner Nachkriegskirchen, sie wurde bereits 1955 fertig gestellt. Außen- und Innenbau sind von einer ungewöhnlichen Form geprägt: Die Fenster sind tropfenförmig gestaltet, ebenso der Grundriss des Mittelschiffes und das Gitter zur Seitenkapelle. Diese Tropfenform kann man als Symbol für den Patron der Kirche, Johannes den Täufer deuten. Der Tropfen versinnbildlicht die Taufe Jesu, die Johannes im Jordan vollzog, symbolisiert das Wasser des Lebens und kann aber auch als Flamme des Heiligen Geistes verstanden werden, der durch die Taufe geschenkt wird.

Dem ankommenden Besucher wendet die Kirche ihre hell gestrichenen Backsteinwände zu, die von großen Fenstergittern aufgelockert sind. Der Bau nimmt die alte Form der Basilika auf und verändert sie, indem sich das hohe Mittelschiff zum Chor verbreitert und die Seitenschiffe dort schmaler werden. Über Chor und Querhaus ragt ein kleiner Dachreiter auf, dessen runde Form mit dem restlichen Bau stark kontrastiert.

Im Inneren ist der Aufbau des sich zum Chor weitenden Mittelschiffs besser verständlich: die niedrigen Seitenschiffe werden zurückgedrängt und der Altar ist von einem weiten Rund umfangen. Das ovale Altarpodest spiegelt die Rundung der Altarwand in den Raum zurück und vermittelt einen sanften Übergang zwischen Gemeinderaum und Altarbereich.

Die Fenster im Langhaus zeigen die sieben Sakramente, die Chorfenster Christus im Kreis von Heiligen (Ernst Jansen-Winkeln, 1955). Das große goldbeschlagene Altarkreuz mit Emailarbeiten schuf die Benediktinerin Lioba Munz 1958. Man sieht den gekreuzigten Christus und hinter ihm Johannes den Täufer, der auf Christus zeigt: Johannes war der Vorbote Christi. Rechts unten liegt das abgeschlagene Haupt des Johannes auf der Schale der Salome. Lioba Munz schuf auch den Tabernakel (1962), von Wilhelm Tophinke stammt die Madonna (1956). *M.S.*

Sankt Johann Baptist

Sankt Johann Baptist

Innenstadt

An Zint Jan 1
50678 Köln

☏ 0221-9318420

• Karte 1, gh6
Ⓗ Severinstraße
Linien 3, 4

Der Besucher von Sankt Johann Baptist sollte zunächst die Kirche äußerlich von allen Seiten betrachten, denn die Außenmauern verraten bereits viel von der wechselvollen Geschichte dieses Baues. Im Norden, der Severinsbrücke zugewandt, sieht man im unteren Teil gotische, im oberen dagegen romanische Mauern. An der Südseite dominieren dagegen moderne rote Backsteinwände.

Die 948 erstmals erwähnte Kirche war seit Ende des 11. Jahrhunderts Pfarrkirche und später auch Kirche der Weberzunft. Bis 1210 entstand ein romanischer Neubau, der im 14. und 16. Jahrhundert durch gotische Seitenschiffe erweitert wurde und Gewölbe im Mittelschiff erhielt. Bombentreffer ließen nur die nördliche Seitenschiffwand und Teile des Mittelschiffes stehen. Diese Reste bezog Karl Band 1960 bis 1963 in seinen Neubau der Kirche ein. Wie ein Haus im Haus oder wie ein großer Baldachin überfängt der Rest des romanisch-gotischen Mittelschiffs den darunter neu geschaffenen Altarbereich mit modernen Ausstattungsstücken von Hein Gernot. Diese ungewöhnliche Lösung befriedigt sowohl die liturgischen als auch die denkmalpflegerischen Ansprüche auf besondere Weise. Hiltrud Kier urteilt: *»Karl Band schuf mit dieser Neugestaltung vor allem im Inneren einen der interessantesten und schönsten kirchlichen Räume der Kölner Nachkriegszeit.«*

Die Ausstattung bezeugt die reiche Vergangenheit dieser alten Pfarrkirche: die qualitätsvolle Sitzmadonna entstand in gotischer Zeit (um 1320), der Reliquienschrein der heiligen Antonina, einer Gefährtin der heiligen Ursula, in der zweiten Hälfte des 14. Jahrhunderts. Das Taufbecken aus Messing (1566) und die beiden bronzenen Adlerpulte geben schließlich Zeugnis der barocken Ausstattung, letztere entstanden 1619 und 1723. Darüber hinaus werden in der Schatzkammer viele kostbare Stücke aufbewahrt, die ebenfalls die bedeutende Geschichte dieser Pfarre bekunden. Die moderne ornamentale Farbverglasung schuf Willi Strauss 1963. Außen, an der Brüstung zur Severinsbrücke, steht der heilige Severin segnend über dem Verkehr (Elmar Hillebrand, 1964). M.S.

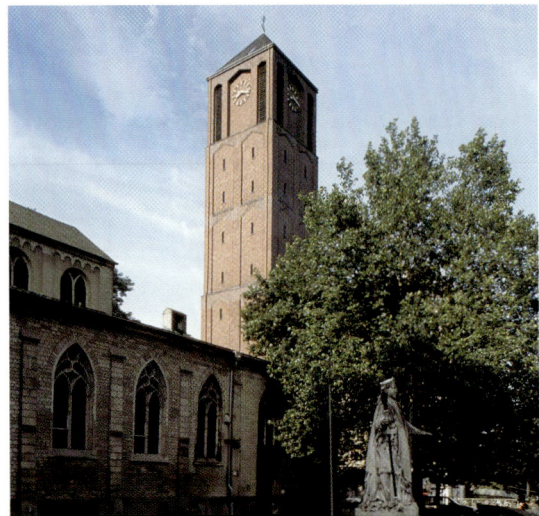

Eine Mischung aus Mittelalter und Moderne: Sankt Johann Baptist.

Seit gut 100 Jahren empfängt der Turm die Kirchenbesucher in Thenhoven.

Sankt Johann Baptist

Die Bewohner der Dörfer Roggendorf und Thenhoven wünschten sich um 1864 endlich eine eigene Kirche, damit sie nicht immer zum Gottesdienst nach Worringen laufen mussten. Sie beauftragten den Baumeister Heinrich Nagelschmidt mit der Errichtung einer einfachen Saalkirche in neuromanischen Formen. Als diese 1866 vollendet war, waren die pfarrrechtlichen Verhältnisse über längere Zeit nicht geklärt, und es durften bis 1875 keine Gottesdienste an den Hochfesten gefeiert werden. Das neue Selbstverständnis der inzwischen anerkannten jungen Gemeinde wurde 1892 durch den Anbau des großen Vierkantturmes ausgedrückt.

Im Inneren finden sich nur noch wenige Ausstattungsstücke der Erbauungszeit, dazu gehören der Taufstein und die Beichtstühle. Die Verglasung der großen Rundbogenfenster entstand bis 1955. Sie zeigt umlaufend die Heilsgeschichte und wichtige kirchliche Feste, angefangen rechts unter der Orgelempore mit der Verkündigung und der Geburt. Die darüber liegenden, ornamental gestalteten Flächen illustrieren die sieben Sakramente, wobei das achte Fenster den Aspekt von Musik und Beten thematisiert. Das Fenster im Vorraum stammt von Dieter Hartmann, der auch die Verglasung der sechspassförmigen Chorfenster unter Verwendung von kleinen Resten neugotischer Fenster aus England gestaltet hat. Anfang der Siebzigerjahre wurde der Altarraum modernisiert und den Erfordernissen der erneuerten Liturgie angepasst. Der Altar entstand in Maria Laach (1970), das Altarkreuz entwarf Hubert Gülden (1971), der Tabernakel aus Bronze und Elfenbein stammt von Karl Matthäus Winter (1960). Bereits 1954 hatte der Abt des Klosters Mariawald der Kirche die schöne neugotische Pietà geschenkt.

Das besondere Prachtstück der Kirche ist jedoch die neue Orgel, die 1991 mit 18 Registern von der dänischen Firma Marcussen gebaut wurde. Der wiederverwandte barocke Prospekt wurde vermutlich 1710 von dem Ratinger Orgelbauer Peter Weidtmann für die Kirche Sankt Urbanus in Gelsenkirchen-Buer gefertigt, 1877 wurde diese Orgel nach Thenhoven verkauft. *M.S.*

Sankt Johann Baptist

Thenhoven

Baptiststraße 35
50769 Köln

☏ 0221-782371

• Karte 2, b1
Ⓗ Bhf. Köln-Worringen
Linie S 11
Ⓗ Baptiststraße
Linie 120

Sankt Johannes der Evangelist

Karl und Gero Band errichteten bis 1971 die neue Kirche im östlichen Ortsbereich von Stammheim, sie wollten mit ihrem Neubau das »*Zelt Gottes unter den Menschen*« symbolisieren.

Die äußere und innere Gestalt der Kirche hat tatsächlich große Ähnlichkeit mit einem Zelt; Vater und Sohn Band wählten einfache Bauformen, um den Menschen ein volksnahes Gotteshaus zu ermöglichen; sie wollten einen »überdachten Platz« schaffen. Der Außenbau wird durch Backstein und das große, in einzelne Spitzen gefaltete, aber bis auf den Boden heruntergezogene grüne Kupferdach bestimmt.

Außen und innen dominiert die Dreiecksform, welche einerseits die Assoziation des Zeltes hervorruft, andererseits aber seit dem 17. Jahrhundert auch häufiger Verweis auf die Dreifaltigkeit ist. Dies wird im Innern besonders deutlich: Die dreieckige Altarwand ist von einem schmalen, hell hervortretenden Fensterband umgeben. Drei kleine Fenster und drei vorspringende Mauerzungen gliedern die ansonsten glatte Backsteinwand. Die abstrakt-farbigen Fensterbänder entwarf Will Thonett, in ihnen dominiert ein kräftiges, warmes Rot.

Altar und Ambo sind beide seitlich aus der Raumachse herausgerückt, dadurch werden die beiden wichtigen Pole des Gottesdienstes gleichwertig betont: Wortgottesdienst und Eucharistiefeier. Hinter dem Altar hängt ein großes goldenes Kreuz mit Emailplatten von Egino Weinert. An den seitlichen Mauerzungen der Chorwand befinden sich zwei Skulpturen des Stammheimer Künstlers Herbert Labusga, der in Köln eher durch seine Entwürfe für Wagen des Rosenmontagszuges bekannt sein dürfte. Hier schuf er eine Figur des Kirchenpatrons Johannes Evangelist und eine Pietà.

Die positive Innenraumatmosphäre dieser Kirche beruht nicht zuletzt auf den mit hellem Holz verkleideten Wandflächen, die zugleich die Decke bilden. *M.S.*

Sankt Johannes der Evangelist

Stammheim

Ricarda-Huch-Straße 1
51061 Köln

☏ 0221-662561
www.perpetua.de

• Karte 2, e4
Ⓗ Moses-Hess-Straße
Linien 153, 250

Ein »Zelt Gottes« steht in Stammheim.

Die Kirche vervollständigt die Krankenhausstadt in der Stadt.

Sankt Johannes der Täufer

Sankt Johannes der Täufer

Lindenthal

Joseph-Stelzmann-Straße
50931 Köln

☏ 0221-4784952

• Karte 1, cd7
Ⓗ Lindenburg
Linie 9

Das ausgedehnte Gelände der Universitätskliniken bildet mit seinen unterschiedlichsten Bauten nahezu ein eigenes Stadtviertel. Seit 1965 vervollständigt auch eine Klinikkirche diesen Bereich. Die Kirche und die seitlich angeschlossenen Klostergebäude für circa 80 Ordensschwestern (heute als Wohnheim genutzt) wurden seit 1958 von Gottfried Böhm geplant.

Die Kirche besitzt einen einfachen, rechteckigen Grundriss und ungegliederte, glatte Wandflächen, die von einem umlaufenden Fensterband unterteilt sind. Dieser schlichte, kubische Raumkörper steht in starkem Kontrast zu anderen zeitgleichen Bauten Böhms, die alle durch unregelmäßige, vieleckige Grundriss- und Wandformationen auffallen.

Das umlaufende Fensterband, vom Architekten entworfen, stellt auf besonders reizvolle und anschauliche Art den Kreuzweg Christi dar, indem plastische schmiedeeiserne Arbeiten mit abstrakter Glasmalerei verbunden werden.

Eingestellte Kleinarchitekturen aus Sichtbeton gliedern den kargen Innenraum. Der auf einigen Stufen erhöhte Altar ist von einem großen Baldachin überfangen. Diese massive Betonwand ist vielfältig modelliert: In der Mitte bildet sie ein Kreuz, an dem ein hölzerner Kruzifixus (um 1410) befestigt ist. Darüber formt eine Auswölbung den Aufbewahrungsort für das für verschiedene Sakramente, unter anderem die Krankensalbung, benötigte heilige Öl. Die Ikone davor zeigt die Taufe Jesu im Jordan durch Johannes und rundherum sind zwölf kleine Plateaus als Kerzenständer herausgearbeitet. Seitlich des Altares befindet sich ein eingetiefter runder Bereich, der zunächst – wie ein Brunnen gestaltet – als Taufort gedacht war, seit 1968 aber den nachträglich dort eingefügten Tabernakel beherbergt: die Eucharistie als Quelle des Lebens. *M.S.*

Sankt Johannes in der Neuen Stadt

Sankt Johannes in der Neuen Stadt

Chorweiler

Pariser Platz
50765 Köln

☏ 0221-7008505
www.st-johannes-chorweiler.de

• Karte 2, c2
Ⓗ Karl-Marx-Allee
Linien 120, 121, 125, 126
Ⓗ Chorweiler
Linien S11, 15

Am Pariser Platz im Zentrum von Chorweiler liegen das evangelische und das katholische Pfarrzentrum unmittelbar nebeneinander. Die katholische Kirche Sankt Johannes in der Neuen Stadt wurde 1977 nach den Plänen des Kölner Architekten Hans Schilling gebaut. Schilling hatte ähnliche Kirchen zuvor schon für Esch (Sankt Mariä Namen) und Vogelsang (Sankt Viktor) geplant. An diese erinnern der vieleckige Grundriss, das gerade abschließende Dach und die äußerlich gliedernden Fensterbänder.

Das Patrozinium bezieht sich auf das von Johannes in der Geheimen Offenbarung beschriebene Himmlische Jerusalem, die »Neue Stadt«, und verweist gleichzeitig auf den Stadtteil Chorweiler, der ebenfalls als »Neue Stadt« bezeichnet wird. Die Gemeinde bezieht das Patrozinium außerdem auf den seligen Papst Johannes XXIII.

Der Kirchenraum wirkt einladend und ist ungewöhnlich hell. Die drei Wandseiten hinter dem Altarraum sind fensterlos und ungegliedert, um dieser Zone Ruhe und sammelnde Atmosphäre zu verleihen. Einziger Schmuck ist das große Kreuz, das die Münchener Künstlerin Elisabeth Hoffmann-Lacher als Mosaik aus verschiedenen Natursteinen schuf. Von Elisabeth Hoffmann-Lacher stammen auch die Entwürfe für den schlichten Altar aus Sandstein (1980), den Tabernakel (1985) und die verschiedenen Leuchter. Die abstrakt-moderne Tabernakelstele ist ein seltener, wohltuend gelungener Versuch, kirchliche Ausstattungsstücke mit zeitgenössisch-künstlerischer Formensprache zu gestalten. Der aus schmiedeeisernen Nägeln geflochtene Tabernakel erinnert an einen Brotkorb und an die Nägel der Kreuzigung.

Die farbenfrohen, strahlenden Fenster zu beiden Seiten der Tabernakelnische wurden 1997 eingesetzt. Sie sind Werke des irischen Künstlers Jim Daly, der mit ihnen Illustrationen der Kapitel 21 und 22 der Offenbarung geschaffen hat. *M.S.*

Im Zentrum von Chorweiler steht die Kirche Sankt Johannes in der Neuen Stadt.

Sankt Johannes vor dem Lateinischen Tore

Die Ursprünge Bocklemünds sind bis ins Jahr 941 zurückzuverfolgen, damals schenkte der Kölner Erzbischof die Kirche zu »Bugchilomunti« dem Cäcilienstift in Köln. Die heutige Kirche des alten Ortsteils von Bocklemünd/Mengenich thront auf einem Hang über dem Dorf. Der Bau aus rotbraunem Backstein ist ein frühes Werk des bedeutenden Kölner Architekten Vincenz Statz, der die Saalkirche zwischen 1851 und 1853 errichtete, 1875 wurde der Westturm angefügt.

Im Bogenfeld des Westportals befindet sich ein Relief, das Johannes den Evangelisten mit seinem Symbol, dem Adler und einem kochenden Kessel darstellt. Diese Szene illustriert das Patrozinium der Kirche: Johannes wurde einer Legende nach vor einem Stadttor Roms, der »Porta Latina«, in einen Kessel mit kochendem Öl geworfen, überstand dieses Martyrium aber unversehrt. Daraufhin wurde er von Kaiser Domitian auf die Insel Patmos verbannt, wo er die »Offenbarung« verfasste. Auf diese Zeit in seinem Leben verweisen die Palmen im Hintergrund des Reliefs.

Im Inneren ist die spätgotische Kreuzigungsgruppe zu beachten, außerdem die modernen Fenster unterschiedlicher Glaskünstler: die Ornamentfenster im Chor stammen von Dieter Hartmann, die Langhausfenster von Robert Rexhausen. Für die in den Sechzigerjahren angebaute Seitenkapelle schuf Hermann Gottfried 1972 das Fensterband zum Thema des Kreuzweges.

Die Orgel mit 23 Registern und zwei Manualen wurde 1989 von der Firma Seifert gebaut; ihre alte Orgel verschenkte die Gemeinde damals an eine Kirche in Krakau. *M.S.*

Die Kirche auf dem Hang über Bocklemünd scheint ganz im Grünen zu liegen.

Sankt Johannes vor dem Lateinischen Tore

Bocklemünd-Mengenich

Venloer Straße 1228
50829 Köln

☏ 0221-508177

• Karte 2, b4
Ⓗ Bocklemünd
Linien 3, 4

Sankt Josef

Die Porzer Sankt Josefskirche entstand 1911/12 nach Entwürfen von Eduard Endler für die Gläubigen der seit 1904 selbstständigen Kapellengemeinde. Das Bauwerk ist eine dreischiffige neugotische Basilika mit wenig betontem Querschiff und breitem Mittelschiff und erfuhr im Laufe der Zeit mannigfache Veränderungen. 1928 wurde der seitliche Turm im Stil des Expressionismus errichtet. 1957/58 erfolgte eine Erweiterung der Kirche nach Westen durch Karl Band. Im Innenraum findet man trotz der Zerstörungen des letzten Krieges noch viele Ausstattungsstücke aus der Erbauungszeit. Der in Reliefarbeit ausgeführte Hauptaltar, der Herz-Jesu-Altar und die Kanzel entstanden 1912 in der Werkstatt Peeters in Antwerpen/Belgien. Mit Ausnahme der im Krieg zerstörten Chorfenster sind alle anderen Glasmalereien im Original erhalten. Modern hingegen ist die zwischen 1952 und 1959 vorgenommene Neuverglasung des Chores nach der Themenidee des Prälaten Theodor Schnitzler und einem Entwurf des Malers Jansen-Winkler. Thema der Fenster ist der Kanon der Heiligen Messe, wie er vor dem Zweiten Vatikanischen Konzil (1962-1965) gebetet wurde. Der 1985 angeschaffte Zelebrationsaltar ist eine Arbeit von Georg Teuber.

Für die unter dem Turm gelegene, der Mutter Gottes geweihten Andachtskapelle wurde im Zuge der Renovierungsarbeiten 1955 unter der Leitung von Karl Band ein Mauerfenster in vielfarbigen Glasbrocken nach einem Entwurf von Hanjo Lühmann ausgeführt. Aus dem gleichen Jahrzehnt stammt die Figur des Schutzpatrons der Kirche. Sie wurde in Oberammergau gefertigt, wie auch die Herz-Jesu-Figur, die Statue des heiligen Antonius von Padua und die Schutzmantelmadonna, die alle drei in den frühen Sechzigerjahren entstanden. Die Kirche besitzt seit 1976 einen Kreuzweg des Malers Michael te Reh. Hierbei handelt es sich um eine mehrfarbige Glasmalerei. Der Kreuzweg wurde 1998 durch das Auferstehungsbild komplettiert.

Seit 1988 gibt es in Sankt Josef eine neue Orgel der Firma Siegfried Schulte aus Kürten mit 42 Registern in einem neugotischen Gehäuse. *C.S*

Die neugotische Basilika und ihr expressionistischer Turm.

Sankt Josef

Porz

Bahnhofstraße 20
51143 Köln

☏ 02203-52484

• Karte 2, g7
Ⓗ Porz Markt
Linien 7, 8

Sankt Joseph

Sankt Joseph

Braunsfeld

Braunstraße
50933 Köln

☎ 0221-4911444

• Karte 1, c5
Ⓗ Maarweg
Linie 1

Die der Josephskirche benachbarte Braunstraße erinnert an die Geschichte des Kölner Stadtteils Braunsfeld. Auf einem Gebiet entlang der Aachener Straße, das bis dahin ausschließlich landwirtschaftlich genutzt wurde, gründete Ferdinand Braun 1862 eine Ziegelei. In der Nähe wurden kleine Arbeiterwohnhäuser errichtet, welche die Keimzelle des heutigen Viertels bildeten. Die Bewohner von Ferdinand Brauns Landbesitz nannten sich Braunsfelder. 1897 gründete man, motiviert durch die stetig anwachsenden Bevölkerungszahlen, einen Kirchbauverein. Im Jahr 1906 konnte die lang ersehnte Kirche nach Plänen der Baumeister Peter Krings und Theodor Roß auf einem von der Familie Braun gestifteten Grundstück errichtet werden. Der zweite Pfarrer der jungen Gemeinde war von 1924 bis 1937 Josef Frings, der spätere Kölner Erzbischof.

In der Nacht des 30. Oktober 1944 wurde die Josephskirche vollständig zerstört. Den 1952 ausgeschriebenen Wettbewerb zur Wiedererrichtung des Gotteshauses gewannen die Architekten Rudolf Schwarz und Josef Bernhard mit einem ausgesprochen modernen Konzept.

Während viele der gleichzeitig entstandenen frühen Nachkriegskirchen auf frühchristliche Baumotive zurückgriffen, schufen die Architekten hier unter Einsatz der bautechnischen Möglichkeiten des Betonskelettbaues einen für die damalige Zeit in architektonischer und liturgischer Hinsicht wegweisenden Bau. Von außen ist die Kirche durch die Y-förmigen Betonträger, das wabenförmige Fensterband, die kreuzförmigen Ornamente der Backsteinausfachungen und das offene Betongerüst des Glockenturmes gekennzeichnet. Aufgrund der ungewohnten Bauformen wurde die Kirche in den ersten Jahren auch etwas spöttisch »Sankt Zickzack« genannt. Im Inneren überspannt eine Faltdecke aus Beton den langgestreckten, hellen Saal auf rechteckigem Grundriss, deren Form die wabenförmigen Fenster bedingt und die über dem Chorbereich um eine Fensterwabe erhöht ist. Der Altarraum, unter dem eine kleine Krypta liegt, wird durch die sich hier zwischen Decke und Boden ausspannenden breiten Glasbahnen von Licht durchflutet. Obwohl durch Licht und erhöhtes Bodenniveau besonders hervorgehoben, ist er doch Teil des langgestreckten Kirchenschiffes.

Der Innenraum mit der Farbfassung von Georg Meistermann.

Rudolf Schwarz selber beschreibt 1960 seine Bauintentionen: *»Dünne schneeweiße Stützen zweigen sich zu den sechseckigen Waben des hohen Lichtgadens. Die Zwischenfelder der Stützen sind ausgemauert, verputzt und in leuchtend blauer Farbe gestrichen. Beiderseits der frei in den Raum hinabgestuften Altarstelle reichen die Fenster bis unten hinab, oben ist ihnen ein weiteres Sechseck hinzugefügt, so dass sich der Bau dort domartig erhebt. Die gefaltete Decke ist wiederum weiß. Wir wollten einen ganz klaren, männlich-keuschen Raum bauen, der so werden sollte wie die süßlich-verlegenen Gipsfiguren dieses fürstlichen Mannes* [des hl. Joseph], *welche die Vorstellungen des Volkes von ihm so verderben, ganz genau eben nicht sind, ein besseres Bild des strengen, aufmerksamen Heiligen. Wenn man dieses eine Mal etwas poetisch werden will, kann man sagen, der Innenraum erinnert an einen Tag des frühen Frühlings mit blauem Himmel und großen, weißen, von der Sonne beschienenen Wolken.«*

Kurt Zimmermann schuf 1954 diese Marienfigur.

Die ursprünglich in farblicher Hinsicht zurückhaltend gestaltete Kirche erhielt 1968 farbige Fenster und eine neue Innenraumfassung nach Entwürfen von Georg Meistermann, die den von den Architekten geplanten Raumcharakter stark veränderten.

Detail der 1968 eingesetzten Meistermannfenster.

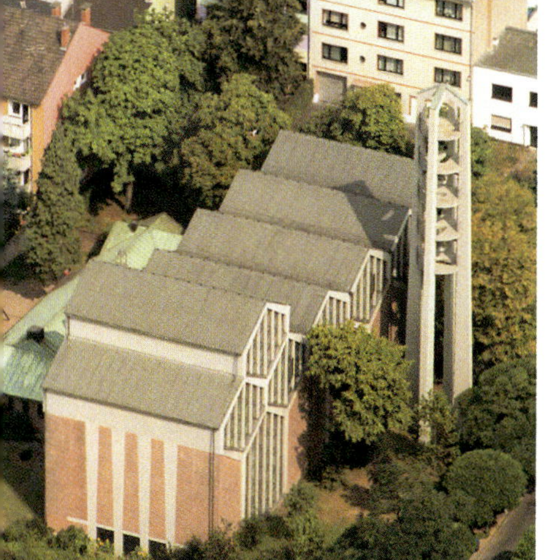

Die Luftaufnahme zeigt die typische Dachform und den frei stehenden Turm.

Die Decke ist seitdem kräftig blau, die weißen Frühlingswolken sind verflogen und die Fenster haben eine bewegte, in Wellenformen den Raum verstärkt rhythmisierende, stark leuchtende Farbigkeit. Eine umfangreiche Renovierung durch das Büro Schwarz & Partner im Jahr 2001 erhielt diese Farbfassung des Innenraumes von 1968.

Ursprünglich stand der von Elisabeth Treskow 1954 gearbeitete Tabernakel auf dem nach Entwürfen von Rudolf Schwarz entstanden Altar, erhielt später jedoch seitlich seinen Platz auf einer von Heribert Calleen gearbeiteten Stele. Ambo, Altarkreuz und Osterleuchter sind ebenfalls Werke des Braunsfelder Künstlers Calleen. Der Ambo hat die Beschreibung der Todesstunde Christi nach Matthäus (Mt 27,51) zum Thema: Der Vorhang im Tempel zerriss, die Erde bebte und spaltete sich und viele Heilige wurden auferweckt. Kurt Zimmermann schuf 1954 die Muttergottes, die eine besondere Ruhe ausstrahlt. Von der Firma Seifert in Kevelaer stammt die 1956 gebaute Orgel mit zwei Manualen und 23 Registern. Ein Orgelprospekt mit frei stehenden Pfeifen ist sehr selten und in diesem Fall korrespondiert er auch in großem Maß mit der Architektur. Daher wurde die Orgel 2001 ebenfalls sorgfältig restauriert und nicht – wie in vielen anderen Gemeinden geschehen – durch einen Neubau ersetzt.

An der westlichen Längsseite der Kirche sind um einen kleinen, begrünten Innenhof Tauf- und Werktagskapelle sowie die Sakristei angelegt. Die Taufkapelle bildet gleichzeitig auch den Eingangsbereich für die von der Christian-Gau-Straße eintretenden Besucher. Ihre Fenster wurden von dem ehemaligen Kaplan Johannes Langen entworfen, das mit Fischen verzierte Taufbecken trägt einen messinggetriebenen Deckel des Bildhauers Hans Hoffmann (1934). Die Bildfelder zitieren acht Szenen aus Altem und Neuem Testament, die in verschiedener Hinsicht auf die Taufe verweisen: die Arche Noah, der Zug durchs Rote Meer, Moses Wasserwunder in der Wüste, die Taufe Christi, die Hochzeit zu Kanaan, der Lanzenstich, die Aussendung der Jünger und das Pfingstereignis. *M.S.*

SANKT JOSEPH

Ursprünglich war Sankt Joseph ein neugotischer Zentralbau, der nach Plänen des Architekten August Lange 1878/79 errichtet worden war. Die Kirche war zunächst eine Privatkapelle des Merheimer Kaplans Peter Bongartz für die Gläubigen in Thurn, Strunden, Hagedorn und Dellbrück. Die Sankt Josephs-Pfarrei wurde 1898 als selbstständige Kirchengemeinde von Merheim abgetrennt. Aus diesem Grund und um dem raschen Bevölkerungswachstum Rechnung zu tragen, fügte man 1903 dem Zentralbau Langhaus und Turm an. Nach dem letzten Weltkrieg, den die Kirche fast unversehrt überstand, erweiterte Karl Band 1952/53 das alte Schiff um einen Stahlbetonskelettbau nach Süden und gestaltete die Vierung der alten Kirche zum neuen Altarraum um. Zwischen 1989 und 1995 erfolgte eine gründliche Instandsetzung verbunden mit einer Neugestaltung der Fenster des Hauptschiffs durch Hubert Schaffmeister. Die Fenster im alten Schiff hatte Ludwig Ernst Ronig noch während des Krieges gestaltet. Ronig entwarf auch das Marienfenster und 1958 die Fenster im alten Chor über der Sakristei. Das Josephsfenster in der Beichtkapelle ist das Werk eines unbekannten Künstlers aus dem Jahr 1953. Von Karl Band und G. Pelzer stammt das ellipsenförmige Südfenster der neu geschaffenen Taufkapelle (1957). Der Taufsteindeckel ist eine Arbeit von Eduard Schmitz (1959). Die Beton-Glaswand hinter dem heutigen Altar mit einer Darstellung des brennenden Dornbuschs geht auf Hans Lünenborg und Karl Band zurück (1960). Zur Ausstattung der Fünfzigerjahre gehört auch der Tabernakel von Karl Schrage. Die Stele, ein Werk von Joseph Höntgesberg, kam 1968 hinzu. Der ehemalige Hochaltar von Josef Jaeckel aus dem Jahre 1937 hat zusammen mit der darüber hängenden Kreuzigungsgruppe wieder seinen Platz im Chor des Altbaus gefunden. Neben diesen Kunstwerken des 20. Jahrhunderts besitzt die Kirche als ältestes Ausstattungsstück die Pietà eines unbekannten Meisters aus dem 15. Jahrhundert

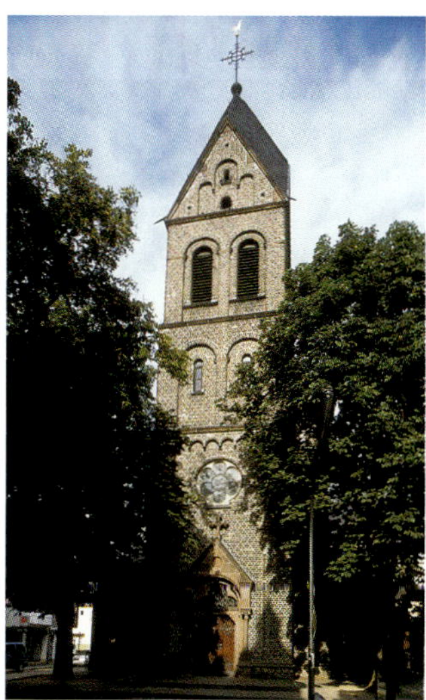

Der Turm von Sankt Josef.

Die Kirche erhielt 1981 eine neue Orgel der Firma Klais mit 39 Registern und einem Prospekt von J. Schäfer. *C.S.*

Dellbrück

Dellbrücker Hauptstraße
51069 Köln

☎ 0221-688779

• Karte 2, gh4
Ⓗ Dellbrück Hauptstraße
Linien 3, 18

Die dem heiligen Hermann Joseph geweihte Kirche mit ihrem markanten Turm.

Sankt Joseph

Sankt Joseph

Dünnwald

von-Diergardt-Straße 40
51069 Köln

☏ 0221-601354

• Karte 2, g3
Ⓗ Odenthaler Straße
Linie 4

1957/58 wurde nach Plänen des Architekten Josef Bernard eine Saalkirche aus Backstein mit einem seitlich gelegenen Turm unter einem hohen Helm erbaut, der von vier großen Uhren wie von einer Krone eingefasst wird. Damit soll an das Patrozinium der Kirche, die dem Prämonstratensermönch Hermann Joseph geweiht ist, erinnert werden: Der Pfarrpatron, um 1150 in Köln geboren, soll einige Zeit im Dünnwalder Nikolaus-Kloster verbracht und auf seinen Reisen häufig Uhren repariert haben. Im schlichten Innenraum werden die weißen Wände auf der Nord- und Südseite von jeweils sechs großen und auf der Südseite zusätzlich von elf kleineren quadratischen Fenstern durchbrochen, die alle von Paul Weigmann entworfen wurden. Die 1958 entstandenen kleinen Fenster zeigen Szenen aus dem Gesang der Jünglinge im Feuerofen nach dem Buch Daniel (3,51-90). Die darüber liegenden Fenster der Jahre 1979 bis 1987 stellen auf der linken Seite eine Episode aus dem Buch Hiob dar. Daneben folgen der Bund des Herrn mit dem Volk Israel auf dem Berg Sinai und die Berufung des Propheten Jesaja. Die rechte Seite zeigt dagegen Ereignisse aus dem Neuen Testament: die Vision des Johannes vom neuen Himmel und der neuen Erde, die Auferstehung Christi und die Ausgießung des Heiligen Geistes. Im Hermann-Joseph-Fenster an der Westwand (1958) ist der Pfarrpatron vor dem Grundriss seiner Heimatpfarrei, der Kirche Sankt Maria im Kapitol, abgebildet.

Über dem Altar aus schwedischem Granit hängt ein silbernes Kruzifix von Hanns Rheindorf aus dem Jahr 1969. Rheindorf gestaltete auch die Monstranz mit sechs Emailbildern aus der Schöpfungsgeschichte. Weitere wichtige Ausstattungsstücke, die alle 1958 entstanden, sind das holzgeschnitzte Portal von Theo Heiermann, eine Schutzmantelmadonna und eine Pietà von Herbert Belau sowie das Vortragekreuz von Hein Gernot, der auch den Turmhahn und das ornamentale Passionskreuz an der Westfassade entwarf. C.S.

Sankt Joseph

Sankt Joseph

Ehrenfeld

Venloer Straße 286
50823 Köln

☏ 0221-951790

• Karte 1, c3
Ⓗ Körnerstraße
Linien 3, 4

Das rasch wachsende Ehrenfeld erhielt 1863 eine eigene Kapelle, die von Baumeister Vincenz Statz entworfene Kapelle Mariä-Himmelfahrt an der Ecke Venloer Straße/Geisselstraße. Diese bis heute den dortigen Marktplatz zierende Kirche wurde jedoch bald zu klein und man legte bereits 1872 auf einem schräg gegenüber liegenden Bauplatz den Grundstein für die neue Kirche Sankt Joseph. Der Baugrund war eine Stiftung der Familie Wahlen, einer Ehrenfelder Familie, die durch Verkauf ihres Ackerlandes als Bauland zu großem Vermögen gekommen war. Die Entwürfe für diesen Neubau stammten wiederum von Vincenz Statz, der 1845 Cäcilia, eine Tochter der Familie Wahlen, geheiratet hatte. Statz errichtete bis 1874 eine neugotische dreischiffige, querschifflose Basilika mit einem zur Straßenfront vorgesetzten Turm, der erst 1913 seine endgültige schlanke und 60 Meter hoch aufragende Form erhielt.

Im Zweiten Weltkrieg wurde die Kirche stark zerstört und bis 1955 unter Leitung von Otto Bongartz wieder aufgebaut. Er hat das Innere einfacher rekonstruiert: Der neugotische Formenreichtum verschwand, statt der ursprünglichen Gewölbe entstand eine bemalte hölzerne Balkendecke.

Der Holländer Jan Schoenacker entwarf den Kreuzweg aus farbigem Glasmosaik (1961) sowie die figürlichen Fenster (1960-1962). Im Chor sieht man Darstellungen der heiligen Cäcilia, der Geburt Christi, der Auferstehung und des Pfingstereignisses sowie des heiligen Josephs; in den Seitenschiffen den heiligen Sebastian und den Propheten Elija.

Sankt Joseph ist eine ruhige Oase inmitten der belebten Venloer Straße.

Ein besonderes Schmuckstück der Kirche ist die spätgotische Skulptur der Anna Selbdritt aus dem 15. Jahrhundert, die Maria mit ihrer Mutter Anna und dem Jesuskind zeigt. Die barocke Marienfigur wird in die Zeit um 1730 datiert, die Skulpturen des heiligen Josef und des heiligen Judas Thaddäus stammen aus der Entstehungszeit der Kirche.

Die Orgel ist ein Werk der Duderstädter Firma Krell. Sie entstand 1957 mit 38 Registern und drei Manualen. M.S.

Sankt Joseph

1895 boten die Erben des Justizrates Cornelius Balduin Trimborn der Gemeinde Sankt Joseph ein auf dem Gelände des ehemaligen Broicherhofes gelegenes Grundstück zum Kauf an. In diesem damals städtebaulich noch unerschlossenen Gebiet entstand in den Jahren 1899 bis 1902 nach den Plänen des Architekten Heinrich Renard eine dreischiffige neugotische Backstein-Hallenkirche mit Kreuzrippengewölbe und einem im Süden vor das Mittelschiff gestellten Turm über quadratischem Grundriss. Der Turm wird von Kapellen flankiert und von einer spitzen achtseitigen, von vier schlanken Türmchen umstandenen Schieferpyramide bekrönt, die sich bis auf den heutigen Tag im Häusermeer behauptet hat. Neben dem im Norden gelegenen Chor errichtete man weitere kapellenartige Anbauten. Die Dachlandschaft war einst reich gestaltet: Das Mittelschiff besaß ein eigenes Satteldach über einem Traufgesims, während die Seitenschiffe von Pultdächern bedeckt waren. Die Seitenschiffwände erhielten eine Gliederung aus Strebepfeilern und spitzbogigen Maßwerkfenstern.

1943 zerstörten Bomben die Dächer, die Gewölbe und einen erheblichen Teil der Außenwände und der Ausstattung. Nach den Zerstörungen des Krieges wurde die Kirche nach Entwürfen von Dominikus und Gottfried Böhm in den Jahren 1951 und 1952 in ihren Formen stark vereinfacht und »schöpferisch« zu einer Stufenhalle umgestaltet. »*Nach dem Abschluß der Wiederherstellungsarbeiten war man stolz, daß die Josephskirche nicht mehr wiederzuerkennen sei*«, schrieb 1990 die Kunsthistorikerin und Geographin Henriette Meynen. Die Behandlung des überkommenen Bestandes galt damals als vorbildlich und zeigt deutlich den Bruch mit der neogotischen Architektur des 19. und frühen 20. Jahrhunderts, die Alfred Kamphausen 1952 als »Gotik ohne Gott« bezeichnete. Dem Wiederaufbau fiel die ehemals reiche Dachlandschaft zum Opfer. Fortan fasste ein Satteldach alle Teile der Kirche einschließlich der seitlichen Anbauten zusammen. Gleichfalls verzichtet wurde auf die Fenstermaßwerke. Das Innere erhielt eine flache Decke, die sich im Mittelschiff aus rautenförmigen Gipsplatten mit Sisaleinlage zusammensetzt. Von den Pfeilern entfernte man alle Basen, Vorlagen und jeglichen Ornamentschmuck und reduzierte sie so auf ihre kantige Grundform. Der Fußboden, der ursprünglich aus schwarzweißen, kreuzförmig verlegten Fliesen bestand, wurde durch einen schlichten einfarbigen Backsteinbelag ersetzt. Die Fensterbahnen des Chores zogen die Architekten fast bis auf das Bodenniveau herunter. Die Verglasung dieser wie transparente Farbteppiche wirkenden Fenster entwarf Dominikus Böhm im Jahr 1952. Das Thema des mittleren Fensters ist die Eucharistie; die beiden benachbarten Glasgemälde sind Maria und Josef gewidmet. Das vierte Fenster auf der Ostseite des Chores erinnert an den Bauplatz der Kirche, ein früheres Sumpfgebiet. Für das als Taufkapelle genutzte Untergeschoss des Turmes schuf Gottfried Böhm ein Fenster, in dem er Gegenstände und Symbole der Taufe darstellte, wobei er die Fläche in unregelmäßige Quadrate auflöste. Einer der Mitarbeiter Gottfried Böhms, Heinz Bienefeld, gestaltete in den Jahren 1952 und 1953 die sieben Kreuzwegfenster hinter dem Querschiff. Die Fenster zeigen Gegenstände, die sich auf die einzelnen Stationen des Kreuzweges beziehen. Weitere bemerkenswerte Ausstattungsstücke sind eine Madonna aus Holz von Elmar Hillebrand (1952/53), sowie Tabernakel, Altarkreuz und Altarleuchter von Toni Zenz. C.S.

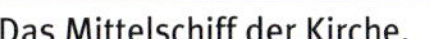

Das Mittelschiff der Kirche.

Blick in den Chor.

Der Turm im Kalker Häusermeer.

Sankt Joseph

Kalk

Höfestraße
51103 Köln

☏ 0221-851115

• Karte 1, L4
Ⓗ Kalk Post
Linien 1, 9

Backstein bestimmt den Außeneindruck von Sankt Joseph in Nippes.

Sankt Joseph

Sankt Joseph

Nippes

Krüthstraße 52
50733 Köln

☏ 0221-733233
www.jo-mo-pfarreien.de

• Karte 1, f2
Ⓗ Sechzigstraße
Linie 148

Nachdem 1860 die Zentral-Eisenbahn-Werkstätten in Nippes »auf der Sechzig« angelegt wurden, entstanden in unmittelbarer Nähe neue Wohngebiete. Seit 1906 wurde nach Plänen von Alfred Tepe die neue Pfarrkirche Sankt Joseph gebaut, 1914 konnte sie geweiht werden.

Der basilikale Bau im neugotischen Stil ist auf dem Platz eng von Wohnhäusern umschlossen, ragt aber mit seinem hohen Turm weit über diese hinaus. Mit den roten Mauern kontrastieren die aus hellem Naturstein gearbeiteten Maßwerkgliederungen und Türgewände. In den großen Portalen sind bis heute die schönen Holztüren mit nachempfundenen gotischen Eisenbeschlägen erhalten.

Der Innenraum macht mit seiner gut erhaltenen neugotischen Gestaltung einen hellen, freundlichen Eindruck. Nach dem Zweiten Weltkrieg ist die Kirche unter der Leitung von Karl Band bis 1958 wiederhergestellt worden. Dabei hat man den Altar aus der Apsis in die Vierung verlegt. Dort ist er nun von allen Seiten mit Bänken umgeben, der ehemalige Chorbereich ist als Werktagskirche eingerichtet. Sepp Hürten gestaltete die neue Altarinsel (1958, 1968 verändert), auch das Altarkreuz (1970) und der Tabernakel (1969) stammen von ihm. Der Ewig-Licht-Leuchter zeigt die Anbetung von Engel, Menschen und Natur, er wurde 1954 von Künstlern der Kölner Werkschule hergestellt.

Hans Lünenborg entwarf 1958 die Verglasung der großen Querhausfenster. Rechts sind Leiden und Tod Christi mit den Marterwerkzeugen dargestellt, links die Auferstehung mit den Symbolen des Phönix und des Lammes. Die geometrischen Fenster der Seitenschiffe und der Sakramentskapelle stammen von Franz Pauli (1969). 1981 wurde der Kreuzweg erworben, er stammt aus der Werkstatt der Benediktinerabtei Herstelle. Mit der großen Josephsfigur (1908, Grüter) und der seitlich aufgehängten Kommunionbank mit kunstvollen Schnitzereien haben nach der letzten Restaurierung auch bedeutende Stücke der neugotischen Ausstattung in die Kirche zurückgefunden.

Die Orgel von Sankt Joseph baute die Firma Weyland aus Leverkusen-Opladen im Jahr 1960. Sie besitzt 27 Register und zwei Manuale. *M.S.*

Sankt Joseph

Sankt Joseph

Poll

Poller Hauptstraße 26
51105 Köln

☏ 0221-8307210
www.pfarrgemeinde-poll.de

• Karte 2, e6/7
Ⓗ Poll, Hauptstraße
Linie 159

Im Jahre 1864 wurde mitten in Poll eine neugotische dreischiffige Kirche nach nur zweijähriger Bauzeit fertig gestellt. Ein verheerender Wirbelsturm am 7. August 1898 zog das Bauwerk stark in Mitleidenschaft, so dass eine Renovierung notwendig wurde, die bis 1901 andauerte. Im Zweiten Weltkrieg wurde die Kirche bis auf die Außenmauern zerstört. Den Wiederaufbau von 1947 bis 1952 leitete der Architekt Arthur Hauck, der eine Hallenkirche unter Beibehaltung der bestehenden Mauern schuf. Der Chorraum wurde vergrößert und mit einer leicht gewölbten Decke versehen. Der Turm erhielt seinen spitzen Helm nicht wieder zurück, sondern wurde mit einem niedrigen Pyramidendach bekrönt, das man später nochmals veränderte. Zum Wiederaufbau verwendete man die Trümmerziegel der zerstörten Kirche, die von Angehörigen der Pfarrei gereinigt wurden. Bereits 1954 wurde der Chor durch Hanns Rheindorf und Willi Strauß umgestaltet, der 1968 für die Kirche einen bronzenen Kreuzweg entwarf. Rheindorf schuf das mit einem versilberten Korpus versehene Altarkreuz. 1955 erhielt Sankt Joseph eine neue holzverkleidete Giebeldecke und unter dem Turm wurde eine achteckige Taufkapelle eingebaut. 1956 lieferte die Bonner Orgelbaufirma Klais eine Orgel mit 21 Registern. 1965 erwarb die Gemeinde eine

Der Turm von Sankt Joseph.

Mondsichelmadonna aus der Zeit um 1540, die heute in der Marienkapelle unter dem Turm steht, und eine Statue des heiligen Josef mit dem Jesuskind, die wohl in Burgund um 1480 entstanden ist und über dem linken Seitenaltar ihren Platz gefunden hat. Weitere Renovierungen der Kirche folgten 1976 bis 1981 und 1994 bis 1996. Bei der jüngsten Maßnahme ging es zunächst um die Sicherung des Mauerwerks. Des Weiteren entwarf Anne Pauli zehn neue Kirchenfenster, in denen sie das »Vaterunser« bildlich darstellte. Walter Prinz gestaltete den Altarraum, aus dem der Zelebrationsaltar heraus und auf die gemeinsam feiernde Gemeinde hin gerückt wurde. *C.S.*

Sankt Joseph

Blick in den Chorraum.

Die Pfarrkirche Sankt Joseph ist das letzte Werk des Architekten Dominikus Böhm (1880-1955). 1955, kurz vor seinem Tod, begann er den Bau, den sein Sohn Gottfried ein Jahr später vollendete. 1991/92 wurde das Gotteshaus umfassend renoviert und der Innenraum durch Rolf Link, einem früheren Mitarbeiter Böhms, umgestaltet. Im Zuge der Umgestaltung wurde im westlichen Turm eine Decke in Höhe des Kirchenschiffs eingezogen und eine neue Orgel der Firma Oberlinger mit 35 Registern installiert, deren Pfeifen von schimmerndem Blattwerk eingefasst werden.

Die Kirche ist ein aus Backsteinen errichteter Saalbau, dessen Inneres von den leicht gewölbten Decken und den fensterlosen Wänden bestimmt wird. Das Kirchenschiff erhebt sich zwischen mächtigen, mit sehr niedrigen Zeltdächern bekrönten und in den Kirchenbau eingebundenen Türmen, die im Osten und im Westen stehen. Eine derartige Zweiturmanlage ist im katholischen Kirchenbau heute höchst ungewöhnlich, denn die optisch identischen Türme erheben sich nicht über Räumen mit gleicher Funktion. Der eine Turm erhebt sich über dem Eingangsbereich, der andere über dem Chorraum, also dem liturgischen Zentrum. Über dem Altar ist der Turm schachtartig weit in die Höhe geöffnet, damit von oben herab Licht in den Kirchenraum einfallen kann. An drei Seiten der Türme sind ab einer Höhe von 14 Metern sechs Reihen von kleinen von Wilhelm Teuwen gestalteten Lichtöffnungen mit Kopfbildern von 192 Heiligen angeordnet. Die vier Teilgiebelflächen neben dem Chorraum sind im Gegensatz zu den Türmen vollständig transparent gestaltet. Die acht farbigen Fensterbahnen schuf 1963 Hubert Berke, der die acht Seligkeiten der Bergpredigt in abstrakten Bildern darstellte. Den Altar der Kirche entwarf Gottfried Böhm. 1972 gestaltete Walter Prinz das ausdrucksstarke über dem Altar hängende Holzkreuz. Von Theo Heiermann stammen der Tabernakel und der Ewig-Licht-Leuchter. *C.S.*

Sankt Joseph

Rodenkirchen

Weißer Straße 64a
50996 Köln

☏ 0221-391715

• Karte 2, f7
Ⓗ Rodenkirchen, Sankt Joseph Kirche
Linien 130, 131

Sankt Karl Borromäus

Die Kirche Sankt Karl Borromäus bildet mit den umgebenden Pfarrbauten und dem vorgelagerten Platz einen wichtigen Akzent und gleichzeitigen Ruhepol an der lebendigen Zülpicher Straße. 1930 nach Plänen der Kölner Architekten Pasman und Bonn errichtet, ist die Kirche Beispiel für zwei entscheidende Epochen des modernen Kirchenbaus. Der Außenbau ist mit seiner Backsteinornamentik noch stark dem Expressionismus verpflichtet, während der verputzte, stützenlose, sachlich-kühle Innenraum deutlich dem »Neuen Bauen« zuzurechnen ist.

Bedeutende Veränderungen erfuhr das Innere 1967 durch die Renovierung und Neugestaltung des Altarraumes unter Gottfried Böhm und Georg Meistermann. Damals wurde die große Kreuzigungsgruppe des Künstlers Wilhelm Tophinke (1952) von der Chorwand abgenommen und hinter dem neu errichteten Altar aufgestellt. Georg Meistermann gestaltete die Chorwand mit einem farbkräftigen, abstrakten Bild, das er als *»optische Variation zu einigen Gedanken des heiligen Johannes«* in der Apokalypse verstehen möchte, jedoch nicht als Illustration dieser Schrift.

Im Rahmen jener Umgestaltung entstanden auch der seitliche Sakramentsaltar nach Entwürfen von Gottfried Böhm und die Tabernakeltür mit einem Verkündigungsrelief von Klaus Balke. Die sitzende Madonna auf dem rechten Seitenaltar wurde vermutlich in der Mitte des 14. Jahrhunderts in Nordspanien geschaffen. Meistermann entwarf bereits 1959 die Fenster mit einer »Versammlung von Heiligen« für die Kirche; der Kreuzweg (1949) und die Bronzeskulptur des heiligen Karl Borromäus über dem Eingangsportal sind Werke Wilhelm Tophinkes. Seit 1991 dient die ehemalige Taufkapelle im Turm als Werktagskirche. Das Fresko »Die sieben Sakramente« malte Josef Bienhaus 1949. Von links nach rechts sind die Sakramente dargestellt: Ehe, Taufe, Buße, Eucharistie, Firmung, Priesterweihe, Krankensalbung.

Die Orgel mit 37 Registern, drei Manualen und 2562 Pfeifen ist ein Werk der Firma Ernst Seifert (1954). *M.S.*

Blick in den 1967 umgestalteten Altarraum.

Sankt Karl Borromäus

Sülz

Zülpicher Straße/
Gustavstraße
50937 Köln

☏ 0221-414145
www.nikab.de

• Karte 1, d8
Ⓗ Lindenburg
Linie 9

Die Kirche und der frei stehende Glockenturm.

Sankt Katharina

Sankt Katharina

Godorf

Immendorfer Straße 42
50997 Köln

☏ 02236-43209

• Karte 2, e9
Ⓗ Friedhof Godorf
Linie 135

Godorf erhielt 1422 eine der heiligen Katharina geweihte Kapelle, die 1889 durch ein neugotisches Bauwerk von Theodor Kremer ersetzt und 1906 in den Rang einer Pfarrkirche erhoben wurde. Im Zweiten Weltkrieg zerstört, entstand 1955/56 nach Plänen des Architekten Jan Werner Starck ein neues, als rechteckige Halle angelegtes Gotteshaus mit einem westlichen Anbau für die Werktagskapelle und die Sakristei. Im Osten baute man einen mittlerweile frei stehenden Glockenturm. In seinem Untergeschoss befand sich ursprünglich die Taufkapelle, die eine Verbindung zum Kirchenraum herstellte und die inzwischen abgerissen wurde. Starck erinnerte durch die Verwendung von schlanken Eisenstützen, die im Innern seitlich schmale Gänge abteilen, und die Betonskelettbauweise mit Backsteinausfachung an die in den Fünfzigerjahren beliebte Gleichsetzung eines Gotteshauses mit dem Zelt oder der Wohnung Gottes.

Im Laufe der Zeit traten durch die durch die nahe Autobahn ausgelösten Erschütterungen Risse im Mauerwerk auf, die 1976 bis 1980 statische Sicherungsmaßnahmen erforderlich machten. Hans Fritz Hoffmann schloss den ehemals nach unten offenen Dachstuhl durch eine Betonfaltendecke. Die Risse wurden im Innern durch Holzschindeln und außen durch Asbestzementplatten abgedeckt.

Der überwiegende Teil der Ausstattung kommt aus der neugotischen Katharinenkirche und sogar aus deren Vorgängerbau, der Kapelle von 1422. Aus dieser haben sich eine Reliquienbüste der heiligen Katharina aus der Zeit um 1420 und die Figuren einer barocken Triumphkreuzgruppe erhalten. Das Balkenkreuz mit den seitlich ansetzenden Konsolen ist eine Arbeit aus dem 20. Jahrhundert von Sepp Hürten, der auch den Altar, das Sakramentshaus, den Ambo und die Priestersitze schuf. Aus der 1889 erbauten Kirche stammen unter anderem einige Heiligenfiguren von Josef Fink und der 1900 entstandene Taufstein von Jacob Marchand und Josef Louis. Die Fenster von 1980/81 entwarf Paul Weigmann. *C.S.*

Sankt Katharina von Siena

Sankt Katharina von Siena

Blumenberg

Schneebergstraße 63a
50765 Köln

☏ 0221-7087220

• Karte 2, c2
Ⓗ Blumenberg
Linie S11

In Zeiten, in denen immer häufiger über die Schließung von Kirchen nachgedacht wird, entstand in Köln-Blumenberg ein äußerst selbstbewusstes Gotteshaus, das nach Sankt Theodor in Vingst der jüngste Neubau einer katholischen Kirche in Köln ist.

Blumenberg entwickelte sich in den vergangenen Jahren als neuer Kölner Stadtteil nördlich von Chorweiler. Die zahlreichen Wohnungsbauten für circa 10 000 Bewohner sollten auch ein geistliches Zentrum bekommen, und so plante man von der Mutterpfarrei Sankt Marien in Fühlingen die Gründung der Filialkirche Sankt Katharina von Siena. 1992 ging aus dem Architekturwettbewerb unter renommierten Kirchenbaumeistern der Architekt Heinz Bienefeld als Sieger hervor. Das Preisgericht stellte fest: »*Die Kirche in der Mitte der Anlage fasziniert durch ihre unkonventionelle, neue Gestaltung. Sie wird bestimmt durch die Ausrichtung der Gemeinde quer zur Längsachse des »schiffsförmigen« Raumgrundrisses und seiner beiden Zugänge an der Bug- und Heckseite. Der introvertierte Kirchenraum als Spange zwischen zwei Straßen bildet ein überraschendes Raumerlebnis.*«

Der Architekt Heinz Bienefeld hatte stets einen ungewöhnlich hohen Anspruch an Architektur, er suchte zeitlebens nach dem vollendeten Kunstwerk

Der massive Turm bezeichnet die Kirche in Blumberg.

und formulierte dies so: »*Architekturräume sollen doch letztendlich Spiegelbild der Unendlichkeit sein.*« Jedes Detail eines Projektes wurde von ihm mehrmals gezeichnet, genau festgelegt und häufig auch ganz

Ein Lichtzelt beleuchtet das Zentrum des Raumes.

neu erfunden. Nichts blieb dem Zufall überlassen. Die realisierten Projekte überzeugen so durch die ausgeklügelte Harmonie der Räume und des Materials.

Die Planungsarbeiten für Sankt Katharina zogen sich nach dem Wettbewerbssieg in die Länge, 1995 starb Heinz Bienefeld. Sein Sohn Nikolaus übernahm die weitere Ausarbeitung der Pläne in enger Zusammenarbeit mit dem Pfarrer von Sankt Marien, Monsignore Wilhelm Höhner. Im Dezember 2001 konnte endlich der Grundstein gelegt werden. Zwei Jahre später, kurz vor Weihnachten 2003, wurde die neue Kirche geweiht.

Der gesamte Komplex des Gemeindezentrums umfasst Kirche, Kindergarten, Pfarrbüro und Dienstwohnungen, Pfarrheim mit großem Pfarrsaal sowie Mietwohnungen und zwei Arztpraxen. Die 60 Meter lange Kirche zieht sich wie ein großer Schiffsrumpf quer durch die Anlage, an den Schmalseiten laden hohe Portale zum Eintreten ein. Während der Eingang im Westen durch den hohen Glockenturm betont wird, schiebt sich das andere Schiffsende durch den angeschlossenen Bauriegel mit Wohnungen und Pfarrheim hindurch bis zur Straße. Südlich der Kirche schließen sich die Räume des Pfarrzentrums mit dem Pfarrsaal an. Nördlich liegen der Kindergarten und der Wohnriegel mit Arztpraxen, beide umschließen gemeinsam mit der Kirche einen für Bienefelds Bauten typischen Innenhof.

Mit Ausnahme der Kirche sind alle Bauten aus unregelmäßig gebrannten Backsteinen errichtet, deren grobe Lagerseite auf Wunsch des Architekten nach außen gewandt ist. So entsteht eine lebendige, warme Oberfläche. Die zwei Wandschalen der Kirche sind aus zwölf horizontalen Streifen verschiedenfarbigen Betons gegossen. Die Farbigkeit entstand durch Zugabe unterschiedlicher Natursteinsorten, die aufgeraute Oberfläche durch aufwändiges Abstemmen.

Der Kirchenbesucher öffnet die hohen Türen und geht über breite Stufen hinunter in den 1 1/2 Meter tiefer liegenden, lang gestreckten Kirchenraum. Der Raum hat den Grundriss eines schmalen Schiffes oder eines lang gestreckten Samenkorns, die südliche Wandschale wölbt sich jedoch weiter nach außen vor. Die Gemeindebänke sind entgegen der Raumrichtung in einem weiten Bogen um den mittig vor der nördlichen Wand stehenden Altar gruppiert. Diese Wand besitzt in der Mitte – hinter dem Altar – eine kleine bis zur Decke hinaufreichende, oben verglaste Nische. Eine abgestufte Betondecke schließt den Raum nach oben ab, in ihrer Mitte öffnet sich ein quadratisches »Lichtzelt«, dessen umlaufendes klares Glasband von oben Licht auf Altar und Gemeinde fallen lässt.

Der in dieser Form unerwartete, tief liegende lang gestreckte Raum bewirkt beim Besucher einen nachhaltigen Eindruck, der die Sinne öffnet und für neue Eindrücke schärft. So kann Architektur über sich selbst hinausweisen und erfüllt vielleicht ein Stück die oben zitierte Forderung Bienefelds an Architektur, Spiegelbild der Unendlichkeit zu sein.

In die 1,20 Meter dicken Mauern sind nur zwei Fenster eingelassen, deren Verglasung Dieter Hartmann schuf: rechts vom Altar das Dreifaltigkeitsfenster in einer siebenfach abgetreppten Rahmung und über den hohen Türen des Beichtraumes ein Fenster zum Thema Sünde und Erlösung.

Altar, Ambo und der ungewöhnliche Tabernakel aus Moniereisengittern wurden nach Entwürfen von Nikolaus Bienefeld geschaffen. Die weiße Marmorskulptur der Katharina von Siena am Westportal ist ein Werk Elisabeth Pergers aus Kerpen.

Die Orgel mit 15 Registern stammt von der Firma Weimbs in Hellenthal/Eifel.

Vom Osteingang gelangt man über eine steile Treppe in die dem heiligen Petrus gewidmete Krypta. Die Decke wird von vier dicken Säulen getragen, der Altar – ebenfalls ein Entwurf Nikolaus Bienefelds – besteht aus cirka 500 aufeinander gelegten, von zahlreichen Menschen gestifteten Bleiplatten. Durch die Schwere der Bleiplatten soll symbolisch dem Glauben Gewicht verliehen werden.

Die Kirche konnte dank des enormen Engagements zahlreicher Menschen realisiert werden. Man wünscht ihr noch mehr Stifter, damit weitere künstlerisch hochwertige und zur überzeugenden raumgewaltigen Architektursprache passende Ausstattungsstücke angeschafft werden können. *M.S.*

Die Gemeindebänke umschließen Altar und Ambo im Halbkreis.

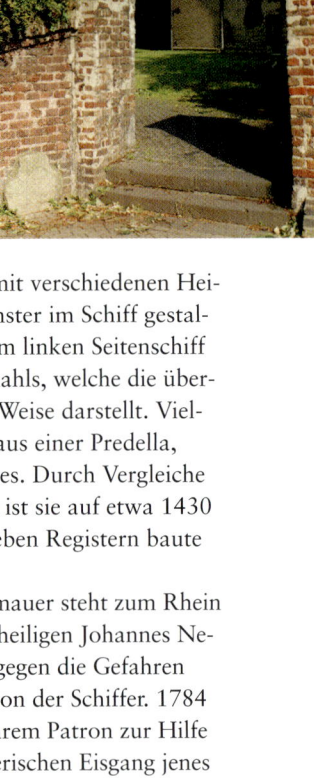

Alt Sankt Katharina ist bis heute von der alten Kirchhofsmauer umgeben.

Alt/Neu Sankt Katharina

Alt/Neu Sankt Katharina

Niehl

Halfengasse 27/Sebastianstraße 126
50735 Köln

☏ 0221-713182
www.kirche-koeln-niehl.de

• Karte 2, e3
Ⓗ Merkenicher Straße
Linie 134

Dort, wo die Niehler Straße, eine alte Römerstraße, welche schnurgerade vom Eigelsteintor nach Norden verläuft, auf den Rhein trifft, steht die kleine romanische Kirche Alt Sankt Katharina. Bis heute ist sie ganz idyllisch vom alten Kirchhof umgeben. Lange Jahrhunderte war diese 1236 erstmals genannte Kirche die einzige Pfarrkirche für das Gebiet von Nippes bis Niehl. Der »Niehler Kirchweg« erinnert bis heute an die weiten Wege, die die Gläubigen damals zurücklegen mussten. Aufgrund dieser traditionsreichen Geschichte nennen die Einheimischen ihre alte Pfarrkirche liebevoll »Niehler Dömchen«.

Die Kirche wurde im 12. Jahrhundert als dreischiffige Basilika mit Westturm errichtet. Mitte des 13. Jahrhunderts hat man den Chor gotisch erneuert und das südliche Seitenschiff abgerissen, um 1400 das Mittelschiff eingewölbt. Das nördliche Seitenschiff entstand 1894 bei einer Restaurierung neu auf seinen alten Fundamenten.

Der Innenraum wirkt mit den nachträglich eingefügten Rippengewölben und den Maßwerkfenstern im Chor sehr viel eleganter, als man es von außen erwarten würde. Einige der alten Ausstattungsstücke sind in die später errichtete neue Pfarrkirche übertragen worden, viele Details berichten jedoch bis heute von der langen Geschichte dieser Kirche. Hinter dem Altar befindet sich eine so genannte Piscina, ein Ausgussbecken für das während der Liturgie benutzte Wasser. Seitlich vom Altar ist eine aufwändige Maßwerknische erhalten. Die hölzerne Kanzel trägt ein Bild der heiligen Katharina und die Jahreszahl 1622. Ob die auf dem Schalldeckel abgebildete Heilig-Geist-Taube den Prediger immer erleuchtet hat, ist nicht überliefert. Die seitlich des Altars stehende gekrönte Madonna stammt aus dem 16. Jahrhundert. Vincenz Pieper entwarf 1978 die Chorfenster mit verschiedenen Heiligendarstellungen, die zwei Fenster im Schiff gestaltete Dieter Hartmann (1988). Im linken Seitenschiff steht eine Skulptur des Abendmahls, welche die überlieferte Szene auf anschauliche Weise darstellt. Vielleicht stammt sie ursprünglich aus einer Predella, dem Unterbau eines Flügelaltares. Durch Vergleiche mit anderen Kölner Skulpturen ist sie auf etwa 1430 datiert. Die kleine Orgel mit sieben Registern baute die Firma Weyland 1982.

Außen auf der Kirchhofsmauer steht zum Rhein gewandt die barocke Figur des heiligen Johannes Nepomuk (1747), der Beschützer gegen die Gefahren des Wassers und der Schutzpatron der Schiffer. 1784 mussten zwei Niehler Fischer ihrem Patron zur Hilfe eilen, als die Figur vom zerstörerischen Eisgang jenes Jahres weggerissen wurde.

Weil die alte Niehler Kirche zu klein geworden war, errichtete man 1892 nach Plänen von Theodor Kremer etwas weiter südlich die neue Pfarrkirche, die das Katharinen-Patrozinium übernahm. Es entstand eine großzügige, neuromanische Backsteinbasilika mit dreischiffigem Langhaus, Querhaus, halbrunder Apsis und westlichem Turm. Bereits 1892 wurde der Hochaltar der neuen Kirche bei Bildhauer Mengelberg in Auftrag gegeben und 1906 eine mächtige Kanzel aufgestellt. Die Ausmalung musste aus finanziellen Gründen bis 1913 warten, dann stattete Joseph Kannengießer aus Köln die Apsis mit einem figürlichen Programm aus und fasste den restlichen Raum in zurückhaltenden, die Architektur unterstreichenden Farben. Aufgrund der schweren Zerstörungen im Zweiten Weltkrieg und des modernisierenden Wiederaufbaus ist von dieser Ausstattung heute nichts mehr vorhanden.

1948 wurde Rudolf Schwarz beauftragt, einen Plan für Wiederaufbau und Neueinrichtung des Innenraumes zu erstellen. Seine bis heute erhaltene Gestaltung wollte der weiterentwickelten Liturgie Raum geben, und so wurde der neue Altar 1954 nicht mehr in der Apsis, sondern in der Vierung aufgestellt. Nun war das Umstehen des Altares von allen Seiten möglich, dies bedeutete einen wichtigen Schritt im liturgischen Verständnis auf dem Weg zum Zweiten Vatikanischen Konzil. Die gesamte Konzeption der neuen Innenraumgestaltung hat einen Abschnitt der Offenbarung zum Thema: die »Huldigung vor dem Throne Gottes« (Offb 4). Der Altar mit dem darauf stehenden

Die Gotik bestimmt heute den Innenraum der romanischen Kirche.

Die neue Kirche von Süden aus gesehen.

Detail des Altarkreuzes von Hein Wimmer.

Tabernakel (Hein Wimmer) bildet den Thron Gottes, an den vier Seiten des Altares befinden sich die in der Offenbarung beschriebenen vier geflügelten Wesen, die auch als Symbole der Evangelisten verstanden werden. Auf den Altarstufen sind 24 Kronen eingelassen, Sinnbilder für die 24 Ältesten der Offenbarung, die den Thron umstehen. Der Entwurf des Altares stammt von Anton Wendling (1949), der auch die Fenster und die darauf abgestimmte schlichte Farbgestaltung des Innenraumes gestaltete. 1958 konnte endlich auch das Altarkreuz finanziert werden (Hein Wimmer), das 1960 aufgehängt wurde.

Die Fenster der Apsis wurden beim Wiederaufbau geschlossen und 1952 die neue Orgel der Firma Seifert in zwei großen Flügeln mit frei stehenden Pfeifen zu beiden Seiten des Chores aufgebaut. In der Apsis entstanden große Bänke für den Kirchenchor.

Der acht eckige Taufstein (14. Jahrhundert) stammt aus dem Niehler Dömchen, der Fußboden um ihn herum ist wie eine Spirale des Lebens oder wie der Wasserstrudel einer Quelle gestaltet. Einige Skulpturen stammen ebenfalls aus Alt Sankt Katharina, zum Beispiel der heilige Sebastian aus dem 17. Jahrhundert, die Muttergottesfigur des 16. Jahrhunderts und das achtsitzige Chorgestühl des 16. Jahrhunderts.

M.S.

KIRCHE DER KATHOLISCHEN HOCHSCHULGEMEINDE

»Als sich 1964 die Möglichkeit ergab, im Erzbistum Köln für die Hochschulgemeinde an der Universität ein Studentenzentrum zu errichten, das nahezu 300 Studentinnen und Studenten aus vielen Völkern Wohnung bieten sollte, stand die Aufgabe eines kleinen, aber eindringlich verweisenden Kirchenbaues vor Augen«. Mit diesen Worten beschreibt Wilhelm Nyssen in einer 1983 erschienenen und dem Bildhauer Josef Rikus aus Paderborn gewidmeten Schrift die Zielsetzung beim Neubau einer Kirche für die katholische Hochschulgemeinde an der Universität zu Köln. 1968/69 wurde nach Entwürfen Rikus' und des Architekten Heinz Buchmann die Kirche der katholischen Hochschulgemeinde als Teil eines Studentenwohnheimes, der nach Johannes XXIII. benannten Papst-Johannes-Burse, in der Art einer begehbaren Beton-Freiplastik errichtet. Die zweigeschossige Anlage mit einer Krypta und einer Oberkirche soll drei ineinander verschränkte Bäume mit einem Geäst aus Betonscheiben darstellen. In der Mitte befindet sich der den Tabernakel bergende und in vier Stützen gespaltene Lebensbaum, dessen »Wurzeln« in die Krypta hinabreichen und auf diese Weise eine Verbindung zwischen dem oberen und dem unteren Raum herstellen. Der Altar der Krypta, die häufig von zeitgenössischen Künstlern für ihre Ausstellungen genutzt wird, wurde aus rotem Sandstein angefertigt. Der Fußboden der Unterkirche ist, wie der Boden außerhalb der Kirche, mit roten Backsteinen belegt, um zu verdeutlichen, dass es eine Verbindung gibt zwischen der Welt draußen und dem Inneren des Gotteshauses.

In der Oberkirche bildet der Tabernakel auf einer Stele aus Eichenholz das Zentrum des Raumes, während der aus schweren Eichenwürfeln zusammengesetzte Altar aus der Mitte des Raumes herausgerückt wie der Nebenaltar in einem Seitenschiff erscheint. Die Tabernakelstele, die Sedilien, der Ambo und der Altar sind Arbeiten von Josef Rikus. Aus dem Geäst

Nordansicht der Kirche.

Lindenthal

Berrenrather Straße 127
50937 Köln

☏ 0221-476920

• Karte 1, de8
Ⓗ Arnulfstraße
Linie 18

Der Innenraum.

Kruzifixus hinter dem Altar.

des zentralen Lebensbaumes ist das Dach entwickelt. Es besteht außen aus sich überschneidenden Betonscheiben, die dreidimensionale Kreuzmotive bilden, und im Innenraum aus frei hängenden, mit dem roten Ziegelfußboden kontrastierenden Betongewichten. Der Innenraum wird durch diese hängenden Wandscheiben mannigfach gegliedert. Ihnen kommt die Bedeutung einer palisadenartigen Begrenzung des Inneren zu. Zwischen den Wänden und dem Dach wird die Kirche durch Fensterscheiben aus farbigem Antikglas in tiefem Rot und Blau von Will Thonett belichtet.

Im Anschluss an die Kirche wurden Wohnheim und Gemeindezentrum aus roten Klinkern errichtet.

Es lässt sich feststellen, dass die Kirche die eingangs zitierte und in den Sechzigerjahren gestellte Aufgabe voll erfüllt hat. Sie bildet das kräftig schlagende Herz und zugleich den ruhenden Pol einer aktiven katholischen Hochschulgemeinde. *C.S.*

Klein Sankt Martin

Innenstadt

Pipinstraße
50667 Köln

☎ 0221-214615

• Karte 1, gh5
Ⓗ Heumarkt
Linien 1, 7, 8, 9

Unmittelbar an der Straßenbahn-Haltestelle »Heumarkt«, zwischen Pipin- und Augustinerstraße, erhebt sich ein äußerst wehrhaft anmutender, viereckiger Turm. Er gehört zu der nicht mehr existierenden spätgotischen Kirche Klein Sankt Martin, die erstmals um 1140 erwähnt wurde. Sie war als Pfarrkirche der berühmten ehemaligen Stiftskirche Sankt Maria im Kapitol zugeordnet. Bald nach 1150 entstand ein Neubau, der 1358 erweitert und 1460 bis 1486 mit einem neuen Westturm versehen wurde, der deutlich romanische Formen wie Rundbogenfries, Lisenen und rundbogige Zwillingsfenster aufwies. 1489 erfolgte die Einwölbung der fünfschiffigen Hallenkirche. Mit der Säkularisation 1802 wurden die Gottesdienste der Pfarrgemeinde in die frühere Stiftskirche Sankt Maria im Kapitol verlegt, Klein Sankt Martin geschlossen und das Gotteshaus im Jahre 1824 zunächst versteigert und anschließend bis auf den Turm abgerissen. Dieser beherbergte bereits seit 1637 die Glocken der Stiftskirche, deren eigener Glockenturm eingestürzt war. Das heute unter dem Straßenniveau liegende Erdgeschoss des von Bauten der Fünfziger- und Sechzigerjahre umgebenen Turmes, der im Zweiten Weltkrieg ausbrannte, ist seit 1954 eine Andachtskapelle, die von dem Architekten Wilhelm Hartmann gestaltet wurde. Die Steinskulptur der Mutter Gottes in dieser stillen Gebetsstätte entstand um 1440 bis 1450 und wird dem Umkreis des Architekten und Bildhauers Konrad Kuyn zugeordnet. Das Turmportal auf der Nordseite stammt von Herbert Calleen (1963), der 1954 auch den Tabernakel schuf. Das Pyramidendach der Nachkriegszeit wird von einer Wetterfahne des Bildhauers Elmar Hillebrand aus dem Jahre 1953 bekrönt. Diese stellt den mantelteilenden heiligen Martin von Tours dar. Der Turm wird heute als »Kinderkirche« genutzt, das heißt es werden dort Gottesdienste mit Kindern gefeiert. *C.S.*

Die Wetterfahne von Elmar Hillebrand.

Der Turm von Klein Sankt Martin.

Sankt Kolumba

1945: Der Krieg hatte Köln fast gänzlich ausgelöscht. Zeichen der Hoffnung waren selten und dennoch gab es sie. Am nördlichen Chorbogenpfeiler der völlig zerstörten Pfarrkirche Sankt Kolumba hatte inmitten der Trümmer eine Marienstatue wie durch ein Wunder das Inferno überstanden.

Die Marienstatue inmitten der Trümmerwüste von 1945.

Die Kirche, die damals nur noch ein Schutthaufen war, hatte einst den führenden Rang unter den Kölner Stadtpfarreien eingenommen und stand inmitten eines dichtbevölkerten städtischen Bezirks. In ihr befanden sich die Grablegen von 40 Bürgermeistern, und die 1388 gegründete Kölner Universität nutzte sie für ihre Gottesdienste. Seit dem achten Jahrhundert hatte das Gotteshaus viele Vorgängerbauten gehabt. Eine einschiffige Kirche des neunten Jahrhunderts wurde mehrfach erweitert und im 15. und 16. Jahrhundert schließlich zu einer fünfschiffigen Emporenbasilika ausgebaut. Im 17. Jahrhundert wölbte man den Chor und gestaltete das Innere im Stil des Barock um. Das 19. Jahrhundert brachte verschiedene Restaurierungsmaßnahmen, deren Ergebnisse dann durch den Zweiten Weltkrieg zunichte gemacht wurden. Von der Kirche mit ihrer vormals reichen Ausstattung überstanden nur ein Teil der Umfassungsmauern und eben die berühmte »Trümmermadonna« den Bombenhagel. Dem letzten Pfarrer von Sankt Kolumba, Joseph Geller, war es daher ein Anliegen, an Ort und Stelle eine neue Gebetsstätte einzurichten, die in der Tradition der untergegangenen Pfarrkirche stand. Nach Plänen von Gottfried Böhm errichtete man bis 1950 zu Ehren der »Trümmermadonna« eine achteckige, zeltartige, eingeschossige Marienkapelle, die 1956/57 um eine quadratische Sakramentskapelle erweitert wurde. Rechts neben dem Eingang sitzt auf einer Pfeilervorlage ein bedrohlich wirkender Bär mit einer hockende Frau. Beide wurden von Gottfried Böhm geschaffen und erinnern an die Legende der 274 n. Chr. ermordeten heiligen Kolumba von Sens, einer jungfräulichen Märtyrerin, die ein Bär vor Vergewaltigung bewahrte. Durch den Eingang betritt man den Turmstumpf, der zur Gestaltung der Eingangshalle verwendet wurde. Der Fußboden dieses Raumes ist ein aus Resten der alten Kirche gestaltetes Mosaik. In die Halle fällt das gedämpfte Tageslicht durch das bereits 1911 von Jan Thorn-Prikker entworfene runde Heilig-Geist-Fenster mit der Taube im Mittelpunkt und durch das Katharina-von-Siena-Fenster von Georg Meistermann aus der frühen Nachkriegszeit. Im Osten liegt die achteckige Marienkapelle, deren Wände fast vollständig in von Ludwig Gies geschaffene farbige Fenster zwischen schmalen Betonrippen aufgelöst sind. Die dargestellten Engel wenden sich huldigend der auf einer Konsole unter einem Baldachin stehenden »Trümmermadonna« an der Ostwand zu. Die Marienfigur ist eine niederrheinisch-kölnische Arbeit aus der Zeit zwischen 1460 und 1480. In der Raummitte erhebt sich der Altar auf einer aus drei Stufen gebildeten Insel. Im Chorbogen steht auf einer Konsole, unterhalb derer Fische ihre Köpfe nach oben recken, die 1942/43 oder nach anderen Quellen bereits 1937 (Kier, H.: Köln, Kunstführer, Stuttgart 1980, S. 62) von Ewald Mataré geschaffene, Askese ausstrahlende Statuette des heiligen Antonius von Padua bei der Fischpredigt. Sie blieb nur deshalb erhalten, da sie vor der schweren Zerstörung der Kirche 1943 noch nicht aufgestellt war. Die Pietà an der gegenüberliegenden Wand ist eine Arbeit aus der Mitte des 15. Jahrhunderts. Joseph Höntgesberg gestaltete 1969 die Bronze-Figur des heiligen Judas Thaddäus. Der Apostel trägt Evangelienbuch und die Keule, mit der er erschlagen wurde.

Blick in die Kapelle.

Die höhlenartige, dämmrige Sakramentskapelle ist eine ständige Einladung zum stillen Gebet. Der fensterlose Raum, der nur sehr wenig Licht durch ein Steingitter mit kleinen Onyxscheiben und die Bogenöffnungen des Turmgeschosses erhält, steht in Kontrast zur lichtdurchfluteten Marienkapelle und wird von dem von Elisabeth Treskow geschaffenen Tabernakel auf dem Sakramentsaltar beherrscht. Diesen umstehen vier der Betondecke entgegenstrebende Lichterbäumen aus Marmor, die an den Baum des

Innenstadt

Tunisstraße 4
50667 Köln

☏ 0221-209030

• Karte 1, g5
Ⓗ Appellhofplatz
Linien 3, 4, 5, 16, 17, 18, 19

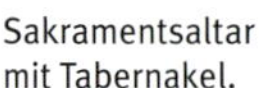

Sakramentsaltar mit Tabernakel.

Todes, also an das verlorene Paradies und an den Baum des Lebens, das Kreuz Christi, erinnern. Hinter dem Altar bilden Wandreliefs von Rudolf Peer den Kreuzweg, der als moderne Klagemauer gestaltet ist. An dem Wandpfeiler rechts neben dem Altar steht auf einer Konsole eine um 1500 entstandene als »Anna Selbdritt« bezeichnete Figurengruppe, bestehend aus Maria, ihrer Mutter Anna und dem Jesuskind. An der Nordwand der Sakramentskapelle hat die Orgel der Firma Peter 1984 ihren Platz auf einer Empore über den Beichtstühlen gefunden. Das Instrument hat zwar nur neun Register, die aber dem intimen Raum angemessen sind.

Einige Ausstattungsstücke der alten Kolumba-Kirche existieren noch, doch wurden sie zumeist auf andere Kölner Kirchen verteilt. Der barocke Hochaltar etwa stand jahrzehntelang in Sankt Gereon und zog 2001 in die Ursulinenkirche um.

In jüngster Zeit hat man damit begonnen, die noch erhaltenen Mauern der alten Kirche sowie die Kapelle Böhms in den Neubau für das Erzbischöfliche Diözesanmuseum zu integrieren. *C.S.*

Sankt Konrad

Vogelsang

Vogelsanger Markt 6
50829 Köln

☎ 0221-582381

• Karte 2, c5
Ⓗ Vogelsanger Markt
Linien 141, 143

Eine Arbeitsbeschaffungsmaßnahme der Regierung unter Heinrich Brüning führte 1931 zum Bau der Siedlung Vogelsang. Sie hat bis heute viel von ihrem schlicht konservativen, der Heimatarchitektur der Dreißigerjahre verpflichteten Charme erhalten. Ganz besonders am Marktplatz scheint die Zeit im positiven Sinne stehen geblieben zu sein: Kirche, Gasthaus und Schule bilden auch heute noch den Ortsmittelpunkt.

Sankt Konrad entstand 1936 nach Plänen von Hans Peter Fischer, der wenige Jahre zuvor in Bickendorf die Kirche Sankt Dreikönigen (1928) gebaut hatte. Vergleicht man beide Gotteshäuser samt der zugehörigen Siedlungen, wird die traditionell-konservative Ausrichtung von Vogelsang deutlich.

Die Kirche ist eine Saalkirche mit massivem viereckigem Glockenturm neben dem Chor. Von außen mit weißem, grobem Kellenputz versehen, zeigt sie im Inneren den warmen Rotton des Backsteins. Der einladende, ruhige Innenraum besitzt einen offenen hölzernen Dachstuhl, dessen kräftige Querbalken mit Versen aus dem Loblied der Jünglinge im Feuerofen (Dan 3,51-90) geschmückt sind. Die nördlichen Fenster illustrieren diese Textstellen, während die südlichen Fenster die sieben Sakramente darstellen: Taufe, Firmung, Eucharistie, Buße, Krankensalbung, Priesterweihe und Ehe. Das runde Westfenster zeigt die drei Personen der Dreifaltigkeit, um die sich viele Weinreben ranken, wobei die Weinreben Symbol für die Gläubigen sind (Joh 15,1-8).

Unter der Orgelempore steht die von Toni Zenz 1939 geschaffene Holzskulptur des heiligen Konrad von Parzham. Dieser Heilige, dem die Kirche geweiht wurde, war erst kurz zuvor, 1934, heilig gesprochen worden. Von dem Kölner Künstler Toni Zenz stammen auch die Pietà und das Kruzifix. Der neuere Tabernakel erinnert an die Speisung der 4000, die auch schon in der frühchristlichen Kunst häufig als Verweis auf das Abendmahl dargestellt wurde. Schließlich befinden sich im Kirchenschiff noch zwei barockisierende Figuren von Maria und Paulus. *M.S.*

Der Innenraum von Sankt Konrad strahlt viel Wärme aus.

Krieler Dömchen (Alt Sankt Stephan)

Das »Krieler Dömchen« in Köln-Lindenthal, eine der kleinen romanischen Kirchen Kölns, hat bis heute den Charakter einer Kirche auf dem flachen Land bewahrt. Der Kunsthistoriker und frühere Kölner Stadtkonservator Fried Mühlberg schrieb dazu im Jahre 1959: »*Gegen das Vordringen der modernen Bebauung verteidigt das Kirchlein seinen bescheidenen Lebensraum, der ihm mit seinem Friedhof geblieben ist.*« Das einfache, unverputzte Äußere wie auch das bescheidene aber nicht enge Innere beeindrucken durch ausgewogene Proportionen. Als Pfarrkirche 1224 erstmals bezeugt, war das »Dömchen« zuvor Eigenkirche auf dem Hofgut Kriel des Stiftes Sankt Gereon. Sie gilt als ein für Landkirchen typischer Gemengebau, der Spuren einer großen Anzahl von Bauperioden und -materialien aufweist. Diese Spuren sind, wie es der Kölner Kunsthistoriker und Architekt Günther Binding formuliert, »*sichtbare Urkunden für die Bauforschung*«.

Die Kirche wurde in mehreren Bauphasen errichtet, die durch unterschiedliches Mauerwerk, Fluchtverschiebungen, Baufugen und einige weniger gestaltete Formen bestimmbar sind: Zunächst entstand um das Jahr 900 eine Saalkirche aus Grauwacke, Feldsteinen, Sandstein, Tuff und sogar römischen Ziegeln in Zweitverwendung (Spolien). Im 10. oder 11. Jahrhundert wurde dem Saal ein eingezogener Rechteckchor angefügt. Anschließend stockte man das Mittelschiff auf, das mit rundbogigen Fenstern in den Langwänden und kleinen Kreisfenstern in den Zwickeln über dem Chorbogen versehen wurde. Dem Chor wurde eine Apsis angefügt und ein Westturm auf quadratischem Grundriss errichtet, der im 18. Jahrhundert seine Glockenstube wieder verlor und heute von einem Pyramidendach bekrönt wird. Im Westturm befindet sich eine durch Halbrundbogen zum Saal geöffnete Empore über einer Halle mit Kreuzgratgewölbe.
Im zweiten Viertel des 13. Jahrhunderts oder gegen Mitte des 13. Jahrhunderts kam ein nördliches Seitenschiff und im Süden eine hölzerne, wahrscheinlich als Gerichtsraum genutzte Halle des im 15. Jahrhunderts dorthin verlegten Hofgerichts hinzu, von der noch die Kragsteine sichtbar sind. Noch im gleichen Jahrhundert wurde die Aufhöhung und Einwölbung des Chores vorgenommen. Im 18. Jahrhundert erweiterte man die Kirche um eine Sakristei, bei deren Bau ältere Teile Verwendung fanden. Anfang des 20. Jahrhunderts zog man im Zuge einer Restaurierungsmaßnahme die noch heute existierende flache Holzbalkendecke des Hauptschiffs ein. In den Jahrzehnten vor dem Zweiten Weltkrieg wurde häufig renoviert: ein sichtbares Zeichen für die Wertschätzung des Bauwerks. Im Jahre 1944 vernichteten Bomben das östliche Drittel des Nordseitenschiffes und die Sakristei. Dabei wurde auch die nördliche Chorwand aufgerissen. Alle Schäden aber konnten binnen kürzester Frist behoben werden. Nach dem Zweiten Weltkrieg erfolgte eine Erweiterung der Sakristei und eine Neugestaltung des Chores. Die jüngste Erneuerung beseitigte 1992 in erster Linie durch Bodenfeuchtigkeit bedingte Verwitterungsschäden.

Das Krieler Dömchen von Südwesten.

Zu den alten Ausstattungsstücken gehört der Taufstein mit seinem Hufeisenbogenfries aus der zweiten Hälfte des 12. Jahrhunderts, eine Anna Selbdritt, also eine Gruppe bestehend aus der heiligen Anna, Maria und dem Jesuskind aus dem späten 15. Jahrhundert, eine Figur des heiligen Michael, die wahrscheinlich aus dem 15. Jahrhundert stammt, eine Statue der heiligen Katharina und eine Madonna mit Kind aus dem 18. Jahrhundert. Drei karolingische Memoriensteine, die in den Gründungsbau der Kirche eingefügt wurden, erinnern an den Friedhof einer beim Normannensturm von 881/82 zerstörten hölzernen Kirche vermutlich im Umfeld des Stifts Sankt Gereon. Nach einer

Anna Selbdritt.

Lindenthal

Suitbert-Heimbach-Platz 9
50935 Köln

☎ 0221-432452

• Karte 1, b8
Ⓗ Freiligrathstraße
Linie 146

Blick in den Chor

Legende soll der spätere Kölner Erzbischof Hildebold an ihr als Pfarrer gewirkt haben. In der Kirche soll Hildebold Kaiser Karl dem Großen begegnet sein, der damals nach Köln gekommen war, um den Streit um die Nachfolge des Kölner Bischofs zu schlichten. Nach einer Messe in jener Kirche wollte Karl dem Geistlichen ein Goldstück überreichen. Dieser lehnte jedoch entrüstet ab, da er Karl wegen seiner einfachen Kleidung für einen armen Jäger hielt, von dem er als Geistlicher unmöglich Geld annehmen konnte. Hildebold wünschte sich stattdessen die Haut eines bei der Jagd erlegten Tieres, um damit sein Messbuch neu überziehen zu können. Diese Bescheidenheit und die Klugheit des Priesters beeindruckten Karl so sehr, dass er ihn im Jahre 787 auf den Kölner Bischofsstuhl erhob. Er wurde nur kurze Zeit später von Karl in den Rang eines Erzbischofs erhoben und blieb dem Kaiser als treuer Freund verbunden.

Im Jahre 1887 wurde der Pfarrgottesdienst eingestellt; kurz zuvor hatte man in der Bachemer Straße eine neue Stephanskirche errichtet. Heute ist das »Krieler Dömchen« Nebenkirche der benachbarten Albertus-Magnus-Pfarrkirche und wird wegen seiner Intimität gerne für Hochzeiten und Taufen genutzt. *C.S.*

Sankt Kunibert

Innenstadt

Kunibertsklostergasse 2
50668 Köln

☏ 0221-121214

• Karte 1, h3
Ⓗ Breslauer Platz
Linien 5, 16, 17, 18, 19

Wer Sankt Kunibert betrachtet, hat späteste Spätromanik vor Augen, denn die Kirche wurde 1247, also ein Jahr vor Beginn der Arbeiten am gotischen Dom, als letzte der großen romanischen Kirchen Kölns geweiht.

Die ehemalige, 866 erstmals erwähnte Herrenstiftskirche am Rheinufer geht wahrscheinlich auf ein vorchristliches Brunnenheiligtum zurück, dessen Spuren man noch heute in der Krypta der Ostapsis unter dem Namen »Kunibertspütz« findet. In Köln kommen – so sagt man – die Kinder aus diesem Brunnen. Im 7. Jahrhundert gründete der Kölner Erzbischof Kunibert an dieser Stelle eine dem Wasserheiligen Clemens geweihte Kirche, die er als Grablege wählte. Mit der Erhebung der Gebeine Kuniberts vor dem Jahre 1168 wurde das Clemens-Patrozinium dann zunehmend verdrängt. Ende des 7. Jahrhunderts gelangten die Leiber zweier ermordeter angelsächsischer Missionare, die wegen ihrer Haarfarbe als der weiße und der schwarze Ewald bezeichnet werden, in die Kirche.

Sankt Kunibert in seiner heutigen Gestalt wurde in mehreren Abschnitten ab 1200 errichtet. 1222 war die Ostapsis vollendet und 1247 wurde der Gesamtbau geweiht, auch wenn sich der Ausbau des westlichen Querschiffs mit dem darüber liegenden Turm noch bis 1261 hinzog. Der Südflügel des Westbaues diente als Ort des Pfarrgottesdienstes, wohingegen die östlichen Teile den Stiftsherren vorbehalten waren. Die dreischiffige Gewölbebasilika überstand die Jahrhunderte relativ unverändert bis auf mehrere Einstürze des für den Unterbau zu schweren Westturmes 1376 und im Jahr 1830. Der Turm wurde dann bis 1860 als freie Wiederholung des Vorzustandes durch Johann Peter Weyer wiederhergestellt. Im 19. Jahrhundert setzte Heinrich Nagelschmidt Sankt Kunibert instand, wobei die Kirche eine neue Innenausmalung erhielt. Im Zweiten Weltkrieg wurde insbesondere das Westquerschiff mit seinem Turm stark zerstört, während die östlichen Türme nur leichtere Schäden davontrugen. Das sechsteilige Gewölbe des mittleren Langhausjoches war das einzige seiner Art in Köln, das den Bomben standgehalten hatte. Bis 1956 wurden durch Karl Band, der bereits 1933/34 Restaurierungsmaßnahmen durchgeführt hatte, zunächst Chor und Langhaus wieder nutzbar gemacht. Die Osttürme erhielten anstelle der spitzen hohen Helme Pyramidendächer. Im Westen erhob sich vom Langhaus durch eine Wand getrennt bis in die Achzigerjahre des 20. Jahrhunderts hinein die Ruine des westlichen Querschiffs, das nach einigen Kontroversen, zwischen 1981 und 1993 mit dem

Ostansicht der Kirche.

nunmehr von einem Knickhelm bekrönten Turm unter der Leitung von Otmar Schwab, Leo Hugot und Herbert Queck wiedererstand.

Die nahe dem Rheinufer gelegene Kirche wendet dem Strom ihren reich gegliederten Chor als Schauseite zu, wobei die Apsis nicht zwischen die beiden Osttürme eingespannt ist, sondern die Hälfte der Turmgliederung überschneidet. An den Chor schließt sich nach Westen der kaum betonte, nur wenig über die Mauerfläche des Langhauses hinausragende Ostquerbau, das Langhaus und schließlich der erneuerte Westquerbau mit dem Turm an.

Der Innenraum unter gleichmäßigen Gewölben wirkt einheitlich, dabei aber nicht eintönig. Im Langhaus wechseln sich beispielsweise Rechteckpfeiler mit solchen ab, die mit einer Wandvorlage versehen und dadurch hervorgehoben sind. Die Gewölbegurte und -rippen sind spitzbogig und zeigen damit bereits den Einfluss der Gotik auf einzelne architektonische Formen.

Berühmt ist die Kirche vor allem für den ältesten an Ort und Stelle erhaltenen Glasfensterzyklus des Rheinlandes. Die fünf großen Fenster im Obergeschoss der Apsis stammen aus den Jahren 1220 bis 1230. Die Fenster zeigen von links nach rechts die Clemenslegende, die Wurzel Jesse und die Kunibertslegende. Die intensive Farbigkeit der Fenster fand ihre Entsprechung in der Farbigkeit der mittelalterlichen Architektur. Einen Eindruck davon vermitteln Wandmalereien aus der Zeit zwischen 1220 und 1260, die sich in der nördlichen Chornischen erhalten haben. Dargestellt ist die Kreuzigung mit Johannes, Maria, Ecclesia und Synagoge. Eine weitere gemalte Kreuzigungsdarstellung befindet sich in einer Nische des südlichen Ostquerbaus, die heute als Taufkapelle genutzt wird. Die Gewänder der Maria und des Johannes wirken hier kantig, weshalb man bei dieser Art der Malerei auch vom Zackenstil spricht.

Wandmalerei in der Taufkapelle.

Blick in den Chor.

Ein Glanzstück der Ausstattung ist die steinerne Verkündigungsgruppe mit Maria am linken und dem Erzengel Gabriel am rechten Vierungspfeiler, eine Arbeit des Dombaumeisters Konrad Kuyn von 1439. Um 1500 entstanden die Statuen der Maria und des heiligen Quirinus von Neuss, so wie der Bronzeleuchter mit dem Kruzifix. Arbeiten des 19. Jahrhunderts sind der Kunibert- und der Ewaldischrein, die links und rechts des Hochaltares stehen. Das Triptychon des Hauptaltares, ein um 1465 entstandenes dem Meister der Georgslegende zugeschriebenes Werk, ist inzwischen nach fast 200 Jahren in die Kirche zurückgekehrt. Ebenfalls wieder aufgestellt wurden die spätgotischen Reliefs der Kreuzigung und der Grablegung des Kölner Meisters Tilman vom ehemaligen Jakobusaltar (um 1500). Sie befinden sich heute im südlichen Westquerhaus.

Im 20. Jahrhundert kamen viele Ausstattungsstücke hinzu. Von Elmar Hillebrand stammen der Kreuzweg (1959/60), die Holz-Portale (1955) und die Gitterplatte über dem »Kunibertspütz« (1955). Hans Heider malte die Kirche 1951 bis 1956 so aus, dass die einzelnen Architekturelemente betont werden. Toni Zenz schuf für den wiederhergestellten Westeingang ein das Weltgericht darstellendes Tympanon.

Die Orgel mit 42 Registern zwischen den westlichen Arkaden des Langhauses wurde 1993 von der Firma Kuhn gebaut. *C.S.*

Die neugotische Laurentiuskirche in Ensen.

Sankt Laurentius

Sankt Laurentius

Ensen

Kölner Straße 115
51149 Köln

☏ 02203-15883
www.porzer-rheinkirchen.de

• Karte 2, f7
Ⓗ Ensen, Gilgaustraße
Linien 7

Die Kirche Sankt Laurentius wurde von 1894 bis 1896 als neugotische Stufenhalle mit eingezogenem Chor und einem 56 Meter hohen Vierkantturm im Westen nach Plänen des Architekten Theodor Kremer errichtet. Der Neubau von 1894 bis 1896 übernahm die Funktion der alten Laurentiuskirche vom Beginn des 18. Jahrhunderts die in zunehmenden Maße verfiel und schließlich 1913/14 abgetragen wurde. Im Zweiten Weltkrieg stark zerstört – es standen nur noch die Außenmauern – wurde Sankt Laurentius bis 1951 soweit wiederhergestellt, dass man darin Gottesdienst feiern konnte. Wiederholt mussten Erneuerungsarbeiten durchgeführt werden: 1965 wurde der Turm saniert und 1984/85 der Gesamtbau. 1999/2000 erfolgte eine weitere Komplettsanierung der Pfarrkirche zur Substanzerhaltung, bei der der Kirchenraum farblich neu gefasst wurde.

Die alte Ausstattung war im Krieg vollständig vernichtet worden. Ein neuer Altar kam 1965, der Ambo 1967 und der Tabernakel 1976 in die Kirche. Geschaffen hat diese Werke der Bildhauer Sepp Hürten, der auch das Altarkreuz anfertigte (1979/80).

Zurzeit stehen in der Kirche Figuren des Pfarrpatrons und der Maria. Erst seit 1989 besitzt Sankt Laurentius wieder einen Kreuzweg; 14 Holzschnitte von Jochem Pechau, die in scharfen schwarz/weiß-Konturen die einzelnen Stationen des Leidens Christi in unsere heutige Zeit verlegen. Die Fenster der Kirche wurden nach Entwürfen von Paul Weigmann von den Firmen Franz Melchior (Köln), Derix (Düsseldorf) und Hein Derix (Kevelaer) angefertigt und in zwei Bauabschnitten eingebaut.

Die Orgel mit ihren 32 Registern besteht zum Teil aus Resten des im Mai 1909 angeschafften und im Krieg zerstörten Instruments, das aus der Werkstatt Seifert stammte. *C.S.*

Sankt Laurentius

Sankt Laurentius

Lindenthal

An Sankt Laurentius 1
50931 Köln

☏ 0221-427033

• Karte 1, d6
Ⓗ Hildegardis-Krankenhaus
Linien 136, 146

Mitten in Lindenthal, ganz in der Nähe der Universität, befindet sich die Kirche Sankt Laurentius. Sie wirkt von außen relativ unscheinbar, ihr Innenraum gehört jedoch zu den stimmigsten und bedeutendsten Räumen des modernen Kirchenbaus in Köln.

Die bereits 1924 gegründete Pfarrei Sankt Laurentius hielt lange Jahrzehnte ihre Gottesdienste in der Kapelle des Hildegardis-Krankenhauses ab, erst 1961 wurde die heutige Kirche mit Pfarrzentrum errichtet. Der beauftragte Architekt war Emil Steffan, seine künstlerische Handschrift ist deutlich ablesbar.

Die Kirche erscheint von der Straße als kompakter Backsteinkubus; seine ungegliederten Außenmauern sind allein durch die lebendige Oberflächenstruktur der Abbruchbacksteine belebt. Die Fenster umziehen den Bau als schmales Band unter dem Dach. Hoch oben hängt eine einzelne Glocke frei an der Wand, links schließen sich die niedrigeren Flachbauten des Atriums und des Pfarrhauses an. An der Straßenecke steht ein Wegekreuz, ein ehemaliges Grabkreuz vom Friedhof Melaten aus der Zeit um 1900. Der Weg in die Kirche führt zunächst durch das vorgelagerte Atrium, den Brunnenhof. Am Eingang zu diesem Innenhof ist rechts der Grundstein (Jochem Pechau 1961) sichtbar, der den Patron der Kirche, den heiligen Laurentius, bei seinem Martyrium auf dem Feuerrost darstellt. In einer weiteren, zur Straße gewandten Nische steht eine Christophorus-Skulptur aus Oberammergau (Heinzeller).

Der quadratische Brunnenhof besitzt einen überdachten Umgang und erinnert an die Atrien frühchristlicher Basiliken. Er schirmt die Kirche von der lauten Außenwelt ab, ermöglicht den Besuchern, sich vor dem Gottesdienst innerlich zu sammeln, zur Ruhe zu kommen. Nach dem Gottesdienst ist hier der Raum für Gespräche. Aber auch liturgische Handlungen wie die Palmweihe und das Entzünden des Osterfeuers haben dort ihren Platz. Im Zentrum liegt der Brunnen, von dem vier Rinnen in alle vier Himmelsrichtungen weisen, sie symbolisieren die Paradiesströme. Bei gutem Wetter plätschert hier das Wasser, bei Regen ergießt es sich aus den vier Wasserspeiern in den Hof. Das Wasser

Ursprünglich stand dieses Wegekreuz auf Melaten.

Blick in das Atrium.

ist Symbol des Lebens, es erinnert an die Taufe, den Eintritt ins Christenleben. Als Verweis auf das Leben befinden sich auch viele Tiere im Steinmosaik des Bodens.

Betritt man durch die Glastür den Kirchenraum, ist man zunächst verblüfft von seiner Einfachheit: ein klarer, ruhiger kubischer Raum auf quadratischem Grundriss. Auch hier bestehen die Wände aus Trümmersteinen, alles ist auf das Einfachste reduziert. Das Bodenniveau senkt sich leicht zum Altar, der auf einer Stufe erhöht und mittig vor einer Wand angeordnet ist. Seitlich, weiter in den Raum gerückt, steht der Ambo (Klaus Balke). Altar und Ambo sind von drei Seiten mit Gemeindebänken umgeben. Hier ist auf einfachste und gleichzeitig eindrücklichste Art die gemeinschaftliche Versammlung der Gemeinde durch die Architektur realisiert. Ungegliederte Wände umschließen die feiernde Gemeinde von allen Seiten, schließen sie um den Altar zusammen. Es gibt keine Richtung mehr, keine herausgehobenen Orte; der große, an mittelalterliche Vorbilder erinnernde Radleuchter (Karl Otto Lüfkens) betont die Mitte der versammelten Gemeinde. Der Raum wird nur durch diesen 24-flammigen Radleuchter und das unter der Decke umlaufende Fensterband belichtet.

Die gemeinsame gottesdienstliche Feier bildet das Zentrum des Kirchenraumes.

Seitlich hinter dem Altar steht der Tabernakel, er ist als Haus Gottes gestaltet und mit Weinranken umgeben (Klaus Balke). Durch das dahinter liegende kleine Fenster ist das im Fenstergitter stehende Ewige Licht auch nach außen sichtbar. Umgekehrt ist in der gegenüberliegenden Seite ein Fensterchen eingelassen, welches Passanten auch bei abgeschlossener Kirche einen Blick von außen, vom Atrium aus, auf den Tabernakel ermöglicht. In der rechts vom Altar liegenden Raumecke hängt das Glockenseil für die außen angebrachte Glocke, die elektrisch und per Hand

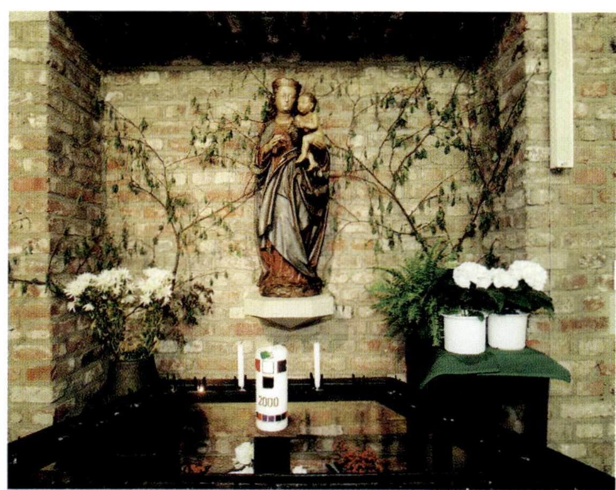

Der karge Innenraum bietet dennoch eine Nische für diese Madonna.

zu läuten ist. Hier kann der Küster das seit dem Mittelalter übliche Läuten zur Wandlung noch unmittelbar vom Ort der Eucharistiefeier aus in Gang setzen, nicht wie sonst meist üblich auf Knopfdruck von der Sakristei aus.

Das Altarkreuz stammt aus dem 15. Jahrhundert, die seitlich in einer rechteckigen Nische aufgestellte Madonna mit Kind und Traube ist das Werk eines schwäbischen Meisters um 1500. Um 1700 entstand die Laurentiusfigur. Die Orgel mit 17 Registern baute 1967 die niederländische Firma Leo Verschueren.

Durch einen schmalen Gang gelangt man in die Taufkapelle. Hier befindet sich in einer vergitterten Wandnische ein Reliquiar des heiligen Laurentius. Die kleinen Kreuzwegstationen aus Keramik schuf Wilhelm Tophinke, das Marienbild der Immerwährenden Hilfe ist eine holländische Hinterglasmalerei. *M.S.*

Der Turm mit seinem spitzen Helm.

Liebfrauen

Liebfrauen

Mülheim

Adamsstraße 15
51063 Köln

☏ 0221-967020

• Karte 2, f4
Ⓗ Keupstraße
Linie 4

70 Jahre mussten die Mülheimer Katholiken auf eine geräumige Pfarrkirche warten. 1857 war es dann endlich soweit: Nach Plänen des 1861 verstorbenen protestantischen Dombaumeisters und Geheimen Regierungs- und Baurates Ernst Friedrich Zwirner begann der Bau einer neugotischen dreischiffigen Basilika, die 1865 geweiht wurde. Bis zur Eingemeindung Mülheims nach Köln im Jahre 1914 trug die Kirche den Namen Sankt Mariä Himmelfahrt. Da es im Linksrheinischen bereits ein ehrwürdiges Gotteshaus dieses Namens gab, wollte man Verwechslungen vermeiden und benannte die Mülheimer Kirche in »Liebfrauen« um.

Die Bomben des Zweiten Weltkrieges zerstörten insbesondere die Ostteile, während das Langhaus und der Turm – allerdings ohne Helm – erhalten blieben. Nach Kriegsende wurde zunächst der Kindergarten im Liebfrauenhaus als Notkirche benutzt. Die steigende Zahl der Gemeindemitglieder verlangte aber nach einem größeren Gottesdienstraum, so dass ein Kirchenbauverein gegründet wurde, der sich nicht für einen Abriss der Ruine entschied: 1953 bis 1955 schuf der beauftragte Architekt Rudolf Schwarz zusammen mit Maria Schwarz, Werner Stumpf und Karl Wimmenauer eine interessante Verbindung von Alt und Neu, indem er ein neues Chorhaus als Betonstützenbau mit vergoldeten Stahlträgern und einer Faltdecke errichtete, das an das erhaltene Langhaus angebaut wurde.

Der neue Chor ist ein fast quadratischer, von den Farben Gelb, Weiß und Grün beherrschter Raum mit einer Höhe von etwa 20 Metern. Die als Lichtbäume konzipierten Fensterbänder, deren stark farbige Scheiben in das tragende Riegelwerk aus Eisenbeton eingelassen sind, schuf Anton Wendling in den Jahren 1958 und 1959. Die Räume zwischen den Fenstern sind mit Backsteinen ausgemauert. Das Dach mit einem »Gewölbe« aus vergoldeten Stahlrohren, wird von zwei schlanken Säulen getragen. Die intensive Farbigkeit der Fenster reduzierte allerdings die ursprünglich für den Chorraum vorgesehen Lichtfülle, die sich von den Lichtverhältnissen im Langhaus abheben sollte. Um die Kontrastwirkung wiederzugewinnen, strich man die Fensterscheiben des Langhauses an, das dadurch nun wieder dunkler als der Chorbereich erscheint. Hier steht der Hauptaltar aus grünem Marmor, von Hein Gernot aus einem Block gearbeitet. Der Kruzifixus über dem Altar ist eine um 1930 entstandene Arbeit des Bildhauers Eduard Schmitz junior. Aus der Zeit vor dem letzten Weltkrieg stammen dagegen die im Langhaus aufgestellten Heiligenfiguren.

Blick in den Chor.

Im Osten ist an den Chor die Marienkapelle axial angefügt, die ein selbstständiges Bauteil bildet und einen eigenen Zugang von außen besitzt. Für sie schuf Eduard Schmitz um 1930 die Figur der Maria Immaculata. Peter Straußfeld gestaltete den Kreuzweg der Marienkapelle.

1965, 100 Jahre nach der Weihe der Kirche, wurde dem Turm ein neuer, von Maria Schwarz entworfener, achteckiger kupferner Helm mit vier kleinen Türmchen an den Ecken aufgesetzt. Der Kölner Stadtanzeiger schrieb damals zu diesem Ereignis unter der Überschrift *»Auf die Spitze getrieben«*: *»Der Bau der Kölner Domspitzen dauerte drei Jahre. Die Montage der Turmspitze der Liebfrauenkirche in Mülheim dauerte zwei Stunden«*. Die Kupferkrone, die auf die Himmelskönigin Maria verweist, ist eine Arbeit von Hein Gernot. 1977 bis 1979 wurde das Langhaus restauriert, wobei besonders Mängel der Bausubstanz behoben werden mussten. Die Orgel der Firma Romanus Seifert in Kevelaer mit 47 Registern wurde im Jahre 1955 angeschafft. *C.S.*

Die »Krone« von Liebfrauen.

Sankt Margareta

Erstmals 1582 wird eine der heiligen Margareta geweihte Kapelle auf dem Friedhof in Libur erwähnt, von der sich der Sockel des früheren Altares – er trägt heute ein Kreuz – erhalten hat. Die heutige Kirche, eine dreischiffige neugotische Backsteinbasilika mit fünfseitigem Chor, westlichem Emporenjoch und einem Turm in der Nordwestecke, geht auf eine Stiftung wohlhabender Bauern und des Pfarrers Huthmacher zurück und wurde 1909 bis 1911 nach Plänen Huthmachers erbaut. Von der neugotischen Ausstattung hat sich vieles erhalten. Der Hauptaltar ist an den Seiten mit Sandsteinreliefs geschmückt, die die Mannalese und die Speisung der 5000 zeigen. Teile der neugotischen Kommunionbank wurden 1980 in den neuen Zelebrationsaltar und den Ambo eingearbeitet. Das Vesperbild im südlichen Seitenschiff stammt aus dem 19. Jahrhundert. Aus dem 17. Jahrhundert datiert die Statue des heiligen Johannes Evangelista. Im gleichen Jahrhundert entstand die Holzfigur der heiligen Margareta, die mit den Attributen Drache, Märtyrerpalme und Kreuz ausgestattet ist. Nach neuesten Erkenntnissen ist sie eine überarbeitete Marienfigur aus noch früherer Zeit. Unbekannt ist dagegen eine weibliche Heilige im nördlichen Seitenschiff. Die Figur, wahrscheinlich vom Ende des 15. Jahrhunderts, liest in einem Buch, das sie in der linken Hand hält, während sie die rechte Hand belehrend erhebt. Die Kanzel wird von vier Sandsteinsäulen getragen; über ihr befindet sich ein Kruzifixus aus dem 18. Jahrhundert. Die Figur der Muttergottes am linken Seitenaltar ist ein Werk des Kölner Bildhauers Alexander Iven (1854 bis 1934). Im Jahr 2003 wurde oberhalb des neugotischen Taufbeckens in der Mitte des Seitenschiffs ein Steinkästchen zur Aufbewahrung der heiligen Öle in die Wand eingefügt. *C.S.*

Sankt Margareta in Libur.

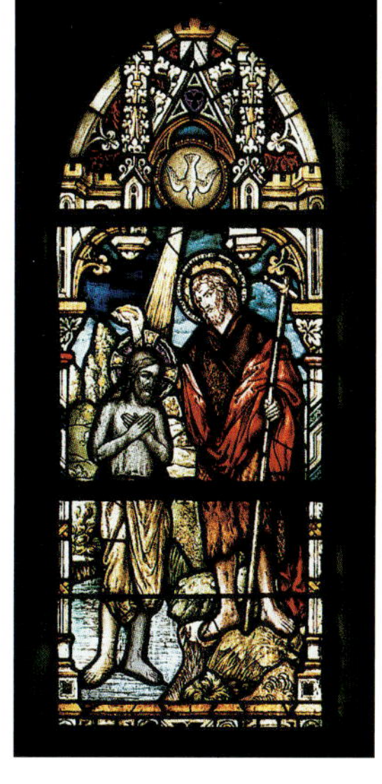
Fenster mit der Taufe Christi.

Sankt Margareta

Libur

Pastor-Huthmacher-Straße 9
51147 Köln

☏ 02203-696242

• Karte 2, g9
Ⓗ Libur Kirche
Linie 163

Sankt Maria Ablass

Die Kapelle Sankt Maria Ablass bildet eine kleine mittelalterliche Insel innerhalb der sie umgebenden qualitätsvollen Fünfzigerjahre-Architektur des Priesterseminars, der Industrie- und Handelskammer und des Concordia-Hauses. Zur heutigen Kapelle gehörte bis 1808 die große Pfarrkirche des Stiftes Sankt Ursula, die infolge der Säkularisation abgebrochen wurde. Man ließ nur die kleine Kapelle mit einem Gnadenbild stehen.

Der Name Maria Ablass erinnert an einen mittelalterlichen Brauch der Kölner Erzbischöfe. Bei der Palmsonntagsprozession zogen alle Kölner Kleriker und Laien vom Dom nach Sankt Gereon, wo der Bischof die Palmweihe vollzog und anschließend zurück zum Dom, um dort das Hochamt zu feiern. Auf dem Rückweg machte man Station an der Maria Ablasskirche, wo der Bischof zu den Gläubigen predigte und dabei die Ablässe verkündete.

Die Kirche wird erstmals in einer Urkunde des Erzbischofs Wichfried aus dem Jahr 927 erwähnt, in der die erzbischöfliche Schenkung der Marienkirche an das Damenstift bezeugt ist. Seit dieser Zeit gehörte sie als Pfarrkirche zum Ursulastift. Von der abgerissenen Kirche ist wenig überliefert. Nach historischen Abbildungen lässt sie sich als dreischiffige Basilika mit westlichem Viereckturm rekonstruieren, welcher

Der heutige Innenraumeindruck ist durch die orthodoxe Gemeinde bestimmt.

Sankt Maria Ablass

Innenstadt

Maria-Ablass-Platz 14
50668 Köln

☏ 0221-133400

• Karte 1, g4
Ⓗ Appellhofplatz
Linien 3, 4, 5, 16, 17, 18, 19

Das mehrfach erneuerte Gnadenbild.

nach 1431 nördlich die bis heute erhaltene Marienkapelle angefügt wurde, um ein an der Außenwand der Kirche befindliches, stark verehrtes Marienfresko zu schützen.

Diese erhaltene Kapelle ist ein dreijochiger, kreuzrippengewölbter Raum mit westlichem Giebel und Portal. Im Osten schließt sich die niedrigere, zweijochige Sakristei aus dem 17. Jahrhundert an. Im 19. Jahrhundert wurde die Kapelle durch Vincenz Statz restauriert, der Westgiebel erhielt dabei eine neugotische Fassade, die nach 1945 abgerissen wurde. Heute ziert das Renaissanceportal von 1687 wieder die ansonsten ungegliederte Fassade.

Da die kleine Kirche seit Ende der Siebzigerjahre des 20. Jahrhunderts hauptsächlich von der russisch-orthodoxen Gemeinde Kölns genutzt wird, fallen beim Betreten des Innenraumes zunächst die zahlreichen Ikonen und die den Altarraum abtrennende Ikonostase auf. Die Gemeinde wurde 1973 gegründet und gehört dem Moskauer Patriarchat an.

Im letzten Joch befindet sich oben in der rechten Wand das Gnadenbild der Muttergottes, welches 1431 zum Bau der Kapelle führte. Die Wandmalerei wurde mehrfach erneuert, zuletzt nach dem Krieg von Rita Paasche-Hecker. Das Christuskind steht auf dem Schoß Mariens und umarmt die Mutter liebevoll. Maria hält in ihrer Rechten eine Rose. Ein Gemälde des 18. Jahrhunderts an der Südwand schildert die Verehrung des Gnadenbildes. Über diesem Bild hängt eine alte Fußfessel, die an eine Legende erinnert, nach der der kölsche Kreuzfahrer Ritter Bruno von Mauenheim Anfang des 13. Jahrhunderts von Maria aus türkischer Gefangenschaft gerettet wurde. Nach seiner glücklichen Heimkehr hängte er seine Fessel an das Gnadenbild der Maria Ablass-Kirche. Verschiedene Grabsteine und Epitaphien an den Wänden erinnern an ehemalige Pfarrer der Pfarrkirche, an eine Äbtissin von Sankt Ursula und an Kanoniker des Ursulastiftes.

Ganz in der Nähe der Kapelle steht an der Gereonstraße das erst 1998 aufgestellte Edith-Stein-Denkmal des Düsseldorfer Künstlers Bert Gerresheim. Aus Anlass der Heiligsprechung der Kölner Karmelitin hatte Erzbischof Meisner ein Denkmal gewünscht, das »*Edith Stein auf ihrem Weg zeigen soll*«. Im Hintergrund der mehr als fünf Meter langen Bronze-Skulptur steht darum die Heilige in dreifacher Gestalt: als Jüdin mit dem Davidsstern, als suchende, zerrissene Philosophin mit ihren Schriften im Arm und schließlich als Karmelitin, die das Kreuz ihres himmlischen Bräutigams vor sich herträgt und sich auf ihrem Weg gleichzeitig in der sehr konkreten Kreuzesnachfolge befindet. Viele Fußspuren, auch die Fußabdrücke ihrer Schwester Rosa, teilen den Weg Edith Steins ins Konzentrationslager. Zwischen den Fußabdrücken finden sich zahllose KZ-Nummern, der Boden bricht plötzlich in Kreuzesform auf, in den sich hier öffnenden Schluchten liegt die Dornenkrone Christi. Am Ende des Weges türmt sich ein großer Schuhhaufen, eindrückliches Bild der Menschenvernichtung in den Konzentrationslagern. Dass

Blick auf Sakristei und Kapelle.

ähnliche menschenverachtende Grausamkeiten auch heute noch in einigen Ländern Realität sind, rufen bei genauer Betrachtung die ebenfalls vorhandenen modernen Schuhe in Erinnerung. In der Mitte der Skulptur fällt eine glatte Platte ins Auge, auf der die Umrisse und Wundmale der Füße Christi eingraviert sind. Christus, der den Weg des Todes vorangegangen ist, stellt sich dem Leidenszug entgegen und symbolisiert die Hoffnung, Hoffnung auf Auferstehung, Hoffnung auf eine ewige Zukunft. *M.S.*

Das Edith-Stein-Denkmal in der Nähe der Kapelle.

Die Kirche ist bis heute schmuckvoller Blickfang in der Straßenfront der Rolandstraße.

Maria Hilf

Die Sorge um verwahrloste Kinder in den neu entstandenen Wohnvierteln südlich des Severintores führte 1889 zum Bau eines »Sozialzentrums« mit angeschlossenem Kloster, das von Vinzentinerinnen betreut wurde. Ein erstes Klösterchen an der Elsassstraße wurde bald zu klein, daher baute man bereits 1896 in der Rolandstraße eine größere Niederlassung mit Kloster, Erziehungsanstalt und Kirche. Der Architekt war Adolf Nöcker, der später auch Sankt Anna in Ehrenfeld und Sankt Bonifatius in Nippes plante. Die im Krieg stark zerstörte Kirche, seit 1920 eigenständige Pfarrkirche, ist bis heute in die durchlaufende Häuserfront eingefügt; zur Straße ist nur ihre aufwändige neugotische Werksteinfassade sichtbar.

Durch das Portal gelangt man in den Vorraum, der mit seinen historistischen Bodenfliesen und den erhaltenen neugotischen Gewölben einen schwachen Eindruck der Kirchenausstattung vor dem Krieg überliefert. Rechts steht das Marienbild der Immerwährenden Hilfe, links eine 1941 von Paul Rautzenberg geschaffene Pietà.

Der eigentliche Innenraum ist seit Zerstörung und Wiederaufbau (Architekt: Hermann Schorn) stark verändert. Er präsentiert sich heute als hoher, heller Raum mit Flachdecke. Die Ausstattung ist schlicht und harmonisch. Aus den nach dem Krieg noch erhaltenen Resten der neugotischen Altäre stellte man 1977 Hauptaltar, Maria-Hilf-Altar, Ambo und Tabernakelstele her. Die Kreuzigungsgruppe der Chorwand stammt aus Sankt Marien in Fühlingen, die darüber liegenden Fenster zeigen eucharistische Symbole. Josef Henseler entwarf die seitliche Fensterverglasung zu Beginn der Neunzehnhundertfünfziger Jahre. In ihren schlicht pastell getönten Glasflächen sind verschiedene Bezeichnungen Mariens und Verweise auf bedeutende Ereignisse ihres Lebens festgehalten. Der Kreuzweg ist ein Werk der Gebrüder Lang aus Oberammergau, er wurde 1929 erworben. *M.S.*

Innenstadt

Rolandstraße 59
50677 Köln

☎ 0221-317666

• Karte 1, g8
Ⓗ Rolandstraße
Linien 106, 132, 133

Sankt Maria im Kapitol

Der bereits im 12. Jahrhundert gebräuchliche Name dieser Kirche erinnert daran, dass an dieser Stelle vor fast 2000 Jahren der römische Kapitolstempel gestanden hat. Reste dieses Bauwerks wurden 1956 ausgegraben.

Plektrudis, die Frau des Hausmeiers Pippin, richtete um 700 eine kleine Kirche in den römischen Ruinen ein. Mitte des 10. Jahrhunderts stiftete der Kölner Erzbischof Bruno an diesem Ort das erste Nonnenkloster des Erzbistums, das im 12. Jahrhundert in ein adeliges Damenstift umgewandelt und 1802 aufgelöst wurde. Es gehörte in mittelalterlicher Zeit zu den vornehmsten Institutionen des Reiches.

Die heutige Kirche geht auf den äußerst anspruchsvollen Bauwillen der Äbtissin Ida, Enkelin Ottos II., und Schwester des Kölner Erzbischofs Hermann II., zurück. Sie ließ zwischen 1040 und 1065 eine Kirche errichten, die nach dem Speyrer Dom zu den bedeutendsten Kirchen der salischen Zeit (ca. 1025-1125) gehörte, denn sie »zitierte« bedeutende ältere Kirchenbauten und bewirkte wichtige Neuerungen in der Baukunst. Die große Hallenkrypta unter dem Chor ist eine reduzierte Kopie der seinerzeit gerade fertig gestellten, ganz neuartigen Krypta des Speyrer Domes, der zukünftigen Grablege des Saliergeschlechtes. Der darüber liegende Dreikonchenchor (oder auch »Kleeblattchor«) scheint in Grundriss und Maßen ein Zitat der Geburtskirche in Bethlehem zu sein, und die Gliederung der Westwand mit der Empore übernimmt die Wandgliederung der Pfalzkapelle Karls des Großen in Aachen.

Aus der Luft ist die Anlage des Dreikonchenchores besonders gut nachvollziehbar.

Innenstadt

Kasinostraße 4
50676 Köln

☎ 0221-214615
www.maria-im-kapitol.de

• Karte 1, g5
Ⓗ Heumarkt
Linien 1, 7, 8, 9

Langhaus und Renaissancelettner mit moderner Orgel.

Das Langhaus war ursprünglich mit glatten Mauerpfeilern und einer Flachdecke sehr schmucklos. Erst um 1240 wurde ein Gewölbe eingezogen, dessen tragende Dienste heute noch auf der Wand sichtbar sind. Inzwischen sind sie allerdings funktionslos, denn nach dem Krieg ist das zerstörte Gewölbe durch eine von Willy Weyres entworfene Holzdecke ersetzt worden.

Die Seitenschiffe waren bereits zur Bauzeit gewölbt, sie setzen sich auch im Chor fort, werden dort als Umgang um die großartige Dreikonchenanlage herumgeführt. Bei einem Dreikonchenchor bilden drei halbrunde, gleichgroße Konchen (Apsiden) im Grundriss ein Kleeblatt. Solche Architekturformen gab es bereits in der Antike. In mittelalterlicher Zeit wurde der Kleeblattchor von Maria im Kapitol Vorbild für weitere Kirchenbauten, beispielsweise Groß Sankt Martin und Sankt Aposteln in Köln. Die heutige äußere Gestalt des Chores beruht auf umfangreichen Wiederaufbauarbeiten nach dem Zweiten Weltkrieg, bei denen man spätere, staufische Modernisierungsmaßnahmen des Chores ignorierte und den ursprünglichen Zustand aus salischer Zeit wiederherstellte.

Zwei spätgotische Kapellen und die Sakristei in den Konchenzwickeln geben ein kontrastreiches Bild zur monumental schlichten Architektur der Romanik. Die von Bürgermeister Hardenrath 1466 gestiftete südöstliche Kapelle besitzt seit dem Krieg leider nur noch spärliche Reste ihrer ursprünglichen überreichen spätgotischen Ausstattung mit Skulpturen, Wand- und Glasmalereien.

Die hölzernen romanischen Türflügel (um 1065) verschlossen ursprünglich das Portal der Nordkonche, den zur Stadt weisenden Eingang der Bürger. Die Reliefs erzählen Szenen aus dem Leben Jesu.

Ein weiteres bedeutsames Ausstattungsstück ist das Gabelkruzifix (Anfang 14. Jahrhundert), das das Leiden Christi betont darstellt und zum Vorbild für viele mittelalterliche Pestkreuze wurde. In der mittleren Konche steht eine Madonnenfigur (um 1180), die die zärtliche Beziehung zwischen Maria und ihrem Sohn zeigt. Die stets zu Füßen dieser Skulptur liegenden frischen Äpfel erinnern an die Legende aus dem Leben des Heiligen Hermann Josef, nach der er als kleiner Junge aus armer Familie Maria ein Geschenk machen wollte, aber nur einen einfachen Apfel besaß. Eine der Stiftsdamen beobachtete, wie sich die Madonnenfigur dem Kind zuneigte und das Geschenk entgegennahm.

Eine weitere Statue der Mutter Gottes (um 1300) stammt aus dem Kloster Limburg an der Haardt und befindet sich seit 1879 in der Kirche.

Das frisch restaurierte gotische Leidenskruzifix.

Die Grablegungsgruppe mit niederländischen Einflüssen wurde Anfang des 16. Jahrhunderts von dem seitlich dargestellten Kanoniker Heinrich von Berchem gestiftet.

Zwei verschiedene Grabplatten erinnern an die Kirchenstifterin Plektrudis. Bei Versetzungen ihres Grabes entstand um 1160 und um 1300 jeweils eine neue, dem damaligen Zeitgeschmack entsprechende Grabplatte.

Der aufwändige, in Mechelen hergestellte Renaissancelettner wurde 1525 in der Kirche errichtet. Nach einer Versetzung vor die Westwand und starken Kriegszerstörungen steht er seit 1984 wieder an seinem ursprünglichen Platz zwischen Langhaus und Dreikonchenchor. Dort scheint er dem räumlichen Zusammenhang von Chor und Langhaus »im Wege zu stehen«, man muss sich jedoch vergegenwärtigen, dass es vor Errichtung dieses relativ offenen Lettners eine noch viel stärkere optische Trennung zwischen Chor und Langhaus durch einen mittelalterlichen Lettner oder hohe Schranken gegeben hat. Neben den Stifterwappen der Familie Hackeney zeigt der Lettner auf der Westseite Reliefs der Verkündigung, Geburt, Anbetung und Darstellung im Tempel; auf der Ostseite das Abendmahl mit drei alttestamentlichen Gegenüberstellungen: Abraham und Melchisedech, die Mannalese und die Speisung des Elias, außerdem Heilige und Propheten. Die Orgel auf der Lettnerbühne wurde 1991 von der Firma Klais gebaut (entworfen in Zusammenarbeit mit Maria Schwarz). Sie besitzt drei Manuale und 35 Register. Der mit zurückhaltend moderner Formensprache gestaltete Prospekt greift Farbe und Formen des Lettners wieder auf.

Detail der romanischen Holztür.

Die Obergadenfenster der Konchen hat Anton Wendling 1938 entworfen, sie stellen verschiedene, mit dieser Kirche in Beziehung stehende Heilige dar. Die kleinen Szenen der Geheimnisse des Rosenkranzes (1984) in den Fenstern der Konchenumgänge stammen von Paul Weigmann. *M.S.*

Sankt Maria in der Kupfergasse

Die am Appellhofplatz gelegene Barockkirche Sankt Maria in der Kupfergasse bildet einen wohltuenden Kontrast zu der alle Maßstäbe sprengenden Architektur des so genannten »Vierscheibenhauses« des WDR. Der Ursprung des Gotteshauses liegt im 17. Jahrhundert. Es waren aus s'Hertogenbosch in den Niederlanden vertriebene Unbeschuhte Karmelitinnen, die, seit 1630 in Köln ansässig, 1660 mit der Errichtung eines Klosters auf dem Gebiet des Neuenahrer Hofes an der Ecke Langgasse (heute: Neven-DuMont-Straße)/ Schwalbengasse begannen. Den Hof hatte eine der Schwestern als Mitgift eingebracht. Als ein Stück Heimat führten die Ordensfrauen möglicherweise eine Marienstatue aus Lindenholz mit sich, die nach und nach unter dem Einfluss von Alter, Kerzen und Weihrauch eine dunkle Farbe annahm und heute als »Schwarze Muttergottes« bekannt ist. Denkbar wäre auch, dass die Figur mit Bezug zum Hohenlied bewusst dunkelfarbig angelegt wurde. In der lateinischen Bibelübersetzung des heiligen Hieronymus, der »Vulgata« (um 384), heißt es nämlich im Hohenlied 1,5: *»Nigra sum, sed formosa« (»Ich bin schwarz, aber schön«)*. Für das Gnadenbild wurde 1673 bis 1675 eine Lauretanische- oder Loretokapelle errichtet. Diese ist eine Nachbildung des Elternhauses Jesu in Nazareth, welches Engel im Jahre 1291 anlässlich der Bedrohung durch die Türken auf wunderbare Weise nach Loreto bei Ancona in Italien getragen haben sollen. Die Kapelle wurde 1705 bis 1715 von einer Saalkirche in Backstein mit Werksteingliederungen umbaut und damit wie von einem kostbaren Reliquienschrein umschlossen. Wie die Loretokapelle in Italien erhielt die Kirche einen Chor, der nicht nach Osten sondern nach Süden ausgerichtet ist.

1802, nach der Aufhebung des Klosters, wandelte man das bis dahin dem heiligen Josef geweihte Gotteshaus in eine der Gottesmutter Maria geweihte Pfarrkirche um. Nach Erweiterung um ein Seitenschiff im Westen in den Siebzigerjahren des 19. Jahrhunderts und einer Instandsetzung im Jahre 1939, brannte die Kirche 1942 und 1944 zunächst völlig aus. Noch im letzten Kriegsjahr wurde die nördliche Fassadenfront aufgerissen. Der Wiederaufbau unter Karl Band stellte bis 1952 zunächst die Nordseite mit schlichtem Rundgiebel und das Innere mit seinen Architekturformen und einer Flachdecke wieder her. 1962 bis 1964 erfolgten die getreue Rekonstruktion der Nordfassade, des Dachreiters mit seiner Zwiebelhaube auf dem hohen Satteldach und eine erneute Einwölbung. Der die Fassade flankierende Treppenturm wurde dem Geschmack der Zeit entsprechend in Betonmaßwerk ausgeführt. 1979/80 erhielt die Kirche eine Ausmalung, die sich auf die drei Farben Weiß, Gelb und Gold beschränkte. Nach umfassenden Sanierungsmaßnahmen im Jahr 2001 erscheint der Innenraum nunmehr in den Farben Weiß, Hellgelb, Gold und Rot; die Pilaster wurden durch eine marmorartige Bemalung hervorgehoben. Das heutige

Kirchenfassade von Nordosten.

Gottesdienst in der Kupfergasse.

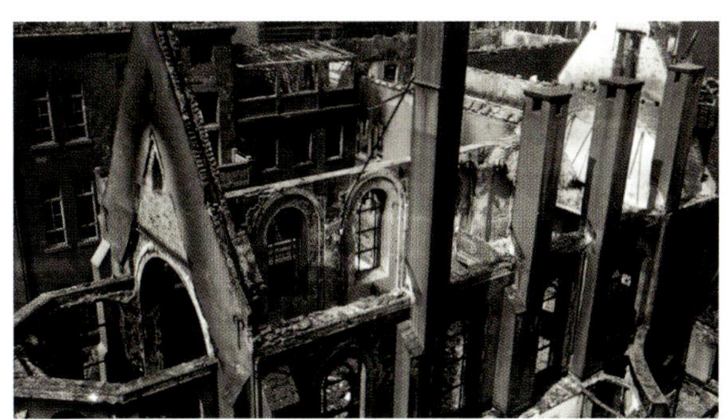

Zustand der Kirche 1945.

Sankt Maria in der Kupfergasse

Innenstadt

Schwalbengasse 1
50667 Köln

☏ 0221-2576237
www.kupfergasse.de

• Karte 1, f4
Ⓗ Appellhofplatz
Linien 3, 4, 5, 16, 17, 18, 19

Die schwarze Muttergottes in der Loretokapelle.

Innere der Kirche blendet den Besucher aber nicht durch schwülstige Überladenheit; es ist vielmehr zurückhaltend-prunkvoll. Das Licht fällt durch hohe, farblose Rundbogenfenster zwischen Strebepfeilern in die Kirche. Die zerstörte reich geschnitzte Ausstattung konnte nicht erneuert werden, aber man fand qualitätvolle barocke Stücke in anderen Kölner Kirchen, die nach Sankt Maria in der Kupfergasse übertragen wurden. Der Hochaltar der Makkabäerkirche, der nach deren Abbruch am Beginn des 19. Jahrhunderts in Sankt Andreas einen Platz gefunden hatte, gelangte 1963 hierher. Der aus Eichenholz geschnitzte Altar wie auch die ornamentgefüllte Kommunionbank sind Werke des Johann Franz van Helmont und des Johannes van Damm aus dem Jahre 1717. Von zwei gedrehten Säulen flankiert bildet die Himmelfahrt der Mutter der sieben makkabäischen Söhne den Mittelpunkt des Altares. Dieses Ereignis gilt als alttestamentarisches Vorbild der Himmelfahrt Christi. Die Figur des heiligen Benedikt im Giebelfeld zeigt die Zugehörigkeit der abgerissenen Makkabäerkirche zu einem Benediktinerkloster. Die um 1750 entstandene Rokokokanzel mit einer Darstellung aus der Jonageschichte stammt ebenfalls ursprünglich aus Sankt Andreas. Der Prophet Jona lebte drei Tage und drei Nächte im Bauch eines Fisches und wurde auf diese Weise von Gott vor dem Ertrinken gerettet (Jona 2). Der barocke Beichtstuhl stammt aus der im Krieg zerstörten Kirche Sankt Kolumba.

Auch die Loretokapelle wurde nach dem letzten Weltkrieg nur vereinfacht wiederhergestellt. Verloren gingen die kostbaren Bildschnitzereien, die Johann Franz van Helmont mit seinem Schüler Johann van Rick ausgeführt hatte. In diesem Andachtsraum steht noch heute die »Schwarze Muttergottes«, die als wundertätig verehrt wird. Über Generationen hinweg fand diese Verehrung ihren Ausdruck in der Ausschmückung der Figur mit Juwelen, Kronen, Ringen und kostbaren Gewändern. Inmitten der Hektik der Großstadt ist hier ein Ort, der zur Besinnung und zum stillen Gebet einlädt: »En Kääz en der Koffergaß opstelle« ist heute wie damals ein wichtiger Bestandteil der Volksfrömmigkeit in Köln. *C.S.*

Sankt Maria in Lyskirchen

Die Kirche Sankt Maria in Lyskirchen ist ein Kleinod farbenprächtiger spätromanischer Architektur. Sie liegt etwas abseits der ausgetretenen Touristenpfade der Altstadt, ein Besuch lohnt sich aber unbedingt.

Detail der mittelalterlichen Deckenausmalung.

Unter den erhaltenen romanischen Kirchen der Innenstadt ist Sankt Maria in Lyskirchen die einzige, die von Anfang an als Pfarrkirche diente. 948 wurde erstmals eine Marienkirche am Rheinufer erwähnt, die vermutlich auf dem Grundbesitz des Kölner Bürgers Lysolfus stand und nach ihm als »Lysolfikyrken« bezeichnet wurde, daraus entwickelte sich der Beiname Lyskirchen. 1067 ist sie als Pfarrkirche der Fischer- und Schiffervorstadt Noithusen bezeugt. 1106 umgab man die südliche Vorstadt entlang der heutigen Straßen Perlengraben und An St. Katharinen mit einem einfachen Befestigungssystem, in dessen Folge sich die Besiedlung verdichtete und man um 1210 bis 1220 die größere heutige Kirche errichtete. Unmittelbar östlich dieser Kirche verlief damals die rheinseitige Stadtmauer, die noch heute dem Küsterhaus am Chor der Kirche als Sockel dient. Seit 1988 erstrahlt Sankt Maria in Lyskirchen wieder in ihrer romanischen Farbigkeit, die aufgrund von gefundenen Farbresten durch die Denkmalpflege rekonstruiert wurde. Entsprechend farbig verputzt muss man sich auch die anderen romanischen Kirchen Kölns vorstellen.

Ähnlich der annähernd zeitgleich errichteten Chorfassaden der Stiftskirchen Sankt Kunibert und Sankt Severin wendet auch diese viel kleinere Pfarr-

Sankt Maria in Lyskirchen

Innenstadt

An Lyskirchen 12
50676 Köln

☏ 0221-211713
www.lyskirchen.de

• Karte 1, h6
Ⓗ Heumarkt
Linien 1, 7, 8, 9

Maria in Lyskirchen mit der rekonstruierten Farbfassung.

kirche dem Rhein eine prächtige Chorfassade entgegen, die ursprünglich ebenfalls mit zwei den Chor flankierenden Türmen geplant war, von denen dann aber nur der nördliche vollendet wurde.

Durch das reich gestaltete Westportal, an dem die Hochwassermarken der letzten Jahrhunderte auf die bis heute bestehende Gefahr durch den Rhein hinweisen, betritt der Besucher den Innenraum. Der dreischiffige basilikale Raum besitzt die für Kölner Pfarrkirchen typischen Emporen, deren spätromanische Öffnungen allerdings nur noch im Bereich der Orgelempore vorhanden sind, die östlichen Emporen wurden Mitte des 17. Jahrhunderts weit geöffnet und mit Balustraden versehen.

In Sankt Maria in Lyskirchen wurden 1879 umfangreiche Wand- und Deckenmalereien des 13. Jahrhunderts entdeckt und restauriert. Da die Kirche zu den im Zweiten Weltkrieg am wenigsten beschädigten romanischen Kirchen Kölns gehört, blieben die kostbaren Kunstwerke relativ unbeschadet erhalten. Die Anbetungsszene der Heiligen Drei Könige über dem Westportal entstand bereits um 1230, die Gewölbemalereien des Mittelschiffs um 1250, der Nikolauszyklus im Südchor um 1270 und die Katharinenszenen im Nordchor um 1280. Auch an den Mittelschiffswänden fanden sich geringe Malereireste. Ähnlich wie in der ebenfalls mit reicher Ausmalung erhaltenen Doppelkapelle von Bonn-Schwarzrheindorf bekommt man hier einen seltenen Eindruck der überbordenden Farbigkeit mit der die heute oft so nackten romanischen Kirchen ursprünglich ausgestattet waren. Die Malereien des Mittelschiffgewölbes zeigen eine Gegenüberstellung von Szenen des Alten und Neuen Testamentes, eine so genannte Typologie. Die südlichen Jochhälften zeigen das Neue Testament, die nördlichen das Alte Testament. In den unmittelbar an die Apsis anschließenden Szenen erkennt man rechts zuerst die Verkündigung an Maria und dann die Geburt Christi, denen links zunächst die Verheißung Isaaks und dann die Geburt Isaaks zugeordnet sind. Ganz ähnliche typologische Szenen entstanden wenig später auch im ältesten Fenster des gotischen Kölner Domes, dem um 1265 eingesetzten Mittelfenster der Achskapelle.

Die weitere Ausstattung der Kirche zeichnet ein Bild ihrer langen Geschichte. Der im 19. Jahrhundert stark überarbeitete Taufstein stammt noch aus romanischer Zeit. In den Seitenschifffenstern befinden sich Reste der Verglasung von 1520, die Chorfenster sind dagegen sehr modern. Hans Lünenborg schuf dort 1987 einen Zyklus, dessen kräftig blauer Grundfarbton auf das ursprünglich ähnliche Blau der Gewölbemalerei eingeht. Die Szenen erinnern an die drei Patrone der Kirche: In der Mitte ist die Aufnahme Mariens in den Himmel thematisiert. Das rechte Fenster geht auf die Geschichte des heiligen Nikolaus, den Schutzpatron der Schiffer, ein: Oben erinnern ein Schiff und der Brotkorb an die Geschichte des Bischofs von Myra, unten betont ein modernes Rheinschiff die Bedeutung des Heiligen bis in die heutige Zeit. Im linken Fenster sieht man den heiligen Kölner Bischof Maternus mit weiteren heiligen Kölner Bischöfen.

Zu Füßen dieser Fenster ragt das 1990 von Wolfgang Reuter geschaffene Retabel hoch empor und überspielt so die ehemals von dem mittelalterlichen Hochaltar verdeckte fensterlose Wandfläche. Das an gotischen Formen orientierte Gehäuse bildet einen modernen Rahmen für eine zierliche Madonna des 14. Jahrhunderts. Der davor stehende Altar geht auf die Umgestaltung des Chores durch Karl Band und Elmar Hillebrand (1956) zurück.

Im Westen, neben dem Eingang, steht die so genannte Schiffermadonna, eine um 1420 geschnitzte Vertreterin der »Schönen Madonnen«. Peter Hecker schuf 1938 die rahmende Hintergrundbemalung, welche einen Ausschnitt des Stadtpanoramas mit die Madonna grüßenden Schiffern darstellt. *M.S.*

Die Schiffermadonna mit der Wandfassung von Peter Hecker.

Die Kirche ist
von Wald umgeben.

Sankt Maria Königin

Marienburg

Goethestraße 84
50968 Köln

☎ 0221-382220

• Karte 2, e7
Ⓗ Marienburg Südpark
Linie 106

Der Vorort Marienburg wurde 1888 nach Köln eingemeindet und entwickelte sich zu einem bevorzugten Wohngebiet des wohlhabenden protestantischen Bürgertums der Stadt, das bereits zwischen 1903 und 1905 die Reformationskirche errichten ließ. Gleichwohl gab es seit der Jahrhundertwende Überlegungen zum Bau einer katholischen Kirche. Der dafür vorgesehene Bauplatz befand sich an der Von-Groote-Straße zwischen Godesberger und Remagener Straße.

Ein anderer Standort wurde 1935, bereits vier Jahre vor der Entstehung einer selbstständigen katholischen Pfarrgemeinde, ausgewählt. Diskutiert wurde damals zunächst eine Erweiterung der seit 1932 als katholische Notkirche genutzten Kapelle in der ehemaligen Villa Fieth, die bis heute in unmittelbarer Nachbarschaft der Kirche steht. Dieses 1900/1901 errichtete Anwesen wurde 1928 von einem Privatmann für eine spätere Kirchennutzung erworben und ging kurz darauf in das Eigentum des örtlichen Kirchenbauvereins über. 1930 erhielt der Architekt Emil Felix den Auftrag zum Umbau der Villa und zum Anbau einer Kapelle. Der Vorschlag einer Erweiterung wurde bald als unzureichend verworfen. Der in Marienburg wohnende Architekt Dominikus Böhm schlug dagegen vor, neben der Villa Fieth eine Basilika in traditioneller Formensprache mit romanisierendem Turm zu errichten. Der Zweite Weltkrieg verzögerte den Bau dieses Gotteshauses. Erst 1953/54 wurde nach Plänen Böhms die Kirche Sankt Maria Königin in ihrer heutigen Gestalt inmitten eines alten Kiefernhaines am Südpark neben der Villa Fieth errichtet. Sein Ziel war das Erreichen einer größtmöglichen Nähe von Altar und Gemeinde; daher entschied er sich für einen lichten Zentralraum. Böhm schuf mit diesem herausragenden Alterswerk ein lichterfülltes biblisches Zelt Gottes auf Erden über quadratischem Grundriss verbunden mit einer kreisrunden Taufkapelle. Dies bedeutete eine völlige Abkehr von seinem Konzept der Vorkriegszeit und eine Orientierung am Schaffen des bedeutenden Architekten Ludwig Mies van der Rohe.

Blick zum Altar.

Der Kirchenraum ist an drei Seiten bis auf das Fensterband »Marienlob« über dem Haupteingang weitgehend geschlossen. Es stammt noch aus der in der Villa Fieth untergebrachten Notkirche und war 1948/49 von Ludwig Ernst Ronig geschaffen worden. Im Westen besitzt die Kirche eine flache Apsis, in die der Altar aus grünem italienischen Marmor eingestellt ist. Vier schlanke Eisenstützen tragen, Zeltstangen ähnlich, die Decke. Die Wände aus Schwemmsteinmauerwerk sind innen schlicht verputzt und werden außen von einem Backsteinornament gegliedert. An der Nordseite befindet sich ein schmales Seitenschiff, welches Beichtkapelle und Sakristei aufnimmt. Auf der Empore darüber steht die Orgel aus dem Jahr 1955. Sie wurde 1983 umgebaut und erhielt einen neuen Prospekt von Rudolf Wuttke.

Die gesamte Kirche aber wird von der in sieben Felder geteilten südlichen Fensterwand dominiert, die nach Entwürfen von Dominikus Böhm und Heinz Bienefeld von der Firma Derix gefertigt wurde. Diese in Grau- und Silbertönen gestaltete Glaswand soll nach Böhm an den Hermelinmantel der Himmelskönigin Maria erinnern. In die Blattornamente sind Symbole ihrer Jungfräulichkeit aus der Lauretanischen Marienlitanei eingestreut.

Der die Kirche umgebene Wald ist, besonders durch das Spiel von Licht und Schatten, stets präsent und wirkt durch das Glas der Fenster in die Kirche hinein, so dass eine Verbindung zur Natur und zur Außenwelt hergestellt wird. Der Besucher kann dies auf noch intensivere Weise in der acht Stufen unter dem Niveau des übrigen

In der Taufkapelle.

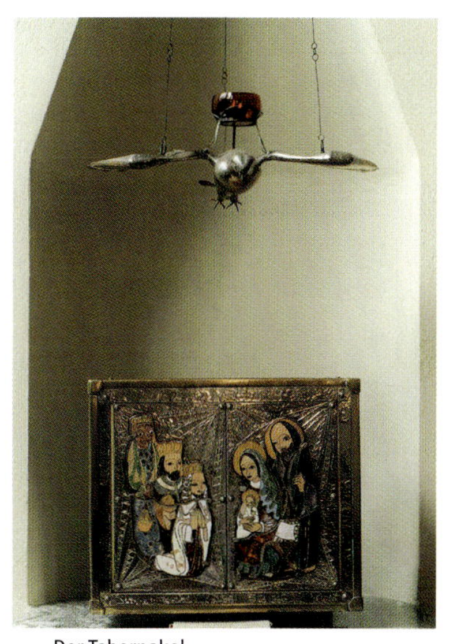
Der Tabernakel.

Kirchenbodens liegenden und wie ein gläsernes Haus gestalteten Taufkapelle erleben, die durch einen verglasten Gang mit der Kirche verbunden ist. Die Glasmalereien dieses eigenständigen Baukörpers sind hier zwischen schlanke Betonstützen gespannt. Im Zentrum der Kapelle befindet sich der 1954 von Hanns Rheindorf geschaffene Taufbrunnen aus graugrünem italienischem Marmor mit einem in Silber, Kupfer und Messing gefertigten Deckel. Derselbe Künstler schuf auch den Tabernakel.

Neben der Kirche steht der von Dominikus Böhms Sohn Gottfried entgegen der Planung seines Vaters 1959/60 errichtete Glockenturm mit einem hochgezogenen Pyramidendach. Auf diesem Teil des Grundstücks sollte ursprünglich das Pfarrhaus errichtet werden. Im Erdgeschoss des Turmes, der die Fassadengliederung des Kirchenbaus übernimmt, ist eine Totengedächtniskapelle untergebracht. Hier findet man ein von Ludwig Gies 1961 abstrakt gestaltetes Engelfenster. Das große Weihwasserbecken schuf Hanns Rheindorf. Es stellt die vier in der Genesis, dem ersten Buch der Bibel, erwähnten Paradiesflüsse Pison, Gihon, Euphrat und Tigris dar. Weitere beachtenswerte Ausstattungsstücke der Kirche sind der von Hilde Buchholz gestickte Kreuzweg von 1955, das Hungertuch von Heinz Thiede aus dem Jahr 1957 und eine Madonna aus dem 15. Jahrhundert *C.S.*

Sankt Maria vom Frieden (Karmelitinnenkirche)

Die ersten beiden Karmelitinnen, Isabella a Spiritu Sancto und Teresia a Jesu, kamen 1637 zur Gründung einer Kölner Niederlassung ihres Ordens aus Antwerpen und Brüssel nach Köln. 1643 wurde mit dem Bau eines Klosters und einer Kirche begonnen. Während das Kloster 1649 fertig gestellt war, baute man die Kirche selber erst ab 1677 weiter und konnte sie ab 1685 nutzen. Die Weihe fand am 18. September 1692 statt. Die Westfassade wurde 1716 vollendet.

Das Patrozinium bezieht sich auf ein Gnadenbild der Muttergottes, welches Maria von Medici, die 1642 im Kölner Exil verstorbene zweite Frau des französischen Königs Heinrich IV., dem Kloster testamentarisch hinterlassen hatte. Diese Marienstatue hatte Maria von Medici aus dem Holz eines Baumes schnitzen lassen, der einst in Scharpenheuvel bei Brüssel ein wundertätiges Marienbild getragen haben soll. Die Oberin des Klosters weihte das Gnadenbild dem Frieden, denn damals tobte der Dreißigjährige Krieg. 1802 wurde das Kloster aufgehoben und die Kirche bis 1922 als Pfarrkirche genutzt. 1819/20 wurde sie um zwei Seitenschiffe, 1882 um einen nördlichen Querhausarm erweitert und 1908 neu ausgemalt. 1942 brannte die Kirche vollständig aus; Innenausstattung und Gnadenbild gingen verloren.

1949 übernahmen erneut die Karmelitinnen die Kirche, die bis 1964 zunächst nach außen hin dem alten Bild entsprechend wiedererstand. Der ursprüngliche Innenraum konnte weitgehend zurückgewonnen werden, insbesondere durch Abmauerung der Seitenschiffe. Von 1986 bis 1991 wurden der Außenbau und 1992/93 das Innere renoviert.

Die Kirche beeindruckt bereits durch die an römische Barockarchitektur erinnernde, prächtig gestaltete dreiachsige und dreigeschossige Fassade, die wie eine Abkürzung des ehemals überreich ausgestatteten Innenraumes erscheint. Sie wird nicht allein durch Fenster und Pilaster, sondern vor allem durch Figurennischen aufgelockert. Über dem Portal erscheint Maria als Regina Pacis (Königin des Friedens). Neben ihr stehen Figuren ihrer Eltern Anna und Joachim. Im zweiten Obergeschoss findet man Statuen der heiligen Theresia (Teresa) von Avila und des heiligen Josef. Die Kirche wird von einem Turm mit achteckigem Aufsatz und welscher Haube flankiert. Das Bauwerk ist über einem kreuzförmigen Grundriss errichtet, einschiffig und besitzt einen rechteckigen Chor. Vor dem Chorbereich liegt das Vierungsquadrat, das im Süden von einem rechteckigen, wenig betonten Anraum und im Norden von einem quadratischen Arm flankiert wird.

Sankt Maria vom Frieden (Karmelitinnenkirche)

Innenstadt

Vor den Siebenburgen 6
50676 Köln

☏ 0221-311637
www.karmelitinnen-koeln.de

• Karte 1, g7
Ⓗ Ulrepforte
Linien 6, 15, 16, 17

Der gleichmäßig gegliederte, deutlich zentralisierte Innenraum wird von einem massiven Horizontalgesims zusammengefasst, das von Pilastern mit ionischen Kapitellen getragen wird. Die zwischen den Pilastern liegende Langhauswand wird von Blendbogen gegliedert und in ihrem oberen Bereich durch 1956/57 geschaffene, nur wenig farbige Fenster von Otto Schwalge durchbrochen, die den Innenraum intensiv belichten. Die dadurch erzielte Helligkeit ist für die der Vereinheitlichung des Raumes dienenden Lichtführung von entscheidender Bedeutung. Durch Licht wird insbesondere die Vierung hervorgehoben. Dieser Bereich wird von einer von 16 Fenstern durchbrochenen flachen und nach außen nicht in Erscheinung tretenden Vierungskuppel bekrönt, denn grundsätzlich war dem auf Askese bedachten Orden der Karmelitinnen der Bau von Kuppeln verwehrt. Die meisten barocken Ausstattungsstücke wurden nach dem letzten Weltkrieg aus verschiedenen Kirchen zusammengetragen. Sie sind nicht als Ersatz für die im Kriege untergegangene Ausstattung anzusehen, tragen aber zur Erhaltung eines barocken Gesamteindrucks bei. Im Zentrum steht der aus der evangelisch gewordenen Georgskirche in Kindberg/Steiermark (Österreich) stammende, 1962 hier aufgestellte zweigeschossige Hochaltar von 1725 mit einer Nachbildung des im Zweiten Weltkrieg verbrannten Gnadenbildes, das 1948 gestiftet wurde. Die Marienfigur ist die Stiftung einer Familie, die dadurch Gott für ihr Überleben im Krieg danken wollte. Die »Muttergottes vom Frieden« wird von Statuen der heiligen Patritius (links) und Donatus von Münstereifel (rechts) flankiert. Die Mitte des oberen Altargeschosses nimmt eine bildliche Darstellung des Kampfes des Erzengels Michael mit dem Höllenhund Apollyon ein. Daneben stehen Plastiken der Heiligen und Diakone Stephanus (links) und Laurentius (rechts).

Der Hochaltar.

Das Quadrat des Chores wird im Norden von der Sakristei, im Süden vom Nonnenchor flankiert. Hier hat das ursprünglich 1533 für Sankt Kolumba gestiftete Chorgestühl seine Aufstellung gefunden.

Im Nordarm der Kirche befindet sich der Korpus eines Pestkreuzes aus der Zeit um 1350 aus der Kapelle des früheren Allerheiligenhospitals in der Maximinenstraße, eine Pietà (Vesperbild) von etwa 1430 aus der gleichen Kapelle, eine Statue aus dem späten 18. Jahrhundert, die den unmittelbar vor seiner Kreuzigung ausruhenden Christus zeigt, und ein aus dem 18. Jahrhundert stammendes Gemälde, in dessen Mittelpunkt die Übergabe der Ordensregeln an die Karmeliter durch Albert von Vercelli, dem Patriarchen von Jerusalem, steht. Flankiert wird dieses Gemälde von Statuen der heiligen Theresia von Avila und des heiligen Johannes vom Kreuz.

Die 1716 vollendete Fassade.

Vom Nordarm gelangt man in die der heiligen Theresia von Lisieux (auch: Theresia vom Kinde Jesu; 1873-1897) geweihten Kapelle (das ehemalige Nordseitenschiff), deren Fenster Hans Lünenborg gestaltete. Er malte 1956 auch das Triptychon, das an Lebensstationen der Heiligen erinnert.

Im südlichen Anraum der Kirche steht eine in Holz geschnitzte »Ostentatio Jesu«, eine Darstellung von Jesus und Pilatus.

Der im 18. Jahrhundert entstandene Orgelprospekt stammt aus der Pfarrkirche von Süng bei Lindlar im Bergischen Land. Das neue von der Firma Klais gebaute Orgelwerk von 1958 hat 24 Register.

Unterhalb der Orgelempore hängt an der Wand eine 1937 von Heinrich Neukirchen geschaffene Bildtafel mit einer Silberarbeit von Anneliese Schließmann. Diese Tafel zeigt die Leidenswerkzeuge Christi inmitten von Ähren, Trauben und Passionsblumen. Aus der Mitte des Kreuzes tritt ein flammendes Herz mit dem »wahren Bild Jesu« hervor; ein Bergkristall hebt die Seitenwunde hervor. Als die Tafel entstand, befand sich der Kölner Karmel an der Dürener Straße in Lindenthal. Heute leben im »vierten« Karmel in der Schnurgasse bis zu 24 Schwestern. Sie verdienen ihren Lebensunterhalt hauptsächlich durch die Hostienbäckerei, einen Buchversand, die Kerzenwerkstatt und das Edith-Stein-Archiv. Die 1891 als Jüdin geborene Edith Stein, das wohl bekannteste Mitglied des Kölner Karmels, trug den Ordensnamen Teresia Benedicta a Cruce (= »die vom Kreuz gesegnete«) und wurde 1942 im Konzentrationslager Auschwitz ermordet. Papst Johannes Paul II. hat sie 1987 selig und 1998 heilig gesprochen. Im Oktober 2000 wurde die Heilige zur Mitpatronin Europas erklärt. Eine Gedenktafel für Edith Stein befindet sich seit 1957 in der als Schwesterngruft genutzten Krypta. C.S.

Die Kirche 1945.

Sankt Mariä Empfängnis

Luftaufnahme der Kirche.

1906/07 errichteten Carl Rüdell und Richard Odenthal eine neugotische Backstein-Hallenkirche mit Querschiff, polygonalem Chor, Seitenkapellen und einem Turm, der 1929 weiter ausgebaut wurde. Das Gotteshaus wurde im Zweiten Weltkrieg bis auf die Mauern zerstört und bis 1953 durch Hans Hansen wiederhergestellt, der den Innenraum mit einer Flachdecke versah. Es folgten Renovierungen und Umbauten: 1960 durch Joachim Schürmann und 1980 durch Karl Josef Ernst. Seit 1982 steht Sankt Mariä Empfängnis unter Denkmalschutz.

Die meisten Ausstattungsstücke der Kirche schuf Theo Heiermann. Er gestaltete 1961 den Altar mit den zwölf Apostelfiguren aus rotem Mainsandstein, die verdeutlichen, dass Christus die Apostel als Fundament der Kirche berufen hat. Alle Figuren blicken in die Gemeinde und stellen so die Verbundenheit mit Christus her. Wilhelm Polders fertigte 1962 den silberbeschlagenen Tabernakel, der inmitten der dreistufigen Altarinsel vor der von Theo Heiermann 1982 bis 1987 geschaffenen dreiteiligen Bildwand steht. Im Mittelpunkt steht das Kreuz über dem Grab Adams. Über dem Kreuz erkennt man die aus den Wolken ausgestreckten Hände Gottes, die Christus, den Sohn, empfangen. Die Reiter mit ihren Lanzen stehen für die Bosheit der Welt. Um das Zentralbild sind sieben weitere Szenen aus dem Marienleben angeordnet. Auf den Vorderseiten beider Bilderflügel sind 18 Heilige abgebildet. Auf den Rückseiten der Flügel sind Christi Leidenswerkzeuge und das Passionskreuz vor der Kölner Stadtsilhouette abgebildet. Heiermann schuf für die Kirche weiterhin eine Mondsichelmadonna aus weißem Sandstein (1961/62), die zinnerne Kreuzigungsgruppe auf einer Basaltsäule in der Taufkapelle (1960) und 1983 die Abdeckung des neugotischen Taufsteins. Diese zeigt Johannes den Täufer sowie verschiedene Szenen des Alten und Neuen Testamentes. In der gegenüberliegenden Marienkapelle befindet sich ein neugotischer Altaraufsatz mit vier Bildern aus dem Leben des heiligen Leonhard. Unter dem Baldachin steht die Nachbildung der Mutter Gottes von Sankt Koloman von G. G. Lang (1989). Jakob Berwanger gestaltete 1959 die drei Chorfenster. Das mittlere Fenster stellt Christus als Weltenherrscher dar. Die Längs- und Querschifffenster entstanden 1962/63 nach Entwürfen von Franz Pauli. Egino Weinert schuf 1996 die Kreuzwegstationen in farbiger Zellschmelztechnik.

Die Orgel mit 35 Registern baute 1955 die Firma Seifert. *C.S.*

Sankt Mariä Empfängnis

Raderthal

Raderberger Straße 199
50968 Köln

☏ 0221-383400

• Karte 2, d7
Ⓗ Mannsfeld
Linien 132, 133

Sankt Mariä Geburt

Das Gnadenbild von Stammheim brachte der Rhein: Einer Legende nach wurde vor vielen hundert Jahren durch Hochwasser ein Marienbild bei Stammheim angeschwemmt. Man brachte es zuerst nach Mülheim, dort fiel es aber immer wieder um, wollte also nicht dort bleiben. Als man es daraufhin wieder den Fluten des Rheins anvertraute, strandete es abermals bei Stammheim und ließ sich von dort auch nicht durch die Mönche des nahe gelegenen Dünnwalder Klosters fortbewegen.

Stammheim war wahrscheinlich schon im Mittelalter ein wichtiger Marienwallfahrtsort für die benachbarten Dörfer und Ortschaften; seit dem 17. Jahrhundert sind verschiedene Prozessionen nach Stammheim bezeugt. Heutzutage findet die Wallfahrt in der Woche des Festes Mariä Geburt am 8. September statt. Das Gnadenbild der »Freudenreichen Mutter von Stammheim« stammt vermutlich aus dem 16. Jahrhundert und steht heute auf dem barocken Seitenaltar.

Das Innere von Sankt Mariä Geburt.

Eine Kirche in Stammheim ist erstmals im Jahre 1075 erwähnt, die kleine Saalkirche des 13. Jahrhunderts mit dem 1455 erhöhten Turm wurde 1902 teilweise in den neugotischen Neubau übernommen.

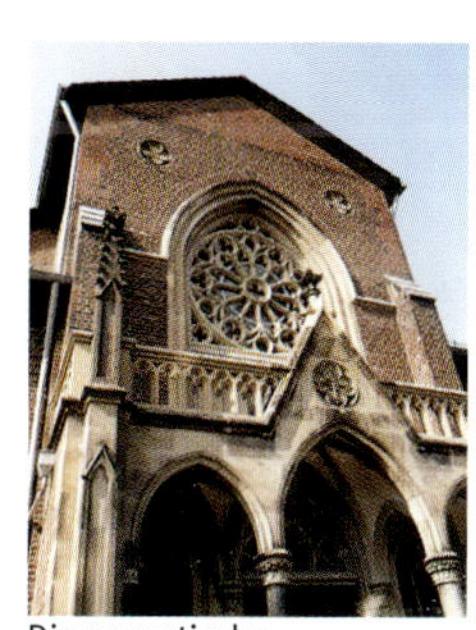

Die neugotische Eingangsfassade.

Die bis heute bestehende neugotische Kirche ist ein heller, durch große Maßwerkfenster belichteter, dreischiffiger Raum. Die Eingangsfassade ist für eine Dorfkirche außerordentlich reich mit Werksteinelementen gegliedert. Die Verglasung der Gnadenkapelle schuf Paul Weigmann (1962); Herbert Bienhaus entwarf das Sebastians- und das Annafenster. In der Seitenkapelle, dem ehemaligen Chor der gotischen Vorgängerkirche, ist die Sakramentsnische mit zierlichem Maßwerkgiebel erhalten.

Dass auch Maria als Kind »Hausaufgaben« machen musste, illustriert die lebendige Darstellung von Maria mit ihrer Mutter Anna aus dem 15. Jahrhundert. Die Orgel auf der Empore über dem Eingang wurde bereits 1926 von der Firma Klais gebaut (24 Register).

Hinter der Kirche befindet sich ein schöner Kreuzweg, der einlädt, den Leidensweg Christi nachzugehen. *M.S.*

Sankt Mariä Geburt

Stammheim

Stammheimer Hauptstraße 65
51061 Köln

☏ 0221-662561
www.perpetua.de

• Karte 2, e4
Ⓗ Friedhof Stammheim
Linie 152

Sankt Mariä Geburt

Sankt Mariä Geburt

Zündorf

Hauptstraße 143
51143 Köln

☏ 02203-82261

• Karte 2, g8
Ⓗ Zündorf Kirche
Linien 164, 501

Nahe der ehemaligen Pfarrkirche von Niederzündorf, Sankt Michael, und unweit eines alten Rheinarmes, »Groov« genannt, liegt neben einem Friedhof die Kirche Sankt Mariä Geburt. Die große neugotische Backstein-Hallenkirche mit einem östlichen Fassadenturm und wenig betontem Querschiff wurde 1895 bis 1897 nach Plänen von Franz Langenberg erbaut. Restaurierungen der Kirche erfolgten 1946, 1961 und zu Beginn der Siebzigerjahre durch Hans Joachim Lohmeyer.

Von der neugotischen Erstausstattung hat sich einiges Beachtenswertes erhalten. Dazu gehören der Kreuzweg, fünf Holzfiguren – Christus und die vier Evangelisten – von der ehemaligen Kanzel, das Taufbecken und zwei neugotische Relieftafeln, die früher als Tabernakeltür dienten. Der heutige Tabernakel aus Muschelkalk und Bronze ist eine Arbeit aus dem Jahre 1971 von Günter Lossow, der auch den Altar, die Altarleuchter, den Osterleuchter und den Ambo gestaltete. Das Kreuz entstand wahrscheinlich in Tirol und wurde im Kunsthandel erworben. Aus dem 16. Jahrhundert stammt eine Mondsichelmadonna, die einem Meister Tilman aus Köln zugeschrieben wird. Alle Fenster der Kirche entstanden 1965 nach Entwürfen von Franz Pauli. Die Oberlinger-Orgel aus dem Jahr 1981 ist mit ihren 27 Registern zwar eher bescheiden dimensioniert, doch besitzt sie einen mächtigen Prospekt in modernen Formen. *C.S.*

Kirche und Friedhof in Zündorf.

Sankt Mariä Himmelfahrt

Sankt Mariä Himmelfahrt

Grengel

Friedensstraße 33
51147 Köln

☏ 02203-22136

• Karte 2, h8
Ⓗ Friedensstraße
Linie 160

1953 wurde Grengel seelsorglich von der Pfarre Urbach abgetrennt. Für fast 1000 Katholiken eines Neubaugebietes, deren Zahl stetig zunahm, wurde nun dringend ein geeigneter Gottesdienstraum benötigt. Dieser musste folglich möglichst schnell errichtet werden, was dann auch in der Tat geschah: Die neue Kirche entstand im Verlaufe eines knappen Jahres und konnte am Nikolaustag 1953 geweiht werden. Die als zweischiffige rechteckige Halle errichtete, äußerst schlichte Kirche spiegelt diese Eile wider. Erbaut wurde die Kirche nach Plänen der Architekten Wolfram Borgard und Fritz Volmer als Stahlbetonskelettbau, dessen Wände mit Hartbrandziegeln ausgemauert sind.

Im Innern sind Betonteile und Wände verputzt und farblich in Blau und Weiß voneinander abgesetzt. In diesem Raum ist besonders die fehlende ausgeprägte Chorgestaltung auffällig. Der Altar erhebt sich nahe der Ostwand frei stehend auf einem Podest in der Mitte des nördlichen Schiffes, so dass sich die Gemeinde an zwei Seiten um ihn versammeln kann. Der Altarraum grenzt im Norden an die verglaste Betonrasterwand des Turmes, durch die das Tageslicht in die Kirche fluten kann.

Solnhofener Platten, die als mäandrierende Linien verlegt sind, bilden den Fußboden der Kirche, der von der leicht geschwungenen Kiefernholzdecke kontrastiert wird. Die Betonkonstruktion des Daches wird von fünf rohrartigen schlanken Stützen getragen. Die Ausstattung der Kirche wurde nach und nach durch die Mithilfe von Pfarrangehörigen sowie Privatleuten und Firmen von außerhalb erweitert. Noch aus dem Jahr der Weihe stammen der Altar aus Tuffstein, der Tabernakel, das Wandkreuz und die Altarleuchter. Die Orgel, die 1964/65 in Opladen von Ernst Weyland gebaut wurde, ist eine Stiftung der Familie Mülhens. Von Anfang 1996 bis Mitte 1997 wurde die Kirche grundlegend renoviert und die Orgel um zwei Register erweitert. *C.S.*

Blick zum Altar.

Sankt Mariä Himmelfahrt

Außenansicht der Kirche.

Stephan Mattar ersetzte 1926/27 die an gleicher Stelle seit 1898 bestehende hölzerne Notkirche in der Ortsmitte von Holweide durch einen dreischiffigen Backsteinbau mit Querhaus, halbkreisförmiger Apsis, einem westwerkartigen Vorbau und einem Chorseitenturm. Als Baustil wählte der Architekt einen an die Romanik erinnernden Expressionismus. 1944 wurde die Kirche durch Bomben stark beschädigt und bis in die Fünfzigerjahre hinein wieder aufgebaut. 1973 gestaltete der Architekt Alfons Leitl den Altarraum mit einem neuen Altar und einem neuen Taufstein und errichtete zwischen Chor und Kirchenraum eine Trennmauer. 1978 erhielt die Kirche eine neue Farbfassung von Helmut Lang, der auch die Ornamentfenster in den Querhäusern entwarf. Im gleichen Jahr veränderte Peter Martini den Altarraum entsprechend den Erfordernissen des Zweiten Vatikanischen Konzils (1962-1965). 1983 wurden Kirche und Pfarrhaus unter Denkmalschutz gestellt. Von Juni 1999 bis April 2000 war die Kirche wegen umfangreicher Renovierungsarbeiten geschlossen. An den Wänden sind nun wieder die ursprünglichen roten und grünen Ornamente zu sehen, die man im Zuge des Wiederaufbaus nach dem letzten Krieg übermalt hatte.

Das Hauptschiff ist im Innern über einer Balkenlage flach gedeckt, während die beiden Seitenschiffe und der Chorraum verschiedene Wölbungsarten aufweisen. Die Marienfigur, die Marienkrönung, der bronzene Kreuzweg und die Skulptur des heiligen Joseph wurden in den Fünfzigerjahren von Wilhelm Tophinke geschaffen. Aus dem gleichen Jahrzehnt stammen die Fenster des Langhauses von Robert Steimel und der Tabernakel von E. Reiff. Das als Lebensbaum gestaltete Kreuz in der Apsis schufen 1994 Beate Peilert und Toni Zenz. Seit dem Jahr 2003 ist in der Kirche das »Holweider Triptychon« von Helmut Lang zu sehen. Es zeigt im geöffneten Zustand »Unsere Liebe Frau von der hohlen Weide« (Mitte), die Hirten im Feld (links) und die Heiligen Drei Könige (rechts). Auf den Außenseiten der Flügel befinden sich Motive aus dem Umfeld des Stadtteils Holweide.

Eine Besonderheit ist die von der Firma Allen 1987 gebaute Computerorgel. Es ist die erste Orgel dieser Art, die vom Erzbistum Köln offiziell genehmigt wurde. *C.S.*

Sankt Mariä Himmelfahrt

Holweide

Schnellweider Straße 4
51067 Köln

☏ 0221-632549

• Karte 2, g4
Ⓗ Maria- Himmelfahrt-Straße
Linien 3, 18

Sankt Mariä Himmelfahrt

Die Initiative zum Bau dieser Kirche ging von der »Gesellschaft Jesu« aus, deren Mitglieder man – zunächst spöttisch – als Jesuiten bezeichnete. Die ersten Jesuiten waren bereits 1544 nach Köln gekommen. Sie siedelten sich an der Burgmauer an und zogen dann 1582 in das Achatiuskloster an der Marzellenstraße. Ab 1609 gab es Pläne zum Neubau einer großzügiger gestalteten Kirche auf einem damals noch von Gärten bedeckten benachbarten Grundstück. Der Orden wählte dazu einen Architekten aus, der imstande war, durch ein Bauwerk das Programm der von den Jesuiten mitgetragenen Gegenreformation, das heißt in erster Linie Einheit, Kontinuität und die jahrhundertealte Tradition der katholischen Kirche, auszudrücken. Christoph Wamser aus Aschaffenburg, der die Baustelle bis 1623 leitete, erfüllte diese Anforderungen, indem er Elemente der vier Stilrichtungen Romanik, Gotik, Renaissance und (frühes) Barock zu einem Gesamtkunstwerk verband.

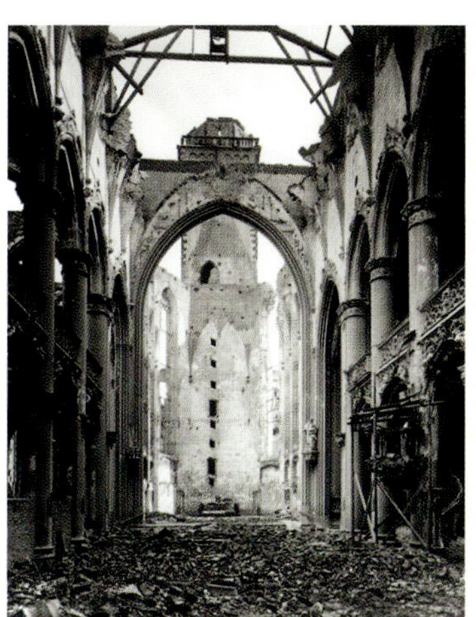

Sankt Mariä Himmelfahrt 1945.

Der Grundstein wurde 1618 gelegt, in jenem Jahr, in dem der Dreißigjährige Krieg ausbrach. Bereits 1629 begann die Nutzung des bis dahin fertig gestellten Rohbaus, aber erst 1678 erfolgte die Schlussweihe, und erst 1689 waren alle Baumaßnahmen an der Kirche beendet.

1794, nach dem Einmarsch der Franzosen, wurde das Gotteshaus seiner sakralen Funktion beraubt, zu einem so genannten »Tempel der Vernunft« umfunktioniert und für weltliche Feiern benutzt. 1801 pachtete eine Gruppe von Bürgern unter der Führung des Ratsherren und Kaufmanns Laurenz Fürth die Kirche, so dass sie nunmehr dem drohenden Abbruch entzogen war und als Pfarrkirche genutzt werden konnte. Im 19. Jahrhundert restauriert, brannte die Himmelfahrtskirche im Zweiten Weltkrieg völlig aus; sie verlor neben allen Dächern und den Mittelschiffgewölben den größten Teil ihrer ehemals einheitlichen und glanzvollen Ausstattung. Nur ausgelagerte Bilder und Skulpturen blieben erhalten. Ein erster provisorischer Wiederaufbau konnte bis Mitte der Fünfzigerjahre abgeschlossen werden. Ab 1960 aber begann man mit einer getreuen Rekonstruktion des Innenraumes, der bis 1980 im Wesent-

Sankt Mariä Himmelfahrt

Innenstadt

Marzellenstraße 26
50668 Köln

☏ 0221-137130

• Karte 1, g4
Ⓗ Dom/Hbf.
Linien 5, 16, 17, 18, 19

Durch die Kirchenfassade wird die Pracht des Innenraumes nach außen vermittelt.

lichen wiedergewonnen werden konnte. Ein vorläufiger Abschluss der Arbeiten wurde mit einer neuen farblichen Fassung zwischen 1984 und 1986 erreicht.

Konstruktiv betrachtet ist die Kirche eine dreischiffige gotische Pfeilerbasilika mit Emporen, dreiseitig geschlossenem Langchor und wenig betontem Querschiff. Eng gestellte Rundpfeiler, die in ihrer Massigkeit an romanische Bauten erinnern, tragen spitzbogige Arkaden, die das breite Mittelschiff von den schmaleren Seitenschiffen trennen. Das Mittelschiff wird von einem Netzgewölbe überspannt, das sich aus den Grundformen Stern und Quadrat zusammensetzt. Seine Rippen werden im 1651 bis 1658 verlegten Marmorfußboden durch schwarze Platten wie in einem Spiegel nachgezeichnet. Im Westen hinter der Orgel wird der Kirchenraum durch ein sechsbahniges Maßwerkfenster, dem klassischen Fenstertypus der Gotik, belichtet.

Der Raumeindruck dieser Kirche aber ist durchweg frühbarock. Er wird vor allem vermittelt durch die reiche Ausstattung, durch Lichtführung mit starken Hell-Dunkel-Kontrasten, die die Raumgrenzen überspielen sollen, und durch die Farbgestaltung. Verantwortlich für die prunkvolle Innenausstattung war vor allem der aus Augsburg stammende Bildhauer Jeremias Geisselbrunn. Auf ihn gehen insbesondere die Modelle für die qualitätvollen Pfeilerskulpturen von Christus, Maria und die Aposteln zurück. Ausgeführt wurden die handwerklichen Arbeiten von der Klosterwerkstatt unter Valentin Boltz und ab 1628 in Geisselbrunns eigener Werkstatt.

Den Apostelfiguren entspricht der Zyklus der marianischen Symbole, die sich in Kartuschen aus Stuck über den Spitzbögen zwischen den Pfeilern finden. Diese Symbole des Marienlobes erinnern an das Patrozinium der Kirche, die der leiblichen Aufnahme Mariens in den Himmel geweiht ist.

Im Mittelschiff beeindruckt die 1634 vollendete und ebenfalls von Jeremias Geisselbrunn entworfene Kanzel, eine Stiftung des Kölner Ratsherrn Wimmer. Der Standort der reich gestalteten Kanzel, einer Filigranarbeit aus Knorpelschnitzereien, mitten unter den Gläubigen zeigt die große Bedeutung, die die Jesuiten der Predigt zumaßen.

Die insgesamt 20 Beichtstühle in den Seitenschiffen und auf den Emporen verweisen auf die Hochschätzung dieses Sakraments durch den Orden. Die Beichtstühle sind in die Wandvertäfelungen eingefügt. Über diesen befinden sich Leinwandgemälde des Rubensschülers Bernard Fuckerard.

Alle Altäre wurden im Jahre 1628 aufgestellt. Sie gleichen sich in ihren Formen und gehen auf verschiedene Stifter zurück. Höhepunkt ist der von Erzbischof Ferdinand von Bayern gestiftete, 1964 bis 1979 in mühevoller Arbeit rekonstruierte dreistöckige Hochaltar, der weniger Teil der Ausstattung als vielmehr der Architektur ist. Mit seinen 22,50 Metern nimmt er fast die gesamte Höhe des Raumes ein. Alle ursprünglich vorhandenen Gemälde sind wie der Großteil des figürlichen Schmuckes im Krieg zerstört worden. Das heutige Hauptbild von Johann Hulsmann von 1643, eine Dauerleihgabe aus Sankt Aposteln, stellt die Himmelfahrt Mariens dar.

Das Mittelschiff mit der Kanzel.

Die erste Orgel der Kirche stammte von Balthasar König (1740). 1895 baute die Firma Ernst Seifert ein neues Instrument in den alten König-Prospekt, das dann im Zweiten Weltkrieg zerstört wurde. Die neue Orgel – in einem 200 Jahre alten Gehäuse – ist ein Werk mit 43 Registern der Firma Breil aus Dorsten.

Christus-Skulptur von Jeremias Geisselbrunn.

Das Geläut der Kirche von 1631, von dem nur die größte Glocke erhalten war, wurde 1996 in der ursprünglichen Fassung von der Glockengießerei Royal Eijsbouts in Asten bei Venlo wiederhergestellt. Im Jahr 2002 kam noch die Edith-Stein-Glocke hinzu. *C.S.*

Neue Kirche und Pfarrzentrum in Esch.

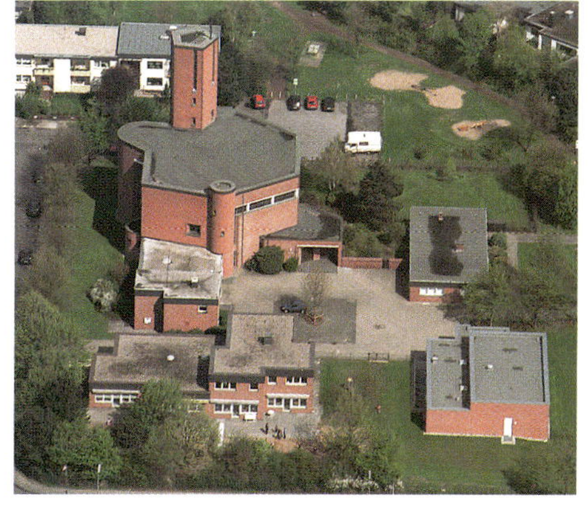

Sankt Mariä Namen

Weil die alte Dorfkirche zu klein wurde, entstand von 1967 bis 1969 inmitten des Neubaugebietes von Esch die heutige Pfarrkirche des Ortes, die das Patrozinium Mariä Namen erhielt. Architekt war Hans Schilling.

Der äußerlich sehr einfach gehaltene, polygonal gebrochene Baukörper der Kirche wird von einem kleinen runden Treppenturm und dem hohen, auf fünfeckigem Grundriss errichteten Glockenturm überragt. Gotteshaus und das benachbarte Pfarrzentrum bestehen aus dem von Hans Schilling sehr oft verwandten roten Backstein.

Dieser Backstein verleiht dem Inneren der Kirche eine ruhige, sammelnde Atmosphäre. Viele Details des Innenraums erinnern an das bekannte Frühwerk Schillings, die Kirche Neu-Sankt-Alban in Köln. Dort realisierte Schilling bereits eine parabelförmige Apsis mit seitlicher Lichtführung, auch dort sind die Mauerecken mit den zahnartig überstehenden Backsteinen umgebrochen und ähnlich wie dort gibt es auch hier vom Gemeinderaum abgesonderte Orte für Tabernakel und Taufbecken.

Der Altar aus hellem Sandstein wurde von Walter Prinz geschaffen, er steht vor der Apsis, die ihn im großen Bogen hinterfängt. Links vom Altar steht der vom gleichen Künstler geschaffene Ambo. Sein herausgehobener Standort und das gleiche, hell leuchtende Steinmaterial betonen die ebenbürtige Bedeutung der Verkündigung des Wortes neben der Eucharistiefeier.

Links von Altar und Ambo befindet sich die kleine, runde, zum Gemeinderaum offene Taufkapelle. In ihr steht der neugotische Taufstein aus der alten Sankt Martinuskirche. Auf der anderen Seite liegt die fünfeckige Sakramentskapelle mit einer Tabernakelstele von Walter Prinz. Über dieser Kapelle erhebt sich der gleichfalls fünfeckige Kirchturm.

An der rechten Wand des Gemeinderaumes hängt das ehemalige barocke Hochaltarbild der Martinuskirche. Man erkennt den heiligen Martin mit dem Bettler und in der rechten unteren Ecke des Ölgemäldes die alte Escher Kirche. *M.S.*

Sankt Mariä Namen

Esch

Martinusstraße 22
50765 Köln

☏ 0221-5901778

• Karte 2, b3
Ⓗ Chorbuschstraße
Linien 125, 126

Sankt Marien und Kalker Kapelle

An der Weggablung von Kalker Hauptstraße und Kapellenstraße entstand 1863 bis 1866 die katholische Pfarrkirche Sankt Marien nach Plänen von Vincenz Statz als neugotische Backstein-Hallenkirche. Im Inneren teilten bis zum Zweiten Weltkrieg schlanke Rundpfeiler, die ein Kreuzrippengewölbe trugen, den Raum in drei Schiffe und fünf Joche. Die Marienkirche wurde im Weltkrieg weitgehend zerstört und 1950/51 durch Rudolf und Maria Schwarz und Karl Wimmenauer unter Verwendung der alten Umfassungsmauern aufgebaut. Der Westturm wurde beim Wiederaufbau vereinfacht und mit einer steilen Schieferpyramide erneuert. In radikaler Abkehr von der Architektur der Neugotik entstand ein lichter, zeltartiger Saal mit sehr schlanken, beinahe nadeldünnen Stahlstützen auf den Steinfundamenten der früheren Pfeiler und eingehängter, nach unten offener Satteldecke. Der als Zelt gestaltete Kirchenraum erinnert an das Zelt Gottes (Offenbarung 21,3), an die Vergänglichkeit des Lebens und daran, dass nach Jeremias 35,7 und dem Ersten Brief des Apostels Paulus an die Korinther 5,1 die Menschen nur Wanderer auf Erden sind. 1965/66 stattete Georg Meistermann die Kirche mit einem marianischen Fensterzyklus aus. Gegen Ende der Sechzigerjahre wurde der Altarraum entsprechend der Veränderungen durch das Zweite Vatikanische Konzil (1962-1965) durch Maria Schwarz erneuert, die auch Ambo und Altar aus rotem Mainsandstein schuf. Hein Wimmer gestaltete 1961 den Tabernakel unter Verwendung kostbarer

Kapelle (links) und Kirche (rechts) in Kalk.

Sankt Marien und Kalker Kapelle

Kalk

Kalker Hauptstraße 244
51103 Köln

☏ 0221-8702061

• Karte 2, f5
Ⓗ Kalk Kapelle
Linien 1, 9

Das Kircheninnere mit seinen schlanken Stützen.

Blick in die Kapelle.

Materialien wie Silber, Elfenbein und Edelsteinen. Helene Lachinsky-Wiehen stickte 1954 ein Marienbildnis nach der Vorlage einer im 16. Jahrhundert entstandenen Ikone der »Madonna von Nowgorod«. Die Orgel mit 38 Registern lieferte die Firma Romanus Seifert aus Kevelaer im Jahre 1955.

Anfang der Achtzigerjahre, als man die im 19. Jahrhundert bevorzugten Architekturformen wieder schätzen gelernt hatte, war es wiederum Maria Schwarz, die die Restaurierungsarbeiten leitete. Das Dach wurde isoliert und neu eingedeckt und der Innenraum behutsam »regotisiert«, indem zum Beispiel die Fenster gemalte Rahmen erhielten und die Terrakottafiguren der zwölf Apostel aus dem 19. Jahrhundert wieder aufgestellt wurden. Zwei der vier erhaltenen Kanzelreliefs, die Lukas und Johannes zeigen, dienen heute als Wandschmuck.

Die nördlich der Pfarrkirche gelegene Kalker Kapelle wurde 1666/67 als Dank für die Erlösung von der Pest anstelle eines Heiligenhäuschens errichtet. Bereits um 1423 war das hochverehrte Gnadenbild der Maria entstanden, die ihren toten Sohn auf dem Schoß hält. Der Andachtsraum war bis zum Krieg dreiteilig; er bestand aus einer Vorhalle, einem flach gewölbten, einschiffigen Saal und dem Chorraum. Decken und Wände waren ausgemalt und verliehen dem Inneren einen festlichen Charakter. Aber bereits 1703 wurde die Kapelle durch einen Orkan zerstört und im Jahr darauf wieder aufgebaut. Im 19. und frühen 20. Jahrhundert mehrfach restauriert und verändert, fiel die Kapelle 1941 den Bomben zum Opfer. Die Kapelle wurde 1948 bis 1950 als schlichter einschiffiger Backsteinbau auf einem Werksteinsockel durch Rudolf Schwarz und Karl Wimmenauer erneuert und dabei um acht Meter nach Osten und um drei Meter nach Süden verschoben. Nach Süden, zur Kapellenstraße hin, öffnet sich ein überdimensioniertes Rundbogenfenster, durch das viel Tageslicht in den tonnengewölbten Kirchenraum fallen kann. Die gesamte östliche Wand zum Kirchhof und damit zum Kreuzweg hin wird von einem verglasten Rundbogen durchbrochen. Auch hier war es Georg Meistermann, der die Fenster entwarf.

Das Gnadenbild.

Hein Minkenberg fertigte 1957 die bronzene Figur des heiligen Christophorus an der Außenwand, die *»an der verkehrsreichen Straßenecke Warnung und Schutz* [symbolisiert]« (Sabine Czymmek). *C.S.*

Ein Fenster von Georg Meistermann.

Sankt Marien in Nippes.

Sankt Marien

Die erste Nippeser Kirche, die heutige Kirche Sankt Heinrich und Kunigund, war nach ihrer Fertigstellung 1856 sehr schnell zu klein geworden, und so errichtete man ab 1880 auf dem Baudriplatz die neue Marienkirche nach Entwürfen von Vincenz Statz. Der Name des Baudriplatzes erinnert an den Kölner Weihbischof Baudri, der die Kirche am 19. November 1882 segnete und der Gemeinde übergab.

Sowohl die umgebende Wohnbebauung als auch die Kirche erlitten schwere Kriegsschäden, was heute noch an der Nachkriegsbebauung des Platzes ablesbar ist. Die ersten Wiederaufbaumaßnahmen an der Kirche wurden Anfang der Sechzigerjahre als unzureichend empfunden und so fand bereits 1964 ein erneuter Umbau durch den Architekten Karl Band statt, dessen Handschrift besonders in den Anbauten des Turmes offenbar wird.

Die ursprüngliche Gestalt der von dem in der Dombauhütte ausgebildeten Baumeister Vincenz Statz errichteten neugotischen Kirche ist trotz der Kriegszerstörungen auch heute noch gut ablesbar. Die basilikale Kirche ist aus rotem Backstein errichtet, der östliche Chorabschluss ist polygonal gebrochen, ähnlich wie die Enden des Querhauses, die ebenfalls in drei Seiten polygonal geschlossen sind. Der massiv wirkende, 60 Meter hohe westliche Viereckturm schließt nach oben mit einem achteckigen Glockengeschoss samt Zeltdach ab.

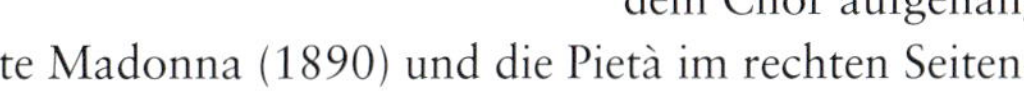

Die neugotische Madonna.

Das Westportal mit dem darüber liegenden Rundfenster wurde nach dem Krieg erneuert. Durch einen Vorraum gelangt man in die Kirche, deren Raumeindruck vor allem durch das hölzerne Gewölbe und die gelblich-braunen Fenster von Dieter Hartmann (1978 bis 1981) bestimmt wird. An die ehemalige, reiche neugotische Ausstattung erinnern nur noch die neben dem Chor aufgehängte Madonna (1890) und die Pietà im rechten Seitenschiff.

Der Altarbereich ist 1996 neu gestaltet worden. In der Vierung steht der moderne Altar auf zwölf Basaltsäulen, die die zwölf Stämme Israels versinnbildlichen. Rundherum ordnen sich von drei Seiten die Gemeindebänke um den Altar, diese Sitzordnung unterstreicht die gemeinschaftliche Versammlung der ganzen Gemeinde um den Tisch des Herrn. Das Bronzekreuz über dem Altar (1968, Manfred Ott) zeigt Christus am Kreuz in einer Darstellung, die große Ruhe und Frieden ausstrahlt. Das Kreuz ist ein Baum voller Blätter, es ist ein Baum, der Leben schenkt, ewiges Leben. Hinter dem modernen Altarbereich öffnet sich der ehemalige Chorraum, in dem früher der Hochaltar stand, der heute aber noch Standort des Tabernakels ist. Neben dem Tabernakel steht ein kleines geschnitztes Holzhaus, ein Geschenk der Partnergemeinde in Kamerun. Es ist ein Modell des Wohnhauses des Stammeschefs, in dessen Haus das Feuer für den ganzen Stamm gehütet wird. In der afrikanischen Partnergemeinde Sankt André hat der Tabernakel die Form des »Chefhauses« und weist so darauf hin, dass Jesus Chef der Gemeinde ist und im Tabernakel immer in ihr wohnt.

Wasser und Feuer sind Thema des Taufkapellenfensters.

Die Fenster zeigen viele kleine Kreise, die miteinander verwoben sind. Besonders auffallend ist das

Nippes

Turmstraße
50733 Köln

☏ 0221-735280

• Karte 2, d4
Ⓗ Florastraße
Linie 120

große, helle Kreuz, das die Kreise in den drei mittleren Chorfenstern formen.

Neben dem Eingang der Kirche bilden die nach dem Krieg neu errichteten Räume zwei Kapellen. In einer wurde Ende der Siebzigerjahre die achteckige Taufkapelle eingerichtet. Schon in der Antike war die Zahl Acht Sinnbild der Vollkommenheit; im Frühchristentum galt die Auferstehung Christi als achter Schöpfungstag und damit der achte Tag als Anfang des neuen, des ewigen Lebens. Deshalb wurden viele Grab- und Taufkirchen des frühen Mittelalters auf achteckigem Grundriss errichtet. Die achteckige Form des Raumes und auch des aus der Erbauungszeit stammenden Taufbeckens ist also Sinnbild für das neue Leben des Täuflings als Christ. Das Fenster nimmt diese Grundrissform wieder auf und illustriert das Sakrament der Taufe mit abstrakten Darstellungen von Wasser und dem Feuer des Heiligen Geistes. Der Osterleuchter zeigt verschiedene Szenen aus der Bibel, von der Schöpfung bis zum Pfingstfest. Über dem Eingang zur Taufkapelle hängt ein Netz, das von Frauen der Gemeinde geknüpft wurde und die vielfältigen Beziehungen innerhalb der Gemeinde symbolisiert. Die Frauen berichten: »*Als wir das Netz knüpften, war uns sehr bewusst: Das ist unsere Gemeinde, dieses Netz von Beziehungen. Einige sind lockerer, andere fester, jeder ist ein Knotenpunkt von Beziehungen in einer Gemeinde; wo er ausfällt, entsteht ein Loch. Alles hängt zusammen, zieht man nach einer Richtung, überträgt sich die Spannung überall hin.*«

Die Orgel auf der Westempore stammt aus dem Jahre 1954. Sie ist ein Werk der Kölner Firma Walter Seifert mit 23 Registern und zwei Manualen. Über der Orgel öffnet sich das große Rundfenster, durch das abends rötlich-gelbes Licht in die Kirche hineinströmt.

Im Turm hängen vier Glocken, die – im Gegensatz zum Schicksal vieler anderer Glocken – den Krieg überlebt haben. Sie sind nicht wie üblich aus Bronze gegossen, sondern aus Gussstahl. Dieses Material schützte die Glocken zweifach: Man konnte sie in den Kriegen nicht zu Kanonen einschmelzen und obwohl die Glocken 1943 im zerstörten Turm herunterfielen, sind sie nicht zersprungen. *M.S.*

Sankt Marien

Fühlingen

Neusser Landstraße 80
50769 Köln

☏ 0221-7087220

• Karte 2, c2
Ⓗ Fühlingen
Linie 120

Betritt man die Kirche am Dorfrand von Fühlingen, wähnt man sich in einer bis zum letzten Ausstattungsstück perfekt erhaltenen neugotischen Kirche. Der Raum strahlt große Harmonie und Einheitlichkeit aus, und erst bei genauerem Hinsehen bemerkt man die englischen Schriftzüge in den Fenstern. Nahezu alle heute vorhandenen Ausstattungsstücke wurden seit 1960 von dem kunstliebenden früheren Pfarrer Albert Paessens erworben.

Die kleine neugotische Kirche entstand 1887 nach Plänen der Architekten Carl Rüdell und Richard Odenthal, die später auch die Agneskirche errichteten. 1934 wurde sie nach Westen erweitert, 1962 hat man ein niedriges Seitenschiff hinzugefügt. Außen an der Westseite ist das Betonrelief eines apokalyptischen Engels eingelassen (Anne Henecka, 1964).

Der Raum ist durch große Spitzbogenfenster hell belichtet. Die Fenster wurden 1830 und 1894 (Westfenster) für eine englische Kirche hergestellt und kamen nach Abbruch dieser Kirche 1987 nach Fühlingen. Alle seitlichen Scheiben mit neutestamentlichen Szenen stammen ursprünglich aus einem großen Fenster. Es wurde für Sankt Marien aufgeteilt und Dieter Hartmann hat fehlende Flächen ergänzt. Die modernen Chorfenster zeigen marianische Themen, die kleinen Scheiben des Seitenschiffes greifen einzelne Bilder der Lauretanischen Litanei auf (alle Dieter Hartmann 1988 und 1987). Nicht aus England sondern aus Sankt Joseph in Viersen stammt der neugotische Hochaltar. Anne Henecka schuf den modernen Tabernakel (1962). Die barocke Figur des heiligen Sebastian und die Sakristeiglocke gehörten ursprünglich zu der beim Neubau der Kirche abgebrochenen alten Kapelle am Roggendorfer Weg. Die gotische Antonius-Skulptur und die barocke Plastik des heiligen Judas Thaddäus kamen im Jahr 2000 aus dem Nachlass von Pfarrer Albert Paessens in die Pfarrkirche. *M.S.*

Sankt Marien in Fühlingen.

Sankt Marien

Ein seltenes Schmuckstück des rheinischen Expressionismus steht in Weiden.

Sankt Marien

Der Kölner kennt in Weiden nur die Römische Grabkammer und das Einkaufscenter. Dass Weiden aber auch eine Kirche der Zwanzigerjahre des 20. Jahrhunderts besitzt, die bis heute nahezu unverändert den rheinischen Expressionismus im Kirchenbau veranschaulicht, ist wohl nur wenigen bewusst.

Mit Beginn des 20. Jahrhunderts entstanden in Weiden, das damals zur Kirchengemeinde Lövenich gehörte, Bestrebungen, eine eigene Kirche zu errichten. 1904 wurde ein Kirchbauverein gegründet, aber erst 1927 waren genug finanzielle Mittel vorhanden, um das Gotteshaus nach Plänen der Architekten Böll und Neuhaus zu realisieren.

Der aus Backstein errichtete Bau ist eine schlichte Saalkirche mit kleinem Dachreiter. Sie zeigt in ihren Außenwänden die für diese Zeit typischen variationsreichen Backsteinornamente. Das Portal mit originaler, den anderen Bauformen entsprechender Holztür ist von einer großen Rahmung eingefasst. Die darüber angebrachte Marienfigur ist von horizontalen Backsteinstreifen hinterfangen. Seitliche kleine Rundfenster sind mit einem Fries aus gezackt hervorstehenden Steinen geschmückt.

Der Innenraum wurde 1966 renoviert und gemäß den neuen liturgischen Bestimmungen umgestaltet, sein ursprüngliches Aussehen ist jedoch noch gut ablesbar. Hier fällt die ungewöhnliche Wandgestaltung seitlich des Chores auf, die den eckigen Ornamenten des Außenbaus ähnlich ist. Wo heute Marienfigur und Tabernakel stehen, standen bis 1966 Nebenaltäre in eckigen, gezackten Rahmen. Auch die seitlich eingebauten Beichtstühle überliefern ähnliche Formen. Der heute rechts aufgestellte Tabernakel mit der Darstellung der Verkündigung und den Leuchter tragenden Engelchen bildete ursprünglich zusammen mit dem großen Altarkreuz (Eduard Schmitz, 1929) die Gestaltung des zentralen Hochaltares. Letzterer ist heute durch einen modernen, mit Traubenornamenten geschmückten Gemeindealtar ersetzt.

Zwei kleine Rundfenster im Chor zeigen den Pelikan und die eucharistischen Gaben, die Fenster im Langhaus zitieren und illustrieren einige Sätze des Vaterunsers. Unter der ausladenden Orgelempore steht das hölzerne Taufbecken aus dem Jahre 1928. *M.S.*

Sankt Marien

Weiden

Goethestraße 33
50858 Köln

☏ 02234-77627
www.sankt-marien-koeln.de

• Karte 2, a5
Ⓗ Weiden Zentrum
Linie 1

Sankt Marien

Der Architekt Georg Maria Lünenborg baute 1952/53 Sankt Marien als schlichte Saalkirche mit einem niedrigen Seitenschiff und einem frei stehenden Turm an der Nordseite. 1982 wurde Sankt Marien unter der Leitung des Architekten Hans Zinner renoviert und um eine Vorhalle zwischen Kirchensaal und Turm erweitert. Das Äußere erhielt eine Verkleidung aus Kunstschiefer. Im Zuge der Umgestaltung wurde der Zugang auf die Ostseite in den Vorraum zwischen Kirche und Turm verlegt. Der Kölner Maler und Bildhauer Walter Prinz übernahm die farbliche Ausgestaltung des Innenraumes. Für den ebenfalls umgestalteten Altarraum schuf Prinz das farbige Kreuz der Altarwand. Weitere Arbeiten des Künstlers sind das Tabernakelhaus im Seitenschiff, die bronzenen Kerzenleuchter, der Ambo mit einer Bronzefigur und ein Weihwasserbrunnen. Seit dem Jahr 2001 steht Sankt Marien unter Denkmalschutz.

Die von einem nach innen offenen Satteldach bedeckte Kirche entstand über einem rechteckigen Grundriss. Die Giebelfassade im Osten besteht aus vorgefertigten Betonteilen und wird von Fensteröffnungen in der in jenen Jahren beliebten Nierenform durchbrochen, die man auch in der Seitenschiffwand und im Turmobergeschoss wiederfindet.

Sankt Marien in Gremberg.

Im Innenraum ist die Konstruktion der Kirche sichtbar; die das Hauptschiff in fünf Joche teilenden, nierenförmig durchbrochenen Betonsparren und -stützen wurden nicht verkleidet. Sie wirken wie das Geäst eines Baumes. Organische Formen, ein typisches Merkmal der Architektur der Fünfzigerjahre, beherrschen auch die im Grundriss ovale Taufkapelle. Die Oberflächen des Innenraumes wurden in verschiedenen Materialien gestaltet: Stützen, Streben, Formsteine, Lamellen und Empore bestehen aus Sichtbeton. Für die Chorwand wählte man Klinker, für die Südwand Hohlblocksteine. Die Obergadenwand besteht aus verputzten Backsteinen.

Einen großen Anteil an der Ausstattung der Kirche hatte Klaus Balke. Er schuf in den Fünfzigerjahren den Tabernakel, das Altarkreuz, die Leuchter in der Krypta, den Fußboden der Taufkapelle und die Turmbekrönung, die den Stern von Bethlehem darstellt. Die Fenster der Taufkapelle gestaltete 1955 Wilhelm Teuwen, die Kryptafenster Hans Lünenborg und die sieben Fenster des Kirchenschiffs mit einer Darstellung der sieben Schmerzen Mariens Josef Nienhaus im Jahre 1974. Der bronzene Kreuzweg von 1971 ist eine Arbeit von Egino Weinert. Der Taufsteindeckel und das Portal stammen von Paul Nagel (1955). Die 1966 eingeweihte Orgel lieferte die Firma Vleugels aus Hardheim/Odenwald. *C.S.*

Sankt Marien

Gremberg

Seligenthaler Straße 9
51105 Köln

☏ 0221-833204

• Karte 1, l6
Ⓗ Gremberg
Linie 153

Die Kirche Sankt Markus in Seeberg.

Sankt Markus

In Sankt Markus in Köln-Seeberg wird Ökumene sehr konkret gelebt. Die Gemeinde lässt ihre Kirche auch durch die griechisch-orthodoxe Gemeinde nutzen, was beim Betreten des Innenraums sofort aufgrund der zahlreich vorhandenen Ikonen erkennbar ist.

Sankt Markus

Die Kirche wurde 1970 nach Plänen von Fritz Schaller errichtet. Über dem Backstein verkleideten Erdgeschoss erhebt sich der vieleckige, ungegliederte Betonkörper des Kirchenraumes. Das Innere wird von den massiven, mit feinen Rillen versehenen Betonwänden beherrscht, die nur von wenigen Fenstern durchbrochen sind. Nach oben ist der Raum durch eine scheinbar in den Raum hineingehängte Flachdecke aus großen Kassetten abgeschlossen. Die Fenster mit zum Teil kräftig buntem Glas bezeichnen wichtige liturgische Orte im Inneren: Ein großes orange-rot leuchtendes Rundfenster überfängt den Altarraum, links vom Altar befindet sich ein niedriges leuchtend blaues Fenster, das ursprünglich hier den Ort der Marienverehrung schmückte. Und schließlich zieht sich rund um die nach außen vorspringende kleine Sakramentskapelle ein helles Fensterband.

Seeberg

Geranienweg 27
50769 Köln

☏ 0221-791630

• Karte 2, c2
Ⓗ Seeberg
Linie 120

Der Kreuzweg im Nazarenerstil basiert auf zwölf alten Stationsbildern, die 1984 in Fühlingen gefunden wurden und die letztlich auf Aquarelle von Friedrich Overbeck zurückgehen, welche sich heute in den Vatikanischen Museen in Rom befinden. Der Kölner Künstler Georg Esser hat die langjährige Arbeit an deren Restauration 1991 durch eine eigenständige Arbeit, die 13. Station mit dem Bild der »Kreuzesabnahme« ergänzt. Die Arbeit an der 14. Station mit dem Bild der »Grablegung« ist noch nicht abgeschlossen. Das Kruzifix über dem Altar stammt aus dem Agatha-Krankenhaus und der Tabernakel und die Apostelleuchter entstanden aus ausgemusterten Werksteinen vom Kölner Dom.

Die vielen Ikonen und auch die seitlich stehende Bilderwand (Ikonostase) gehören zum Besitz der orthodoxen Gemeinde. Zum orthodoxen Gottesdienst wird die Ikonostase vor den Altar geschoben, um nach der Sitte der Ostkirchen den Altarbereich als das Allerheiligste von den Blicken der Gläubigen abzuschirmen. *M.S.*

Sankt Martin

Nach einer Legende legte einst ein Schiffer, der fast Schiffbruch auf dem Rhein erlitten hätte, ein Gelöbnis ab: Er wolle eine Kirche errichten, wenn Gott ihn aus der Gefahr errette. Der Schiffer wurde gerettet - und hielt sein Versprechen. Wahrscheinlich ist, dass in der zweiten Hälfte des 12. Jahrhunderts ein dem heiligen Martin geweihtes Gotteshaus entstand. 1642 wurde diese Kirche durch einen Brand beschädigt, den allein der Turm überstand. 1780 bis 1785 folgte nach einem weiteren Feuer die Errichtung einer Saalkirche mit dreiseitigem Chorschluss auf den alten Grundmauern unter Einbeziehung des erhaltenen Westturmes. Das Innere erhielt eine Flachdecke mit Stuckgesims.

Sankt Martin

Der wehrhaft wirkende Bau der Zündorfer Martinskirche.

Zündorf

Hauptstraße 43-47
51143 Köln

☏ 02203-82261

• Karte 2, f8
Ⓗ Zündorf, Marktstraße
Linien 164, 501

Im Zweiten Weltkrieg verursachten Bomben schwere Schäden an der Kirche, die umgehend behoben wurden, wobei man einzelne Teile nur vereinfacht wiederherstellte. Der sich verschlechternde Bauzustand machte verschiedene Sicherungs- und Renovierungsmaßnahmen unumgänglich. Gleichzeitig erlitt die Inneneinrichtung zu Beginn der Fünfzigerjahre Verluste durch Diebstahl. 1972 erhielt die Kirche einen südlichen Sakristeianbau. Um die Wende zum dritten Jahrtausend fanden umfangreiche Sanierungsmaßnahmen statt. Die ungegliederten und unverputzten Außenwände des Kirchenschiffs sind aus Tuffstein und Ziegeln gemauert und werden von kleinen Rundbogenfenstern durchbrochen. Im Innern öffnet sich das Turmuntergeschoss durch einen Rundbogen zum schlicht gestalteten Kirchenschiff mit seinen verputzten Wänden und einer grauen, nunmehr stucklosen Flachdecke. Zur Ausstattung gehören ein Taufstein in der Vorhalle aus der Zeit um 1500, eine farbig gefasste Figur des heiligen Martin aus dem 17. Jahrhundert und die zehn von Franz Pauli 1964 entworfenen Fenster.

Die Kirche wird heute gemeinsam von katholischen und evangelischen Christen genutzt. *C.S.*

Durch das barocke Tor gelangt man zur schönen alten Pfarrkirche von Esch.

Sankt Martinus

An der traditionsreichen Kirche von Esch scheint die Welt noch in Ordnung zu sein. Vorbei an alten Höfen des im Jahre 989 erstmals erwähnten Dorfes gelangt der Besucher durch ein barockes Tor mit einer darüber stehenden spätgotischen Kreuzigungsgruppe auf den Kirchhof. Die Kirche steht inmitten des von Backsteinmauern umfriedeten Kirchhofes, der bis heute als Dorffriedhof genutzt wird.

An der umgebenden Mauer stehen neugotische Kreuzwegstationen und zahlreiche, zum Teil aus dem 17. und 18. Jahrhundert stammende Grabkreuze und Grabmäler, von denen viele in den letzten Jahren sorgfältig restauriert wurden.

Die Kirche bestimmt bis in die Gegenwart mit ihrem mächtigen Westturm die Dorfsilhouette. Ihre Außenmauern bezeugen vielfältige Um- und Erweiterungsbauten; die ältesten Bauteile stammen aus dem 11. Jahrhundert. Die kleine Saalkirche wurde um 1200 erhöht und durch ein nördliches Seitenschiff erweitert, im 13. Jahrhundert kamen das südliche Seitenschiff und der romanische Viereckturm hinzu.

Nach verschiedenen Umgestaltungen des Inneren im Laufe der Jahrhunderte betritt der Besucher heute einen hellen, freundlichen Kirchenraum. Die letzte Restaurierung orientierte sich an den gotischen Veränderungen (Raumerhöhung, Gewölbe und Maßwerkfenster) und bemalte die Gewölbe mit gotisierenden Blumenmotiven. Im Gegensatz dazu werden die Wände von sehr vielen barocken Heiligenfiguren bevölkert. In Haupt- und Nebenapsiden stehen noch Reste der ehemals sehr aufwändigen, neugotischen Altäre. Über dem Hauptaltar befindet sich die Kreuzigungsgruppe des Kirchhoftores, die dort draußen als Kopie angebracht ist, zu beiden Seiten der Apsis stehen barocke Reliquienbüsten der Heiligen Donatus und Martinus.

Die umfangreich erhaltenen neugotischen Kirchenbänke und die schlichten Fenster mit geometrischen Mustern vervollständigen den harmonischen Eindruck des Innenraumes.

Außen an der Kirche befindet sich das Kriegerehrenmal, 1927 von Hildegard Domitzlaff gefertigt: Über dem aufgebahrten Soldaten hängt der Kruzifixus an der Kirchenwand, Hinweis auf den die Menschheit erlösenden Kreuzestod Christi und somit Zeichen der Hoffnung. *M.S.*

Sankt Martinus

Esch

Kirchgasse
50765 Köln

☏ 0221-5901778
www.kreuz-koeln-nord.de

• Karte 2, b2
Ⓗ Chorbuschstraße
Linien 125, 126

Sankt Maternus

Sankt Maternus, zwischen 1913 und 1916 errichtet, ist die letzte Kirche, die innerhalb der seit 1881 angelegten Neustadt entstand. Ihr Patrozinium erinnert an den ersten nachweisbaren Bischof von Köln, der zu Beginn des 4. Jahrhunderts lebte. Architekt Stephan Mattar, der bereits seit 1906 die Pläne für Sankt Paul erstellt hatte, plante eine Kirche, die romanische und byzantinische Formen mit Jugendstileinflüssen verbindet. Ihre Außenhaut ist abwechslungsreich gestaltet: Aus Tuff, Sandstein, Basalt und Backstein entstanden unterschiedlichste Gliederungsformen. Die auffällige Eingangsfassade besteht aus grob behauenen Steinen. Arkaden mit romanisierenden Kapitellen bilden eine Vorhalle, darüber ist ein Rundfenster eingesetzt, alles wird bekrönt mit seitlichen Türmchen.

Die Kirche ist eine dreischiffige Basilika mit Querhaus und halbkreisförmiger Apsis. Im Inneren sind die Seitenschiffe durch Rundbogenarkaden vom auffallend breiten Mittelschiff getrennt. Mattar schloss die Decke des Mittelschiffs mit einer der ersten Stahlbetondecken im deutschen Kirchenbau. Die ursprüngliche Innenausmalung ging durch Zerstörungen des Zweiten Weltkrieges verloren, Gerhard Kadow aus Krefeld schuf 1964 die heutige ornamentale Bemalung der Decke in der Vierung. Die Kirchenbänke gehören noch zur Erstausstattung, sie wurden nach Entwürfen des Architekten in der Werkstatt von Viktor Böll, dem Vater Heinrich Bölls, hergestellt. Das Elternhaus des Schriftstellers liegt ganz in der Nähe der Kirche.

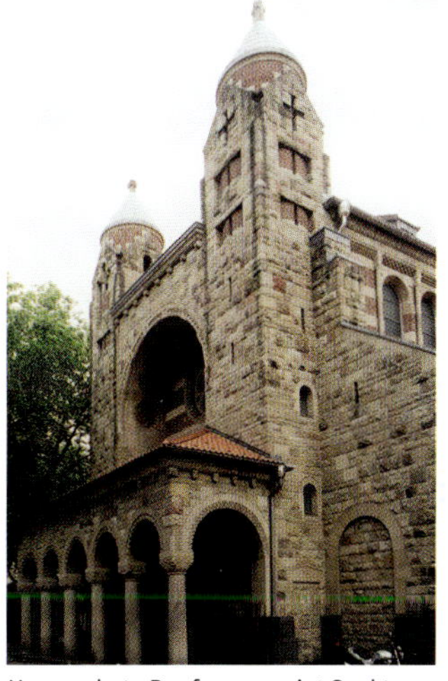

Ungewohnte Bauformen zeigt Sankt Maternus in der Südstadt.

Altar und Kreuz sind Werke von Rudolf Peer aus den Sechzigerjahren. Albert Sous aus Würselen schuf 1971 den Ambo, den Tabernakel, den Ewig-Licht-Leuchter und die Altarleuchter, später erwarb die Gemeinde auch den Osterleuchter aus seiner Werkstatt. Im Jahr 1988 konnten die von Marga Wagner geschaffenen Farbfenster eingebaut werden.

Die Göttinger Orgelbaufirma Ott, die bereits 1968 die Orgel der benachbarten Lutherkirche gebaut hatte, errichtete 1977 die Orgel der Maternuskirche. Sie besitzt 36 Register und drei Manuale. *M.S.*

Sankt Maternus

Innenstadt

Alteburger Straße 70
50678 Köln

☏ 0221-317666

• Karte 1, h8
Ⓗ Bonntor
Linien 106, 132, 133

Die neugotische Maternus-
kirche in Rodenkirchen.

Sankt Maternus

Sankt Maternus

Rodenkirchen

Hauptstraße 19
50996 Köln

☏ 0221-392360

• Karte 2, ef7
Ⓗ Rodenkirchen Bhf.
Linie 16

Der bedeutende Architekt der Neugotik Vincenz Statz erbaute 1865 bis 1867 eine dreischiffige Hallenkirche als Ersatz für die inzwischen zu klein gewordene benachbarte Maternuskirche. Im Zweiten Weltkrieg schwer getroffen, dauerte es bis in die Sechzigerjahre bis alle Schäden behoben waren.

Der Baukörper der aus Backsteinen errichteten Kirche ist klar in Turm, dreischiffige Halle und Chor gegliedert. Auf beiden Seiten des Chores liegt jeweils eine Sakristei. Es gibt weder ein Querschiff noch Nebenräume wie etwa Kapellen. Das Innere wie das Äußere zeigen keinerlei Bauzier und sind von großer Einfachheit und Ausgewogenheit der Proportionen bestimmt. Schlanke Säulen mit einem Durchmesser von nur 65 Zentimeter trennen die drei gleich hohen Schiffe voneinander. Die ornamentalen Fenster der Kirche gestaltete 1954 und 1962 Hanns Kirchner. Seine Chorfenster stellen Bilder aus der Offenbarung des Johannes dem Bombenkrieg gegenüber. Die Fenster über den Nebeneingängen mit ihren zum Teil erhaltenen Scheiben aus dem 19. Jahrhundert ergänzte er mit viel Einfühlungsvermögen. Die Rose über dem Haupteingang ist eine Neuschöpfung Kirchners aus dem Jahre 1962. Alle Altäre entstanden nach Entwürfen von Elmar Hillebrand. Von Helge Kühnapfel stammt das den Hauptaltar umlaufende Bronzerelief aus den Jahren 1983 bis 1986. Kühnapfel gestaltete 1979 auch den Deckel des Taufbrunnens in der Vorhalle. Rechts des Chores steht der von Karl Matthäus Winter 1961 in Form einer Lade geschaffene Tabernakel auf dem Maternusaltar. Der neugotische Kreuzweg stammt aus dem moselländischen Raum. Zur erhaltenen Erstausstattung des 19. Jahrhunderts gehören vor allem die Kirchenbänke und die Beichtstühle. Hinzu kommen um 1900 geschaffene Statuen des heiligen Maternus, der heiligen Elisabeth und der heiligen Agnes von Nikolaus Steinbach. Aus der Zeit um 1470 haben sich eine Madonna mit Kind aus der alten Maternuskirche und eine Pietà erhalten. *C.S.*

Alt Sankt Maternus

Alt Sankt Maternus

Rodenkirchen

Steinstraße 1
50996 Köln

☏ 0221-392360

• Karte 2, e7
Ⓗ Frankstraße
Linie 106

Die alte Rodenkirchener Maternuskirche, auch liebevoll »Kapellchen« genannt, liegt auf einem Felsvorsprung über dem Rhein neben einem alten Pfarrkirchhof. Mit der Gründung des Kirchenbaus verbindet sich folgende Legende: Nach dem Tod des ersten namentlich bekannten Kölner Bischofs Maternus stritten sich die drei von ihm geleiteten Bistümer Köln, Trier und Tongern um seine sterblichen Überreste. Der Leichnam wurde daraufhin in Köln in ein Boot gelegt, das aber nicht am Ufer blieb und auch nicht nach Norden, also in Richtung Tongern, trieb. Der Kahn bewegte sich zur (anfänglichen) Freude der Trierer zunächst stromaufwärts in Richtung Süden, legte dann aber bereits in Rodenkirchen an und war somit für das Bistum Köln durch Gottes Fügung gerettet. Wann genau die Kirche errichtet wurde, lässt sich nicht genau ermitteln; die Datierung schwankt zwischen dem 10. und dem 12. Jahrhundert. Zunächst entstand ein Saal mit halbrunder Apsis und eingezogenem Turm. Im 15. Jahrhundert kam das gotische Südseitenschiff und ein gotisches Maßwerkfenster in der Nordwand hinzu. Zugleich wurde die Apsis über den alten Fundamenten erneuert und erhielt zwei rundbogige Fenster. In der Außennische dieser Apsis steht seit 1986 eine von Stephan Kaiser geschaffene Statue des heiligen Maternus. Im 17. Jahrhundert wurden der Westbau und die Sakristei errichtet. Nach Fertigstellung der Pfarrkirche Neu Sankt Maternus im Jahre 1867 wurde das gelegentlich von Hochwasser bedrohte so genannte »Kapellchen« – sogar der Altar war überflutet worden – aufgegeben und verfiel zusehends. Glücklicherweise erfolgte 1925 bis 1929 eine gründliche Instandsetzung der Kirche, die vom Krieg jedoch beinahe ausgelöscht worden wäre. Der Ostteil des Langhauses wurde bis auf die Grundmauern zerstört. Vom Chor fiel nur ein Teil der Nordostwand nicht den Bomben zum Opfer. Völlig zertrümmert waren die Sakristei und die südlichen Wände. Ab 1948 begann die Wiederherstellung unter der Leitung von Albert Weiß, die 1954 abgeschlossen werden konnte.

Alt Sankt Maternus
vom Rhein aus gesehen.

Ein Fenster von Conrad Schmidt: der tote Maternus im Boot.

Nur wenige Fenster durchbrechen die dicken Wände der Kirche, die dadurch einen wehrhaften Charakter erhält. Über dem Bau erhebt sich der Turm mit seinem niedrigen Glockengeschoss und dem achtseitigen eingeknickten Helm.

Im Inneren umfängt den Besucher ein äußerst intimer Raum mit weiß getünchten, weitgehend ungegliederten Wänden. Man gelangt zuerst in den flachgedeckten Westbau des 17. Jahrhunderts. In ihm steht ein Taufbrunnen mit einem gotischen Taufbecken und einem modernen Stützelement von Stephan Kaiser. Der gleiche Künstler schuf 1986 den Deckel des Taufbeckens mit den Symbolen der vier Evangelisten und einem als Fisch – dem Christussymbol der Urkirche – gestalteten Griff. Das Kreuz am Pfeiler neben dem Taufstein wurde 1984 von Margot Raumer im Gedenken an die Ermordung des polnischen Priesters Jerzy Popieluszko geschaffen. In dem sich an das kreuzrippengewölbte Kirchenschiff anschließenden Chor befindet sich der 1955 von Elmar Hillebrand gestaltete Altar. In der Rundung der Apsis stehen auf Konsolen vier kleine Statuen der Evangelisten, die von der Kanzel der neuen Maternuskirche stammen und um 1880 entstanden sind. Ihre derzeitige Farbfassung erhielten sie allerdings erst 1975 von Hanns Kirchner. Das rechte Chorfenster zeigt den heiligen Maternus. Im linken erkennt man den heiligen Nikolaus, den Schutzpatron der Schiffer. An der östlichen Wand des Seitenschiffs hat der Tabernakel des Bildhauers Han Sang Tong seine Aufstellung gefunden. Die nördliche Wand des Hauptschiffes wird von einem großen gotischen Maßwerkfenster und einem kleineren Fenster durchbrochen. Im Maßwerkfenster dargestellt ist der über das Wasser wandelnde Christus wie er dem ertrinkenden Petrus die Hand reicht. Im kleineren Fenster auf der gleichen Seite erscheint der heilige Martin, im gegenüberliegenden Bruno der Kartäuser. Das größere Fenster der Südseite zeigt, wie der Kahn mit dem toten Maternus in Rodenkirchen an Land trieb. In den dem heutigen Eingang gegenüberliegenden Fenstern sieht man Darstellungen des heiligen Severin und einer über dem Wasser schwebende Schiffermadonna. Das Bildnis Severins weist darauf hin, dass das Stift Sankt Severin in Rodenkirchen etliche Hofgüter besaß. Alle Farbfenster der Kirche schuf Conrad Schmidt im Jahre 1954, nachdem die Fenster der Zwanzigerjahre im Krieg zerstört worden waren.

Altarraum der Kirche

In dem kleinen Raum neben der Turmhalle überdauerten barocke Plastiken des heiligen Johannes Nepomuk, der heiligen Scholastika, des heiligen Maternus und eine Anna Selbdritt die Zeiten. Die Skulptur des Maternus zeigt den Heiligen mit den drei Mitren der von ihm geleiteten Bistümer. Alle Skulpturen sind in neuerer Zeit durch den Restaurator Gangolf Minn farblich neu gefasst worden. Um 1740 schnitzte man die Kirchenbänke, die mit ihrer dunklen Farbtönung einen reizvollen Kontrast zu den weiß getünchten Wänden darstellen.

Beachtenswert ist auch die Umgebung von Alt Sankt Maternus. Die kleine Kirche bildet zusammen mit den benachbarten schmucken Fachwerkhäusern der einstigen dörflichen Mitte Rodenkirchens ein malerisches Ensemble. *C.S.*

Historische Ansicht: Alt Sankt Maternus und das Rheinufer.

Blick durch das Mittelschiff in den Chor.

Sankt Matthias

Sankt Matthias

Bayenthal

Mathiaskirchplatz 1
50968 Köln

☎ 0221-384524

• Karte 2, eg7
Ⓗ Bf. Mühlheim
Linien 13, 17, 18, 19

Das Gebiet der Pfarrei Sankt Matthias gehörte im 19. Jahrhundert zur Pfarre Sankt Maternus in Rodenkirchen. Da um 1860 aber bereits etwa 1000 Katholiken in Bayenthal lebten, entstand der Wunsch nach einer eigenen Kirche. Die Kölnische Maschinenbau AG stiftete der Gemeinde ein Grundstück an der Ecke heutige Goldsteinstraße/Bonifazstraße, und wohlhabende Familien ermöglichten durch ihre Spenden die Errichtung eines kleinen Kirchenbaus. Diese 1863 von Vincenz Statz erbaute Kirche fiel im Jahre 1898 einem Wirbelsturm zum Opfer. Sie wurde durch eine neugotische 1902 bis 1904 errichtete dreischiffige Hallenkirche von Theodor Kremer ersetzt, die im Zweiten Weltkrieg bis auf die Mauern zerstört wurde. Von 1949 bis 1952 erfolgte der Wiederaufbau durch Dominikus Böhm unter Mitarbeit von Hanns Rheindorf. Dabei wurden Dächer, Fensteröffnungen und die Rundpfeiler verändert und die Decke in Holzkonstruktion wiederhergestellt. 1989 bis 1991 gestaltete man den Chorraum mit einem neuen Altar, Ambo, Taufstein und Tabernakelstele um. Parallel dazu erhielt der Innenraum eine neue Ausmalung von Walter Prinz, die die strenge Kühle des Nachkriegsbauzustandes mildert: sandsteinfarben gestrichene Säulen tragen die in Blau gehaltene Decke.

Vor der mehreckigen fensterlosen Rückwand des Chores steht der Altar, dessen steinerne Platte aus dem Jahre 1904 stammt. Hanns Rheindorf schuf für die renovierte Kirche den Tabernakel mit Emailarbeiten (1952) und das kupferne Hauptportal (1935/36). Von Dominikus Böhm stammt neben dem Osterleuchter von 1952 auch das Holzkreuz über dem Altar, dessen Korpus der Bildhauer Hermann Joseph Baum 1984 gestaltete. Im 16. oder 17. Jahrhundert entstand die »Anna Selbdritt« von der Hand eines fränkischen Meisters. Die Gemälde des Kreuzwegs gestaltete Paul Plontke (1924), die großen Fenster (»Engelchöre« im Süden und »Lamm Gottes und Kölner Heilige« im Norden) entwarf Eduard Horst 1963 und 1964. Alexander Iven schuf 1923 eine Pietà für die Gefallenengedächtniskapelle (Gewölbemosaike von P. Beyer 1919/20).

Die Orgel mit elf Registern aus dem Jahre 1952 wurde von der Firma Seifert gebaut. *C.S.*

Sankt Mauritius

Sankt Mauritius

Buchheim

Alte Wipperfürther Straße 53
51065 Köln

☎ 0221-696162

• Karte 2, f5
Ⓗ Bf. Mülheim
Linien 13, 17, 18, 19

Buchheim besitzt eine fast vergessene romanische Kirche, die um 1200 erbaut und bis zur Zerstörung durch die Franzosen 1795 als Pfarrkirche genutzt wurde. Bis 1849 blieb Alt Sankt Mauritius Ruine und wurde schließlich als Kapelle des Friedhofs Sonderburger Straße neu hergerichtet. Die 1896 geweihte, durch Wilhelm Blanette und den Architekten Blank erbaute neue Pfarrkirche nahm das traditionelle Patrozinium auf. Im Zweiten Weltkrieg ging die Innenausstattung fast vollständig zugrunde, während die Mauern dem Bombenhagel widerstanden. Eine umfassende Renovierung im Jahre 1990 gab dem Inneren den ursprünglichen Raumeindruck weitgehend zurück.

Sankt Mauritius ist eine dreischiffige Hallenkirche mit polygonalem Chor und einer Zweiturmfassade, wobei die beiden Türme höchst unterschiedlich dimensioniert sind. Beherrschend ist der nördliche Fassadenturm mit seinem sehr spitzen Turmhelm, der von vier kleineren Pyramiden wie von einem Diadem umschlossen wird. Der gesamte Außenbau zeichnet sich durch steile Proportionen und sich überschneidende Dächer mit Dachreitern und Gauben aus. Im Inneren fallen weite Pfeilerzwischenräume und hohe Arkaden auf. Trotz der Kriegszerstörungen haben sich einige Stücke der qualitativ hochwertigen Erstausstattung erhalten. Zu diesen gehören der Taufstein und die Kommunionbänke. Der neugotische Flügelaltar stammt aus Belgien und kam 1984 in die Kirche. 1939 schuf Peter Weber den Kreuzweg, bei dem die einzelnen Stationen auf Mörtelplatten gemalt wurden. Der 1955 von Toni Zenz gestaltete Zelebrationsaltar aus Blaustein ist mit Tiefreliefs geschmückt, die zeigen, wie Märtyrer ihre Kleidung im Blut des Lammes waschen und damit zu wahren Zeugen des Opfertodes Christi werden. Die Chorfenster schuf Hans Zepter, die Fenster des Langhauses wurden von Eduard Horst entworfen (1963 bis 1965). Die Orgel mit 19 Registern lieferte die Firma Romanus Seifert im Jahre 1978. *C.S.*

Der Chor der Kirche.

Eine überzeugende Verbindung von Neugotik und Moderne zeigt der Innenraum von Sankt Mauritius.

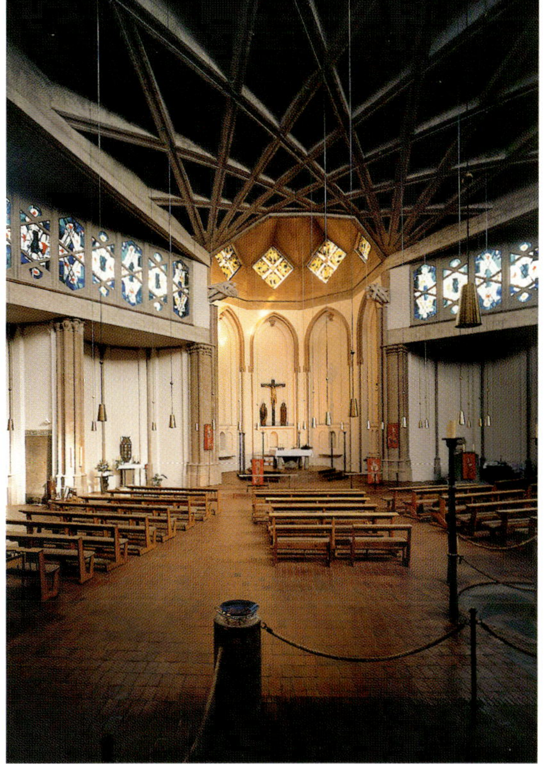

Sankt Mauritius

Die Pfarrkirche Sankt Mauritius ist ein wichtiges Spiegelbild der wechselvollen Geschichte Kölns seit dem Mittelalter: Die bedeutende romanische Kirche wurde 1141 geweiht, 1861 bis 1864 durch einen neugotischen Bau des Baumeisters Vincenz Statz ersetzt, die im Zweiten Weltkrieg stark zerstörte Kirche schließlich 1956 durch Fritz Schaller, unter teilweiser Erhaltung der stehen gebliebenen Reste, mit einem modernen Raumkonzept wiederaufgebaut.

Der erste Kirchenbau, die romanische Kirche, diente gleichzeitig als Pfarr- und Benediktinernonnenkirche. Ihr dreischiffiges, basilikales Langhaus war als erste Kölner Kirche auf Wölbung angelegt; bis dahin besaßen alle Kirchen nur einfache Holzdecken.

Nach der Aufhebung des Klosters 1802 wurde der Westteil der romanischen Kirche versteigert, dann zerstört. Der radikale Abriss von Langhaus und Chor folgte 1859 nach langen Verhandlungen über Instandsetzung oder teilweisen Neubau.

Seit 1861 entstand eine neogotische Kirche nach Plänen des Kölner Baumeisters Vincenz Statz, der unter Zwirner in der Dombauhütte ausgebildet worden war. Die reich gestalteten Ostteile dieser Kirche hatten die gotische Trierer Liebfrauenkirche zum Vorbild. Das dreischiffige, basilikale Langhaus war nach Westen mit einem massiven Turm abgeschlossen. Diese Kirche gehörte zu den eindrucksvollsten historistischen Bauten die im 19. Jahrhundert unter dem Eindruck der Domvollendung in Köln entstanden.

Im zweiten Weltkrieg erlitt die Kirche starke Zerstörungen: Nach 1945 standen nur noch Teile der Außenmauern und der große Turm. Erst ab 1956 erfolgte ein aus Kostengründen verkleinerter Wiederaufbau nach Plänen des Kölner Architekten Fritz Schaller. Er plante unter Erhaltung des Turmes und der unteren Außenmauern eine an den Bedürfnissen neuerer Liturgie ausgerichtete moderne Kirchenraumkonzeption.

Die neugotische Kirche nach dem Zweiten Weltkrieg.

Schaller selbst formulierte seinen Anspruch in einem Brief an die Gemeinde folgendermaßen: Er möchte *»den Neubau aus der alten Substanz formen und zwar so, dass der Gesamteindruck nicht improvisiert wirkt, sondern genauso einheitlich, als wenn es sich um einen Neubau handele.«*

Das einstige Langhaus wurde zu einem dem Kirchenraum vorgelagerten, nach oben offenen Atrium umfunktioniert. Die ehemaligen Ostteile der Kirche sind heute nach Westen mit einer flach vorgewölbten Mauer abgeschlossen, oberhalb der neugotischen Mauern mit modernen Fensterbändern belichtet und mit fächerförmig verstrebter beziehungsweise in der Apsis »gefalteter« Betondecke nach oben geschlossen. Der neue Gemeinderaum Schallers hat den Zentralraumgedanken der Ostteile des zerstörten Baues wieder aufgegriffen und durch Abriss der nach dem Krieg noch bestehenden Vierungspfeiler verstärkt. Neogotische und moderne Bauteile verbinden sich zu einem neuen harmonischen Raumgefüge, das die feiernde Gemeinde um den Altar zusammenschließt. Die ehemaligen Kapellen bilden heute Nischen für verschiedene liturgische Orte, zum Beispiel den Tabernakel, den Ambo, Beichtstuhl und Andachtsbilder. Ein bedeutendes Ausstattungsstück ist das hölzerne Gabelkreuz. Es wurde um 1415 in Köln gefertigt und ist ein später Vertreter des im 14. Jahrhunderts weit verbreiteten »Crucifixus dolorosus«. Die große Kreuzigungsgruppe entstand um

Auch das Luftbild zeigt die gute Verbindung von Alt und Neu.

Sankt Mauritius

Innenstadt

Mauritiuskirchplatz 9
50676 Köln

☏ 0221-9212580
www.st-mauritius-koeln.de

• Karte 1, f6
Ⓗ Mauritiuskirche
Linien 8, 9

1525. Ein Gemälde aus dem 17. Jahrhundert zeigt die Marter des heiligen Reinoldus, im Hintergrund ist eine Kölner Stadtansicht zu erkennen.

An der modernen Ausstattung arbeiteten verschiedene Künstler: Von Franz Pauli stammen die Fenster, Elmar Hillebrand entwarf die liturgische Ausstattung. Bei dieser ist besonders der leicht in den Boden eingetiefte Taufort im Eingangsbereich des Kirchenraumes zu erwähnen. Er erinnert den ankommenden Besucher an seinen persönlichen Eintritt ins Christenleben durch die Taufe. Außen am Turm befindet sich im ehemaligen Hauptportal ein neugotisches Skulpturenprogramm des Dombildhauers Peter Fuchs, das die Martyrien der Heiligen Dionysius, Mauritius und Reinoldus zeigt. Reinoldus unterstreicht die mittelalterliche Zugehörigkeit der Mauritiuskirche zum Kloster Sankt Pantaleon, denn Reinoldus war Mönch in Pantaleon und wurde dort von Steinmetzen, deren Aufseher er war, erschlagen. Das moderne Fenster im einstigen Portal zeigt einen von Ludwig Gies entworfenen steinernen siebenarmigen Leuchter.

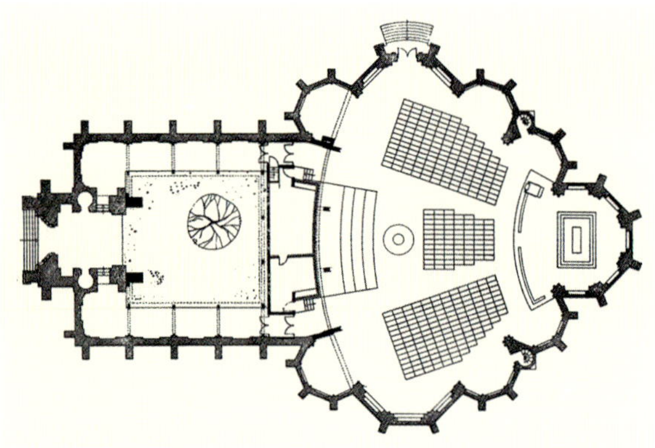

Im Grundriss besonders gut zu erkennen: Die Außenwand ist neugotisch, die Innengliederung modern.

Südlich der Kirche erinnert das »Haus Wolkenburg« an die seit mittelalterlicher Zeit bis zum Jahr 1802 dort bestehende Klosteranlage der Benediktinerinnen. Die mittelalterlichen Klostergebäude wurden im 18. Jahrhundert durch die bis heute bestehenden barocken Bauten ersetzt. *M.S.*

Sankt Maximilian Kolbe

Sankt Maximilian Kolbe

Eil

Theodor-Heuss-Straße
51149 Köln

☏ 02203-33859
www.st-maximilian-kolbe.de

• Karte 2, 87
Ⓗ Theodor-Heuss-Straße
Linie 152, 154

Inmitten einer Hochhaussiedlung entstand 1977/78 nach Plänen von Hans Schilling ein Gemeindezentrum, dessen Mittelpunkt die Kirche Sankt Maximilian Kolbe bildet. Alle Bauten des Zentrums wurden aus Backsteinen errichtet. Die Kirche, auf unregelmäßigem Grundriss, begriff man bewusst als integralen Bestandteil des Gemeindezentrums und als zurückhaltend-bescheidenen Gottesdienstraum. Das schlichte Innere wird durch die seitlich des Altarbereichs liegenden raumhohen schmalen Fenster mit farblosen Gläsern belichtet. Der als Tisch gestaltete Altar ist weit in den Gottesdienstraum hineingerückt. Sein Untergestell zeigt die Fußwaschung, die Hochzeit zu Kanaan, die Speisung der 5000 und die Emmaus-Jünger. Der Altar wie auch die Altarleuchten wurden 1972/73 von Egino Weinert gestaltet. Das Kreuz ist eine Arbeit des Tischlermeisters Tietz. Der Korpus wurde von der Gemeinde Heilig Geist in Gremberghoven gestiftet. Die Backsteinwand hinter dem Altar bedeckt seit 1987 ein nur im Sommer gezeigter Wandbehang, der an den siebten Tag, den Ruhetag Gottes nach der Vollendung der Schöpfung, erinnert. Entworfen wurde die Seidenmalerei von Monika Möller und Monika Jilke. Den Kreuzweg rechts hinter dem Altar gestalteten Diether Valk und Alfred Kupper 1981 in Mosaik-Technik. Die Statue in der Marienkapelle ist eine Kopie der Schwarzen Muttergottes von Tschenstochau. Die bunten Fenster dieser Kapelle stammen von Käthe Bartels.

Ein Stück nackten Betons in dem von Klaus Balke entworfenen Fußboden vor dem Bild Maximilian Kolbes erinnert an den ähnlich beschaffenen Boden des Hungerbunkers im Konzentrationslager Auschwitz. Hier war der 1982 heilig gesprochene polnische Pater Maximilian Kolbe 1941 freiwillig anstelle eines Familienvaters in den Tod gegangen. Auf dem Boden liegt ein schwarzes Holzkreuz aus seinem Geburtsort Zdunska-Wola bei Lodz in Polen. Es wurde der Gemeinde von ehemaligen KZ-Häftlingen zu Ostern 1988 geschenkt. *C.S.*

Unregelmäßige Formen sind ein Merkmal der Kirche.

Blick in den Innenraum von Sankt Mechtern.

Sankt Mechtern

Die Kirche Sankt Mechtern steht auf jenem Platz, an dem der Legende nach der Kölner Stadtpatron Sankt Gereon mit seiner Thebäischen Legion das Martyrium vor den Toren der Stadt Köln erlitt. Der Name Sankt Mechtern ist die mundartliche Veränderung von *»ad martyres sanctos«* – *»Zu den heiligen Märtyrern«*.

Die heutige Kirche hatte bereits mehrere Vorgängerbauten an dieser Stelle. Von der neuromanischen Kirche Eduard Endlers (1909) war nach dem Krieg nur noch ein Rest des seitlichen Turmes erhalten, er wurde 1954 von Rudolf Schwarz in den Neubau übernommen.

Die Kirche ist eng in die Häuserzeile hineingebaut; außen und innen wurde das Betonraster mit abwechselnden Backstein- und Glasbausteinfüllungen zum äußerst schlichten Gestaltungsmerkmal. Im Inneren fügen sich sechs quadratische Pfeiler in das Rasterkonzept ein und tragen die Decke, hier sind die Backsteinfüllungen verputzt.

Der Architekt ist sich der Kargheit des Raumes bewusst: *»Was an Kostbarkeit der Stoffe und Bauweisen fehlen muss, wird ersetzt durch die kostbare Gabe, die ein Bau Gott und dem Volk darbieten kann: die strahlende Herrlichkeit eines groß gearteten Raumes, dessen kostbarster Baustoff das Licht ist. Dieses Licht kommt eigentlich nicht aus einzelnen Fenstern, ... es kommt von überall her. Der Rhythmus der Wände ist wie Teppiche, in die irdischer Stoff und Licht eingewoben wurde.«*

Ursprünglich stand der Altar auf sehr vielen Stufen, die Umgestaltung von 1966 näherte sein Niveau dem des Gemeinderaumes an und fertigte Altar und Ambo neu (Maria Schwarz); gleichzeitig schuf Wilhelm Buschulte die Fenster des Altarraumes. Der hängende Baldachin und der Tabernakel sind ältere Werke von Hanns Rheindorf. In der seitlichen Turmkapelle befinden sich Fresken von Peter Hecker (1956), die Darstellung des heiligen Antonius ist ein winziger Rest der umfangreichen Ausmalung, die Hecker 1928 für den Vorgängerbau geschaffen hatte.

Das Fenster der Krypta (Ludwig Gies, 1956) symbolisiert das Weizenkorn, das in die Erde fällt und reiche Frucht bringt. *M.S.*

Sankt Mechtern

Ehrenfeld

Mechternstraße 6
50823 Köln
☏ 0221-9515360

• Karte 1, c4
Ⓗ Piusstraße
Linien 3, 4

Sankt Michael

Die Kirche Sankt Michael geht auf eine 1656 errichtete Kapelle zurück. Diese wurde 1856 durch einen Neubau ersetzt, der seinerseits bis 1928 bestand. Im Jahre 1902 schenkte der Gutsbesitzer Paul Meller der Gemeinde ein Grundstück auf dem bis 1905 eine dreischiffige neugotische, aus Backsteinen errichtete Pfarrkirche entstand. Der vorgebaute, ebenfalls aus Backsteinen errichtete Turm stammt aus dem Jahr 1956.

Alte Kirche, neuer Turm: Sankt Michael in Eil.

Ein Ausstattungsstück aus der Bauzeit der Kirche ist der neugotische Altar aus hellem Sandstein, der um 1910 geschaffen wurde. Er wirkt durch die Verwendung gotischer Architekturformen wie Fialen, Wimperge, Krabben und Maßwerk wie eine Kapelle. In Kontrast dazu steht der vergleichsweise schlichte marmorne Zelebrationsaltar von 1974/75 und der Ambo. Die Statue der Maria wurde zwar erst 1984 geschnitzt, als Vorbild diente aber eine Kölner Madonna aus der Zeit um 1390.

Der Chorbereich erhielt 1960 eine Neuverglasung nach Entwurfen von W. Eckgold, der im Jahr darauf auch das Kirchenschiff mit Fenstern ausstattete. Im Chor zeigt das mittlere Fenster die Heilige Dreifaltigkeit. Links davon ist die Kirche als Schiff und der heilige Rochus dargestellt. Auf der rechten Seite erkennt man den heiligen Michael und eine Darstellung der sieben Sakramente. Die Fenster im übrigen Kirchenraum illustrieren die Zehn Gebote.

Die Klais-Orgel mit 23 Registern wurde 1976 von der Pfarre in Oberpleis erworben. *C.S.*

Sankt Michael

Eil

Bergerstraße 168
51145 Köln
☏ 02203-33859

• Karte 2, g7
Ⓗ Humboldtstraße
Linie 160

Die Türme von Sankt Michael prägen das Belgische Viertel.

Sankt Michael

Mit Sankt Michael präsentiert sich nach dem Dom und Sankt Agnes die drittgrößte Kirche Kölns. Sie entstand im Zuge der Neustadtplanung und ist bis heute wichtiges Zeugnis für die Intentionen der Stadtplaner zum Ende des 19. Jahrhunderts. 1886 wurde das Grundstück auf dem Brüsseler Platz erworben und Stadtbaumeister Josef Stübben bestimmte gleichzeitig, dass die Hauptfassade der neuen Kirche in der Achse der Maastrichter Straße nach Osten zum Ring und Richtung Dom ausgerichtet werden müsse. Zunächst baute man eine neugotische Notkirche nach Plänen von Heinrich Krings; den beschränkten Wettbewerb für die heutige Kirche im Jahr 1901 gewann jedoch der Architekt Eduard Endler. 1906 konnte der vollendete Bau geweiht werden. Endler hatte sich für neuromanische Bauformen entschieden, mit denen er einen eindrucksvollen Bau realisierte. Eine Doppelturmfront mit mittlerem Eingangsportal weist zur Stadt, die Vierung war ehemals von einer Kuppel mit Vierungsturm bekrönt und der gesamte Bau ist außen und innen mit aufwändigen romanisierenden, manchmal auch byzantinischen Formelementen gegliedert. Verschiedenste Gesteinsarten geben der Kirche ein festlich-farbiges Gepräge. Nach dem Zweiten Weltkrieg wurde der teilweise zerstörte Vierungsturm abgetragen und die ehemaligen Gewölbe durch flache hölzerne Tonnengewölbe ersetzt (Karl Band bis 1956). Trotz der fehlenden Kuppel ist im Inneren bis heute die Weite des Endlerschen Entwurfes spürbar.

Die Pietà und der Kruzifixus sind Werke des Kölner Bildhauers Paul Rautzenberg, der sie Ende der Zwanzigerjahre des 20. Jahrhunderts schnitzte. Die abstrakten Chorfenster stammen von Paul Weigmann (1969), die die Schöpfungsgeschichte darstellenden Betonglasfenster im Langhaus und südlichen Querschiff von Ignaz Geitel (1960). Fritz Zehgruber schuf 1956 den Tabernakel, 1968 fügte Sepp Hürten den heutigen Sockel und das Pyramidendach hinzu.

Die Orgel wurde 1995 von der Firma Sauer gebaut, sie beinhaltet auch Teile der Vorgängerorgel und einer englischen Orgel von 1880, sie hat drei Manuale und 37 Register. *M.S.*

Innenstadt

Moltkestraße 117
50674 Köln
☏ 0221-517751

• Karte 1, e5
Ⓗ Moltkestraße
Linien 1, 7

Sankt Michael

Die ehemalige Pfarrkirche von Niederzündorf liegt inmitten eines ummauerten Friedhofes über dem alten Rheinarm. Um 1155 erstmals erwähnt, gehörte Sankt Michael seit 1362 zum Stift von Sankt Severin. Eine Saalkirche aus Tuffstein mit eingezogener Apsis entstand nach neusten Forschungen bereits um 1040. Das später angefügte nördliche Seitenschiff dieses ersten nachweisbaren Baues diente dem ortsansässigen Adelsgeschlecht, den Herren von Zudendorp, vermutlich als Grablege. 1170 erhielt die Kirche einen reich verzierten Westturm mit Rhombenhelm und einen neuen, dreiseitig geschlossenen Chor. Die Gottesdienste wurden während der Bauarbeiten in die Grabkapelle verlegt. 1691/92 kam es zu größeren Umbaumaßnahmen, an deren Abschluss eine erneute Weihe des Chores stand. Später kamen eine südliche Kapelle und die Sakristei im Norden hinzu. Zugleich wurden die älteren Fenster vergrößert und die Außenhaut der Kirche sowie der Dachstuhl erneuert. Im 19. Jahrhundert kaufte man die Barockausstattung des 1828 aufgehobenen Kölner Cellitinnenklosters, die im frühen 20. Jahrhundert entfernt wurde. Das Jahr 1906 brachte den Abbruch des nördlichen Seitenschiffs. Noch 1945 kam es zur Beschädigung der Kirche, die 1955 ein neues Mittelschiffdach erhielt. Von den Ausstattungsstücken erwähnenswert ist zunächst die im 11. oder 12. Jahrhundert geschaffene, aus Kalksinter der früheren römischen Eifelwasserleitung bestehende Grabplatte der »Adelmuot Laica«, der Angehörigen eines vornehmen Geschlechts. Daneben gibt es in der Kirche eine Holzskulptur des heiligen Michael aus dem 17. Jahrhundert und zwei Tafelbilder des 16. Jahrhunderts aus der Schule des Malers Bartel Bruyn. Im Inneren steht seit der Renovierung von 1993/94 ein Rankenrelief aus Kalkstein, das in der Zeit zwischen dem 7. und dem 9. Jahrhundert geschaffen und früher neben dem Südportal in der Wand vermauert war. Erst seit dieser jüngsten umfassenden Erneuerung weiß man um den hohen baukünstlerischen Wert der Sankt Michaelskirche von Zündorf. *C.S.*

Blick über den Friedhof zur Kirche.

Zündorf

Burgweg
51143 Köln
☏ 02203-82261

• Karte 2, g8
Ⓗ Marktstraße
Linie 164, 501

Minoritenkirche (Sankt Mariä Empfängnis)

Die Gotik hat in Köln nicht erst 1248 mit Baubeginn des Domes Einzug gehalten. Die seit 1221 in der Stadt ansässigen Franziskaner-Brüder waren schneller als das Domkapitel: Sie bauten ab 1245 bis 1260 den gotischen Chor ihrer Kirche. Das sich an den Chor anschließende Langhaus sollte zunächst eine Halle werden, das heißt es waren drei Schiffe bei gleicher Gewölbehöhe geplant. Doch man überlegte es sich anders. Eine Basilika entstand, ein Raum, der von einem hohen Mittelschiff und niedrigeren Seitenschiffen gebildet wird. Die Arbeiten zogen sich bis 1350 hin. 1408 wurde der Kreuzgang vollendet. Im Zuge der Säkularisation wurden die Ordensbrüder Anfang des 19. Jahrhunderts vertrieben und Kirche und Klostergebäude ab 1808 durch die städtische Armenverwaltung genutzt und so vor dem Abbruch bewahrt. 1849 übernahm das Domkapitel das Gotteshaus als Annexkirche der Kölner Kathedrale. 1850 bis 1863 wurde die Minoritenkirche von den Dombaumeistern Ernst Friedrich Zwirner und Richard Voigtel außen und von Vincenz Statz im Inneren renoviert. Die Konventsgebäude legte man ab 1855 bis auf den Kreuzgang nieder, der dann in das 1855 bis 1861 erbaute Wallraf-Richartz-Museum integriert wurde. Den bis 1958 andauernden Wiederaufbau nach schweren Kriegsschäden leiteten die Architekten Albert Weiss und Günter Hagen. Der ehemalige Kreuzgang wurde von Rudolf Schwarz und Josef Bernard in den Neubau des 1955/56 errichteten Wallraf-Richartz-Museum (heute: Kunstgewerbemuseum/Museum für Angewandte Kunst) einbezogen. Die Minoritenkirche wird heute sowohl von den Franziskanern als auch vom Kolpingwerk für Gottesdienste genutzt.

Die Minoritenkirche ist das klassische Beispiel für die Baukunst der »ordines mendicantium«, der Bettelorden, zu denen die Franziskaner, aber auch die Dominikaner, die Karmeliter, die Augustiner-Eremiten und andere zu zählen sind. Der Franziskanerorden wird auch als »ordo fratrum minorum« (Orden der minderen Brüder oder kurz Minoriten) bezeichnet. Die Architektur der Bettelordenskirchen folgte strengen, vom Ideal der Armut und der Predigt geprägten Regeln. Diese verlangten grundsätzlich eine Beschränkung auf das Minimum, so dass Räume von äußerster Kargheit und Klarheit entstanden. Man verzichtete auf ein Querschiff und weitgehend auf allen Zierrat. Statt eines massiven Turmes krönt ein Glockenreiter mit einem 1955 von Elmar Hillebrand geschaffenen Wetterhahn das Dach. Gleichwohl gab es Ausnahmen: Die Kölner Minoritenkirche ist die einzige ihrer Art in Deutschland, die ein offenes Strebewerk aufweist.

Der eingeschossige Chor ist um die Breite des Mittelschiffs eingezogen und wird von fünf Seiten eines Zehnecks nach Osten abgeschlossen. Die in Grautönen gehaltenen Maßwerkfenster mit Szenen aus dem Marienleben stammen von Helmut Kaldenhoff (1963). Alle Fenster des Chores werden von dünnen Rundstäben in je zwei Bahnen geteilt, die einen leeren Kreis im Bogenfeld tragen. Mittelpunkt des Chorraumes ist das Alfelder Retabel. Das Altarbild wurde um 1480 für die Kirche Sankt Nicolai in Alfeld geschaffen und 1889 für die Minoritenkirche erworben. Der Unterbau für das Retabel, die Eisenguss-Leuchter und der Ambo sind Arbeiten von Paul Nagel (1968); der Tabernakel wurde von Klaus Balke angefertigt.

Die Wand des Mittelschiffs wirkt im Gegensatz zur aufgelösten Wandbehandlung der Kathedralgotik massig und flächig. Spitzbogige Maßwerkfenster bilden den Obergaden. Die Seitenschiffwände werden dagegen von kreisrunden Fenstern durchbrochen. Ihre zwischen 1973 und 1978 geschaffene Verglasung stammt von Robert Rexhausen. Von Osten nach Westen vereinfachen sich die Formen im Langhaus, denn der östliche Teil war als »chorus minor«, also als »niederer Chor«, ein Teil der Mönchskirche, während die westlichen Teile, durch einen Lettner vom Osten getrennt, als Laienkirche genutzt wurden. An den westlichen Langhauspfeilern erkennt man eine um 1325/30 gemalte Darstellung der Kreuzigung.

Die nur wenig gegliederte Westfassade wird von einem großen, achtbahnigen Maßwerkfenster von Franz Pauli aus dem Jahr 1967 beherrscht. Es zeigt im Mittelpunkt die im zwölften Kapitel der Offenbarung des Johannes erwähnte apokalyptische Frau, die mit Maria gleichgesetzt wird. Vor dem Fenster steht auf der Empore die 1997 von der Firma Seifert gelieferte Orgel mit 44 Registern.

Die Minoritenkirche ist Grablege zweier herausragender Persönlichkeiten. Für den schottischen Franziskaner-Theologen, den seligen Johannes Duns Scotus (1265 bis 1308), schuf Josef Höntgesberg 1957 einen von der Stadt Köln gestifteten Sarkophag, der im nördlichen Seitenschiff steht. Im südlichen Seitenschiff befindet sich das von Paul Nagel 1991 gestaltete Grab des im selben Jahr selig gesprochenen »Gesellenvaters« Adolf Kolping (1813 bis 1865), der einst als Rektor die Verantwortung für die Minoritenkirche trug, in der er zum Priester geweiht worden war. Kolping gründete 1849 den katholischen Kölner Gesellenverein. Er vertrat eine aus praktischer Nächstenliebe geborene christliche Sozialpolitik, die er der zu seiner Zeit aufkeimenden kommunistischen Ideologie des Karl Marx entgegensetzte. Sein von Johann Baptist Schreiner 1903 geschaffenes Denkmal steht vor der Kirche. *C.S.*

Die Minoritenkirche von Südwesten.

Innenstadt

Kolpingplatz
50667 Köln
☏ 0221-20701143

• Karte 1, g6
Ⓗ Appellhofplatz
Linien 3, 4, 5, 16, 17, 18, 19

In Sankt Monika wurde eine sehr moderne liturgische Raumgliederung realisiert.

Sankt Monika

Sankt Monika

Bilderstöckchen

Ludwigsburger Straße 9
50739 Köln
☏ 0221-5601273
www.jo-mo-pfarreien.de

• Karte 2, d4
Ⓗ Ludwigsburger Straße
Linie 148

Die Kirche Sankt Monika in Bilderstöckchen ist von außen ein schlichter, aus hellen Flachdachkuben zusammengefügter Bau, der seine besten Qualitäten im Innenraum entfaltet. Auf nahezu quadratischem Grundriss realisierte der Architekt Nikolaus Rosiny, ein früherer Mitarbeiter des Architekten Emil Steffan, 1969 einen großzügigen Feierraum, der Altar und Ambo auf ideale Weise anordnet.

Ausgehend von einer Seite ragt ein großes Podest bis in die Mitte des Raumes, welches für Altar, Ambo und Priesterbank Platz bietet. Die Gemeindebänke umschließen das Podest von drei Seiten. Der Altar steht als gemeinsamer Mahltisch tatsächlich im Mittelpunkt der feiernden Gemeinde. Der Ambo hat einen ebenbürtigen Platz leicht erhöht, aber etwas zurückgesetzt, so dass Priester und Lektoren während der Verkündigung niemandem den Rücken zuwenden müssen. Die Priesterbank im Hintergrund ist so angeordnet, dass die dort Sitzenden den Kreis der Gemeinde um den Altar schließen. Vier kräftige Pfeiler tragen ein großes Oberlicht, das den größten Teil des Raumes überspannt und ihn durch seitliche Fensterbänder belichtet.

Siegfried Haas aus Rottweil schuf 1975 die Ausstattungsstücke aus Metall (Altarkreuz, Tabernakel, Ambo, Kreuzweg, Madonna). Aufgrund der Sitzordnung musste das Kreuz über dem Altar für den Blick von allen vier Seiten ein Kreuz bilden. Der auf dem Schoß der Madonna stehende Jesusknabe hat seine Arme weit ausgebreitet, als wolle er den Beter umarmen, gleichzeitig ist diese Geste aber auch Hinweis auf den Kreuzestod Christi. Mitglieder der Gemeinde knüpften den großen Bildteppich hinter der Priesterbank. Er zeigt den auferstandenen Christus als Guten Hirten, rechts davon die Kirchenpatronin Monika mit ihrem Sohn, dem Bischof Augustinus, links die Familie der heiligen Monika.

Die Orgel wurde erst 1993 von der Firma Hugo Mayer aus dem Saarland aufgestellt, sie hat 17 Register und zwei Manuale. Schade, dass man bei der Gestaltung des Prospektes nicht mehr Mut zu moderner Gestaltung hatte. *M.S.*

Sankt Nikolaus

Sankt Nikolaus

Dünnwald

Holzweg 1
51069 Köln
☏ 0221-601871

• Karte 2, f3
Ⓗ Klosterhof
Linie 155

Inmitten einer bis heute ländlichen Umgebung steht die größte der romanischen Kölner Kirchen des rechtsrheinischen Gebietes, die Pfarr- und ehemalige Prämonstratenserinnen-Klosterkirche Sankt Nikolaus, die auf ein wahrscheinlich 1117/18 gegründetes Augustinerchorherrenstift zurückgeht. Dieses wurde vor 1143 mit Prämonstratenserinnen aus Steinfeld in der Eifel besetzt. Seit der Aufhebung des Frauenklosters im Jahre 1803 ist Sankt Nikolaus Pfarrkirche. Von den Klostergebäuden hat sich der umgebaute Ostflügel erhalten. Der Gründungsbau des 12. Jahrhunderts war eine kurze, querschifflose und flachgedeckte Pfeilerbasilika, die schon bald darauf um drei Joche nach Westen verlängert, mit einer Nonnenempore und einem Turm versehen wurde. Der geplante zweite Turm wurde nie verwirklicht. Im 14. Jahrhundert wölbte man das Nordseitenschiff ein und veränderte es um 1640 erneut, diesmal im Stil des Barock. Aus dieser Zeit stammen auch die drei charakteristischen Quergiebeldächer des Nordseitenschiffs und die geschweifte Haube über der Nordost-Apsis. Im Jahre 1875 wurde das Südseitenschiff in romanisierenden Formen erneuert.

Die Quergiebel von Sankt Nikolaus.

Der besondere Schatz der Kirche sind die hervorragend erhaltenen Wandmalereien aus der Zeit um 1500 in der gotischen Sakristei. Sie wurden erst 1934 wieder entdeckt, 1948 bis 1953 freigelegt und zeigen Darstellungen der zwölf Apostel, der Verkündigung an Maria und der Heiligen Sippe. Im Kirchenschiff findet man als weiteres Wandbild auf einem der Pfeiler eine Darstellung Gottvaters mit dem Leichnam Christi. Weitere wichtige Ausstattungsstücke sind das frühere Hochaltarbild mit Kreuzigungsdarstellung aus dem zweiten Viertel des 16. Jahrhunderts, und eine Maria mit Jesuskind aus dem 16. Jahrhundert. Aus der Zeit nach 1945 stammen Altar und Taufstein von Eduard Schmitz, der Osterleuchter von Toni Zenz und der Kreuzweg von Egino Weinert. Die Fenster schuf Hermann Gottfried. *C.S.*

Eine der beiden Querhausfassaden von Sankt Nikolaus.

Sankt Nikolaus

In den Kölner Vororten wie auch in der Altstadt gibt es Kirchen, die ein »Veedel« architektonisch beherrschen. Zu ihnen gehört Sankt Nikolaus in Sülz. Die Kirche wurde im neuromanischen Stil 1906 bis 1909 nach Plänen von Franz Statz, dem Sohn des Architekten Vincenz Statz, aus Tuff und Basalt gebaut. Sie nimmt die Tradition einer seit 1201 nachweisbaren und 1474 während des Burgundischen Krieges niedergelegten Nikolaus-Kapelle am gleichen Ort auf. Durch die Initiative Sülzer Bürger entstand 1877 zunächst eine Notkirche an der Münstereifeler Straße und schließlich das heute bestehende Bauwerk. Die dreischiffige Basilika mit Querhaus und einem Turm mit Rhombenhelm an der Straßenfront wirkt auf den ersten Blick fast wie eine verkleinerte Nachbildung der am Kölner Neumarkt gelegenen Kirche Sankt Aposteln.

Im Inneren fühlt man sich angesichts der 1919 entstandenen neobyzantinischen Mosaike von Johannes Osten in der Hauptapsis und in der Gefallenengedächtniskapelle ins Morgenland versetzt. Das Apsismosaik zeigt Christus als Pantokrator (Allbeherrscher) zwischen Johannes dem Täufer und Maria. Die Fenster des Chores mit den Evangelistensymbolen und die Querhausfenster sind Arbeiten von Heinrich Windelschmidt (1960). Die 24 Obergadenfenster, in denen Früchtegirlanden dargestellt sind, gestaltete Paul Weigmann 1978. Die beiden Wandbilder in den Altarnischen unterhalb des Chores schuf Peter Hecker im Jahr 1960.

Die romanisierende Ausmalung von 1977/78 harmoniert mit den der Kriegszerstörung entgangenen Stücken der Erstausstattung. Zu diesen gehören unter anderem ein 1909 entstandenes Holzrelief hinter dem Priestersitz mit einem Baldachin von A. Schmidt, das Taufbecken von 1892, die 14 Kreuzwegstationen von Ludwig Feldmann und eine Nikolausstatue. Aus dem 20. Jahrhundert stammen die Arbeiten Karl Schuberths: der Tabernakel, die Altarleuchter, der Osterleuchter und das Altarkreuz. Den Altar und den Ambo schuf 1978 Olaf Höhnen. *C.S.*

Sankt Nikolaus

Sülz

Nikolausplatz 17
50937 Köln
☏ 0221-414145
www.nikab.de

• Karte 1, d8
Ⓗ Weißhausstraße
Linien 18, 19

Sankt Norbert

Seit etwa 1910 breitete sich Dellbrück immer weiter nach Westen aus und wurde 1914 in die Großstadt Köln eingemeindet. Inmitten eines, damals noch zwischen Feldern und Gärten gelegenen Gebietes bauten Eduard Endler und sein Schüler Karl Band 1938 bis 1940 eine schlichte Basilika in romanischen Formen mit Doppelturmfront. Hemmnisse beim Bau waren die politischen Verhältnisse der damaligen Zeit, Arbeitskräfte- und Materialmangel, Preissteigerung und vor allem der Beginn des Zweiten Weltkrieges.

Von Anfang an war das Chorhaupt nicht von Fenstern durchbrochen; die weiße Wand war für eine später auch ausgeführte farbige Fassung vorgesehen. Die Kirche wurde unter das Patronat des heiligen Norbert von Xanten, des Begründers des Prämonstratenserordens, gestellt. Den Zweiten Weltkrieg überstand die Kirche – vom Verlust von Dächern und Fenstern abgesehen – einigermaßen intakt. Bald nach Kriegsende, mitten in den schweren Notzeiten, wurde die Kirche mit liturgischem Gerät versehen. Aus ehemaligem Kriegsmaterial entstand beispielsweise der Osterleuchter. Bereits 1946 erhielt die Kirche neue Fenster mit Ornamentalverglasung, die Symbole der sieben Sakramente im Osten und der Gaben des Heiligen Geistes im Westen zeigen. Die Fensterreihe der Seitenschiffe zeigt eine Ornamentverglasung mit Christussymbolen. Die Apsismalerei mit Themen aus der Apokalypse des Johannes schuf Hermann Gottfried in den Jahren 1963 bis 1965. Der Tabernakel entstand 1967 und ist wie auch der Ambo eine Arbeit von Klaus Balke. Der Zelebrationsaltar wurde Sankt Norbert aus Anlass des 50-jährigen Jubiläums der Kirche seitens einer Laienschnitzergruppe gestiftet. Er zeigt Szenen aus dem Leben des heiligen Norbert. 1982 gestaltete Franz Crone den Kreuzweg. Der achteckige Taufstein befand sich früher in Sankt Gereon und ist etwa 900 Jahre alt. Die Orgel mit 25 Registern baute 1957 die Firma Romanus Seifert in Kevelaer. *C.S.*

Die Doppelturmfassade von Sankt Norbert.

Sankt Norbert

Dellbrück

Kopischstraße
51069 Köln
☏ 0221-681248

• Karte 2, g4
Ⓗ Dellbrück Mauspfad
Linien 3, 18

Backstein und schlicht-moderne Bauformen prägen die Junkersdorfer Kirche.

Sankt Pankratius

Sankt Pankratius

Junkersdorf

Am Weidenpesch
50858 Köln
☏ 0221-486976

• Karte 2, b6
Ⓗ Kölner Weg
Linie 143

Die alte Dorfkirche von Junkersdorf ist 1223 in einer Urkunde erwähnt, ein erster Kirchenbau bestand aber wahrscheinlich schon früher. Die schlichte romanische Saalkirche mit Westturm wurde mehrmals durch Renovierungsmaßnahmen und Erweiterungen stark verändert. Seit 1957 diente sie als Kindergarten, 1987 gestaltete man jedoch den ehemaligen Chor wieder zur kleinen Kapelle um.

Als zum Ende des 19. Jahrhunderts die Einwohnerzahl Junkersdorfs stark zunahm, bot die alte Dorfkirche trotz angefügter Seitenschiffe nicht mehr genug Platz für die Gemeinde. Daher weihte man 1908 einen neogotischen Neubau, den Dombaumeister Bernhard Hertel entworfen hatte. Nach dem Krieg wies diese Kirche viele Schäden auf und war wiederum zu klein geworden, so dass sie 1960 einem weiteren Neubau weichen musste. Als Architekt war Bernhard Rotterdam beauftragt worden, der zur gleichen Zeit zusammen mit Willy Weyres das Kurienhaus am Roncalliplatz baute.

Die neue Kirche entspricht dem Kirchenbau der frühen Sechzigerjahre: Im Außenbau ein schlichter Backsteinkubus über L-förmigem Grundriss mit vorgelagertem Atrium auf zierlichen Säulen. In die der Straßenkreuzung zugewandten Ostfassade sind zwölf kleine und eine größere kreuzförmige Öffnung eingebrochen. Seitlich dieser Fassade ragt der 40 Meter hohe Glockenturm empor, der wie die Kirche durch geometrische Betonraster und kontrastierende Backsteinfüllungen gegliedert ist.

Eine tragende Betonbinderkonstruktion gliedert und rhythmisiert den schlichten Innenraum. Gemeinde- und Altarbereich gehen ineinander über, erhalten aber aus gegensätzlichen Richtungen Licht, das durch zahlreiche, in die Betonraster eingelassene abstrakt-farbige Fensterflächen farbig hereinströmt (Fenster: Paul Weigmann).

Die weitere künstlerische Ausstattung stammt von Luise Hundgeburth aus Junkersdorf (Triumphkreuz, 1968) und Emilio Ritz (Kreuzweg, 1958). 1970 errichtete die Firma Josef Weimbs aus der Eifel die Orgel mit 30 Registern. *M.S.*

Sankt Pankratius

Sankt Pankratius

Worringen

Sankt-Tönnis-Straße 33
50769 Köln
☏ 0221-782322

• Karte 2, b1
Ⓗ Sankt-Tönnis-Straße
Linie 120

Am nördlichsten Ende des heutigen Kölner Stadtgebietes liegt Worringen, das 1288 durch die Schlacht von Worringen in die rheinische Geschichte eingegangen ist. Bis heute gibt der Ortskern das ausgesprochen intakte Bild eines niederrheinischen Ortes wieder, die vielen großen Höfe rund um die Kirche bezeugen seine bedeutende Geschichte.

Die frühere Pfarrkirche wurde 1869 zur Schule und später als Wohnhaus umgebaut, der noch erhaltene Turm stammt aus dem 12. Jahrhundert. 1837 erbaute der Architekt Josef Schopen eine neuromanische Saalkirche mit Halbkreisapsis, die 1848 einen Turm erhielt und zwischen 1863 und 1866 nach den Plänen des Architekten Heinrich Nagelschmidt im Inneren zur dreischiffigen Hallenkirche umgebaut wurde.

Beim Eintreten empfängt den Besucher ein unerwartet weiter Hallenraum. Schlanke Säulen tragen das Kreuzgratgewölbe, die zurückhaltend moderne Ausmalung von Hermann Gottfried (1975) und viele historische Ausstattungsstücke bestimmen den Raumeindruck. 1864 entstand die Kanzel, wenig später folgten die Beichtstühle und die Kirchenbänke. Die farbigen Langhausfenster stammen aus der Zeit um 1920, fehlende Scheiben wurden 1965 durch die grau getönten Gläser von Franz Pauli gefüllt. Wilhelm Remmes entwarf 1919 die starkfarbigen Apsisfenster, vier Scheiben zeigen Szenen der Passionsgeschichte (von rechts: Christus am Ölberg, Geißelung, Dornenkrönung, Kreuztragung). 1959 wurde der Chor neu gestaltet, seine gesamte Ausstattung schuf Karl Matthäus Winter aus Limburg (Altar, Tabernakel, Taufstein mit Messingdeckel, bronzenes Altarkreuz und Leuchter), die Apsisausmalung zur Apokalypse stammt von Hermann Gottfried (1975).

Der neuromanische Chor von Sankt Pankratius.

1998 erhielt die Kirche eine neue Orgel, die den barocken Prospekt (um 1750) aus der alten Kirche am Markt übernahm. Die Firma Seifert aus Kevelaer errichtete seitlich zwei zusätzliche Pedaltürme, so war Platz für 31 Register und man konnte trotzdem den denkmalgeschützten alten Prospekt erhalten. *M.S.*

Sankt Pantaleon

Mit Sankt Pantaleon in der südlichen Altstadt ist bis heute eine bedeutende Kirche des 10. Jahrhunderts in großem Umfang erhalten. Sie ist mit den Gräbern von Erzbischof Bruno I., Bruder Kaiser Ottos I., und von Kaiserin Theophanu, der Frau Ottos II., auch kaiserliche Grablege.

Erzbischof Bruno gründete um 957 das Benediktinerkloster Sankt Pantaleon, dem er in seinem Testament viel Geld zur Vollendung von Kloster und Kirche vermachte. 980 wurde die Saalkirche mit östlichen Seitenräumen, flachem Chorschluss, Stollenkrypta und Westwerk geweiht. Wenige Jahre später (ca. 986 bis 1000) wurde die Kirche auf Veranlassung von Kaiserin Theophanu, der byzantinischen Prinzessin, die sich dem griechischen Arzt und Märtyrer Pantaleon besonders verbunden fühlte, erweitert. Man verlängerte das Langhaus nach Westen, errichtete ein neues, monumentales Westwerk und fügte im Osten eine halbrunde Apsis an. Beide Bauphasen der ottonischen Zeit unterstreichen den imperialen Anspruch, den die Mitglieder der kaiserlichen Familie zum Ausdruck bringen wollten und sind in großen Teilen bis heute erhalten. Im 12. Jahrhundert wurde die Saalkirche mit Seitenschiffen erweitert und zu Beginn des 17. Jahrhunderts eine neue Apsis errichtet sowie gotisierende Gewölbe im Mittelschiff eingezogen.

Das im Lauf der Jahrhunderte stark veränderte Westwerk wurde 1890 nach alten Ansichten rekonstruiert. Es zeigt von außen einen außerordentlichen Gliederungsreichtum, der in seiner Entstehungszeit vor dem Jahr 1000 einzigartig war. Der Mauer sind Lisenen, Rundbogenfriese und Pilaster als farbig gestalteter Schmuck aufgelegt. Man findet hier die ersten Würfelkapitelle, die anschließend zur Standardform des romanischen Bauschmuckes wurden. Im Inneren wurde im Dezember 1997 auf der Empore des Westwerkes das »Lapidarium« eröffnet, in dem eine Auswahl der bedeutendsten mittelalterlichen Steinfragmente ausgestellt ist. Von herausragendem kulturellem Wert sind hier die überlebensgroßen ottonischen Skulpturenreste der Westfassade des Westwerkes. Die besonders durch diesen westlichen Baukörper der Kirche überlieferte monumentale Architektur der ottonischen Epoche wird seit 1966 von einem modernen Deckengemälde Gerhard Kadows überfangen, welches das Himmlische Jerusalem thematisiert. Der darunter stehende siebenarmige Leuchter ist ein Werk von Rolf Bendgens (1967).

Das ottonische Westwerk von Sankt Pantaleon.

Das Mittelschiff erhielt nach dem Krieg die heutige Flachdecke, die Dieter Hartmann 1992 mit der Wurzel Jesse und verschiedenen Heiligen bemalte. Ebenfalls nach dem Krieg wurde auch der Lettner wieder nahezu an seinen ursprünglichen Standort gesetzt, von dem er 1695 als Orgelempore vor das Westwerk versetzt worden war. Dieser um 1503 gestiftete Lettner ist der einzige erhaltene mittelalterliche Lettner in Köln. Er erinnert daran, dass fast alle mittelalterlichen Kirchen Deutschlands hohe Schranken oder Lettner besaßen, die den Chor als Ort des Stundengebetes der Kleriker vom Langhaus, das häufig als Laienkirche diente, trennten. Die fehlende Rückwand des Lettners wurde nach dem Krieg neu gestaltet. Elmar Hillebrand schuf den modernen Kreuzaltar unter der Lettnerbühne, über dem das ins 14. Jahrhundert datierte eindringliche Kruzifix hängt.

Auf dem spätgotischen Lettner steht eine Orgel mit dem ältesten erhaltenen Orgelprospekt Kölns von 1652.

Innenstadt

Am Pantaleonsberg 2
50676 Köln
☏ 0221-316655
www.pantaleon-koeln.de

• Karte 1, f7
Ⓗ Barbarossaplatz
Linien 6, 12, 15, 16, 17, 18, 19

Blick auf das bedeutende, 1000 Jahre alte Westwerk von Sankt Pantaleon.

SANKT PANTALEON

Die seit 1963 auf dem Lettner aufgestellte Orgel besitzt das älteste in Köln erhaltene Orgelgehäuse. Es wurde 1652 von einem ansonsten unbekannten Meister Balthasar gebaut und war zuerst als Schwalbennest an der südlichen Mittelschiffswand angebracht, wurde aber bereits 1696 auf dem damals vor das Westwerk versetzten Lettner platziert. Weil die alte Orgel nicht mehr zu restaurieren war, baute die Bonner Firma Klais 1963 ein neues Innenleben für den alten Prospekt. Diese neue Orgel hat drei Manuale und 34 Register.

Der Chor wurde 1747 mit einer barocken Ausstattung versehen, die bis heute gut erhalten ist. Die zentrale Figur des großen Hochaltares aus Stuckmarmor stellt den Kirchenpatron Pantaleon dar, der seitlich von den Heiligen Bruno, Albinus, Quirinus und Sebastian flankiert wird.

Das an die Funktion als Klosterkirche erinnernde Chorgestühl stammt aus dem 14. Jahrhundert, die Fenster gehören zu dem gotisierenden Umbau unter Christoph Wamser (nach 1620) und die moderne Gedenkplatte im Fußboden (Sepp Hürten, 1961) erinnert an den darunter in der Krypta begrabenen Klostergründer Erzbischof Bruno. Gleichzeitig mit dem barocken Hochaltar entstand auch die prunkvolle Kanzel im Mittelschiff.

Im südlichen Querarm befindet sich der Sarkophag der Kaiserin Theophanu, den Sepp Hürten 1965 geschaffen hat. Das Doppelgrab der Grafen von Moers entstand Ende des 15. Jahrhunderts in der Werkstatt des Tilmann van der Burch; Meister Tilmann schuf auch die große Christophorus-Statue im Dom. Zum Kirchenschatz gehören ebenfalls zwei prachtvolle Reliquienschreine, die Schreine des heiligen Maurinus (um 1170) und des heiligen Albinus (um 1186), die jüngst nach Entwürfen von Paul Nagel im Langhaus aufgestellt wurden. *M.S.*

SANKT PAUL

SANKT PAUL

Innenstadt

Lothringer Straße 49
50677 Köln
0221-317666

• Karte 1, g7
Ⓗ Eifelstraße
Linien 6, 12, 15, 16, 17

Sankt Paul gehört zu den großen historistischen Kirchen, die im Zuge der Neustadtplanung entstanden. Sie steht städtebaulich besonders betont auf einem dreieckigen Platz, dessen Spitze zur Ringstraße und zur Ulrepforte, einem Rest der mittelalterlichen Stadtmauer weist. Das Patrozinium erinnert an die im Zuge der Säkularisation 1807 neben Sankt Andreas abgebrochene Altstadtpfarrkirche Sankt Paul und an den Kölner Erzbischof Paulus Kardinal Melchers.

In dem 1903 ausgeschriebenen Neubauwettbewerb waren ausdrücklich nur Entwürfe im romanischen und gotischen Stil gefordert. Aus 78 eingereichten Entwürfen wurde ein der Spätgotik angelehnter Entwurf des Kölner Architekten Stephan Mattar preisgekrönt und von 1906 bis 1908 realisiert. Das in die reich gestaltete Fassade eingefügte Kirchenportal wendet sich nach Osten, der Ringstraße zu. Der Chor liegt im Westen und wird dort von einem Turm bekrönt, der seit dem Krieg seiner drei Helme beraubt ist.

Die Kirche wendet ihr reich gestaltetes Portal nach Osten, der Ringstraße zu.

Im Innenraum beeindruckt die enorme Breite des Mittelschiffs, das zunächst von seitlichen Kapellen begleitet wird, sich vor dem Chor jedoch in Querarme weitet. Die der Spätgotik entlehnten Netzgewölbe wurden 1962 durch die Restaurierung unter Gottfried Böhm wiederhergestellt. Zu den wenigen erhaltenen Ausstattungsstücken gehört die um 1910 entstandene Schutzmantelmadonna, unter deren Mantel Kardinal Melchers, Pfarrer Haas, der Kirchenvorstand und Frauen der Gemeinde dargestellt sind. Paul Simon schnitzte 1929 den ehemaligen Hochalter der Kirche mit verschiedenen Paulus-Szenen und schuf auch den Kreuzweg. Das Gemälde »Disputation der Kirchenväter über die Eucharistie« von Abraham Bloemaert aus Utrecht stammt aus dem 17. Jahrhundert. 1990 wurden im Chor die neugotischen Fenster mit Paulusszenen aus einer abgebrochenen Kirche in Bristol eingebaut.

Die heutige Orgel entstand 1957 für Sankt Aposteln und wurde 1996 der Pfarrei Sankt Paul, deren Orgel seit dem Krieg in einem äußerst desolaten Zustand war, geschenkt. Die Orgel hat 63 Register und vier Manuale. *M.S.*

Der Innenraum von Sankt Peter lebt von der positiven Spannung zwischen modernen Fenstern und historistischer Architektur.

Sankt Peter

Das sich rasant entwickelnde Ehrenfeld benötigte zum Ende des 19. Jahrhunderts eine weitere Pfarrkirche für die neu entstehenden Wohnviertel hinter dem Bahndamm. Am 29. Juni 1901 wurde der von Theodor Roß in neugotischen Formen geplante »Dom vum Ihrefeld« geweiht. Wie die meisten Kirchenbauten des Historismus hat auch dieser einen städtebaulich herausragenden Ort erhalten. Als Standort wählte man eine Stelle an der Subbelrather Straße, richtete die Kirche entsprechend den Gegebenheiten des Platzes nach Norden aus und plante den 62 Meter hohen Südturm genau in der Achse der auf die Kirche zuführenden Platenstraße.

Der eintretende Besucher erlebt bei der Betrachtung des Innenraumes einen anregenden Kontrast von Ruhe und Bewegung. Die großzügige neogotische Halle strahlt mit ihren hochgespannten Gewölben und der hellen Wandfassung Ruhe und Beständigkeit aus. Im positiv spannungsvollen Gegensatz dazu stehen die farbigen Fenster (Hermann Josef Baum, 1978), welche voller Bewegung die vier Elemente veranschaulichen und den Raum in farbiges Licht tauchen.

Im Chor und den Seitenchören befinden sich einzelne Holztafeln zweier ehemaliger neugotischer Altäre, eines Petrus- und eines Marienaltares, die in neuer Zusammenstellung an verschiedenen Stellen platziert wurden. Ein ähnliches Schicksal erlitt nach der Liturgiereform des Zweiten Vatikanischen Konzils auch der 1948 von Johann Hoffmann geschaffene Hochaltar, seine Kupfertafeln schmücken heute unter anderem den neuen Zelebrationsaltar. Von dem Ehrenfelder Künstler Johann Hoffmann stammen auch der in Kupfertreibarbeit ausgeführte Kreuzweg und das Kreuz über dem Altar. In den Turmkapellen stehen weitere wichtige Andachtsbilder, besonders die neugotische Pietà mit wiederhergestellter Farbfassung ist erwähnenswert.

Die Orgel entstand 1912 für die Abteikirche Marienstatt, wurde 1965 an die Pfarrei Sankt Peter verkauft, dort 1987 von der Firma Siegfried Sauer, Höxter restauriert und erweitert sowie mit einem neogotischen Prospekt aus den Niederlanden versehen. Sie besitzt drei Manuale und 46 Register. *M.S.*

Ehrenfeld

Simarplatz 7
50825 Köln
☏ 0221-551420

• Karte 1, c2
Ⓗ Subbelrather Straße/Gürtel
Linien 5, 13

Sankt Peter

Mit Sankt Peter und Sankt Cäcilien bestehen in Köln die letzten von ursprünglich vielen Doppelkirchen. Die Pfarrkirche Sankt Peter steht neben der ehemaligen Stiftskirche Sankt Cäcilien, ähnliche Kombinationen gab es bei vielen anderen der bis heute erhaltenen romanischen Kirchen. Nach der Aufhebung von Stiften und Klöstern durch die Säkularisation im Jahr 1802 wurden in mehreren Fällen die größeren und prachtvolleren Stifts- und Klosterkirchen den Pfarrgemeinden übertragen und die benachbarten Pfarrkirchen abgerissen. Alleine Sankt Peter blieb als Pfarrkirche bestehen, da Sankt Cäcilien als Krankenhauskirche des in den Stiftsgebäuden eingerichteten Bürgerhospitals umgenutzt wurde.

Ein erster Kirchenbau an dieser Stelle entstand vermutlich im 9. oder 10. Jahrhundert. Die alte Legende, dass hier die erste Kölner Bischofskirche gestanden habe und daher die Pfarrkirche auch das Patrozinium Sankt Peter besitze, konnte durch Ausgrabungen nicht bestätigt werden. Mitte des 12. Jahrhunderts wird Sankt Peter erstmals als Pfarrkirche des Stiftes Sankt Cäcilien genannt. Aus dieser Zeit ist bis heute der Turm erhalten. Unter Pfarrer Peter von Nassau wurde von circa 1515 bis um 1530 ein äußerst anspruchsvoller Neubau errichtet, der das große Selbstbewusstsein einer der größten und ältesten Pfarreien der Stadt ausdrückt. Diese spätgotische Kirche war der letzte gotische Kirchenneubau in Köln und ist inzwischen die einzige noch in gotischer Gestalt bestehende mittelalterliche Pfarrkirche der Stadt. Sie besteht bis heute als dreischiffige Pfeilerbasilika mit polygonaler Apsis und den für eine Kölner Pfarrkirche charakteristischen Emporen. Durch

Sankt Peter von außen.

Innenstadt

Jabachstraße 1
50676 Köln
☏ 0221-9213030
www.sankt-peter-koeln.de

• Karte 1, g5/6
Ⓗ Poststraße
Linien 3, 4, 16, 17, 18, 19

Das neu gestaltete Innere lässt Raum für Liturgie und Kunst.

den Verzicht auf die Emporen im östlichen Langhausjoch entsteht dort im Inneren eine Art Querhaus, das aber nach außen nicht sichtbar ist.

Nach umfangreichen Kriegsschäden im Zweiten Weltkrieg wurde die Kirche mit wenigen Veränderungen wieder aufgebaut: Die zerstörten spätgotischen Gewölbe sind durch eine flache Holzdecke ersetzt worden und die neuen Dächer erhielten eine sehr viel flachere Neigung.

Aufgrund großer statischer Probleme und damit verbundenen tief greifenden Bauschäden waren zwischen 1997 und 2000 ausgedehnte Sanierungsmaßnahmen notwendig. Abgesehen von komplizierten Arbeiten am Mauerwerk wurden folgende Änderungen durchgeführt: Die dunkle Holzdecke der Fünfzigerjahre ist durch eine helle, etwas höher angebrachte Flachdecke ersetzt worden, die das Aufwärtsstreben der gotischen Architektur besser unterstreicht, wenn sie auch den mittelalterlichen Raumeindruck nicht annähernd wiedergeben kann. Der ehemalige Backsteinfußboden wurde durch einen grauen Estrich ersetzt, mit dem die Architekten Ulrich Wiegmann & Bernd Trübenbach ein Material wählen wollten, das sich selbst zurücknimmt und wichtigeren Architekturelementen Raum gibt. Die von Karl Band entworfenen Bänke der Nachkriegszeit wurden durch einzelne Stühle ersetzt, die nur zu den Gottesdiensten aufgestellt werden. Außerhalb der Messen ist der Kirchenraum leer. Auf Wunsch von Joachim Kardinal Meisner wurde das ehemalige Hochaltarbild, die »Kreuzigung Petri« von Peter Paul Rubens wieder im Chor aufgestellt. Auf einer Wandscheibe kann die »Kreuzigung Petri« und die »Berufung des Paulus« von Cornelis Schut durch einen aufwändigen Mechanismus wahlweise gezeigt werden. Die Altarbilder und die Fenster der Renaissance bilden eine Einheit mit der Altarskulptur »Guruz Aldare« (Kreuzaltar) des

Die Kreuzigung Petri von Peter Paul Rubens.

Sankt Peter (links) und Sankt Cäcilien um 1840.

spanischen Bildhauers Eduardo Chillida (1924 bis 2002). Der endgültige Ort des aus Kreuzelementen aus Granit zusammengestellten Altares wird noch diskutiert.

Die um 1530 eingesetzten Fenster bilden den letzten Höhepunkt der mittelalterlichen Glasmalerei in Köln. Im Chor ist von links nach rechts die Kreuztragung, der Kalvarienberg und die Beweinung Christi zu sehen. Die bedeutenden spätmittelalterlichen Glasmalereien dokumentieren ähnlich wie die wenig älteren Nordseitenschifffenster des Domes den stilistischen Übergang von der Gotik zur Renaissance.

Das wohl bekannteste Ausstattungsstück der Kirche ist das Gemälde der Kreuzigung Petri. Ein Werk, das Peter Paul Rubens im hohen Alter 1638 als Auftrag des Kölner Kaufmanns Eberhard Jabach malte. Rubens hatte seine Kindheit in der Pfarre Sankt Peter verbracht, und sein Vater, der aus Antwerpen geflohene Jurist Joan Rubens, ist hier begraben. Im Erdgeschoss des romanischen Turmes ist die Taufkapelle mit dem Taufbecken von 1569 eingerichtet. Neben der Pietà aus der Zeit um 1410 und der Madonna um 1470 ist auch das spätgotische Passionstriptychon aus dem Jahr 1530 hervorzuheben, dessen geschnitzter Innenteil zur Zeit wieder zusammengesetzt wird. Im Rahmen der jüngsten Sanierung wurden beide Orgeln, die Chororgel und die Hauptorgel auf der Empore, von der Kölner Orgelbaufirma Peters überholt und erweitert und mit modernen Prospekten versehen.

Die Kirche Sankt Peter ist als »Kunst-Station Sankt Peter« mit Ausstellungen moderner Kunst international als Zentrum für zeitgenössische Kunst und Musik bekannt geworden. Jesuitenpater Friedhelm Mennekes gibt hier dem Dialog von Theologie, Kunst und Musik Raum und arbeitet sehr entschieden für die Auseinandersetzung zwischen Kirche und zeitgenössischer Kunst. *M.S.*

Die Kirche ist ein herausragendes Beispiel des »Neuen Bauens« im Rheinland nach 1918.

Sankt Petrus Canisius

In dem bis 1932 »Kalkerfeld« genannten Vorort entstand in den Jahren 1929 bis 1932 nach Plänen der Architekten Wilhelm Riphahn und Caspar Maria Grod die so genannte »Weiße Stadt«, die damals den Übergang zum aufgelockerten Zeilenbau markierte. Dem Stil der Siedlung entspricht die 1930/31 durch Riphahn und Grod erbaute, massig wirkende Kirche Petrus Canisius, eine der bedeutendsten modernen Kirchen Kölns aus der Zwischenkriegszeit. In den Jahren nach 1945 ist der Turm mit Eternitplatten verkleidet worden, die seither den strahlend weißen Putz verdecken. Die Fenster des Chores wurden vermauert, so dass die von den Erbauern gewünschte Helligkeit nicht mehr vorhanden ist. Die jetzige Innenraumgestaltung wurde Anfang der Neunzigerjahre durch das Architekturbüro Maria Schwarz und Partner durchgeführt.

Die Saalkirche mit einem halbrunden Chor, einer vorgelagerten Arkadenlaube und einem seitlichen schlanken Vierkantenturm wurde insbesondere unter Verwendung von Stahlbeton errichtet. Die als Längsbau konzipierte Kirche weist auf den Weg der Gläubigen zum Altar hin. Ursprünglich war das Kirchenschiff mit seinem hochgezogenen Mittelteil in abgestuften Blautönen gefasst. Franz Seiwert hatte im Einklang mit dieser Farbe in den späten Zwanzigerjahren Fenster geschaffen, die 1956/57 und 1963 durch Arbeiten von Wilhelm de Graaff ersetzt wurden. Diese bestehen aus kleinen, zu Bändern zusammengefassten Quadraten. Seine Chorfenster zeigen die zwölf Apostel. Zur Ausstattung der Vorkriegszeit gehört der Tabernakel von 1930/31, ein Werk des Bildhauers Eduard Schmitz. 1937 schuf der Frankfurter Bildhauer Reimann die Statuen des heiligen Petrus Canisius und des heiligen Joseph. Seit dem Zweiten Weltkrieg entstanden unter anderem eine Marienstatue von Eduard Schmitz, sowie Volksaltar, Bronzeleuchter und Ambo von Sepp Hürten. Der Turm wurde 1963 mit einer Bekrönung von Herbert Calleen versehen. Die Orgel lieferte 1968 die Firma Peter in Köln-Mülheim. *C.S.*

Sankt Petrus Canisius

Buchforst

Voltastraße 32
51065 Köln
☏ 0221-625189

• Karte 1, l3
Ⓗ Waldecker Straße
Linie 3

Sankt Pius

Zollstock entwickelte sich nach seiner Eingemeindung 1888 zu einem dicht besiedelten Kölner Stadtbezirk. 1908 entstand zunächst eine Notkirche, die bereits 1913 bis 1915 durch einen Neubau von Eduard Endler ersetzt wurde. Auch wenn bereits Messe gefeiert wurde - Sankt Pius blieb bis zum weiteren Ausbau ein Torso. Erst ab 1931 kamen Chor und Turm hinzu. Die 1932 endgültig fertig gestellte Kirche wies Formen verschiedener Baustile von der Spätgotik über die Renaissance zum Barock auf. Im Zweiten Weltkrieg wurde sie schwer beschädigt. Der Wiederaufbau erfolgte durch Karl Band von 1946 bis 1951. Der Architekt verband die noch erhaltenen Teile der Kirche mit einem erweiterten, auf einer Seite vollständig durchfensterten Chor zu einer architektonischen Einheit. Das Hauptschiff versah Band mit einer leicht gewölbten hölzernen Kassettendecke. Der Turm wurde aus Backsteinen bis 1956 neu errichtet. 1974 erhielt der Innenraum im Zuge einer Renovierung eine neue farbliche Fassung. 1989 weihte der Kölner Erzbischof Joachim Kardinal Meisner die Darstellung »Das Tor in die Zukunft« von Wilhelm Buschulte an der vorderen Stirnwand des Chorraumes.

Nach dem Abschluss der grundlegenden Wiederaufbauarbeiten nach 1945 erhielt die Kirche nach und nach ihre Ausstattung: Die Chorfenster mit dem Thema »Das Himmlische Jerusalem« schuf 1957 Hans Lünenborg; die bunten Fenster des Langhauses Wilhelm Buschulte in den Jahren von 1960 bis 1962 und die Fenster der Krypta Will Thonett (1955/56). Nach dem Vorbild des Hochaltarkreuzes der Kirche Sankt Antonio in Padua gestaltete Herbert Belau das 1961 im Chor angebrachte Kreuz. Altar, Tabernakelstele und Osterleuchter sind Arbeiten von Karl Matthäus Winter aus dem Jahr 1966. Von diesem Künstler stammt auch die Madonna auf dem Gefallenen-Gedenkaltar von 1963. Das Bild der »Heimsuchung Mariens« in der Marienkapelle malte ein unbekannter Meisters des 17. Jahrhunderts.

Die Orgel der Firma Romanus Seifert in Kevelaer wurde 1954 geweiht.

Seit 1999 steht vor der Kirche eine Statue des heiligen Papstes und Märtyrers Pius I. (Pontifikat 142 bis 155), ein Werk des Bildhauers Titus Reinarz.

Der Kaplan Josef Richard Frings (1887 bis 1978), der von 1910 bis 1913 an Sankt Pius seinen Dienst versah, wurde 1942 Erzbischof von Köln. *C.S.*

Chor und Turm von Sankt Pius.

Sankt Pius

Zollstock

Gottesweg 14
50969 Köln
☏ 0221-362636
www.St-Pius.net

• Karte 2, d6/7
Ⓗ Gottesweg
Linie 12

Der abgegrenzte Bereich von Kirche und Gemeindezentrum ist aus der Luft gut zu erkennen.

Sankt Pius X.

Sankt Pius X.

Flittard

René-Bohn-Straße 7
51061 Köln
☏ 0221-662381

• Karte 2, e3
Ⓗ Arthur-Hautzsch-Straße
Linie 152

Als der Architekt Joachim Schürmann die Kirche Sankt Pius X. 1958 mitten in die bereits bestehende Siedlung hineinplante, leitete ihn der Gedanke, der Wohnbebauung mit ihren vielfältigen, manchmal unruhigen Bauformen einen *»heiligen Bezirk der Stille«* entgegenzusetzen.

Das auf leicht erhöhtem Areal errichtete, ungewöhnlicherweise durch eine lange Mauer vollkommen abgesonderte Gemeindezentrum mit Kirche, Kirchturm und Pfarrheim erinnert tatsächlich an einen antiken Tempelbezirk oder eine Klosteranlage. Die Mauer wirkt jedoch nicht abweisend, sie signalisiert stattdessen nach außen und innen, dass sich in ihrem Schutz besonderes Leben abspielt. Die Kirche wurde 1961 geweiht, sieben Jahre zuvor war ihr Titelpatron, der 1914 verstorbene Papst Pius X., heilig gesprochen worden.

Der höhere Mittelteil des Gotteshauses wächst als schieferverkleideter Kubus über die Einfriedung hinaus. Material und Form kontrastieren zu dem 23 Meter hohen runden Turm, der die Mitte des gesamten Areals kennzeichnet und von der »Engelswolke«, einer Plastik Werner Schürmanns bekrönt wird. Nur zwei Portale ermöglichen den Zugang zum Kirchenbezirk. Die beiden Türstürze aus Basalt wurden von Rudolf Peer geschaffen, im Osten ist Johannes der Täufer mit dem Gotteslamm zu sehen, im Westen wehrt Michael das Böse in Gestalt des Drachens ab. Im Inneren tragen vier in den Raum gestellte Stahlsäulen das Dach und die mit Holzschindeln verkleideten Umfassungswände (man vergleiche Sankt Stephan in Lindenthal, wo Schürmann einen ähnlichen Raumkörper realisierte, der dort aber von zwölf (!) Säulen getragen wird). Dach und erhöhte Seitenwände sind durch zwei helle Lichtbänder vom Unterbau der Kirche getrennt und scheinen dadurch über dem Raum zu schweben. Das untere Fensterband mit Engels- und Heiligenköpfen entwarf Paul Weigmann.

Das Taufbecken und der Altar mit kleinen Darstellungen von Lamm und Ecclesia stammen ebenfalls von Rudolf Peer, die Mariensäule schuf Hans Karl Burgeff 1964. *M.S.*

Sankt Quirinus

Sankt Quirinus

Mauenheim

Bergstraße 89
50739 Köln
☏ 0221-743549
www.mauniewei.de

• Karte 2, d4
Ⓗ Bergstraße
Linie 137

Die Mauenheimer Höfe, die die Keimzelle des späteren Nippes bildeten, besaßen schon im Mittelalter eine Quirinuskapelle. Bei der Namensgebung für die in den Zwanzigerjahren des 20. Jahrhunderts errichtete Pfarrkirche der gerade entstandenen »Nibelungensiedlung« ließ sich noch nicht ahnen, dass man damit an das alte Patrozinium angeknüpft hatte.

1927 wurde die Kirche nach Plänen des Architekten Eduard Endler gebaut. Der damalige Pfarrer Peter Schreiber wählte sehr bewusst die Bauform der frühchristlichen Basilika, da diese *»so vollkommen und geradezu ideal der Liturgie angepasst«* sei. Nach dem Zweiten Vatikanischen Konzil wurde die Kirche 1966 im Inneren durch die Architekten Emil Steffan und Nikolaus Rosiny den neuen liturgischen Anforderungen angepasst. Dabei veränderte sich auch der Außenbau entscheidend: Die kräftigen, der Architektur der Zwanzigerjahre entstammenden Stufengiebel wurden entfernt und an ihrer Stelle schlichte basilikale Fassaden errichtet, welche besser mit dem alten Gedanken der frühchristlichen Basilika harmonierten. Im Inneren wurde der Altar mehr in die Mitte der Gemeinde, in Richtung Langhaus gerückt. Bis heute fühlt man sich im Innenraum tatsächlich in eine römische, frühchristliche Basilika versetzt: Die Säulen tragen gerade Balken, das Mittelschiff besitzt glatte Obergadenwände sowie Rundbogenfenster und über beziehungsweise hinter dem Altar spannt sich der große ungegliederte Halbkreis der Apsis. Seitlich der Kirche entstand mit dieser Umgestaltung ein Glockenturm, der aber erst 1976 seine heutige Höhe von 24 Metern erhielt und mit einer Wetterfahne bekrönt wurde, die Quirinus mit dem Mauenheimer Wappen zeigt (Klaus Balke, 1977).

Altar, Tabernakel und Ambo sind Werke Klaus Balkes (1973). Der Corpus des Altarkreuzes stammt aus der Zeit um 1420; die barocken Skulpturen der Madonna (um 1700) und des Erzengels Michael (um 1720) sind Erwerbungen aus der Schweiz. Die seitlich stehende Orgel baute 1969 die Firma Weyland, Architekt Nikolaus Rosiny entwarf den Prospekt. *M.S.*

Römische Bauformen bestimmen bis heute den Innenraum von Sankt Quirinus.

Klassizismus in Köln: die Fassade der Remigius-Kirche.

Sankt Remigius

Das Sürther Ehepaar Breuer stiftete 1828 eine neue Pfarrkirche, die von dem Kölner Domzimmermeister Johann Josef Baudewin errichtet und 1830 dem heiligen Remigius geweiht wurde. 1901 ergänzte Heinrich Renard die Kirche um zwei Sakristeien und gestaltete den Innenraum um. Nach zahlreichen Renovierungen und Neuausmalungen wurde das Innere 1998 weitgehend in den Originalzustand zurückversetzt.

Die Kirche, der End- und Höhepunkt einer malerischen Allee, ist eine aus Backsteinen erbaute klassizistische Basilika mit Werksteingliederung. Die Kirche vereint Formen verschiedener Epochen. Die Turmhaube erinnert an barocke Architektur, wohingegen das Innere des Rechteckbaus reinsten Klassizismus mit Gotik verbindet. Dorische Säulen tragen die Flachbögen unter einem verputzten hölzernen Kreuzrippengewölbe im breiten Mittelschiff und Kreuzgratgewölben in den schmalen Seitenschiffen. Die ursprüngliche Ausstattung erwarben die Stifter aus der 1828/29 abgebrochenen Kirche Sankt Johannes Evangelist, die sich bis dahin an der Südseite des Domes befunden hatte. Dazu gehörten insbesondere die Triumphkreuzgruppe, die beiden barocken Beichtstühle in den Seitenschiffen, die Kanzel, sowie der viertürige innere Windfang. Die Triumphkreuzgruppe des ehemaligen Hochaltares befindet sich seit der Umgestaltung von 1901 unter der Orgelempore. Aus dem Jahr 1901 stammen auch der prächtige Baldachin über dem Altar, dessen Figuren von Ferdinand Hachenberg geschnitzt wurden und der Marmorboden im Chorraum. Zur gleichen Zeit gestaltete Heinrich Schmitz die Pietà an der Westfassade. Um 1720 entstanden das Vortragekreuzes und die Mondsichelmadonna im Chorraum. Aus der gleichen Epoche stammt auch die Figur des Kirchenpatrons. Hermann Paul Simon schuf in den Dreißigerjahren des 20. Jahrhunderts drei weitere Heiligenfiguren. Der heutige Altar ist eine Arbeit von Theo Heiermann (1971). Er gestaltete auch den Tabernakel (1972) und den Ambo (1980). Die Fenster der Kirche entwarf 1954 H. Mettmann. Die Orgel wurde 1854 bei der Firma Sonreck bestellt und mehrfach renoviert, zuletzt im Jahre 1998. Im Jahre 2000 wurden die beiden Konchen in der Westfassade mit von dem Bildhauer Matthias Heiermann geschaffenen lebensgroßen Figuren der Apostel Petrus und Andreas besetzt. *C.S.*

Sürth

Rheinaustraße 6
50999 Köln
☏ 02236-64577

• Karte 2, f8
Ⓗ Kölnstraße
Linien 130, 131

Sankt Rochus

Zu Beginn des 20. Jahrhunderts war Bickendorf noch ein beschauliches Dorf, das sich seit 1914 durch die umfangreich entstehenden Siedlungen schnell zu einem großen Kölner Vorort entwickelte. Vor der Errichtung der heutigen Rochuskirche bildete die um 1670 erbaute Rochuskapelle an der Venloer Straße den kirchlichen Mittelpunkt des Dorfes. Sie gehörte ursprünglich als Hofkapelle zu einem großen Gutshof. Die heute nur noch in Teilen bestehende Kapelle ist das älteste erhaltene Bauwerk Bickendorfs.

Der heilige Rochus lebte Anfang des 14. Jahrhunderts in Südfrankreich. Als junger Mann verschenkte er seinen ganzen Besitz an die Armen und zog als Pilger durch die Welt. Auf dem Weg nach Rom heilte er viele Pestkranke mit Hilfe des Kreuzzeichens. Auf der Rückreise erkrankte Rochus selber an der Pest und legte sich zum Sterben nieder. Der Legende nach erschien ihm jedoch ein Engel und sprach ihm Mut zu, ein Hund brachte ihm jeden Tag frisches Brot. Der Heilige gesundete und zog zurück in seine Heimat, wo er als Spion verdächtigt wurde und nach fünf Jahren im Gefängnis starb. Rochus wird als Helfer gegen die Pest und als Patron der Kranken und der Gefangenen verehrt.

Seit 1847 entstand im Nordosten des alten Dorfes die neue Pfarrkirche. Zunächst errichtete man nach Plänen des damaligen Dombaumeisters Ernst Friedrich Zwirner eine neoromanische Backsteinsaalkirche ohne Turm. Von 1880 bis 1885 folgten unter Leitung des Architekten August Lange der Anbau des großen Westturmes und der Ausbau des Kirchenrau-

Der kräftige Turm von Sankt Rochus beherrscht ganz Bickendorf.

Bickendorf

Rochusstraße 141a
50827 Köln
☏ 0221-9535037

• Karte 1, b1
Ⓗ Äußere Kanalstraße
Linien 3, 4

mes durch Anfügen eines Hallenquerschiffs und des Chores. Wenige Jahre vorher hatte August Lange die Immendorfer Servatiuskirche errichtet, die der Rochuskirche in vielen Details ähnelt. Am 30. Mai 1942 brannte die Kirche nach einem Bombenangriff aus. Hans Peter Fischer, der 1928 die benachbarte Dreikönigenkirche gebaut hatte, errichtete 1949 das kriegszerstörte Langhaus mit vereinfachten Formen neu. In den Jahren 1983 und 1999 wurden unter Leitung des Architekten Hanns Josef Schäfer Innenrenovierungs- und Restaurationsarbeiten durchgeführt. Dabei erhielt die Kirche eine einheitliche helle Farbgestaltung.

Der kräftige, auf viereckigem Grundriss errichtete Westturm beherrscht bis heute das Bickendorfer Ortsbild. Die einzelnen Turmgeschosse sind mit aufwändigen Gliederungen abwechslungsreich gestaltet. Verschiedenfarbige Backsteine und extra hergestellte Formsteine, kleine Sandsteinsäulchen und nicht zuletzt das tief heruntergezogene Rhombendach machen den Turm zum Schmuckstück des Ortes. Das nach dem Krieg wiedererrichtete Langhaus ist äußerlich ganz ungegliedert, erst das vorspringende Querhaus und der Chor sind wieder mit reichen Gliederungen, insbesondere verschiedensten Rundbogenfriesen geschmückt.

Den eintretenden Besucher empfängt ein freundlicher Raum, der auf den ersten Blick nur noch wenig mit dem historistischen Äußeren gemeinsam hat. Klare Formen gliedern die hell verputzten Innenwände,

Die Skulpturen im Chor.

Der Gemeinderaum mit moderner Raumfassung.

eine schlichte hölzerne Flachdecke schließt den Raum nach oben ab. Einzig die Vierungspfeiler und die gewölbte Apsis erinnern noch an den ursprünglichen Innenraum. Die Apsis zeigt eine reiche Mischung aus romanisierenden und gotisierenden Formen. Im unteren Wandgeschoss ist die Mauer mit tiefen Nischen und Rundbogenfriesen auf abgestuften Konsolen ausgehöhlt, darüber umzieht ein von gotisierenden Kapitellen getragenes Gesims die gesamte Apsis. Fünf große Rundbogenfenster lassen zwischen sich nur noch schmale Mauerstücke stehen, denen dünne Säulchen aufgelegt sind, die – ebenfalls mit aufwändigen Kapitellen ausgestattet – die Gewölberippen tragen. Diese Gliederung lässt den ehemaligen Reichtum auch des Inneren der Kirche erahnen.

Die vier historischen Skulpturen in der Apsis stammen zum Teil aus der alten Rochuskapelle beziehungsweise aus der Ossendorfer Fronhofkapelle, die 1849 abgerissen wurde. Die Pietà ist ein Werk der Zeit um 1470. Paul Weigmann entwarf 1966 die hellen, mit geometrischer Ornamentik gestalteten Fenster. Die gesamte moderne Ausstattung schuf Walter Prinz anlässlich der Innenraumrestaurierung 1966. Dazu gehören der Altar, das Altarkreuz, der Tabernakel mit Ewig-Licht-Leuchter, der Ambo, die Leuchter und die Türgriffe. *M.S.*

Salvator

Die Salvatorkirche ist ein typischer Bau der Fünfzigerjahre-Architektur. Sie entstand 1958 nach Plänen des Kölner Architekten Theodor Kelter. Von außen sind zwei schlichte Gebäudekuben sichtbar: ein lang gestreckter rechteckiger Bau mit äußerst flachem Satteldach und ein frei stehender, sich nach oben leicht verjüngender, viereckiger Glockenturm mit schrägem Abschluss an der Spitze. Die Außenhaut beider Baukörper zeigt den starken Kontrast von hellem Putz und roten Backsteinen. Nur die westliche Eingangsfront und die Wand zur Rechten des Altares sind durch große Betonwabenfenster geöffnet, die dem Außenbau wichtige Akzente verleihen und gleichzeitig im Inneren eine gezielte Lichtregie entfalten.

Der kastenförmige Innenraum strahlt Harmonie und Wärme aus, die durch die einfache Baugestalt und das Zusammenspiel der Materialien und Ausstattungsstücke hervorgerufen wird. Wie am Außenbau ist auch hier eine Wand hell verputzt, die andere backsteinsichtig. Seit der Renovierung 1980 ist die asymmetrisch geknickte Decke holzverkleidet. Parallel zur ungleichseitigen Decke ist auch der Altar

Blick zum Chor mit dem Natursteinmosaik.

seitlich aus der Raumachse verschoben, dadurch erhalten Ambo und Kanzel auf der linken Seite mehr Platz und größere Bedeutung.

Die Altarwand ist durch das große Mosaik des Salvatorianerpaters Ivo Schaible (1973) geschmückt, in dessen Mittelpunkt der verklärte Christus aus der Geheimen Offenbarung thront. Dieses aus verschiedensten Natursteinen erstellte Mosaik fügt sich dem Raum sensibel ein und bildet seinen künstlerischen Höhepunkt. Altar, Kanzel und Kommunionbank sind Werke von Rudolf Peer (1958). Auf der Kanzel ist die Aussendung der Jünger dargestellt. Wilhelm Nöthen schuf den Tabernakel (1965). Von Bernd Hartmann-Lintel stammt die Madonna im Silbermantel (1959) und der Tabernakel (1964). Die Orgel ist ein Werk der niederländischen Firma Verschueren (1963). Sie besitzt zwei Manuale und 23 Register mit 1518 Pfeifen. *M.S.*

Salvator

Weidenpesch

Schlesischer Platz 2a
50737 Köln
☎ 0221-746915
www.mauniewei.de

• Karte 2, d4
Ⓗ Mollwitzstraße
Linien 6, 12, 15

Schmerzhafte Mutter

Die Bewohner der Siedlung Lindweiler feierten zehn Jahre lang Gottesdienst in einer Notbaracke, bevor am 28. Juni 1981 endlich die lang gewünschte Kirche geweiht werden konnte. Obwohl durch Autobahn und Militärring räumlich von ihr getrennt, gehört die Marienkirche als Filialkirche zur alten Longericher Pfarrgemeinde Sankt Dionysius.

Der Bau des Architekten Wilhelm Dahmen realisiert auf schlicht-harmonische Weise den kirchlichen Mittelpunkt von Lindweiler. Am Außenbau fallen Glockenturm und der stark vorspringende Dachabschluss besonders ins Auge. Der Innenraum strahlt eine freundliche, warme Atmosphäre aus, die dem Besucher sofort das Gefühl von Geborgenheit vermittelt. Dieser Eindruck entsteht durch den roten Backstein, das grobe Holz der Decke, die hellen Fenster und durch die vielfach gebrochenen Grundriss- und Deckenformationen.

Am 30. Juni 2002 wurden die neuen Fenster des Künstlers Bodo Schramm eingeweiht. Durch sie ist der Kirchbau erst endgültig vollendet. Helle Glasflächen lassen viel Licht in den Raum strömen und bilden einen belebten Kontrast zu den eingefügten kräftig farbigen Gläsern. Die Fenster veredeln das Licht und erzeugen eine Melodie von Farben – eine wertvolle Bereicherung der bisherigen Gestaltung der Kirche.

Die Aufstellung der Sitzbänke von mehreren Seiten um den Altar ermöglicht der versammelten Gemeinde ein gemeinschaftliches Erlebnis der Eucharistiefeier. Der Altar aus Basaltgestein birgt Reliquien des heiligen Matthias, die die Pfarrei Sankt Dionysius früher einmal aus Trier erhalten hat. Der Tabernakel des Aachener Bildhauers Klaus Iserlohe zeigt auf seinen Türen die Kreuzigung Christi an einem Kreuz, das Blätter trägt, also als Baum des Lebens dargestellt ist. Der Kreuzweg mit kleinen anschaulichen Holzbildern stammt aus einer ehemaligen Klosterkapelle in Woringen. *M.S.*

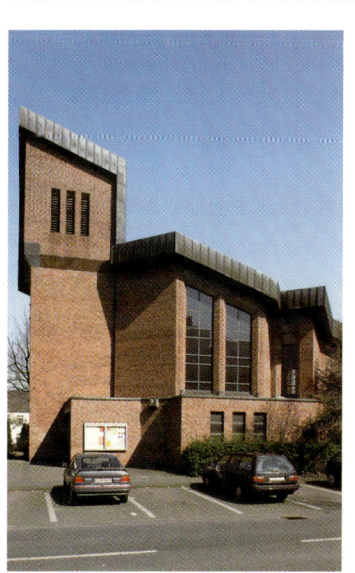

Die Kirche Schmerzhafte Mutter in Lindweiler.

Schmerzhafte Mutter

Lindweiler

Marienberger Weg 36
50767 Köln
☎ 0221-5991859

• Karte 2, c3
Ⓗ Marienberger Weg
Linien 121, 127

Sankt Servatius

Sankt Servatius

Immendorf

Immendorfer Hauptstraße 22
50997 Köln
02236-64846

• Karte 2, e8
Ⓗ Immendorf
Linie 135

Um die Kirche Sankt Servatius herum hat Immendorf seinen dörflichen Charakter noch weitgehend bewahren können. Hier, auf dem »Heidenberg«, einer 13 Meter hohen Erhebung, stand seit dem 10. Jahrhundert eine romanische Kirche, die im 19. Jahrhundert für die wachsende Bevölkerung zu klein wurde. 1841/42 errichtete man einen Anbau im Osten, der 1873/74 nach Plänen von August Lange in eine dreischiffige Stufenhalle umgestaltet, um ein Joch nach Westen verlängert und mit einem westlichen Turm versehen wurde. Der Architekt griff bei dieser Baumaßnahme auf architektonische Formen staufischer Kirchen im Rheinland zurück. So ist etwa der Westturm ganz dem Vorbild von Sankt Aposteln verhaftet, während die Querhausgiebel deutlich an Sankt Andreas erinnern.

Blick von Süden auf Sankt Servatius.

Im Inneren des Backsteinbaus werden die einzelnen Schiffe durch hohe Scheidbögen, die auf schlanken Säulen mit Blattkapitellen ruhen, voneinander getrennt. Der Raum wurde zuletzt 1989 farbig neu gefasst. Hermann Gottfried gestaltete in den Fünfziger- und Sechzigerjahren Fenster mit abstrakten Darstellungen in den Seitenschiffen und im Querhaus. Die Apsisfenster beziehen sich auf die vom heiligen Servatius vertretene Wesensgleichheit von Christus und Gott Vater. Das älteste Ausstattungsstück, der Korpus des Hängekreuzes aus dem 15. oder 16. Jahrhundert, wurde für den inzwischen nicht mehr vorhandenen Kreuzaltar geschaffen. Noch aus dem Vorgängerbau stammt die frühbarocke, wohl um 1620 entstandene Kanzel mit Reliefs der Bischöfe Cornelius, Cyprian und Severin. Diese Kanzel hatte bis 1803 zur Ausstattung der Kölner Stiftskirche Sankt Severin gehört. Aus der ursprünglichen Servatiuskirche stammt auch die Figur des heiligen Servatius von Ch. Stephan im südlichen Querschiff. Kurz vor 1900 wurden von Josef Fink die beiden Holzfiguren der Heiligen Bonifatius und Antonius, im Jahre 1909 die Pietà gefertigt. *C.S.*

Sankt Servatius

Sankt Servatius

Ostheim

Servatiusstraße 2
51107 Köln
0221-891634
www.kath-kirchen-ostheim.de

• Karte 2, g6
Ⓗ Servatiusstraße
Linie 152

In Ostheim wurde 1906 durch den Diözesanbaumeister Franz Statz eine neugotische Kirche errichtet. Bereits 1912 erhob man die Gemeinde, die bis dahin zu Sankt Gereon in Merheim gehört hatte, zum selbstständigen Rektorat. Das Kirchenschiff wurde 1962 bis 1964 durch den Architekten Kurt Faber um etwa ein Drittel verlängert und erhielt eine neugestaltete Giebelfassade.

Sankt Servatius ist eine schlichte Backsteinkirche mit dreiseitig geschlossenem Chor. Das Äußere wird durch zweifach abgetreppte Strebemauern zwischen spitzbogigen Fenstern gegliedert. Über dem Satteldach des Kirchenschiffs erhebt sich ein hoher Glockenreiter. Den schlichten Innenraum überfängt ein auf der Wand vorgelegten Stützen ruhendes Kreuzgratgewölbe. Der marmorne Altar wurde 1964 aus der Kölner Kirche Sankt Peter übernommen. Im gleichen Jahr schuf Rudolf Peer den Ambo und den Dreisitz im Chorbereich. Das Hängekreuz gestaltete 1968 Maria Schlicher. Das 1982 von Ludwig Ernst Ronig entworfene Verkündigungsfenster des Chores ist ein Geschenk der Pfarre Sankt Cornelius in Rath-Heumar. Ronig ist der Servatiuskirche seit der Zeit vor dem Zweiten Weltkrieg verbunden. Bereits 1936 hatte er sowohl die in Öl auf Leinwand gemalten Kreuzwegstationen als auch sechs Fenster für diese Kirche geschaffen. 1953 folgte ein die Auferstehung Christi darstellendes Glasgemälde. Fünf weitere Fenster stellte er 1977/78 nach den alten Entwürfen der Dreißigerjahre wieder her. Der neugotische Taufstein von 1897 ist ein Geschenk der Pfarre Sankt Hubertus in Brück.

Die Orgel mit 24 Registern entstand 1977 und ist ein Werk der Firmen Laukhuff und Weimbs. Die fünf aus verschiedenen Wollsorten gefertigten Wandbehänge der Orgelbrüstung stammen von Paul Weigmann aus dem Jahr 1979. *C.S.*

Sankt Servatius in Ostheim.

Sankt Severin

Die Pfarrkirche Sankt Severin, der Mittelpunkt des »Vringsveedels« (Severinsviertel), der »Dom« der Kölner Südstadt, ist ein Ort von bemerkenswerter Kontinuität, denn hier wird seit mehr als 1600 Jahren Gottesdienst gefeiert. Besonders lohnend ist für Besucher der Kirche daher der Weg in die Vergangenheit, der über einige Stufen hinunter in die Ausgrabungen beschritten werden kann.

Steinsarkophage in der Krypta.

Man sieht der Kirche in ihrer heutigen Gestalt ihre bescheidenen Anfänge nicht mehr an: Inmitten eines an der Fernstraße nach Bonn gelegenen, zunächst heidnischen, später dann christlichen Gräberfeldes, baute man im 4. Jahrhundert eine nach Westen ausgerichtete Friedhofskapelle, die in den folgenden Jahrhunderten ständig erweitert und verändert wurde. Im 10. Jahrhundert war die Kirche ein dreischiffiges Bauwerk mit Querflügeln, Ostchor, Westbau und einer Confessio-Anlage mit Stollenkrypta für das Grab des heiligen Severin. Etwa um 1030 bis 1043 wurde an diesen Bau ein Langchor mit einer dreischiffigen Hallenkrypta angebaut. Den Langchor verlängerte man ab 1230 um eine von Türmen flankierte, reich verzierte spätromanische Apsis, die 1237 zusammen mit dem Hochaltar geweiht wurde; gleichzeitig wurde der Langchor eingewölbt. 1479 begann der gotische Umbau des Langhauses, der bis zum Beginn des 16. Jahrhunderts dauerte. Im Zuge dieser Maßnahme erhielt das Langhaus Netzgewölbe und Maßwerkfenster. Ein neuer Westturm wurde zwischen 1393 und 1411 an den Bau angefügt. 1802 erfolgte die Umwandlung des Severin-Stifts in eine Pfarrkirche. Das 19. Jahrhundert brachte Restaurierungsmaßnahmen, zu denen auch eine an mittelalterlichen Vorbildern angelehnte Ausmalung zählte. Der 1906 bis 1908 geschaffene neue Helm des Westturmes markierte das Ende dieser Renovierungsphase. 1925 begann man mit umfangreichen Grabungen, die die Geschichte des Gotteshauses gründlich erhellten, bevor der Zweite Weltkrieg schwere Zerstörungen brachte, die von 1947 bis 1961 unter der Leitung von Karl Band behoben wurden. 1968 bis 1980 musste die Kirche gründlich saniert werden.

In seinem Äußeren zeigt Sankt Severin eine Mischung romanischer und gotischer Formen. Rundbogenfenster, Blendarkaden, Bogenfriese und Zwerggalerie stehen neben Blendmaßwerk, Maßwerkfenstern und Strebepfeilern. Die spätromanische Apsis, die außen mehreckig in fünf Seiten des Zehnecks gebrochen ist, wurde trotz weitverbreiteter Gotikbegeisterung beibehalten.

Der Innenraum vermittelt seit dem Spätmittelalter einen vorwiegend gotischen Eindruck. Selbst der erhaltene romanische Chor zitiert mit den spitzbogigen Arkaden des oberen Geschosses das Formengut der Gotik. Im Boden des Chores kann man Reste eines geometrischen Musters aus weißem und

Blick in den Hochchor.

Innenstadt

Im Ferkulum 29
50678 Köln
☏ 0221-9318420
www.sankt-severin.de

• Karte 1, h7
Ⓗ Severinstraße
Linien 3, 4

Die Severins-Kirche im »Veedel«.

schwarzem Marmor vom Ende des 11. Jahrhunderts erkennen, das so genannte »opus alexandrinum«. Die 1978/79 restaurierten Wandbilder des 19. Jahrhunderts in den vermauerten Rundfenstern über dem Ende des 13. Jahrhunderts geschnitzten Chorgestühl mit seinen 62 Sitzen imitieren den Stil des 14. Jahrhunderts. Sie zeigen die Krönung und die Verherrlichung Mariens umgeben von musizierenden Engeln. Zur Verbesserung der Akustik hat man an diesen Stellen Tongefäße in die Wand eingemauert, deren Öffnungen mit den Schalltrichtern der Engelsinstrumente identisch sind. Hinter dem Hochaltar steht auf vier romanischen Säulen erhöht der Severinschrein. Da der um 1100 entstandene Schrein während der Franzosenzeit (1794 bis 1814) von den Besatzern eingeschmolzen wurde, schuf Kaspar Benedikt Beckenkamp zusammen mit seinem Sohn 1819 unter Verwendung einiger weniger Originalteile einen neuen, der wiederum 1937 zum 700-jährigen Jubiläum der Altarweihe von Fritz Zehgruber erneuert und umgestaltet wurde.

An den Wänden des ersten Chorjoches hängen 20 um 1500 gemalte Tafelbilder, die das Leben des heiligen Severin illustrieren. Wer der mit dem Notnamen »Meister von Sankt Severin« bezeichnete Maler dieser Bilder war und ob er die Arbeit alleine oder zusammen mit anderen Künstlern ausführte, ist unbekannt. Die Fenster des Chores stammen von Paul Weigmann aus den Jahren 1986 bis 1988. Die fünf des Chorobergeschosses stellen dar (von links nach rechts): die heilige Maria Magdalena, die Gottesmutter Maria, Christus, Johannes den Evangelisten und den heiligen Bruno, den Kartäuser, dar. Das Gabelkreuz, ein so genanntes »Crucifixus dolorosus« (Leidenskruzifix), ist um 1330/40 geschaffen worden. Es stellt eines der Vorbilder für die später entstandenen Pestkruzifixe dar, die die menschliche Angst vor dem »Schwarzen Tod« widerspiegeln. Die Figur der Madonna am südöstlichen Langhauspfeiler wurde um 1280 in Kalkstein ausgeführt. Am Ostende des südlichen Querarmes steht der von Barthel Bruyn dem Älteren um 1550 gemalte Dreiflügelaltar, der während des Zweiten Weltkrieges nach Weimar ausgelagert war und von dort 1987 nach Sankt Severin zurückkehrte. Beachtenswert sind darüber hinaus die Gedenktafeln (Epitaphien) für die Stiftsherren. Als Beispiel sei an dieser Stelle das Epitaph für den Propst Jakob Chimarrhäus auf der Südseite genannt.

Lange musste sich die Gemeinde nach dem letzten Krieg mit einem musikalischen Provisorium zufrieden geben. Erst 1987 lieferte die Kölner Firma Peter eine Orgel mit zunächst 17 Registern, die dann bis 1990 auf 42 Register erweitert wurde. *C.S.*

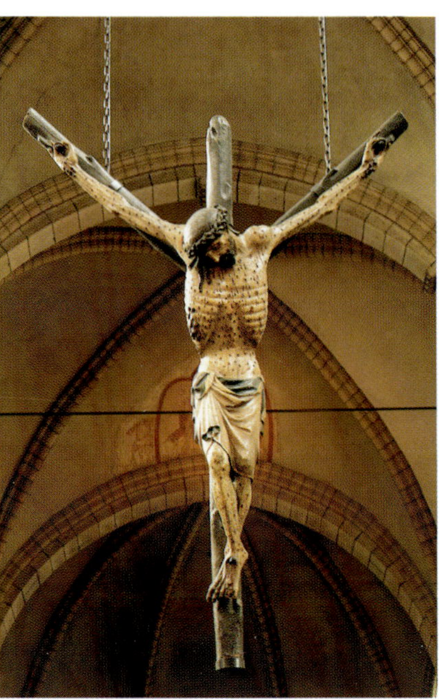

»Crucifixus dolorosus« in Sankt Severin.

Teile der Lövenicher Pfarrkirche stammen aus dem 12. Jahrhundert.

Sankt Severin

Der Ort Lövenich und seine Kirche werden schon 1028 in einer Schenkungsurkunde des Pfalzgrafen Ezzo erwähnt, die Echtheit dieser Urkunde ist allerdings umstritten. Die Kirche bildet auch heute noch nahezu den Mittelpunkt des Ortes, ganz in ihrer Nähe kreuzen sich die alten Wege nach Brauweiler, Widdersdorf und zur Aachener Straße, der alten Römerstraße nach Westen.

Von einer dreischiffigen, flachgedeckten romanischen Pfeilerbasilika mit niedrigerem, gewölbtem Chor mit Apsis und zwei Nebenapsiden aus dem 12. Jahrhundert sind neben den Westteilen nur noch Bereiche von Langhaus und ehemaligem Chorjoch erhalten. Die Erweiterungs- und Instandsetzungsmaßnahmen zwischen 1858 und 1860 nach Plänen des Kölner Landbaumeisters Ferdinand Robert Cremer veränderten die Kirche entscheidend. Die romanischen Apsiden wurden abgerissen und das ehemalige gewölbte Chorjoch mit offenem Dachstuhl als zusätzliches Langhausjoch konzipiert, an welches östlich ein neuromanischer Chor mit Chorjoch angefügt wurde. Beim Umbau wurde das gotische Wandtabernakel neben den neuen Altarstandort versetzt.

Das älteste Ausstattungsstück von Sankt Severin ist der romanische Taufstein in der 1980 neu geschaffenen Taufkapelle im Seitenschiff. Klaus Balke fertigte 1966 den Deckel mit einer bekrönenden Taube des Heiligen Geistes. Vom gleichen Künstler stammen auch die Aposteldarstellungen am Altar. Das moderne Altarkreuz trägt den Korpus des draußen vor der Westfassade stehenden Missionskreuzes von 1779. Im Chor sind noch Reste der Ausmalung von Franz Sous (1888) erhalten. Die Fensterverglasung wurde 1925 von Glasmaler Mulders aus Kevelaer geschaffen. Das im Langhaus aufgehängte Kreuz stammt aus dem 19. Jahrhundert, die beigefügten Assistenzfiguren sind älter (um 1700). Die Beichtstühle mit romanisierenden Formen stammen aus der Erweiterungsphase um 1860.

1996 erhielt die Kirche eine neue Orgel mit 16 Registern und zwei Manualen, die von der Firma Klais, Bonn, gebaut wurde. *M.S.*

Sankt Severin

Lövenich

Kirchgasse 3
50859 Köln
☏ 02234-75478
www.st-severin-loevenich.de

• Karte 2, a5
Ⓗ Braugasse
Linie 143, 144

Sankt Stephan

Diese Lindenthaler Kirche verdankt ihr Patrozinium Sankt Stephan dem Krieler Dömchen Sankt Stephanus. Als die seit mittelalterlicher Zeit bestehende Kirche in Kriel für die sprunghaft ansteigende Bevölkerung zu klein wurde, beschloss man, einen etwas zentraler gelegenen Neubau an der Bachemer Straße zu errichten. Diese Kirche übernahm das alte Patrozinium. Nach Plänen von August Lange entstand bis 1886 eine neugotische Kirche. Hier heiratete Konrad Adenauer im Jahr 1904 seine erste Frau Emma. Die Kirche wurde im Zweiten Weltkrieg stark zerstört, nur ihr Turm blieb erhalten. Dieser hatte allerdings seinen typischen, als „Zahnstocher von Lindenthal" bezeichneten steilen Turmhelm verloren und wurde später mit flachem Dachabschluss in den modernen Neubau integriert. Zahlreiche an die Stadt verkaufte Backsteine der abgerissenen Bauteile dienten für den Wiederaufbau städtischer Denkmäler: Steine von Sankt Stephan wurden beispielsweise für die Ulrepforte und das Overstolzenhaus benutzt.

Die neue Stephanskirche war 1961 fertig gestellt. Der Architekt Joachim Schürmann verwirklichte mit ihr einen für die damalige Zeit ausgefallenen, modernen, lichten Raum, der in seiner Konzeption große Ähnlichkeit mit der zeitgleich entstandenen Flittarder Kirche Sankt Pius X. aufweist.

Der Glockenturm des Vorgängerbaus ist dem Neubau als Campanile vorgelagert, er ist das im Viertel weithin sicht- und hörbare Zeichen der Kirche. Die Kirche selber gliedert sich außen und innen in zwei Zonen: über einer niedrigen, von schlichten Backsteinwänden umschlossenen Gebäudezone ragt ein weit zurückspringender, weiß verglaster und von

Der Turm der kriegszerstörten Pfarrkirche neben dem modernen Neubau von Joachim Schürmann.

Sankt Stephan

Lindenthal

Bachemer Straße 104a
50931 Lindenthal
☏ 0221-407912

• Karte 1, c7
Ⓗ Karl-Schwering Platz
Linie 136
Ⓗ Hildegardis Krankenhaus
Linie 146

Die opake Verglasung gibt dem Raum Licht und Leichtigkeit, der äußere Umgang ist dagegen streng geschlossen und bildet eine schützende Basis.

einem Raster überzogener mittlerer Kubus weit empor. Dieser helle Bauteil scheint über der vollkommen ungegliederten Backsteinmauer zu schweben. Betritt man den Innenraum, wird man von dem besonderen Licht dieser gläsern leuchtenden Halle angezogen. Hier tragen zwölf (!) schlanke, blattvergoldete Stützen das hoch aufragende, zu allen Seiten vollkommen verglaste Mittelschiff. Rundherum zieht sich ein dunkler, niedriger Umgang, der Sakramentsaltar, Taufbrunnen und weiteren Bankreihen Platz bietet. *»Dieser Aufbau mit steinernem, massivem Unterbau und gläsernem Obergaden, dessen Scheiben silbrig durchscheinend, jedoch nicht eigentlich transparent sind, lässt auf einer symbolischen Interpretationsebene an die Gestaltbilder gotischer Chöre denken, wobei die Vergleichbarkeit in der visuellen Auflösung der Form nach oben liegt, die Symbol für eine gotisierende Grundhaltung ist: »man öffnet den Raum in den Himmel hinein«. Diese visuelle Entstofflichung bewirkt, dass das Gotteshaus der Sphäre des Irdischen entrückt wird.«* (Barbara Kahle)

Der Bronze-Kruzifixus (1961) über dem Altar fällt zuerst ins Auge: Er ist ein Werk von Werner Schürmann, einem Bruder des Architekten. Die überlange, asketisch anmutende Gestalt Christi fügt sich dem Raum auf ideale Weise ein. Auch die hohen Bronzeleuchter sind Werke desselben Künstlers, während Hildegard Domitzlaff die kleinen Altarleuchter mit Bergkristallen schuf. Der Altar aus weißem Carraramarmor und das Taufbecken mit Fischernetz und Fisch als Christussymbol stammen von Rudolf Peer (beide 1961). Jutta Osten fügte dem Altar das kleine Relief mit der Emmaus-Darstellung hinzu. Der auf dem Seitenaltar stehende Tabernakel (1958) mit bronzegetriebenen Türen und aufgesetzten Steinen ist ebenfalls ein Werk von Hildegard Domitzlaff. Die Reliefs der vier Evangelisten und zwei hölzerne Skulpturen der Heiligen Stephanus und Antonius stammen noch aus der ehemaligen Kirche.

Die 1962 gebaute Orgel der Firma Klais fügt sich mit ihrem vollkommen schnörkellosen Prospekt dem Raum hervorragend ein. Die Pfeifen sind symmetrisch angeordnet, einzig die spanischen Trompeten durchbrechen das strenge Schema und stehen weit in den Raum vor. Die Orgel besitzt 22 Register und zwei Manuale. *M.S.*

Sankt Theodor

An der Stelle der heutigen Kirche Sankt Theodor wurde im Jahre 1905 eine dem heiligen Martin geweihte Notkirche mit 150 Plätzen errichtet, die aber schon bald für die wachsende Zahl der Gottesdienstbesucher nicht mehr ausreichte. Seit 1924 bemühte man sich daher um einen Neubau, aber erst 1937 erfolgte die Grundsteinlegung zu einer größeren Kirche. Der Eifeler Pfarrer Theodor Baaken stellte der Gemeinde eine Schenkung in Höhe von 10 000 Reichsmark in Aussicht, unter der Bedingung, dass diese den Pfarrpatron wechselte. 1938 wurde die neue Kirche – allerdings ohne Turm – daher dem heiligen Theodor geweiht. Nach teilweiser Zerstörung 1943 konnte die Kirche 1947 bis 1949 durch Hans Fischer und mit großem ehrenamtlichen Einsatz der Gemeindemitglieder wiederhergestellt werden. 1955 wurde Sankt Theodor um einen 27,60 Meter hohen Glockenturm erweitert und schließlich 1963/64 mit der Einweihung der Orgel und der dritten Glocke fertig gestellt.

In der Nachkriegszeit waren allerdings minderwertige Baustoffe verwendet worden; eine nicht unerhebliche Erblast für die Gemeinde, wie sich nur allzu bald zeigen sollte: Als am 13. April 1992 im Rheinland die Erde bebte, wurde die Kirche derartig in Mitleidenschaft gezogen, dass ein Abriss unvermeidlich wurde. Umfangreiche statische Überprüfungen sowie Putz- und Mauerwerksuntersuchungen führten zu dem Ergebnis, dass eine Instandsetzung auch unter wirtschaftlichen Aspekten wenig sinnvoll erschien. Die Kirchengemeinde entschied sich daher für einen Neubau. Anlässlich des im November 1996 ausgeschriebenen Wettbewerbs wurden 162 Entwürfe eingereicht. Am 16. April 1997 zeichnete die Jury den Entwurf des Architekten Paul Böhm (Enkel von Dominikus Böhm und Sohn von Gottfried Böhm) mit dem ersten Preis aus. Die Bauarbeiten begannen am 13. März 1999; der Rohbau war mit dem Richtfest am 15. September 2001 fertig gestellt. Die Weihe der Kirche wurde am 16. März 2002 durch Erzbischof Joachim Kardinal Meisner vorgenommen.

Die neue Kirche besteht im Wesentlichen aus zwei Nutzungsbereichen: einem zweischaligen Rundbau mit einem Innendurchmesser von 22,50 Metern als zentralem Ort der Liturgie und einem in Ost-West Richtung verlaufenden flacheren langen Gebäuderiegel, dem Ort der Caritas und der Diakonie.

Die äußere Mauerschale der Kirche, deren Wände aus ocker durchgefärbtem und gesandstrahltem Leichtbeton bestehen, steigt spiralförmig an. Den Abschluss der äußeren Wandschale bildet der alte Turm, der damit besonders geglückt integriert, ja gleichsam von der neuen Kirche umarmt wird. Der Aufgang zum Turm beginnt außen, links des Hauptportals. Er führt zwischen den beiden Wandschalen des Rundbaus um die Kirche herum, leicht ansteigend auf das begehbare Dach, wodurch ein moderner Kalvarienberg entsteht. Den Weg zur kleinen Auferstehungskapelle im Kirchturm begleiten die von Ferdinand Heseding geschaffenen gusseisernen Reliefplatten des noch aus der alten Kirche stammenden Kreuzweges.

Auch im Inneren wurden vorwiegend unedle, »alltägliche« Materialien wie Holz, Glas, Kupfer und Eisen verwendet. In den groß dimensionierten und dennoch Geborgenheit vermittelnden Zentralraum fällt Tageslicht durch zwei umlaufende Lichtbänder, die sich zwischen der Weißbetondecke und der Innenseite der beiden Wandschalen befinden. Die Altarinsel ragt weit in diesen Raum hinein. In ihren Boden ist die Altarplatte (roter Sandstein) aus Alt Sankt Theodor eingelassen, aus der die Basis des neuen Altares herauswächst. Die neue Platte ist aus dem alten Altar geschnitten; die Gemeinde feiert also weiterhin Eucharistie an ihrem traditionellen Ort.

Vingst

Burgstraße 42
51103 Köln
☏ 0221-872176

• Karte 2, f8
Ⓗ Vingst
Linie 9

Ansicht der Kirche von der Burgstraße.

Im Inneren der Kirche; rechts der einbezogene alte Turm.

Die Bestuhlung der Kirche ist im Dreiviertelkreis radial auf den Altar hin ausgerichtet. Links neben dem Altar befindet sich ein 3,50 Meter hohes Kreuz aus 300 Jahre alten verwitterten Eichenbalken, die aus einem Dachstuhl stammen. Dieses Kreuz ist ein Geschenk des Pfarrers Franz Meurer an seine Gemeinde. Rechts neben dem Altar steht der Turm von Alt Sankt Theodor. Sein Untergeschoss dient als Sakramentskapelle. In das Obergeschoss des Turmes ist die alte Orgel mit ihren 25 Registern von der Firma Orgelbau Schulte (Kürten) integriert worden. Beide Orgelprospekte hat Paul Böhm entworfen.

Auf den zwei raumhohen Fenstern, die den Turm einfassen, gestaltete Heike Theus-Böhm ein Ornament aus Bibeltexten, die die Gemeinde gesammelt hat und die nur von außen zu lesen sind – als Verkündigung und Einladung zugleich.

Von der Ausstattung der alten Martins-Kirche hat sich eine Statue des heiligen Josef erhalten, dessen farbige Fassung inzwischen restauriert wurde. Ein Kunstdruck im Bronzerahmen, der die »Maria von der immerwährenden Hilfe« darstellt, hängt im Eingangsbereich der Kirche. Das Bildnis wurde 1906 vom damaligen Vingster Bürgermeister Kuth im Gedenken an seine Frau gestiftet. Ebenfalls aus Sankt Martin stammt der Taufbrunnen; daneben der neue Leuchter für die Osterkerze von Paul Böhm. Böhm entwarf auch das Reliquiar des heiligen Theodor in einer Wandnische. In ihm wird ein Schädelpartikel des Heiligen aufbewahrt, ein Geschenk der Sankt Martinus-Gemeinde in Much. In dem kleinen Kästchen am Fuß des Reliquiars befinden sich die heiligen Öle für Taufe, Firmung und Krankensalbung.

Am Übergang vom Rundbau der Kirche zum nördlichen, an die Burgstraße grenzenden, Querriegel steht eine aus dem Tessin (Schweiz) stammende Marienfigur des 17. Jahrhunderts. Im Querriegel selber, der sich leicht in den runden Zentralbau hineinschiebt, gibt es eine Küche, einen Versammlungs- und Veranstaltungsraum und daran anschließend eine Bibliothek, die mit der Kirche verbunden ist, um auf diese Weise die Gottesdienstbesucher direkt zu den Büchern zu führen. Die gesamte Nordwand des Querriegels (50 Meter lang) dient der Gemeinde als »Kunstwand«, als Raum für Wechselausstellungen moderner Kunst.

Im Keller unter der Kirche befinden sich Kleiderkammer, Gemeindewerkstatt, Lebensmittelausgabe und Beratungsstellen für Menschen in Not. In Vingst wurde so ein kirchliches Zentrum errichtet, das – nach dem 5. Kapitel des Hebräerbriefes entnommenen Leitspruch des früheren Kölner Erzbischofs Joseph Kardinal Frings – wirklich »pro hominibus constitutus« das heißt, »für die Menschen bestellt«, ist.

C.S.

Sankt Theresia

Gottfried Böhm erbaute 1955/56 diese Rundkirche mit einem Durchmesser von 26 Metern aus Backsteinen und Stahlbeton mit einem als flacher Kegel gestalteten Dach und einem frei gestellten auf quadratischem Grundriss errichteten Campanile. Mit Ausnahme der Eingangs- und Altarseite sind die Bogenseiten bis zur Decke verglast. Der auf diese Weise ausgesprochen intensiv belichtete Innenraum wird durch 2,50 Meter hohe und 12 Meter lange Zwischenwände in drei Teile geteilt. Die Wände bemalte Helmut Lang 1959/60 mit Darstellungen des Lebens und Leidens Christi. Auf der Rückseite befindet sich der ebenfalls von Lang gestaltete Kreuzweg. Seitlich, gegenüber dem Zugang zur Sakristei, stehen das Taufbecken und zwei Beichtstühle. Das silbergetriebene Altarkreuz schuf 1958 Hanns Rheindorf, der 1962 die Außenplastik der heiligen Theresia und 1964 den Tabernakel anfertigte. Auch der für das 1985 neu gestaltete Taufbecken übernommene Deckel mit einer Darstellung der Taufe Jesu stammt von diesem Künstler. Das Taufbecken steht in dem als Taufkapelle genutzten Eingangsbereich. Die Fenster gestaltete Gottfried Böhm zusammen mit Heinz Bienefeld. Dargestellt ist der Lobgesang der drei Jünglinge im Feuerofen, wie er im alttestamentarischen Buch Daniel (3,51-90) geschildert wird: Flammen sind das beherrschende Motiv.

Die Orgel mit 14 Registern wurde 1961 von der Firma Seifert in Kevelaer gebaut. *C.S.*

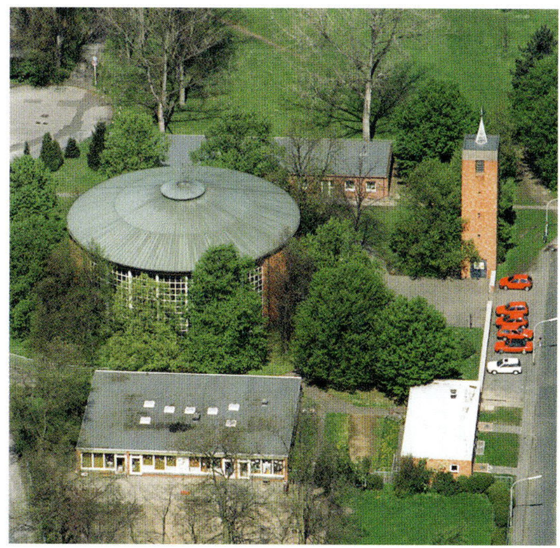

Die runde Kirche Sankt Theresia.

Sankt Theresia

Buchheim

An St. Theresia 4
51067 Köln
☏ 0221-631219

• Karte 2, f4
Ⓗ Mülheimer Ring
Linie 159

Sankt Thomas Morus

Die Pfarrei Thomas Morus wurde 1959 für die westlichsten Bereiche Lindenthals gegründet. Ihre Kirche entstand seit 1962 nach Plänen des in Braunsfeld lebenden Architekten Fritz Schaller. Am 10. November 1963 wurde sie geweiht.

Zur Straße dominiert die dreieckige Giebelfront des Kirchenbaues, die beim ankommenden Besucher die Assoziation eines Zeltes erweckt: Schaller hat aus den Materialien Backstein, Schiefer, Holz und Beton ein stimmiges »Zelt Gottes« für die junge Gemeinde geschaffen. Kreuz und Evangelistensymbole bekrönen den seitlichen Turm, diese Spitze ist ein Werk von Werner Schürmann. Kirchengiebel und Turm korrespondieren in Bauformen und Material miteinander.

Der Eingang liegt im Verbindungsgang zwischen Turm und Kirche. Zur Linken, im Erdgeschoss des Turmes, befindet sich eine kleine Marienkapelle mit einer frühgotischen Madonna (um 1250). Der eigentliche Kirchenraum ist über quadratischem Grundriss errichtet. An allen vier Seiten umschließt ein kreuzgangartiger Umgang mit niedriger Flachdecke auf zehn dünnen Betonsäulen den Feierraum. Dieser ist durch zwei nebeneinander liegende, unterschiedlich hohe, offene Dachstühle nach oben abgeschlossen, die den gesamten Raum andeutungsweise in Werktagskirche und Gemeindekirche trennen. Das Drittel des Innenraumes, das als Werktags- und Sakramentskapelle dient, trägt ein niedriges Satteldach aus Beton, hier befindet sich auch die frei stehende Orgel. Der Raumbereich daneben ist von einem parallel laufenden, aber viel höherem hölzernen Dachstuhl überfangen,

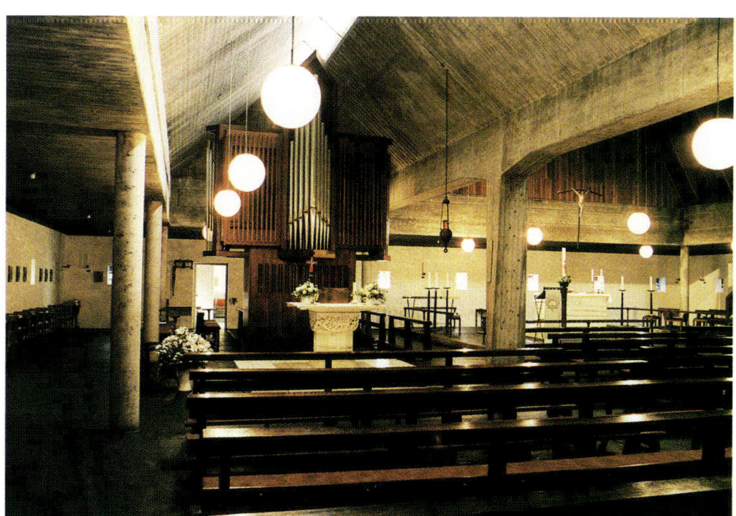

Blick aus der Werktagskirche zur Orgel und in den Gemeinderaum.

Sankt Thomas Morus

Lindenthal

Decksteiner Straße 5
50935 Köln
☏ 0221-434022

• Karte 1, a7
Ⓗ Kitschburger Straße
Linie 136

Aus der Luft sind die beiden Satteldächer über der Werktagskirche und dem Hauptraum gut zu erkennen.

der den darunter liegenden Raumbereich besonders auszeichnet und ihn trotz einfacher Form und schlichtem Material feierlich schmückt. Hier befinden sich der große, von Schranken umgebene Altarbereich und die Gemeindebänke für die sonntäglichen Messfeiern.

Schaller kehrt mit dem Entwurf für Thomas Morus zu den Planungen seiner frühen Nachkriegskirchen zurück, die ebenfalls durch einen offenen hölzernen Dachstuhl gekennzeichnet sind. Sehr ähnlich entstand in unmittelbarer Nähe ein Jahr später die damalige Klosterkirche »Zum Guten Hirten«.

Der gesamte Innenraum wird nur durch wenige Fenster belichtet. In den Außenwänden des Umgangs befinden sich kleine quadratische Öffnungen, die die Form des Grundrisses wieder aufnehmen. Dies erzeugt Ruhe und Ausgewogenheit in der Ausstrahlung des gesamten Raumes. Die kleinen Fensterscheiben sind von Georg Meistermann entworfen, sie zeigen in vielfältigen kräftig bunten Farben verschiedenste Wellenformationen. Der Künstler wollte den Gedanken verbildlichen, dass wir Menschen uns häufig auf hoher See befinden und das anzusteuernde Ufer nicht genau kennen, aber doch immer Hoffnung auf den rettenden Hafen haben dürfen. Das Thema Wasser erinnert im Neuen Testament darüber hinaus an die liebevolle Gegenwart Christi unter den Menschen, beispielsweise an die Rettung Petri auf dem Wasser (Mt 14, 22), die Stillung des Sturmes auf dem See (Mt 8, 23) und an den reichen Fischfang der Jünger nach der Auferstehung (Joh 21).

Die Madonna in der Kapelle am Eingang.

In den Giebelfeldern des großen Satteldachs befinden sich zwei weitere großformatige Fenster Georg Meistermanns. Im Osten, über Altar und Altarkreuz, erscheint der Auferstandene, der mit seinen weit ausgebreiteten Armen die ganze Gemeinde zu umarmen scheint. Die Wunden der Kreuzigung sind deutlich zu sehen, der Tod ist überwunden: die Sichel liegt am Boden. Das Fenster gegenüber illustriert das Pfingstfest, die Flammen des Heiligen Geistes fallen vom Himmel.

Haupt- und Nebenaltar in schlichten Formen sind Werke von Elmar Hillebrand, er entwarf auch den Tabernakel, die Altarschranken und den Taufstein. Auf dem bronzenen Deckel des Taufsteins sind verschiedene Szenen der Bibel zu entdecken, unter anderem auch die Taufe Jesu. Neben dem Taufbecken hängt eine Büste des heiligen Thomas Morus, die der Engländer Raphael Maklouf nach zeitgenössischen Darstellungen des Heiligen geschaffen hat.

Der neben dem Altar aufgestellte hölzerne Ambo ist ein Werk von Karl Matthäus Winter aus Limburg. Das Relief der Stirnseite zeigt die vier Evangelistensymbole. Vom gleichen Künstler stammt auch der bronzene Osterleuchter, auf dem man Darstellungen der drei Marien am Grab und der Taufe Jesu als Verweis auf Auferstehungs- und Tauffeier der Osternacht findet. Letztlich sind sie Hinweis auf das neue Leben, das durch das Entzünden der Osterkerze in der Osternacht symbolisiert wird.

Die Orgel erbaute die Firma Klais 1966 mit 19 Registern und zwei Manualen. Sie steht frei im Raum und bildet einen durchlässigen Raumabschluss der Sakramentskapelle.

Beim Verlassen der Kirche sollte man noch auf zwei Einzelheiten achten: Der Türgriff des Künstlers Hein Gernot zeigt den Pfarrpatron Thomas Morus mit der Tudorrose, die bereits Hans Holbein 1527 auf dem berühmten Portrait seines Freundes Thomas More als »Amtskette« des Lordkanzlers abbildete. Außerdem steht vor der Kirche die Skulptur eines Sämannes, die Johannes Tefert aus Ratingen schuf. Sie ist ein Geschenk des ersten Pastors Gustav van de Loo an die Gemeinde. Er »beackerte« von 1958 bis zu seiner Pensionierung 1990 das Feld seiner Gemeinde. Der Sämann kann aber auch ein Bild für jeden Christen sein, der ebenfalls durch sein Leben, sein Engagement in unterschiedlichsten Bereichen reiche Früchte hervorbringen kann. *M.S.*

Elmar Hillebrand schuf den Deckel des Taufsteins mit verschiedenen biblischen Szenen.

Sankt Urban ist das Herz der Stegerwald-Siedlung.

Sankt Urban

Die Pfarrei Sankt Urban steht in der Tradition der bereits 869 zum ersten Mal erwähnten und zur Abtei Sankt Heribert gehörigen ehemaligen Deutzer Pfarrkirche. Die heutige Gemeinde besteht seit 1905. Ihre 1908 bis 1911 errichtete Kirche lag ursprünglich an der Ferdinandstraße und wurde im Zweiten Weltkrieg zerstört. Der Wiederaufbau erfolgte zwischen 1953 und 1954. Im Jahr darauf lieferte die Firma Seifert eine Orgel mit 37 Registern die – wenn auch umgebaut – noch immer ihren Dienst tut. In den Sechzigerjahren forderten der Bau der Zoobrücke und der Autobahn ihren Tribut; die Kirche wurde abgerissen. Ein Neubau entstand inmitten der in den Jahren 1951 bis 1956 erbauten Stegerwald-Siedlung an der Deutz-Mülheimer Straße, die nach dem Zentrumspolitiker und Gewerkschaftsführer Adam Stegerwald benannt ist. In ihrer Mitte erhebt sich seit 1964/65 die von Fritz Schaller erbaute neue Kirche Sankt Urban. Sie besteht aus einem weitem Saal, an den im Norden ein niedriges Seitenschiff und im Süden weitere Räume angefügt sind. Der zentrale Raum ist im Gegensatz zu den durch Flachdecken abgeschlossenen seitlichen Bereichen als achteckiges Zelt angelegt und wird von schräg gestellten, von schmalen farblosen Fenstern durchbrochenen Mauerscheiben umschlossen, die auf V-förmigen Trägern ruhen. Überraschend ist trotz der relativ kleinen Fenster die Lichtfülle im Innenraum.

1979 wurde die Kirche renoviert und erhielt damals einige bemerkenswerte Ausstattungsstücke. Besonders ist das von Walter Prinz gestaltete Holzkreuz hervorzuheben. Der bronzene Korpus zeigt den in kantige, würfelartige Formen aufgelösten Körper Jesu und erinnert so eindrucksvoll an sein Leiden und Sterben. Prinz schuf auch die abstrakten und von reinen Farben dominierten Bilder. Sankt Urban wurde in den Jahren 2001-2003 einer gründlichen Renovierung durch das Büro Schaller unterzogen, es gelang, einen Großteil der Konzeption Fritz Schallers wiederherzustellen. *C.S.*

Sankt Urban

Mülheim

Juliusstraße 58b
51063 Köln
☏ 0221-811422

• Karte 1, k3
Ⓗ Stegerwaldsiedlung
Linien 3, 4

Sankt Ursula

Die heilige Ursula gehört neben den Heiligen Drei Königen und dem heiligen Gereon zu den Kölner Stadtpatronen und genießt schon allein aus diesem Grund eine große Verehrung. Wer aber war diese berühmte Frauengestalt? Ihr Leben und Sterben ist in einer reich ausgeschmückten und in verschiedenen Versionen vorliegenden Legende überliefert. Für die Stadt Köln ist von Bedeutung, dass die heilige Ursula, eine englische oder bretonische Königstochter, zusammen mit ihren Gefährtinnen hier im 4. Jahrhundert ihr Martyrium erlitt. Die Anzahl ihrer Begleiterinnen wurde in einem überlieferten Text mit »XI MV« abgekürzt, was man entweder als »undecim martyres virgines« (elf jungfräuliche Märtyrerinnen) oder aber als »undecim millia virgines« (elftausend Jungfrauen) lesen kann.

Die Ursula-Verehrung in Köln geht auf das vierte nachchristliche Jahrhundert zurück, in dem eine dreischiffige Totengedächtniskapelle zu Ehren der Heiligen errichtet wurde. Um das Jahr 400 soll der römische Senator Clematius diese Kirche wiederhergestellt und erweitert haben, die an der Stelle stand, *»wo heilige Jungfrauen ihr Blut für Christi Namen vergossen haben«* – so die in Kalkstein gemeißelte lateinische Inschrift, die sich heute an der südlichen Chorwand befindet. Im Jahre 922 versetzte Erzbischof Hermann I. Stiftsdamen von Gerresheim an die »Kirche der Heiligen Jungfrauen«. Im Jahre 1105 fand man bei Arbeiten im Zuge der Stadterweiterung in der Nähe der heutigen Ursulakirche auf einem damals bereits nicht mehr bekannten ausgedehnten römischen Gräberfeld außerhalb der Stadtmauer an der Fernstraße nach Neuss eine große Anzahl menschlicher Gebeine. Diese wurden sofort mit

Die Bügelkrone auf dem Turm erinnert an die Königstochter Ursula.

Sankt Ursula

Innenstadt

Ursulaplatz 24
50668 Köln
☏ 0221-133400

• Karte 1, g4
Ⓗ Dom/Hbf.
Linien 5, 16, 17, 18, 19

Blick durch das romanische Mittelschiff in den gotischen Chor.

der Ursula-Legende in Verbindung gebracht. Nach der Einbeziehung der Kirche in den ersten mittelalterlichen Mauerring entstand zwischen 1106 und 1135 an gleicher Stelle ein neues Gotteshaus: eine dreischiffige Emporenbasilika mit östlichen Querarmen, einem lang gestreckten, kryptalosen Hochchor und einem mächtigen Westbau. Im ersten Viertel des 13. Jahrhunderts wurde über dem Westbau ein wuchtiger Turm errichtet. 1287 weihte man den gotischen Chor, der den romanischen ersetzte. Am Anfang des 14. Jahrhunderts baute man ein zweites südliches, als Marienkapelle genutztes Seitenschiff und wölbte gleichzeitig das Mittelschiff ein. 1643 stiftete Johann von Crane zusammen mit seiner Gattin die »Goldene Kammer«, einen bis heute bestehenden begehbaren Reliquienraum, angefüllt mit Reliquienbüsten, Kopfreliquiaren und Gebeinen. 1683 erhielt der Turm nach einem Brand seine barocke Haube mit der weithin sichtbaren goldenen Bügelkrone, die an den königlichen Stand der Ursula erinnert und deren Glanz das Ursulaviertel überstrahlt. Nach dem Krieg wurde die schwer beschädigte Kirche bis 1966 unter der Leitung von Karl Band wiederhergestellt. Anstelle eines Gewölbes erhielt die Kirche im Mittelschiff eine leicht gewölbte hölzerne Kassettendecke, sowie hölzerne Flachdecken in den Querarmen.

Altar in der »Goldenen Kammer«.

Der gotische, wie ein gläserner Reliquienschrein wirkende Chor wird durch Maßwerkfenster belichtet, deren Elfzahl auf die Begleiterinnen der heiligen Ursula hinweist. Die figürlichen Glasgemälde des mehreckigen Chorabschlusses wurden 1892 von dem englischen Glasmaler Dixon geschaffen; die Ornamentscheiben an den Seiten entwarf Wilhelm Buschulte in den Sechzigerjahren des 20. Jahrhunderts. Von dem gleichen Künstler stammen auch die Scheiben der Fenster des südlichen Querarmes. Hinter dem Hochaltar steht der goldene Ursulaschrein, der von Franz Wüsten und Gabriel Hermeling unter Einbeziehung der Reste des um 1170 angefertigten Reliquienbehälters 1878 bis 1883 geschaffen wurde.

Einen Kontrast zum hellen Chorraum bildet die niedrige, höhlenartige Vorhalle mit ihren Kreuzgratgewölben. Zwischen beiden Räumen erstreckt sich das Langhaus mit der im Westen gelegenen, früher von den Stiftsdamen benutzten Empore. Im Nordquerarm steht das 1659 von Johann von Crane und seiner Gattin gestiftete Ursulagrabmal aus weißem Marmor, das einen gotischen Trachytsarkophag einfasst. Die Taube zu Füßen der Liegefigur verweist auf eine Legende: Am Jahrestag des Martyriums der Ursula suchte Bischof Kunibert in der Kirche das Grab der Heiligen und fand es mit Hilfe einer Taube, die ihm den Weg wies. In der Nähe zeigt eine dem Steinmetz Tilman van der Burch zugeschriebene Figur aus dem 16. Jahrhundert die heilige Ursula als Schutzmantelheilige. Beherrscht wird der nördliche Arm des Querhauses von dem 1456 von Jan van Scheyven vollendeten »Großen Zyklus der Ursulalegende«, der den Legendenstoff in 30 Szenen auf 21 Tafeln schildert. Im südlichen Querarm befinden sich der Taufstein, eine Kreuzigungsgruppe und ein um 1250 entstandener, auf Schiefertafeln gemalter Apostelzyklus.

Aus dem 20. Jahrhundert stammen der silberne Tabernakel von Hanns Rheindorf (1935), das Standkreuz von Karl Matthäus Winter (1960/61), der auch die bronzenen Standleuchter und 1964 den Altar schuf, und das Portal von Theo Heiermann aus dem Jahr 1960, welches Szenen aus der Ursulalegende zeigt. C.S.

Figur der heiligen Ursula, davor das Ursulagrabmal.

Ursulinenkirche (Sankt Corpus Christi)

Die Errichtung der Kirche mit dem seltenen Patrozinium Corpus Christi (= Fronleichnam = Leib des Herren) ist eng mit dem Wirken der 1639 aus Lüttich nach Köln in den Wirren des Dreißigjährigen Krieges geflohenen Ursulinen verbunden, die bis 1998 Kirche und Mädchengymnasium betreuten. Diese Lehranstalt war bei ihrer Gründung 1651 die erste höhere Mädchenschule Deutschlands. 1671 erwarb der Orden ein Grundstück an der Machabäerstraße – nahe dem Ort, an dem der Legende nach das Martyrium der heiligen Ursula und ihrer Gefährtinnen stattgefunden haben soll.

Zwischen 1673 und 1676 wurden nach Plänen des Jesuitenpaters Antonius Halse die Konventsgebäude errichtet, denen 1693 bis 1695 die Schulgebäude und 1709 bis 1712 die Kirche folgten, die, bedingt durch ihre Lage in der Machabäerstraße, in Nord-Süd-Richtung gebaut wurde. Den Plan entwarf der venezianische Architekt Matteo Alberti, und in der Tat erinnert die Ursulinenkirche an eine Gruppe barocker venezianischer Saalkirchen des 17. und 18. Jahrhunderts. Alberti war Oberbaudirektor Johann Wilhelms II. (Herzog von Jülich und Berg, Pfalzgraf von Neuburg und seit 1690 auch Kurfürst der Pfalz). Dieser wurde im Volksmund »Jan Wellem« genannt und residierte in Düsseldorf. Als großer Kunstförderer unterstützte er den Bau der Kirche und setzte unter anderem die planmäßige Ausführung der Fassade durch, die leicht in den Straßenraum hinein ragt und damit in den städtischen Hoheitsbereich. Deswegen verweigerte die Stadt mehr als ein Jahr lang die Erteilung der Baugenehmigung.

Johann Wilhelm empfahl dem Kölner Stadtrat, den Architekten Alberti wohlwollend aufzunehmen. Der Venezianer leitete damals das gesamte Bauwesen im Herzogtum Berg und in der Pfalz. Zunächst beauftragte er seinen Bauführer und Zeichner Aloysius Bartoli, nach Skizzen ein Modell der Kirche sowie Baupläne anzufertigen. Das Innere der danach erbauten tonnengewölbten Saalkirche war ehemals reich ausgestattet und stuckiert. Im 19. Jahrhundert erfolgte durch den Kunstmaler Fischer eine Neuausmalung im Stile des späten Historismus. Vor dem Ersten Weltkrieg wurde das ehemalige Oratorium mit der Nonnenempore abgerissen. Im Zweiten Weltkrieg erlitt die Kirche schwerste Einbußen; nur der Triumphbogen und die Umfassungswände überstanden den Luftkrieg. Eine erste Instandsetzung erfolgte bis 1954 unter Leitung des Architekten Kobes Bong und unter der baukünstlerischen Oberleitung von Dombaumeister Willy Weyres. Die ursprüngliche Holztonne wurde 1953/54 modernisierend mit kleinteiliger Ornamentik als Rabitzdecke (bestehend aus Drahtgewebe, das mit Kalk-, Gips- oder Zementmörtel beworfen wird) erneuert. Bis 1963 konnte man die Aufsätze der Fassadentürme mit ihren gestuften Zwiebelhauben erneuern.

Die Fassade mit erneuerter Farbfassung ist durch das Gebälk tragende ionische Pilaster klar gegliedert und durch Fenster, Nischen, Portale und Schmuckplatten aufgelockert. Dabei folgt auf eine rechteckige jeweils eine runde Form. Das mittlere Portal wird, analog zum Triumphbogen im Innern, von einer Darstellung der heiligen Eucharistie (Kelch und Hostie) bekrönt, die sich auf das Patrozinium der Kirche bezieht. Die beiden Engelsstatuen in den das Mittelportal rahmenden Muschelnischen schuf Johann von Rick.

Die jüngsten Restaurierungsarbeiten durch das erzbischöfliche Bauamt (1997 bis 1999) trugen wesentlich dazu bei, dem Kircheninneren trotz der großen Substanzverluste durch die Zerstörungen des letzten Krieges, den einheitlichen barocken Charakter zurückzugeben. Besonderen Wert legte man auf die Wiedergewinnung der ursprünglichen Wand- und Fassadenfarbigkeit nach sorgfältiger Befundermittlung.

Die Wände des Inneren werden durch Pilaster gegliedert, die die Gurtbögen der Tonnenwölbung tragen. Ein hoher Triumphbogen trennt den Chorraum vom übrigen Saal ab. Das Stuckrelief des Bogens greift das Thema der Verehrung der Eucharistie auf. Gegenüber befindet sich ein zweites Flachrelief

Barocke Pracht in der Machabäerstraße.

Innenstadt

Machabäerstraße 75
50668 Köln
☏ 0221-12300708

• Karte 1, gh4
Ⓗ Breslauer Platz
Linien 5, 16, 17, 18, 19

Das Kircheninnere vor der Zerstörung.

mit dem Doppelwappen der Mäzene Johann Wilhelm II. und seiner zweiten Frau Anna Maria Lovisa von Toskana.

Die Lücke, die der beschädigte und später beseitigte Hochaltar hinterlassen hat, konnte seit dem Krieg nicht befriedigend geschlossen werden. Seit dem Jahr 2001 steht hier der zwischen 1717 und 1719 geschaffene Kolumba-Altar des Johann Franz von Helmont (früher in St. Gereon). Den figürlichen Schmuck hatte der aus Flandern stammende Bildhauer Johann von Rick geschaffen. Weitere barocke Ausstattungsstücke aus der 1882 abgebrochenen Bonner Stiftskirche werden restauriert und nach und nach in die Kirche gelangen.

Das Innere 1945 und nach der Wiederherstellung der Farbfassung 1999.

Seit dem Jahr 2003 besitzt die Ursulinenkirche eine Orgel mit 19 Registern der Firma Jürgen Ahrend aus Leer/Ostfriesland, die hauptsächlich durch die Staatliche Hochschule für Musik genutzt wird. *C.S.*

Sankt Viktor

Neu-Vogelsang

Goldammerweg 40
50829 Köln
☏ 0221-582381

• Karte 2, bc4
Ⓗ Bachstelzenweg
Linien 141, 143

Für den in den Sechzigerjahren des 20. Jahrhunderts nach Norden erweiterten Stadtteil Vogelsang wurde 1967 eine katholische Pfarrkirche errichtet, die am 1. Dezember 1968 geweiht werden konnte. Die Pläne stammen von dem Kölner Architekten Hans Schilling, der in seiner Heimatstadt bereits mehrere Kirchen errichtet hatte und zeitgleich in Köln-Esch mit Sankt Mariä Namen eine sehr ähnliche »Schwesterkirche« baute.

Kirche, Kindergarten und Pfarrwohnungen umstehen einen kleinen Platz, alle Gebäude bestehen aus rotem Backstein. Die Kirche hat einen vieleckigen Grundriss. Lineare Fensterbänder durchschneiden die glatten Außenmauern, welche zusätzlich durch sich nach außen vorwölbende, runde oder eckige Raumteile gegliedert werden. Im Inneren bilden diese nach außen ablesbaren Raumstrukturen Orte für den Vollzug einiger Sakramente: Es befinden sich dort der Beichtstuhl, die Sakramentskapelle, die Apsis und die Taufkapelle.

Der breite Gemeinderaum mit flacher Holzdecke orientiert sich zur leicht parabelförmigen Apsis, die nur durch ein schmales vertikales Fenster an der rechten Seite belichtet wird. Links der Apsis schließt sich die fünfeckige Sakramentskapelle an, der Tabernakel ist ein Werk der Münsteraner Künstlerin Hilde Schürk-Frisch. Auf der anderen Seite, rechts der Apsis, ordnete Hans Schilling die Taufkapelle auf rundem Grundriss an.

Auch der Ambo und das Altarkreuz sind Werke von Hilde Schürk-Frisch, die Leuchter stammen von Wolfgang Göddertz, die Fenster und das Relief schuf Bodo Schramm. *M.S.*

Hans Schilling plante diese Kirche für den jüngeren Teil von Vogelsang.

Der Fußboden zeigt den »Gnadenstrom«, der sich aus dem Chor in den Kirchenraum ergießt.

Sankt Vitalis

Meistens ist Müngersdorf Wallfahrtsort für Fußball- und Musikfans, die zum Stadion pilgern. In der Weihnachtszeit setzt dagegen eine stillere Pilgerfahrt ein: der »Kreppchensgang«. Die große Heimatkrippe von Sankt Vitalis zeigt den Dorfkern Müngersdorfs mit seinen Bewohnern und den die Kirche umgebenden Bauten zu Beginn des 20. Jahrhunderts.

Die erste schriftliche Erwähnung von »Mundestorp« erfolgte 980, eine Kirche bestand vielleicht seit dem 11. Jahrhundert. Die heutige Kirche entstand bis 1890 nach Plänen von Theodor Kremer. Er errichtete eine außerordentlich aufwändige neuromanische Anlage, die wie »eine Gottesburg auf der Höhe« thront.

Im Krieg erlitt die Kirche relativ wenig Schaden. 1959 fand eine gravierende Umgestaltung des Inneren durch Rudolf Schwarz statt, der seit 1956 in Müngersdorf wohnte. Die Innenwände wurden bis auf wenige Elemente in einheitliches Weiß getaucht. Nahezu alle historistischen Ausstattungsstücke verschwanden, nur das ehemalige Triumphkreuz, der Kreuzweg und fünf Reliefs der Kanzel sind erhalten. Maria Schwarz und Herbert Herrmann entwarfen den neuen Altar, Hildegard Domitzlaff den Tabernakel. 1978 wurden Tabernakel und spätmittelalterliches Taufbecken einander gegenüberstehend seitlich im Chor aufgestellt. Aus dem Chor ergießt sich in dem ebenfalls neu ausgelegten Fußbodenbelag ein weißer »Gnadenstrom« in das Kirchenschiff. Wichtiges Element der Raumgestaltung im Kontrast zu den weißen Wänden sind auch die Fenster von Wilhelm Buschulte. Der farbenkräftige, nur mit angedeuteter Gegenständlichkeit gestaltete Fensterzyklus entstand in mehreren Etappen von 1960 bis 1986 mit Themen der Schöpfungsgeschichte und Darstellungen einzelner Naturereignisse. Das Westfenster und die Querhausverglasungen zeigen Szenen der Apokalypse.

1994 erhielt Sankt Vitalis eine neue Klais-Orgel (23 Register, zwei Manuale). Aufstellung und Prospekt berücksichtigen das große Westfenster und beziehen an der Emporenbrüstung die erhaltenen Kirchenväterreliefs der alten Kanzel mit ein. *M.S.*

Müngersdorf

Alter Militärring 43
50737 Köln
☏ 0221-4911868

• Karte 2, bc5
Ⓗ Wendelinstraße
Linien 141, 143, 144

Waisenhauskirche (Kapelle des städtischen Kinderheimes Sülz)

»Eine Kirche für Kinder mit viel Licht und frohmachenden Symbolen«, so lautete der Bauauftrag für den Architekten der neu zu errichtenden Kapelle des städtischen Kinderheimes in Sülz. Zunächst hatte man im Jahr 1955 Dominikus Böhm mit der Planung der Kirche beauftragt, da er jedoch noch im gleichen Jahr starb, übertrug man den Auftrag seinem Sohn Gottfried Böhm.

Die bis 1958 errichtete Kapelle integriert den neubarocken Turm ihrer ansonsten kriegszerstörten Vorgängerkirche, er überragt von weitem Kapelle und Kinderheim und bildet mit seiner barocken Haube einen spannungsvollen Gegensatz zur modernen Architektur des Neubaus. Der eigentliche Kirchenraum befindet sich im Obergeschoss über einem für verschiedene Zwecke des Kinderheimes genutzten Saal. Da seine Wände leicht über die des Erdgeschosses hinausragen, scheint er etwas zu schweben. Die mächtigen, aus Abbruchmaterial des Vorgängerbaus gegossenen Betonflächen erhalten so eine gewisse Leichtigkeit.

Über die gesamte Außenwand zieht sich ein monumentales, von dem Bildhauer Jochem Pechau gestaltetes Relief, das viele Lämmer zeigt, die den an der Eingangsseite dargestellten Guten Hirten umgeben. Im Gegensatz zu den meist schmucklos glatten Außenwänden anderer Kirchen der Fünfzigerjahre des 20. Jahrhunderts ist dies ein deutliches Zugeständnis an die besondere Funktion als Kirche für Kinder. Die immer zu dritt gruppierten Lämmer sind Verweis auf die Heilige Familie.

128 Schafe und der »Gute Hirte« zieren die Betonfassade dieser Kirche für Kinder.

Sülz

Sülzgürtel 57
50937 Köln
☏ 0221-22129600

• Karte 1, c9
Ⓗ Berrenratherstraße/Gürtel
Linie 13

Der von der Straße abgewandte Eingang an der Turmseite leitet über einen Treppenaufgang in die Kirche. Oben angekommen, wird der Besucher von einem rechteckigen Raum empfangen. 128 achteckige kleine Fenster erstrahlen wie helle Sterne in der Außenwand. Die Zahl der Fenster entspricht der Anzahl der Lämmer des äußeren Reliefs, sie sind immer paarweise angeordnet, keins steht alleine. In die blüten- bzw. sternförmigen Glasmuster sind musizierende oder singende Kinder eingesetzt, sie bilden ein den ganzen Raum umschließendes Kinderorchester. Die drei großen Fensterrosetten thematisieren die Heilige Familie: Am Eingang symbolisiert ein großer Stern den Stern von Bethlehem. Blaue Glasflächen und abstrahierte Taubenfedern verweisen auf die Taufe und den benachbarten Taufbrunnen. Das Fenster der rechten Wand symbolisiert mit floralen, lilienähnlichen Formen den heiligen Josef, gegenüberliegend verweist eine rosa Blüte auf Maria als die mystische Rose (Fensterentwürfe Gottfried Böhm).

Unter den seitlichen Rosenfenstern befinden sich zwei niedrigere, rechteckige Räume. Links liegt der ehemalige Schwesternchor für die von 1912 bis 1973 das Kinderheim betreuenden Ordensschwestern vom armen Kinde Jesu, rechts eine Kapelle für kranke Kinder.

Der Innenraum ist beherrscht von dem großen Altarbaldachin, der den ursprünglichen Hauptaltar mit darauf stehendem Tabernakel (Eva Burgeff, 1958) überfängt und besonders auszeichnet. Einige frühe Kirchen Gottfried Böhms besitzen einen solchen, auf unterschiedliche Weise realisierten Baldachin, dieser hier erinnert mit seinen eckigen Bögen an maurische Architektur.

Wie kleine Sterne strahlen die Fenster in der Außenwand.

Die liturgischen Bestimmungen des Zweiten Vatikanischen Konzils änderten nicht nur die Zelebrationsrichtung des Priesters am Altar, sondern rieten von zu stark abgegrenzten Altären und vom Standort des Tabernakels auf dem Altar ab. Aus diesem Grunde stellte man einen zusätzlichen Altar vor die hohen Stufen des Altarbaldachins, dort steht er nun inmitten der ihn von drei Seiten umgebenden Bänke und hat eine sehr viel größere Nähe zu den Kindern. Der Baldachin ist nicht funktionslos geworden, er zeichnet jetzt den Sakramentsaltar aus und bildet den Hintergrund des neuen Altarbereiches.

Von weitem bezeichnet der neubarocke Turm den Ort der Kirche am Rande von Sülz.

Die Benediktinerin Lioba Munz schuf ein neues Kreuz für den mittelalterlichen Korpus, an dessen Fuß sie einen Granitstein einließ, in dem ein Karneol eingewachsen ist. Dieser Stein befand sich lange im Fundus der Künstlerin, und sie wusste nicht, wofür sie ihn verwenden sollte. Zu Füßen des Gekreuzigten erweckt er nun den Eindruck, als sei ein Blutstropfen Christi auf diesen Stein gefallen. Im rechts vom Treppenaufgang stehenden Reliquienaltar sind Reliquien von Heiligen eingelassen, die sich entweder stark für Kinder eingesetzt haben (Vincenz von Paul und Don Bosco), oder bereits im Kindesalter ein heiligmäßiges Leben geführt haben (Maria Goretti, Hermann-Josef). Der Taufstein ist ein Werk von Eva Burgeff, drei Darstellungen an ihm verweisen auf die Taufe: der Durchzug der Israeliten durch das Rote Meer, die Taufe Jesu im Jordan und das Bild des Auferstandenen. Jochem Pechau schuf den Kreuzweg. Die Orgel ist ein Werk der Firma Seifert, ihren Prospekt entwarf Gottfried Böhm. *M.S.*

Wie bei den Bettelordenskirchen gibt es keinen Turm sondern einen Dachreiter.

Zu den heiligen Engeln

In Ostheim errichteten die Architekten Josef Bernard und Fritz Schaller 1960/61 eine schlichte Saalkirche mit Satteldach, das einen Glockenreiter mit spitzem Helm tragt. Dieser wird seit 1960 von einem Engel aus Kupferblech von H. Reifferscheid bekrönt. Im Innern empfängt den Besucher ein weiter stützenloser Raum mit offener Holzdecke. Nahe beim Eingang, über dem von Karl Hölzl 1961 geschaffenen Taufstein mit einem von Heinz Schmitz geschnitzten Deckel, erheben sich die vier quadratischen Betonstützen des Glockenreiters und bilden gleichsam die Begrenzung einer offenen Taufkapelle. Sie wird durch langbahnige Buntglasfenster, die durch Betonelemente waagerecht gegliedert sind, belichtet. Alle Fenster der Kirche wurden 1986 bis 1988 von Paul Weigmann gestaltet. Die westliche Wand des Kirchenschiffes wird von über einem niedrigen Sockel aufsteigenden und bis zur Decke reichenden Fensterbahnen durchbrochen. Die waagerechte Gliederung erfolgt hier wie auch bei den Fenstern der Taufkapelle durch Betonelemente. Die gegenüberliegende Wand besitzt eine schmale Fensterzone, die sich unterhalb des Dachansatzes entlangzieht.

Der 1961 entstandene Altar aus Kalksandstein ist eine Arbeit von Karl Hölzl, der auch die Kanzel, die Weihwasserbecken und die Sitzbänke im Altarbereich schuf. Der Tabernakel ist mit einer Verkündigungsdarstellung auf Bronzeplatten verkleidet. Er wurde 1964 von Hans Jakob Heppekausen ausgestaltet. Von Heppekausen stammen auch die sechs bronzenen Altarleuchter (1964), das bronzene Altarkreuz (1965), die beiden Lesepulte, das Vortragekreuz mit einem silbernen Corpus (1961) und ein Maria-Hilf-Bild. Die barocke Monstranz wurde der Pfarre 1961 von der Gemeinde der benachbarten Kirche Sankt Servatius geschenkt.

Die Orgel mit sieben Registern stammt ebenfalls aus Sankt Servatius und wurde um 1868 von der Firma Franz Sonreck in Köln gebaut. 1965 überholte man sie gründlich und überließ sie der Gemeinde im Jahr 1977. *C.S.*

Ostheim

Buchheimer Weg 34
51107 Köln
☏ 0221-891634
www.kath-kirchen-ostheim.de

• Karte 2, g6
Ⓗ Buchheimer Weg
Linie 152

Zum göttlichen Erlöser

Köln-Rath ist ein relativ junges Wohnviertel, am Ostrand der Stadt gelegen, das bis weit nach dem Zweiten Weltkrieg gleichzeitig ländliche und städtische Strukturen aufwies. Als der Neubau einer Kirche geplant wurde, sollte diese Tatsache berücksichtigt werden, was dem Architekten Fritz Schaller auch in vorbildlicher Weise gelang. Die 1953/54 gebaute mehrschiffige Hallenkirche ist ein Backsteinbau mit weit heruntergezogenem Dach und einem frei stehenden, schlanken Glockenturm. Links des Altarraumes liegt eine Werktagskirche und links des Eingangsbereiches die Taufkapelle. Beide Räume umschließen einen Innenhof.

Im bewusst schlicht gehaltenen Inneren mit seinen weiß gekalkten Wänden tragen Betonstützen und -rippen eine Sichtbetondecke, die mit Steinmosaiken von Hein Wimmer geschmückt ist. Die Mosaiken beziehen sich mit ihren Hinweisen auf Eingang, Taufe, Gotteslob und Hände mit der Opferschale auf die Zweckbestimmung der einzelnen Raumteile. Der gleiche Künstler schuf den silbervergoldeten, mit Edelsteinen und Emails verzierten Tabernakel, den Taufstein aus rotem Sandstein, das Vortragekreuz und entwarf ebenfalls die Altäre.

Ein Holzkreuz über dem Altar bildet den Mittelpunkt der Erlöserkirche. Es trägt einen silbergetriebenen Korpus, den der Goldschmied Hans Jakob Heppekausen, ein Mitglied der Gemeinde und Schüler Hein Wimmers, schuf. Der Korpus ist so gearbeitet, dass man ihn auch von der Seite klar erkennen kann. Von Heppekausen stammt auch die in der Form eines Kelches gestaltete Monstranz.

Alle Glasgemälde der Erlöserkirche thematisieren das Mysterium von Erlösung und Auferstehung. Die farbigen Fenster der Nordwand stammen von Hubert Schaffmeister (1954) und zeigen Persönlichkeit und Werk dreier italienischer Heiliger, von denen die Erlöserkirche Reliquien besitzt. Es sind dies Don Bosco, Gemma Galgani und Maria Goretti. Don Bosco wirkte als Pädagoge und gründete

Blick durch die Kirche zum Altar.

Rath

Erlöserkirchstraße 8
51107 Köln
☏ 0221-861110

• Karte 2, h6
Ⓗ Königsforst
Linie 9

die Gesellschaft der Salesianer. Er ist in einem Kreisbild dargestellt mit Jugendlichen, denen seine besondere Fürsorge galt. Ein Netz mit einem gefangenen Fisch erinnert an das Christuswort: »*Von nun an wirst du Menschen fangen.*« Gemma Galgani lebte seit 1899 als Stigmatisierte, das heißt sie trug die Wundmale Jesu an ihrem Körper. Das Kreisbild im Fenster zeigt sie auf dem Krankenlager von Frauen umgeben. Kette und Flamme sind als Zeichen der Fesselung und des Schmerzes dem grünenden Lebenszweig gegenübergestellt. Maria Goretti starb an den Folgen einer versuchten Vergewaltigung im Alter von nur zwölf Jahren. Dargestellt ist sie in ihrem Sarg zusammen mit dem Weizenkorn, dem Symbol ihres Todes. Dieses muss erst sterben und begraben werden, bevor es Frucht bringen kann. Etwa 20 Jahre später kamen die beiden Medaillons am Südportal und das den gesamten Zyklus gleichsam krönende Westfenster hinzu, in dem an die Auferstehung und die Erlösung des Menschen erinnert wird. Hubert Schaffmeister hat hier das in der Offenbarung des Johannes geschilderte Himmlische Jerusalem abgebildet. Der Lebensbaum umrankt die Himmelsvision in der Mitte.

Fenster beim Südportal: Moses und der brennende Dornbusch.

Die Fenster beim Südportal berichten von der Heiligkeit des Ortes (Moses und der brennende Dornenbusch) und von der Gesinnung des Menschen, der ihn betreten will (Das Mahl ist bereitet. Versöhne dich mit deinem Bruder). In der Taufkapelle befindet sich eine holzgeschnitzte Madonna von Eduard Schmitz. Elmar Hillebrand gestaltete die Reliefs aus Muschelkalkstein am südlichen Eingang. Diese erinnern daran, dass ein Gotteshaus die Heimstatt des Dreifaltigen Gottes (das Kreuz des Sohnes und die Taube des Heiligen Geistes in der Hand Gottvaters) und die Opferstätte der Gläubigen (Opferlamm und Kelch in den Händen des Menschen) ist.

Der Turm der Erlöserkirche.

Der bronzene Kreuzweg im Seitengang von der Taufkapelle zur Werktagskirche ist ein Werk des Bildhauers Joseph Hoentgesberg (1962).

Für diesen Verbindungsgang schuf Hubert Schaffmeister 1973/74 die 16 Kabinettscheiben. Der Fensterzyklus verläuft parallel zum Kreuzweg des Ganges und ist eine Darstellung der Heilsgeschichte: Schöpfung der Welt und Erschaffung des Menschen (interessantes Detail: die Verwendung der Einstein'schen Formel E=mc2); Abkehr von Gott und Sündenfall; Vorbereitungszeit des Alten Bundes und Adventssehnen; Menschwerdung und Erlösertat Christi; apostolischer Auftrag der Kirche; Tod und Ewigkeit. Ein wichtiges Gestaltungsmittel sind die Farben. So wird der göttliche Bereich durch Goldtöne, der menschliche Bereich hingegen durch Grautöne symbolisiert.

Die Orgel der Erlöserkirche mit 22 Registern wurde von der Firma E.F. Walcker in Ludwigsburg gebaut. Ihr Gehäuse entwarf Fritz Schaller. Die Kirche ist kein isoliertes Bauwerk, sondern bildet zusammen mit Pfarrhaus und Jugendheim eine geschlossene Baugruppe, die seit 1991 unter Denkmalschutz steht. *C.S.*

Mit der Errichtung des Vierkantenturmes wurde die Kirche 1964 vollendet.

Zum Heiligen Geist

Die Pfarrkirche liegt in einer nach dem Ersten Weltkrieg entstandenen Siedlung in der Nähe des Südfriedhofs. Der erste Spatenstich erfolgte am 22. März 1931 und bereits am 8. Dezember desselben Jahres konnte die nach Plänen der Architekten Pasmann und Bonn errichtete Kirche geweiht werden. Das damals entstandene Bauwerk war auf Grund der schwierigen Zeitumstände – auf dem Höhepunkt der Weltwirtschaftskrise – in äußerst schlichten Formen als Hallenkirche mit Holzdecke und einem als Turm ausgebildeten Querriegel errichtet worden. Im Zweiten Weltkrieg wurde dieser einfache aber zweckmäßige Bau vollständig vernichtet. Nach der Währungsreform von 1948 begann ein vereinfachender Wiederaufbau, der bis 1957 in mehreren Abschnitten, zuletzt unter der Leitung von Karl Band, abgeschlossen werden konnte. Der Architekt veränderte den Chor und fügte der Kirche ein neues Seitenschiff und eine Tageskapelle hinzu. 1958 erfolgte der Neubau des Pfarrhauses. An die Stelle des Turmriegels trat 1963/64 ein Vierkantenturm aus Backsteinen von Karl Band mit einem Turmhahn von Matthias Esser. 1972 gestaltete Band im Zuge einer gründlichen Renovierung abermals den Chorbereich neu.

Nach und nach wurde die Innenausstattung vervollständigt: 1974 schuf Sepp Hürten einen Altar aus Aachener Blaustein. Er gestaltete darüber hinaus im gleichen Jahr den Ambo, den Osterleuchter, die sechs Altarstandleuchter, das Prozessions- und Altarkreuz und den Tabernakel. Altar und Ambo wurden 1999 durch Arbeiten von Ulrich Metzger ersetzt. 1961 kamen 16 neue Fenster von Hans Lünenborg in die Kirche. Er entwarf auch das Fenster »Der auferstandene Christus« in der Seitenkapelle. Norbert Perseke schnitzte die Pietà in der Tageskapelle. Die kunsthistorisch bedeutende Muttergottesstatue aus dem 14. Jahrhundert ist das Werk eines niederbayerischen Meisters. 1960 erhielt die Kirche eine Orgel mit 19 Registern, eine Arbeit der Firma Rieger in Schwarzach/Tirol.

C.S.

Zum Heiligen Geist

Zollstock

Hürther Straße 4
50969 Köln
☏ 0221-362666

• Karte 2, d7
Ⓗ Zollstockgürtel
Linie 12

Zur Heiligen Familie

Die Pfarrkirche »Zur Heiligen Familie« entstand 1951 nach Plänen von Wolfram Borgard und Fritz Volmer und wurde 1962/63 durch Bernard Rotterdam umgebaut. Sie ist als Saal mit einem weit heruntergezogenen Satteldach und einem niedrigen Turm mit Faltdach über dem Chorbereich konzipiert. Die kupferne Turmbekrönung gestaltete Sepp Hürten 1963. Nördlich und südlich des Chores befinden sich Anbauten, darunter die Sakristei, die über die Fluchtlinie der Kirche auskragen. Ein frei stehender Glockenturm aus Backstein erhebt sich südlich der Kirchenfront. Im Westen des Gotteshauses befindet sich die fast kreisrunde Taufkapelle. Der Taufstein ist das Werk des Steinmetzen Christoph Hövel und wurde der Pfarrei 1983 von der Kölner Dombauhütte gestiftet. Die Tür der Kapelle ist das 1976 entstandene Meisterstück des Kunstschmieds Kannengießer.

Der Innenraum weist eine flache Holzdecke auf, deren mittlerer Teil hochgezogen ist. Der Chor bildet das Untergeschoss des Turmes und ist schachtartig nach oben geöffnet. In diesem Bereich kann durch sechseckige Glasbetonfenster von Jochen Poensgen Tageslicht einfallen. Der 1963 entstandene Altar aus Muschelkalk ist eine Arbeit von Johannes Reinarz, der auch das Altarkreuz aus Kupfer mit Bergkristallen, Mosaiken und Bronzekorpus und den Tabernakel schuf. Dessen Unterbau, wie auch der Ambo stammen von Egino Weinert aus den Jahren 1963 und 1970. Das Altarbild von 1978 entstand nach einem Entwurf des Benediktinerpaters Lucas Ruegenberg aus Maria Laach. Ebenfalls in Maria Laach entstanden die zwei Akoluthenleuchter und die sechs Altarleuchter aus Messing (1960). Aus dem Dominikanerkloster Walberberg gelangten die Kirchenbänke nach Höhenhaus. Die Orgel mit 26 Registern wurde 1990 von der Firma Orgelbau Simon in Borgentreich erstellt.

C.S.

Der niedrige Chorturm ist wie eine Krone gestaltet.

Zur Heiligen Familie

Höhenhaus

Am Rosenmaar 1
51061 Köln
☏ 0221-602016

• Karte 2, fg3
Ⓗ Leuchterstraße
Linie 4

Die Kirchen der evangelischen Gemeinden in Köln

Inneres der Trinitatiskirche – Weite und Höhe vermitteln dem klassizistischen Raum im Gleichklang mit dem ihn ordnenden Gliedern zeitlose Ruhe.

Andreae-Haus
Evangelische Kirchengemeinde Mülheim am Rhein

Andreae-Haus

Mülheim

Graf-Adolf-Straße 22
51065 Köln

☏ 0221-9625020

• Karte 1, lm2
Ⓗ Graf Adolfstraße
Linie 159

Mit dem Namen des Hauses wird die Erinnerung an den Presbyter Otto G. Andreae wachgehalten. Der wohlhabende Samt- und Seidenfabrikant Otto G. Andreae stiftete am 16. Dezember 1893 ein Kinderheim in der Gustav-Adolf-Straße. In den Jahren 1906 bis 1930 erfuhr das Heim mehrere Erweiterungen. Es wurde im Zweiten Weltkrieg zerstört. Nach 1945 entschloss sich das Presbyterium, die Ruine des Kinderheims wieder aufzubauen. Nach dem Willen der Gemeinde sollte das Gebäude künftig als Gemeindehaus mit integriertem Betsaal dienen. Die Architekten Vater und Sohn Carl Klag und Karl-Heinz Klag erhielten den Auftrag zum Neuaufbau des Hauses, das 1953 eingeweiht werden konnte. Das Andreae-Haus bietet seither einen im Erdgeschoss liegenden Kirchsaal, diverse Gemeinderäume und die Büroräume der Gemeindeverwaltung sowie einige Wohnungen; 1959 richtete die Gemeinde neben dem Gemeindehaus einen Kindergarten ein. Den Altar und die Kanzel schuf der Bildhauer Gabel aus Wuppertal, aus dessen Atelier auch die Altargeräte kommen. Seit 1992 ersetzt ein mobiles Truhen-Positiv des Orgelbauers Gerald Woehl aus Marburg die Orgel von Dieter Ott. Ernst Otto Köpke setzte 1954 und 1955 die von ihm entworfenen Fenster ein. Seit 1995 macht am Außenbau ein Kreuz auf die Predigtstätte aufmerksam.

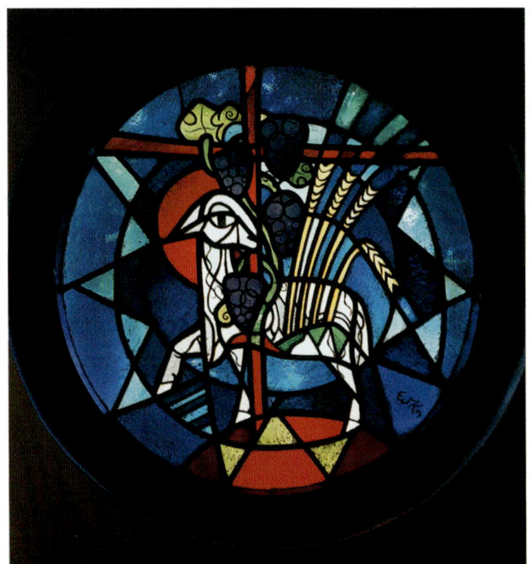

E. O. Köpke, Agnus Dei mit Reben und Ähren, 1955.

Nur das Kreuz macht auf die Predigtstätte aufmerksam.

Das Andreae-Haus steht unauffällig in der langen Straßenzeile. Nur der Schriftzug ANDREAE-HAUS und ein Kreuz weisen auf die Bestimmung des Putzbaues hin. Der seitliche Eingang führt über das Treppenhaus direkt zum Betsaal, der sich von der Fassade aus über die Rückseite des Hauses hinaus erstreckt, wo er als Anbau in Erscheinung tritt. Er fügt sich aus dem längsrechteckigen Saal und dem kleinen, fast quadratischen Chor, der gegen den Saal mittels einer Falttür verschlossen werden kann. Natürliches Licht erhält der Gesamtraum lediglich über seine beiden Schmalseiten. Im Chor hebt eine zweistufige Estrade den Altartisch und die Kanzel über das Chorniveau. Eine Dreiergruppe hochrechteckiger Fenster öffnet die gesamte Altarrückwand. Ihre künstlerische Verglasung stellt das Pfingstereignis dar. An der Südseite weitet ein kleiner quadratischer Annexraum den Chor. Das in seine Ostwand eingelassene Rundfenster zeigt entsprechend dem Gemeindesiegel das Agnus Dei sowie Reben und eine Ährengarbe als Hinweise auf das Abendmahl.

Andreas-Kirche
Evangelische Kirchengemeinde Köln-Niehl

Das im Norden Kölns gelegene Fischerdorf Merkenich gehörte ursprünglich zur Kirchengemeinde Nippes, vgl. S. 216. Nach dem Krieg war abzusehen, dass Merkenich und die benachbarten Dörfer bevorzugte Wohngebiete sein würden. So bemühte sich das Presbyterium der 1957 selbstständig gewordenen Niehler Gemeinde schon früh um eine Predigtstätte in Merkenich. 1965 forderte es einige Architekten zu einem Entwurfswettbewerb für ein Gemeindezentrum mit integrierter Kirche auf, den der Architekt Peter Busmann gewann. Als der Grundstein am 23. Juni 1968 gelegt wurde, beschloss die Gemeinde analog zur Petri-Kirche in Niehl, die Kirche dem Apostel Andreas zu widmen, vgl. S. 230, denn die Fischer Petrus und Andreas waren Brüder. Nach der Weihe des Gemeindezentrums am 1. Mai 1969 erklang am 21. September 1969 erstmals die neue Glocke.

Das Gemeindezentrum steht in der Tiefe des Grundstückes, so dass eine Distanz zur Straße gegeben ist. Das innen wie außen mit Klinker verkleidete Gemeindezentrum fügt sich aus zwei Baukörpern unterschiedlicher Dimension: Dem über quadratischer Grundfläche stehenden Kirchsaal lagert ein längsrechteckiger, eingeschossiger und flachgedeckter Anbau vor, der sich an der Südseite fortsetzt. Seine verglaste Ostseite wird optisch Teil der Kirchenfassade, so dass der unteren verglasten Fassadenzone eine mittlere, durch eine Holzverkleidung gänzlich geschlossene und eine obere wiederum verglaste Zone folgt. Der Anbau nimmt die Vorhalle und zwei Gemeindesäle auf. Die Vorhalle vermittelt direkt in den von Tageslicht durchfluteten Kirchsaal. Während die Fassadenseite in ihrem oberen Teil über die ganze Breite durchfenstert ist, bleiben die übrigen drei Wände geschlossen. Die Altarzone, auf die das einfallende Licht zielt, wird von einer einstufigen Estrade über das Laufniveau gehoben. Weil die Altarwand niedriger ist als die gegenüberstehende Fassadenwand, steigt die von kräftigen Holzbindern gehaltene Balkendecke zu dieser auf. Dadurch entsteht eine Gegenbewegung zur liturgischen Ausrichtung des Raumes. Aus beiden Bewegungen resultiert eine auf den Altar konzentrierende Spannung. Sie wird von dem von Barna von Sartory entworfenen, in Beton gegossenen und als raumhaltige Plastik konzipierten Altar aufgegriffen, so dass er selbst zur raumbeherrschenden Kraft wird. Indem der Künstler die beiden Negativformen des Altares als Positivformen auf die beiden Seitenwände übertrug, nahm er den Raum in das vom Altar ausgehende Kraftfeld hinein. Der Kraft des Altares setzte Peter Busmann das filigrane Stahlstabwerk der Kanzel entgegen.

Barna von Sartory, Altar, 1969.

Eine Baumwiese schafft Distanz zur Straße.

Merkenich

Merkenicher Hauptstraße 195
50769 Köln

☏ 0221-7122305
www.mauniewei.de

• Karte 2, d2
Ⓗ Merkenich Mitte
Linie 12

Antoniterkirche
Evangelische Gemeinde Köln

Antoniterkirche

Innenstadt

Schildergasse 57
50667 Köln

☏ 0221-9258460
www.ev-gemeinde-koeln.de

• Karte 1, g5
Ⓗ Neumarkt
Linien 1, 3, 4, 7, 8, 9, 16, 17, 18, 19

Im reichsstädtischen Köln gab es schon sehr früh vier der Reformation verpflichtete Gemeinden: Seit 1571 eine niederländisch-reformierte, seit 1572 eine hochdeutsch-reformierte, seit 1575 eine lutherische und seit 1600 eine französisch-reformierte Gemeinde. Mit dem Einzug der französischen Revolutionstruppen in Köln am 4. Oktober 1794 veränderte sich das religiöse Leben in Köln von Grund auf. Die Franzosen veröffentlichten 1802 die so genannten »Organischen Artikel«, wonach die freie religiöse und wirtschaftliche Betätigung aller Bürger garantiert war. Doch wurden gerade die religiösen Beschränkungen nur zögerlich aufgehoben. Mit der Einführung der Gewerbefreiheit war auch für die Protestanten die Bedingung geschaffen, in allen Produktions- und Handelssparten tätig zu werden. Um ein offenes, religiöses (Gemeinde-)Leben entwickeln zu können bedurfte es eines Versammlungsortes, eines Betsaales. Zunächst wollten die Protestanten die Ratskapelle mieten, doch scheiterten im März 1799 die Verhandlungen. Als im Zuge der Säkularisation die katholischen Stifts- und Klosterkirchen aufgelassen wurden, erhielten die Protestanten die Chance, eine der leer stehenden Kirchen zu übernehmen. Sie entschieden sich 1801 für die Kirche des Antoniterordens. Weil noch erhebliche bauliche Veränderungen notwendig waren, um die zu erwartende große Anzahl an Gottesdienstteilnehmern unterbringen zu können, mieteten die Protestanten zunächst den im Hof des einstigen Brauerzunfthauses gelegenen großen Zunftsaal in der Schildergasse 96. Hier feierten sie am 23. Mai 1802 ihren ersten genehmigten und damit öffentlichen Gottesdienst in Köln. Bereits am 7. Juli 1802 wurde den beiden evangelischen Gemeinden, der reformierten und der lutherischen, die aufgelassene Kirche der Antoniter einschließlich eines Teils der Klostergebäude zum gemeinsamen Gebrauch rechtswirksam überlassen. Noch im gleichen Jahr wurde die Evangelische Gemeinde Köln gegründet, die zur Muttergemeinde der im linksrheinischen Stadtgebiet existierenden Evangelischen Kirchengemeinden wurde. Nachdem die notwendigen Umbauarbeiten in der Kirche abgeschlossen waren, feierten die Kölner Protestanten am 19. Mai 1805 die Einweihung ihrer ersten Kirche in Köln. Zunächst hielten die beiden Gemeinden ihre Gottesdienste im abgesprochenen Wechsel. Erst nach rund 20 Jahren, am 30. April 1826, vereinigten sie sich zur unierten evangelischen Gemeinde.

Nachdem die Antoniterkirche am 7. Juli 1802 den Protestanten übergeben worden war, übernahm der Kölner Kunstsammler und Kanoniker Ferdinand Franz Wallraff die Um- und Ausgestaltung der Ordens- zu einer evangelischen Predigtkirche, die 1805 abgeschlossen war. Den erforderlichen, freie Sicht auf Altar und Kanzel gewährenden (Predigt-)Raum erreichte er, indem er das erste und das dritte der drei frei stehenden Pfeilerpaare entfernte. Um eine größere Platzzahl zu erzielen, spannte er Emporen in die Seitenschiffe ein. Die beiden Pole der Kirchenachse besetzte er im Osten mit einem Kanzelaltar und im Westen mit einer Empore für Schola und Orgel. Mit diesen Um- und Einbauarbeiten gewann Wallraf einen etwa 800 Personen fassenden Kirchenraum.

Bei der Renovierung des Inneren wurde 1896 die Einrichtung Wallrafs einschließlich der Kanzel, der Orgelbühne und der Emporen entfernt und dem Innenraum eine neue Fassung gegeben. Am 31. Mai 1942 zerstörten Bomben die Kirche. Bei dem 1946

Die Antoniterkirche lädt ein zum Verweilen in der Fußgängerzone.

Der weite Innenraum bietet vielen Betern Ruhe.

beginnenden Wiederaufbau wurde der Zugang an die Westseite verlegt. Am 18. Mai 1952 feierte die Gemeinde erstmals wieder ihren Gottesdienst in der alten Antoniterkirche.

Von 1979 bis 1980 erhielt das Innere eine neue Fassung, deren Farbigkeit der für das Mittelalter vorausgesetzten und in Spuren überlieferten Farbgestaltung entlehnt ist. Die Hausteine der Längsfassaden mussten von 1994 bis 1996 erneuert werden.

Die Antoniterkirche und ihre Ausstattung

Die Antoniterkirche ist eine querbaulose, dreischiffige Basilika, deren Raumvolumen von einer Folge von vier Travéen bestimmt wird. Wegen ihrer dichten Einfügung in eine Straßenrandbebauung ist seinerzeit auf einen Westbau und auf eine baukünstlerische Gestaltung ihres Westabschlusses verzichtet worden. Im Osten schließt sich den Mittelschiffjochen ein fünfseitiges, aus dem Oktogon entwickeltes Chorhaupt an. Neben ihm wiederholt der Nebenchor, in den das Nordseitenschiff mündet, die Grundrissfigur des Hauptchores. Auf der Südseite ist dagegen auf einen Nebenchor zugunsten der quer zur Längsrichtung gestellten Sakristei verzichtet worden. Zwischen die Apsiden ist der Treppenturm eingestellt, der den Zutritt zum Dachraum ermöglicht.

Der Grundriss ist von genialer, auf mathematischem Kalkül beruhender Einfachheit, die sich als beruhigende Strenge äußert. Gleichmäßig verteilte Streben geben ihm eine stabilisierende Fassung. Weil die Tiefe einer Travée gleich der halben Breite eines Mitteljoches ist, formulieren die Grundrisse der vier Travéen ein Quadrat. Dieser, das Langhaus definierenden und konzentrierenden Grundrissgestalt stehen die Chöre, bedingt durch die wechselnden Richtungen ihrer Wände, als dynamische Elemente gegenüber. Mit der sich im Grundriss niederschlagenden Übersichtlichkeit und mit der eindeutigen Gerichtetheit des Langhauses auf den Hauptchor erweist sich die Kirche als ein auf die Predigt hin konzipiertes Bauwerk.

Das Erscheinungsbild der Kirche ist von dem Bestreben nach Schlichtheit geprägt, verzichtet sie doch sowohl in ihrem Inneren als auch am Außenbau bis auf die skulptierten Schlusssteine und die Wasserspeier auf jegliche Bauzier. Diese Zurückhaltung ist auch der neuen Westfassade eigen, welche die Seitenschiffe gerade abschließt. In ruhiger Folge aufsteigend, geben die Streben der Längsseiten dem Baukörper eine festigende Geschlossenheit. Die Positionen der Langhausstreben visualisieren die innere Jochteilung am Außenbau. Ihre sie unterteilenden Gesimse spiegeln die Gliederung der Seitenschiffe: Sockel, Sohlbank und Traufe sind klar ablesbar. Auf ein statisches Minimum reduziert schwingen die Strebebogen über die flach geneigten Seitenschiffdächer hinweg, um in Höhe der Gewölbefüße gegen die kräftigen Wandvorlagen des Obergadens zu stoßen. Steil steigt das an das Mittelschiff anschließende Chorhaupt bis zur Firsthöhe des Langhauses auf. Streben besetzen die Kanten des Polygons, die dicht unterhalb der Traufe einbinden, ein sie abschließender Giebel kaschiert die aus der Einbindung resultierende Schräge. Weil die Sohlbänke der drei Polygonfenster das Niveau der Seitenschiffsohlbänke einhalten, wirken sie überaus schlank. Gemeinsam mit den sie flankierenden Streben geben sie dem Ostbau eine zur Höhe strebende Straffung.

Im Inneren hat die Herausnahme der beiden Pfeilerpaare das Proportionsgefüge empfindlich gestört. Dafür ist der gesamte, nunmehr breit lagernde Raum überschaubar und besser durchlichtet. Die einstige Position der herausgenommenen Pfeiler ist an den in üppigen Reben mündenden Stümpfen der Dienste zu erkennen. Über den Arkaden steigen die Mittelschiffwände ohne jedwede Zäsur bis in den Obergaden auf, der in der Gewölbezone sitzt. Die starke Schräge seiner inneren Sohlbänke zeugt von dem Bemühen, das einfallende Licht ins Mittelschiff hinab zu lenken.

Die Schlusssteine des Mittelschiffes sind als glatte Scheiben gestaltet und zeigen jeweils ein Emblem. Im Westen erscheinen »A Ω« als Abbreviaturen für

Ernst Barlach,
»Der Schwebende«, 1927, Nachguss 1942.

die in der Apokalypse des Johannes niedergeschriebenen Selbstaussagen Gottes, der sich dort als »das Alpha und das Omega, der da ist und der da war und der da kommt, der Erste und der Letzte, der Anfang und das Ende« (Apk 1,8; 21,6 und 22,13) bezeichnet. Die folgende Rose verweist auf Maria und das Monogramm ☧ auf Jesus als den Christus. Auf den Kirchenpatron weist das »T(au)«, das so genannte Kruckenkreuz. Im Chor schließlich ist »IHS« zu lesen, das als Abkürzung des Namens Jesu, aber auch als Hinweis auf die Überlegenheit des Christentums verstanden und dann als »In Hoc Signo« gelesen wird. In den Seitenschiffen haben die Schlusssteine plastischen, vegetabilen Schmuck und versinnbildlichen damit das Paradies; im südwestlichen Joch erscheint eine Laubmaske.

Über dem 1964 von Ulrich Henn geschaffenen Bronzeportal bezeichnet ein aus der glatten Fläche der Sopraporte herausragendes »Geäst« die Kirche analog zur alttestamentlichen Dornbuschszene als »heiliges Land«, als Stätte der Gottesbegegnung. Ein figurales Relief zeigt die zwölf Apostel, die sich um Jesus scharen, der ihnen den Auftrag gibt, in aller Welt das Evangelium zu verkünden.

Vom alten Schmuck der Kirche haben sich nur drei Werke erhalten, nur eines ist in der Kirche verblieben. Eine Fotoreproduktion in Originalgröße vermittelt einen Eindruck von dem Gemälde, das dem »Meister der heiligen Sippe« (circa 1440 – 1515/18) zugeschrieben wird. Es zeigt in mehreren simultan nebeneinander gestellten Szenen Ereignisse aus dem Leben des Antonius Abbas († 356), der einst Patron der Kirche war. Das Bild ist heute kostbarer Besitz der Bayerischen Sammlungen. Die katholische Pfarrgemeinde Sankt Peter in Aachen-Orsbach bewahrt eine 1516 geschaffene Monstranz, die ihr von Bischof Markus A. Berdolet übergeben worden sein soll. Von der einstigen künstlerischen Verglasung hat sich die mit prachtvoller Farbigkeit auftrumpfende Darstellung der Kreuzigung erhalten, die zu Beginn des 16. Jahrhunderts für die Kirche geschaffen worden ist. Vor den Toren Jerusalems erleidet Jesus den Kreuzestod. Seine Mutter steht verzweifelt neben dem Kreuz, begleitet von Johannes, in dessen Obhut der Sterbende sie anvertraut hat. Maria Magdalena umklammert im Schmerz seine Füße. Zwei Engel fangen in Kelchen das aus den Handwunden rinnende Blut auf, um es an die Gläubigen weiterzugeben. Am Kreuzesstamm liegt der Schädel Adams, der nach der Legende auf Golgotha dort begraben worden sein soll, wo Jesu Kreuz aufgestellt worden ist. Durch den Kreuzestod, so die Aussage dieses Details, wird Adams Sünde gesühnt und Adam wird als erster der Menschen am Tag des Gerichts auferstehen.

Bis auf die Darstellung der Kreuzigung sind alle anderen Fenster im Krieg zerstört worden. Der Mainzer Maler Alois Plum brachte 1966 die neue künstlerische Verglasung in die Seitenschiffe ein, mit der er die Weite des Raumes unterstrich.

Auf einen Entwurf des Architekten Georg Eberlein gehen die sechs Siegel der ersten reformierten und lutherischen Gemeinden Kölns zurück, die im untersten Register der Chorfenster sitzen. Seit dem 18. Mai 1952 birgt der Nebenchor die Bronzeplastik »Der Schwebende«. Ernst Barlach hatte 1926 - 1927 für den Dom von Güstrow ein Ehrenmal für die getöteten Soldaten des Ersten Weltkrieges geschaffen. Er gestaltete, abweichend von den üblichen Soldatenmalen, einen Körper, der frei von aller Erdgebundenheit dahin schwebt. Das 1928 eingeweihte Denkmal wurde 1936 von der so genannten Neuen Zeit eingeholt. Die Plastik wurde demontiert und 1941 eingeschmolzen. Weil aber noch ein Zweitguss existierte, konnte ein Abguss gemacht werden, den die Evangelische Gemeinde Köln erwarb und in die Antoniterkirche einbrachte.

Die Gestaltung der beiden 1984 von Rudolf Peer entworfenen bronzenen Lesepulte verweist auf das Alte und auf das Neue Testament. Die Schale des Taufbeckens gehört zur Sammlung des Museums Schnütgen, der Schaft ist um 1934 hinzugekommen. Aus der Peripherie des Schalenrundes lösen sich vier Köpfe so, dass sie die Endpunkte eines virtuellen Quadrates bezeichnen, dem der Schalenkreis einbeschrieben ist. Zwischen den Köpfen tummeln sich vier Fabeltiere, denen ebenso wie den vier in einen imaginären Raum starrenden Physiognomien apotropäische Bedeutung zukommt. Anlässlich der Übergabe des Taufbeckens im Jahre 1934 an die Kirchengemeinde schmiedete Carl Wyland die bronzene Schale und den bronzenen Deckel. Die 1976 von Renate Stendar-Feuerbaum geschaffene Bronzegruppe stellt in dramaturgischer Attitüde die Heilige Familie vor. Als jüngstes Werk kam 1995 die bronzene »Holocaust-Stele« des Kölner Bildhauers Dieter Boers in die Kirche. Sie fand ihren Ort in einiger Distanz vor dem »Schwebenden«, mit dem sie in einer achsialen und, als Mahnmal gegen die Zeit von 1933 bis 1945, in einer geistigen Beziehung steht.

Auferstehungskirche
Evangelische Kirchengemeinde Bickendorf

Die evangelischen Bürger der Ortschaft Bocklemünd waren von 1878 bis 1967 Mitglieder der Evangelischen Kirchengemeinde Ehrenfeld, vgl. S. 188. Am 1. Januar 1967 schied die Kirchengemeinde Bickendorf als selbstständige Gemeinde aus der Ehrenfelder Muttergemeinde mit vier Predigtstätten aus und errichtete wenig später zusätzlich die Auferstehungskirche Bocklemünd. 1987 wurden Pulheim, Sinnersdorf und Stommeln ausgemeindet, so dass nunmehr zur Evangelischen Kirchengemeinde Bickendorf die Orte Bickendorf, Ossendorf, Vogelsang und das 1965 bis 1970 entstandene Bocklemünd/Mengenich gehören.

Farbe und Glas signalisieren Offenheit.

Die evangelische Auferstehungskirche bildet den städtebaulichen Gegenpol zur katholischen Kirche Christi Geburt, vgl. S. 45, denn beide stehen an den entgegengesetzten Enden des Görlinger Zentrums, einer Fußgängerzone mit der Qualität eines Marktplatzes. Doch bilden die beiden Kirchen nicht nur städtebauliche Pole, in ihrer Namensgebung machen beide zusammen eine theologische Aussage. Den Auftrag zum Bau des Gemeindezentrums mit integrierter Kirche erhielt der Architekt Walther Ruoff. Er begann 1970 mit den Bauarbeiten, am 10. Februar 1974 fand die Einweihung statt; 1978 erhielt die Predigtstätte den Namen Auferstehungskirche. Zur Ausstattung der Kirche gehören die drei von W. Ruoff entworfenen Prinzipalstücke, der Altar, die Kanzel und das Taufbecken. Egino Weinert schuf 1974 die Leuchter für den Abendmahlstisch; 1988 gestaltete er die emaillierte Taufschale. Mit der von dem Mülheimer Orgelbauer Willi Peter gebauten Orgel standen 1976 die für den Gottesdienst wichtigsten Ausstattungsstücke zur Verfügung. Die von dem Glasmaler Fritz Hans Lauten geschaffenen drei Fenster, deren Themen die »Auferstehung« (neben dem Altar), »Taufe« (über der Sakristeitür) und das »Abendmahl« (Westfenster) sind, kamen 1985 in die Kirche. Seit 1996 hängt eine Glocke in dem kleinen Dachreiter.

Über die weißen Wände und über eine Vielzahl großer Glasflächen deren Rahmen und Sprossen rot gefasst sind, stellt sich die Gemeinde als offen und lebendig agierend dar. Zwei abgerundete, flachgedeckte Baukörper flankieren einen eingeschossigen, flachgedeckten Zwischentrakt, dessen verglaste Front den Eingang aufnimmt. Gemeindesaal und Kirchsaal machen am Außenbau durch ihre Pultdächer auf sich aufmerksam, weil ihre Firste rechtwinklig zueinander stehen und durch eine breite Schottenwand, die einen kleinen Glockenstuhl trägt, voneinander getrennt werden. Verbindendes Glied zwischen den eingeschossigen Gemeinderäumen und dem Kirchsaal ist neben dem Vestibül der die übrigen Gemeindebauten an Höhe überragende Gemeindesaal. Die geometrische Grundfigur der Kirche ist ein Rechteck. Durch das Abrunden der dem Eingang zugewandten Ecke und der Abwinklung eines Teils der äußeren Längswand ist ein auf den Altarbezirk konzentrierter Einraum gewonnen worden. In ihm haben die Schola und die Orgel ihren durch eine leichte Erhöhung des Niveaus betonten Ort. Dagegen ist der Altarbezirk nicht durch eine ihn erhöhende Estrade aus dem Gesamtraum isoliert. Dieser Raumteil wird durch die abwinkelnde Außenwand und ihren mittels eines raumhohen Fensters hergestellten Anschluss an die Altarwand ebenso betont wie durch die mittels starker Unterzüge kassettierte Saaldecke, die von der gegenüberliegenden Wand aus stetig ansteigt, um ihren höchsten Punkt an der Altarwand zu finden. Mittels einer in die Schottenwand eingelassenen Schiebetür kann der Gemeindesaal mit dem Kirchraum verbunden werden.

Fritz Hans Lauten, Auferstehungsfenster, 1985.

Bocklemünd

Görlinger Zentrum 39
50829 Köln

☏ 0221-508888
www.ekir.de/bickendorf
• Karte 2, b4
Ⓗ Ollenhauerring
Linie 3

Auferstehungskirche

Evangelische Kirchengemeinde Köln-Buchforst-Buchheim

Auferstehungskirche

Buchforst

Kopernikusstraße 36
51065 Köln

☏ 0221-691888

• Karte 1, m3
Ⓗ Waldeckerstraße
Linie 3

Buchforst ist ein von einer städtischen Baugesellschaft planvoll gestaltetes Siedlungsgebiet, das am 25. Oktober 1930 den Namen Köln-Buchforst erhielt. Die dort lebenden Protestanten waren Mitglieder der Mülheimer Kirchengemeinde. Seit 1968 gehören sowohl die Protestanten aus Buchheim als auch aus Buchforst zur Evangelischen Kirchengemeinde Köln-Buchforst-Buchheim. Nach 1945 wurde die Besiedlung dichter, so dass eine wohnnahe Kirche geschaffen werden musste. Den Auftrag zum Bau des Gemeindezentrums und der Kirche erhielten die Architekten Georg Rasch und Winfried Wolsky. Für die von 1967 bis 1968 errichtete Kirche entwarf G. Rasch den Altartisch, die Kanzel und die Taufe. 1971 stellte Willi Peter eine kleine Orgel auf. Obwohl ein Turm geplant war, wurde er, vermutlich wegen der dichten Nähe zur Wohnbebauung, nicht ausgeführt. Das bedeutete einen Verzicht auf ein Geläut. Das Grundstück liegt in einer Straßengabelung. Weil sein Niveau über dem der Straßen liegt und somit über Stufen zu erreichen ist, wirkt es wie ein Plateau. Die Kirche füllt die Spitze des von den Straßen gebildeten Dreiecks, und die mit Holz verkleideten Gemeindebauten stehen, über einem Kreissegment angeordnet, in großem Abstand zu ihr.

Aufmerksamkeit sichern dem Gemeindezentrum seine erhöhte Position, vor allem aber die ungewöhnliche Form der Kirche, die sie zu einer architektonischen Metapher für die christliche Auferstehungsvorstellung macht. Die Kirche fügt sich aus zwei ungleichschenkligen, in Beton gegossenen rechtwinkligen Dreieckscheiben. Ihre senkrechten Schenkel bilden im Winkelscheitel eine hoch aufragende Ecke aus. Ihr gegenüber schließt eine geschosshohe Glaswand die dritte Seite. Über der Glaswand steigt das riesige Dach auf. Es ist so zwischen die Wände eingefügt, dass es unterhalb von deren Oberkanten bleibt. Zugleich hält es einen Abstand zu den Wänden ein, der sich zur Spitze hin stetig verbreitert. Die Verbindung zu den Wänden übernimmt eine leicht geböschte Stahl-Glas-Konstruktion. Die der aus Dreiecken entwickelten Architektur innewohnende Skulpturalität wird durch eine zur Spitze aufsteigende Reliefierung ihrer Wände aus parallelen Kehlen gesteigert. Die auslaufenden Enden der Wände bereiten den weiten Platz vor, der gegenüber der Kirche von den eingeschossigen Gemeindebauten geschlossen wird. Im Inneren, das wesentlich kleiner wirkt, als es der Außenbau suggeriert, ist eine hohe Zentrierung auf den Altar erreicht worden. Die starke Reliefierung der beiden Wände markiert bei ihrem Zusammentreffen die Vertikale der Ecke äußerst prägnant. Kehlen und Vertikale formulieren mit dem von oben einfallenden, hellen Licht ein graphisches Zeichen für die Auferstehung. Durch die dreiseitige Grundfläche, die stetige Verengung des Raumes und durch die Lichtführung wird die Aufmerksamkeit der Gemeinde intensiv auf den Altarbezirk konzentriert. Um die Prinzipalstücke in der kleinen Raumecke in Beziehung zueinander zubringen, ist auf eine achsensymetrische Stellung des Altares verzichtet worden.

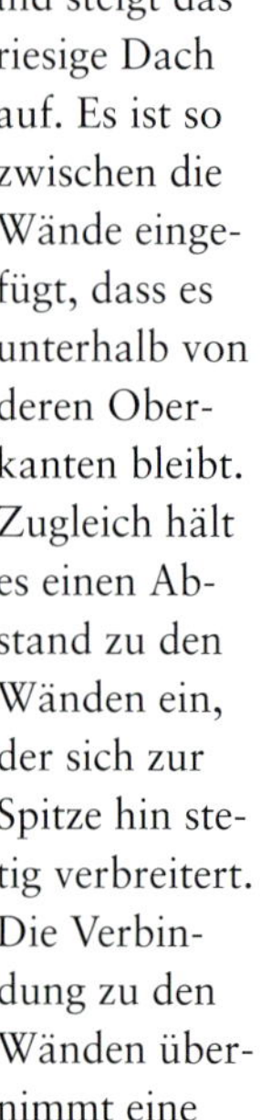

Die Lichtinszenierung konzentriert auf den Altar.

Die Baugestalt – ein Zeichen für die Auferstehung.

Seit 1992 ist die Auferstehungskirche ein Baudenkmal.

Auferstehungskirche
Evangelische Kirchengemeinde Köln-Rath-Ostheim

Ostheim wurde seit 1857 seelsorglich von Deutz aus betreut, vgl. S. 235, und seit 1877 gehört es zur Kirchengemeinde Kalk, vgl. S. 200. Als am östlichen Rand von Rath von 1922 bis etwa 1938 die »Göttersiedlung« errichtet wurde, konnten die Evangelischen von Ostheim und Rath seit 1924 in der dortigen Schule ihren Gottesdienst feiern. 1927 sorgte das Kalker Presbyterium für einen Betsaal. Nach 1945 setzte auch in Ostheim eine rege Besiedlung ein. Der stetige Zuzug nach Ostheim und Rath führte am 1. Oktober 1957 zur Verselbstständigung der Evangelischen Kirchengemeinde Rath-Ostheim. Zunächst aber beauftragte die Kalker Gemeinde den Architekten Gerhard Langmaack mit der Konzeption einer eigenen Kirche mit integrierten Gemeinderäumen. Nachdem 1953

Der Turm ist Identifikationsmerkmal der Siedlung.

mit ihrer Errichtung begonnen worden war, wurde die Kirche am 21. März 1954 eingeweiht. Weil zur Kirche kein separater Gemeindesaal gehört, sind einige der Bänke so konstruiert, dass sie zu Tischen umgebildet werden können. Mittels einer Schiebetür kann der kleine Chor vom Kirchsaal getrennt werden, so dass dieser als Gemeindesaal genutzt werden kann. 1955 stellte der Orgelbauer Willi Peter die kleine Orgel auf. Das Geläut der Gießerei F. W. Rincker ist nach und nach angeschafft worden: 1956 kam die erste, 1959 die zweite und 1963 die dritte Glocke in den Turm. 1989 wurde die zuvor zum Baudenkmal erklärte Kirche gründlich renoviert.

Mit ihrem Erscheinungsbild erinnert die Kirche an eine norddeutsche Dorfkirche. Dazu tragen nicht nur ihre geringe Größe und der stämmige Turm bei, auch die weiß verputzte Außenhaut und ihre Stellung innerhalb einer kleinen Grünanlage festigen das Bild. Der mit einem Satteldach schließenden und im Westen von einem Turm flankierten Saalkirche ist ein von niedrigen Sakristeibauten begleiteter Chor angegliedert. Der kurze quadratische Turm ist wegen seines ungewöhnlichen Abschlusses mittels eines flachen Kegelhelmes Identifikationsmal des Ortes. Die Westfassade ist vollständig geschlossen. Dagegen öffnet ein Fensterfries, der sich dicht unter der Traufe hinzieht, die Längswände des Kirchsaales. Über dem Eingang öffnet ein Fenster die Wand, das der kleinen Vorhalle Licht zuführt. Ein achsial sitzendes Rundfenster zeichnet die Chorwand aus. Im Inneren ist die Kirche ebenfalls weiß verputzt. Den über die Diagonale zu betretenden Kirchsaal überspannt eine Balkendecke, die sich im Chor fortsetzt. Deutlich vortretende Wandpfeiler gliedern die Längsseiten in vier Felder und entwickeln zusammen mit den Fenstern eine auf den Chor drängende Bewegung, so dass das Chorfenster zum Fluchtpunkt des Raumkastens wird. Das dunkle Braun-Schwarz der die Flachdecke tragenden, kräftigen Balken gibt dem Raum eine beruhigende Gestimmtheit und Bodenständigkeit. Der Altar wird vom Chorfester hinterfangen und am Chorzugang von Taufe und Kanzel flankiert.

Das leuchtende Ostfenster ist Fluchtpunkt des Raumes.

Ostheim

Heppenheimer Straße 7
51107 Köln

☏ 0221-8902639
www.kirchengemeinde-rath-ostheim.de

• Karte 2, g6
Ⓗ Ostheim
Linie 9

Auferstehungskirche
Evangelische Kirchengemeinde Sürth-Weiß

Sürth

Auferstehungskirch-
weg 7
50999 Köln

☏ 02236-389748

• Karte 2, f8
Ⓗ Sürth Bhf.
Linie 16

Der Bezirk der Kirchengemeinde Sürth-Weiß gehörte ursprünglich zu dem 1853 eingerichteten Pfarrbezirk der Brühler Gemeinde. 1914 war Sürth Teil des Pfarrbezirks Wesseling. 1948 kam es zur Gründung der Evangelischen Kirchengemeinde Rodenkirchen, in die Sürth und Weiß eingepfarrt wurden. Am 9. Mai 1962 beantragten die Protestanten von Sürth und Weiß die Einrichtung einer Evangelischen Kirchengemeinde Sürth, den sie mit dem schnellen Anwachsen des evangelischen Bevölkerungsteils begründeten; am 1. Januar 1979 wurde die Selbstständigkeit gewährt. Nach dem Erwerb eines Grundstückes wurde der Architekt Hans Ulrich Kroeber mit der Bauplanung beauftragt. Am 19. Juli 1970 konnte das zum ersten Bauabschnitt gehörende Gemeindezentrum mit integriertem Kirchsaal eingeweiht werden. Gut zehn Jahre später fand sich die Gemeinde am 12. Juli 1981 zum ersten Spatenstich ein, mit dem der zum zweiten Bauabschnitt gehörende Bau der Kirche eingeleitet wurde. Am 4. Oktober 1981 wurde der Grundstein für die Kirche gelegt und am 24. Oktober 1982 wurde sie eingeweiht. Die von Klaus Bönnighausen geschaffenen drei Prinzipalstücke und die von Fritz Hans Lauten entworfene künstlerische Verglasung kamen 1982 in die Kirche. Den Glasmalereien sind die Themen Leiden – Überwindung – Auferstehung – Verklärung zugrundegelegt; Udo Dietrich malte das Gemälde »Vier Posaunen«, das die Altarwand ziert.

Kreuz und Dachform charakterisieren die Kirche.

Die über quadratischem Grundriss errichtete Saalkirche steht parallel zum Gemeindehaus, von dem sie durch eine Zufahrt getrennt und mit dem sie durch einen überdachten Gang verbunden ist. Sie schließt mit einem Satteldach, dessen Asymmetrie durch die unterschiedlichen Höhen der Traufseiten bedingt ist. Das daraus resultierende niedrige Shed ist mit dem Fassadenkreuz zum Identifikationsmal der Kirche geworden. Beide Giebelseiten des mit sichtbar belassenem Kalksandstein ausgefachten Betonskelettbaues sind als Fassade ausgebildet, die durch zwei gebäudehohe Fensterstreifen geöffnet werden.

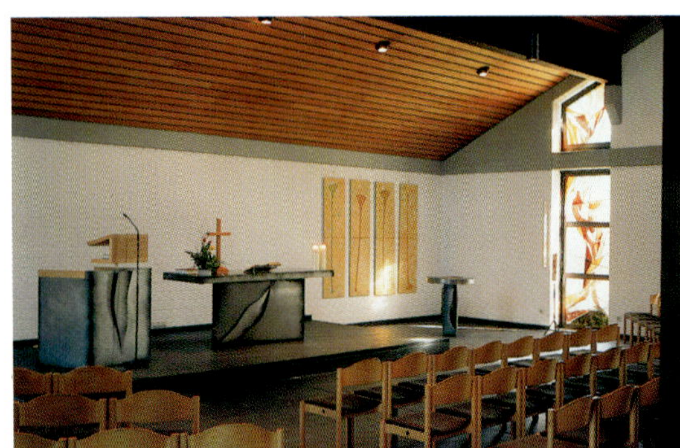

Klaus Bönnighausen, Prinzipalstücke, 1982.

Der mit dem überdachten Gang verbundene Eingang führt unter die Empore, die über die gesamte Eingangsseite gespannt ist. Daraus ergibt sich optisch ein mit dem Altarbezirk verbundener Raumteil für die Gemeinde. Diese dreifache Binnengliederung wird durch die Fensterstreifen in eine feste Form gebracht. Altar und Ambo haben ihren Ort auf einer Estrade in der Mitte der dem Eingang gegenüberstehenden Wand. Indem die Estrade nicht die gesamte Seite einnimmt, ist in der Raumecke ein kleiner virtueller Raum ausgespart, in dessen Mitte das Taufbecken steht.

Begegnungsstätte Lindweiler
Evangelische Kirchengemeinde Köln-Pesch

vgl. S. 194.

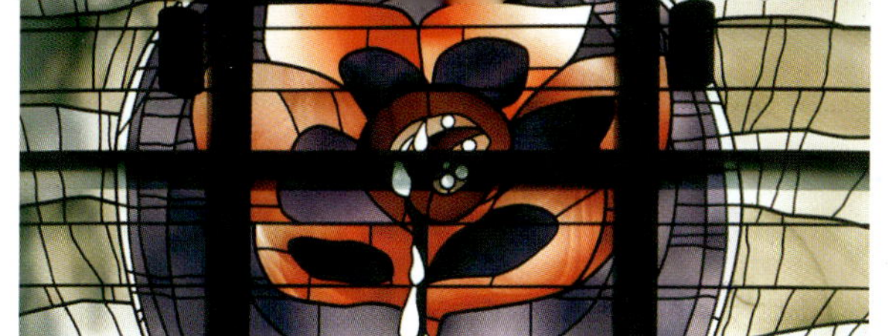

Bruder Lucas Ruegenberg, Rosenfenster (Detail), 1983.

Bodelschwingh-Kirchengemeinde

Evangelische Bodelschwingh-Kirchengemeinde Köln-Höhenhaus

Die am 1. Januar 1968 in die Selbstständigkeit erhobene Evangelische Bodelschwingh-Kirchengemeinde in Höhenhaus ist eine Tochter der Evangelische Kirchengemeinde Mülheim am Rhein, vgl. S. 190. Bis 1945 war ihr heutiger Bezirk wenig besiedelt, lag er doch außerhalb des Ortskerns von Höhenhaus. Zunächst konzentrierte sich der Zuzug auf den Ortskern, was 1964 zur Errichtung der Evangelischen Kirchengemeinde Köln-Höhenhaus führte, vgl. S. 228. Als Anfang der Fünfzigerjahre westlich des Ortskerns große Wohnsiedlungen entstanden, begann die Geschichte der Bodelschwingh-Kirchengemeinde. Mit den Siedlungen erweiterte sich auch der Mülheimer Gemeindebezirk beträchtlich nach Norden, was eine weite Wegstrecke für die Besucher der Gottesdienste in der Luther-Notkirche in Mülheim bedeutete. Im September 1961 kaufte das Mülheimer Presbyterium eine Holzbaracke, die bislang als Verkaufsstätte einer Lebensmittel-Kette gedient hatte. Mit Hilfe eines 1961 gegründeten Kirchbauvereins gelang es, ihre Ausstattung zu finanzieren. Sie erhielt den Namen »Evangelische Kapelle am Bruder-Klaus-Platz«. Nach dem Erwerb eines Grundstückes schrieb das Presbyterium 1964 einen Architektenwettbewerb aus und bestimmte von den eingereichten Entwürfen den von Dietmar Schilke zur Ausführung. Kurz nach der Grundsteinlegung 1966 starb der Architekt. An seine Stelle trat Gerhard Hallscheidt. Er führte den Bau nach den Plänen von Dietmar Schilke weiter, lediglich die Gestaltung des Inneren geht auf seine Entwürfe zurück. Am 1. Oktober 1967 war das Gemeindezentrum mit der integrierten Kirche vollendet. Altar, Kanzel und Taufe sowie das Schieferrelief über dem Eingang zum Kirchsaal sind Arbeiten des Bildhauers Günter Lossow aus dem Jahre 1967. Die bei dem Orgelbauer Dieter Ott in Göttigen bestellte Orgel erklang erstmals 1969 in der Kirche. 1980 wurde das von Bruder Lucas Ruegenberg OSB aus dem Benediktinerkloster Maria Laach entworfene Altarfenster mit dem »Kreuz, das im Irdischen wurzelt und in den hellen Himmel führt« eingesetzt, und 1983 konnte das Fenster mit der Rose eingesetzt werden. 1988 kam ein von zwei Gemeindemitgliedern geknüpfter Wandteppich mit dem Bild des Barmherzigen Samariters an eine der Längswände, dem später noch drei weitere folgten. Zwischen 1991 und 1992 kamen vier Antependien für Altar und Kanzel jeweils in einer der vier liturgischen Farben hinzu. Über die Errichtung eines Glockenturmes konnte damals und auch später kein Konsens erzielt werden.

Über das Fenster weitet sich der Kirchsaal ins Umfeld.

Die Saalkirche ist Teil des zweigeschossigen Kubus' des Gemeindehauses. Diesem Gebäude schließen sich rückwärtig weitere Gemeindebauten an, die mittels eines überdachten Ganges verbunden sind. Wie das Gemeindehaus sind diese eingeschossigen Bauten flach gedeckt. Gemeinsam ist allen Baukörpern der zu ihrem Bau verwendete steinsichtig belassene Kalksandstein. Der über längsrechteckigem Grundriss errichtete Saalbau setzt sich außen durch seine beiden verglasten Stirnwände von jenem Teil des Gemeindehauses ab, der den Gemeinderäumen vorbehaltenen ist. Die Saalkirche ist über das Gemeindehaus zugänglich. Wegen dieser Wegführung liegt das doppelflügelige Holzportal fast in der Mitte der nördlichen Längswand. Folglich ist der Kirchsaal von dort aus nicht in seiner ganzen Dimension erfassbar. Seine Atmosphäre wird nicht nur von der wandhohen künstlerischen Verglasung der Stirnwände, sondern auch von der Steinsichtigkeit der Längswände bestimmt. Während die Nordwand bis auf das Portal nahezu geschlossen ist, wird ihr Gegenüber durch ein Lichtband geöffnet, das sich unter der Decke hinzieht, um sich mit der Verglasung der Stirnwände zu treffen. Zudem sind der Südwand Wandvorlagen zugeordnet, die sie in acht schmale hochrechteckige Felder unterteilen und den Sichtbetonbindern als Auflager dienen, welche die in gleichem Material ausgeführte Flachdecke halten. Zwischen den Bindern sind die einzelnen Elemente des Lichtbandes eingespannt. Besitzt die Südwand mit den schmalen Wandvorlagen und dem Lichtband eine architektonische Gestaltung, so ist der Nordwand als einziger Schmuck das Sopraportenrelief zugewiesen. Richten die beiden Längswände den Raum auf den erhöhten Altarbezirk, so bildet die künstlerische Gestaltung der beiden Stirnseiten eine Art Raumklammer, die Geborgenheit vermittelt.

Die Farbigkeit des Fensters durchglüht den Altarraum.

Bodelschwingh-Kirchengemeinde

Höhenhaus

Von-Ketteler-Straße 26
51061 Köln

0221-646321

• Karte 2, f3
Ⓗ Im Weidenbruch
Linie 4

Christuskirche

Evangelische Kirchengemeinde Köln-Dellbrück/Holweide

Christuskirche

Dellbrück

Dellbrücker Mauspfad /
Bergisch Gladbacher
Straße
51069 Köln

☏ 0221-682465
www.dellbrueck2000.de

• Karte 2, 84
Ⓗ Dellbrück Mauspfad
Linien 3, 18

In der zweiten Hälfte des 19. Jahrhunderts ließen sich viele Industriebetriebe entlang der Bahnlinie der Bergisch-Märkischen-Bahn nieder, um sich diesen Verkehrsweg nutzbar zu machen. In ihrem Gefolge entstanden große Wohnsiedlungen. Die sich hier niederlassenden Protestanten wurden seelsorglich von Mülheim aus betreut, vgl. S. 190. Die Mülheimer Gemeinde beschloss im März 1903 den Bau einer Kirche in Dellbrück. Paul von Andreae stiftete den Bauplatz und später leistete er ebenso wie die Familie von Sybel weitere finanzielle Unterstützung. Der beauftragte Architekt Otto March legte 1903 einen Entwurf vor, der dann unter einigen Modifikationen zur Ausführung bestimmt wurde. Nachdem 1904 der Grundstein gelegt war, konnte die Kirche 1905 eingeweiht werden. Rechtzeitig zur Kirchweihe war die künstlerische Verglasung ebenso eingebracht wie ein Geläut. Am 1. Oktober 1913 wurde die Gemeinde zur selbstständigen Evangelischen Kirchengemeinde Köln-Dellbrück erhoben.

Während des Zweiten Weltkrieges richteten am 19. Mai 1944 eine Bombe und 1945 ein Artillerietreffer schwere Schäden an der Kirche an. Erst am 21. Dezember 1947 konnte die Gemeinde ihre Gottesdienste wieder in der Christuskirche feiern. Ihr nunmehr drittes Geläut weihte sie am 27. Juni 1954 ein. Mit der Innenrenovierung im Jahre 1956 wurden letzte Kriegsspuren beseitigt. Am 11. Juni 1967 erwarb die Gemeinde von dem Orgelbauer Willi Peter aus Mülheim eine neue Orgel. Bei der Renovierung der Kirche 1969 bis 1971 kamen eine neue Kanzel und eine neue Taufe in die Kirche. Nachdem der Kölner Architekt Wolfgang Schmidtlein 1980 das Gemeindehaus umgestaltet hatte, entschloss sich das Presbyterium zu einer weiteren Renovierung des Kirchsaales. Eine weitere Veränderung erfuhr der Innenraum, nachdem zuvor der Außenbau renoviert worden war, im Jahre 2003. Bei dieser Umgestaltung, die dem Bonner Büro Martini Architekten nach einem vorausgegangenen Wettbewerb übertragen worden war, wurde der gesamte Innenraum erfasst. Die Farbgebung wurde ebenso wie die Lichtgestaltung und die Gestaltung des Chores einschließlich des Altares und des Ambos erneuert. Die Wände wurden geglättet und in Altweiß, die Gurte aber in einem lichten Grau gehalten. Beibehalten wurde die rauhe Putzstruktur der Raumdecke, die sich auf diese Weise als eigenständiges Architekturelement präsentieren kann.

Die etwas über dem Straßenniveau stehende, in neobarocken Formen errichtete Christuskirche ist eine Saalkirche mit vorgestelltem Eingangsbau und eingezogenem, mittels einer Orgelempore erweitertem Chor, der an der Ostseite von einem Turm und an seiner Westseite von der Sakristei flankiert wird.

Eine Rampe überwindet die Höhendifferenz zwischen Straße und Kirche. Sie führt zu einem als Windfang dienenden querrechteckigen Vorbau, der mit einem Walmdach schließt. Die ihn flankierenden Pilaster steigen über die Traufe hinaus, um innerhalb der breit lagernden Fassade eine mit einem geschweiften Giebel schließende Achse auszubilden, die oberhalb der Traufe in den Walm des Daches eingreift. Indem die seitlich des Mittelteils ausgreifenden Teile der Fassade von den Resten des Walms übergriffen werden, entsteht eine lebhafte Dachlandschaft, die Teil der Fassade ist. In den Langseiten bieten drei schwach aus der Fläche vortretende Putzfelder je einem zweibahnigen von einem Putzrahmen umgriffenen Fenster eine feine Folie. Der in den Ostwinkel von Langhaus und Chor eingestellte Turm steigt mit seinem quadratischen Schaft bis über den First des Saalbaues auf, um dann oberhalb einer umlaufenden, von Konsolen gehaltenen Brüstung durch Abfasung seiner Ecken ein achteckiges und erheblich schlankeres Format anzunehmen. Mit diesem Querschnitt geht er in die dreifach gestufte und in eine Zwiebelform mündende Haube über, die ein hohes, geradezu zartes Kreuz bekrönt. Weil der Sattel des Saalbaues den Chor einbezieht, die Chorerweiterung aber niedriger

Die neobarocke Kirche prägt das Straßen- und Ortsbild.

ist und mit einem eigenen Dach schließt, wird der Ort des Chores am Außenbau nicht deutlich.

Den breit lagernden Kirchsaal überfängt ein Tonnengewölbe, in das die Fenster ein wenig einstechen. Vier von Konsolen gestützte Gurte gliedern die Decke in drei Einheiten. Der dem Saal als eigenständiger Raumteil angefügte Chor öffnet sich über einen hohen mit einem Bogensegment schließenden Triumphbogen zum Saal hin. In seiner breiten, gekehlten und leicht abgeschrägten Laibung haben sich drei Stuckornamente erhalten, von denen die beiden seitlichen jeweils als feingliedrige asymmetrische Muschelform, als Rocaille, gestaltet sind. Seine Eigenständigkeit betont der Chor durch seine gegenüber dem Saal geringere Höhe und Breite und seine Verbundenheit mit dem Saal durch die gleiche Form des Raumschlusses. Charakteristisch für die Christuskirche ist der Einzug einer Empore für Schola und Orgel über der Chorrückwand. Unter der Empore, und somit hinter dem Chor, ist ein kleiner Saal eingefügt. Bei der Neugestaltung des Chores wurde ein zweistufiges Podest aus Trachyt eingebracht, das weit in den Raumteil der Gemeinde eingreift. Entlang den Chorwänden ist eine schmale U-förmige Erhöhung gleichen Materials nach Art eines frühchristlichen Synthronons eingefügt, die dem Altarbezirk eine stabilisierende Fassung gibt. Der neue Tischaltar, der wie auch der Ambo aus Trachyt gefertigt ist, steht mit seiner Rückseite unter dem Triumphbogen, während der Ambo bis zur Vorderkante der Tribuna vortritt. Das Taufbecken füllt auch ohne besondere architektonische Betonung den Freiraum vor der südwestlichen Stirnwand. Das gesamte Ensemble des Chores wird von dem neuen, äußerst eleganten Standkreuz aus Edelstahl mit einer Holztauschierung zusammengefasst und auf seine Bestimmung konzentriert.

Der Vorraum ist Ort privater Andacht.

Weite und Helligkeit prägen das neu gestaltete Innere.

Die Christuskirche ist 1982 zum Baudenkmal erklärt worden.

Christuskirche
Evangelische Gemeinde Köln

Es ließ sich schon früh absehen, dass in der sich um das Halbrund des alten Stadtkörpers legenden Neustadt, mit deren Anlage 1881 begonnen worden war, auch viele Protestanten ansiedeln würden. Deshalb beschloss das Kölner Presbyterium 1887 den Neubau einer Kirche in der Neustadt - der dritten evangelischen Kirche innerhalb des Stadtgebietes. Hermann Josef Stübben, der Kölner Stadtbaurat und Planer der Neustadt, wies die Mitte des platzartig erweiterten westlichen Teils der Herwarthstraße als Standort der Kirche aus. Damit war sie in sein Konzept eingebunden, nach dem jede in der Neustadt errichtete Kirchen in achsialer Sichtbeziehung, als städtebaulicher Point de Vue, zur neu angelegten Ringstraße stehen sollte. Daher weist die als Schauseite ausgebildete Eingangsfront der neuen Kirche nach Osten, der Chor aber entgegen traditioneller Orientierung von Kirchen nach Westen. Das Presbyterium schrieb einen Wettbewerb aus, der 1888 entschieden wurde. Den Ersten Preis erhielt der Entwurf der Architekten August Hartel und Skjöld Neckelmann. Der Zweite Preis ging an Heinrich Wiethase. Obwohl der Entwurf von Hartel & Neckelmann das Preisgericht überzeugt hatte, kam er wegen der hohen Kosten nicht zur Ausführung. Als Hartel 1890 verstarb, wurde Wiethase mit der Aufgabe betraut, die Kirche in einer weniger teuren Version zu errichten. Nachdem auch Wiethase, der 1891 mit dem Bau begonnen hatte, 1893 verstarb, vollendete sein Schüler und örtlicher Bauleiter Arthur Eberhard 1894 den mit 1200 Sitzplätzen recht großen Kirchbau. Mit der Fertigung der Prinzipalstücke und anderer Bildhauerarbeiten wurde Edmund Renard betraut, lediglich die Kanzel ging auf einen Entwurf von A. Eberhard zurück. Die drei Gemälde für die Chorwand und die beiden Schulterwände schuf Karl Christian Andreae. Die Ausmalung des Kirchenraumes lag in der Hand des Malers Josef Renard. Im Dezember 1893 wurde ein vierstimmiges Geläut angeschafft, die Orgel lieferte der Orgelbauer Sauer aus Frankfurt/Oder. Das kostbare Altargerät schuf der Goldschmied Gabriel Hermeling 1894 nach einem Entwurf von A. Eberhard. Im Zweiten Weltkrieg wurde die Kirche bis auf den 75 Meter hohen Turm zerstört. Erhalten blieben auch die ihm östlich vorgelagerte Galerie, die sich dem Turm im Inneren anschließende Empore und das gewölbte Souterraingeschoss. Nachdem sich das Presbyterium 1955 angesichts der finanziellen Lage auf einen schlicht gehaltenen Kirchenbau geeinigt hatte, konnte das Architekturbüro Schulze & Hesse mit einem Neuaufbau beauftragt werden. Offensichtlich hatten die Architekten zu diesem Zeitpunkt

Christuskirche

Innenstadt

Herwarthstraße/
Werderstraße
50672 Köln

☏ 0221-9258460
www.ev-gemeinde-koeln.de

• Karte 1, e4
Ⓗ Friesenplatz
Linien 3, 4, 5, 12, 15

Durch seine Höhe wirkt der Turm weit in sein Umfeld.

schon baureife Pläne vorgelegt, denn bereits am 9. Dezember 1955 wurde der Saalbau eingeweiht. 1980 beschloss das Presbyterium den Abriss der Kirche. Weil aber der erhaltene Turm seine Stellung als Point de Vue weiterhin innehat und auch weiter innehaben soll, wurde der Antrag auf Abbruch nicht genehmigt. Nachdem der Turm 1982 zum Baudenkmal erklärt worden war, wurde er in den Jahren 1985 bis 1992 einer aufwändigen Restaurierung unterzogen.

Der 1955 westlich an den Turm angesetzte und über dem Souterrain errichtete Stahlskelettbau fügt sich aus einem sehr hohen, über rechteckigem Grundriss stehenden Saal und niedrigen Raumflanken, die ihn an seinen Längsseiten begleiten. Weil diese recht schmalen Begleiträume weniger eine praktische dafür aber eine ästhetische Funktion haben, kann der Neubau als Saalbau bezeichnet werden. Der mit einem Satteldach schließende Saalbau tritt zu beiden Seiten etwas über den breiten Basisbau des Turmes hinaus. An der Nordseite ist ihm eine Sakristei angefügt, deren Westwand mit der Westseite des Saalbaues fluchtet. Zugänglich ist er über das Turmuntergeschoss und zwei dicht hinter dem Turm in seine Längsseiten eingefügte Portale. Der verputzte Außenbau wird an seinen Längsseiten dicht unterhalb der Traufe durch fünf bandartig gereihte Vierergruppen hochrechteckiger Fenster geöffnet, die von Werksteinrahmen zusammengefasst und von Werksteinstäben differenziert werden. Im Westen greift das Fensterband jeweils mit einer Dreiergruppe in die Stirnwand über. Weil die Werksteinrahmen bündig in der Putzhaut der Wände sitzen, wird die Flächenhaftigkeit der groß dimensionierten Längsseiten sehr betont. Über ihre ganze Länge lassen sich die Längswände von je einem Anbau begleiten, die mit Pultdächern gegen sie anschlagen.

Die Westseite ist bis auf die beiden in sie übergreifenden Ausläufer der Längsseitenfenster geschlossen. Dazwischen bilden Vorlagen drei Achsen aus.

Das Innere wird über die Portalnische des Turmes betreten, zu der eine breite Freitreppe hinaufführt. Das Turmuntergeschoss dient als imposante Vorhalle. Erst wenn die beiden Jochfolgen der von Säulen gestützten Empore durchschritten sind, zeigt sich der breite, sehr hohe und mit einfachsten architektonischen Mitteln errichtete Kirchsaal in seiner ganzen Dimension. Den Saal charakterisiert eine klassizistische Strenge und Schönheit, die auf dem Ebenmaß aller seiner Teile beruht. Seitlich lässt er sich von mannshohen Raumflanken begleiten, die mittels kräftiger Vierkantpfeiler gegen ihn abgegrenzt sind. Oberhalb der Raumflanken gliedern die aus den Pfeilern herauswachsenden Werksteinvertikalen zusammen mit den Eckvorlagen die Längswände. Dicht unter der flach kassettierten Holzdecke, die den Raum mit leichter Krümmung überspannt, binden die Fenstergruppen die fünf hohen, verputzten Wandfelder zusammen, so dass eine eindeutige Ausrichtung auf die Altarwand gegeben ist. Mit der von ihren Rahmen und Stäben ausgebildeten Reliefierung antworten die Fenster der unteren stark plastisch ausgebildeten Zone der Raumflanken. Deren fünf Achsen werden durch kleine Doppelfenster hinterlichtet. Für den Großraum resultiert daraus ein diaphaner Effekt insofern, als die untere Raumzone mit durchlichtetem Raum hinterlegt ist. Diese Raumerweiterung bietet dem Saal optisch eine Verbreiterung seiner (Raum-)Basis. In die verputzte Altarwand greift das Fensterband der Längswände jeweils mit einer Dreiergruppe ein, so dass eine Vereinheitlichung der Wände gegeben ist. Eigenständigkeit gewinnt die Altarwand durch einen breiten, um Wandstärke vortretenden Mauerstreifen, der sie in drei Achsen gliedert; zur Verdeutlichung ist jeder der Achsen ein Spitzbogenkontur aufgemalt.

Die erhaltene Empore bietet ein prachtvolles Entree.

Der Turm wurde zum Wahrzeichen von Braunsfeld.

Clarenbach-Kirche

Evangelische Clarenbach-Kirchengemeinde Köln-Braunsfeld

In der ersten Hälfte des 19. Jahrhunderts gab es nur wenige Protestanten im westlichen Umland Kölns. Mit der zunehmenden Industrialisierung setzte eine stärkere Besiedlung des Umlandes ein. Die evangelischen Neubürger, die sich westlich von Köln niedergelassen hatten, waren zunächst Mitglieder der stadtkölnischen Gemeinde. Seit 1878 gehörten die evangelischen Christen der Ortschaften Bickendorf, Ossendorf, Bocklemünd, Mengenich, Melaten, Linderhöhe und Müngersdorf zur Ehrenfelder Gemeinde, vgl. S. 188. Das änderte sich für die Protestanten aus Müngersdorf 1895, als die Kölner Gemeinde für Lindenthal einen eigenen Pfarrbezirk eingerichtet hatte, dem auch die Orte Melaten und Linderhöhe angehörten, vgl. S. 226. Damit hatten die Evangelischen aus Müngersdorf die Möglichkeit, in Lindenthal am Gottesdienst teilzunehmen. Braunsfeld gehörte zu dieser Zeit noch zum Bezirk Efferen, der erst ab 1898 zu Lindenthal kam. Der Anteil der Protestanten in Müngersdorf und in Braunsfeld wuchs rasch an, so dass 1927 eine kleine Kapelle in der heutigen Clarenbachstraße in Melaten errichtet wurde. Die Kapelle, die nicht weit von der Hinrichtungsstätte von Adolf Clarenbach stand, ist im Zweiten Weltkrieg zerstört worden. Der enorme, nach dem Kriege einsetzende Zuzug nach Braunsfeld und Müngersdorf führte am 1. April 1950 zur Verselbstständigung von Müngersdorf und Braunsfeld. Die neue Gemeinde gab sich den Namen Evangelische Clarenbach-Kirchengemeinde Braunsfeld. Mit dieser Namensgebung drückte sie aus, dass sie sich dem Glaubenszeugnis des Magisters Adolf Clarenbach verpflichtet fühlt, der zusammen mit dem Studenten Peter von Fliesteden am 28. September 1529 als erste evangelische Märtyrer in Melaten hingerichtet wurde, das zum Gemeindebezirk Braunsfeld gehört.

Bereits 1948 hatte der Architekt Günther Baumhögger Pläne für ein Gemeindezentrum in Braunsfeld vorgelegt, so dass 1951 die Bauarbeiten am Clarenbach-Gemeindezentrum mit Kirchsaal, Altersheim, Kindertagesstätte und den Wohnungen für die Mitarbeiter beginnen konnten; noch im gleichen Jahr wurde das Gemeindezentrum seiner Bestimmung übergeben. Seit 1952 begleitet die von dem Orgelbauer Friedrich Wilhelm Walcker gebaute Orgel den Gesang der Gemeinde. Kurt-Wolf von Borries stellte 1955 den von ihm gestalteten Taufstein mit bronzener Schale auf, über dem er eine bronzene »Geist-Taube« mittels einer Hängevorrichtung schweben ließ. 1963 konnte der neue, ebenfalls von G. Baumhögger entworfene Campanile mit dem achtstimmigen Geläut eingeweiht werden. 1977 bis 1978 unterzog Baumhögger den Kirchsaal einer Renovierung, die künstlerische Neugestaltung lag bei dem Maler und Grafiker Werner Schriefers. In die durchfensterte Südwand setzte W. Schriefers eine gegenstandsfreie künstlerische Verglasung ein. Für die hoch sitzenden kleinen Rundbogenfenster der Nordwand entwarf Hans Gottfried von Stockhausen einen fünfteiligen Zyklus mit der Darstellung der Märtyrer Stephanus, Peter von Fliesteden († 1529), Adolf Clarenbach (um 1495-1529), Michael Servet (1511-1553) und Paul Schneider (1897-1939). 1981 schuf der Bildhauer Roberto Cordone eine bronzene Ummantelung für den Kanzelkorb und 1988 eine neue Taufschale. Aus dem Nachlass von Gerhard Marcks erhielt die Gemeinde 1981 zwei bronzene Altarleuchter, die er 1952 geschaffen hatte.

Kurt-Wolf von Borries, Taufort, 1955.

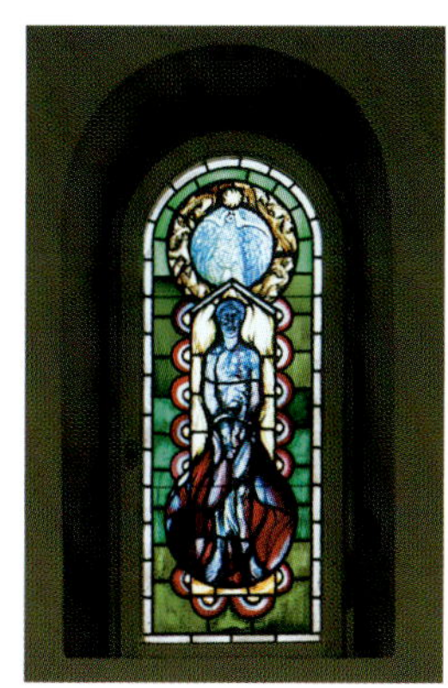

Gottfried v. Stockhausen, Adolf Clarenbach, 1978.

Der zwei Etagen übergreifende Kirchsaal liegt über dem Erdgeschoss des viergeschossigen Gebäuderiegels, der, wie der ihm vorgestellte Wohnriegel, parallel zur Aachener Straße steht. Beide Riegel werden von einer tief unter Laufniveau liegenden Grünanlage auf Distanz gehalten. Von der Straße aus führt am Campanile vorbei ein Weg hin auf eine Treppe, die das Niveau des Kirchsaales vermittelt. Der in der westlichen Stirnwand des Gebäuderiegels liegende Eingang wird durch ein Vordach und durch einen über die beiden Flügel des Portals hinweggehenden kreuzförmigen Bronzebeschlag ausgezeichnet. Er führt in eine Vorhalle, die von der Empore überspannt wird. Der Kirchsaal erhebt sich über längsrechteckiger

Farbig aufgeladenes Licht strömt seitlich in den Raum.

Braunsfeld

Aachener Straße 458
50933 Köln

☏ 0221-494926
www.clarenbachgemeinde.de

• Karte 1, a5
Ⓗ Clarenbachstift
Linie 1

Grundfläche. Er wird an der Südseite von einer zweigeschossigen, fast vollständig verglasten Raumflanke begleitet, die sich mittels einer Folge von raumhohen Vierkantstützen gegen den Saal isoliert. Dieser geöffneten Südseite steht die nur durch kleine, hoch sitzende Rundbogenfenster geöffnete Nordseite gegenüber. Die Beziehung zwischen den so ungleich gestalteten Wänden nehmen die Rundbogenfenster auf, die jeweils genau in der Achse der fünf Interkolumnien der Vierkantstützen sitzen. Verbindende Glieder sind die dicht hintereinander über den Raum hinwegstreichenden Unterzüge. Ein wesentliches gestalterisches Element ist der Aufbau der Altarzone, die dem Eingang und der Empore gegenüber liegt. Sie wird eingeleitet durch eine die ganze Raumbreite durchmessende zweistufige Estrade, mittels derer sie über das Niveau des Saales gehoben wird. Zentriert wird sie durch eine mittlere, über trapezförmigem Grundriss stehende und durch eine weitere Stufe erhöhte raumhohe Trapeznische. Während die südliche Schulterwand ungestaltet bleibt, wird die nördliche von einer leicht gestelzten, etwa eingeschossigen Apsis durchraumt. Bietet die Trapeznische zusammen mit dem an ihrer Rückwand stehenden recht stabilen Holzkreuz dem Abendmahlstisch eine wirkungsvolle Folie, so bietet die Apsis dem Taufort eine nicht minder beeindruckende, bergende Hülle. Die helle Farbigkeit und die starke Durchlichtung von Süden her geben dem klar überschaubaren Raum eine freundliche Grundstimmung.

Der Turm der Clarenbachkirche ist im Jahre 2000 zum Baudenkmal erklärt worden.

Die Kapelle am Haus Andreas

Für die Bewohner des Gebäudeensembles des Clarenbachwerkes an der Straße Neuer Grüner Weg, hat die Gemeinde 1985 eine Kapelle am Haus Andreas von Hansgeorg Holzhauer anfügen lassen. Sie geht auf eine Vorgängerin an gleicher Stelle zurück, die 1959 von Günter Baumhögger errichtet worden war; 1999 wurde die Kapelle unter der künstlerischen Beratung von Christian Kromath grundlegend renoviert.

Die Hauskapelle ist mit dem großen Speisesaal mittels einer Schiebetür verbunden, so dass sie bei Bedarf erweitert werden kann. Der eingeschossige Raum steht über einer fünfseitigen Grundfläche, die sich aus einem Quadrat fügt, von dem eine Seite zu einem Dreieck aufgeweitet ist. Die so formulierte Raumspitze wird mittels einer 1959 aus der Ukraine übernommenen Ikonostase abgetrennt. Die beiden Seitenwände werden durch je zwei hochrechteckige Fenster geöffnet, die Hans Gottfried von Stockhausen 1987 künstlerisch verglaste. In großen Medaillons werden zwei alttestamentliche Ereignisse – »Der Kampf am Jabbok« und »Die Jünglinge im Feuerofen« – zwei neutestamentlichen gegenübergestellt – »Der Sämann« und »Der Gute Hirte«. Zur Ausstattung gehört zudem eine von Alexander Schuke 1972 in Potsdam geschaffene Orgel.

Dietrich Bonhoeffer Haus

Evangelische Kirchengemeinde Köln-Stammheim

Stammheim

Bonhoefferstraße 5
51061 Köln

☏ 0221-662095
www.koeln-stammheim.de

• Karte 2, e4
Ⓗ Moses-Hess-Straße
Linien 153, 250

Die Geschichte der Gemeinde ist eng verwoben mit der Geschichte der Gemeinde in Flittard, vgl. S. 213. Der Mülheimer Pfarrbezirk Flittard-Stammheim ist 1957 zur selbstständigen »Evangelischen Kirchengemeinde Köln-Flittard-Stammheim« erhoben worden. 1969 wurden die Bezirke Flittard und Stammheim jeweils selbstständige Gemeinden. Weil die Zahl der Evangelischen in beiden Orten sinkt, ist vorgesehen, die beiden Gemeinden 2004 zu einer Kirchengemeinde zusammenzuschließen. Nach der Verselbstständigung schrieb das Flittard-Stammheimer Presbyterium 1965 einen Architektenwettbewerb zur Errichtung eines Gemeindezentrums in Stammheim aus. Der Träger des ersten Preises, der Architekt Jürgen Hadenfeldt, erhielt den Auftrag, das von ihm konzipierte dreigliedrige Ensemble des Gemeindezentrums zu bauen. Sein Entwurf sah vor, die Pfarrwohnung, das Gemeindehaus und die Kirche jeweils einem Gebäude zuzuordnen. Als erste Baumaßnahme wurden von 1967 bis 1969 das Pfarr- und das Gemeindehaus errichtet. Weil der in dieses integrierte Gemeindesaal genügend Platz bot, verzichtete die Gemeinde auf den Bau der Kirche. Das Gemeindehaus fand in der Fachwelt einige Beachtung, denn J. Hadenfeldt hatte die Außenwände in wärmedämmendem Leichtbeton mit Blähschiefer-Beischlag gießen lassen. Für den Kirchsaal hatte J. Hadenfeldt die Prinzipalstücke entworfen. 1971 erklang erstmals die Orgel des Orgelbauers Willi Peter. 1991 entschied sich die Gemeinde, das Gemeindehaus nach dem am 9. April 1945 hingerichteten Theologen und Widerstandskämpfer »Dietrich Bonhoeffer Haus« zu nennen. 1994 ließ die Gemeinde von dem Architekten Hans Jürgen Schmitz neue Prinzipalstücke konzipieren und den Altarbezirk neu gestalten. H. J. Schmitz stellte eine leicht konvex gebogene weiße Wand als Folie hinter dem Altar auf, die Luise

Das Gemeindehaus steht in einer großen Grünanlage.

Farbige Wandbehänge konzentrieren die Prinzipalstücke.

Theill mit Wandbehängen zierte. Diese Stoffcollagen illustrieren die Themen »Jesus als Gastgeber« und »Die Sendung der Gemeinde«; Luise Theill fertigte auch vier farbintensive Kanzel-Antependien.

Das zweigeschossige, flachgedeckte Gemeindehaus mit dem Kirchsaal steht nahe der Straße, das Pfarrhaus dagegen tief im Grundstück. Das in Sichtbeton belassene Gemeindehaus steht so zur Straße, dass seine siebenseitige Form von dorther nicht zu erfassen ist. Dafür gestattet seine lange Fassade über eine Vielzahl von Fenstern Einblicke in sein Inneres. Die Größe der Fenster ist hierarchisch bestimmt: Die untere Fensterreihe fügt sich aus mehreren kleineren Fenstern, dagegen ist die obere Etage mittels einer durchgehend verglasten Wand geöffnet. Damit wird die untere Zone als Ort der kleineren Gemeinderäume, die obere als Ort des Kirchsaales ausgewiesen. Der Zugang führt über einen ansteigenden Stichweg und dann über eine halbgeschossige Treppenanlage, die auch hinab zu den kleinen Gemeinderäumen führt, zum Saal. Dessen Grundriss beschreibt ein langgezogenes, unregelmäßiges Sechseck. Aus dieser geometrischen Figur resultieren zwei aufeinander gerichtete Bewegungen. Eine Gleichgewichtigkeit der Raumteile ist zugunsten der Altarzone nicht gegeben, denn der den Prinzipalstücken vorbehaltene Teil ist stark konisch verengt. Übergreifendes und die beiden Raumteile zusammenfügendes Element ist die frei hängende Decke, die zur Verbesserung der Akustik in eine Vielzahl von gewinkelten Paneelen aufgelöst ist. Eine der Altarrückwand gegenüberstehende Falttür ermöglicht bei Bedarf die Vergrößerung des Kirchsaales.

DIETRICH BONHOEFFER HAUS

DIETRICH-BONHOEFFER-KIRCHE

Evangelische Kirchengemeinde Köln-Lindenthal

Als um 1970 ein Altenheim für Deckstein geplant wurde, beschloss das Presbyterium, diesem ein Gemeindezentrum mit integrierter Kirche anzuschließen. Mit der Realisierung des Vorhabens beauftragte es das Architekturbüro Dr. Schulze Jöhnssen und Viethen. Der Grundstein wurde 1979 gelegt. Rechtzeitig zu seiner Vollendung im Jahre 1980 kam die künstlerische Ausstattung in die Saalkirche. Die Orgel errichtete Willi Peter. Aus dem Atelier von Thaddäus Schröder stammen das Kreuz, das Taufbecken und die Altarleuchter. Fritz H. Lauten unterlegte seiner Glasmalerei das Thema »Die Schöpfungsgeschichte bis zum Ende der Sintflut«. Der Altar und die Kanzel wurden nach Entwürfen der Architekten gefertigt.

Das Gemeindezentrum füllt den Zwickel des Eckgrundstückes. Die in Weiß gefassten Wände der Saalkirche steigen sockellos bis zu einem Fensterband auf. Darüber bereitet eine verschieferte Attika die gegen Osten verschobene Dachpyramide vor, die in einem leicht verschobenen kastenartigen Auszug mündet. Die Saalkirche erhebt sich über einer regelmäßigen pentagonalen Grundfläche. Bis auf die nahezu vollständig verglaste Eingangsseite zeigen die übrigen Wände das in Sichtbeton gegossene Betongerüst des Skelettbaues. Jeweils in der Mitte der vier Seiten steht ein Betonständer, so dass die Raumecken stützenfrei sind und dem Raum optisch eine größere Weite gegeben ist. Gegenüber der Eingangswand stehen die Prinzipalstücke, von einer Estrade angehoben und von zwei barocken Engelstatuen begleitet, vor der Ostspitze des Saales. Von dieser Raumspitze geht die Thematik der künstlerischen Verglasung aus und in ihr findet sie ihren Abschluss. Die Kirche ist als Zentralbau konzipiert, durch die hölzerne Deckenpyramide, die in einem kleinen Opäum mündet, wird sie zur gebauten Zelt-Metapher.

Die Farbfenster verleihen dem Zentralraum Festlichkeit.

DIETRICH-BONHOEFFER-KIRCHE

Deckstein

An der Decksteiner Mühle 1
50935 Köln

☏ 0221-4769840
www.christen-in-lindenthal.de

• Karte 1, a9
Ⓗ Deckstein
Linie 146

Dietrich-Bonhoeffer-Kirche Köln-Junkersdorf

Evangelische Kirchengemeinde Weiden

Dietrich-Bonhoeffer-Kirche Köln-Junkersdorf

Junkersdorf

Birkenallee 20
50858 Köln

☏ 02234-75464
www.ekir.de/junkersdorf

• Karte 2, b6
Ⓗ Birkenallee
Linie 143

Die Protestanten aus Weiden, Lövenich und Junkersdorf waren zunächst Angehörige der Frechener Kirchengemeinde. Seit 1948 gehören sie zur Gemeinde Weiden, vgl. S. 202. Eine erste Predigstätte wurde 1958 mit dem Bau eines Gemeindehauses in Junkersdorf geschaffen. Von 1964 bis 1965 erstand unter der Leitung von Siegfried Knoch die von Heinrich O. Vogel entworfene Kirche, die nach dem Theologen und Widerstandskämpfer Dietrich Bonhoeffer (1906-1945) benannt wurde.

Kurt-Wolf von Borries, Bonhoeffer-Denkmal, 1965.

Der Architekt verband das Gemeindehaus und die Kirche mit einem überdeckten, ausschwingenden Gang. Der über einen Vorplatz zu erreichende Kirchenbau fügt sich aus fünf Baukörpern zusammen: Der in Ziegel aufgeführten Apsis, den zwei sie flankierenden Anbauten, dem daran anschließenden polygonalen, zweigeschossigen und auch in Ziegel errichteten Kirchsaal und dem in Beton gegossenen parabelförmigen Turm. Die sockellose Apsisparabel schließt mit einem kielbogenartigen Giebel. Zwei zweigeschossige, mit Pultdächern ansetzende Anbauten nehmen sie in die Mitte. Sie nehmen die Vorhalle mit dem von Kurt-Wolf von Borries 1965 geschaffenen Denkmal für Dietrich Bonhoeffer und die Treppe zur Empore auf. Hinter ihnen erhebt sich der zweigeschossige, polygonale Kirchsaal, dessen Grundfläche ein halbes Zwölfeck ist. Die Inszenierung des Inneren lebt von der Spannung zweier gegenständiger Raumformen: Der hohen und weit geöffneten Chorparabel steht das Polygon des Kirchraums gegenüber. Seine Gestalt erinnert an ein Zelt, weil er mit einer Pyramide schließt und die Empore von Rundhölzern getragen wird. Im Schnittfeld zwischen den beiden Raumteilen ist der Boden kreisförmig abgesenkt, und im Zentrum der Absenkung steht der von Günter Lossow geschlagene Taufstein. Auf diesen Punkt hin sind alle Einbauten, vom Abendmahlstisch bis zu den den Chor begrenzenden Brüstungsscheiben, gerichtet. Die von der architektonischen Gestaltung des Raumes ausgehende Spannung wird durch einen Hell-Dunkel-Kontrast gesteigert, der von den Ziegelwänden und der geweißten Innenschale der Apsis ausgeht. Kleine Fenster versorgen den Saal mit diffusem Licht. Dagegen ist die Apsis in strahlende Helligkeit gehüllt, die durch das große Hochfenster einfällt, das hinter dem Chorgiebel liegt. Über die gesamte weiße Apsisschale montierte Eugen Keller seine Plastik »Das wandernde Gottesvolk«.

Das Baukörperensemble der Dietrich-Bonhoeffer-Kirche.

Zentrierendes Element des Inneren ist der Taufstein.

Dreifaltigkeitskirche Köln-Ossendorf

Evangelische Kirchengemeinde Bickendorf

Dreifaltigkeitskirche Köln-Ossendorf

Ossendorf

Rochusstraße 216
50827 Köln

☎ 0221-820900
www.ekir.de/bickendorf

• Karte 2, c4
Ⓗ Ossendorf, Margaretastraße
Linien 5

Die evangelischen Einwohner Ossendorfs waren zunächst Angehörige der Ehrenfelder Gemeinde, vgl. S. 188. Seit 1967 sind sie Mitglieder der Bickendorfer Gemeinde. Zunächst nahmen sie seit 1931 am Gottesdienst in der Markuskirche teil, die sich bald als zu klein erwies. Nachdem 1957 in Ossendorf ein Grundstück erworben worden war, beauftragte die Gemeinde nach einem Architektenwettbewerb Georg Rasch mit der Realisierung seines Entwurfes, der für jede Funktion ein eigenes Gebäude auswies. Im Mai 1960 wurde mit den Bauarbeiten begonnen, 1963 war das Ensemble vollendet. Nachdem Herbert Schuffenhauer 1963 die Taufschale gefertigt hatte, kam 1966 das dreistimmige Geläut der Gießerei Gebr. Bachert aus Karlsruhe in den Turm, und seit 1969 begleitet die von dem Orgelbauer Willi Peter gebaute Orgel den Gesang der Gemeinde. Die Glasmalereien »Die Dreifaltigkeit« von H. Schuffenhauer und die »Die Auferstehung« von Ingrid Vetter-Spilker konnten 1981 und 1997 eingesetzt werden.

Der Platz vor der Kirche ist Treffpunkt der Gemeinde.

Das dreigliedrige Bautenensemble steht so auf dem leicht erhöhten und mit einer hüfthohen Mauer umzogenen Plateau, dass ein weiter Platz resultiert. Eine überdachte Pergola verbindet die einzelnen Gebäude und zeigt somit deren Zusammengehörigkeit. Ausgenommen von dieser Einbindung ist der in ein Pultdach mündende Campanile. Er steht außerhalb der Umfriedung und kann aus dieser flankierten Position heraus sowie durch seine Vertikalität und sein Volumen der breiten Lagerung des Ensembles entgegenwirken. Das ihm benachbarte Gebäude birgt den Kirchsaal und die Gemeinderäume. Darauf verweist sein ausgreifendes Schleppdach, dessen asymmetrisch liegender First die Lage des Kirchsaales anzeigt. Auf diesen First ist die flache Rechtecknische bezogen, die das Portal und das große Fassadenfenster aufnimmt. Der achsiale Eingang leitet in die längsrechteckige Saalkirche. Ihm gegenüber stehen, leicht erhöht, vor der Ostwand der Altar sowie Taufe und Kanzel. Weil die beiden gleich gestalteten Stirnseiten durch große Glasgemälde ausgezeichnet sind, kommt ihnen eine den Raum verklammernde Aufgabe zu. Die Verbindung zwischen den Giebelwänden übernehmen die vor die Längswand gestellten Pfeiler mit den über den Raum hinweggreifenden Bindern. Sie geben den Wänden Gliederung und machen die Gestalt des Saales ablesbar. Indem der Raum unter der Empore, die die gesamte rechte Längswand einnimmt, zur Kirche hin geschlossen ist und somit zu den Gemeinschaftsräumen gehört, findet die innere Verbindung von Gottesdienst und Diakonie ihren sinnenfälligen architektonischen Ausdruck.

Heinrich Esser, Schnüsse-Tring-Brunnen, 1982.

Ingrid Vetter-Spilker, Auferstehungsfenster, 1997.

Mit ihrem Dach überragt die Kirche die Gemeinderäume.

Emmanuelkirche

Evangelische Kirchengemeinde Rondorf

Emmanuelkirche

Rondorf

Carl-Jatho-Straße 1
50997 Köln

☏ 02233-23294
www.rondorf.de

• Karte 2, e8
Ⓗ Rondorf
Linie 131, 132, 135

Im November 1853 wurde Brühl mit Bornheim zur selbstständigen Evangelischen Kirchengemeinde erhoben, zu der auch Wesseling und Rondorf gehörten. Im Oktober 1925 wurde Wesseling als selbstständige Kirchengemeinde mit den Orten Wesseling, Keldenich, Godorf, Immendorf, Meschenich, Rondorf, Sürth und Weiß ausgepfarrt. Nach 1945 stieg die Anzahl der im südwestlichen Umfeld Kölns lebenden evangelischen Christen rasch an, so dass 1948 neue Gemeindezuordnungen notwendig wurden. Die Protestanten aus Rondorf, Immendorf, Sürth, und Weiß wurden Mitglieder der neuen Kirchengemeinde Rodenkirchen, vgl. S. 183. Der beständige Zuzug führte 1979 zur Verselbstständigung der Kirchengemeinden Sürth, vgl. S. 170, und Rondorf. Nachdem bereits 1966 ein Grundstück in Rondorf erworben worden war, baute der Leiter des Evangelischen Bauamtes, Architekt Joachim Reich, 1976 ein Gemeindehaus mit integriertem Betsaal für die Rondorfer Gemeinde. Nach einem 1983 ausgeschriebenen Architektenwettbewerb zur Erlangung eines Entwurfes für ein Pfarrhaus und ein Gemeindezentrum mit Kirche bestimmte das Presbyterium 1984 den Entwurf des Architekten Jürgen Hadenfeldt zur Ausführung. Als das Pfarrhaus vollendet war, begannen 1987 die Bauarbeiten für die Kirche und der Umbau der älteren Gemeinderäume.

Nach der Weihe der Kirche im Jahre 1988, die den Namen Emmanuelkirche erhielt, sorgte die Gemeinde für eine höchst qualitätsvolle Ausstattung. Im Vestibül erinnern zwei Bilder an die Auswirkungen der beiden Weltkriege: Eine 1987 auf 1988 von Fritz Hans Lauten mit den Mitteln der Glasmalerei ausgeführte Umformung des von Franz Wilhelm Seiwert um 1925 geschaffenen Ölgemäldes »Christus im Ruhrgebiet«. Dieses emotional direkt ansprechende Bild gemahnt an die Folgen des Ersten Weltkrieges. Ihm gegenüber hängt »14. Februar 1945«, eine prägnante Spiegelung der Folgen des Zweiten Weltkrieges. Diesen Digitaldruck auf Kunststoffgewebe hinter Antelioglas schuf Gerhard Richter 2002. Nach ihrer sorgfältigen, denkmalpflegerische Gesichtspunkte berücksichtigenden Restaurierung durch den Orgelbauer Johannes Klais erklang 1990 erstmals in der Kirche die von dem berühmten Orgelbauer Friedrich Gerhardt in Merseburg 1880 für die Godesberger Erlöserkirche gebaute Orgel. Die Gießerei Brockscheid lieferte 1993 drei Glocken für den 1991 errichteten Campanile. Die Altarleuchter, das Abendmahlsgerät und die Taufkanne schuf 1996 Achim Heinkel. Zwei Arbeiten des in Rom tätigen Bildhauers Guiseppe Uncini »Spazicemento 1995« und »Spazicemento n. 49 1996«, die hoch an der Altarwand angebracht sind, konzentrieren auf den Abendmahlstisch. Der Abendmahlstisch, die Taufe und die Kanzel sowie das Altarkreuz kamen 1999 in die Kirche, sie sind nach Entwürfen des Architekten Jürgen Hadenfeldt gefertigt worden. Die Bestuhlung fertigte Thomas Albrecht 1997 nach eigenen Entwürfen.

Das kompakte, ganz in Weiß gefasste Ensemble aus isoliert stehendem Pfarrhaus und Gemeindezentrum, das sich aus den älteren Gemeinderäumen und der jüngeren Kirche fügt, verzichtete auf einen spektakulären architektonischen Auftritt, um mittels seiner Baugestalt seine Zugehörigkeit zur Wohnsiedlung zu demonstrieren. Die Kirche setzt sich, wiewohl mit den Gemeinderäumen verbunden, sowohl durch ihre Gestalt als auch durch ihre Dimension von ihnen ab: Bleiben diese dem rechten Winkel verpflichtet und schließen mit horizontal geführten Decken, so sind die Winkel der Kirche aufgrund ihrer sechsseitigen, prismatischen Form weiter, und die Decke bildet eine schiefe Ebene aus. Verbindendes Glied zwischen Pfarrhaus und Kirche sind der über gestelztem Halbkreis errichtete (Emporen-)Treppenbau der Kirche und die gebogene Wand des Pfarrbüros. Der durch seine geringe Höhe und seine breite Lagerung deutlich von den etwas höheren Gemeinderäumen und der Kirche abgesetzte Eingangsbau besetzt mit dem Turm die Pole einer auf die Siedlung gerichteten Diagonalen.

Die Friedrich-Gerhardt-Orgel von 1880.

F. Lauten nach F.W. Seiwert, Christus im Ruhrgebiet.

Der Zugang führt in ein gut durchlichtetes Vestibül, das, insofern es sowohl der Kirche als auch den Gemeinderäumen vorgelagert ist, den inneren Zusammenhalt des Ensembles demonstriert.

Die dem sechsseitigen Kirchensaal eigene Weite resultiert aus der Führung seiner Wände, der Faltelung seiner Decke und seiner weißen Fassung. Von der Eingangsseite aus gehen seitlich die Wände im stumpfen Winkel ab, um der Gemeinde Raum zu bieten. Die entgegengesetzte Bewegung geht von der parallel zur Eingangsseite stehenden Altarseite und somit vom Abendmahlstisch aus. Die seitlich ausgreifenden Wände wirken wie ausgebreitete Arme, die die feiernde Gemeinde umfangen. In die von dem Gegensatzpaar Enge und Weite getragene Raumdynamik ist die Decke eingebunden. Ihre Anschlüsse an die Wände vollziehen eine eigene, den Raum umgürtende und die den Raum definierenden Wände unterstützende, regelmäßig auf- und absteigende Bewegung. Die sternförmig konfigurierten, dreiseitigen Deckenflächen treffen sich mit ihren Spitzen in einem erhöht liegenden Punkt, der zwar auf der durch Altar und Eingang markierten Längsachse, doch nicht in der Raummitte, sondern auf den Altarbereich hin verschoben liegt. Durch dieses Spiel der Geometrie entwickelt sich eine Raumdramaturgie, in die die Gemeinde hineingenommen und auf die Prinzipalstücke hin konzentriert ist. Die von den Wänden in Verbindung mit der Decke ausgelöste Konzentration auf Abendmahlstisch, Kanzel und Taufe wird durch die trapezoiden Grundrisse von Empore und Altar-Estrade unterstützt. Indem sie gegeneinander gerichtet sind, entsteht ein Spannungsfeld, das die Gemeinde übergreift. Zwischen diesen Polen, die von einem zehnteiligen Lichtkranz verbunden werden, kommt der Raum zur Ruhe. Eingebunden in die von der Architektur geleistete Bewegungsregie weiten die beiden die Altarzone flankierenden raumhohen Fenster durch ihre Blankverglasung den Saal ins Umfeld hinein. Das ungefiltert einströmende Licht durchwirkt den gesamten Raum.

Emmanuelkirche

Emmaus-Kirche Vogelsang

Evangelische Kirchengemeinde Bickendorf

Die evangelischen Bewohner der Siedlung Vogelsang waren vor 1967 Mitglieder der Ehrenfelder Kirchengemeinde, vgl. S. 188. Nach 1945 wurde durch den steten Zuzug in das westliche Umfeld Kölns eine neue Gemeindeorganisation notwendig. 1967 erlangte die Kirchengemeinde Bickendorf ihre Selbstständigkeit. Zu ihr gehören unter anderen die Vororte Ossendorf, Westend, Vogelsang und Bocklemünd-Mengenich. Das Ehrenfelder Presbyterium beauftragte 1954 Paul Olpp mit dem Bau eines Gemeindezentrums mit integrierter Kirche in Vogelsang, das 1955 vollendet war. Die Glasmalereien für das Chorfenster, die Darstellung des Auferstandenen, und für die Rosette in der Fassade, welche das Kreuz zeigt, hatte K. Hermanns übernommen. Die Entwürfe für die drei Prinzipalstücke – für den Altar, die Kanzel und die Taufe – hatte der Architekt vorgelegt. Die drei Glocken der Gießerei F. W. Rincker kamen 1959 in den Turm. Eine neue Orgel kaufte die Gemeinde 1970 bei dem Orgelbauer Willi Peter.

Die Dimension der Kirche passt sich dem Ortsbild an.

Der kleine Saalbau wird von einem Turm flankiert. Dessen quadratischer Querschnitt verjüngt sich nach oben hin. Die Ausfachung seines Betonskeletts ist verputzt und bleibt etwas hinter der Ebene des Betonrahmens, wodurch der Turm plastische Qualität gewinnt. Die in Skelettbauweise errichtete, verputzte Saalkirche erhebt sich über längsrechteckigem

Emmaus-Kirche Vogelsang

Vogelsang

Birkhuhnweg 2
50829 Köln

☎ 0221-82090-0
www.ekir.de/bickendorf

• Karte 2, c5
Ⓗ Goldammerweg
Linien 141, 143

Das farbige Chorscheitelfenster konzentriert auf den Altar.

Grundriss. Ihre mit einem flachen Giebel gezierte Fassade wird von Lisenen gerahmt, die in Bruchstein gemauert sind. In der Achse betont ein kleines Vordach das Portal. Damit ist die Breite des weiß gestrichenen Kannelurenreliefs vorgegeben, das vom Portaldach aus in den Giebel aufsteigt und dort von einem Rundfenster durchbrochen wird. Die mittels Betonständern in fünf verputzte Felder gegliederten Längsseiten des Saalbaues sind unterschiedlich gestaltet. Während die Ostseite durch ein die drei mittleren Wandfelder übergreifendes Fensterband geöffnet wird, sitzen auf der Westseite drei große Fenster, die in Brüstungshöhe ansetzen. Das südliche Feld einer jeden Seite, wird jeweils durch ein schmales Vertikalfenster geöffnet. In dem ganz in Weiß gehaltenen Inneren wiederholt sich die Einteilung der Längswände. Sie wird mittels Unterzügen auf die Decke übertragen, so dass eine fünfjochige Gliederung gegeben ist. Das Eingangsjoch wird von einer Empore überspannt, das damit auch die Funktion einer Vorhalle übernimmt. Die eingezogene, sich in flachem Bogen öffnende Apsis ist rechtwinklig ummantelt, so dass sie am Außenbau nicht in Erscheinung tritt. Die sie füllende zweistufige Estrade drängt mit konvexem Schwung in den Kirchsaal. Sie trägt die drei in Klinker gemauerten Prinzipalstücke, die damit der Klinkerauslegung des Fußbodens angeglichen sind.

Epiphaniaskirche Bickendorf

Evangelische Kirchengemeinde Bickendorf

Bickendorf

Erlenweg 39
50827 Köln

☏ 0221-82090-0

• Karte 2, c4
Ⓗ Erlenweg
Linie 139

Nach 1945 veranlasste das Ansteigen der Mitgliederzahl die Ehrenfelder Kirchengemeinde, vgl. S. 188, in Bickendorf eine Predigstätte einzurichten. 1961 erteilte sie deshalb dem Architekten Paul Olpp einen Planungsauftrag. Die Bauarbeiten begannen 1963, und 1965 wurde das Gemeindezentrum mit der Kirche eingeweiht, die den Namen Epiphaniaskirche erhielt. Seit 1967 ist die Kirche Predigstätte der Kirchengemeinde Bickendorf. Im Mai 1999 kam die aus der 1998 aufgegebenen Markuskirche übernommene, 1938 von Wilhelm Sauer, Frankfurt/Oder gebaute und von Christian Scheffler aus Frankfurt/Oder restaurierte Orgel in die Kirche.

Das Gemeindezentrum steht am Rande eines Parks an und in einem Geländebruch. Deshalb konnten die Gemeinderäume in das Souterrain gelegt, und der Kirchsaal auf Erdgleiche gestellt werden. Dem als Skelettbau errichteten, mit einem Satteldach schließenden und parallel zur Straße stehenden Gebäude lagert ein kleiner Platz vor. Seine als Fassade ausgebildete Längsseite wird von einem zweizonigen Betonrahmenwerk zusammengefasst. In der Unterzone spannt sich zwischen der Sakristeitür und dem Portal eine verschieferte Wand mit einem Fensterband darüber. Die Oberzone löste P. Olpp in ein Stakkato von vertikalen Betonstegen auf, die das hinter ihnen liegende Fenster vergittern. Beide mit Ziegeln verkleidete Stirnseiten bleiben nahezu geschlossen. Die Unterzone der rückwärtigen Längsseite ist verputzt und durch große Fenster geöffnet. Die obere Zone ist um das Zweieinhalbfache höher, weshalb hier die Betonstäbe nicht so dicht stehen wie an der Fassade. Der Zugang führt unter der Empore durch, welche den Bau in seiner ganzen Länge begleitet. Der Raum unter der Empore ist zum Kirchsaal hin geschlossen. Die dem Eingang gegenüberstehende Längsseite wird gänzlich von dem aus den Betonstäben formulierten und künstlerisch verglasten Fenster eingenommen. Die Eingangsseite wird durch die Empore in ihrer Höhe halbiert, so dass sich die Satteldecke bis zur Eingangsfassade erstreckt. Weil ihr First aber den Raum zwischen Emporen- und Fensterwand halbiert, ist der Gesamtraum asymmetrisch konfiguriert. Drei Betonbinder unterteilen den Kirchsaal in vier Joche.
Die beiden Stirnwände kontrastieren mit ihrem dunklen Klinker mit den hellen Fensterstäben. Die mittels einer zweistufigen Estrade erhöhte Altarzone füllt das letzte Joch. Über dem auf einer eigenen Estrade stehenden Abendmahlstisch zieht ein großes Wandkreuz den Blick auf sich, das wie die drei Prinzipalstücke aus Eisen geschmiedet ist.

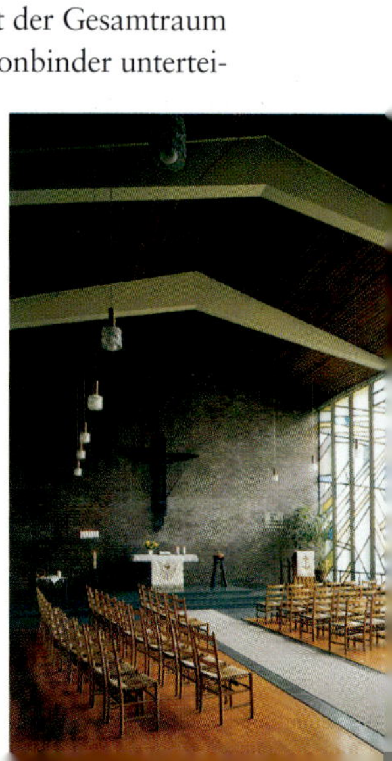

Eine große Lichtwand vermittelt dem Saal Helligkeit.

Erlöserkirche
Evangelische Kirchengemeinde Rodenkirchen

Die Protestanten aus Rodenkirchen waren von 1899 bis zur Verselbstständigung der Rodenkirchener Gemeinde 1948 Angehörige der Kirchengemeinde Bayenthal, vgl. S. 234. Bis zum Bau der Erlöserkirche diente das 1935 errichtete Ernst-Moritz-Arndt-Haus in der Sürther Straße der neuen Kirchengemeinde als Gemeindehaus und Predigtstätte. Der starke Zuzug nach Rodenkirchen machte den Bau eines größeren Gemeindezentrums notwendig. Von 1965 bis 1967 errichteten die Architekten Gert Sauerzapf und Wolfgang Nathow die Erlöserkirche, die Teil eines großen Gemeindezentrums ist.

Das Gemeindezentrum liegt hinter einem Geländebruch tief unterhalb des Straßenniveaus. Lediglich der an der Straßenkreuzung stehende Campanile macht darauf aufmerksam, dass hier ein sakraler Ort ist. An der äußeren Gestalt des in allen Teilen flachgedeckten Baukörpergefüges des Zentrums weist nichts auf eine Kirche hin. Der Zugang zur Kirche führt über ein Vestibül, das durch seine niedrige Deckenhöhe und ein eingestelltes Atrium gekennzeichnet ist. Hinter dem Vestibül wird die Eingeschossigkeit weiter beibehalten, bis dass sich der Kirchenraum übergangslos mit dreifacher Deckenhöhe vorstellt. Teil der Inszenierung ist die Lichtführung, denn der Übergangsraum zwischen Vestibül und Kirche erhält kein natürliches Licht, während alle Lichtfülle auf den Kircheraum konzentriert ist. Der hohe, mit Ziegeln verkleidete Raum löst sich in zwei rechteckige Teilräume auf, die senkrecht zueinander stehen. Das Balkenwerk der Betondecke konzentriert auf den äußeren rechten Winkel der Anlage, in dem die Prinzipalstücke stehen, die von einem hängenden Ankerkreuz eine weitere Betonung erfahren. Dieses Kreuz ist 1974 in die Kirche gekommen. Den erhöhten, von Gert Sauerzapf 1967 entworfenen Altar flankieren zwei von Helge Kühnapfel aus V2-A-Stahl geschaffene Kandelaber, der 1988 auch den Ambo fertigte. Die Glasmalereien schuf Fritz Hans Lauten 1977. Die Fenster der kleineren Seite stellen in vier Feldern das Alte und die fünf Felder der größeren Seite das Neue Testament vor. Die beiden 1979 von Fritz H. Lauten eingesetzten Fenster an der Orgelseite korrespondieren thematisch miteinander: Im kleineren rechten Feld ist ebenfalls mittels der Farbsymbolik das Thema »Welt« und in dem größeren Fenster das Thema »Kirche« vorgestellt. Den Prospekt der 1980 von Willi Peter geschaffenen Orgel entwarf Gert Sauerzapf. Die beiden Bilder im Vorraum schuf der Maler Hans Holtwiesche 1983. Ihr Thema ist die »Erlösungstat« und »Auferstehung« Christi. Margot Raumer brachte 1980 und 1982 je eine Batik aus indischer Rohseide in die Kirche, deren Thematik »Schöpfung« und »Erlösung« ihr von der Gemeinde vorgegeben worden war.

Der Altar ist auf zwei Raumteile ausgerichtet.

Das Atrium.

Rodenkirchen

Sürther Straße 34
50996 Köln

☎ 0221-935334

• Karte 2, e7
Ⓗ Siegfriedstraße
Linie 135

Erlöserkirche

Evangelische Kirchengemeinde Köln-Höhenberg-Vingst

Vingst

Burgstraße 75
51103 Köln

0221-8701160
www.kirche-koeln.de/
hoehenberg-vingst

• Karte 2, f5
Ⓗ Vingst
Linie 9

Die wenigen evangelischen Einwohner von Vingst waren bis 1877 Mitglieder der Kirchengemeinde Köln-Deutz, vgl. S. 235, und bis 1957 Mitglieder der Kirchengemeinde Köln-Kalk, vgl. S. 200. Danach gehören sie zur selbstständigen Kirchengemeinde Köln-Höhenberg-Vingst. Noch vor der Verselbstständigung konnte im Juni 1957 der Grundstein für das von den Architekten Dr. Leonhard Schulze und Dr. Wilhelm Hesse konzipierte Gemeindezentrum gelegt werden, das am 1. Adventssonntag 1957 eingeweiht wurde. Den Altar und die Kanzel, deren Brüstung ein Relief mit der Darstellung »Jona und der Fisch« ziert, schuf der Bildhauer Jochem Pechau 1957. 1961 kam die von Willi Peter gebaute Orgel in die Kirche. Im gleichen Jahr erstand der Campanile, der vier Glocken trägt.

Kreuzförmig gesetzte Ziegel definieren den sakralen Ort.

Das auf rechteckiger Grundfläche stehende Zentrum ist als eine mit Ziegeln und Betonfertigteilen ausgefachte Stahlbetonkonstruktion mit abschließendem Satteldach errichtet worden. Es wendet sich mit seiner mit Ziegeln verkleideten Giebelfassade der Straße zu. Mittels einer dichten Folge von Kreuzen, die aus vorgezogenen Steinen gefügt sind, weist es sich als Sakralbau aus. Es fügt sich aus zwei Baukörpern, die durch eine breite Fuge verbunden sind. Sie dient als Korridor und trennt die Kirche mit dem Gemeindesaal von den übrigen Räumen. Über die Fuge hinweg werden alle Räume von dem von einer offenen Stahlrohrkonstruktion getragenen Satteldach zusammen gebunden. Die Längswände der Saalkirche werden von Betonständern in je sieben Felder unterteilt. Davon sind fünf direkt auf den Kirchsaal bezogen, die übrigen beiden dagegen auf die Empore, so dass sie nicht direkt in Erscheinung treten. Vier aufeinander folgende Saalfelder werden von verglasten Betonkassetten gefüllt. Das zur Empore verbindende Feld hingegen hat eine Ziegelausfachung. Die Empore greift tief in den Kirchsaal hinein. Der Raum unter ihr ist zum Kirchsaal hin bis auf eine Falttür geschlossen und dient als Gemeindesaal. Der Altar steht, von Kanzel und Taufe flankiert, vor der geschlossenen, ebenfalls mit plastischen Ziegelkreuzen gezierten Giebelwand mittig auf der Längsachse. Die verglasten Kassetten führen dem Kirchsaal ein gleichmäßiges, diffuses Licht zu; die Empore erhält dagegen über wandfeldbreite Blankglasfenster Tageslicht.

Offene Wände kontrastieren zur geschlossenen Altarwand.

Erlöserkirche Weidenpesch

Evangelische Kirchengemeinde Köln-Mauenheim-Weidenpesch

Die Kirchengemeinde Köln-Weidenpesch ist eine Filiation der Nippeser Gemeinde, vgl. S. 216, die 1957 selbstständig geworden ist. Nach dem Erwerb eines Grundstückes im Jahre 1949 beschloss die Gemeinde 1951, ihre neue Predigtstätte nach dem Entwurf des Architekten Gottfried Tucholski zu errichten. Im gleichen Jahr wurde der Grundstein gelegt und die Kirche mit dem von Herbert Schuffenhauer geschaffenen Altar geweiht. Dieser Künstler schuf auch die Kanzel und 1956 den Taufstein, sowie 1967 die Glasmalerein und den Orgelprospekt. Als die aus Trümmersteinen errichtete Kirche 1953 verputzt wurde, schuf er neben dem Eingang ein Sgrafitto. 1954 erwarb die Gemeinde eine Orgel, die zuvor in Düren ihren Dienst getan hatte. In den 1964 errichteten Campanile kamen 1965 die sechs von der Gießerei F. W. Rincker gelieferten Glocken. Um 1980 erwarb die Gemeinde neue, von Kurt Wolf entworfene Antependien. In diesen Jahren wurde auch die Falttür, die den Raum unter der Empore vom Kirchsaal trennt, eingebracht. 1980 leistete sich die Gemeinde eine neue Einzel-Bestuhlung.

Seit 1964 ist der Campanile städtebaulicher Fixpunkt.

Die Erlöserkirche steht so auf einem Eckgrundstück, dass vor ihrer Westseite ein großer Vorplatz ausgebildet ist. Auf diesem Platz fand der über quadratischem Grundriss aufgeständerte, viergeschossige Campanile seinen Ort, dessen Ständer über die Diagonalen hinweg einen kronenartigen Abschluss bilden. Die mit einem steilen Satteldach schließende Saalkirche steht über rechteckigem Grundriss. Ihre giebelständige Südseite ist wegen der Ecksituation ebenso als Fassade ausgebildet wie ihre traufständige Westseite. Die Giebelseite wird in Höhe des Erdgeschosses von einer fünfgliedrigen Folge hochrechteckiger Zwillingsfenster geöffnet. Darüber flankieren zwei Paare schmaler hoher Rundbogenfenster ein sie übersteigendes Kreuz. An der Westseite spiegeln die Sitze und Formen der Fenster die innere Raumteilung. Drei hoch sitzende Fenster definieren ein oberes (Emporen-)Geschoss, zugleich bestimmen sie die Dimension des südlichen Drittels der Längsseite. Zwischen dem darunter sitzenden Portal und der Giebelfassade füllt das Sgrafitto die Fläche, das Jonas und den Wal, den Erzengel Michael im Kampf mit dem Drachen und den Erlöser zeigt. Nördlich neben dem Portal ist das Niveau abgesenkt, so dass Tageslicht in das Souterrain gelangt, das den Gemeindesaal aufnimmt. Eine Folge von sieben schmalen Vertikalfenstern öffnet den zweiten Teil der Fassade. Die rückwärtige Stirnwand des Saales schwingt leicht aus.

Herbert Schuffenhauer, Sgrafitto, 1953.

Das Portal führt in einen Vorraum, der auf die Empore, in den Raum unter ihr und in den Kirchsaal vermittelt. Die Empore greift ungewöhnlich tief in den Kirchsaal. Seit 1986 überspannt ein aus Holzlatten gefügtes Spiegelgewölbe den Saal, das eine ältere Flachtonne ersetzt. Ein profiliertes Gesims bietet dem Gewölbe eine kräftige Stütze. Der Altarbezirk tritt mit seiner ihn über das Saalniveau hebenden Estrade weit vor, so dass genügend Raum für den Blockaltar resultiert, der durch eine weitere Stufe erhöht ist. Die leicht ausschwingende Schale der Chorrückwand bietet dem Altar und der steinernen Kanzel eine bergende Folie. Während die östliche Längswand, an der der Orgelprospekt hängt, geschlossen bleibt, wird alles Tageslicht über die sieben Fenster in den Raum geführt. Auf der Siebenzahl der Fenster gründend, stellt ihre künstlerische Verglasung das siebentägige Schöpfungswerk vor. Weil H. Schuffenhauer sich auf die Konzentration der Darstellung in kleinen Medaillons beschränkte und auf eine die Fenster füllende dichte Farbigkeit verzichtete, kann genügend Tageslicht in den Raum einströmen.

Sieben Fenster zeigen das Siebentagewerk, 1967.

Weidenpesch

Derfflingerstraße 9
50739 Köln

☏ 0221-748947
www.mauniewei.de

• Karte 2, d4
Ⓗ Mollwitzstraße
Linien 6, 12, 15

Erzengel-Michael-Kirche

Evangelische Kirchengemeinde Michaelshoven beim Coenaculum Köln e. V.

Erzengel-Michael-Kirche

Michaelshoven

Pfarrer-te-Reh-Straße 7
50999 Köln

☏ 0221-6603814
www. www.diakonie-michaelshoven.de

• Karte 2, f8
Ⓗ Michaelshoven
Linie 16

Das 1950 gegründete Diakoniewerk Coenaculum Michaelshoven e. V. (heute Diakonie Michaelshoven) erwarb 1954 ein rund 20 Hektar großes Areal Ackerlandes bei Rodenkirchen. Auf diesem Gelände, das Kurt Struß innerhalb von 38 Jahren in einen artenreichen Park verwandelte, ließ der Verein nach dem Vorbild der Bodelschwingh'schen Anstalt Bethel bei Bielefeld von dem Architekten Werner Haupt ein vielgliedriges Ensemble von Einzelbauten, die den verschiedenen Zwecken des Diakoniewerkes dienen, errichten. 1972 wurde Michaelshoven zur selbstständigen Kirchengemeinde erhoben und 1991 in eine Anstaltskirchengemeinde umgewandelt. Geistiger Mittelpunkt der Anlage ist die 1959 vollendete und 1964 dem Erzengel Michael gewidmete Kapelle. Standort und Zeltform der Kirche symbolisieren die Aufgabe der ringförmig konzipierten Dorfanlage, Hilfsbedürftigen bergenden Schutz zu bieten.

Der Kirchbau ist als »bergende Scheune« konzipiert.

Mit ihrer Geschlossenheit betont die Giebelfassade die Gebärde des Umhüllens, von der das gesamte Bauwerk geprägt ist. Nur eine frei hängende Glocke unterbricht die aus handgestrichenen Ziegeln errichtete 18 Meter hohe Fläche. Die über rechteckiger Grundfläche errichtete Kirche wird von einem großen, nur wenig über dem Boden ansetzenden und steil aufsteigenden, schiefergedeckten Satteldach überfangen. Der Fassade gegenüber weitet ein eingezogener flacher Chor den Bau. Zum feinen Lineament des Gesamtkonturs fügt sich wirkungsvoll die grazile Vertikale des Dachreiters, der den Ort des Altares anzeigt. Der Zugang führt zunächst in eine der Südwand vorgelagerte kreuzgangartige Anlage. Das Innere ist von einer Einfachheit, welche die Erhabenheit des Ortes unmittelbar erfahrbar werden lässt. Die steil aufsteigende, holzverkleidete Sparrendecke gibt dem kleinen Raum unerwartete Höhe. Seine naturbelassenen Baumaterialien – Handstrich-Ziegel und Holz – prägen mit ihrer ruhigen Flächigkeit die Atmosphäre des Raumes. Eine Doppelreihe von hölzernen Gabelpfeilern scheidet einen breiten Mittelraum aus, den vor den Längswänden zwei schmale Korridore begleiten. Weil die Glasmalerei der Nordwand nur wenig Licht einlässt, wird der Raum auf den stärker durchlichteten Chor zentriert. Die Chortribuna schiebt sich, durch die Krypta angehoben, weit in den Raum. Sie bietet dem von W. Haupt entworfenen Tischaltar vor dem Übergang zum flachen Chorhaupt einen weiten Raum. Zwei Zungenmauern ziehen das Chorhaupt leicht ein. Die so erzeugte perspektivische Verengung des gesamten Chores verstärkt in Verbindung mit der leichten Neigung des Fußbodens den Sog hin auf den Altarbezirk. Die beiden zur Rückwand verbindenden und vom Raum der Gemeinde nicht einsehbaren Chorfenster lassen das durch die Glasmalerei farbig aufgeladene Licht ein. Die 1963 geschaffenen Fenster gehen auf Entwürfe von Frère Eric de Saussure aus Taizé in Burgund zurück. Die den Raum beherrschende Kreuzikone hat Frére Eric entworfen und selbst geschaffen. Der Orgelbauer Kristian Wegscheider baute 2003 für die Michaelshovener Kirche eine Gottfried-Silbermann-Orgel nach.

Kurt-Wolf von Borries, Altarraumgestaltung, 1963.

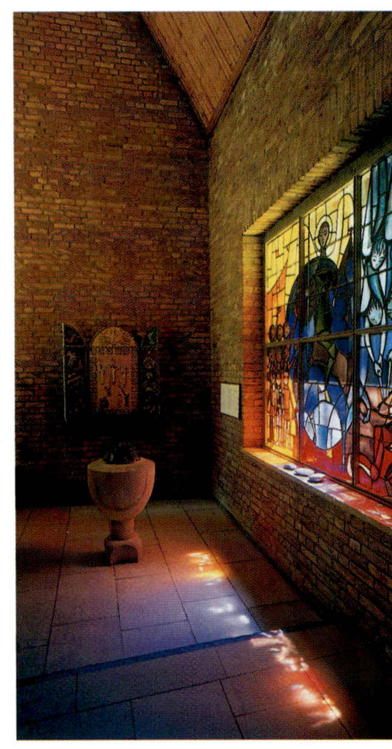

Der Taufort mit den Fenstern von Frère Eric aus Taizé.

Evangelische Stadtkirche

Evangelische Kirchengemeinde Köln-Neue-Stadt

Der Bezirk der 1965 errichteten Kirchengemeinde Köln-Neue-Stadt gehörte ursprünglich zur Kirchengemeinde Nippes, vgl. S. 216. Seit 1955 war er Teil der Gemeinde Köln-Longerich, aus der er in die Selbstständigkeit überführt wurde; die Kirchengemeinde verfügt über zwei Predigtstätten, vgl. S. 193.

Der neue seit 1961 errichtete Stadtteil mit Chorweiler/Heimersdorf/Seeberg erhielt den Namen Neue Stadt. Aus dem Namen Neue Stadt erklären sich die Namen der beiden christlichen Kirchen, deren benachbarte Standorte bereits bei der Planung des neuen Stadtteils festgelegt worden waren. Die von Hans Schilling erbaute katholische Kirche trägt den Namen »Sankt Johannes in der Neuen Stadt«, was zugleich eine Anspielung auf die in der Apokalypse von Johannes beschriebene »Neue Stadt« ist. Gleiches gilt für den Namen »Evangelische Stadtkirche«.

Zwei Kirchen begrenzen den städtischen Platz.

Mit dem Bau des Gemeindezentrums und der integrierten Kirche beauftragte die Gemeinde den Architekten Jürgen Hadenfeldt. Weil die beiden christlichen Kirchen direkt nebeneinander stehen sollten, verständigten sich die beiden Architekten darauf, ihre Kirchen in ein nahezu gleiches Gewand zu kleiden; Gemeindezentrum und Kirche erstanden von 1976 bis 1978.

Die beiden aus den gleichen Baumaterialien – Beton mit Ziegeln verkleidet – errichteten Kirchen stehen nur durch eine schmale Gasse getrennt nebeneinander am Übergang zum großen städtischen (Pariser) Platz. Die räumliche Nähe ist Programm. Zwar überragt die katholische die evangelische Kirche beträchtlich an Höhe, doch erreicht das sich an die eingeschossige evangelische Kirche anschließende Gemeindehaus mit seinen drei bis vier Geschossen nahezu die Höhe der katholischen Kirche. Als Zeichen der Gemeinsamkeit laden die Glocken der katholischen Kirche auch zum evangelischen Gottesdienst.

Dem rechteckigen, bis zu vier Geschossen aufragenden, durch Vor- und Rücksprünge sehr plastisch durchgearbeiteten Riegel des Gemeindehauses sind an seiner Südseite vier polygonale, eingeschossige Baukörper angefügt, deren größter der achtseitige Kirchsaal ist. Sie schließen sich bis auf die unterhalb ihrer mit Kupferplatten abgedeckten Dächer eingelassenen Lichtbänder und einige wenige Öffnungen gegen ihr Umfeld ab. Die mittels eines eingeschossigen Vestibüls verbunden Räume erweisen sich als eine Folge von drei unterschiedlich großen Sälen, von denen zwei mittels Faltwänden direkt an den Kirchsaal angeschlossen sind und somit auch seiner Erweiterung dienen.

Der aus einem quadratischen Grundriss durch Abschrägung der Ecken gewonnene achtseitige, als Betsaal genutzte Zentralraum wird über die Diagonale betreten. Seine weiß verputzten Wände bleiben bis auf zwei Vertikalfenster geschlossen. Tageslicht erhält der kompakte Raum über das den Wänden aufgesetzte Lichtband. Rhythmisiert wird das Band mittels der Substruktionen für die Deckenbalken, die so geführt sind, dass sie regelmäßige Kassetten ausbilden, die jeweils mit einer aus Latten gefügten, stumpfen Pyramide gefüllt sind. Weil der Altar, der von einer zweistufigen Estrade über das Laufniveau gehoben wird, dem Eingang gegenüber steht, werden er und das ihn hinterfangende Wandkreuz sofort in den Blick genommen. Die auf diese Weise betonte Stellung des Altares im Raum erfährt durch die beiden ihn flankierenden schmalen, mit Glasmalerei versehenen Fenster eine weitere Betonung. In der Konstruktion des Altares, den J. Hadenfeldt zusammen mit der Kanzel entworfen hat, spiegelt sich das tektonische Gerüst des Raumes. Die Stellung des Altares und der Raumtypus ermöglichen eine fächerförmige Formation des Gestühls.

Die Farbverglasung prägt die Raumatmosphäre.

Chorweiler

Pariser Platz 32
50765 Köln

☎ 0221-708365
www.neue-stadt.de.vu

• Karte 2, c2
Ⓗ Karl-Marx-Allee
Linien 120, 121, 125, 126

Friedenskirche

Evangelische Kirchengemeinde Ehrenfeld

FRIEDENSKIRCHE

Ehrenfeld

Rothehausstraße 54 a
50823 Köln

☏ 0221-82090-0

• Karte 1, c3
Ⓗ Venloer Straße/
Gürtel
Linien 3, 4

Die Evangelische Kirchengemeinde Ehrenfeld, die 1878 ihre Selbstständigkeit erlangte, ist die älteste der vier Tochtergemeinden der Kölner Innenstadtgemeinde. Die »Kirche an der Rothehausstraße« ist die älteste evangelische Kirche im Westen Kölns. Der Pfarrbezirk umfasste außer den Orten um Pulheim die Orte Ehrenfeld, Bickendorf, Ossendorf, Bocklemünd, Mengenich, Müngersdorf, Melaten und Linderhöhe. Etwa um 1840 begann in Ehrenfeld, wie auch in den meisten Orten des Kölner Umlandes, die systematische Ansiedlung von Industriebetrieben.

Aus der Baugeschichte

Zunächst waren die Protestanten aus diesen Orten Angehörige der Kirchengemeinde Köln. 1872 wählten sie einen provisorischen Kirchenvorstand, der sofort den Kauf zweier Grundstücke für Pfarrhaus und Kirche tätigte. Bereits 1873 legte der Architekt Carl Coerper Pläne für eine Kirche vor. Er erhielt den Auftrag und übertrug dem Ehrenfelder Baumeister Heinrich Stadör die Bauleitung. Im März 1876 begannen die Bauarbeiten, und im Dezember 1876 wurde die »Kirche an der Rothehausstraße« geweiht. In den 1877 vollendeten Turm kamen zwei Glocken der Gießerei Claren aus Sieglar. Der Altarraum wurde 1888 mittels einer mehrstufigen Estrade erhöht und in den Kirchsaal hinein verlängert. Die Kanzel erhielt dabei ihren Ort seitlich am Zugang zum Chor, und die Orgel kam auf die neu eingezogene Empore. In den Jahren 1889 und 1890 kamen ein neues Gestühl und ein neuer Altar in die Kirche. Die Entwürfe für Kanzel und Altar fertigte der Architekt August Albes, der sowohl die Lutherkirche in Nippes, vgl. S. 216, die Presbyterkirche in Kalk, vgl. S.200, und die Kapelle in Porz, vgl. S. 214, errichtet hat. Der Maler Ludwig Grüders malte die Kirche aus und entwarf die Glasmalereien für die Chorfenster. Ein von Albes entworfener metallener Radleuchter konnte 1889 bestellt und vermutlich 1890 eingebracht werden. Am 17. November

Ein spätklassizistischer Bau nach Berliner Vorbild.

1901 erklang erstmals das um eine Glocke erweiterte Geläut der Kirche, und im gleichen Jahr erhielt die Gemeinde ein prächtiges Taufbecken zum Geschenk. Im Kriegsjahr 1917 gab die Gemeinde in zeitgenössischer Begeisterung ihre zwei ältesten Glocken zur Metallschmelze. 1923 füllte Joseph Huber-Feldkirch das Apsisrund mit einem Ehrenmal: Die Namen der im Krieg getöteten Soldaten aus der Gemeinde standen auf einer fünfteiligen Holzvertäfelung der Sockelzone des Chores. Darüber verband das noch erhaltene Wandmosaik zu den Fenstern, deren Verglasung um die Darstellung »Jesus der Überwinder am Kreuz« bereichert wurde. Das Mosaik lehnt sich stilistisch der konstantinopolitanischen Mosaikkunst an. Es ist dreigliedrig aufgebaut, doch sind die einzelnen Glieder nicht umgrenzt. Beide Seitenfelder stellen eine verklärte Schar von Kämpfern vor, die in weiße Gewänder gehüllt Palmzweige als Zeichen ihres Sieges in Händen halten. In der Mitte steht auf einem Felsen das Apokalyptische Lamm, dem eine Siegespalme zugeordnet ist. Aus dem Felsen bricht der Leben spendende Quell hervor, aus dem die vier vorderen Gestalten des Zuges trinken. Thematische Vorgabe ist das 7. Kapitel, Vers 9 bis 12 der Apokalypse des Johannes, das allerdings frei interpretiert worden ist. Um das Ehrenmal wirkungsvoll zu inszenieren, mussten die Kanzel versetzt, der Kanzelkorb durch die Herausnahme einer seiner Seiten verkleinert und der Schalldeckel entfernt werden. Im gleichen Jahre kamen anstelle der eingeschmolzenen Glocken zwei neue in den Turm.

1944 wurden das Dach, die Fenster, ein Teil der Empore, die Orgel und Teile der Ausstattung zerstört. Mit einem Gottesdienst feiert die Gemeinde 1949 die Entschuttung und die von dem Architekten Heinrich Stork betriebene Wiederbenutzbarkeit ihrer Kirche. Unter dem Eindruck des Zweiten Weltkrieges gab das Presbyterium 1950 der bislang namenlosen Kirche den Namen »Friedenskirche«. Ein über dem Portal angebrachtes Schriftband zitiert den Anfang des Lobgesanges der Engel »EHRE SEJ GOTT IN DER HÖHE« (Luk 2, 14). Die neue Orgel von Willi Peter wurde 1955 eingebaut. Von 1960 bis 1963 restaurierte der Architekt Georg Rasch die Kirche. Dabei wurden die Innenwände weiß getüncht, die Chorfenster abgemauert, die Holzvertäfelung der Apsis entfernt und die alten Prinzipalstücke gegen neue ausgetauscht. Unter der Leitung des Architekten Karl Lothar Dietzsch wurde bis zur 100-Jahrfeier 1976 das Innere in Zusammenarbeit mit dem Maler Willi Briant weitgehend in den Zustand des Jahres 1890 zurückversetzt. Die Apsis erhielt wieder ihre Dienste und die Apsisfenster wurden wieder geöffnet. Für die Glasmalerei im Scheitelfenster – die Kreuzigung mit Maria und Johannes – entwarf Briant die Kartons. Auch für die Glasmalereien der übrigen Fenster, die von 1980 bis 1990 eingesetzt wurden, lieferte er die Entwürfe. Nach seinen Vorgaben wurden 1990 die Lampen angefertigt. Das abhanden gekommene Altarkreuz ersetzte Briant 1995 durch ein eigenes Werk, 1996 übergab er das von ihm geschaffene Lesepult und das Portalmosaik setzte er 1996 ein.

Die Friedenskirche

Die in Backstein errichtete Saalkirche vertritt den preußischen Klassizismus in Köln. Der sich über rechteckiger Grundfläche erhebenden Saalkirche steht achsial im Norden ein Turm vor, dem im Süden eine polygonale Apsis entspricht. Polygonal ist auch die im östlichen Zwickel als jüngster Bauteil zwischen Apsis und Saalbau eingefügte Sakristei. Gemeinsam ist den vier Baukörpern ein brüstungshoher Putzsockel. Der dreigeschossige, quadratische Turmschaft wird je Seite von zwei kräftigen Strebepfeilern gestützt, die von den Gesimsen übergriffen werden, die den Saalbau gürten. In sein Untergeschoss ist die Portalnische eingefügt, so dass es nahezu in ganzer Tiefe geöffnet ist. Die Portalzone wird durch ein Gesims abgeschlossen, über dem das nächste, nur durch ein Rundfenster geöffnetes Geschoss bis zum First des Saalbaues aufsteigt, um dort durch ein weiteres Gesims abgeschlossen zu werden. Darüber steigt der Schaft mit einem durch große Zwillingsschallarkaden geöffneten Geschoss quadratischen Grundrisses auf, das je Seite von einem Giebel bekrönt wird. Aus dieser Giebelkonfiguration löst sich der nunmehr ins Achteck wechselnde Schaft. Jeweils eine Schallarkade öffnet eine seiner Seiten in ganzer Höhe. Ein kräftiges Gesims schließt das Geschoss und bietet der gemauerten Turmpyramide optisch eine Basis.

Der Saalbau wird durch zwei Gesimse in drei Zonen gegliedert. Das untere Gesims bietet den großen Fenstern eine stabilisierende Standfläche. Die mehrfach gestuften Gewände der drei großen Rundbogenfenster der Längsseiten umfangen ein gekoppeltes Fenster, darüber sitzt im Bogenfeld ein kleiner Okulus. Während die Stirnseiten der Turmfassade durch je ein schmales Rundbogenfenster geöffnet werden, bleiben die Schulterwände neben der Apsis geschlossen. Das Apsispolygon wird wie auch das der Sakristei durch drei Rundbogenfenster geöffnet. Das auf dem Niveau der Fensterkämpfer der Längsseiten um den Bau geführte Gesims ist um die Apsis herumgeführt und dort durch ein Traufgesims verstärkt. Darüber schließt die Apsis mit einer flachen Dachpyramide.

Der 1976 in den Urzustand zurückversetzte Chor.

August Albes, Kanzel und Altar, 1890.

Das Innere überrascht durch seine große Höhe. Dieser Effekt wird durch die sehr hochsitzenden sechs Fensterpaare noch verstärkt. Eine flache Holzdecke schließt den Dachstuhl, von dem nur der Rundbalken, die Streben und die Zangen zu sehen sind, die alle farbig gefasst sind. Wirkt die Apsis am Außenbau recht niedrig, so erreicht sie im Inneren nahezu volle Raumhöhe. Eine feine Archivolte isoliert sie von der Schulterwand und gibt ihr zugleich einen festigenden Rahmen. Hier im Inneren erweist sich, dass die Apsis nicht wie zu erwarten als Polygon, sondern als Konche mit Halbkuppel gestaltet ist. Der Kuppelschale sind Wulstrippen unterlegt, die von Diensten unterfangen werden. In die Konche ist eine dreistufige Estrade eingelassen, die ein wenig in den Raum hineingreift. Sie trägt die Kanzel und den Altar. Beide gehören zur ursprünglichen Ausstattung der Kirche. Das 1901 gestiftete Taufbecken steht so vor der Schulterwand, dass es einen eigenen imaginären Raum um sich schafft.

Die Friedenskirche steht seit 1982 unter Denkmalschutz.

Gedenktafel für Ernst Flatow

Seit Juni 2000 erinnert in der Kirche eine Gedenktafel an Ernst Flatow, der von 1927 bis 1928 Hilfsprediger in der Ehrenfelder Gemeinde und danach Seelsorger in den linksrheinischen Krankenhäusern der Stadt Köln war. E. Flatow wurde aufgrund seiner jüdischen Abstammung im März 1933 aus dem Dienst entlassen. Die Evangelische Kirche intervenierte deswegen nicht, zahlte ihm jedoch eine kleine Beihilfe zum Unterhalt. Im April 1942 wurde er aufgrund einer Denunzierung durch einen Kölner evangelischen Pfarrer mit anderen Juden ins Warschauer Ghetto abtransportiert. Dort verendete er vermutlich noch im gleichen Jahr beim Bau der Ghettomauer.

Ernst Flatow, am 26. Juni 1887 geboren, war Sohn einer Berliner Fabrikantenfamilie. Sehr früh beschäftigte er sich mit Fragen der Theologie und der Philosophie. Diese Beschäftigung ließ in ihm den Entschluss wachsen, sich taufen zu lassen – am 8. August 1913 empfing er in der Berliner Petrikirche die Taufe. Nach seinem Examen, das er 1926 bestand, zog er nach Köln, weil hier seine Verlobte Elisabeth Worms lebte. Am 2. August 1927 feierte das Paar in der »Kirche an der Rothehausstraße« Hochzeit.

Friedenskirche

Evangelische Kirchengemeinde Mülheim am Rhein

Friedenskirche

Mülheim

Wallstraße 70
51063 Köln

☏ 0221-9625020

• Karte 2, f4
Ⓗ Keupstraße
Linien 4

Ein gemeinsames Gesims verbindet Turm und Kirche.

Mit der Eingemeindung der politischen Gemeinde Mülheim nach Köln im Jahre 1914 wurde die Evangelische Kirchengemeinde Mülheim am Rhein zur ältesten Evangelischen Gemeinde der Stadt Köln. Sie ist die Ur-Muttergemeinde aller im heutigen rechtsrheinischen Stadtgebiet liegenden Evangelischen Kirchengemeinden. Zwar feiert sie das Jahr 1610 als Jahr ihrer Gründung, doch reicht ihre Geschichte weiter zurück. Weil Protestanten in Köln ihre Berufe nicht ausüben konnten, ließen sie sich im Umland Kölns, vornehmlich in Mülheim nieder. In Mülheim existierten eine reformierte Gemeinde, die 1773 475 Mitglieder und eine lutherische, die 314 Mitglieder zählte. Beide Gemeinden schlossen sich 1837, dem Kölner Beispiel von 1826 und dem Wunsche des preußischen Königs Friedrich Wilhelms III. folgend, zu einer nunmehr unierten Gemeinde, der »Vereinigten evangelischen Gemeinde Mülheim am Rhein« zusammen; die bisherige lutherische Gemeinde nannte sich seither Andreas-, die reformierte Petrigemeinde. Der Bezirk der neuen Gemeinde war so groß, dass bald Teilungen notwendig wurden: 1855 wurde die Kirchengemeinde Köln-Deutz selbstständig, vgl. S. 235. Ihr folgte 1877 die Kirchengemeinde Köln-Kalk, vgl. S. 200, und die Kirchengemeinde Porz erlangte 1909 ihre Selbstständigkeit, vgl. S. 214. Als die Mülheimer Gemeinde 1910 ihr 300-jähriges Bestehen feierte, zählte sie rund 14 000 Mitglieder. Innerhalb des engeren Mülheimer Ortsgebietes verfügte die Gemeinde über zwei Predigtstätten, die Friedens- und die Lutherkirche, vgl. S. 218. Mit der Weihe des Gemeindehauses in Flittard war 1913 die erste Predigtstätte außerhalb der Grenzen der politischen Gemeinde geschaffen, vgl. S. 213. Anlässlich der Eingemeindung Mülheims nach Köln beschloss das Mülheimer Presbyterium 1914 in Erinnerung an die langjährige Tradition den Gemeindenamen »Mülheim am Rhein« beizubehalten. 1938 errichtete die Gemeinde mit der Tersteegenkirche in Dünnwald eine zweite Predigtstätte in ihren Außenbezirken, vgl. S. 239. Nach 1945 entstanden im Gemeindebezirk Mülheim viele neue Wohngebiete, so dass neue Predigtstätten geschaffen werden mussten. Aus den zugleich neu definierten Pfarrbezirken Mülheim-Nord, Mülheim-Süd, Dünnwald und Flittard gingen von 1953 bis 1960 fünf neue selbstständige Kirchengemeinden hervor.

Die Vorgängerinnen der Friedenskirche

Die lutherische Gemeinde verfügte schon früh über eine eigene Kirche, die jedoch in den Wirren des Dreißigjährigen Krieges von spanischen Truppen 1615 zerstört worden ist. 1684 konnten sich die Lutheraner wieder an einer neuen Kirche erfreuen. Doch genau 100 Jahre später wurde diese Kirche am 27. Februar 1784 von dem großen Eisgang, der ganz Mülheim zerstörte, bis auf ihren Turm weggerissen. An ihn und damit auch an den Standort der 1784 zerstörten Kirche erinnert heute die Kirchturmstraße südlich der Mülheimer Brücke. Seine barocke Haube verkaufte die Gemeinde nach Monschau in der Eifel. Deren Kirche hatte Wilhelm Hellwig, der Architekt der Friedenskirche in Mülheim, von 1787 bis 1789 erbaut.

Aus der Baugeschichte der Friedenskirche

Die Mülheimer Friedenskirche nimmt unter den Kölner evangelischen Kirchen eine Sonderstellung ein, ist sie doch die älteste der von Protestanten errichteten

Der Zentralraum mit der kongenial eingefügten Empore.

Kirchen im heutigen Stadtgebiet. Seit der Unionsfeier am 12. Dezember 1837 trägt sie den Namen Friedenskirche, ein älterer Name ist nicht bekannt. Für die von dem Mülheimer Baumeister Wilhelm Hellwig – vermutlich nach den Plänen des Bonner Hofbaumeisters Rot – in den Jahren 1784 bis 1786 gebaute Kirche wurde angesichts der vorangegangenen Hochwasserkatastrophe ein hochgelegener Bauplatz an der Wallstraße gewählt. Ein Glanzstück ihrer Ausstattung war das in die Ostnische eingestellte Ensemble aus Altar, Kanzel und Orgel. Nach vollzogener Union im Jahre 1837 mussten wegen der gestiegenen Besucherzahl Emporen eingezogen werden, und die Fenster wurden mit gusseisernem Maßwerk ausgestattet. Weil die Gemeinde nicht auf einen Kirchturm verzichten wollte, erteilte sie dem Kölner Dombaumeister Ernst Friedrich Zwirner den Auftrag, einen Turm zu bauen. Zwirner baute von 1845 bis 1848 auf der Kirchenachse einen Turm in klassizistischen Formen, den er mit einer Spitzhelmpyramide abschloss. 1914 ließ die Gemeinde das Kirchendach erneuern und den Turmaufsatz entfernen, um an seiner Stelle eine mit Kupfer abgedeckte Kopie der alten, nach Monschau verkauften Barockhaube aufsetzen zu lassen. Zugleich wurden vier Turmuhren in die Mitte einer jeden Seite eingesetzt, wofür die Traufgesimse eigens konkav aufgebogen werden mussten. Wenige Jahre vor Ausbruch des Zweiten Weltkrieges wurde von 1934 bis 1935 der Innenraum einer durchgreifenden Restaurierung unterzogen.

Nach dem Krieg, in dem der Turm seine Haube verloren hatte, erhielt der klassizistische Turm einen Abschluss in Form einer flachen romanischen Pyramide. Den Innenraum, von dem die Umfassungswände größtenteils erhalten geblieben sind, gestalteten die Architekten Carl und Karl-Heinz Klag einschließlich seiner Ausstattung völlig neu. Dabei wurde die bestehende Empore kongenial in den Raum eingepasst; 1963 sind die beiden eingeschossigen Anbauten in den östlichen Zwickeln angefügt worden. Für das neu eingezogene Gewölbe schuf der Bildhauer Kurt Wolf von Borries 1959 einen aus Stuck modellierten Schlussstein, dem er die Gestalt einer nach Art eines Sonnenrades rotierenden Distel gegeben hat. Die von dem Mülheimer Orgelbauer Willi Peter gebaute Orgel kam 1965 in die Westnische. Das Architekturbüro Scherer, Maier und Partner sanierte 1999 den Bau und gestaltete den Innenraum neu. Dabei entfernte es die Altarestrade, so dass die von Walter Maier entworfenen Prinzipalstücke nicht mehr über das Raumniveau gehoben werden.

Der Kirchenbau

Die von 1784 bis 1786 errichtete Ovalrotunde der Friedenskirche ist eine absolute Rarität in der rheinischen Region. Basisfigur des Grundrisses ist ein quer zur Ost-West-Achse liegendes Oval. Über seine Peripherie treten zwei ungleiche Paare von Rechtecknischen hinaus. Jene beiden Rechtecknischen, die sich über der kurzen (Ost-West-)Achse gegenüberstehen, sind breiter als die beiden Rechtecknischen, welche die Pole der langen Achse besetzen. Weil die östliche Nische als Chor dient, ist eine eindeutige liturgische Ausrichtung des zentrierten Raumes gegeben. Besetzen auch die Nischen die Pole der beiden sich kreuzenden Achsen, so kann dennoch nicht von einem Grundriss in Form eines der tradierten christlichen Kreuze gesprochen werden, ist doch der Hauptbalken kürzer als der Querbalken.

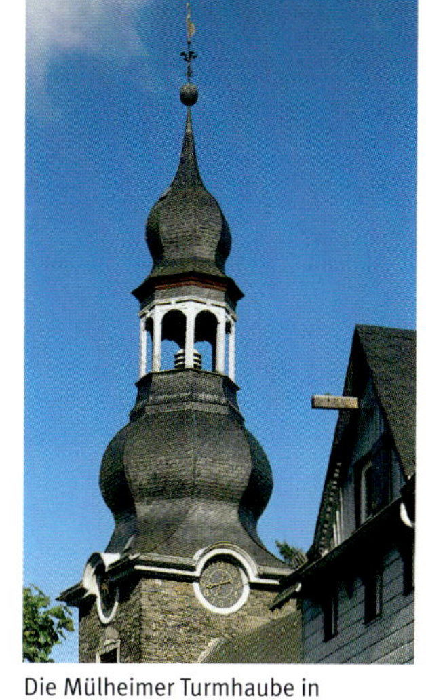

Die Mülheimer Turmhaube in Monschau.

Der Turm tritt kraftvoll vor die Kirche, so dass er mit der Häuserzeile fluchtet. Allerdings verwischt der Turm die ursprüngliche Situation, da er nachträglich vor die Kirche gestellt worden ist. Der Ur-Zustand ist noch an der in die Tiefe des Grundstückes aufgebogenen Umfriedung des Vorhofes, der durch den Turm in zwei unverbundene Hälften geteilt ist, zu erkennen. Der Turm unterscheidet sich von der Ovalrotunde, an die ihn das aus dem Traufgesims des Zentralbaues herausgreifende Gesims bindet, durch seine Zonung und durch die Ausbildung kräftiger Ecklisenen. Über seinem zweiten Geschoss setzt das Glockengeschoss an, das je Seite durch drei rundbogige, von Pfeilern gestützte Schallarkaden geöffnet wird. Das abschließende Konsolgesims wird mittig jeweils von einer schildartigen Putzfläche unterbrochen, durch die der Sitz und der Kontur der einstigen Uhren markiert ist.

Die Ovalrotunde steigt sockellos und ohne durch ein Gesims gezont zu werden auf. Ein breites Taufgesims umgreift alle ihre Teile, den Rundkörper ebenso wie die risalitartig vortretenden rechteckigen Annexe. Die Kirche schließt mit einer bewegten Dachlandschaft, die in einer niedrigen Laterne mit flacher polygonaler Pyramide ihren Zenit findet. Jedes der vier Segmente und die Stirnwände des Nord- und des Südannexes werden mittig durch ein hohes Rundbogenfenster geöffnet. Deren Sohlbänke bieten ihnen optisch eine kräftige Basis. Ihre Kämpferpunkte werden durch vorgezogene Steine und ihr Scheitel durch einen Scheitelstein markiert. Zwei hochrechteckige Portale sind in die Stirnseite des Westannexes eingelassen.

Das Innere des querovalen Raumes wird über den Turm betreten, so das der Chor sofort in den Blick kommt. Die der Westnische eingespannte Orgel- und Chorempore, die auch in die Nord- und die Südnische eingreift, gibt erst nach ihrem Unterschreiten den Blick in den Raum frei. Einzig die Ostnische ist von Einbauten frei. Durch eine raumhohe Rundbogenblende erfährt sie die ihr als Chor gebührende Auszeichnung. Wie der Außenbau so ist auch im Inneren auf eine Geschossteilung verzichtet worden. Über dem Raum schwingen die fein gezogenen Kappengrate zur Mitte, die eine große Stuckrosette bezeichnet.

Seit 1983 steht die Friedenskirche unter Denkmalschutz.

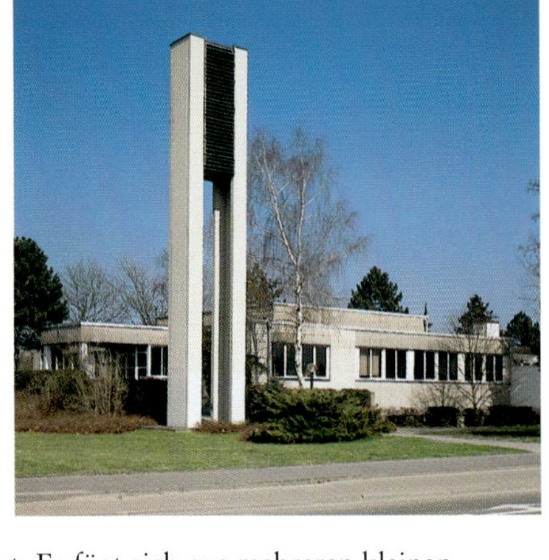

Der Turm verweist auf die Bedeutung des Gemeindezentrums.

Friedenskirche Urbach

Evangelische Kirchengemeinde Porz-Wahn-Heide

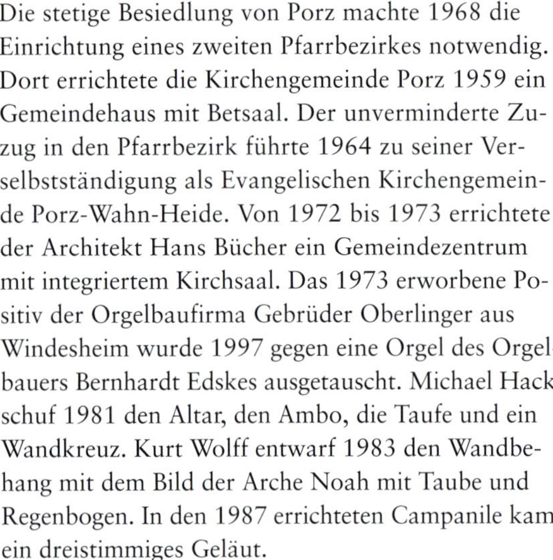

Friedenskirche Urbach

Urbach

Kastanienweg 8-10
51145 Köln

☏ 02203-65072
www.kirche-porz.de

• Karte 2, h8
Ⓗ Urbach Friedhof
Linie 162

Die stetige Besiedlung von Porz machte 1968 die Einrichtung eines zweiten Pfarrbezirkes notwendig. Dort errichtete die Kirchengemeinde Porz 1959 ein Gemeindehaus mit Betsaal. Der unverminderte Zuzug in den Pfarrbezirk führte 1964 zu seiner Verselbstständigung als Evangelischen Kirchengemeinde Porz-Wahn-Heide. Von 1972 bis 1973 errichtete der Architekt Hans Bücher ein Gemeindezentrum mit integriertem Kirchsaal. Das 1973 erworbene Positiv der Orgelbaufirma Gebrüder Oberlinger aus Windesheim wurde 1997 gegen eine Orgel des Orgelbauers Bernhardt Edskes ausgetauscht. Michael Hack schuf 1981 den Altar, den Ambo, die Taufe und ein Wandkreuz. Kurt Wolff entwarf 1983 den Wandbehang mit dem Bild der Arche Noah mit Taube und Regenbogen. In den 1987 errichteten Campanile kam ein dreistimmiges Geläut.

Der Campanile steht so, dass er zur Straße hin die Bedeutung des hinter ihm stehenden Bautenkomplexes signalisieren kann. Das sich über einem Souterrain erhebende, eingeschossige Gemeindezentrum ist als Betonskelettbau mit Kalksandstein-Ausfachung errichtet. Es fügt sich aus mehreren kleinen, flachgedeckten Baukörpern, die mittels Vor- und Rücksprüngen eine lebendige Fassade entwickeln. Sie schmiegen sich um den zentralen, flachgedeckten und sie überragenden Großkörper des Kirchsaales. Eine breite Treppe führt zum Eingang, der durch einen mächtigen Vorbau markiert ist. Vom Vestibül aus sind die im Souterrain gelegenen Räume und die zu ebener Erde gelegenen Gemeinderäume zu erreichen. Der ganz in Weiß gehaltene querrechteckige Kirchsaal wird von einer abgehängten Decke aus kassettierten Fertigteilen abgeschlossen. Das Betonskelett der Wände unterteilt diese in große Felder und gibt dem Saal zudem ein festigendes Gerüst. Unterhalb der Decke zieht sich ein schmales Lichtband hin, das 1981 mittels Ätztechnik gestaltet worden ist und natürliches Licht in den Raum strömen lässt. Die neue imposante Orgel steht gegenüber dem Altar und dem ihn begleitenden Ambo sowie dem Taufbecken, so dass eine Raumachse ausgebildet ist.

Friedenskirche Worringen

Evangelische Kirchengemeinde Köln-Worringen

Friedenskirche Worringen

Worringen

Hackenbroicher
Straße 59
50769 Köln

☏ 0221-782338

• Karte 2, b1
Ⓗ An den Kaulen
Linie 120

Um 1900 waren die Protestanten aus Worringen, Dormagen, Thenhoven und Roggendorf Mitglieder der Kirchengemeinde Köln-Nippes, vgl. S. 216. Nach 1945 erhöhte sich wegen des anhaltenden Zuzuges die Notwendigkeit, eine eigene Predigtstätte in Worringen zu bauen. Weil Worringen und seine beiden Nachbarorte nur unter großen Anstrengungen von Nippes aus seelsorglich versorgt werden konnten, gab das Presbyterium dem Architekten Gottfried Tucholski den Auftrag, in Worringen eine Kirche zu errichten. Um die Kirche mit den notwendigen Gemeindebauten verbinden zu können, kaufte es das neben dem Kirchengrundstück gelegene städtische Jugendheim und beschloss den Bau einiger Wohnungen für das Gemeindepersonal. Mit dem Bau der Kirche war eine wichtige Voraussetzung für die erstrebte Selbstständigkeit der Worringer Gemeinde gegeben, die 1962 gewährt wurde. Die Ausstattung der von 1959 bis 1961 gebauten Kirche wurde Herbert Schuffenhauer übertragen, der 1960 die drei Prinzipalstücke in die Kirche brachte, die Fenstergestaltung vornahm und das Portal einsetzte. Das vierstimmige Geläut aus der Gießerei Gebrüder Rincker kam 1963 in den 1961 errichteten Campanile. Etwa zwei Jahre später erklang 1966 die von Willi Peter gebaute Orgel, die auf der Empore über dem Eingang ihren Platz fand.

Der kleine, kompakte Kirchenbau steht mit dem Campanile auf einem gegenüber der Straße erhöhten Plateau. Während diese beiden Baukörper direkt an der Straße stehen, liegen die Gemeindebauten in der Tiefe des Grundstückes. Die der Saalkirche eigene Schönheit resultiert aus der Einfachheit und Regelmäßigkeit der architektonischen Mittel. Bei beiden Baukörpern tritt das weiß gefasste Betonbalkengerüst leuchtend hervor, betont den Kontur und gliedert die Wandflächen. In diesem Gleichklang demonstrieren sie ihre innere Zusammengehörigkeit. Die Kirche erhebt sich über quadratischer Grundfläche. Indem G. Tucholski dem Bau vier gleiche Giebelfassaden gab, vermittelte er ihm

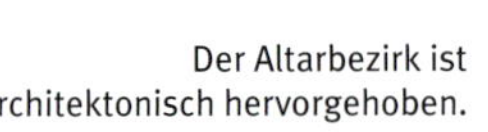

Der Altarbezirk ist architektonisch hervorgehoben.

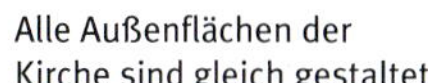

Alle Außenflächen der Kirche sind gleich gestaltet.

nicht nur Kompaktheit, sondern auch Allseitigkeit. Jede Fassade ist mittels des Betonbalkenskeletts in drei nahezu gleich breite Vertikalbahnen unterteilt. Die mittlere, mit rotbraunen Backsteinen ausgefachte Achse lässt sich jeweils von zwei mittels Glasbausteinen geöffneten Feldern flankieren. Dabei zeichnet sich die Altarwand am Außenbau durch farbig verglastes Betonmaßwerk in ihren Seitenfeldern aus.

Weil die Abfolge der gleich aufgebauten Wände vor den Ecken durchglaste Felder entstehen lässt, wirkt der Baukörper zerbrechlich und kostbar. Ein horizontal geführter Betonbalken bindet in Höhe des Portalsturzes die vier Fassaden optisch zusammen und gibt dem Bau Festigkeit. Aus der Giebelkonfiguration resultieren kreuzende Satteldächer und mithin ein bewegter, kronenartiger Abschluss.

Dem Inneren geben die Eckverglasungen eine große Lichtfülle. Zur Helligkeit des Raumes tragen auch die weiß gefassten Wandteile bei. Regelmäßige perforierte Ziegelbänder ornamentieren die Flächen und lassen sie leichter erscheinen, zudem verschaffen sie dem Raum eine gute Akustik. Die von Rundstahlstützen gehaltene Empore umgreift den Raum an drei Seiten. Mit ihren schmalen Flügeln stößt sie beidseitig bis zur Altarwand vor. Damit ist die liturgische Ausrichtung des Zentralraumes hin auf den vor der Ostwand stehenden Altar manifest. Auf einer zweistufigen Estrade stehend, wird der Altar von Kanzel und Taufe flankiert. Die Stuhlreihen sind von drei Seiten hin auf den Altar ausgerichtet. Auf diese Weise bilden die Gläubigen für ihre gemeinsame Liturgie eine den Altar umgreifende Gruppe. In der Mitte des Raumes ermöglicht eine große freie Fläche verschiedene liturgische Handlungen.

GEMEINDEZENTRUM MAGNET

Evangelische Kirchengemeinde Köln-Neue-Stadt

Das Gemeindezentrum ist die erste der beiden Predigtstätten der 1965 errichteten Kirchengemeinde Köln-Neue-Stadt, vgl., S. 187. Es ist von 1966 bis 1967 nach dem Entwurf des Architekten Wolfgang Müller-Zantrop errichtet worden. 1985 erwarb die Gemeinde eine in Amerika gebaute »Allan Digital Computer Orgel«. Ein Jahr später wurde die von dem Architekten Jacob Hendrik Otten entworfene Glasmalerei eingesetzt, deren Thema »Unterwegs zum Leben« ist.

Das Bautenensemble staffelt sich aus der Tiefe des Grundstückes in die Höhe, bis es in dem dicht an der Straße stehenden Groß-Kubus der Kirche seinen höchsten Punkt findet. Alle Baukörper sind in Betonskelettbauweise mit Kalksandstein-Ausfachung aufgeführt und mit einer aus Schiefer gefügten Attika versehen. Nur der Groß-Kubus ist zur Gänze mit Schiefer verkleidet. Das unterschiedlich dimensionierte Ensemble umfasst einen Hof, von dem aus alle Bauten zu betreten sind. Der Kirchbau fügt sich aus zwei ungleich hohen und breiten Baukörpern, die je über einer quadratischen Grundfläche aufgehen. Sie sind so ineinander geschoben, dass sie auf einer gemeinsamen Diagonalen stehen, deren Pole der Eingang und der Altar sind. Während der hohe und schmale Raumteil als Chor dient, nimmt der niedrige und breite Raumteil die Gemeinde auf. Dieser steht über eine Schiebetür mit dem Gemeindesaal in Verbindung. Während der Raum für die Gemeinde als Skelettbau mit Kalksandstein-Ausfachung aufgeführt ist, ist der Chor in Sichtbeton errichtet worden. Seine Wände zeigen eine dreizonige, vertikale Reliefierung. Den niedrigen Raum umzieht an drei seiner Seiten ein künstlerisch gestaltetes Lichtband dicht unter der Balkendecke. Der gleichfalls mit einer Balkendecke schließende Chor verzichtet dagegen auf ein Lichtband, dafür sind die beiden über dem Raum für die Gemeinde sitzenden Wandteile blankverglast. Die vor die Chorecke eingespannte zweistufige Altarestrade schwingt leicht dem Raum der Gemeinde entgegen und geht seitlich in den Ort für die Schola über. Über der Kanzel ziert eine von Gert Maulbecker 1969 geschaffene und 1971 montierte, groß dimensionierte Metallarbeit in der Art eines Scherenschnittes die Chorwand – sie stellt das »Lebensschiff« vor, das von Christus vor dem Kentern bewahrt wird.

Der Altarbezirk mit dem »Lebensschiff«.

Heimersdorf

Lebensbaumweg 41
50767 Köln

☏ 0221-708365
www.neue-stadt.de.vu

• Karte 2, c3
Ⓗ Stallagsweg
Linie 125

Gemeindezentrum Pesch

Evangelische Kirchengemeinde Köln-Pesch

Gemeindezentrum Pesch

Pesch

Montessoristraße 15
50767 Köln

☎ 0221-5904281
www.dem-himmel-so-nah.de

• Karte 2, b3
Ⓗ Pesch, Schulstraße
Linie 126, 127

Seit 1881 gehörten die evangelischen Bewohner der Orte Pesch, Esch, Auweiler und Lindweiler zur Gemeinde Nippes, vgl. S. 216. 1976 wurden sie Mitglieder der Kirchengemeinde Köln-Pesch. Den Auftrag zum Bau des Gemeindezentrums erhielten die Architekten Jürgen Koerber und Wolfgang Hager mit ihren Partnern, den sie 1977 vollendeten. 1978 übergab Arthur Lüttke das von ihm geschaffene Altarkreuz und die Altarleuchter. Der von Wolfgang Göddertz geschaffene metallene Lebensbaum kam 1983 in die Kirche. Aus Mülheim a. d. Ruhr kaufte die Gemeinde 1998 eine Orgel, die der Bonner Orgelbauer Johannes Klais 1967 gebaut hatte. Seit 2000 schmücken Antependien von Kurt Wolf den Altar und die Kanzel.

Wolfgang Göddertz, Lebensbaum, 1983.

Das Bautenensemble des Zentrums ist so um einen quadratischen Platz gruppiert, dass die beiden wichtigsten Gebäude – Gemeindesaal und Kirche – von der Straße aus als erste in den Blick kommen. Wenn auch die beiden Gebäude ineinander geschoben sind, so demonstrieren Kirche und Gemeindesaal ihre Selbstständigkeit aber auch ihre Zusammengehörigkeit auf architektonische Weise, wobei die Prävalenz der Kirche gewahrt und betont wird. Beide Bauten haben Pultform und sind in Kalksandstein errichtet. Die Baukörper sind so konfiguriert, dass der kleinere des Gemeindesaales sich so in den der Kirche schiebt, dass beide Pultdächer in entgegengesetzter Richtung aber mit gleichen Winkeln aufsteigen. Die Kirche überlässt dem Gemeindesaal insofern Vortritt, als er mit seiner von sechs Fenstern und dem Eingang regelmäßig perforierten Fassade das Ensemble nach außen vertritt. Die Kirche verzichtet auf eine Fassade, denn sie tritt nur mit einer geschosshohen Glaswand und dem Portal an den Platzrand vor. Das Portal führt in einen kleinen Vorraum, von dem aus der Kirchsaal über die Diagonale betreten wird. Die beiden Längswände sind in Kalksandstein und die beiden unteren Drittel der dem Eingang gegenüberstehenden Wand in Sichtbeton gehalten. Von der Eingangsseite aus steigt das offene Tragwerk der Decke hinauf auf die Altarwand, deren oberes Drittel in ganzer Breite geöffnet und künstlerisch verglast ist. Ihr ist ein in Metall gearbeiteter, stilisierter (Lebens-)Baum appliziert, der in der Seitenmitte hinter dem Altar aufsteigt und mit seinem Geäst in die Glaswand eingreift. Altar und Kanzel verzichten auf eine Erhöhung mittels einer Estrade. Der Orgelprospekt steht auf einer Empore, die über den anliegenden Gemeinderäumen liegt.

Die Begegnungsstätte Lindweiler

Die Pescher Gemeinde hat in Lindweiler eine kleine Predigtstätte eingerichtet, die den Namen »Begegnungsstätte Lindweiler« trägt. Den in Sandstein errichteten rechteckigen, eingeschossigen Flachbau hat der Architekt Benedikt Grieblinger in die Längsseite des von ihm gebauten Wohnhauses für ältere Menschen integriert. Die etwa 135 Quadratmeter große diakonische Einrichtung der Kirchengemeinde Köln-Pesch wurde 1977 geweiht, und 2000 gestaltete der Maler Frehse das Innere. Mit der in der Begegnungsstätte geleisteten Arbeit werden soziale, meist durch Arbeitslosigkeit verursachte Probleme des Stadtteils aufgefangen und Hilfe zur Selbsthilfe geboten. Für diese von Sozialarbeitern und von freiwilligen Helfern geleistete Arbeit stehen mehrere Räume, darunter ein Betraum, zur Verfügung.

Der Kirchbau lässt dem Gemeindesaal den Vortritt.

Predigtstätte im Stephanus-Zentrum.

Gemeindezentrum Stephanus

Evangelische Kirchengemeinde Ehrenfeld

Das Stephanus-Zentrum ist die zweite der drei Predigtstätten der Kirchengemeinde Ehrenfeld, vgl. S. 188. Auf dem 1920 erworbenen Grundstück ließ sich die Gemeinde von 1952 bis 1953 ein von Heinrich Stork konzipiertes Gemeindehaus errichten. Es wurde von 1964 bis 1966 von Ludwig Kürsch umgebaut, und zugleich wurden ein Betsaal und ein Kindergarten angefügt.

Eine Mauer bietet der gesamten Anlage gegenüber der Straße Schutz. Zwischen der Mauer und dem im Hintergrund stehenden zweigeschossigen, mit einem Walmdach schließenden Gemeindehaus breitet sich eine nahezu quadratische Gartenanlage aus. Eine zierend vor die Fassade des Gemeindehauses gespannte fünfachsige Kolonnade trägt den tiefen balkonartigen Austritt des Obergeschosses. Nach Westen hin schließen die als Staffel angeordneten drei flachgedeckten Pavillons des Kindergartens die Gartenanlage ab. Im Winkel zwischen Kindergarten und Gemeindehaus ist der eingeschossige, flachgedeckte Bettsaal eingefügt, der sich mit seiner verschieferten Attika ein wenig über das Kindergartenensemble hebt. Den Rechteckbau verbindet ein eingeschossiger Gelenk- und Eingangsbau mit dem älteren Gemeindehaus.

Der flachgedeckte Betsaal wird über ein raumhohes Fenster durchlichtet, das die nördliche Hälfte der westlichen Längswand einnimmt. Gegenüber zieht sich ein schmales Lichtband unter der Decke hin, das dem niedrigen Raum etwas von seiner lastenden Schwere nimmt. Dem gleichen Ziel dient auch die mittels einer dichten Folge tiefer, quer zur Längsachse geführter Betonlamellen gestaltete Decke, denn sie lässt den Raum höher wirken als er ist.

Gemeindezentrum Stephanus

Ehrenfeld

Subbelrather Straße 206-210
50823 Köln

☏ 0221-820900

• Karte 1, d2
Ⓗ Liebigstraße
Linie 5

Gustav-Adolf-Haus

Evangelische Kirchengemeinde Köln-Kalk-Humboldt

1957 wurde die Kirchengemeinde Köln-Kalk-Humboldt aus der Gemeinde Köln-Kalk, vgl. S. 200, ausgegliedert und selbstständig.

Das nach dem König von Schweden, Gustav II. Adolf (1594-1632) der, um sein Land für die Reformation zu retten, in den Dreißigjährigen Krieg eingegriffen und dort den Tod gefunden hat – benannte Haus geht auf einen Entwurf des Architekten Arthur Hahn zurück, der es von 1927 bis 1928 errichtete. Von Hahn konnten jedoch nur der Kirchsaal und das sich westlich daran anschließende Pfarr- und das Gemeindehaus mit dem kleinen Eingangsbau vollendet werden. 1943 wurde das Haus zerstört; 1946 stand der Kirchsaal wieder zur Verfügung. Beim Wiederaufbau wurde der östliche Anschluss, den Hahn nicht mehr bauen konnte, unter Berücksichtigung der veränderten Bedingungslage ausgebaut.

Arthur Hahn hat das Bautenensemble so in die Wohnhauszeile eingefügt, dass zwar die Vorgaben, wie Geschosszahl und Traufhöhe, eingehalten worden sind, ihm aber dennoch Unverwechselbarkeit eigen ist. Dies erreichte er durch die Auflösung in ein von den Funktionen bestimmtes Baukörpergefüge. Vermutlich orientierte sich A. Hahn bei der Organisation der Baukörper und ihrem Verhältnis untereinander an den Prinzipien der französischen Schlossbaukunst. Wie dort sind auch hier die Baukörper hierarchisch organisiert und spiegelsymmetrisch aufeinander bezogen. Die Mitte nimmt der Kirchsaal ein, der durch diese Position eindeutig als Hauptbau wahrgenommen wird. Beidseitig wird er von niedrigen Verbindungsbauten nach Art von Galerien flankiert, die zu den

Die mehrschichtige Fassade des Kirchsaales.

Gustav-Adolf-Haus

Humbold-Gremberg

Hachenburger Straße 3-5
51103 Köln

☏ 0221-987950
www.ekir.de/kalk

• Karte 1, k6
Ⓗ Feldbergstraße
Linie 153

Eine Spiegeldecke fasst den weiten Raum zusammen.

beiden dreigeschossigen Flügelbauten, den Pavillons überleiten. In den Winkel von Verbindungs- und Flügelbau stellte Hahn noch einen kleinen quadratischen (Eingangs-)Pavillon. Wenn auch die Baukörper, den Bedingungen der Zeilenbebauung folgend, stark linear angeordnet werden mussten, so sind sie doch so in die Tiefe gestaffelt, dass das System erkennbar ist und ein schmaler Vorplatz resultiert, in den der Hauptbau ein wenig hineintritt.

Der Kirchsaal ist nicht nur durch seine Position sondern auch durch die aufwändige Gestaltung seiner mit Ziegeln gemauerten Fassade hervorgehoben. Ein Souterrain hebt ihn über das Laufniveau, so dass eine breite Stufenanlage ermöglicht wurde, die den drei sehr repräsentativ wirkenden Portalen vorgelagert ist. Deren Bedeutung wird durch das von zwei, durch herausgezogene Ziegellagen reliefierte Pfeiler gestützte Vordach unterstrichen. Stufenanlage, Portal und Vordach sind einzig dem um Mauerstärke vortretenden Mittelrisaliten vorbehalten, der zudem noch oberhalb des verkröpfenden Traufgesimses mittels eines durch Haustein profilierten Giebels eine weitere Auszeichnung erfährt. Die ihn begleitenden beiden Seitenachsen werden durch Lisenen in zwei Wandschichten aufgelöst, so dass eine einschließlich des Risaliten in drei Schichten aufgelöste Fassade resultiert. In das so etwas zurückgesetzte große Wandfeld fügte Hahn je drei schmale Vertikalfenster ein, die zwei Geschosse übergreifen. Einen wesentlichen Beitrag zur Betonung des Kirchsaales leistet der hinter dem Giebel aufsteigende Walm des Daches mit dem bekrönenden Dachreiter mit offenem Glockenstuhl.

Den beiden flankierenden, eingeschossigen Verbindungsbauten ist jeweils eine Tordurchfahrt zugewiesen, über die das Grundstück an die Straße angebunden ist. Den über eine Stufenanlage erreichbaren, in die Ecke von Verbindungsbau und dreigeschossigem Flügelbau eingestellten Eingangspavillon schließt eine ausschwingende Dachpyramide ab; auf ein Gegenstück an der Ostseite ist nach dem Krieg verzichtet worden.

Die Längswände des mit einem Walmdach schließenden Kirchsaales werden von drei Wandvorlagen in vier hochrechteckige Felder aufgeteilt. Drei der Felder nehmen je eine Dreiergruppe von sehr schmalen Vertikalfenstern auf. Ihrer Betonung dient eine den Verputz unterbrechende Ziegelfolie, die bodenbündig ist und bis zum Traufgesims aufsteigt. Die rückwärtige Stirnwand zeigt keinerlei Ziegelschmuck.

Der Zutritt zum Kirchsaal ist architektonisch effektvoll inszeniert: Zunächst erfolgt der Aufstieg zu den drei hohen und jeweils doppelflügeligen Portalen über die breite, vom Vordach betonte Stufenanlage. Hinter den Portalen öffnet sich ein querrechteckiges Vestibül, das auch von den beiden Tordurchfahrten aus betreten werden kann. Es vermittelt sowohl auf die Empore als auch in den Kirchsaal. Dieser öffnet sich über eine achsial gestellte Flügeltür. Hier bildet der tief in den Raum geschobene Überhang der Empore eine Niedrigführung, so dass der Saal erst voll in den Blick genommen werden kann, wenn sie passiert worden ist.

Wandpfeiler gliedern die weiß verputzten Längswände. In drei der so ausgebildeten Wandfelder sitzen die zu dritt gruppierten farblich verglasten Fenster, die 1969 nach Entwürfen von Wilhelm Gorré gefertigt worden sind. Die Vorlagen erweitern ihren Querschnitt nach oben hin, um eine 1968 bis 1969 eingezogene hölzerne Spiegeldecke zu tragen. Der eingezogene Chor greift mit seiner Stufenanlage in den Längsraum ein, so dass er mit diesem auch optisch verbunden ist.

Das Gustav-Adolf-Haus ist 1982 zum Baudenkmal erklärt worden.

Hoffnungskirche Finkenberg

Evangelische Kirchengemeinde Porz

Die Kirche ist die fünfte der sechs Predigstätten der Evangelischen Kirchengemeinde Porz, vgl. S. 214. Sie ist gemeinsam mit den beiden in unmittelbarer Nachbarschaft stehenden Kirchen, der katholischen Kirche Sankt Maximilian Kolbe und der Kirche der freien Evangelischen Christen, geistige Mitte einer seit 1967 entstanden Wohnsiedlung. Nachdem das Presbyterium 1979 eine auf fünf Architekten beschränkte Konkurrenz ausgeschrieben hatte, entschied es sich für den Entwurf des Architekten Jürgen Hadenfeldt. Im Oktober 1981 wurde mit dem Bau begonnen, 1983 wurde er geweiht. Weil die Kirche keinen eigenen Glockenturm hat, kam die der Gemeinde geschenkte Glocke, die aus einer Gutskapelle in Wojemthin/Köslin im ehemaligen Pommern stammt, in den Turm der Maximilian-Kolbe-Kirche, vgl. S. 126. Seither läutet sie die Gottesdienste beider Konfessionen ein.

Die Dachspitze bezeichnet den Ort des Altares.

1982 setzte Frère Eric de Saussure die von ihm entworfenen Glasmalereien ein. Die drei Prinzipalstücke, der Altar, der Ambo und das Taufbecken gehen auf Entwürfe des Architekten zurück. 1993 kam die von Wilhelm Hammer aus Hannover gebaute Orgel in die Kirche.

Frère Eric, Das apokalyptische Lamm (Detail), 1982.

Die drei Kirchen stehen so, dass sie einen gemeinsamen städtischen Platz ausbilden, der ursprünglich von einem Jugendzentrum geschlossen werden sollte. Dieser Zusammenschluss von drei Kirchen ist eine städtebauliche Arrondierung, die einmalig ist in Köln. Alle drei Kirchen sind mit Ziegeln verkleidet, alle drei Kirchen verweisen mit den Gipfeln ihrer Dachlandschaften auf ihre geistige Mitte, auf den Altar. Während sich die Architekten der katholischen Kirche, Hans Schilling, und der evangelischen Kirche, Jürgen Hadenfeldt, auf die gleiche Ziegelsorte geeinigt haben, ist für das Zentrum der Freien Christen Gemeinde eine andere gewählt worden. Beide Architekten haben sich zudem, wie bereits in Chorweiler, vgl. S. 187, auf die äußere Gestaltung der beiden Zentren geeinigt. Deshalb finden sich hier wie dort Wandvorlagen zur Reliefierung der Außenwände ebenso wie der lebendige Richtungswechsel der Wände, sowie eine bewegte Dachlandschaft. Hadenfeld macht mit unterschiedlich hohen Pultdächern, die zu den Außenwänden hin aufsteigen, auf den Gemeinde- und auf den Kirchsaal aufmerksam. Bleibt das Gemeindezentrum zum Platz hin eingeschossig, so ist seiner Nordhälfte ein Souterrain integriert worden, für das das Geländeniveau abgesenkt worden ist.

Das Zentrum ist so konfiguriert, dass sich ein Zugangstrichter öffnet, der auf das Portal leitet. Von dem Vestibül aus sind alle Räume zu erreichen. Es ist so geräumig, dass es bei Bedarf mit dem Kirchsaal ebenso verbunden werden kann wie der Gemeindesaal. Der eingeschossige Kirchsaal steht über achtseitigem Grundriss. Seine Wände sind steinsichtig mit Ziegeln verkleidet. Unterhalb der Holzdecke gürtet ein Rahmenbalken aus Sichtbeton den Raum. Gegen ihn stoßen die vier Holzbinder, die paarweise die längeren Seiten des Oktogons verbinden und dadurch über der Raummitte ein Quadrat entstehen lassen. Die Deckengeometrie spiegeln dunkle Keramikfliesen auf den mit quadratischen braunroten Fliesen ausgelegten Fußboden. Die dem Eingang gegenüberstehende Altarwand bleibt geschlossen, um dem Altartisch eine beruhigende Folie zu bieten. Beidseitig wird sie von jeweils zwei nahezu raumhohen, schmalen Vertikalfenstern flankiert. Ihre Glasmalereien haben die durch das Handeln der Menschen »gefallene Schöpfung« auf der linken und auf der rechten Seite die Vollendung der Schöpfung im »Himmlischen Jerusalem« zum Thema.

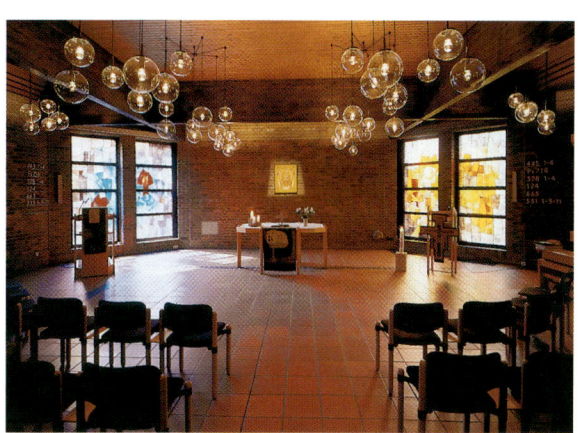

Die Fenster umgreifen den Altarbezirk.

Hoffnungskirche Finkenberg

Porz-Finkenberg

Theodor-Heuss-Straße 1
51149 Köln

☏ 02203-955460
www.kirche-porz.de

• Karte 2, g7
Ⓗ Stresemannstraße
Linie 152, 154

Immanuelkirche
Evangelische Immanuel Gemeinde Köln-Longerich

Longerich

Paul-Humburg-Straße 11
50737 Köln

☏ 00221-5992449

• Karte 2, d3
Ⓗ Meerfeldstraße
Linien 6, 15

Der Bezirk der Immanuel Gemeinde gehörte, wie alle evangelischen Kirchengemeinden im Norden Kölns, ursprünglich zur Kirchengemeinde Nippes, vgl. S. 216. 1955 wurde Longerich mit den angrenzenden Orten selbstständig. Bei einer weiteren Bezirksteilung entstand 1976 die Kirchengemeinde »Köln-Gartenstadt Nord«, die 1999 in Evangelische Immanuel Gemeinde Köln-Longerich umbenannt wurde.

1960 erhielt der Architekt Gottfried Tucholski den Auftrag, eine Kirche in Longerich zu bauen. Mit ihrer Errichtung wurde 1962 begonnen, 1963 wurde sie geweiht. Nachdem Marga und Herbert Schuffenhauer den Altar, die Kanzel und das Taufbecken 1963 eingebracht hatten, kam 1971 eine Willi-Peter-Orgel in die Kirche. Seit 1978 ziert ein Kreuz den Tischaltar, und 1985 wurde das letzte der von H. Schuffenhauer geschaffenen Glasgemälde eingesetzt. Mit der Sanierung der äußeren Betonelemente setzte die Renovierung der Kirche ein, die 1988 abgeschlossen wurde.

Die Kirche mit den bereits 1957 errichteten und nach dem einstigen Präses der Bekennenden Kirche des Rheinlandes, Paul Humburg, benannten Gemeindebauten steht in einer kleinen Grünanlage. Rechtwinklig zueinander stehend, formulieren Kirche und Gemeindehaus einen Vorplatz. Der sich über rechteckigem Grundriss erhebende, mit einem Satteldach schließende und mit Ziegeln ausgefachte Betonskelettbau der Kirche ist in seiner Stereometrie unmittelbar erfassbar. Vertikalbalken bilden in den Längswänden je sechs Achsen aus, die in Geschosshöhe durch einen Horizontalbalken zusammengebunden werden, der den Baukörper an drei seiner Seiten umgürtet und gemeinsam mit der bandartigen Folge kleiner Fenster eine breite dekorative Zone ausbildet. Unterhalb der Traufe wird jedes Wandfeld von einem Fenster geöffnet, dessen Sprossen nach Art eines flachen Andreaskreuzes geführt sind. Auf diese Weise ist eine zweite Schmuckzone ausgebildet. Der Eingang führt in eine von der Empore abgedeckte Vorhalle. Durch diese Niedrigführung wird das Erleben der Saalhöhe und -weite gesteigert. Eine wesentliche Prägung erfährt der Saal durch die kompromisslose Offenlegung seiner Konstruktion. Aus den leicht vortretenden Wandstützen entwickelt sich das kassettenartig formulierte Gebälk des Dachstuhles. Freistützen grenzen vor der rechten Längswand eine Raumflanke aus, die wegen der eingehangenen Empore zweigeschossig ist. Sie bildet eine zweite Raumschicht aus, die durch die sie gürtenden Lichtbänder diaphane Qualität erhält. Die einhüftige Hinterlegung des Saales mit durchlichtem Raumgrund verleiht dem Raum trotz seiner Weite die Geborgenheit des Mystischen. Die Architektur und das partiell farbig aufgeladene Licht verbinden sich zu einer Einheit, die dem weiten Kirchsaal eine festliche Atmosphäre vermittelt.

Freistützen bilden eine zweite Raumschicht aus.

Die präzise Linienführung hebt den Altar vor der geschlossenen und deshalb beruhigenden Chorwand unmittelbar in den Blick. Die letzte Wandachse, die in die Flucht der Stützenfolge vorgezogen ist, gibt dem Altarbezirk Maß. Vollständig künstlerisch verglast, lässt sie das farbig aufgeladene Licht von der Seite her in den Altarbezirk einfluten. Eine zweistufige Estrade hebt die drei Prinzipalstücke über das Niveau des der Gemeinde zugewiesenen Raumteils.

Glasmalerei durchglüht den Taufort.

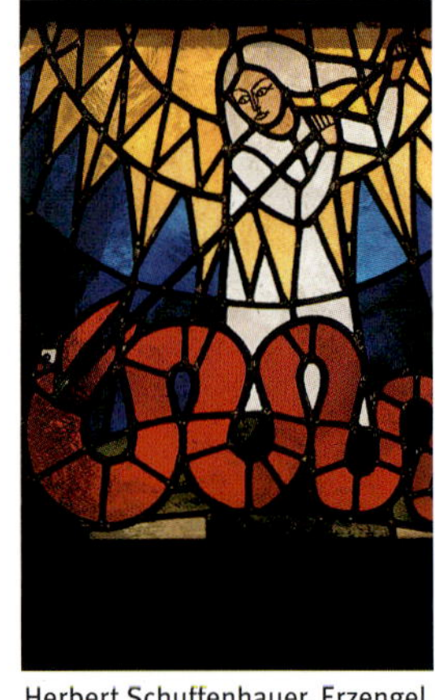
Herbert Schuffenhauer, Erzengel Michael, vor 1985.

Jeremiahaus
Evangelische Gemeinde Köln

Das Jeremiahaus steht seit 1964 dort, wo zuvor ein durch den Zweiten Weltkrieg stark beschädigtes Mietshaus stand, das die Kölner Gemeinde 1940 erworben hatte. Es wurde abgerissen und der Architekt Dr. Walter Fleck mit dem Entwurf eines Neubaus mit Kirchsaal, Gemeinderäumen und Pfarrerwohnungen beauftragt und Helmut Möller mit der Bauleitung betraut. Die künstlerische Gestaltung der Fenster, des Altares, der Leuchter, des Kreuzes und der Kanzel übernahm Wolfgang Röhrig. Bei dem Bildhauer Karl Erich Görk bestellte das Presbyterium das Abendmahlsgerät. Die Orgel baute die Ludwigsburger Orgelbaufirma Friedrich Wilhelm Walcker. Am 6. Dezember 1964 feierte die Evangelische Gemeinde Köln die Einweihung ihrer sechsten Predigstätte.

Wolfgang Röhrig, Jeremia, 1964.

Das Haus fügt sich mit seiner Rasterfassade unauffällig in die Straßenzeile ein. Über einen pergolaartig gestalteten, überdachten und in leuchtendem Blau gefassten Gang nimmt es zum Bürgersteig Kontakt auf. Der im Erdgeschoss liegende Kirchsaal steht senkrecht zur Häuserzeile und tritt mit der Hälfte seiner Länge über die Rückfront des Hauses hinaus. Der Eingang führt unmittelbar in eine eingeschossige Vorhalle unter der Empore. Den etwa zwei Geschosse hohen, flach schließenden Saal unterteilen konisch geführte Betonstützen, die vor den mit Ziegeln verkleideten Wänden stehen, zusammen mit den von ihnen aus über die Saalbreite schwingenden kräftigen Unterzügen in vier Joche. Nach dem zweiten Joch winkeln die Längswände zur Raumachse hin ein und bereiten damit die über trapezförmigem Grundriss stehende Chornische vor. Durch diese Schrägführung erhält der Raumkasten eine zwingende Ausrichtung auf den Chor. Die östliche Chorseite und die beiden anschließenden Wandfelder sind in ihrer ganzen Dimension geöffnet. Ihre in Ätztechnik ausgeführte Gestaltung stellt den Propheten Jeremia vor, der die sittliche und religiöse Verderbtheit seines Volkes anprangerte und vor dem Unheil warnte, das Jahwe deshalb über sein Volk kommen lassen werde.

Den Chor hebt eine einstufige Estrade über das Laufniveau des Saales, mit dem er den Belag aus Schieferplatten gemeinsam hat. Den aus Sichtbeton gegossenen Blockaltar zieren im Antependium zwei Reliefs, von denen eines eine Wellenbewegung und das andere Ähren und Trauben zeigt. Es sind dies Hinweise auf die Sakramente der Taufe und des Abendmahles. Beide Sakramente können am Altar empfangen werden, denn in seine Mensa ist ein kleines quadratisches, bronzenes Taufbecken eingelassen, das von einem als Pyramide gestalteten und mit einem Knauf in Gestalt eines Fisches, dem frühchristlichen Symbol für Christus, verschlossen ist. Das im Chor angebrachte Bronzekreuz hängt auf der Raumachse, die nicht mit der Altarachse identisch ist. Damit ist ein Moment der Spannung gegeben, der wie der Raum selbst auf den Chor konzentriert.

Wolfgang Röhrig, Chorausstattung, 1964.

Innenstadt

Mozartstraße 15
50674 Köln

☏ 0221-5992449
www.ev-gemeinde-koeln.de

• Karte 1, e6
Ⓗ Roonstraße
Linien 136, 146

Ein großer Blendbogen umfängt in der Fassade das Kreuz.

Jesus-Christus-Kirche

Evangelische Kirchengemeinde Köln-Kalk

Kalk

Buchforststraße 22-28
51103 Köln

☏ 0221-851028
www.ekir.de/kalk

• Karte 1, m4
Ⓗ Steinmetzstraße
Linie 159

Kalk erlebte durch die zunehmende Industrialisierung im 19. Jahrhundert einen beträchtlichen Zuzug an evangelischen Christen. Sie waren zunächst Angehörige der Gemeinde Mülheim am Rhein, vgl. S. 190. 1857 wurden sie der Gemeinde Köln-Deutz angegliedert, vgl. S. 235, 1877 wurde Kalk eine selbstständige Kirchengemeinde.

Die neue Gemeinde beauftragte den Architekten August Albes mit dem Entwurf und den Bau einer Kirche, die 1880 unter dem Namen Presbyterkirche geweiht wurde. Sie wurde 1943 weitgehend zerstört, 1951 niedergelegt und das Grundstück anschließend verkauft. Mit dem Bau einer neuen, an anderer Stelle zu errichtenden Kirche war zuvor der Architekt Karl Damm betraut worden, der seinen Auftrag 1951 erfüllte. In den Turm kamen die alten Glocken, die wie auch eine Bank, ein Kreuz und zwei Reliefs in neogotischem Stil in der neuen Kirche an die alte erinnern. Auch die alte Orgel kam nach ihrer Restaurierung 1953 in den Neubau. Der Goldschmied Egino Weinert fertigte das gleicharmige, sich über einem Bergkristallnodus erhebende Altarkreuz. Das neue steinerne, kelchartige Taufbecken schließt mit einer aus Kupfer gehämmerten Kuppel, der die vier Symbole der Evangelisten appliziert sind. Um 1972 war eine Renovierung der Jesus-Christus-Kirche notwendig geworden. Sie bot die Gelegenheit, einen erheblichen Eingriff in das Raumgefüge der Kirche vorzunehmen: Von dem den Kirchsaal an der Nordseite begleitenden zweigeschossigen Flankenraum wurden das Erdgeschoss zur Gewinnung von Gemeinderäumen mittels einer Falttür abgetrennt und die Empore darüber abgemauert. Auch wurde der Altarraum umgestaltet, wobei die Orgel, die bis dahin auf der Westempore gestanden hatte, vor und in die Altarwand hoch über den Altar gesetzt wurde.

Kreuz, Holzreliefs und Bank (links) aus der alten Kirche.

Die Kirche wird mittels einer kleinen Einfriedung gegen die Straßen ein wenig abgeschirmt, und eine kleine Grünanlage gibt ihr einen anheimelnden Charakter.

Die über rechteckigem Grundriss errichtete und mit einem Satteldach schließende Saalkirche lässt sich an ihrer Nordseite von einem quadratischen Turm flankieren, der durch seine Stellung dicht neben der westlichen Schmalseite Teil der Fassade ist. Er verstellt einen die entsprechende Längsseite begleitenden zweigeschossigen Anbau, dessen Untergeschoss ursprünglich als seitenschiffartige Abseite und dessen Obergeschoss als Empore diente. Dem Turm gegenüber liegt der durch ein Vordach gekennzeichnete Eingang. Die mit einem offenen Giebel überhöhte Fassade wird von einem die Traufe übersteigenden flachen Blendbogen geziert, der einem feinen Kreuz monumentale Folie ist. Das Innere der Saalkirche ist als Einraum konzipiert: Alle notwendigen Orte, die Vorhalle, der Raumteil der Gemeinde und der Chor, liegen in einem einzigen Raum. Mit architektonischen Mitteln werden sie voneinander geschieden. Die von der eingespannten Westempore ausgebildete und somit eingeschossige Vorhalle wird von den Emporenstützen gegen den Raumteil der Gemeinde abgeschrankt. Dieser Raumteil wird von Wandvorlagen und den zugehörigen Unterzügen in vier Joche gegliedert, die beidseitig durch einen sie verbindenden Längsbalken dicht unter der flachen, leicht kassettierten Holzdecke der Decke miteinander verbunden sind. Auf diese vier Joche war vor dem Umbau die Raumflanke bezogen. Sie war mittels der dort in ihren unteren Teilen als Pfeiler erscheinenden Wandvorlagen gegen den Hauptraum vergittert. An der Südseite wird jedes der vier Wandfelder von einem großen Rechteckfenster geöffnet; ein fünftes Fenster belichtet die Empore. Den anschließenden Chor hebt eine zweistufige Estrade über das Laufniveau des Saales. Weitere Besonderheiten des Chors sind die ihm zugeordnete Steindecke, die sich nach Osten hin leicht absenkt, was ihm einen bühnenartigen Charakter verleiht, und eine flache, nur um Mauerstärke tiefe Mittelnische in seiner Rückwand. Seitlich belichtet den Chor eine Dreiergruppe aus schlanken hochrechteckigen Fenstern.

Binder und Unterzüge geben dem Raum Rhythmus.

Jesus-Christus-Kirche Esch

Evangelische Kirchengemeinde Köln-Pesch

Esch gehörte ursprünglich zum Bezirk der Kirchengemeinde Nippes, vgl. S. 216. 1955 kamen Esch und Pesch zur Kirchengemeinde Köln-Longerich, vgl. S. 198. 1976 wurde die Kirchengemeinde Köln-Pesch mit den Ortsteilen Pesch, Esch, Lindweiler und Auweiler selbstständig. Nach den Plänen des Architekten Wolfgang Schmidtlein unter Mitarbeit von Wolfgang Kommke wurde 1965 mit dem Bau des Gemeindezentrums mit der integrierten Kirche begonnen, 1966 war es vollendet. Bereits vor Baubeginn hatte der Bildhauer Kurt-Wolf von Borries 1963 das Hängekreuz geschaffen. Von Arthur Lüttke übernahm die Gemeinde vermutlich 1978 das von ihm geschaffene Altarkreuz sowie die beiden Altarleuchter. 1986 kamen drei Glocken in den Turm. Zu Pfingsten 2003 erhielt die Kirche die von den Künstlern Eva Degenhardt und Roger Wefels konzipierten Glasmalereien; Eva Degenhardt schuf auch das »Faltbild« für die Altarwand.

Faltbild und die Glasmalerei (2003) betonen den Altar.

Bis auf den jüngeren Anbau des Kindergartens schließt sich das einheitlich mit Ziegeln verkleidete und in allen Teilen flachgedeckte Gebäudeensemble, teilweise auch mittels einer Mauer, gegen sein Umfeld ab. Lediglich durch seinen zweigeschossigen Turm macht es auf sich aufmerksam, der bis an den Straßenrand vortritt. Er lädt zum Eintritt geradezu ein, denn er dient auch als Durchgang zur Kirche. Seine beiden Seitenwände steigen von der Tiefe des Grundstückes her schräg zur Glockenstube auf, was dem Baukörper eine eigene in das Umfeld drängende Dynamik gibt. Der Durchgang leitet in einen überdachten, zum Kirchenportal führenden Gang, der ein kleines Atrium abschließt. Der über rechteckigem Grundriss errichtete Kirchsaal übersteigt mit seiner Attika die an ihn angesetzten Bauten. An seiner Westseite lässt er sich von einer eingeschossigen Raumflanke begleiten, die mittels dreier Pfeiler vom eigentlichen Kirchsaal optisch getrennt wird, und deren bodenbündige Glaswand mittels einer dichten Folge von Betonstäben zum Atrium hin vergittert ist. Der nördliche Teil des Begleitraumes dient als Vorhalle, deren Niveau zwei Stufen über dem Laufniveau des Kirchsaales liegt; im südlichen Teil der Vorhalle steht der Taufstein. Wie der Außenbau so ist auch das Innere der Kirche mit Ziegeln verkleidet. Den Mauern liegt ein Kranzbalken aus Sichtbeton auf, aus dessen feiner Abschrägung kleine Betonpfeiler herauswachsen, welche die flache, mit Holzlatten verkleidete Decke stützen. Zwischen diesen Pfeilern spannt sich das Lichtband. Es umzieht den gesamten, zweipolig angelegten Kirchsaal. Beide Pole, der Chor und der Ort für Schola und Orgel, liegen jeweils um zwei Stufen über dem Laufniveau des Saales. Damit ist der Mittelteil als Ort für die feiernde Gemeinde ausgewiesen. Das breite Lichtband und die zum Atrium verbindende Glaswand führen dem Raum eine ausreichende Fülle Tageslicht zu. Die von der Architektur vorgegebene Stellung des Altares und der Kanzel hat die Gemeinde aufgehoben, indem sie den Altar in die Mitte der östlichen Längswand stellte, die durch das dort aufgestellte »Faltbild« einen eigenen Fixpunkt erhalten hat. Mit dieser Umstellung war auch die zeilenweise Aufstellung des Gestühls zugunsten einer bogenförmigen vollzogen.

Der Zugang ist in den Turm integriert.

Blick vom Taufort zum Abendmahlstisch.

Jesus-Christus-Kirche Esch

Esch

Martin-Luther-Straße 6 a
50765 Köln

☏ 0221-5904281
www.dem-himmel-so-nah.de

• Karte 2, b3
Ⓗ Chorbuschstraße
Linien 125, 126

Jochen-Klepper-Haus Weiden

Evangelische Kirchengemeinde Weiden

Jochen-Klepper-Haus Weiden

Weiden

Aachener Straße 1208
50858 Köln

☏ 02234-75464
www.ekir.de/weiden

• Karte 2, b5
Ⓗ Weiden Zentrum
Linien 1, 141, 143

Die in den westlich Kölns gelegenen Orten Junkersdorf, Weiden und Lövenich lebenden Protestanten gehörten rund 350 Jahre zur 1543 gegründeten Kirchengemeinde Frechen. Den Bau eines Gemeindehauses für die drei Orte verhinderte der Ausbruch des Ersten Weltkriegs. Die Frechener Gemeinde ließ 1930 von den Architekten Conrad Müller und Fritsche das zuvor erworbene »Restaurant St. Florian« in Weiden zu einem Gemeindehaus umwidmen. Nach 1948 wurde die Kirchengemeinde Weiden selbstständig. Nachdem die Kriegsschäden beseitigt waren und 1951 eine Orgel von Willi Peter erworben worden war, musste der Bau 1953 saniert werden. Dabei wurde ein Dachreiter für zwei Glocken aufgebracht, die 1950 über den Glocken-Sammelplatz Hamburg erworben worden waren; sie stammen aus den pommerschen Gemeinden Rossow und Bonnin. 1978 renovierte das Architekturbüro Koerber & Hager das Haus gründlich. Dabei entwarfen die Architekten auch die drei steinernen Prinzipalstücke. Zugleich benannte die Gemeinde das Haus nach dem Theologen, Schriftsteller und Journalisten Jochen Klepper (1903-1942), der wegen seiner jüdischen Ehefrau in große Bedrängnis geraten war, aus der er nur noch den Freitod gemeinsam mit seiner Frau und einer Tochter als Ausweg erkannte. Im Juli 1993 übereignete die Witwe des Bildhauers Kurt-Wolf von Borries der Gemeinde eine bronzene Mosesstatue und 1995 die ebenfalls in Bronze gegossene Gruppe »Das Gespräch«. 2001 erwarb die Gemeinde die historische, 1934 für eine Kirche in Freiburg im Breisgau gebaute Orgel der Orgelbaufirma Michael Welte & Söhne.

Die Fassade ist Identifikationsmerkmal der Gemeinde.

Der eingeschossige, mit einem gaubenbesetzten Satteldach schließende und mit 14 ungleich formulierten Achsen recht lange Ziegelbau steht auf einem Sockel, der vor der Fassade so weit vortritt, dass eine große Terrasse ausgebildet ist. Weil der in den Langbau stoßende fünfachsige Querbau asymmetrisch zum Langbau steht, resultiert eine spannungsreiche Gebäudekonfiguration. Während der Querbau an der der Straße zugewandten Seite weit vor die Fassade tritt, stößt er auf der Rückseite nur um Mauerstärke aus der Flucht des Langbaues vor. Die Fassade des Querbaues ist zum Identifikationsmal des Jochen-Klepper-Hauses geworden: Über einer tiefen, säulengestützten, fünfachsigen Portikus steigt ein imposanter, verputzter Mansard-Giebel auf, den eine gruppierte Folge von kleinen Fenstern öffnet und ein großes schwarzbraunes Kreuz aus Frechener Keramik ziert.

Ein breites Tonnengewölbe überfängt den weiten Saal.

Der Querbau unterteilt den Langbau in zwei ungleich lange Teile. Der längere Teil nimmt den Betsaal auf, der kürzere dient Wohnzwecken. Die Fassade des Betsaales wird von kräftigen Wandvorlagen, die optisch die Portikus am Langbau fortsetzen, in fünf Achsen gegliedert. Der fünften Fensterachse folgt eine glatte Ziegelfläche, die heute mit einem Ehrenmal besetzt ist. Das zur Verlängerung des Kirchensaales angesetzte Wandstück bleibt zur Unterscheidung weiß verputzt.

Der über eine Treppe erreichbare, im Winkel zwischen dem Lang- und dem Querbau liegende Eingang füllt eine ganze Achse. Das Portal vermittelt in einen Vorraum, der unter der aus Holzbalken gefügten Orgelempore liegt. Den rechteckigen Kirchsaal schließt ein hölzernes, aus weißen längsgerichteten Latten gefügtes Tonnengewölbe, das von fein profilierten dunklen Gurten rhythmisiert wird. Es überfängt sowohl die Empore als auch den um drei Stufen erhöhten Chor und ist damit das alle drei Raumteile des Einraumes zusammenfassende architektonische Glied. Kanzel, Altar und Taufstein sind aus belgischem Blaustein geschlagen. Die vom dem Taufstein gehaltene Schale wird von einem hochgewölbten ovalen Deckel geschlossen, die ein Knauf in Gestalt eines Fisches ziert. Fünf quadratische nach Entwürfen von Kurt Wolff gewirkte Paramente, zieren den Altarraum. Die in das Rundfenster der Altarrückwand eingesetzte, vermutlich um 1930 geschaffene Glasmalerei zeigt das Christusmonogramm ☧, das von den das griechische Alphabet eingrenzenden Buchstaben A und Ω flankiert wird.

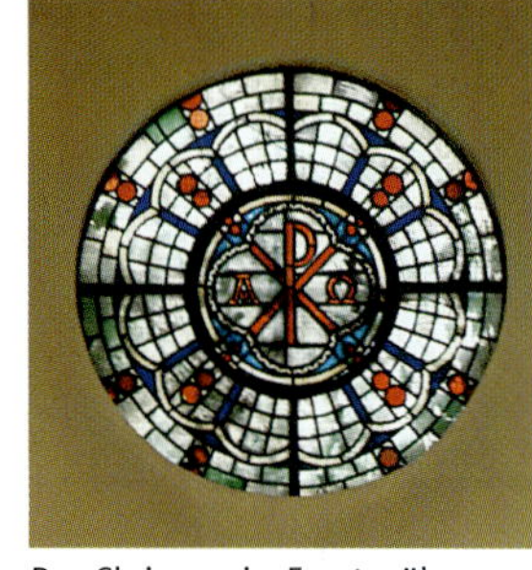

Das Chrismon im Fenster über dem Abendmahlstisch.

Das Jochen-Klepper-Haus ist 1983 zum Baudenkmal erklärt worden.

Johanneskirche

Evangelische Kirchengemeinde Köln-Brück-Merheim

Die wenigen Protestanten in der Bürgermeisterei Merheim waren zunächst Mitglieder der Kirchengemeinde Mülheim am Rhein, vgl. S. 190. Von 1913 bis zur Gründung der Gemeinde Köln-Brück-Merheim im Jahre 1951 waren sie Angehörige der Kirchengemeinde Köln-Dellbrück, vgl. S. 172. Die neue Gemeinde wurde 1981 in Kirchengemeinde Köln-Brück-Merheim umbenannt. Als 1929 ein Grundstück erworben war, konnte 1934 der Architekt Ludwig Albert mit den Planungen für den Kirchenneubau beauftragt werden. Sie wurden durch eine Verfügung der Leitung des Ostheimer Militärflughafens eingeengt, wonach die Kirche ohne Turm gebaut werden musste – zumindest durfte der Turm nicht über den Dachfirst der Kirche hinausragen. L. Albert löste das Problem, indem er den Turm vom Kirchbau trennte. Mittels einer Mauer verband er ihn mit der Kirche und dem sie begleitenden Gemeindesaal. Die Bauarbeiten begannen 1936, und 1937 fand die Weihe der Kirche statt. Im gleichen Jahr kamen zwei Glocken der Gießerei F. W. Rincker aus Sinn in den Campanile. Wegen des anhaltenden Zuzugs in die Vororte musste die Kirche 1985 bis 1986 um einen Anbau erweitert werden, diese Aufgabe übernahm der Architekt Ludwig Groth. Seit 1993 begleitet eine Orgel der Firma Freiburger Orgelbau-Hartig Späth den Gesang der Gemeinde.

Die lang gestreckte Fassade mit dem Seitenturm.

Wie die Dünnwalder Tersteegenkirche und die Ostheimer Auferstehungskirche vertritt auch die Johanneskirche den Typus der schlichten Landkirche, vgl. S. 239 und S. 169. Die Kirche tritt weit hinter die Straßenflucht zurück, so dass ein Vorplatz ausgebildet ist. Diesem ist ein großes Labyrinth aufgemalt worden, mit dem die Gemeinde die Erinnerung an die mittelalterlichen Labyrinthe vor oder in Kirchen wachhält. Auffallend ist die ungewöhnlich lange Fassade, die über den eigentlichen Kirchenbau hinausgeht. Sie ist das Ergebnis der von der Militärbehörde veranlassten Minimierung der Turmhöhe.

Der rechteckige aus Ziegeln gemauerte Saalbau erhebt sich über einem Grauwackesockel, was den ländlichen Charakter der Kirche ebenso unterstreicht wie der aufgetragene Rauputz. Das abschließende Satteldach übergreift mit einer langen Schleppe den parallel zur Kirche gesetzten Gemeindesaal. In der Achse der asymmetrischen Giebelfassade sitzt ein Rundbogenportal, das mittels einer Dreiergruppe kleiner, ebenfalls achsial eingefügter Rundbogenfenster eine Betonung erfährt. Drei große Rundbogenfenster öffnen die frei stehende Längsseite und zwei kleine Rundbogenfenster die rückwärtige Stirnseite.

Das Portal führt in eine von der Empore überspannte Vorhalle, die gegen den Kirchsaal leicht abgeriegelt ist. Das Vestibül vermittelt sowohl in den Kirchsaal als auch zum Aufgang zur Empore und zum Gemeindesaal. Der hohe und schmale Saal wird sehr stark von den in ihn eingebrachten Hölzern geprägt, geben sie ihm doch eine anheimelnde Atmosphäre, zu der auch der Rauhputz beiträgt. Dem von einer flachen Balkendecke geschlossenen Saal schließt sich ein eingezogener Rechteckchor an. Das um drei Stufen erhöhte Niveau des Chores ragt so weit in den Saal hinein, dass die Kanzel gleichfalls erhöht steht. Seitlich begleiten den Chor Nebenräume, von denen die ihn flankierenden Rundbogentüren zeugen, so dass der Chor am Außenbau nicht als eigener Baukörper in Erscheinung tritt. In einer flachen Seitennische sind nach Art von Levitensitzen Stühle für die Presbyter eingestellt. Eine künstlerisch verglaste Decke führt dem Chor Oberlicht zu, denn wegen der Nebenräume ist keine seitliche Lichtzufuhr möglich. Das Muster der künstlerischen Verglasung ist der zwischen 1920 und 1940 vorherrschenden Art deco genannten künstlerischen Richtung verpflichtet; ein ähnliches Muster zeigen die drei den Saal durchlichtenden Rundbogenfenster. Der seitlich begleitende Gemeindesaal ist über vier große, verschließbare und mit hölzernen Brüstungen versehenen Öffnungen mit dem Kirchsaal verbunden. Weil er auf dem Chorniveau liegt und wegen der Brüstungen wirkt er wie eine Galerie. Dem alten Gemeindesaal schließt sich seit 1986 ein großer Gemeindesaal an.

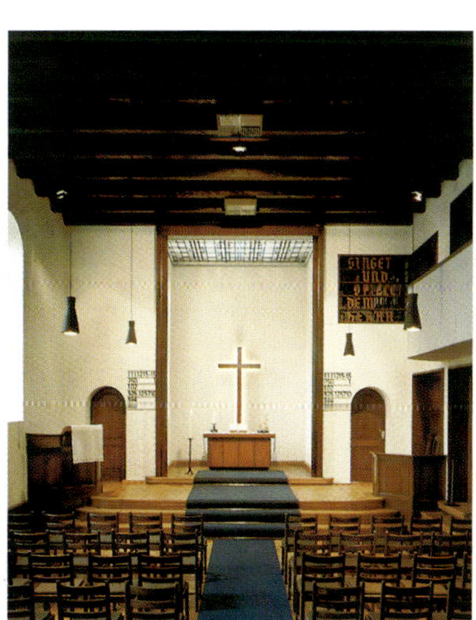
Holz ist das den Saal prägende Baumaterial.

Seit 1983 steht die Johanneskirche unter Denkmalschutz.

Brück

Am Schildchen 15
51109 Köln

☏ 0221-843387
www.gendis.de/jokirche

• Karte 2, g5
Ⓗ Flehbachstraße
Linie 1

Eine breite Treppenanlage ordert zum Zutritt auf.

Johanneskirche

Evangelische Kirchengemeinde Köln-Klettenberg

Klettenberg

Nonnenwerthstraße 78
50937 Köln

☏ 0221-463547
www.kirche-klettenberg.de

• Karte 2, d7
Ⓗ Klettenbergpark
Linien 18, 19

Die Johanneskirche ist die zweite Predigtstätte der 1968 aus der Lindenthaler Kirchengemeinde, vgl. S. 237, ausgepfarrten und selbstständig gewordenen Kirchengemeinde Köln-Klettenberg. In den Fünfzigerjahren entstanden immer mehr Wohnsiedlungen an der Peripherie der Stadt, so auch in Klettenberg. Deshalb gab das Presbyterium der Lindenthaler Gemeinde seinen Plan, direkt neben dem bereits 1928 vollendeten Tersteegenhaus in Sülz eine Kirche zu errichten auf und baute stattdessen im Neubaugebiet von Klettenberg ein zweites Gemeindezentrum.

Nachdem 1959 ein Grundstück erworben worden war, konnte das Gemeindezentrum mit der Kirche von 1961 bis 1963 nach den Plänen des Architekten Peter Graebner gebaut und bei der Weihe dem Evangelisten Johannes gewidmet werden. Der geplante Turm konnte jedoch nicht realisiert werden. Dieser Turm sollte der Sakristei straßenwärts angefügt werden, die im rechten Winkel zur Kirche steht. Mit der sich daraus ergebenden L-Form des Ensembles hätte der kleine Vorplatz einen Abschluss gefunden. Egino Weinert schuf das große emaillierte Hängekreuz. E. Weinert hat zudem das Kreuz in der Taufkapelle und den Türdrücker am Portal geschaffen, der Johannes den Evangelisten darstellt. Die liturgischen Geräte, der Kelch, die Weinkanne, die Patene und das Ciborium, fertigte der Silberschmied Gotthold Schönwandt. 1955 beauftragte die Gemeinde den Grafiker Rudi Wagner, ihr ein Siegel zu schneiden. Von Luise Theill kam 1970 ein Wandbehang in die Kirche, der die alttestamentliche Szene darstellt, in der Moses Wasser aus dem Felsen schlägt. Die Orgel des Orgelbauers Willi Peter wurde mehrfach erweitert, bis sie 1971 vollendet war.

Im Grundstück liegt ein Geländebruch, den der Architekt dazu nutzte, das Bauwerk in den Hang hineinzusetzen. So konnte er die Gemeinderäume in das Souterrain legen. Damit steht der Kirchsaal etwas über Erdgleiche und ist somit alleiniger Repräsentant des Zentrums. Der rechteckige Bau steht parallel zur Straße. Durch diese Stellung wird die südliche Längsseite zur Fassade. An ihr legt der mit einem verschieferten Satteldach schließende, mit Backsteinen ausgefachte Betonskelettbau seine Bauweise offen. Von den sechs hochrechteckigen Wandfeldern sind die vier mittleren mittels kleiner hexagonaler Betonwaben geöffnet, und das östliche Feld wird von dem eingeschossigen Eingangsbau gefüllt. Während die östliche Stirnseite im rechten Winkel zu den Längsseiten steht, bildet die westliche in der Flucht der Firstlinie einen stumpfen Winkel aus, so dass die Lage des Chores sowohl durch das geschlossene Wandfeld der Fassade als auch durch diese Raumerweiterung am Außenbau gekennzeichnet ist. Eine breite Treppe vermittelt von der Straße über das Bronzeportal in ein eingeschossiges Vestibül, von dem aus sowohl die Empore, unter der es liegt, als auch die durch zwei Glaswände umrissene Taufkapelle und der Kirchsaal zu erreichen sind. Dieser ist nicht nur durch seine Tiefe und Höhe gekennzeichnet, sondern auch durch seine Asymmetrie. Sie kommt insofern zustande, als die südliche Längswand und die Südwange des Chores eine Einheit bilden. Dagegen ist auf der Nordseite die Chorwange gegenüber der Saalwand etwas eingerückt. Das Satteldach ist so geführt, dass die Chorachse mit dem Deckenfirst des Saales fluchtet. Der Chor, der das westliche Kompartiment ganz ausfüllt, ist mittels vierer Stufen über das Niveau des Langraumes hinausgehoben. Er bekommt seitliches Licht über ein, die ganze Raumhöhe füllendes Betonmaßwerkfenster, das sich mit seinen Rechteckformen deutlich von den Fenstern der Längsseiten abhebt. Das große Hängekreuz und der Altarblock bilden gemeinsam einen Fixpunkt aus, auf den hin der gesamte Raum orientiert ist.

Die Taufkapelle unter der Empore.

Die Gestaltung der Wände leitet zum Chor hin.

Johanneskirche Westhoven

Evangelische Kirchengemeinde Porz

Die Johanneskirche ist die dritte nach dem Zweiten Weltkrieg von der 1909 gegründeten Evangelischen Kirchengemeinde Porz neu erbaute Kirche, vgl. S. 214. Nach 1945 wurden vielen Flüchtlingsfamilien, deren größter Teil evangelischer Konfession war, die Räume der aufgehobenen Kaserne in Westhoven als Wohnung überlassen. Nachdem das von dem Architekten Karl Schuck errichtete Gemeindezentrum 1959 eingeweiht worden war, stand ein wohnungsnaher Betsaal zur Verfügung. Mit dem Bau der dem Evangelisten Johannes gewidmeten Kirche wurde es 1974 durch die Architekten Wilhelm und Johannes Heyerhoff zugleich erweitert. Die 1968 gebaute Willi-Peter-Orgel wurde 2001 gegen eine Orgel der Orgelbauer Henk & Gerrit Klop aus Garderen/Niederlande ausgetauscht. Nach den Entwürfen der Architekten wurden 1990 Altar und Kanzel erneuert.

Die den gesamten Baukörper durchwirkende Fassade.

Das in einzelne flachgedeckte Baukörper aufgelöste Gemeindezentrum staffelt sich entlang der Straße auf einen kleinen Vorplatz hin, der der Kirche vorgelagert ist. Ihr ist ein eingeschossiger Eingangsbau vorgesetzt, von dem aus über eine Wendeltreppe die im Souterrain gelegenen Gemeinderäume ebenso erreicht werden können wie die ebenerdig gelegene Kirche mit dem an ihrer Westseite gelegenen Gemeindesaal. Der kurze etwa anderthalb Geschosse hohe Kirchbau erhebt sich über rechteckiger Grundfläche. Sehr deutlich haben die Architekten herausgearbeitet, dass er mit dem eigens eingetieften Souterrain eine innige Verbindung eingeht. Seine Fassade spiegelt den Querschnitt des Kirchsaales. Sie zeigt jene Trapezform, die in den Siebzigerjahren äußerst beliebt war. Sie ist bis auf die verschieferte Attika vollständig verglast. Die Längswände zeigen ein feines Relief in Sichtbeton. Die ihnen aufsitzende ebenfalls verschieferte Attika spiegelt in ihrem Verlauf die Bewegung der inneren Raumdecke. Dies verdeutlicht auch das mit Metallplatten gedeckte Dach, indem es leicht von der Fassade aus ansteigt. Die ganz mit Ziegeln verkleidete Rückseite schwingt leicht aus, um so ihre Aufgabe als Altarrückwand auch am Außenbau zu demonstrieren.

Der Kirchsaal ist gänzlich mit Ziegeln ausgekleidet. Seine linke Längswand ist in drei schmale auf die Altarzone gerichtete Staffeln aufgelöst. Die Gegenwand, die den Eingang aufnimmt und zum Gemeindesaal hin geöffnet ist, verläuft dagegen gerade. Der am Außenbau beobachtete flache Schwung der Altarwand gilt auch im Inneren. Diese Schwingung steht in einem engen Zusammenhang zur dynamischen Konfiguration der Holzdecke. Sie steigt von der Fassade, genauer von deren mittigem horizontalen Abschluss aus, zur Altarzone hin auf, um an deren Beginn steil aufzuklappen. In diesen Teil sind über dem Altar drei Oberlichter eingelassen. Die eigentliche Dynamik erhält die Decke jedoch durch zwei Binderflanschen, die jeweils von den Polen der Fassadenhorizontalen aus aufsteigen, um über den Ecken, welche die Längswände mit der Altarwand ausbilden, einzubinden. Damit ist an der Decke ein großes Trapez formuliert, das dem Raum seine Richtung hin auf den Altar aufprägt. Diese Ausrichtung erhält beinahe zwingenden Charakter, weil die Zwickelflächen zwischen den Längswänden und den Flanschen zu den Wänden hin abgesenkt sind, wie es der Fassadenform entspricht. In dieses Bewegungsgefüge ist die Altarinsel insofern eingebunden, als sie genau in der Mitte der Endpunkte sowohl jener der Rückwandschwingung als auch der der Flanschen steht. Mag der Kirchenbau auch schon durch seine ungewöhnliche Gestalt Aufmerksamkeit gewinnen, so entfaltet er seine unerwartete Eigenheit doch erst im Inneren.

Ein Oberlicht betont den Altarbezirk.

Westhoven

Berliner Straße 9
51145 Köln

☏ 02203-955460
www.kirche-porz.de

• Karte 2, f7
Ⓗ Westhoven,
Berliner Straße
Linien 7, 8

Kapelle am Haus Andreas

Evangelische Clarenbach-Kirchengemeinde Köln-Braunsfeld

vgl. S. 176.

Die eindrucksvolle Fassade der kleinen Kapelle.

Kapelle Poll

Evangelische Kirchengemeinde Köln-Deutz/Poll

Kapelle Poll

Poll

An den Rolshover Gärten 18
51105 Köln

☎ 0221-811380
www.kirche-koeln.de/deutz-poll

• Karte 1, k8
Ⓗ Poll, Salmstraße
Linie 7

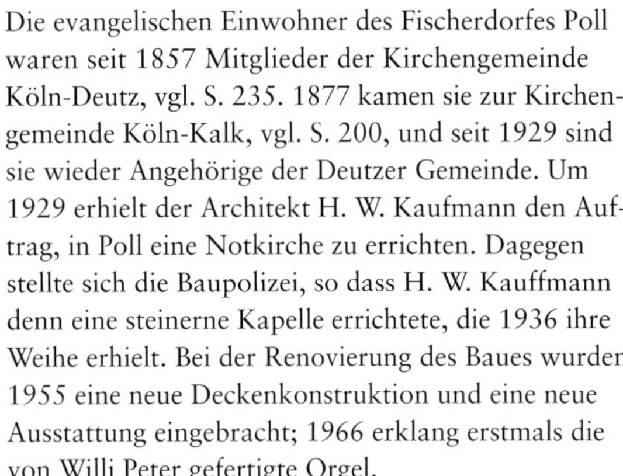

Die evangelischen Einwohner des Fischerdorfes Poll waren seit 1857 Mitglieder der Kirchengemeinde Köln-Deutz, vgl. S. 235. 1877 kamen sie zur Kirchengemeinde Köln-Kalk, vgl. S. 200, und seit 1929 sind sie wieder Angehörige der Deutzer Gemeinde. Um 1929 erhielt der Architekt H. W. Kaufmann den Auftrag, in Poll eine Notkirche zu errichten. Dagegen stellte sich die Baupolizei, so dass H. W. Kauffmann denn eine steinerne Kapelle errichtete, die 1936 ihre Weihe erhielt. Bei der Renovierung des Baues wurden 1955 eine neue Deckenkonstruktion und eine neue Ausstattung eingebracht; 1966 erklang erstmals die von Willi Peter gefertigte Orgel.

Der eingeschossige, über rechteckigem Grundriss stehende Saalbau schließt mit einem Satteldach, das mit je einem schleppenartigen Auszug auch die seitlich angefügten Eingangsbauten überfängt. Aus dieser Anordnung resultiert eine breit lagernde Giebelfassade. In ihrer Achse steigt eine kräftige Wandvorlage auf, die über dem First eine kleine turmartige Mauerscheibe trägt. In den sie öffnenden Rundbogen ist ein Kreuz eingestellt. Jeweils an ihrem äußeren Rande wird die ansonsten geschlossene Fassade durch je ein Rundbogenportal geöffnet. Von den beiden gleich großen Portalen wird das rechte mittels eines großen Vordaches als Haupteingang ausgewiesen.

Im Inneren tragen vier Paare kräftig vortretender und wegen der geringen Raumhöhe kurzer Wandpfeiler das Gebälk des Dachstuhles, das seit 1955 nicht mehr einsehbar ist. Es ist so abgedeckt, dass der Raumschluss nunmehr einen trapezförmigen Querschnitt hat. Jeweils ein Paar schmaler hochrechteckiger Fenster öffnet auf beiden Seiten drei beziehungsweise fünf der von den Wandpfeilern ausgebildeten Wandfelder. Bis zu den Sohlbänken der Fenster sind die Längswände einschließlich der Pfeiler mit Holz vertäfelt, so dass sich eine optische Hinführung auf die Altarzone ergibt, die mittels einer einstufigen Estrade über das Laufniveau gehoben ist. Die behutsam eingebrachte Farbverglasung lässt dem Raum genügend Helligkeit, so dass ihm eine heiter stimmende Atmosphäre eigen ist.

Kartäuserkirche

Evangelische Gemeinde Köln

Kartäuserkirche

Innenstadt

Kartäusergasse 7
50678 Köln

☎ 0221-9258460
www.kartaeuserkirche-koeln.de

• Karte 1, g7
Ⓗ Ulrepforte
Linien 15, 16

Die ehemalige Klosterkirche der Kartäuser ist nach der Antoniterkirche, vgl. S. 164, die zweite katholische Kirche, die, nachdem sie 1794 aufgelassen worden war, den evangelischen Christen Kölns überlassen worden ist. Im November 1922 übernahm die Evangelische Gemeinde Köln die Kirche mit Priorat, Kapitelhaus und Kreuzgang sowie eines Teils des Klosterareals. Nachdem die Renovierung 1923 abgeschlossen war, konnte 1926 das neue vierstimmige Geläut geweiht und 1928 erstmals wieder Gottesdienst in der einstmals der heiligen Barbara geweihten und von 1365 bis 1393 erbauten Kirche gefeiert werden. Der Evangelische Stadtkirchenverband kaufte 1957 das Klosterareal und verlegte 1960 nach der Neubebauung des Areals seine Verwaltung hierhin.

Nach 1945 wurde im Verlauf des Wiederaufbaus die ohnehin schon von üppiger Bauzier freie Kirche von Gemeindebaumeister Georg Eberlein auf ihre reine Architektur zurückgeführt, wodurch ihr eine überzeitliche Würde gegeben worden ist. Dabei sind die im 18. Jahrhundert zur Gewinnung einer größeren Bildwand verkürzten Fenster wieder auf ihr ursprüngliches Maß heruntergezogen worden, so dass die Vertikalität der schmalen Saalkirche betont wird. Die neue Ausstattung war zeitentsprechend spärlich: nach einem Entwurf des Bildhauers Gerhard Marcks wurde die Kanzel 1953 von einem örtlichen Schreiner gefertigt. Den Altar schuf Marcks selbst, der 1953 auch ein bronzenes Altarkreuz mit vier Bronzeleuchtern und das Taufbecken beisteuerte. In der Marienkapelle stellte der Orgelbauer Willi Peter 1950 eine neue Orgel in das ältere Orgelgehäuse ein. Im Dezember 1953 konnte die Kirche, wenngleich die Ausstattung noch nicht vollendet war, geweiht werden, und am 2. Oktober 1954 läuteten erstmals die vier neuen Glocken. Von 1954 bis 1956 schuf Carl Crodel Glasmalereien für die Kirche und 1959 für die Kapellen. Das Chorscheitelfenster stellt das Leben Jesu vor, wobei Jesus selbst nicht dargestellt ist. Es wird von dem Abendmahl- und dem Tauffenster

Die Höhe des Raumes vermittelt Geborgenheit und Ruhe.

Klösterliche Ruhe inmitten der lauten Stadt.

flankiert, deren Thema das jeweilige Sakrament ist. Auf der Nordseite schließen sich Darstellungen alttestamentlicher Begebenheiten an. Die fünf Fenster der Südseite sind vornehmlich in Grisaille gehalten, sie verzichten also auf eine farbliche Gestaltung. Ihre Themen sind die Geschichte der Kölner Kartause, der Weinbau in seinen verschiedenen Phasen, die Kundschafter des Moses und die Kunst des Glasblasens. Den Darstellungen im großen Westfenster liegt der 6. Vers des 150. Psalms »*Alles, was Odem hat, lobe den Herrn! Halleluja!*« zugrunde.

Die streckenweise noch erhaltene Umfriedung des Klosterbezirks vermittelt noch etwas von der einstigen Atmosphäre der mit Klostermauern durchsetzten Stadt. Der innerhalb dieses Berings stehenden Kirche lagert ein intimer Platz vor, dessen Kopfseite das alte Prioratsgebäude schließt. Zwischen ihm und der Kirche liegen die Reste des Kreuzgangs. Er begleitet die Südseite der Kirche und wird im Osten vom wieder errichteten Kapitelhaus abgeschlossen.

Beschreibung des Kirchbaues

Die schmale und hohe Saalkirche präsentiert sich mit ihrer Giebelfassade, die mittels eines großen repräsentativen Maßwerkfensters und eines kleinen Barockportals ausgezeichnet ist, zum Vorhof hin. Den kastenartigen Baukörper strafft eine dichte Folge von Strebepfeilern. Sie binden unterhalb der Traufe des steilen Satteldaches ein, das bei gleicher Firsthöhe sowohl das Joch des Eingangsbaues und die sechs folgenden Joche des Langraumes als auch das fünfseitige Polygon des Chores überspannt und so die Raumteile zusammenbindet. Ein spitzer Dachreiter weist die Kirche als (ehemalige) Klosterkirche aus. Ebenso wie die Strebepfeiler den Bau gleichmäßig umstehen, so öffnen – mit wenigen Ausnahmen, vornehmlich des Eingangsjoches – schlanke Maßwerkfenster die zwischen die Pfeiler gespannten Wandflächen. An der Südseite vermittelt ein angeschobener Eckturm auf die Empore und unter das Dach. An der Nordseite begleiten zwei unterschiedlich hohe, hintereinander gesetzte Bauten schiffartig den gesamten Langraum der Kirche. Während der kleinere, mit einer polygonalen Apsis schließende Bau drei Joche umfasst, gliedert sich der höhere in vier Joche, beiden gemeinsam ist die Dreibahnigkeit ihrer Maßwerkfenster.

Das Innere der Saalkirche erweist sich als Einraum insofern, als es keine architektonische Trennung zwischen dem Langraum und dem Chor gibt. Weil die Kreuzrippengewölbe nicht bis zum Boden hin abgeleitet sind, sondern etwas oberhalb der Sohlbänke von Konsolen abgefangen werden, gewinnt der Raum optisch an Höhe. Seine etwas kastenartige Wirkung geht von den Abmauerungen der beiden letzten Fenster der Südseite und der Schließung der unteren Hälften jener Fenster aus, vor denen die Nordkapellen stehen. Eine weit in den Raum ragende Empore vor der Eingangsfassade, nimmt die Orgel und die Schola auf. Vier paarweise aufeinander bezogene Marmorportale geben dem Raum Rhythmus und leiten den Blick auf den Altar, der auf der Längsachse im leicht erhöhten Chor steht.

Die Kirche lässt sich an der Nordseite von zwei nunmehr ineinander übergehenden Langräumen begleiten, von denen sich der erste und höhere einst aus zwei räumlich selbstständigen Kapellen, aus der Engel- und aus der Marienkapelle, zu je zwei Jochen fügte, und der folgende dreijochige Raum als Sakristei diente. Das Kreuzgratgewölbe, das die 1425 vollendete Engelkapelle schließt, ruht auf Konsolen, die mit Figuren besetzt sind. Dargestellt sind der Erzengel Michael, Maria und der (Erz-)Engel der Verkündigung, Gabriel, und ein namenloser Engel sowie Johannes der Täufer, Johannes der Evangelist und Jakobus der Ältere. Die im 16. Jahrhundert aufgetragenen Gewölbemalereien zeigen pflanzliche Motive als Symbole für das Paradies. Heute dient die Kapelle als eine Art Vorraum und als Zugang zur Empore der Kirche, zu der eine 1928 eingebrachte Wendeltreppe hochführt. Die wohl um 1520 in Münster geschaffene Plastik »Christus in der Rast« zeigt eine in den Evangelien nicht überlieferte Szene aus der Passion Jesu.

Der wohl schönste hochgotische Raum Kölns.

Christus in der Rast, Münster, um 1520.

Die folgenden zwei Kreuzgratgewölbe schlossen ursprünglich die 1426 errichtete und 1427 geweihte Marienkapelle. Auch in ihr werden die Gewölbe von skulptierten Konsolen getragen. Das Bildprogramm ist ein marianisches und setzt das der Engelkapelle fort: Die über den Raum hinweg inszenierte Anbetung der mit ihrem Sohn thronenden Maria durch die drei Magier. Sie werden assistiert von vier Vertretern des Apostelkollegiums, den Brüderpaaren Johannes und Jakobus der Ältere sowie Petrus und Andreas. Die beiden Schlusssteine vertreten mit ihren skulptierten Darstellungen die Passion Jesu. Sie zeigen das Vera Ikon der Veronika, das »wahre Antlitz Jesu«, und die Imago Pietatis, die Physiognomie des leidenden Jesus. Der 1511 vollendete vierjochige, ehemalige Sakristeiraum ist ein Kabinettstück hochgotischer Raumkunst. Obwohl er zu den schönsten gotischen Räumen Kölns gehört, ist er weithin unbekannt. Er schließt mit einem von Konsolen unterfangenem Gewölbe, dessen zart profilierte Rippen in feinen Schwüngen und Schleifen über den Raum hinwegstreichen, um immer wieder neue Konfigurationen zu bilden. Auf dem Altar zeugt eine Kopie des vom Meister des Bartholomäus-Altares um 1495 bis 1500 geschaffenen Thomas-Altares vom einstigen Reichtum der Ausstattung der Kartäuserkirche; das für diesen Altar vorgesehene Altarbild wartet zur Zeit auf seine Restaurierung. Ein weiterer Altar des namenlosen hochmittelalterlichen Meisters, der Kreuzaltar, stand einst, wie auch der Thomas-Altar, auf dem 1490 eingeweihten Lettner.

Die Kartäuserkirche ein Ort der Gegenreformation und des Widerstandes gegen die NS-Diktatur

Petrus Canisius

Die Kartäuser-Kirche spielte im Leben zweier bedeutender Geistlicher eine wichtige Rolle: Der gescheiterte Versuch des Kölner Erzbischofs Hermann von Wied, 1543 seine »Kölner Reformation« im Erzbistum einzuführen, weckte die Kräfte der Gegenreformation, die sich um Gerhard Kalckbrenner, den Prior der Kartause scharten. Zu dieser Gruppe stieß schon sehr früh der Student Peter de Hondt. Der 1521 in Nijmegen geborene Niederländer latinisierte später seinen Namen in Petrus Canisius. Er war durch seinen Freund Laurentius Surius, ein erfolgreicher Schriftsteller des Kartäuserordens, mit der Kartause bekannt gemacht worden. Unter seinem Einfluss näherte sich Canisius mehr und mehr dem Geiste dieses 1084 von Bruno von Köln in La Chartreuse bei Grenoble gegründeten Ordens. Inzwischen hatte er aber schon die 1534 von Ignatius von Loyola gegründete Gesellschaft Jesu kennen gelernt, der er 1543 beitrat und von ihr 1546 die Priesterweihe empfing; damit war er der erste deutsche Jesuit. Er gehörte der ersten deutschen »Jesuitenkommunität« an, die 1544 ein Haus an der Burgmauer gemietet hatte.

Petrus Canisius stand für eine Reformation des römisch-katholischen Glaubens von der Basis her. Deshalb suchte er, ganz im Sinne seines Ordens, Einfluss in den Gymnasien, auf die Glaubensunterweisung und auf die Predigten in den Pfarreien zu gewinnen. 1556 gelang es ihm, im Dreikönigsgymnasium Fuß zu fassen. Eine breitere Wirkung versprach sich Canisius, dem Vorbild Martin Luthers folgend, durch eine systematische Darstellung des römisch-katholischen Glaubens: 1556 veröffentlichte er den Großen Katechismus und 1558 erschien dessen kleine Ausgabe.

Georg Fritze

Durch den evangelischen Pfarrer Georg Fritze wurde die Kartäuserkirche ein Ort des Widerstandes gegen die NS-Diktatur. Georg Fritze trat 1916 in die Geschichte der Kartäuserkirche ein. In diesem Jahre übernahm er als evangelischer Pfarrer den Dienst in der nachmaligen Kartäusergemeinde. Sehr früh schon,

Das eindrucksvolle Barockportal.

Schlussstein mit dem Vera Ikon, 1426-1427.

seit dem 15. Januar 1919, an dem er im Gürzenich einen Vortrag über das Thema »Kirche und Sozialdemokratie« gehalten hatte, haftete ihm das Etikett »Roter Pfarrer von Köln« an, und einige seiner Amtsbrüder bezichtigten ihn, »einen Pakt mit dem Teufel« geschlossen zu haben. Sein Vergehen? – Er hatte lediglich versucht, das von ihm gepredigte Evangelium zu leben. In seinen Vorstellungen wurde Fritze, der 1874 in Magdeburg geboren worden war und seit 1904 eine Pfarrerstelle in Nordhausen innehatte, stark von der Theologie Carl Jathos geprägt. Fritze protestierte heftig gegen das Lehrzuchtverfahren, dem Jatho 1911 unterzogen wurde, und sogleich wurde Fritze als »Jathoist von Nordhausen« beschimpft. Als 1913 die Kriegsrüstung unübersehbar wurde, litt er darunter, dass auch engste Freunde den Krieg befürworteten. Tief betroffen machte ihn der wenig amtsbrüderliche Vorwurf, seine »Art schwäche den Willen zum Siege«. Mit seiner Familie zog er 1916 nach Köln, wo er zunächst Pfarrer an der Trinitatiskirche wurde. Als die Kartäuserkirche für den evangelischen Gottesdienst bereit stand, übernahm er dort das Pfarramt. Hier, inmitten eines Arbeiterviertels fand er die seinen Vorstellungen gemäße Wirkungsstätte. Wenn auch den Kirchenoberen seine Mitgliedschaft in der Sozialdemokratischen Partei ein Dorn im Auge war, so konnten sie doch nicht übersehen, dass durch sein Wirken die Kirchenaustritte von Sozialdemokraten zurückgingen. Als es 1931 in Berlin zu einem Pogrom gegen Juden kam, erhob er sofort seine Stimme: » *... wie muß eine solche Tat auf die innere Haltung unserer jüdischen Mitbürger wirken, die in ihrem religiösen Empfinden und in ihrem Menschtum auf das tiefste getroffen sind ... wie weit sind wir alle mit Schuld an der Verrohung unseres öffentlichen Lebens?«* In diesem Ausspruch kommt ein Wesenszug von Pfarrer Fritze deutlich zum Ausdruck – seine Fähigkeit, sich in die Situation anderer Menschen hineinversetzen zu können. Doch das Hakenkreuz zog in die Kirche ein: Mitte November 1932 hatte sich die nationalsozialistisch gefärbte Kirchenpartei »Deutsche Christen« konstituiert. Als dann die Nationalsozialisten von einem »positiven Christentum« faselten, stellte er klar: *»Es ist unevangelisch, für irgend eine Partei das Prädikat »christlich« in Anspruch zu nehmen. Zum Christsein genügt nicht, daß man sich zum Christentum bekennt.«* Ebenso deutlich formulierte er im Mai 1933 die Aufgabe der Kirche in dieser Zeit in einem Brief: *»Die Aufgabe der Kirche ist nicht das dritte Reich, sondern das letzte Reich, das Reich Gottes«*. Noch bevor den Nationalsozialisten 1933 die Macht übergeben worden war, forderte der Landesleiter der Deutschen Christen *»die sofortige fristlose und pensionslose Amtsenthebung des Pfarrers Fritze«*. Doch soweit war es damals noch nicht. Dazu gab es später einen anderen, sehr pikanten Anlass: Georg Fritze verweigerte den Eid auf den Diktator! Pikant daran war, dass die evangelische Kirche 1938 diesen Eid dem braunen Diktator darbringen wollte, ohne dass dieser ihn eingefordert hatte. Die Situation erhielt eine geradezu groteske Note, als Martin Bormann verkündete, dass aus der Verweigerung keine disziplinarischen Maßnahmen abgeleitet werden könnten, da der Diktator den Eid nicht gefordert habe. Zwar machten die Kirchenjuristen einen Rückzieher, doch der Wille bestimmter Kreise, Pfarrer Fritze aus dem Amt zu entfernen, war ungebrochen. Es wurde anderes Material gegen ihn zusammengetragen, das dann ein Berufsverbot »begründete«. Im Herbst 1938 wurde ihm mitgeteilt, dass er sein Amt nicht mehr ausüben darf. Kurz danach erlitt Fritze einen zweiten Herzanfall, den ersten hatte er angesichts der brennenden Synagoge Kölns erlitten, ein Gehirnschlag raubte ihm am 2. Januar das Bewusstsein und am 3. Januar 1939 starb der waidwund gehetzte Pfarrer. Als sein kirchenoberer Denunziant heuchlerisch der Familie kondolieren kam, wies ihm die Tochter Fritzes die Tür. Es währte noch rund 40 Jahre, bis Georg Fritze 1980 rehabilitiert wurde.

Die Evangelische Gemeinde Köln ließ von Rudolf Alfons Scholl eine bronzene Gedenktafel entwerfen und an der Kanzel im »kleinen Galiläa« der ehemaligen Kartause anbringen; am Vortag des Reformationsfestes 1982 wurde sie enthüllt: *»1. Tim. 6, Vers 12 – Kämpfe den guten Kampf des Glaubens, ergreife das ewige Leben, dazu du auch berufen bist und bekannt hast das gute Bekenntnis vor vielen Zeugen. In Dankbarkeit zur Erinnerung an Pfarrer Georg Fritze, der vom 24.4.1916 bis zu seiner Entfernung aus dem Amt am 17.10.1938 in unserer Gemeinde den Dienst am Worte Gottes versah«*.

Kreuzkapelle Riehl

Evangelische Kirchengemeinde Köln-Riehl

Kreuzkapelle Riehl

Riehl

Stammheimer Straße 22
50735 Köln

☏ 0221-769961

• Karte 1, i1
Ⓗ Bodinusstraße
Linie 134

Riehl gehörte bis zur Verselbstständigung der Kirchengemeinde Köln-Riehl zum Bezirk der Kirchengemeinde Köln-Nippes, vgl. S. 216. Die Nippeser Gemeinde baute von 1910 bis 1911 in Riehl ein Gemeindehaus mit einem Betsaal. 1912 ließ sie einen kleinen Turm auf den Giebel setzen, der 1913 eine Glocke aufnahm. Sehr bald erwies sich der Betsaal als zu klein, und so wurde 1932 der Architekt Ernst Scheidt beauftragt, den Saal mittels eines hofwärts gelegenen eingeschossigen Anbaues zu erweitern. Weil der alte Betsaal innerhalb der Umfassungsmauern des Hauses und somit vor dem neuen Saalbau lag, musste er teilweise als Vorhalle umgestaltet werden. Dem neuen, rechteckigen Saal wurde an der Ostseite ein Chor angefügt, dem sich eine polygonale Altarnische anschloss, die mittels einer Tür vom Saal getrennt werden konnte. Seitlich begleiteten den Chor eine Nische für die Orgel, die somit vor der Gemeinde stand, und eine Sakristei. Die von dem Orgelbauer Wilhelm Sauer aus Frankfurt/Oder um 1930 bis 1935 gebaute Orgel birgt einige ältere Teile, deren Herkunft nicht geklärt ist. Bei seiner Weihe erhielt das Gemeindehaus 1934 den Namen Kreuzkapelle.

Während des Krieges wurde der Chorbereich so stark zerstört, dass auf eine Wiederherstellung ebenso verzichtet worden ist wie auf die Restaurierung der Malereien von Walter Heiland.

Die Kreuzkapelle steht unauffällig in der Häuserzeile.

Das zweigeschossige Gemeindehaus fügt sich unauffällig in die Zeile der weitgehend vom Krieg verschonten Häuser. Zunächst erinnert an dem dreiachsigen Putzbau, dessen Mittelachse mittels eines dreiseitigen Erkers und einem Giebel betont ist, nichts an ein kirchlich genutztes Gebäude. Ist aber das aus Lavabasalt gefügte Großkreuz, das die horizontale Eingangsverdachung flankiert, in den Blick genommen, so geht der orientierende Blick hoch zur Giebelspitze, auf der ein kleiner übergiebelter Dachreiter sitzt. Das Doppelportal, das wohl beim Umbau von 1932 auch eine Umgestaltung erfahren hat, führt in einen kleinen Vorraum und von dort in den breiten und tiefen, vollständig in Weiß gehaltenen Kirchsaal. Wegen des Glasdaches, das dort ansetzt, wo der Saal über die Rückwand des Gemeindehaus hinaustritt, und durch die beiden Schulterwände, welche die Chornische flankieren, wird der Saal in drei imaginäre Achsen unterteilt. Die über querrechteckigem Grundriss stehende Chornische, die über eine kleine Deckenöffnung etwas Licht erhält, lässt sich an der Nordseite von einer Nische begleiten, die der Orgel vorbehalten ist. Auf der Gegenseite wird sie von der kleinen Sakristei begleitet, deren verglaste Tür weiteres Licht in den Chor dringen lässt. Während des letzten Umbaues sind ein neuer Tischaltar und ein adäquater Ambo an die Stelle des Nachkriegsaltares und der alten Kanzel getreten.

Das Gemeindehaus »Kreuzkapelle« steht seit 1983 unter Denkmalschutz.

Kreuzkirche
Evangelische Gemeinde Köln

Die Kölner Gemeinde kaufte 1911 im nördlichen Teil der Innenstadt ein Grundstück, um auch dort eine Predigtstelle einzurichten. Der Gemeindebaumeister Arthur Eberhard errichtete sie dort von 1912 bis 1913. Um 1950 übernahm das Architekturbüro Schulze & Hesse den Auftrag zum Neuaufbau des weitgehend zerstörten Gemeindehauses und des Kirchsaales. Bei der Neuweihe erhielt das Gebäude 1951 den Namen Kreuzkirche. Die Architekten haben den Kirchsaal so bereinigt, dass er ein vom »Neuen Bauen« beeinflusstes Gepräge erhalten hat. 1952 kam eine von Willi Peter gebaute Orgel auf die Empore. Ursula Dublanka nahm 1990 eine Neuorganisation der Räume vor. 1992 ließ die Gemeinde eine Kreuzigungsdarstellung in vielfacher Vergrößerung auf die durch den Krieg freigelegte Westbrandmauer auftragen. Als Vorlage diente die von Rembrandt um 1653 gefertigte Radierung »Die Drei Kreuze«, von der der Künstler den mittleren Teil für sein Wandbild ausgewählt hat. Im Jahre 2001 erklang erstmals die neue, von Wieland Rühle gebaute Orgel.

Die große Zier des Hauses ist die neobarocke Fassade.

Kreuzkirche

Innenstadt

Machabäerstraße 26
50668 Köln

☏ 0221-925846 0
www.ev-gemeinde-koeln.de

• Karte 1, g3
Ⓗ Breslauer Platz
Linien 5, 16, 17, 18, 19

Die große Zier des Hauses ist seine stark geometrisierte, von der zeitgenössischen Moderne beeinflusste neobarocke Fassade, die den Krieg überstanden hat. Die Lebendigkeit der Fassade resultiert aus dem Materialwechsel und damit auch aus dem Wechsel der Materialfarben ebenso wie aus der reichen Gliederung. Das Hellgrau des Werksteins kontrastiert wirkungsvoll mit dem Rot des niederländischen Klinkers und dem Beige der Klinkerfugen. Das Erdgeschoss des viergeschossigen Gebäudes ist ganz in Tuffstein ausgeführt. Zwischen ihm und den oberen Geschossen vermittelt das Segment des Erkers. In den folgenden Geschossen reduziert sich die Verwendung von Werkstein. Die von dem Bildhauer Carl von Mering geschaffene Bauornamentik ist auf die mit einem leicht angeschweiften Giebel ausgezeichnete Mittelachse konzentriert.

Das »Neue Bauen« prägt das neu konzipierte Innere.

Der Kirchsaal wird seit 1990 wieder über das kleine Doppelportal betreten, das durch eine tiefe Doppelnische ausgezeichnet ist. Der sehr hohe Saal schließt mit einer flach geführten Holztonne. Die hoch sitzende Empore umgreift ihn an drei seiner Seiten, wobei die östliche der Orgel vorbehalten ist. Die beiden Seitenemporen werden jeweils durch einen 1950 nachträglich mittig eingesetzten Pfeiler gestützt. Sowohl die Seitenemporen als auch die schmalen Seitenschiffe sind gegen den Altarraum geschlossen. Der nur wenig tiefe, um drei Stufen über das Saalniveau gelegte, nunmehr entleerte Altarraum spannt sich hinter den Abschlusswänden der Seitenschiffe und der Emporen jeweils bis zu den Längswänden. Seine Südseite öffnet sich über ein raumhohes Fenster, so dass er indirekt durchlichtet ist. Bei der Umgestaltung von 1990 ist der Altar aus dem erhöhten Altarraum herausgenommen worden. Die Prinzipalstücke stehen seither auf dem Niveau des Kirchsaales vor den Stufen zum ehemaligen Altarraum. Aus dieser Positionierung ergab sich die fächerförmige Aufstellung der Bänke.

Die Fassade steht seit 1982 unter Denkmalschutz.

Kreuzkirche Köln-Buchheim

Evangelische Kirchengemeinde Köln-Buchforst-Buchheim

Kreuzkirche Köln-Buchheim

Buchheim

Wuppertaler Straße 21
51067 Köln

☎ 0221-691888

• Karte 2, f5
Ⓗ Buchheim,
Herler Straße
Linien 3, 17, 18, 19

Die Kreuzkirche ist die erste Predigtstätte der 1968 selbstständig gewordenen Kirchengemeinde Köln-Buchforst-Buchheim, vgl. S. 168. Zuvor hatte die Gemeinde Mülheim am Rhein, vgl. S. 190, den Architekten Rudolf Esch mit dem Bau einer Kirche beauftragt, den dieser von 1961 bis 1962 ausführte. Zur Ausstattung steuerte der Bildhauer Herbert Schuffenhauer eine Taufschale und die Türgriffe bei. Seit 1964 macht ein Campanile auf die Kirche und das jüngere Gemeindezentrum aufmerksam.

Die Kreuzkirche ist in eine weite Grünanlage integriert.

Die im Scheitel einer Straßengabelung stehende und über leicht verschobenem fünfseitigem Grundriss errichtete, von dem Campanile flankierte Kirche richtet ihre ausgeprägte Spitze in die Tiefe des Grundstückes, wo die zugehörigen Gemeindebauten verteilt sind. Um sich gegen den Straßenlärm zu schützen, sind alle drei zu den Straßen gerichteten Wände der Kirche geschlossen. Den mit Ziegeln verkleideten Betonbau umschließt ein in Sichtbeton ausgeführter Kranzbalken, der das Dachpolygon dem Blick entzieht. An der Nordseite schmiegt sich die eingeschossige Sakristei mit dem Presbytersaal an. Alle Fenster, die beiden gebäudehohen Vertikalfenster vor den Ecken und das Fenster, das die gesamte westlich gelegene Eingangswand einnimmt, sind aus rechtwinkligen, verglasten Betonelementen gefügt. Deren unregelmäßige Größe und damit auch Schichtung verleihen vornehmlich der Eingangsfassade eine äußerst dynamische Plastizität. Aus der Fassade tritt ein eingeschossiger, flachgedeckter Baukörper mittig vor, den ein Betonrahmen zusammenfasst. Von den beiden ihm zugewiesenen Portalen führt das kleinere ins Innere des Vorbaues, das größere, das durch einen weitausgreifenden Windfang ausgezeichnet ist, in den Kirchsaal. Das Innere ist durch eine unerwartete Weite charakterisiert. Sie ist das Resultat aus der Schrägführung der mit Ziegeln verkleideten Wände, der Absenkung des Bodenniveaus in Richtung Altarzone und der aufsteigenden, zeltartig konfigurierten Holzdecke. Die vor der Ostwand, die durch ein großes Holzkreuz bezeichnet ist, stehenden Prinzipalstücke – der Abendmahlstisch, die Kanzel und das Taufbecken – werden durch eine einstufige Estrade über das Saalniveau gehoben, die trapezförmig in den Saal dringt. Die geometrische Figur der Estrade und die Raumfigur ermöglichen die Aufstellung des Gestühls so, dass die Gemeinde den Altarbezirk von drei Seiten aus umgreifen kann. Eine Besonderheit bietet der Raum vor der Fassade, der mittels einer raumhohen Verglasung mit dem Kirchsaal verbunden ist – er diente anfänglich als Brautraum, in dem sich die Brautleute auf die Hochzeitszeremonie vorbereiteten, heute wird er bei Bedarf zum großen Gottesdienstraum hin geöffnet.

Der Brautraum vor der Fassade.

Eine zeltartig geführte Decke überspannt den Zentralraum.

Lukaskirche
Evangelische Kirchengemeinde Köln-Flittard

Um der Ortsgemeinde Flittard eine wohnungsnahe Predigtstätte zu bieten, baute die Mülheimer Gemeinde von 1911 bis 1913 dort ein Gemeindehaus, vgl. S. 190. Es wurde im Zweiten Weltkrieg zerstört, doch konnte es bereits 1948 wiederhergestellt werden. Nach 1945 stieg die Zahl der Gemeindemitglieder in Flittard erheblich an. Deshalb löste sich der Bezirk Flittard-Stammheim 1957 mit seinen etwa 3000 Mitgliedern von der Mülheimer Muttergemeinde als selbstständige Kirchengemeinde, und 1969 wurde der Bezirk Stammheim selbstständig, vgl. S. 176.

Der Kirchsaal steht über einem hohen Souterrain.

Die von 1957 bis 1959 von dem Architekturbüro Dr. Schulze & Dr. Hesse errichtete Kirche benannte die Gemeinde nach dem Evangelisten Lukas. Vermutlich gehen die drei Prinzipalstücke auf Entwürfe der Architekten zurück. In den 1962 erbauten Campanile kamen 1963 die drei von der Gießerei F. W. Rincker gegossenen Glocken. Die neue Orgel von Georg Stahlhut erklang erstmals 1965. Bei der Renovierung der Kirche wurden 1976 die verglasten Betonwaben, die bislang den Saalbau mit Tageslicht versorgt hatten, aus den Längswänden herausgenommen und durch eine Vertäfelung im oberen und durch Glasbausteine im unteren Bereich ersetzt.

Das Grundstück hat wegen eines Geländebruches, der in der Tiefe des Grundstückes und parallel zur Straße verläuft, zwei unterschiedlich hohe Niveaus. Die Architekten nutzten diese Situation, indem sie die Kirche auf das an der Straße gelegene niedrige Niveau stellten und die Gemeindebauten mit dem Turm auf das höhere. Um ein gemeinsames Niveau zu schaffen, stellten sie die über rechteckigem Grundriss errichtete Saalkirche senkrecht zur Straße. Dadurch konnten sie den Bau bis an die Geländekante heranführen. Die Höhendifferenz hoben sie auf, indem sie ein Souterrain einfügten, das den Gemeindesaal aufnimmt. Um beide Gebäudeteile auch optisch von einander zu trennen, errichteten sie das Sockelgeschoss in Beton, die darüber stehende Saalkirche dagegen als Betonskelettbau. Die straßenwärts gerichtete Giebelseite verkleideten sie gänzlich mit Ziegeln, wodurch die Einheit von Gemeinde- und Kirchsaal visualisiert ist. Über dem Sockel gliedern fünf Vertikalbalken zusammen mit dem sie verbindenden Traufbalken die Längswände in sechs hochrechteckige Wandfelder, die ursprünglich mittels verglaster Betonwaben ausgefacht waren. Diese Waben sind in der unteren Hälfte der Wandfelder durch Glasbausteine ersetzt worden. Die obere Hälfte wurde jeweils außen durch vertikale Kunststoffpaneele und innen durch eine Holzvertäfelung geschlossen. An der Ostseite führt eine Treppe auf das höhere Geländeniveau, wo vor der Kirche ein vom Turm, der sich über quadratischen Grundriss erhebt, und von dem senkrecht zur Kirche stehenden Gemeindehaus ein Vorplatz ausgegrenzt wird. Der Eingang, den ein Vordach abschirmt, öffnet die mit Ziegeln verkleidete Giebelfassade in deren Achse. Er vermittelt in einen kleinen Vorraum, den an der Westseite die ehemalige Taufkapelle begleitet. Beide Räume werden von der Empore überspannt.

Der langgestreckte, von Norden nach Süden gerichtete Kirchsaal wird durch fünf gesattelte Sichtbetonrahmen in sechs Joche unterteilt. Die mit Ziegeln verkleidete Altarwand, bietet dem auf einer dreistufigen Estrade stehenden Altar insofern eine zentrierende Folie, als ihr Mittelteil um Mauerstärke vortritt und durch vier Rollschichten ornamentiert ist. Die Holzvertäfelung im oberen Teil der jeweils sechs Wandfelder gibt dem Saal Geschlossenheit und zugleich trägt sie zur Hinführung auf die Altarzone wesentlich bei.

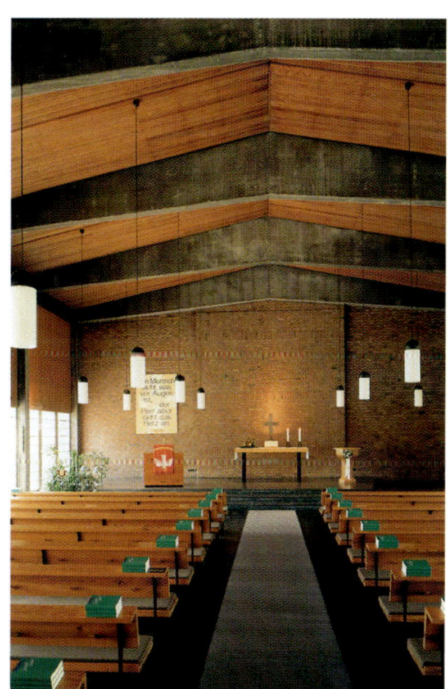

Sichtbetonrahmen unterteilen das Innere in sechs Joche.

Flittard

Roggendorfstraße 39
51061 Köln

☏ 0221-662316
www.lukas-flittard.de

• Karte 2, e3
Ⓗ Flittard Süd
Linie 152

Lukaskirche

Evangelische Kirchengemeinde Porz

LUKASKIRCHE

Porz

Mühlenstraße 2
51143 Köln-Porz

02203-955460
www.kirche-porz.de

• Karte 2, g8
Ⓗ Porz Markt
Linien 7, 8

Als in der Mitte des 19. Jahrhunderts die Industrialisierung Porz erreichte, stieg der Anteil evangelischer Christen in Porz rasch an. Sie waren zunächst seit 1857 Mitglieder der Kirchengemeinde Deutz, vgl. S. 235. Seit 1877 gehörten sie zur Kirchengemeinde Kalk, vgl. S. 200. 1909 wurde die Kirchengemeinde Porz selbstständig. Die Kalker Gemeinde hatte, um eine ortsnahe Predigtstätte anzubieten, 1883 von dem Architekten August Albes eine Kapelle mit 96 Plätzen errichten lassen; sie ist 1968 abgetragen worden. Zwar konnte noch 1914 der Grundstein für die neue Kirche der inzwischen auf 800 Mitglieder angewachsenen Gemeinde gelegt werden, doch machten der Ausbruch des Ersten Weltkrieges und seine Folgen alle Pläne zunichte, erst 1927 konnte die Kirche vollendet werden. Nach 1945 wurde Porz zu einem viel gefragten Siedlungsgebiet, so dass fünf weitere Predigtstätten geschaffen werden mussten. Hinzu kommen die beiden Predigtstätten der 1964 selbstständig gewordenen Kirchengemeinde Porz-Wahn-Heide.

Der Düsseldorfer Architekt Max Bernischke wurde 1913 mit einem Entwurf und nach dessen Begutachtung mit dem Bau der Kirche beauftragt. Nach Beginn der Bauarbeiten 1914 konnten trotz des Krieges 1915 der Außenbau vollendet und 1916 die Räume des Souterrains geweiht werden, Nach dem Krieg verhinderten die Weltwirtschaftskrise und die Inflation eine zügige Vollendung. Erst gut sieben Jahre später konnte an eine Renovierung der vorhandenen Bausubstanz und an die Ausstattung der Kirche gedacht werden. Für den Kanzelaltar und für die Taufe hatte der Architekt bereits 1922 Entwürfe vorgelegt; das Gestühl entwarf er 1927. Eine von der Orgelbaufirma Eberhard Friedrich Walcker aus Ludwigsburg gebaute Orgel konnte schon 1926 angeschafft werden; 1971 erhielt die Kirche eine neue Orgel des Orgelbauers Willi Peter. Nach der Weihe im Juli 1927 begann der Maler Kurt Derckum mit der Ausmalung der 250 Sitzplätze bietenden Kirche. Noch 1927 konnte er seine beiden Gemälde »Kreuzabnahme« und »Die Himmelfahrt Christi« der Gemeinde übergeben. Im gleichen Jahre lieferte die Gießerei F. W. Rincker aus Sinn ein dreistimmiges Geläut. 1966 kamen die neuen

Die eindrucksvolle Turmfassade mit dem Trinitätssymbol.

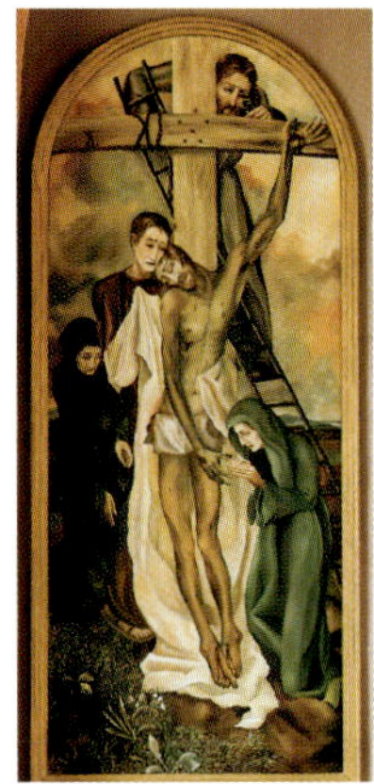

Kurt Derckum, Kreuzabnahme, 1927.

von Helmuth Uhrig entworfenen Fenster in die Kirche. Ihre Themen sind das Leben Jesu und die Entwicklung der Jerusalemer Gemeinde nach dem Tode Jesu. Ebenfalls 1966 benannte das Presbyterium die bislang inoffiziell als Jesuskirche bezeichnete Kirche Lukaskirche. In den Jahren 1976 bis 1978 unterzog das Architekturbüro Thon & Baedorf den gesamten Bau einer durchgreifenden Renovierung. Im Jahre 1980 sind die Wandmalereien von K. Derckum rekonstruiert und seine beiden Tafelgemälde wieder an die Schulterwände beidseitig des Chores gehängt worden.

Die Lukaskirche ist eine Saalkirche mit achsial gestelltem Fassadenturm und ausgegliedertem Chor, den zwei Nutzräume flankieren. Der mit einem Satteldach schließende Saalbau erhebt sich über einem Souterrain, das die Gemeinderäume aufnimmt. Der Architekt nutzte das zur Verfügung stehende Grundstück geschickt aus. Der dort vorhandene Geländebruch gab ihm die Möglichkeit, das Untergeschoss frei zu stellen, so dass es gut durchlichtet ist. Den dadurch notwendig gewordenen Standort der Kirche in der Tiefe des Grundstückes nutzte er zur Anlage einer achsial auf die differenziert gestaltete Fassade ausgerichteten Wegeführung. Der Turmfassade ist eine breite mehrstufige Treppenanlage vorgestellt. Durch sie wird die Höhe des nach dem Vorbild des Darmstädter Hochzeitsturmes von Joseph Maria Olbrich 1905 bis 1908 gestalteten Turmes betont. Den Turmfuß sind Flankenbauten beigesellt, die das Untergeschoss verstellen. Das mittels eines hufeisenförmigen und durch das reliefierte Trinitätssymbol ausgezeichnete Portal führt in eine Vorhalle, von der aus die Empore und die Turmgeschosse sowie der Kirchsaal zu erreichen sind. Ein weiteres, wenig hohes, dreiachsiges Portal vermittelt in den Kirchsaal. Den rechteckigen von einer Tonne überwölbten Saal unterteilen vier kräftige Wandvorlagen, die in ebenso starke Gurte übergehen, in vier Joche. Bis auf das von der Empore eingenommene Joch werden alle übrigen von hohen Rundbogenfenstern geöffnet. Dem etwas über das Saalniveau gehobenen Chor ist eine eigene Rechtecknische mit Tonnengewölbe vorbehalten, die jedoch am Außenbau wegen der flankierenden Räume nicht in Erscheinung tritt. Ihn zeichnet ein Rundfenster aus, dessen Sprossen zu einem Pentagramm formiert sind.

Eine mächtige Tonne überspannt den kleinen Saal.

Die Lukaskirche ist 1982 zum Baudenkmal erklärt worden.

Das erhaltene
Neorenaissance-Portal von 1906.

LUTHERKIRCHE
Evangelische Gemeinde Köln

Mit der Lutherkirche war in der Neustadt ein südliches Pendant zur Christuskirche geschaffen, vgl. S.173. Wie für diese so galt auch für die Lutherkirche, dass sie sich in das von dem Kölner Stadtbaurat Hermann J. Stübben entwickelte städtebauliche Konzept einzufügen hatte. Ihre Fassade, vornehmlich ihr Turm, war deshalb auf die Ringstraße ausgerichtet, damit sie als städtebaulicher Point de Vue wirken konnte.

Nach Abschluss des im Juni 1901 von der Evangelischen Gemeinde Köln ausgeschriebenen Architektenwettbewerbs, beauftragte die Gemeinde 1903 die Träger des Ersten Preises, die Architekten Johann Vollmer und Heinrich Jassoy, mit dem Bau ihrer vierten Kirche. Die von 1904 bis 1906 errichtete als Zentralbau über kreuzförmiger Grundfläche konzipierte Kirche war stilistisch an der Renaissance orientiert. Im Oktober 1944 wurde sie bis auf die Grundmauern zerstört, nur der Turm blieb einigermaßen heil. Weil es keine verwertbare Bausubstanz mehr gab, mussten alle Trümmer bis auf den Turm beseitigt werden. Auf dem entschutteten Grundstück entstand zunächst bis 1958 das Gemeindehaus nach einem Entwurf von Gemeindebaumeister Georg Eberlein. Mit dem Neubau der Lutherkirche beauftragte die Gemeinde 1959 nach einem Wettbewerb den Architekten Heinrich Otto Vogel. Im Mai 1962 begannen die Bauarbeiten, im März 1964 fand die Weihe der neuen Lutherkirche statt.

H. O. Vogel vereinfachte und minimierte den Turm, in dem weiterhin das 1922 angeschaffte dreistimmige Geläut erklingt, um ihn seinem Neubau anpassen zu können. Damit der Turm mit dem erhaltenen schönen Portal der zerstörten Kirche, weiterhin Zugang zur Kirche ist, verband Vogel Turm und Kirche mittels eines überdachten Ganges.

Dem sich über kurzer, rechteckiger Grundfläche erhebenden und mit Handstrich-Ziegeln innen und außen verkleideten Saalbau ist ein flacher eingezogener Chor angefügt, der mit dem Saal auf gleiche Höhe aufsteigt, so dass beide vom gemeinsamen, flach geneigten Satteldach überfangen werden. Die ungewöhnlich hohen Wände bleiben bis auf das raumhohe Betonrasterfenster an der Südseite und zwei weiteren kleinen Öffnungen geschlossen und können daher ihre Flächen voll zur Wirkung bringen. Die leicht einschwingende Chorwand ist mit dem Saal über raumhohe, durch horizontale Betonbalken strukturierte Glaswände verbunden, wodurch ihre Eigenständigkeit betont wird. Eine weitere Betonung erfährt der Chor durch die leichte Abschrägung sowohl der Schulterwände als auch seiner kurzen Seitenwände sowie durch den mosaikartig eingefügten Steinschmuck, den die Chorwand als einziger Bauteil trägt: Er fügt sich aus kleinen fünfachsigen Bogenfolgen, mit denen jedes der sieben Register gefüllt ist. Im Untergeschoss des Turmes weist ein von Ulrich Henn entworfenes, bronzenes Spruchband in Versalschrift den Ort als Stätte der religiösen Begegnung aus.

Der Zugang ins Innere der Kirche führt über drei Portale in die eingeschossige Vorhalle, die von der vor der Saalrückwand stehenden Empore formuliert wird. Die daraus resultierende Niedrigführung ist raumdramaturgisch beabsichtigt, denn erst dann, wenn die Vorhalle verlassen wird, offenbart sich der nach antiken Proportionsverhältnissen bemessene Saal in seiner ganzen Weite und Monumentalität. Die schon durch seine Proportion gegebene antikische Prägung des Saales verstärkt die aus großen Tonschindeln gefügte Satteldecke. Im Inneren wird die Geschlossenheit der Wände noch deutlicher wahrgenommen, die dem Raum die Atmosphäre einer antiken Tempel-Cella geben. Das östliche Drittel der Südwand nimmt ein raumhohes Betonwabenfenster ein, so dass der hintere Teil des Saales mit Helligkeit gefüllt ist, die auch in den übrigen Raum hineinstrahlt. Die beiden kleineren künstlerisch verglasten Fenster haben je eine andere Aufgabe: Während

Antike Proportionsverhältnisse
prägen den weiten Saal.

LUTHERKIRCHE

Innenstadt

Martin-Luther-Platz 2-4
50677 Köln

☏ 0221-9258460
www.ev-gemeinde-koeln.de

• Karte 1, g8
Ⓗ Ulrepforte
Linie 16

das eine den Ort der Kanzel hervorhebt und zugleich deren quadratische Brüstungsstirn zitiert, nimmt das über der Empore sitzende Rundbogenfenster eine ausgleichende Gewichtung gegenüber der asymmetrisch über der Empore angebrachten Orgel vor.

Der wenig tiefe Chor ist in besonderer Weise mit architektonischen Mitteln ausgezeichnet: Die Schulterwände des Saales sind so abgeschrägt, dass eine Bewegung in den Chorraum ausgelöst wird – mittels einer dreistufigen Estrade liegt der Chor über dem Laufniveau des Kirchsaales und seine Rückwand bindet nicht direkt, sondern über je eine schmale, raumhohe und Distanz schaffende Glaswand an den Saalbau an. Die auf diese Weise besonderte Chorwand stößt mit ihrer Giebelspitze bis an den First der Saal und Chor überspannenden Satteldecke. So wird die Chorrückwand zu einer Folie von überzeitlicher Würde, die den gesamten Saal erfüllt. Mehr noch – sie ist Trägerin der Darstellung der Heilsgeschichte, die der Mainzer Maler Alois Plum in sieben Registern in verhaltener Farbigkeit auf die Handstrich-Ziegel aufgetragen hat; für diese Aufgabe ist sie zuvor mittels acht Rollschichten präpariert worden.

Die dezente Ausstattung ordnet sich, ohne an Kraft zu verlieren, der Architektur unter. Den Abendmahlstisch schuf einschließlich des bronzenen Altarkreuzes der Bildhauer Ulrich Henn, aus dessen Atelier auch die Kanzel mit der bronzenen Buchauflage stammt. Eugen Keller schlug den Taufstein aus Travertin, der in einer großen quadratischen Vertiefung seitlich des Chores der Kanzel gegenüber steht; die kupferne Taufschale trieb der Bildhauer Karl E. Görk. Mit dem Abendmahlsgerät, bestehend aus Kelch, Kanne, Teller und Patene, besitzt die Gemeinde ein wichtiges Zeugnis der Goldschmiedekunst der Sechzigerjahre, das der Gold- und Silberschmied Franz Rickert 1964 geschaffen hat. Die Orgel baute 1968 der Orgelbauer Paul Ott. Kongenial passt sich die eingespannte künstliche Beleuchtung der eindrucksvollen Architektur an.

Einige Bekanntheit erfuhr die Lutherkirche nicht nur durch den wohlproportionierten Kirchsaal, sondern auch durch die architektonisch sensibel gestaltete und mit den Mitteln der Malerei so eindrucksvoll betonten Chorwand. Sie wird heute von einem raumhohen Behang des griechischen Künstlers Christos Koutsouras verdeckt.

LUTHERKIRCHE

Evangelische Kirchengemeinde Köln-Nippes

Nippes

Siebachstraße 85 /
Merheimer Straße 112
50733 Köln

☏ 0221-9731030
www.lutherkirche-nippes.de

• Karte 1, f1
Ⓗ Lohsestraße
Linien 6, 12, 15

Die Entwicklung der evangelischen Gemeinde setzte mit der Ansiedlung preußischer Beamten in der ersten Hälfte des 19. Jahrhunderts in Nippes ein, die in der Mehrzahl evangelische Christen waren. Seit November 1875 verfügte der von Köln aus seelsorglich betreute Bezirk Nippes über einen wohnungsnahen Betsaal, der 1889 zu einem Gemeindehaus erweitert wurde. Im Juni 1881 wurde die Vikariatsgemeinde eine selbstständige Kirchengemeinde, deren Seelsorgbezirk das ganze nördliche Gebiet vor der Stadt Köln vom Rhein bis Ehrenfeld umfasste. Aus der Großgemeinde Nippes sind nach 1945 einige Pfarrbezirke verselbstständigt worden.

Nach ihrer Verselbstständigung erteilte die Gemeinde dem Architekten August Albes den Auftrag zum Bau einer Kirche. Die von 1886 bis 1889 errichtete Kirche wurde 1901 ausgemalt, und 1941 wurde im Westjoch eine Empore eingezogen. Bereits am 30. März 1947 feierte die Gemeinde ihren ersten Gottesdienst nach dem Zweiten Weltkrieg in der Lutherkirche, die den Krieg relativ unbeschadet überstanden hatte. 1963 bis 1969 wurde die Kirche von dem Restaurator Walter Putfarken und dem Architekten Anton Gilles und später durch den Architekten Lutz Steinhorst einer gründlichen Restaurierung unterzogen. 1972 begleitete erstmals die neue Willi-Peter-Orgel den Gesang der Gemeinde. Von 1976 bis 1986 konnte die Notverglasung gegen eine den ursprünglichen Zustand nachahmende künstlerische Verglasung ausgewechselt werden; 1979-1980 wurde der skulpturale Schmuck des Turmhelmes erneuert. 1986 erhielten die Blendfelder im Chor ihre nach dem ursprünglichen Zustand aufgetragene Architekturmalerei zurück; 1986 war die asymptotische, von Lutz Steinhorst betriebene Annäherung an den originalen Zustand der Lutherkirche abgeschlossen.

Der neogotischen Hallenkirche steht ein Westturm vor.

Der Hallenkirche steht ein Westturm vor. Er wird von einem Querbau so in die Mitte genommen, dass er nur mit der Hälfte seiner Tiefe vortritt. Übergiebelte Stirnseiten weisen den Querriegel als eigenständigen Baukörper aus. Mit den seinen Fassaden

August Albes,
Kanzel und Altar, 1889.

vorgestellten polygonalen Treppentürmen tritt er über die Flucht des Langhauses hinaus, das sich ihm mit seinen vier dreiachsigen Travéen anschließt. Eine leichte Schrägstellung der Schulterwände erweitert das Mitteljoch der vierten Travée zum Vorchor. Die Schrägführung der Schulterwände macht die Zusammengehörigkeit von Vorchor und anschließendem, polygonalem Chorhaupt optisch erfahrbar. Niedrige Polygonbauten flankieren den Chor, von denen der eine als Kapelle der andere als Sakristei dient. Formal antworten sie den Polygonen der Treppentürme, mit denen sie eine gemeinsame Flucht ausbilden.

Am Außenbau spiegeln die drei Achsen der Westfassade die Längsteilung des Langhauses und die unterhalb der Traufe einbindenden Strebepfeiler die innere Jochfolge. Ein kräftiges Gesims teilt die Langhauswände in zwei Zonen. Während die Sockelzone je Joch durch ein spitzbogiges Zwillingsfenster geöffnet wird, ist der oberen Zone jeweils ein großes Maßwerkfenster vorbehalten, dessen zwei Bahnen ein Maßwerkring zusammenbindet. Lediglich am Chorhaupt bleibt der Sockel geschlossen. In das Gliederungssystem aus Strebepfeilern und unterteilenden Gesimsen sind alle übrigen Bauteile mit einbezogen. Diese Übertragung auf alle Teile des Bautengefüges dient dessen Vereinheitlichung. Drei Portale führen je in einen ihnen zugeordneten Vorraum, von denen die beiden äußeren jeglichen künstlerischen Schmuckes entbehren und nur mittels einer Flachtonne geschlossen sind. Dagegen wird der mittlere Vorraum von einem Kreuzrippengewölbe überspannt, das von Konsolen abgefangen wird. Während die beiden äußeren Vorräume in die seitlichen Korridore des Langhauses und zu den Treppen der Empore vermitteln, führt der mittlere in das Mittelschiff.

Das Innere wird durch den Wechsel von den steinsichtigen Backsteingliedern zu den verputzten Flächen der Wände und der Gewölbekappen belebt. Obwohl der Kirchenbau von bescheidenen Dimensionen ist, überrascht das Langhaus durch seine Weite. Sie ist eine Folge der Stellung der Pfeiler dicht vor den Außenwänden. Die Pfeiler trennen nicht mehr Seitenschiffe vom Mittelraum, sondern nur schmale Korridore, die eine Erschließung des Mittelschiffes ermöglichen. Dadurch ist ein ungeteilter Predigtraum gewonnen, der frei von jeglicher Sichtbehinderung ist. Dem Mittelschiff ist denn auch mittels einer Fülle von architektonischen Details Prävalenz gegeben. Schließen die Korridore mit Spitztonnen, so werden die höheren Mittelschiffjoche von Kreuzrippengewölben überfangen. Mit ihren Scheitelringen machen sie auf ihre größere Höhe aufmerksam. Durch die großen Pfeilerabstände weitet sich der Mittelraum optisch bis zu den Außenwänden. Hier bezeichnet ein reich gestaltetes Gesims deutlich die Raumgrenze. Geradezu grazil steigen die schlanken quadratischen Pfeiler von hohen Sockeln aus auf. Um sie als plastische Körper auszuweisen, sind sie ebenso wie die von ihnen gestützten Bogen mit Kantenwülsten besetzt. In der Zone der gemauerten Kapitelle verdichtet sich die plastische Gestaltung, indem jedem Gewölbeglied eine eigene Vorlage zugewiesen ist, die auf unterschiedlichen Höhen einbinden. Im Osten ist durch die Schrägstellung der Schulterwände ein Zwischenraum geschaffen, so dass der Mittelraum in den erhöhten Chorraum hineingleiten kann. Damit dieser Raumteil nicht gegen Osten optisch zu fliehen droht, wird er über sein Gewölbe wieder an den Mittelraum rückgebunden. Und indem der Nischenfries, der sich unterhalb der Chorfenster hinzieht, auf seine Wände übergreift, wird er an den Chor angeschlossen. Durch diese gegensätzlichen Bewegungen erhält er die notwendige Stabilität und Eigenständigkeit, mittels derer er sich gegenüber Mittelschiff und Chor behaupten kann. Mit dieser Raumverschränkung ist die enge Verbindung von Kanzel und Taufe zum Altar im Chor mit den Mitteln der Baukunst ausgedrückt.

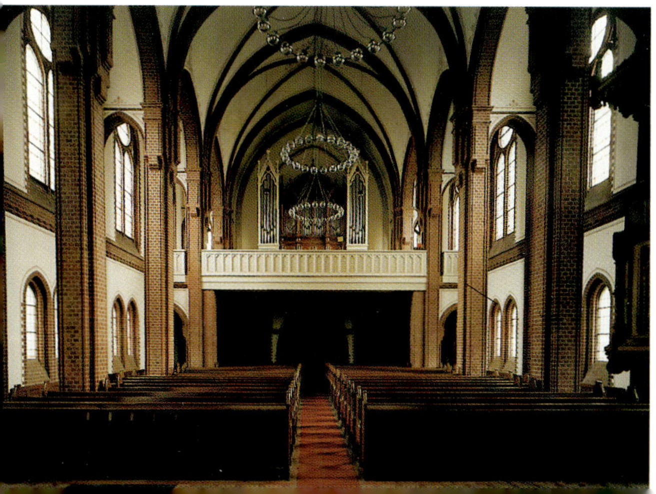

Die Pfeiler stehen dicht vor den Außenwänden.

Die Ausmalung folgt weitgehend dem ursprünglichen Zustand. Allen verputzten Wandteilen und Gewölbekappen ist ein feines rotes Bad aufgetragen, das der Kontur des jeweiligen Feldes folgt. In größeren Feldern lässt es sich von einem dünnen grünen Streifen begleiten; stilisierte Ranken bezeichnen die Bogenscheitel. In der Sockelzone zeigen die drei Spitzbogenblenden aufgemaltes Maßwerk. Die künstlerische Verglasung der Fenster wiederholt stilisierte Blattbündel und die rote Luther-Rose. Die Symbole des Achsfensters, der Weinstock und das Christusmonogramm ☧, sind ganz auf Christus bezogen.

Die drei aus Eichenholz gefertigten Prinzipalstücke, deren Bildprogramm der Architekt der Kirche entworfen hat, gehören zur ursprünglichen Ausstattung.

Die Lutherkirche steht seit 1981 unter Denkmalschutz

Julio Goslar

1989 brachte die Gemeinde zur Erinnerung an den Organisten und Chorleiter Julio Goslar eine Gedenktafel am Gemeindehaus an. Mit dieser Tafel gedenkt die Gemeinde jedoch nicht allein der musikalischen Fähigkeiten Julio Goslars und seiner Bedeutung für die Kirchenmusik, die er zweifellos hatte, sondern eines Schicksals, das er inmitten der Gemeinde erleiden musste. Julio Goslar wurde 1883 als Sohn eines jüdischen Ehepaares in Siegen geboren. Er studierte Philosophie, Germanistik, Geschichte und Sprachen in Berlin und anschließend Musik in Köln. Das Musikstudium schloss er 1912 mit dem Chor- und Orchesterleiter-Examen ab. Erste Erfolge errang er als Konzertpianist und Organist. Während seiner Tätigkeit als Korrepetitor an der Kölner Oper konnte er wichtige Erfahrungen für seine 1921 aufgenommene Arbeit als Organist und Chorleiter an der Lutherkirche sammeln. Bereits nach wenigen Jahren hatte er den Chor der Luthergemeinde zum größten Chor im Rheinland aufgebaut und mit ihm bedeutende Konzertaufführungen veranstaltet. Welche Erfahrungen 1914 zu seiner Konversion zum Christentum, genauer zur evangelischen Konfession, geführt hatten, lässt sich heute nicht mehr feststellen. Zur Katastrophe geriet ihm die politische und evangelisch-kirchliche Konstellation nach 1933. In der Luthergemeinde hatten die Deutschen Christen schon früh Fuß gefasst. Bereits 1933 forderten sie die Entlassung Goslars. Weil ihnen damit kein Erfolg beschieden war, versuchten sie, dieses Ziel auf einem anderen Wege zu erreichen: 1935 wurde Goslar aus der Reichsmusikkammer ausgeschlossen. Dieser Ausschluss führte zu seiner einstweiligen Beurlaubung als Organist und Chorleiter. Doch schon 1936 wurde die Beurlaubung aufgehoben. Über das Hetzblatt »Der Stürmer« versuchten seine Gegner, Goslars Person zu treffen. Dies führte zu einer neuerlichen Beurlaubung und schließlich 1936 zur Entlassung Goslars. Der Pianist und Komponist Julio Goslar wurde zur Zwangsarbeit verpflichtet. Schon bald gelang es ihm, im Untergrund zu verschwinden und dort sein Leben zu fristen. 1945 konnte er, nachdem der braune Spuk beendet war, wieder auftauchen. Weil aber inzwischen ein anderer Organist in der Gemeinde tätig war, konnte Goslar zunächst nur aushilfsweise den Gottesdienst wieder begleiten. Als die Stelle frei wurde, konnte Goslar seine Tätigkeit für die Nippeser Gemeinde im Dezember 1945 wieder aufnehmen. Nach seiner Pensionierung 1951 betätigte er sich bis 1973 als Organist in Kölner Gefängnissen. Julio Goslar starb 1976 in Köln.

Luther-Notkirche mit Lutherturm

Evangelische Kirchengemeinde Mülheim am Rhein

Mülheim

Adamsstraße 49-51
51063 Köln

☏ 0221-612454
www.lutherturm.de

• Karte 2, f4
Ⓗ Wiener Platz
Linien 4, 13, 17, 18, 19

Die Frühgeschichte der Kirchengemeinde Mülheim am Rhein ist eng mit der der Friedenskirche verbunden, vgl. S. 190. In der zweiten Hälfte des 19. Jahrhunderts erwies diese sich angesichts der stetig wachsenden Mitgliederzahl als zu klein. Die Gemeinde beauftragte deshalb das Architekturbüro Schreiterer & Below mit dem Bau einer zweiten Kirche in Mülheim. Die von 1893 bis 1895 errichtete Luther-Kirche war eine dreischiffige Emporenkirche mit eintürmigem Westbau und angesetztem Chor. Sie wurde bis auf den Westbau mit dem Turm 1944 zerstört. Weil eine Wiederherstellung nicht möglich war, entschloss sich das Presbyterium, sich des Notkirchenprogramms, welches das Deutsche Evangelische Hilfswerk 1946 in Auftrag gegeben hatte, zu bedienen. Die Entscheidung wurde insofern erleichtert, als die amerikanische Sektion des Lutherischen Weltbundes dieses Programm mit erheblichen finanziellen Mitteln unterstützte und der Gemeinde 10 000 $ für den Bau ihrer Notkirche zur Verfügung gestellt hatte.

Der alte Turm (1895) wacht über der schlichten Notkirche.

Bei diesem Notkirchenprogramm handelte es sich um ein von dem Kirchenbaumeister Otto Bartning zusammen mit Otto Dörzbach und A. Wechsler entwickeltes Baukastensystem. Dieses ermöglichte es den Gemeinden, ihre Notkirche in Eigenleistung zu errichten. Wie fast bei den meisten der nach diesem Programm errichteten 45 Notkirchen, besteht das Mauerwerk der von 1948-1949 aufgestellten Mülheimer Notkirche aus Ziegeln, die aus den Trümmern der zerstörten Lutherkirche gewonnen worden sind. 1956 wurde die östlich des Turmes verbliebene ruinöse Bausubstanz wegen Baufälligkeit gänzlich abtragen. 1957 kamen drei Glocken der Gießerei F. W. Rinker in den alten Turm. Während der von 1968 bis 1978 betriebenen Renovierung des Turmes wurden Gemeinderäume in ihn eingefügt.

Die Notkirche ist aus Fertigteilen errichtet worden.

Der Kölner Notkirche steht eine gemauerte Giebelwand vor, die eine kleine Distanz zur Straße hält. Die beiderseits angesetzten, flachgedeckten Flügelbauten, in denen die Gemeinderäume untergebracht sind, heben ihrerseits diese Distanz auf, so dass eine lebendige Fassade geschaffen ist. Der seitliche Zugang führt in eine Vorhalle, die von der Empore formuliert wird. Der Saal ist relativ kurz und recht breit. Weil die Satteldecke steil aufsteigt, gewinnt er optisch eine beträchtliche Höhe. Gegenüber der Empore schließt eine polygonal gebrochene Apsis den Raum. Die wie Lamellen wirkenden Dreigelenkbinder konzentrieren den Raum auf den Chor, der durch Stufen und mittels einer niedrigen Brüstung aus dem Gesamtraum isoliert ist. Mit der über die Brüstung hinaus vorgeschobenen Kanzel nimmt er Kontakt zum Raumteil der Gemeinde auf. Unterhalb der Tauflinie umgreift ein schmales Lichtband den Raum an drei seiner Seiten. Mit seiner bandartigen Wirkung konzentriert es den Raum und vermittelt ihm gleichmäßige Helligkeit. Im Chor steht genau in der Raumachse und über dem Grundstein ein großes Holzkreuz, es steht gewissermaßen im Fluchtpunkt des Raumes.

Der Turm der Luther-Kirche steht seit 1983 unter Denkmalschutz, und die Luther-Notkirche ist 1988 zum Baudenkmal erklärt worden.

MARKUSKIRCHE PORZ-EIL

Evangelische Kirchengemeinde Porz

Die Markuskirche ist die zweite nach 1945 von der Kirchengemeinde Porz neu erbaute Kirche, vgl. S. 214. Seit 1954 bemühte sich die Gemeinde um ein Grundstück in Eil, das ihr schließlich 1960 von der Stadt Porz geschenkt wurde. Nach einem Wettbewerb beauftragte die Gemeinde den Baurat Walter Meyer-Hermann mit dem Bau der Kirche, die von 1962 bis 1963 enstand. 1968 erklang erstmals die von Emil Hammer gebaute Orgel. In den Siebzigerjahren wurden die Innenwände mit einer Holzvertäfelung versehen. Herbert Schuffenhauer schuf 1982 eine Taufstele mit bronzenem Becken.

Die Markuskirche steht in einer weiten, zur Straße hin geöffneten Grünanlage, die in der Tiefe des Grundstückes von flachgedeckten Gemeindebauten gesäumt wird. Der weiß verputzte Zentralbau steht über hexagonalem Grundriss und schließt mit einem tief gefalteten Dach. Seine übergiebelten, weiß gefassten Wände werden jeweils von einem breiten Stahl-Glas-Rahmen umfangen, so dass sie wie in eine gläserne Architektur hineingestellt wirken. Zwischen ihnen stehen schmale, gefasste Betonpfeiler, die sich nach außen neigen, um die Spannung des zwölffach gefalteten (Zelt-)Daches in Ruhestellung zu halten. Sie sind zugleich Ausgangspunkt sowohl der Giebelschrägen als auch der »Zeltnähte«, die unter dem Kreuz mit seiner aus feinen Edelstahlstäben formulierten Krone von Tilmann Stollwerck zusammentreffen.

Ein dynamisches Lichtband umgreift den Zentralraum.

Das ein wenig eingetiefte und ebenfalls in eine Stahl-Glas-Rahmung eingestellte Bronzeportal führt in einen von der Empore überspannten Vorraum, so dass der Kirchsaal sich erst in seiner ganzen Weite und Schönheit öffnet, wenn der Vorraum verlassen ist. Weil der mit Schieferplatten versehene Fußboden unmittelbar hinter dem Vorraum beginnt sich abzusenken und das Gestühl fächerförmig aufgestellt ist, wird eine starke Bewegung zum Altarbereich ausgelöst. Mit seiner trapezförmig vorgeschobenen Estrade fängt dieser die Bewegung ab, die am Altar zum Stillstand kommt. Seitlich steht die Taufstele, die ein linsenförmiges Becken trägt, von dessen höchstem Punkt eine feine Bronzenadel abgeht, die eine kleine Geist-Taube in der Schwebe hält. Ein sich aus der sehr hohen (Zelt-)Spitze herabsenkender Radleuchter bindet den Raumteil der Gemeinde und den Altarbezirk zu einer Einheit zusammen.

Porz-Eil

Martin-Luther-Straße 30
51149 Köln

☏ 02203-955460
www.kirche-porz.de

• Karte 2, 87
Ⓗ Am Heiligenhäuschen
Linie 162

Martin-Luther-Kirche
Evangelische Kirchengemeinde Porz-Wahn-Heide

Martin-Luther-Kirche

Wahn-Heide

Sportplatzstraße 63
51147 Köln

☏ 02203-65072

• Karte 2, h8
Ⓗ Bieselweg
Linie 160

Nach 1945 war der Zuzug nach Porz so erheblich, dass die Kirchengemeinde Porz sich 1953 veranlasst sah, ihre Pfarrbezirke neu zu ordnen, vgl. S. 214. Schließlich schied Porz-Wahn-Heide 1964 als selbstständige Kirchengemeinde aus dem Verband aus.

Nach einem Wettbewerb errichtete das Architektenehepaar Ulrich Vossbeck und Anneliese Vossbeck-Krahwinkel von 1966 bis 1968 ein Gemeindezentrum mit Kirche in Wahn. 1987 gab die Gemeinde der Kirche den Namen Martin-Luther-Kirche.

Die Firma Werkkunst Peters schmiedete 1970 aus Eisen ein Kreuz, das seit 1970 an der Altarrückwand angebracht ist. Ein ähnliches, wesentlich größeres Kreuz aus Stahl, das aus dem selben Atelier stammt, kam 1992 an die Fassade. Klaus Becker stellte 1971 seine 1970 gebaute Orgel in die Kirche. Eine besondere Zierde sind die 1990 von Johannes Schreiter geschaffenen Kirchenfenster.

Je drei durchfensterte Staffeln formulieren die Fassade.

Die nach ihrer Größe unterscheidbaren drei Glieder des Bautenensembles, die Kirche, die Pfarrwohnungen und die Gemeinderäume werden von einem Atrium zusammengebunden. Gemeinsam ist ihnen ihre Ausführung in Sichtbeton. Beherrschendes Element ist, was die Höhe, das Volumen, die Gestalt und auch die Lage anbelangt, die Kirche. Sie steht im Winkel des Eckgrundstückes und übernimmt damit auch eine städtebauliche Aufgabe. Ein gemeinsames, mit Kupfer verkleidetes großes Portal, das durch das Betonrelief von Eugen Keller eine Betonung erfährt, führt in den eingeschossigen, von schlanken Pfeilern gestützten Umgang um das Atrium, dem somit die Aufgabe eines Vestibüls zugewiesen ist. Reihen sich die Gemeinderäume um zwei Flügel des Atriums, so berührt die Kirche das Atrium nur mit ihrem Eingangsbereich.

Die flachgedeckte Saalkirche erhebt sich über quadratischem Grundriss. Zwei der den beiden Straßen zugewandten Ecken des Kubus sind jeweils in dreigliedrige Staffeln aufgelöst, woraus sich eine höchst plastische Durchbildung des Baukörpers ergibt. Die gebäudehohen Stirnen der schmalen Staffeln sind künstlerisch verglast, so dass daraus ein zarter Farbeffekt resultiert.

Mit ihrer beidseitigen Staffelung und dem am Mittelteil angehefteten Kreuz ist die Südseite Identifikationsträger des Ensembles. Wie der Außenbau so ist auch das Innere des Zentralbaues in Sichtbeton gehalten. Es wird gleichfalls durch die Plastizität der Staffelung geprägt, die über die Binder auf die Decke überführt wird. Hier im Inneren vermitteln die schmalen verglasten Staffeln dem ohnehin schon recht hohen Raum eine ins Monumentale gesteigerte Höhenwirkung, die zwar am Außenbau ebenso vorhanden, doch nicht von dieser Eindringlichkeit ist. Durch die farbstarke künstlerische Verglasung erfährt der Saal eine weitere Belebung. Staffeln und Binder lösen eine Bewegung hin auf die Ostwand aus, die mit ihrer großen geschlossenen Fläche monumentale Folie für den mittels einer einstufigen Estrade aus dem Gesamtraum isolierten Altarbezirk ist. Auf diesen hin richtet sich auch die Absenkung des mit Bruchgestein ausgelegten Fußbodens. Der gestaffelten Raumseite gegenüber begleitet eine brüstungshohe Tribuna für die Sänger den Raum, die auch die Orgel aufnimmt. Weil die Sängertribuna fast die ganze Seitenlänge beansprucht, wird sie wie die gesamte Architektur zu einer optischen Hinführung auf den Altarbezirk mit den dort leicht erhöht stehenden Prinzipalstücken.

Auch das Innere wird von den Staffeln geprägt.

Matthäuskirche
Evangelische Kirchengemeinde Köln-Lindenthal

Die Matthäuskirche ist die zweite der drei Predigtstätten der Kirchengemeinde Köln-Lindenthal, vgl. S. 226. Sie wurde im Anschluss an einen 1970 ausgeschriebenen Architektenwettbewerb von 1975 bis 1977 von dem Architekturbüro Peter Busmann und Dr. Godfrid Haberer errichtet. 1980 kam die von Willi Peter konstruierte Orgel in den Kirchsaal.

Die mittels Vor- und Rücksprüngen in einzelne Kuben aufgelösten und somit sehr plastisch durchgebildeten drei flachgedeckten Baukörper des Gemeindezentrums fügen sich ohne irgendeine Abgrenzung in die Fluchten der beiden Straßen ein. Zwischen den beiden vier- bis fünfgeschossigen und mit schwarzen Kunstplatten verkleideten großen Baublöcken, die mit ihrer Auflösung ihre vielfältige Nutzbarkeit für das Leben einer Gemeinde demonstrieren, spannt sich der mittels schwarzgrauer Kunstschindeln besonderte und etwa zwei Geschosse hohe, flachgedeckte Doppelblock aus Bet- und Gemeindesaal.

Beide liegen um ein halbes Geschoss unterhalb des Straßenniveaus. Sie sind über eine Außentreppe zu erreichen; im Inneren verbindet sie eine Treppe mit dem Eckbau. Der Zugang vermittelt in eine längs gerichtete, eingeschossige großzügig bemessene Vorhalle, von der aus der an ihrer westlichen Längsseite anschließende Betsaal und der an ihrer nördlichen Stirnseite liegende Gemeindesaal zu erreichen sind.

Der Eingang zu dem über einer gestreckten unregelmäßigen vierseitigen Grundfläche stehenden Betsaal liegt in der östlichen, gänzlich durchfensterten Längswand, die durch einen Betonpfeiler unterteilt ist. Wie dieser Pfeiler, so sind auch die beiden Stirnwände des Saales in Sichtbeton aufgeführt worden. Zwei kräftige, ebenfalls aus Sichtbeton gegossene diagonal über den Saal hinweg geführte Querbinder konzentrieren den Raum auf die weiß getünchte Kalksandsteinwand, die der Eingangswand gegenübersteht. Hier werden die Binder von zwei vor der Wand stehenden Sichtbetonpfeilern abgefangen, so dass sich zwischen den breiten Pfeilern ein virtuelles Kompartiment ausbildet, in dem konsequenterweise der Altar mittig steht. Eine aus Kopfholz gefügte, leicht gestelzte halbrunde Estrade hebt ihn über den aus gleichem Material gefertigten Fußboden. Kurz vor der Altarrückwand gibt die flache Holzdecke einen hohen Lichtschacht frei, so dass der Altarbezirk, in dem auch die aus Granit gearbeitete, plastisch gewundene Taufsäule und der Ambo stehen, in indirekt einströmendes Tageslicht getaucht ist. Aus der Raumorganisation und der Gestaltung der Altarestrade resultiert beinahe zwangsläufig eine halbkreisförmige Anordnung des Gestühls, so dass durch die mittige Stellung des Altares eine aktive Teilnahme der Gläubigen an der Liturgie ermöglicht ist. Eine große Falttür ermöglicht es, den großen Gemeindesaal mit dem Betsaal zu verbinden.

Der Außenbau ist sehr plastisch durchgebildet.

Zwei mächtige Rahmenbinder zentrieren auf den Altar.

Matthäuskirche

Lindenthal

Dürener Straße 83/
Herbert-Lewin-Straße 4
50931 Köln

☏ 0221-4769841
www.christen-in-lindenthal.de

• Karte 1, cd6
Ⓗ Universitätsstraße
Linien 1, 7

Matthäuskirche Gremberghoven
Evangelische Kirchengemeinde Porz

Gremberghoven

Teutonenstraße 51/
Auf dem Streitacker 32
51149 Köln

☏ 02203-955460
www.kirche-porz.de

• Karte 2, 87
Ⓗ Cheruskerstraße
Linie 152

Die Matthäuskirche ist die erste nach 1945 von der Kirchengemeinde Porz neu erbaute Predigtstätte, vgl. S. 214. Nach dem Erwerb eines Grundstückes im Jahre 1954 beauftragte die Porzer Gemeinde den Architekten Heinz Grotjahn 1957 mit dem Neubau, der 1958 vollendet war. Den Altar und die Kanzel stiftete das Gustav-Adolf-Werk, und den Taufstein schuf der Keramiker Wim Mühlendyck 1958. Noch im gleichen Jahre kamen drei Glocken in den Turm, und Ostern 1959 fand die Weihe der Walker-Orgel statt. Das benachbarte Gemeindezentrum stand ab 1967 für seine Aufgabe bereit.

Die in Skelettbauweise mit Kunststeinausfachung errichtete Matthäuskirche steht in einer kleinen Grünanlage. Ihre Konstruktionsweise wird durch die grüne Fassung ihres Betonrahmenwerks betont. Die Ausfachung mittels großer Kunststeinblöcke ist als Sichtmauerwerk belassen worden. Die Kirche erhebt sich über rechteckiger Grundfläche und schließt mit einem Satteldach. Ihre gegen Norden gerichtete Fassade zeigt den Querschnitt des Kirchsaales und ist durch ein Rundfenster im Giebel geöffnet. In der Achse der geschlossenen Südstirn tritt ein Wandstück um Mauerstärke vor. An den Längsseiten scheiden Betonständer sechs Wandfelder aus. Davon sind die beiden südwestlichen über ein bodenbündiges Betonfenster geöffnet; die restliche Wand ist dagegen nicht durchfenstert. Auf der Gegenseite werden die vier mittleren Wandfelder durch je eine Vierergruppe hochrechteckiger Fenster geöffnet, die direkt unter dem Traufbalken sitzen. Aus dem vorletzten, nordöstlichen Wandfeld wächst der Turm heraus, der mit einem Pultdach schließt. Gegen den Turm schlägt der Eingangsvorbau an, der so mit einem Pultdach mit der ebenfalls eingeschossigen Sakristei verbunden ist, dass eine Veranda vor dem Eingang resultiert.

Die freie Turmseite ist vollständig verglast.

Der Zugang führt zunächst unter die Empore, die den direkt an den Kirchsaal angeschlossenen Gemeindesaal überspannt. Sie erhält über das Rundfenster farblich aufgeladenes Licht. Das Sprossenwerk des Fensters formuliert ein Kreuz, das von vier Stahlen hinterfangen wird. Im Inneren sind die Ständer des Rahmenwerkes blau gefasst. Sie treten soweit aus dem Mauerwerk vor, dass sie die in Sichtbeton gegossenen Unterzüge stützen können. Durch diese Konstruktion wird auch der Innenraum in eine Abfolge von Jochen aufgelöst und somit rhythmisiert. Der zwei Joche füllende Altarbezirk ist mittels dreier Stufen über das Laufniveau gehoben. Eine wandhohe achsiale Nische in Mauerstärke bietet ihm eine konzentrierende Folie. Seitenlicht erhält der Altarraum über das künstlerisch gestaltete Betonfenster, das zwei Wandfelder füllt. Das Thema ist nach Ausweis der Angabe »Matthäus 1,1-17« die Ahnenreihe Jesu über Abraham und David, die Matthäus seinem Evangelium vorangestellt hat.

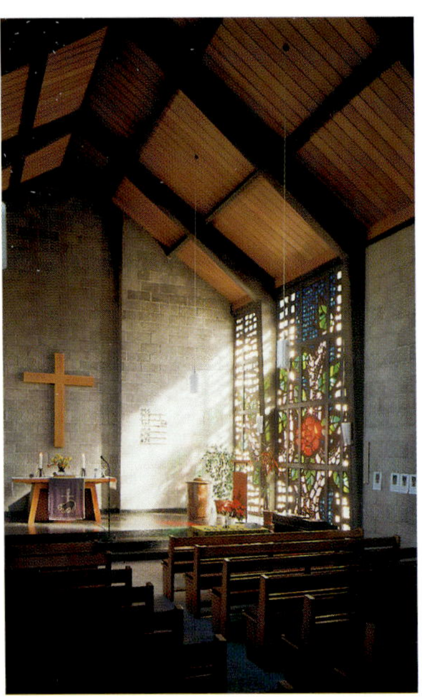
Der Chor wird von farbigem Licht durchflutet.

Der neue Chor vertritt die zerstörte Rotunde.

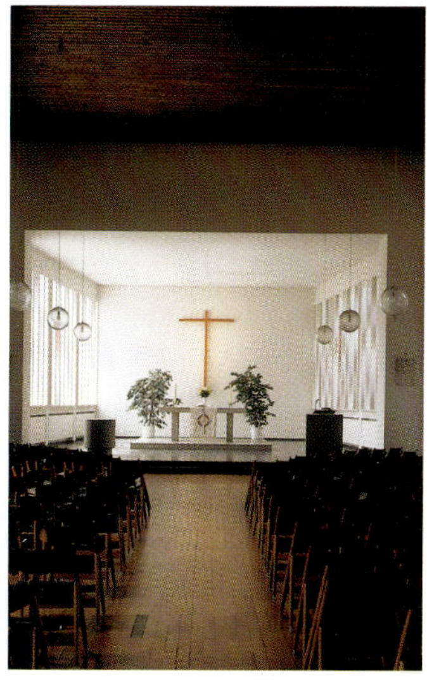

MELANCHTHONKIRCHE

Evangelische Kirchengemeinde Köln-Zollstock

Die in Zollstock lebenden Protestanten waren bis 1935 Mitglieder der 1899 gegründeten Kirchengemeinde Bayenthal, vgl. S. 234. Im April 1935 wurde der Bezirk Zollstock mit Raderthal zur selbstständigen Kirchengemeinde erhoben.

Im Januar 1927 schrieb das Bayenthaler Presbyterium einen Architektenwettbewerb aus, der die Kombination einer Predigt- mit einer Feierkirche zur Bedingung machte. Der geteilte erste Preis wurde den Entwürfen von Paul Pott und Theodor Edwin Merrill zuerkannt und Merrill aufgefordert, seinen Entwurf zu überarbeiten. Nachdem die Gemeinde 1928 ein Grundstück erworben hatte, errichtete Th. Merrill die Kirche und das gemäß dem korrigierten Entwurf in den Kirchbau integrierte Gemeindezentrum von 1929 bis 1930. Das dreistimmige Geläut der Gießerei F. W. Rincker kam 1930 in den Turm. Lambert Schmithausen setzte im Mai 1932 das von ihm aus italienischem Nussbaumholz geschnitzte Kirchenportal ein.

Das Gemeindezentrum war, beziehungsweise ist über einem Souterrain zweigeschossig organisiert. Im Obergeschoss lagen der längsrechteckige Predigt- und Gemeindesaal und die an seiner Weststirn anschließende Rotunde der Feierkirche. Zwischen beiden Räumen vermittelte ein kleiner Gelenkraum, in dem der Altar stand. Eine Luftmine zerstörte 1944 die Rotunde, den verbindenden Gelenkraum und die flankierende Sakristei, sowie sämtliche Fenster; der Predigtraum wies große Schäden auf. Der 1947 von dem Architekten Friedrich Tucholski vorgeschlagene Wiederaufbau der Rotunde wurde von der Kirchenleitung abgelehnt. 1956 erhielt das Architekturbüro Dr. Schulze & Dr. Hesse den Auftrag, anstelle des im Kriege zerstörten Westteils einen neuen zu errichten, der aber nicht mehr als Feierkirche sondern als ein dem Langraum angefügter Chor konzipiert werden sollte. 1957 konnte der neue Westteil seiner Bestimmung übergeben werden. Im Oktober 1957 kamen zwei von der Gießerei F. W. Rincker gegossene Glocken in den Turm, wo die kleinste der 1930 gegossenen Glocken verblieben war, so dass nun wieder ein dreistimmiges Geläut erklingt. 1959 wurde ein neuer Altar aufgestellt und der Innenraum der Kirche erhielt sein heutiges Aussehen. Im März 1964 wurde die neue Willi-Peter-Orgel eingeweiht. In den Jahren 1967 und 1978 ist der Bau renoviert worden.

Die Melanchthon-Kirche folgt als erste der Kölner Kirchen strikt den Prinzipien des »Neuen Bauens«. Die einzelnen Glieder des Ensembles sind bis auf den Turm auf einer gemeinsamen Achse gruppiert. Der Eingangsbau bildet mit dem Turm eine Einheit. Dieser tritt zwar über die Flucht des folgenden Langbaues, bleibt aber mit seinem Flachdach unterhalb von dessen Höhe. Dem über eine breite Treppe zugänglichen Eingangsbau steht eine Fassade vor, die, wie an ihrem seitlichen, leicht geböschten Überstand erkennbar, als dünne Scheibe formuliert ist. Zur Steigerung ihrer Flächigkeit wird sie nur durch das Portal und ein Schlitzfenster geöffnet. Sie betont ihre Eigenständigkeit mit der nur hier auftretenden Parabel der Portalnische. Der anschließende zweigeschossige Langbau übersteigt mit seinem Segmentgiebel den Eingangsbau. Während sein Erdgeschoss mittels einer dichten Folge von niedrigen querlagernden Fenstern geöffnet ist, wird das Obergeschoss durch vier schlanke, hohe Rechteckfenster als Ort des Kirchsaales bezeichnet. Der neu errichtete Westbau ist gegenüber dem Langbau etwas eingezogen und erhebt sich über trapezförmiger Grundfläche. Seine Lamellenfenster erweisen ihn als ein Werk der Fünfzigerjahre. Im Inneren haben sich sowohl das Treppenhaus und der Kirchensaal – die ehemalige Predigtkirche – weitgehend erhalten. Die Empore ist abgetragen, und unter den ursprünglichen Bindern ist eine hölzerne Flachdecke eingehangen worden. Der Altar ist tief in den neuen Chor gestellt worden; damit ist die einstige Zweiräumigkeit aufgegeben.

Die Melanchthonkirche ist 1982 zum Baudenkmal erklärt worden.

Eine mächtige Parabel rahmt das Portal.

Zollstock

Breniger Sraße 18
50678 Köln

☏ 0221-936436-10
www.melanchthonkirche.de

• Karte 2, d7
Ⓗ Kalscheurer Weg
Linie 12

Nathanaelkirche

Evangelische Nathanael-Kirchengemeinde Köln-Bilderstöckchen

Bilderstöckchen

Escher Straße 160
50739 Köln

☏ 0221-82009-0

• Karte 2, d4
Ⓗ Escher Straße/Gürtel
Linie 13

Die Evangelische Nathanael-Kirchengemeinde Köln-Bilderstöckchen wurde 1962 selbstständig. Zuvor gehörten große Teile des heutigen Gemeindebezirkes zur Kirchengemeinde Weidenpesch, die 1957 aus der Kirchengemeinde Nippes ausgepfarrt worden war, vgl. S. 216 und S. 185.

Bereits 1963 erwarb die neue Gemeinde ein Grundstück, so dass mit dem Bau des Gemeindezentrums mit integrierter Kirche 1964 begonnen werden konnte; 1965 war das von den Architekten Hans Berger und Jürgen Hartmann konzipierte Zentrum vollendet. Heinz Heiber schuf 1965 die Prinzipalstücke und setzte im selben Jahre seine Glasmalereien ein, welche die zwölf Tore der Himmlischen Stadt vorstellen. Seit 1974 führt eine Orgel von Willi Peter den Gesang der Gemeinde. Als die Gemeinde 1978 das dreistimmige Geläut bestellte, sorgte sie zugleich für einen Glockenturm, den sie dicht an der Straße errichtete.

Der filigrane Glockenträger ist ein Blickfänger.

Das Gemeindezentrum wird von der geknickten und vollständig verglasten Giebelfassade der Kirche überstiegen. Ihr antwortet dicht am Straßenrand der skulptural verstandene und durch ein integriertes Betonkreuz als Träger des Identifikationsmales ausgezeichnete Glockenturm. Mit diesen beiden Vertikalen ist ein Ausgleich zu der breiten Lagerung der eingeschossigen Gemeindebauten gegeben und zugleich der sie überhöhenden Kirche eindeutige Prävalenz zugesprochen. Mit einladender Geste formulieren die Gemeindebauten einen kleinen trichterförmigen Vorplatz, an dessen Ende der breite Eingang in das der Kirche direkt vorgelagerte Vestibül vermittelt. Es verbindet mit seiner Weitläufigkeit alle Räume, von denen die meisten, wie auch die Kirche und der neben ihr liegende Gemeindesaal, einen sechsseitigen Grundriss haben.

Eine leichte Streckung des Kirchengrundrisses ermöglicht eine Konzentration des Raumes auf den Altar, weil durch sie eine Raumachse ausgebildet ist, auf deren Endpunkt der Altar steht. Die so entstandene Bewegung hin auf den Altar wird durch die Absenkung des Laufniveaus und die deshalb »stürzenden« unteren Wandkanten, sowie durch die Führung der Firstlinie über die Raumachse hinweg verstärkt. Diesen Sog der Architektur hin auf den ochsenblutroten Blockaltar fängt dieser auf, und das auf ihm stehende feine Stahlkreuz überführt die Raumbewegung hinauf zur »hochgeklappten« Decke, wo sie sich im Diffusen verliert. Seitlich wird der Raumteil der Gemeinde von der gestuften Tribuna für die Schola und die Orgel begleitet. Durch eine leichte Ausstellung der Wände wird am Ende der Tribuna und seitlich des Altars ein Kompartiment ausgespart, in dessen Mitte das Taufbecken steht.

Altar, Kreuz und Leuchter sind von hoher ästhetischer Qualität.

Raum und Ausstattung sind auf den Altar ausgerichtet.

Paul-Gerhard-Haus

Evangelische Kirchengemeinde Köln-Höhenberg-Vingst

Ursprünglich gehörten die Protestanten aus Vingst zur Mülheimer Kirchengemeinde, 1857 wurden sie Mitglieder der Kirchengemeinde Deutz und seit 1877 Angehörige der Kalker Gemeinde, vgl. S. 190, S. 235 und S. 200 . 1957 wurde der Kalker Bezirk Höhenberg-Vingst schließlich in die Selbstständigkeit überführt. Geistiger Mittelpunkt der neuen Gemeinde war die Erlöserkirche in Vingst, vgl. S. 184. Nach 1945 machte der stetige Zuzug evangelischer Christen in die Gemeinde eine zweite Predigtstätte notwendig. Das Presbyterium vergab einen Direktauftrag an das Architekturbüro Dr. Schulze & Dr. Hesse, welches das Gemeindezentrum mit integriertem Kirchsaal von 1964 bis 1966 errichtete.

Ein hohes Souterrain ermöglicht die Anlage einer Treppe.

Vermutlich waren die Prinzipalstücke – Altar, Kanzel und Taufbecken – bei der Einweihung bereits vorhanden. 1967 kam die von Willi Peter gebaute Orgel in den Kirchsaal. 1978 setzte Kurt Winnen die von ihm entworfene und gefertigte künstlerische Verglasung ein, und ebenfalls 1978 nahm die Gemeinde das große Standkreuz in Empfang.

Das zweigeschossige Gemeindezentrum, ein weiß verputzter flachgedeckter und mit Ziegeln ausgefachter Betonskelettbau, steht über einer rechteckigen Grundfläche. Das ihm untergeschobene Souterrain hebt den von Westen nach Osten gerichteten und durch nur wenige horizontal geführte Schlitzfenster geöffneten Quader über das Außenniveau. Dadurch konnte seinem Eingang eine Treppe vorgelagert werden, die auf die Begehung des Baues einstimmt. Das verglaste doppelflügelige Portal leitet in ein eingeschossiges, von der Empore überspanntes, unerwartet großes Vestibül, das in den Kirchsaal und über eine Wendeltreppe sowohl in den Souterrain als auch auf die Empore vermittelt. Die Größe des Vestibüls ermöglicht es der Gemeinde, sich nach dem Gottesdienst zum nachbarlichen Austausch zu treffen. Der Gemeindesaal liegt mit weiteren Gemeinderäumen im Souterrain, das wegen des Abfalls des Geländes an seiner Nordseite frei steht, so dass es ausreichend mit natürlichem Licht versorgt ist.

Im Kirchsaal greift die Empore, die auch das Vestibül überspannt, etwas über die Eingangswand hinaus. Deshalb kann die ganze Dimension des etwa zwei Geschosse hohen, quadratischen Saales nicht sofort erfasst werden. Seine flache Holzdecke wird durch drei Unterzüge, die quer zu der von dem Eingang und dem ihm gegenüberstehenden Altar formulierten Raumachse geführt sind, in vier Abschnitte aufgeteilt. Während die Südwand geschlossen ist, wird die Nordwand in ihrer unteren Zone durch ein aus Betonbalken gebildetes dreifaches, blank verglastes Register geöffnet. Der breitere Mittelteil der Altarwand ist geschlossen. Dagegen sind die beiden flankierenden, schmaleren Achsen jeweils in eine dichte Folge horizontaler Balken aufgelöst, zwischen denen eine künstlerische Verglasung eingespannt ist. Das farbintensive Strahlenmotiv der Verglasung ist so organisiert, dass die Strahlen sowohl von der Mittelachse weg, als auch auf sie ausgerichtet erscheinen. Durch die Strahlen wird der gesamte Raum auf die geschlossene Mittelachse ausgerichtet, die mit einem Kreuz versehen ist, das über dem Altartisch hängt.

Altar und Kreuz werden von Strahlenbündeln flankiert.

Vingst

Marbergweg 69-71
51107 Köln

☎ 0221-9337661
www.kirche-koeln.de/hoehenberg-vingst

• Karte, 2, f6
Ⓗ Vingst
Linie 9

Paul-Gerhard-Kirche

Evangelische Kirchengemeinde Köln-Lindenthal

Paul-Gerhard-Kirche

Lindenthal

Gleueler Straße 106
50935 Köln

☏ 00221-4769841
www.christen-in-lindenthal.de

• Karte 1, bc7
Ⓗ Gleuler Straße/
Gürtel
Linien 136, 146

Die Kirchengemeinde Lindenthal wurde 1898 als selbstständige Gemeinde aus der Kölner Gemeinde ausgepfarrt, vgl. S. 164. Nach 1945 wurde der Pfarrbezirk so groß, dass neue Gemeinden installiert werden mussten, vgl. S. 175, S. 237. Ebenfalls nach 1945 entstanden zwei Kirchenneubauten im Pfarrbezirk, so dass die Gemeinde über drei Predigtstätten verfügt, vgl. S. 221 und S. 177.

Ebenfalls im Jahre 1898 wurde der neuen Gemeinde ein Grundstück geschenkt, auf dem Gemeindebaumeister Arthur Eberhard die künftige Kirche bauen sollte. Offenbar waren die Planungen weit vorangeschritten, denn Eberlein errichtete die Kirche innerhalb eines Jahres von 1900 bis 1901. Die Kirche erhielt keinen eigenen Namen, sie wurde wegen ihrer roten Backsteinaußenhaut einfach »die Rote Kirche« genannt. Die Grundrissfigur der als Sichtziegelbau ausgeführten Kirche bildete ein gleichschenkliges Kreuz, und im nordöstlichen Zwickel war der quadratische Turm eingestellt. Haupt- und Querschiff schlossen jeweils mit einem Satteldach, der Turm mit einer steilen achtseitigen Pyramide. Weil beide Schiffe gleich breit waren, resultierte aus ihrer Durchdringung eine Vierung. Stilistisch gehörte die schlichte Kirche der neoromanischen Baukunst an.

Im Zweiten Weltkrieg hatte die Kirche schwere Schäden erlitten. Bei der Neuweihe benannte die Gemeinde 1951 ihre Kirche nach dem Theologen und Lieddichter Paul Gerhardt (1607-1676). Als die Kirche von 1994 bis 1996 sowohl außen wie innen grundlegend renoviert werden musste, ließ die Gemeinde von dem mit der Renovierung beauftragten Architekturbüro Jöhnssen Ranft Lüke einen eingeschossigen Anbau an die Rückseite der Kirche ansetzen und die Kirche in Rot fassen. Im August 1999 entschied sich die Gemeinde nach einem Wettbewerb zur Gestaltung neuer Prinzipalstücke für die Entwürfe von Werner Pokorny. Seit April 2001 stehen der neue Abendmahlstisch, eine Taufe mit eingelegter Messingschale, eine Kanzel und ein Standleuchter, die Pokorny alle aus afrikanischem Birnbaumholz (Moabi) schuf, in der Kirche. Zum gleichen Termin kam auch das von Pokorny aus sieben grüntonigen Glasplatten gefertigte Kreuz an die Chorrückwand.

Die »Rote Kirche« steht auf einer Straßeninsel, die durch die Gabelung und durch die Wiederzusammenführung einer Hauptverkehrsstraße gebildet wird. Das dreigliedrige Bautenensemble fügt sich aus dem hoch aufsteigenden, über rechteckiger Grundfläche stehenden und mit einem Satteldach schließenden Saalbau, der Vertikalen des im Querschnitt ebenfalls längsrechteckigen Turmes sowie dem eingeschossigen, mit Pultdach gedeckten dreigliedrigen Anbau, der den Saalbau an drei seiner Seiten umgreift. Die beiden Stirnseiten des Saalbaues werden jeweils von einer flachen Rechtecknische, die bis in den offenen Giebel aufsteigt, in drei Achsen gegliedert. Während die rückwärtige Stirnseite geschlossen bleibt - hier findet sich lediglich eine Kreuzesdarstellung in Scrafitto-Technik – öffnet direkt oberhalb des breiten Einganges eine Dreierformation aus schmalen hochrechteckigen Fenstern die Mittelachse. Der windfangartig gestaltete Eingang wird durch ein breites, über die Mittelachse herausgreifendes Vordach betont und von zwei kleinen Fenstern flankiert, die in den Seitenachsen der Fassade sitzen. Vier paarweise angeordnete, sehr hoch sitzende Gruppen schmaler Vertikalfenster öffnen die westliche Längsseite. Dagegen wird die Ostseite nur durch ein Paar dieser Fenster geöffnet, das kurz vor dem Südende der Wand sitzt. Die Fenstergruppen finden sich maßstäblich angepasst auch an den beiden Längsflügeln des Anbaues. Der Turm tritt an der Ostseite ein wenig hinter die Flucht der Fassade zurück. Er betont nicht nur durch seine Form und seine Höhe seine Selbstständigkeit, sondern auch durch drei zonende, in feinem Grau gefasste Gesimse, die nur an ihm auftreten. Seine Verbundenheit mit dem Saalbau demonstriert er durch seinen gesattelten Abschluss und mittels der parallelen Lage seines Firstes zu dem des Saalbaues.

Das Innere der achsial zu betretenden Saalkirche teilt sich schrittweise beim Passieren der von der Empore ausgebildeten Vorhalle mit. Der sehr hohe Raum wird von seiner Rechtwinkligkeit und der geradlinigen Führung seiner Kanten und Ecken bestimmt. Indem er ganz in Weiß gehalten ist, ist ihm jede Schwere genommen. Einen wesentlichen Beitrag

Die »Rote Kirche« ist das Wahrzeichen des Stadtteils.

Werner Pokorny, Kreuz und Prinzipalstücke, 2001.

zur atmosphärischen Gestimmtheit des Raumes leisten die in unterschiedlich intensiv leuchtenden Gelbtönen gehaltenen Fenster. Seitlich lässt sich der Kernraum von kurzen, eingeschossigen Raumflanken begleiten, die ihm optisch eine breite Raumbasis vermitteln. Die Gestaltung des um drei Stufen erhöhten Chores greift das Gestaltungsmotiv der Fassade auf, indem sie die flache Rechtecknische übernimmt. Von hoher Delikatesse sind nicht nur die drei Prinzipalstücke selbst, sondern auch ihre Beziehung zu dem in der Nische eingebrachten monumentalen Kreuz: Während bei der Aufstellung von Altar, Taufe und Kanzel auf strenge Symmetrie geachtet worden ist, hängt das Kreuz asymmetrisch in der Nische. Dadurch entsteht eine starke Spannung zwischen diesen Objekten, die den gesamten Chor füllt. Eine sehr subtile Einpassung an den vom rechten Winkel bestimmten Raum vollzog der Künstler, indem er den Kreuzungspunkt der Kreuzarme durch ein aufgetragenes Quadrat betonte. Die zeitgemäße Beleuchtungsanlage, die Formen des Raumes aufgreift und sich dem Raum unterordnet, erfüllt hohe ästhetische Ansprüche.

PAULUSKIRCHE

Evangelische Kirchengemeinde Köln-Dellbrück/Holweide

Dellbrück

Thurner Straße 105
51069 Köln

☏ 0221-682465
www.dellbrueck2000.de

• Karte 2, h4
Ⓗ Dellbrück, Hauptstraße
Linien 3, 18

Nach 1945 nahm die Besiedlung Dellbrücks ein Ausmaß an, das den Bau einer zweiten Predigtstätte erforderlich machte, vgl. S. 172. Die Gemeinde tauschte 1962 ein 1954 erworbenes Grundstück, so dass die neue Kirche einen wohnungsnahen Standort erhielt. Weil der Architekt Dr. Walter Fleck frühzeitig Entwürfe für ein Gemeindehaus und eine Kirche gefertigt hatte, konnte das Bauvorhaben innerhalb von 1964 bis 1965 realisiert werden.

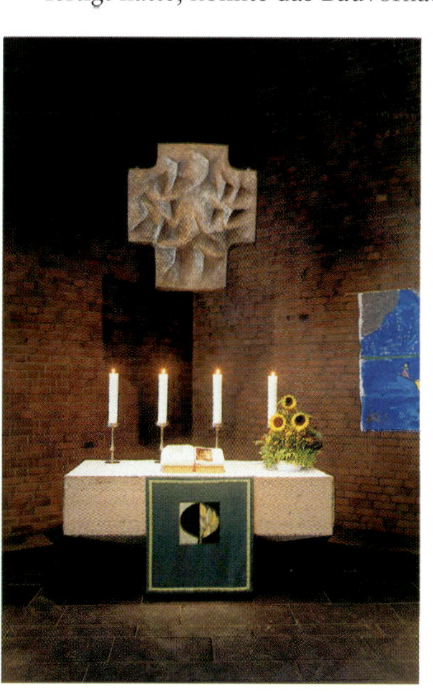

Kurt-Wolf von Borries, Kreuz mit Dornenkrone, 1965.

Inzwischen konzipierte und fertigte der Bildhauer Kurt-Wolf von Borries die Ausstattung: Den Altar, die Betonreliefs in der Emporenbrüstung, das große Hängekreuz mit der Dornenkrone und vier Leuchter; die Kanzel wurde nach einem Entwurf des Architekten gefertigt. Das silberne Altargerät ist eine Arbeit des Silberschmiedes Gottholdt Schönwandt. 1969 erklang erstmals die von Willi Peter gebaute Orgel.

Ein plattierter Vorplatz ermöglicht den Zugang zur Kirche, die quer zur Straßenflucht in der Tiefe des Grundstückes steht. Die Kirche steht den flachgedeckten Gemeindebauten so vor, dass diese nicht direkt einsehbar sind. Im Gegensatz zur Kirche tritt der Campanile bis an den Straßenrand vor. Durch diese Positionierung der beiden Baukörper erhält der kleine Vorplatz eine festigende Rahmung.

Die als Betonskelettbau mit Ziegelverkleidung und Betondurchsatz errichtete Saalkirche steht auf einem sechsseitigen Grundriss. Die Grundrissfigur fügt sich aus zwei gleichgroßen Trapezen, die an ihren langen Grundseiten aneinander gesetzt sind. Während die vier Schrägwände einheitlich mit Ziegeln verkleidet sind, zeigen die beiden kurzen Langseiten eine dichte Perforierung mittels quadratischer, tieflaibiger und mit Rohglas geschlossener Betonelemente. Ein allen Wänden aufgelegter Betonbalken fasst das Bauwerk zusammen und macht die strenge geometrische Ordnung der einzelnen Elemente deutlich. Mit dem Kirchenbau korrespondiert der Campanile, des-

Der sechsseitige Raum ist auf den Altar konzentriert.

sen quadratischer und mit Ziegeln verkleideter Schaft die allseits mittels der genannten Betonelemente perforierte und flach schließende Glockenkammer trägt. Der Außenbau der Kirche ist von der klaren Zeichnung seiner Geometrie geprägt. Seiner vollkommen mittels kleiner quadratischer Betonfertigteile perforierten Fassade ist seitlich ein Portalvorbau eingefügt, der mit seiner Form die Großform der Fassade wiederholt. Aus der Abwinklung der kontrastierend zur Betonfassade mit Ziegeln verkleideten Seitenwände resultiert das große Trapez der der Straße zugewandten Hälfte des Satteldaches. Zugleich vermittelt die Linienführung der Seitenwände den Eindruck, als komme der Bau dem Besucher entgegen, wodurch eine Sogwirkung entsteht.

Dem kleinen Kirchsaal ist eine beruhigende Atmosphäre eigen, die von den verwendeten Baumaterialien – steinsichtig belassenen Ziegeln, Holz und kaum bemerkbarem Beton – geprägt wird. Die Führung der Stirnwände erweitert den Raum, ohne ihm seine bergende Kompaktheit zu nehmen. Über alle Raumteile hinweg ist die mit Holzlatten ausgelegte Satteldecke verbindendes Element. Die in Sichtbeton aufgeführte Empore füllt den östlichen der beiden über dreiseitiger Grundfläche stehenden Raumteile. Weil die Emporenstirn der Führung der beiden Ostseiten folgt, ergibt sich eine die Gemeinde umschließende und auf den Altarbezirk drängende Bewegung. Dieser Bewegung antwortet die Führung der trapezförmigen Altarestrade im westlichen Raumdreieck. Der durch das große Hängekreuz betonte Altar bleibt im Kontur des Seitendreiecks, während die Kanzel und die Taufe in den Raumteil der Gemeinde drängen. Der ungewöhnliche Grundriss machte eine fächerförmige Stellung des Gestühls möglich, wodurch die Gemeinde sich als Einheit erleben kann.

PAULUSKIRCHE

Evangelische Kirchengemeinde Köln-Höhenhaus

Höhenhaus

Dreisamweg 9
51061 Köln

☏ 0221-638212

• Karte 2, f4
Ⓗ Honschaftsstraße
Linie 155

Die 1964 errichtete Kirchengemeinde Köln-Höhenhaus ist eine Tochter der Kirchengemeinde Mülheim am Rhein, vgl. S. 190.

Nachdem 1950 ein Grundstück gefunden worden war, wurde zunächst ein Gemeindehaus errichtet. Unmittelbar nach seiner Weihe wurde 1952 mit dem Bau der Kirche begonnen, die der Architekt Martin Koerber entworfen hatte. Nach dem Tode von M. Koerber übernahm sein Sohn Jürgen Koerber die Vollendung des Baues. Die Kirche erhielt bei ihrer Weihe 1953 den Namen »Apostel-Paulus-Kirche«. 1964 stellte Georg Stahlhut die von ihm gebaute Orgel in der Kirche auf. Von 1964 bis 1965 wurde das Bautenensemble renoviert. Von 1969 bis 1970 ließ die Gemeinde einen Anbau an das Gemeindehaus anfügen. Den Kindergarten errichtete 1995 der Architekt Wolfgang Schmidtlein.

Die Apostel-Paulus-Kirche steht über schmaler längsrechteckiger Grundfläche. Die mit steilem Satteldach schließende, in allen ihren Teilen verputzte Saalkirche wendet sich mit ihrer südlichen Giebelseite der Straße zu. Allein mit ihrer ungewöhnlichen Höhe, die durch die geringe Breite noch gesteigert wird, und mit ihrem außergewöhnlich spitzen, offenen Giebel stellt sie sich als Fassade vor. Eine Art Würdeform bildet zusammen mit dem krönenden Bildzeichen das hohe und sehr schmale, in der Achse sitzende Fenster, das von einer Dreiergruppe kleiner hochrechteckiger Fenster optisch getragen wird. Im Giebelfeld wird das Fenster von einem in farbigem Putz gestalteten Symbol bekrönt. Es zeigt ein gleicharmiges Kreuz, dessen Winkel von den Darstellungen der »Vier Lebenden Wesen« gefüllt werden. Während die nördliche Giebelseite und die westliche Längsseite geschlossen bleiben, öffnen fünf hochsitzende, schmale Vertikalfenster die östliche Längsseite.

Ein kleiner, eingeschossiger und mit einem Satteldach schließender Eingangsbau an der Südwest-Ecke vermittelt unter die Empore, die vor die Fassadenwand eingespannt ist. Der ohnehin schon hohe Raum gewinnt noch durch die offene Satteldecke an Höhe, wodurch ihm eine feierliche Monumentalität eigen ist. Die Abfolge der Fenster löst eine Bewegung hin auf den steinernen Tischaltar aus, der auf einer zweistufigen Estrade vor der nördlichen Stirnwand steht. Seitlich, aber außerhalb der Estrade, wird er von der steinernen Kanzel und dem Taufbecken flankiert. Dem Taufbecken ist eine feine Silberschale eingelegt, deren Ornamentik eine Entstehung in der ersten Hälfte des 19. Jahrhunderts vermuten lässt. An der Westseite des Altarbezirkes ermöglicht eine Schiebetür die Erweiterung des Kirchsaales um den Gemeindesaal.

Das Emblem der Kirche im Giebelfeld.

Pauluskirche
Evangelische Kirchengemeinde Porz

Das Gemeindezentrum in Zündorf ist die sechste und jüngste der Predigtstätten der Kirchengemeinde Porz, vgl. S. 214. Die Gemeinde schrieb 1996 einen beschränkten Wettbewerb aus und bestimmte den mit dem ersten Preis ausgezeichneten Entwurf des Architekturbüros Kister Scheithauer Gross zur Ausführung. Die Bauarbeiten begannen 2002 und im September 2003 konnte die Pauluskirche ihrer Bestimmung übergeben werden. Die drei Prinzipalstücke gehen ebenso wie die Kreuzstele auf Entwürfe der Architekten zurück. Die kleine Glocke goss die Gießerei Lauchhammer 2003.

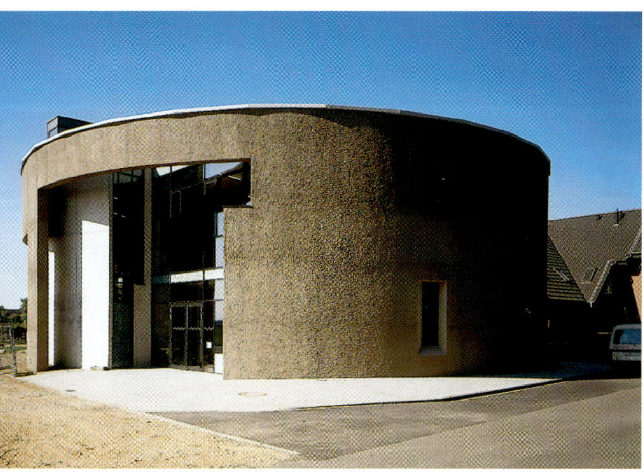

Sockellos steigt die erdfarben verputzte Rotunde auf.

Der mit erdfarbenem Verputz versehene Rundbau orientiert sich an der Höhe der Nachbarbebauung. Er zeichnet sich neben den Details seiner sensiblen Gestaltung, vor allem durch seine Form aus. Sockellos, und damit seine Erdverbundenheit betonend, wächst das Rund der größtenteils rau verputzten Außenschale aus dem Boden. Aus ihr »dreht« sich ein in hellem Sichtbeton belassener Wandteil heraus, der den Ort des Kirchsaales am Außenbau anzeigt. Nach Westen hin schneidet eine gerade geführte Betonwand aus dem Rundbau ein als Luftraum belassenes Segment heraus, in dessen Mitte ein zinkverkleideter Rechteckbau zur älteren Bebauung überleitet. Die weitgehend geschlossene Rotunde öffnet sich nach Osten über einen torartigen Wandausschnitt, der in den innerhalb der Peripherie liegenden kleinen Vorhof vermittelt. Dieser führt auf eine gebäudehohe Glaswand, die den Eingang umfängt.

Ein die Gebäudetiefe durchmessendes Vestibül erschließt das zweigeschossige Gemeindezentrum. Der in ihm stehende Rundpfeiler markiert die geometrische Mitte der Rotunde und trennt zwei gleich gestaltete Portale, von denen das eine in den Gemeinde-, das andere in den Kirchsaal führt. Die beruhigende Atmosphäre des hohen, über viertelkreisförmiger Grundfläche stehenden Kirchsaales gründet auf der feinen Abstimmung der Ausstattungsmaterialien: grauer und weißer Sichtbeton, Holz und Licht. Sowohl die einstufige Altarestrade als auch die Kreuzstele sind aus weiß eingefärbtem Beton gegossen, so dass sich der Altarbezirk wirkungsvoll von der gebogenen, mit Holzpaneelen verkleideten Rückwand abhebt. Architektonische Besonderung erfährt der Altarbezirk in mehrfacher Weise. Der »herausgedrehte« Wandteil ist vertikal lamellenartig gestuft, und die ihm vorgeblendeten Holzpaneele visualisieren durch ihre Staffelung in die Höhe die Drehbewegung des Wandteiles. Des Weiteren steigt die Decke von der Empore her auf und findet über dem Altarbezirk ihren höchsten Punkt, den zudem eine Lichtöffnung bezeichnet. Auch zielt die gesamte Lichtführung von allen Seiten aus auf ihn. Zwei schmale, raumhohe Glaswände, welche die durch das »Herausdrehen« der Wand entstandenen Distanzen zwischen den Wandteilen überbrücken, bieten ihm Seitenlicht, und der Ausschnitt in der Decke gibt Oberlicht. Partiell fällt Streiflicht über die auf Luke stehenden Holzpaneele. Mit taghellem Licht wird er zudem über das große Rückfenster der Empore versorgt, so dass die Helligkeit des Gesamtraumes vom natürlichen Licht bestimmt ist. Der von der Empore übergriffene Gemeindesaal kann mittels einer Falttür mit der Kirche verbunden werden.

Der »ausgedrehte« Wandteil ist von großer Dynamik.

Zündorf

Houdainer Straße 28
51143 Köln

☏ 02203-81476
www.kirche-porz.de

• Karte 2, g8
Ⓗ Zündorf
Linie 7

Der Raum hat die Proportion einer antiken Cella.

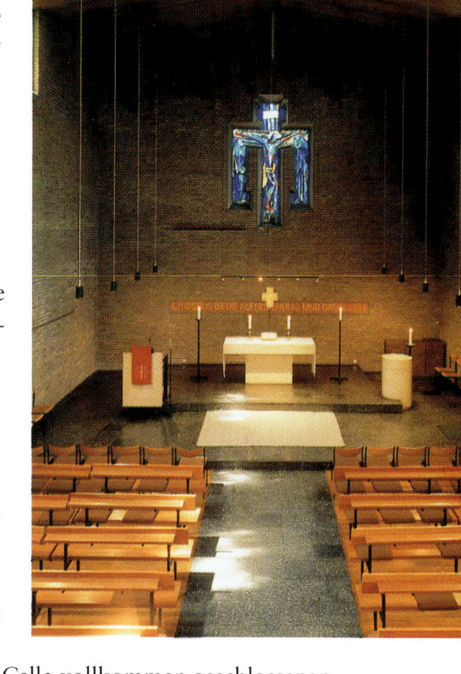

PETRIKIRCHE
Evangelische Kirchengemeinde Köln-Niehl

PETRIKIRCHE

Niehl

Schlenderhaner Straße 32-34
50735 Köln

☏ 0221-7122305
www.mauniewei.de

• Karte 2, e4
Ⓗ Weidenpescher Straße
Linie 134

Die Evangelische Kirchengemeinde Köln-Niehl ist eine 1957 selbstständig gewordene Tochter der Kirchengemeinde Nippes, vgl. S. 216.

Ihre Geschichte beginnt mit der großen Bevölkerungsverschiebung in den Jahren nach 1945. 1960 kaufte die neue Gemeinde ein Grundstück und beauftragte Baurat Heinrich Otto Vogel mit der Ausfertigung eines Entwurfs für eine neue Kirche mit integrierten Gemeinderäumen. Der Architekt Horst Welsch konnte von 1963 bis 1965 den Bau der Petrikirche ausführen. Bei der Weihe waren die von H. O. Vogel entworfenen drei Prinzipalstücke und die Turmbekrönung sowie der von Lies und Heinz Ebinger geschaffene Schriftfries an der Chorwand und das Chorfenster von Eugen Keller ebenso fertig gestellt wie die Langhausfenster von Franz Binsfeld. Noch 1965 kam das dreistimmige Geläut in den Turm. 1969 vollendete die Willi-Peter-Orgel die Ausstattung.

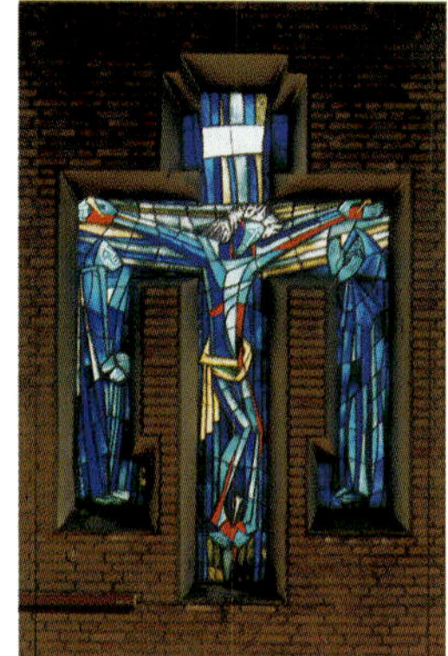

Eugen Keller, Kreuzigung, 1965.

Das Grundstück liegt im Scheitelpunkt einer Straßenbiegung. Diese Lage nutzte der Architekt, den Turm etwas vom Kirchenbau abzurücken, um so eine Sichtverbindung zur katholischen Kirche Sankt Christophorus herzustellen. Der schlanke Rundturm macht mit seiner beträchtlichen Höhe und seiner aufwändigen Gestaltung mit dreifachem Kranz aus großen, gegeneinander versetzten Schallschlitzen und spitzem Metallkegel auf die weit hinter der Straßenflucht stehende Kirche aufmerksam. Ein Vorplatz vermittelt zu dem eingeschossigen Eingangsbau, der den Turm mit der Kirche verbindet. Turm und Eingangsbau setzen sich durch den beiden gemeinsamen Sichtbeton von der in Backstein aufgeführten Kirche ab. Aus diesem Material ist auch das große Kreuz geformt, das der verglasten Fassade des Gelenkbaues eingespannt ist. Die hohe, über kurzem, rechteckigem Grundriss errichtete und mit einem flach geneigten Satteldach schließende Saalkirche steht in einer tiefen Geländeabsenkung. Damit war die Möglichkeit gegeben, unter der Kirche, die auf Erdgleiche stehen sollte, ein Souterrain mit den Gemeinderäumen auszubilden. Die Zusammengehörigkeit beider Bauteile wird durch die sie zusammenfassende Chorwand visualisiert, die zugleich Stirnwand des Souterrains ist.

Das Innere der Kirche beeindruckt durch die ausgewogenen Maßverhältnisse des auffallend hohen Kirchensaales, die ihm eine überzeitliche Würde vermitteln. Weil die wenigen Fenster dicht unter dem Raumschluss sitzen, wird die Höhe der Backsteinwände betont, und der Eindruck von einem, nach Art einer antiken Cella vollkommen geschlossenen Raumes vermittelt, vgl. auch S. 215. Wegen seiner an der Antike orientierten Proportion ist dem mit einer flach geneigten, hölzernen Satteldecke geschlossenen Saal eine beruhigende, zur Kontemplation einladende Wirkung eigen. Durch die Gestaltung der beiden Pole der Raumachse wird er im Gleichgewicht gehalten: Der Empore und der unter ihr liegenden Vorhalle vor der Fassadenwand steht der Altarbezirk gegenüber. Eine zweistufige Estrade hebt diesen vor der monumentalen Rückwand über das Niveau des Einraumes. In der Mitte der Altarwand ist eine kreuzförmige Öffnung ausgespart, deren Verglasung die Kreuzigung vorstellt. Darunter fasst das in die Wand eingelassene Schriftband aus roter Keramik die drei steinernen Prinzipalstücke – den Abendmahlstisch, die Taufe und die Kanzel – optisch zu einer Einheit zusammen.

Der Turm steht wirkungsvoll im Scheitel der Straße.

Petruskirche

Evangelische Kirchengemeinde Köln-Brück-Merheim

1951 schied die Kirchengemeinde Köln-Brück als selbstständiger Bezirk aus der Dellbrücker Gemeinde aus, vgl. S. 172. 1981 wurde sie in Kirchengemeinde Köln-Brück-Merheim umbenannt. Nachdem 1972 das Grundstück erworben worden war, richtete die Gemeinde 1974 einen Architektenwettbewerb aus. Sie bedachte den Entwurf des Architekten Ulrich von Bonin mit dem ersten Preis. Unter der Leitung des Architekten Ludwig Groth wurde der Entwurf von 1978 bis 1979 umgesetzt. 1979 waren auch die von dem Bildhauer Klaus Bönnighausen konzipierten Prinzipalstücke, das große Kreuz und das Portal sowie die drei von ihm gestalteten Fenster vollendet. Das Emporenfenster stellt die Kreuzigung vor, und die beiden anderen Glasmalereien sind dem Namenspatron des Gemeindezentrums gewidmet: In dem einen Fenster sind der Fischfang Petri und das Bild des sinkenden Petrus mit der Auferstehung Jesu verbunden. Die Gestaltung des Fensters neben der Taufe reflektiert die Pfingstpredigt Petri. 1983 stellte Siegfried Schulte seine Orgel in der Kirche auf. Den fehlenden Campanile konnte die Gemeinde 1991 errichten. Er nahm 1991 drei Glocken der Gießerei F. W. Rincker auf, eine ältere Glocke kam wenig später dazu.

Klaus Bönnighausen, Detail aus »Der sinkende Petrus«

Das Erscheinungsbild des Gemeindezentrums wird von der plastischen Durchformung des Baukörpers geprägt. Sie resultiert aus dem mehrfachen Richtungswechsel seiner weiß gestrichenen Betonwände, aus deren unterschiedlichen Größe und aus dem Wechsel von geschlossenen und verglasten Flächen. Einen wichtigen Beitrag leistet auch die lebendige, zeltartig gestaltete Dachlandschaft. Begleitet und unterstützt wird die Plastizität des Gebäudes durch die plastische Gestaltung des Umfeldes mittels unterschiedlicher Laufniveaus und dem sich daraus ergebenden Auf und Ab der Treppen. Innerhalb des Baukörpergefüges hebt sich der Kirchsaal durch seine ansteigenden dreiseitigen Dachflächen, die ihren Gipfel an der der Straße zugewandten Seite finden, und durch seine größere Dimension ab. Der über eine Treppe zu erreichende Eingang vermittelt in ein L-förmiges Vestibül. Es umgreift den über quadratischer Grundfläche stehenden Kirchsaal an zwei seiner Seiten und leitet über zu kleineren Gemeinderäumen. Eine Treppe führt hinab zu den größeren Gemeinderäumen.

Das Innere der Saalkirche wird vornehmlich von den verwendeten Baumaterialien bestimmt,

Mit dem Turm tritt die Kirche bis zur Straße vor.

grauer Sichtbeton für die Wände, hellgelbliches Holz für die Decke, für die drei Prinzipalstücke, für das Gestühl und für die weitere Ausstattung. Die architektonische Gestaltung richtet den über die Diagonale angelegten Saal auf den Chor und damit auf den Altar. Chor und Eingang sind die Pole der Raumachse. Vom Eingang aus breiten sich die Wände erst seitlich aus, um dann rechtwinklig auf den Chor hin abzubiegen. Der Chor resultiert aus der leichten Ausstellung der Wände kurz vor ihrem durch das Raumquadrat gegebenen Ende. Unterstützt wird die Konzentration des Raumes auf den vermittels eines mächtigen Holzkreuzes als geistige Mitte betonten Chor, durch die kräftigen Unterzüge unter der zu ihm hin ansteigenden Decke. Konsequenterweise sind die Bänke fächerförmig angeordnet. Im Dienste der Raumkonzentration hin auf den Chor steht auch die Lichtregie. Während der Raumteil der Gemeinde durch ein schmales Lichtband unter der Decke und durch Seitenfenster diffus belichtet wird, ist der Chor durch indirekt zugeführtes Seiten- und Oberlicht in große Helligkeit getaucht.

Klaus Bönnighausen, Ausstattung der Chornische, 1979.

Merheim

Kieskauler Weg 53
51109 Köln

☏ 0221-843387
www.brueck-merheim.kirche-koeln.de

• Karte 2, g5
Ⓗ Bevingsweg
Linie 157

Philipp-Nicolai-Kirche Mauenheim

Evangelische Kirchengemeinde Köln-Mauenheim-Weidenpesch

Philipp-Nicolai-Kirche Mauenheim

Mauenheim

Nibelungenstraße 62
50739 Köln

☏ 0221-748947
www.mauniewei.de

• Karte 2, d4
Ⓗ Nordfriedhof
Linie 121

Mauenheim ist der kleinste der Kölner Vororte. Seine evangelischen Einwohner waren zunächst Mitglieder der Kirchengemeinde Nippes, vgl. S. 216. Von 1957 bis 1964 gehörte der Bezirk Mauenheim zur Gemeinde Weidenpesch, vgl. S. 185. 1965 wurde er zur selbstständigen Kirchengemeinde erhoben, und 1982 aus den Bezirken Weidenpesch und Mauenheim die Gemeinde Köln-Mauenheim-Weidenpesch errichtet. Den Bau der von dem Architekten Werner Haupt entworfenen Kirche leitete 1961 der Erwerb eines Grundstückes ein; errichtet wurde sie in den Jahren 1964 bis 1965. Die Gemeinde benannte den Neubau nach dem Theologen, Pfarrer und Liederdichter Philipp Nicolai (1556-1608). Elfriede Fulda schuf 1965 die Glasmalereien, und 1973 kam die 1972 von F. Weyland in Opladen gebaute Orgel in die Kirche. Erst 1991 konnte ein von dem Architekten Wolfgang Schmidtlein entworfener Glockenturm errichtet werden, der das dreistimmige von F. W. Rincker gegossene Geläut aufnahm, das 1998 zu einem vierstimmigen erweitert wurde.

Schieferplatten bieten dem Kreuz eine ruhige Folie.

Einigendes Band der langen von den Gemeindebauten und der Kirche gebildeten Zeile ist ihre Verkleidung mit Ziegeln. Den Auftakt bildet im Osten der Campanile. Halten die übrigen Bauten Distanz zur Straße, so tritt die Kirche mit ihrer nördlichen Stirnseite bis dicht an den Bürgersteig heran. Der etwa zwei Geschosse hohe Quader der Kirche ist bis auf die jeweils in den Längswänden sitzenden vier großen quadratischen Fenster und den beiden Fenstern in der Südseite geschlossen. Seine Nordwand ist durch ihre Verkleidung mittels großformatiger Schieferplatten und durch ein großes Kreuz als Fassade ausgewiesen. An der Südseite tritt die Apsis nur wenig vor, weil sie beidseitig von Nebenräumen flankiert wird.

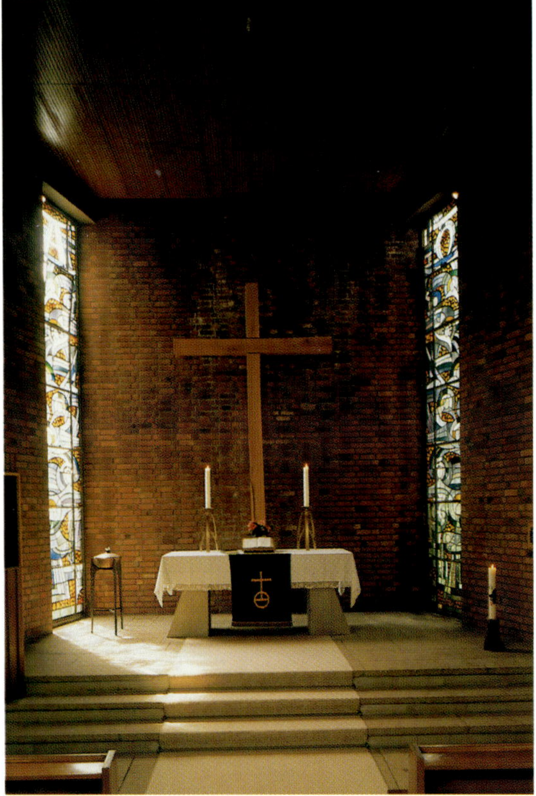

Vertikalfenster durchlichten den trapezförmigen Chor.

Der Zugang zur Kirche führt über ein Vestibül. Die Wände des von Norden nach Süden gerichteten Kirchsaales sind wie am Außenbau gänzlich mit Ziegeln verkleidet. Im Süden schließt der Saal mit einem mittels dreier Stufen über das Niveau des Langraumes gehobenen Chor ab, der über einer trapezförmigen Grundfläche steht. Den Ausgleich zur trennenden Stufenanlage leistet die flache Holzdecke, die übergangslos in die Apsis stößt und damit die beiden Raumteile aneinander bindet. Zwei raumhohe, schmale Vertikalfenster, die direkt an die Stirnwand ansetzen, lassen farbig aufgeladenes Licht in die Apsis eindringen. Der in dunklen Tönen gehaltenen Glasmalerei hat Elfriede Fulda christologische Aussagen unterlegt: Im Ostfenster zeigen sich der Anfangsbuchstabe des griechischen Alphabets, das Alpha, sowie Ähren und Trauben. Im Westfenster ist der letzte Buchstabe des griechischen Alphabets, das Omega, mit der Geburtsszene verbunden. E. Fulda schuf auch die Glasmalerein in den beiden Vierergruppenfenster des Langraumes, deren Gestaltung die Texte der Kirchenlieder »Wie schön leuchtet der Morgenstern« und »Wachet auf, ruft uns die Stimme« von Philipp Nicolai zugrunde gelegt sind.

Philippuskirche

Evangelische Philippus-Kirchengemeinde Köln-Raderthal

Zur Kirchengemeinde Bayenthal gehörten anfänglich auch die evangelischen Einwohner von Raderthal und Raderberg, vgl., S. 234. Seit 1930 zählten sie zur Kirchengemeinde Zollstock, vgl. S. 223. 1964 wurde der Bezirk unter der Bezeichnung »Evangelische Kirchengemeinde Köln-Raderthal, Philippus-Kirchengemeinde« selbstständig.

Die Zollstocker Gemeinde erwarb 1954 ein Grundstück, um darauf ein Gemeindehaus zu errichten. Aus den anlässlich eines Wettbewerbs eingegangenen Entwürfen für ein Gemeindehaus mit angegliederter Kirche bestimmte die Gemeinde den des Architekturbüros Dr. Schulze & Dr. Hesse zur Realisierung. Zunächst wurde von 1958 bis 1960 das »Albert-Schweitzer-Haus« genannte Gemeindehaus errichtet. Es folgte von 1959 bis 1967 der Bau der Kirche, die nach dem Apostel Philippus benannt wurde. Seit 1976 besitzt die Gemeinde eine von der Knappsacker Dankeskirche übernommene Orgel. Erst 1980 kam ein vierstimmiges Geläut in den Turm.

Der Turm hebt das Kreuzzeichen hoch über sein Umfeld.

Sowohl die Kirche als auch die Gemeindebauten sind teilweise in einen Geländebruch eingefügt, so dass die Anlage eines Souterrains unter der Kirche ermöglicht wurde. Die Kirche ist Mitte eines vielgliedrigen und in allen seinen Teilen flachgedeckten Baukörperensembles, das sie mit der ihr vorgeblendeten Attika und dem sich darunter hinziehenden Lichtband übersteigt. Ihre Zusammengehörigkeit zeigen die unterschiedlich dimensionierten Baukörper durch ihre einheitliche Verkleidung mittels Ziegeln.

Den Auftakt bildet der am Zugang zum Vorplatz stehende viergeschossige Campanile. Der schlichte Eingang in die Kirche wird durch einen hoch aufragenden Betonsturz bezeichnet, den ein Stuckemblem ziert. Der weite und hohe, über rechteckiger Grundfläche stehende Kirchsaal wird über die Diagonale betreten, so dass alle ihn konstituierenden architektonischen Elemente sofort in den Blick kommen und seine ausgewogene Proportion deutlich spürbar ist. Vor der Südwand, in die der Eingang eingelassen ist, breitet sich ein wenig breites Plateau aus, das auf Erdgleiche liegt. Von ihm aus senkt sich der mit großen Schieferplatten belegte Boden stark ab, um kurz vor der Altarestrade wieder in die Horizontale überzugehen. Bis auf die Westwand werden alle anderen Wände lediglich von einem sich dicht unter der Decke hinziehenden Lichtband geöffnet. Dieses Lichtband wird auch über die Westwand geführt, deren obere Hälfte mittels einer künstlerisch gestalteten, monumentalen und opaken Fensterwand versehen ist, die nur eine diffuse Belichtung bietet. Erfährt diese Wand bereits durch ihre im Gegensatz zu den übrigen Wänden völlig abweichende Gestaltung eine Besonderung, so wird der Blick zusätzlich noch von fünf nadeldünnen Rundstützen angezogen, die sie über ihre ganze Länge begleiten. Wie die Stützen so ist auch die gefaltete Decke ganz in Weiß gefasst. Ihre Faltelung ist aus rechtwinkligen Dreiecken so formuliert, dass der längere Schenkel in Richtung Altar zielt. Damit trägt die Decke wesentlich zur Ausrichtung des Raumes hin auf den Abendmahlstisch bei. Die ihm und den beiden anderen Prinzipalstücken vorbehaltene und mittels dreier Stufen erhöhte Zone wird von einem feingliedrigen großen eisernen Standkreuz bezeichnet. Weil es nicht auf der Raumachse steht, sondern erheblich weit von ihr entfernt, wird eine Spannung zu dem auf der Achse stehenden Altar erzeugt, welche die gesamte Altarzone füllt. Ein zweites, aber gleichschenkeliges Kreuz steht auf dem Altar.

Nadeldünne Stahlstäbe stützen die bewegte Decke.

Das Emblem der Kirche über dem Eingang.

Philippuskirche

Raderthal

Albert-Schweitzer-Straße 3
50968 Köln

☏ 0221-381416
www.kirche-raderthal.de

• Karte 2, d7
Ⓗ Leichweg
Linie 130

Reformationskirche

Evangelische Kirchengemeinde Köln-Bayenthal

Reformationskirche

Marienburg

Mehlemer Straße 29
50968 Köln

☏ 0221-384338
www.kirche-bayenthal.de

• Karte 2, e7
Ⓗ Goltsteinstraße/Gürtel
Linien 106, 130

Die evangelischen Einwohner Bayenthals waren bis zur Gründung der Kirchengemeinde Bayenthal 1899 Angehörige der Kölner Gemeinde, vgl. S. 164. Damit war die Gemeinde Bayenthal nach Ehrenfeld (1878), Nippes (1881) und Lindenthal (1898) die vierte und letzte der aus der Kölner Gemeinde ausgepfarrten Großgemeinden, die selbst wieder zu Stamm-Müttern weiterer selbstständiger Gemeindegründungen wurden. Von Bayenthal aus wurden fünf Kirchengemeinden zur Selbstständigkeit gebracht, vgl. S. 170, 180, 183, 223, 233.

Bereits 1902 schrieb das Presbyterium einen beschränkten Wettbewerb aus und entschied sich 1903 für den Entwurf des Architekten Otto March. Noch im gleichen Jahr wurde mit dem Neubau begonnen, der 1905 vollendet war. Zur Weihe erklangen das neue dreistimmige Geläut und die von Ernst Seiffert gebaute Orgel. Von dem Architekten Clemens Klotz ließ sich die Gemeinde von 1933 bis 1934 ein Gemeindehaus bauen, das sie nach Martin Luther benannte.

Im Juni 1943 ging die Kirche mitsamt der Ausstattung in Flammen auf. Mit ihrem Wiederaufbau wurde Baurat Otto Heinrich Vogel betraut und mit der Bauleitung der Architekt Siegfried Knoch. Eugen Keller gestaltete das Taufgerät, die Fenster und den Außenbrunnen. Der Gestaltung der Chorfenster ist das Thema »Gemeinde und Schöpfung auf dem Weg zu Christus« unterlegt. Die Orgel baute Willi Peter 1964 ein, und deren Prospekt entwarf H. O. Vogel. Die Altarleuchter und das Kreuz schuf der Gold- und Silberschmied Franz Rickert. In den Jahren 1981 bis 1984 unterzog das Architekturbüro Hanns F. Hoffmanns + Ulrich Hügel die Kirche einer gründlichen Renovierung, wobei der neue Chor saniert wurde.

Turm und Kirche bilden ein ausdrucksvolles Ensemble.

Die alte und die neue Reformationskirche

Das Bautenensemble ist asymmetrisch organisiert. Die einzelnen Bauten sind höchst subtil zueinander komponiert. Durch ihre seitliche Stellung, durch ihr Volumen und durch den Turm ist der Kirche eindeutige Prävalenz gegeben. In Form und Material erfüllt das Ensemble den in den Wettbewerbsunterlagen festgeschriebenen Wunsch der Gemeinde, die Bauten mögen sich dem allgemeinen auf der Marienburg vorherrschenden Landhausstil eingliedern. Dies erreichte March auch durch die Bossierung der Außenhaut, womit die Gruppe auch eine burgartige Prägung annahm. Mit der Ausbildung zweier Fassaden mittels einer mächtigen, in einer flachen Blendnische eingestellten Dreibogenstaffel ging er auf die Bedingungen des Eckgrundstückes ein.

Eugen Keller, Die Schöpfung auf dem Weg zu Christus.

Beim Neuaufbau ließ sich H. O. Vogel von der erhaltenen Substanz des Altbaues zu einer Kirche in Zeltform anregen. Er verlegte den neuen, nunmehr quadratischen, um drei Stufen erhöhten Chor nach Süden, dessen drei Seiten er in perforiertem Sichtbeton aufführte, in den Eugen Keller seine gläsernen Membranen einbringen konnte, die den Raum als »gläsernes Meer« erscheinen lassen. Anstelle der alten Apsis fügte Vogel einen zweigeschossigen Raum ein, der sich mittels Arkaden zum Raum der Gemeinde öffnet. Diesem, über quadratischer Grundfläche aufgehenden Raum wenden sich alle ihn umgreifenden Raumteile mit einer offenen Giebelkonstruktion aus Betonbalken zu. In den Zentralraum stellte Vogel eine an Zeltstangen gemahnende Betonkonstruktion ein, deren vier Stützen in den Raumecken stehen. Sie gehen in Unterzüge über, die sich unterhalb des offenen Chorgiebels zur Mitte hin aufschwingen, um sich genau auf der stehenden Mittelachse des Raumes zu treffen. Als Reminiszenz an die zerstörte Raumdecke gestaltete Vogel die neue Zeltdecke als ein Holzlattengefüge.

Die Reformationskirche ist 1982 zum Baudenkmal erklärt worden.

Sankt Johannes-Kirche

Evangelische Kirchengemeinde Köln-Deutz/Poll

Die in Deutz um 1816 stationierte preußische Garnison zog einen vermehrten Zuzug von Protestanten nach Deutz nach sich. Er führte 1857 zur Gründung der selbstständigen Evangelischen Gemeinde Köln-Deutz und damit zur Lösung von der Muttergemeinde in Mülheim am Rhein, vgl. S. 190.

Nachdem die von dem Baumeister Eduard Kramer vorgelegten Pläne von dem Geheimen Regierungs- und Baurat und Dombaumeister Ernst Zwirner begutachtet und wohl auch überarbeitet worden waren, und Landbaumeister Märtens mit der Bauausführung beauftragt worden war, begannen 1859 die Bauarbeiten für die Kirche, 1861 fand ihre Weihe statt. Nach der notdürftigen Wiederherstellung der Kirche, die von 1949 bis 1950 andauerte, kam 1962 eine Willi-Peter-Orgel in die Kirche, für die Walter Supper den Prospekt entworfen hatte.

Die Kirche ist heute an ihrer Nordseite in die Straßenzeile eingebunden. An der Südseite springt die Wohnbebauung so weit zurück, dass die Südfassade ihres Westriegels frei steht. Das dreiteilige Baukörpergefüge besteht aus einem einjochigen, dreiachsigen und zweigeschossigen Westriegel, einem leicht einspringenden und mit einem Satteldach schließenden zweizonigen Langbau sowie einer dreizonigen Apsis. Der Außenbau der als Sichtziegelbau errichteten Kirche ist wesentlich durch den Wechsel der Materialfarben geprägt, der sowohl durch den regelmäßigen Durchschuss mittels roter Ziegel nach mehreren Lagen gelblicher Ziegel gegeben ist, als auch der den Gesimsen vorbehaltene Weißziegel. Die stringente Nutzung des Ziegels lässt um so mehr den Haustein hervortreten, der das Hauptportal auszeichnet. Durchgängig schließen alle Fenster und gekoppelten Öffnungen mit Rundbogen, und ihre Laibungen sind ebenso gekehlt, wie die der ebenfalls rundbogigen Zugänge. Die äußeren Wandflächen werden in der oberen Zone mittels Lisenen strukturiert, zwischen die ein von Konsolen gehaltener Rundbogenfries eingespannt ist.

Die drei Achsen und die beiden Seitenachsen des Westriegels werden jeweils von einem Giebel bekrönt, so dass sich ein stark gefaltetes Dach für diesen Bauteil ergibt. Je eine gekoppelte Rundbogenöffnung lässt Raum in das Giebelfeld. Die Mittelachse zeichnet sich durch einen um Mauerstärke vortretenden Risaliten und durch das mit einem eigenen von Hausteinsäulen gehaltenen und übergiebelten Portalvorbau sowie durch ein Rundfenster in der oberen Zone aus. Das Tympanon des über mehrere Stufen zu erreichenden Portals zeigt zwei gegenständig kniende Engel, die in ihrer Mitte ein Kreuz und ein aufgeschlagenes Buch halten, das eine Stelle aus dem ersten Petrusbrief zitiert: *»Des Herrn Wort bleibet in Ewigkeit«* 1. Petrus 1,25. Im Gegensatz zu den Unterzonen von Langbau und Apsis sind die beiden äußeren Unterzonen durch ein Zwillingsfenster geöffnet.

Aus der Mitte des Westbaues steigt der Turm auf.

Aus der Mittelachse wächst ein achtseitiger Turm heraus, der ebenfalls zweizonig gestaltet ist. Auch seine Unterzone ist bis auf notwendige Schlitzfenster geschlossen und die obere Zone je Seite durch eine rundbogige, gekehlte Schallöffnung perforiert. Wie die Achsen des Westriegels jeweils von einem Giebel bekrönt werden, so münden auch die Turmseiten jeweils in einem Giebel. Aus ihrem Kranz steigt eine oktogonale Schieferpyramide auf, um ein Kreuz hoch über den Vorort zu heben.

Am Langbau scheidet ein sehr hochsitzendes Gesims die beiden Zonen. Während die untere Zone keinerlei Gliederung zeigt, wird die obere durch Lisenen in vier Achsen unterteilt, die je mit einem Rundbogenfries unterhalb des Traufgesimses schließen. Auf diese Weise ist den jeweils mittig sitzenden großen Fenstern ein festigender Rahmen gegeben. Die Ostwand wird durch breite Lisenen gerahmt und durch zwei mittlere Lisenen in drei Achsen unterteilt. Zwischen den Lisenen spannen sich Rundbogenfriese, die in den offenen Giebel aufsteigen, unterhalb dessen Spitze ein kleines Rundfenster sitzt. Die der Mittelachse aufgesetzte Apsis übernimmt von dem Langhausgesims ihre Unterteilung in zwei Zonen. Ebenso werden die Lisenen mit den Rundbogenfriesen übernommen, die fünf Wandfelder in der oberen Zone ausbilden und jeweils ein Fenster aufnehmen. Über den Fenstern scheidet ein weiteres Gesims eine dritte Zone aus, die je Achse von einer gekoppelten Rundbogenstellung nach Art einer Zwerchgalerie geöffnet werden. Ihnen ist eine besondere Zier insofern vorbehalten, als den Pfeilern, welche die Doppelöffnung stützen, eine Säule vorgestellt ist.

Das Portal führt in einen kleinen Vorraum im Turmschaft, von dem aus die Empore und der ganz in Weiß gehaltenen Kirchsaal zu erreichen ist. Die Gliederung seiner Längswände wird von der Jochteilung des Spitztonnengewölbes bestimmt. Holzgurte unterteilen es vertikal in fünf Joche, und ein Sohlbankgesims, das auch die beiden Schulterwände übergreift, bildet wie am Außenbau zwei Zonen aus. In der un-

Deutz

Tempelstraße 31
50679 Köln

☏ 0221-811380
www.kirche-koeln.de/deutz-poll

• Karte 1, i5
Ⓗ Deutzer Freiheit
Linien 1, 7, 8, 9

Elegant schwingt die Empore in den Kirchsaal ein.

teren Zone dringt je Joch eine flache Rechtecknische in die Wand ein, die mit einem leichten Stich schließt. Weil das Spitztonnengewölbe auf dem Sohlbankgesims ansetzt, gewähren in der oberen Zone hohe Stichkappen den von Herbert Schuffenhauer künstlerisch gestalteten Fenstern genügend Raum, um ungehindert das farblich aufgeladene Licht in den Kirchsaal strömen zu lassen.

Gegenüber den glatten Schulterwänden setzt sich der hohe Triumphbogen, dessen Scheitel auf dem Niveau der Stichkappenscheitel liegt, mittels einer breiten Leiste ab. Auch das Rund der Apsis übernimmt die Zweizonigkeit des Außenbaues. Allerdings liegt das zonende Gesims, das aus den Sohlbänken der fünf Apsisfenster entwickelt worden ist, wegen der Niveauerhöhung der Apsis mittels sechs Stufen etwas höher als das Gesims des Langraumes. Die Apsis hat ihre ursprüngliche Ausstattung weitgehend erhalten. Die Mensa des aus schwarzem Marmor errichteten Altares wird durch eine kleine Predella erhöht, auf der Messingleuchter stehen, die wohl im zweiten Jahrzehnt des 20. Jahrhunderts geschaffen worden sind. Erhalten hat sich eine hölzerne Adlerskulptur, die zu einem Adlerpult umgearbeitet worden ist. Der ursprüngliche steinerne Kanzelkorb wird von einem neuen Schalldeckel überfangen. Das Taufbecken mit seinem aus Kupferblech gefertigten Fuß ist ebenfalls eine Neuschöpfung aus dem Atelier von Herbert Schuffenhauer. Der konzentrierenden Kraft des Altarraumes tritt die Empore mit dem eleganten S-Schwung ihrer Brüstung ausgleichend entgegen. Über der Empore ziert ein aus Kupferblechteilen gefügter Posaunenengel die Wand. Erhalten haben sich einige alte Türen mit ihren schönen Beschlägen und einigen künstlerischen Verglasungen der Entstehungszeit.

Die Sankt Johanniskirche ist 1982 zum Baudenkmal erklärt worden.

Stephanuskirche

Evangelische Kirchengemeinde Köln-Riehl

Riehl

Brehmstraße 6
50735 Köln

☏ 0221-769961

• Karte 2, e4
Ⓗ Amsterdamer Straße/
Gürtel
Linie 16

Die Stephanuskirche ist die zweite Predigtstätte der Kirchengemeinde Riehl, die 1957 als selbstständige Gemeinde aus der Gemeinde Nippes ausgemeindet worden ist, vgl., S. 216. Sie wurde erforderlich, weil nach 1945 auch in Riehl die Bevölkerungszahl rasch anstieg. Das Grundstück erwarb die Gemeinde 1959 und errichtete sogleich darauf ein Gemeindehaus. Weil zwei ausgeschriebene Wettbewerbe zum Bau einer Kirche keine brauchbaren Ergebnisse brachten, sprach die Gemeinde den Architekten Friedrich Gottlieb Winter direkt an, der zusammen mit seiner Frau Ingeborg Winter-Bracher einen Entwurf vorlegte, der die Zustimmung der Gemeinde fand. Im Juli 1963 begannen die Bauarbeiten, und im Dezember 1965 konnte die Kirche mit den von Ingeborg Winter entworfenen Prinzipalstücken – dem Altar, der Kanzel und der Taufe – eingeweiht werden. Wenig später setzte Lothar Quinte die von ihm geschaffene künstlerische Verglasung ein. 1968 kam eine Willi-Peter-Orgel in die Kirche.

Die Kirche hält mit ihrer komplexen und höchst auffälligen Gestalt eine ästhetische Distanz zur benachbarten, vom rechten Winkel bestimmten Zeilenbebauung, wie sie größer nicht sein kann. Dagegen treten die sich an die Kirche anschließenden eingeschossigen Gemeindebauten städtebaulich nicht in Erscheinung. Deren Grundrisskonfiguration nimmt die Dreiecksform der Kirche auf und demonstriert auf diese Weise die innere Zusammengehörigkeit.

Die Kirche erhebt sich über einer rhomboiden Grundfläche. Anstelle eines Turmes macht sie mit ihrer hoch auffahrenden, als scharfkantige Vertikale formulierten Spitze auf sich aufmerksam. Auf diese Vertikale ist der gesamte Bau ausgerichtet. Der in Geschosshöhe ansetzende und die Längsachse verdeutlichende First ihres Satteldaches stößt zum Endpunkt der

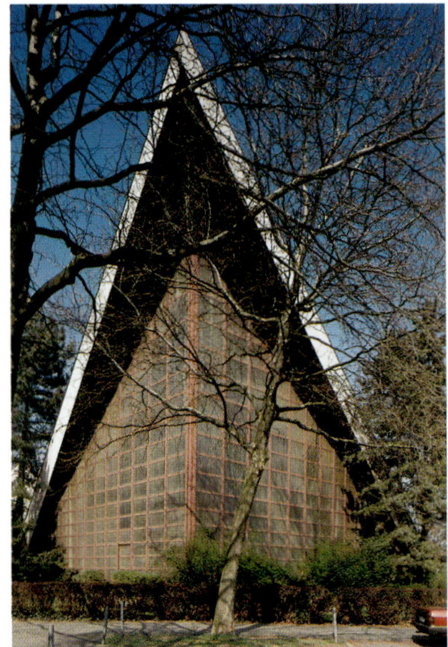
Kräftig stößt die Dachspitze empor.

Lothar Quinte, Farbmembrane von hoher Expressivität.

Vertikalen auf und mittels eines ausgreifenden Überstandes weit über ihn hinaus. Das Satteldach bildet dreiseitige, auf die Pole der Querachse ausgerichtete und knapp über dem Fundament endende Schleppenspitzen aus. Dadurch formulieren beide Außenwände große dreiseitige Schenkelflächen, die mittels einer kassettierten Stahl-Glas-Konstruktion geschlossen sind. Am Gegenpol der Längsachse schleppt das Dach über einen Teil der an die Saalkirche unmittelbar anschließenden flachgedeckten Gemeindebauten.

Kirche und Gemeindebauten werden über den gemeinsamen Eingang betreten. Er vermittelt in eine eingeschossige Vorhalle, die von der tief in den Kirchsaal hineingreifenden Empore abgedeckt wird. Damit ist der mächtigen Raumspitze ein Gegengewicht gegeben. Auf die Spitze sind die bis zur Querachse geschlossenen, seitlich ausgreifenden Seitenwände gerichtet, auf sie zielen die gleichmäßigen Abfolgen der vertikalen und horizontalen Fensterholme ebenso wie die zunehmende Expressivität der künstlerischen Verglasung. Vor der Raumspitze greift eine konvex gebogene Estrade in den Raum, welche die drei aus Edelstahl gefertigten Prinzipalstücke über das Laufniveau des Saales hebt. Die Lattenfügung der Holzdecke formuliert eine die Gemeinde umfangende Geste, die von der fächerförmigen Stellung des Gestühls aufgegriffen wird. So unterstützt die Gestaltung des weiten Saales eine die Gemeinde zusammenbindende Teilnahme an der Liturgie.

Tersteegenhaus

Evangelische Kirchengemeinde Köln-Klettenberg

Die Klettenberger Gemeinde ist 1968 durch Auspfarrung aus der Lindenthaler Gemeinde als selbstständige Gemeinde hervorgegangen, vgl. S. 226 . Als die Lindenthaler Gemeinde 1965 einen Pfarrbezirk Sülz/Klettenberg einrichten wollte, forderte das Landeskirchenamt eine Teilung der Gemeinde. Lange vor 1918 geplant, konnte das wohnungsnahe Gemeindehaus erst nach dem Ersten Weltkrieg von 1927 bis 1928 von den Architekten Heinrich Mattar und Eduard Scheler realisiert werden. Seiner Bestimmung entsprechend und weil an die Errichtung eines eigenständigen Kirchenbaues gedacht war, gab es nur einen kleinen eingeschossigen, unter der Empore gelegenen Altarraum, der gegen Norden mit dem Gemeindesaal verbunden werden konnte. In diesem nach 1945 dem Theologen Jochen Klepper (1903-1942) gewidmeten Raum hat sich ein 1928 von F. Weber künstlerisch gestaltetes Fenster erhalten. Erhalten hat sich auch die gesamte von Willi Meller geschaffene Bauplastik. Drei Jahre nach der Weihe des Hauses konnte eine Wilhelm-Sauer-Orgel erworben werden.

Nach 1945 sind bis 1949 die Bombenschäden beseitigt worden. Wenig später ist das Haus von dem Architekten Martin Körber renoviert worden. Nach dem Entwurf des Gemeindearchitekten Hans Joachim Reich fügte 1954 bis 1956 der Architekt Peter Graebner im Zusammenhang mit einer weiteren Renovierung des Hauses einen Glockenturm in die Ostfassade ein, der ein dreistimmiges Geläut der Glockengießerei F. W. Rincker aufnahm. Mit dem Bau der Johanneskirche, vgl. S. 204, war die ursprüngliche Planung, die eine Kirche neben dem Gemeindehaus in Sülz vorgesehen hatte, aufgegeben. Damit verbunden war die Umwidmung des Gemeindesaales zu einem Kirchsaal, die von 1958 bis 1960 nach den Plänen von Peter Graebner erfolgte.

Gemeindehäuser sind »Lebehäuser«, weil in ihnen das Gemeindeleben seinen Ort hat. Dazu gehören Räume für die unterschiedlichsten Bedürfnisse diverser Gruppen, dazu gehören oft eine oder mehrere Küchen mit entsprechenden Speiseräumen und ein Festsaal, der auch eine Bühne haben kann. Eine Selbstverständlichkeit sind Kindergärten in Gemeindezentren geworden.

All dies war und ist im Tersteegenhaus vorhanden. Es fehlte allerdings ein Kirchsaal. Deshalb wurde der Festsaal zu einem Kirchsaal und der Bühnenraum zum Chor umgestaltet. Auch sollte nicht auf ein Geläut verzichtet werden, so dass ein Glockenträger eingefügt werden musste. Den Auftakt der

Klettenberg

Emmastraße 6
50937 Köln

☏ 0221-944013-0
www.kirche-klettenberg.de

• Karte 1, d8
Ⓗ Sülzburgstraße
Linien 18, 19

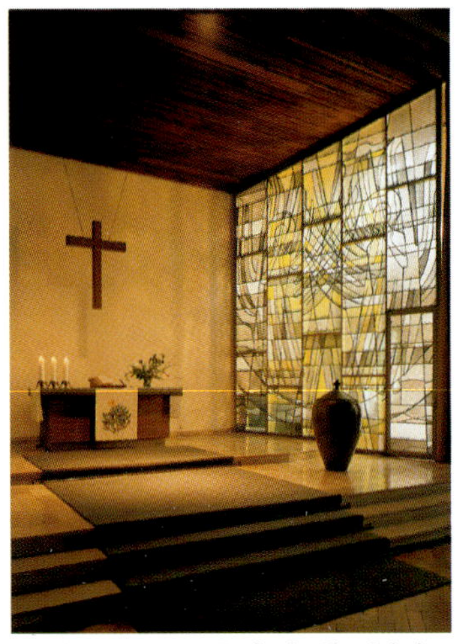

Günter Lossow, Taufstein; Elsa Schultz, Glasmalerei.

Umwidmung bildete 1958 die Aufstellung eines von dem Bildhauer Günter Lossow geschaffenen Ehrenmals neben dem Eingang zum künftigen Kirchsaal. Graebner zog unter dem ursprünglichen, weitgehend erhaltenen Tonnengewölbe eine Holzdecke ein. Von den anlässlich der Umwidmung geschaffenen steinernen Prinzipalstücken ist das mit einem bronzenen Deckel schließende Taufbecken von Günter Lossow (1960) erhalten. Nach den Entwürfen von Elsa Schultz wurden 1961 die fünf Fenster der Längsseite eingesetzt. Dem neuen Chor wurde 1964 ein raumhohes Fenster an seiner Ostseite eingefügt, dessen Glasmalereien ebenfalls auf einen Entwurf von E. Schultz zurückgehen. Nach der Umwidmung wurde das Gebäude nach dem in Moers geborenen Mystiker, Erweckungsprediger, Seelsorger und Liederdichter Gerhard Tersteegen (1697-1769) benannt. Sehr bald zeigte es sich, dass das Raumangebot den Bedarf nicht deckte, und so ließ die Gemeinde 1974 das Vestibül so umgestalten, dass daraus ein neuer Raum für die Gemeindearbeit resultierte. Bei der von dem Gemeindearchitekten H. J. Reich begleiteten Sanierung des Hauses, die den Außenbau und auch das Innere umfasste, ließ die Gemeinde einen Aufzug einbauen, mit dem der im ersten Obergeschoss gelegene Kirchsaal erreicht werden kann. In den Jahren 2002 bis 2003 renovierte das Architekturbüro Lepel & Lepel das gesamte Gebäude, wobei das Vestibül zweckorientiert gestaltet wurde.

Das dreigeschossige Eckhaus fügt sich über seine First- und seine Traufhöhe in die zeitgleich mit ihm errichtete Häuserzeile ein. Als Backsteinbau hebt sich das Tersteegenhaus deutlich von den benachbarten Putzbauten ab. Ebenso markant ist das zweite Unterscheidungsmerkmal: die zwei Geschosse übergreifenden Fenster des Risaliten in der Hauptfassade und des Erkers in der Nebenfassade. Während die rundbogigen Fenster des Erdgeschosses direkt über dem Basaltlavasockel ansetzen und breit lagern, sind die Fenster der übrigen Geschosse rechteckig, eine Ausnahme bilden die drei hochovalen Erkerfenster. Einen besonderen Schmuck bilden der Risalit in der Ost- und der Erker in der Südfassade. Beider Ecken sind abgerundet und beider Fenster werden durch Einlagen aus Lavabasalt betont. Des Weiteren besitzen beide konvex schwingende Wandteile und teilweise eine dreifache Wandschichtung sowie bildhauerischen Schmuck. Deutlich ist der Sitz des ehemaligen Gemeinde- und heutigen Kirchsaales als piano nobile, als repräsentatives Geschoss einmal durch die hohen Fenster und zum anderen durch die sie zusammenbindenden Balkongitter ausgewiesen. Jedes der Fenster ist zudem oberhalb seines Sturzes mittels einer aus Lavabasalt geschlagenen Konsolfigur bezeichnet. Der Glockenturm, der sich durch den zu seinem Bau verwendeten Beton und auch durch seine Form als Produkt einer jüngeren Bauepoche darstellt, ist kongenial in die Ostfassade eingefügt. Ein das Haus an der Ostseite gegen die Straße abgrenzendes Gitter weicht vor der Mitte des Risaliten mit weitem Schwung zurück, um auf das Portal zu weisen. Dessen bildhauerisch gestaltete Lavabasalt-Rahmung weist auf die Bedeutung des Hauses hin. Das Portal führt in ein bei der jüngsten Renovierung des Hauses großzügig angelegtes und zeitgenössisch gestaltetes Vestibül. Von ihm aus führt eine breite Treppe auf das erste Geschoss, in dem der Kirchsaal liegt, der die gesamte Länge des Ostteils des Hauses ausfüllt. An den längsrechteckigen, zweigeschossigen und weiß verputzten Kirchsaal fügt sich im Norden die eingezogene, über trapezförmiger Grundfläche stehende und um drei Stufen erhöhte Taufkapelle an, die ursprünglich als Bühne konzipiert war und nach 1945 zum Chor umgestaltet worden ist. Auf der gegenüberliegenden Seite spannt sich eine Empore über die gesamte Raumbreite. Der unter ihr liegende Raum diente einst als Chor. Er konnte, wie auch heute noch, bei Bedarf zum Gemeindesaal beziehungsweise zum Kirchsaal hin geöffnet werden.

Während die Ostwand mittels fünf bodenbündiger, nahezu raumhoher Fenster geöffnet ist, bleibt die Westwand bis auf die Zugänge geschlossen. Im unteren Teil der Fenster ermöglichen Fenstertüren die Öffnung des Saales hin auf einen so genannten französischen Balkon. Von der südlichen Stirnwand stößt eine in fünf zur Mitte hin gestaffelte Bahnen aufgelöste Holz-Stuck-Decke bis zum vorletzten Fenster vor, um sich dann zur Taufkapelle hin leicht abzusenken. Diese Führung der Decke hatte die Aufgabe, den Raum auf den einstigen Chor zu konzentrieren. Nach der Umwidmung des Chores kamen der Altar und der Ambo vor die Mitte der westlichen Längswand, und das Gestühl wurde in einem ovalen Rund auf den Altar hin ausgerichtet. Das Architekturbüro Lepel & Lepel behielt bei der Einrichtung des Kirchsaales die ovale Aufstellung des Gestühls bei, trennte aber Altar und Kanzel. Es entwarf einen neuen Altar, dessen dreigeteilte Mensa die Form eines an allen seinen drei Seiten aufgebogenen Dreieckes hat. Die Kanzel stellten die Architekten mit einer eigenen, zentrierenden Rückwand vor die Mit-te der inneren Längswand. Durch die Stellung des Gestühls wird das Gefühl von Gemeinschaft unter den Teilnehmern am Gottesdienst intensiviert, ihre Anteilnahme wird aktiver als bisher.

Seit 1983 steht das Tersteegenhaus unter Denkmalschutz.

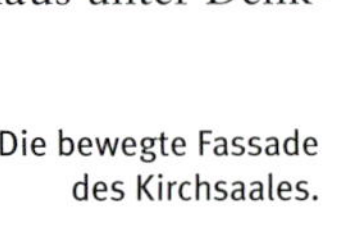

Die bewegte Fassade des Kirchsaales.

Blick in den Turmsaal.

Tersteegenkirche

Evangelische Kirchengemeinde Köln-Dünnwald

Dünnwald gehörte seit 1610 zum Seelsorgsbereich der Mülheimer Gemeinde, vgl. S. 190. Der Pfarrbezirk Dünnwald wurde 1964 zur selbstständigen Kirchengemeinde Köln-Dünnwald erhoben. Nachdem die Mülheimer Gemeinde in Dünnwald 1936 ein Grundstück erworben hatte, beauftragte sie den Architekten Otto Schönhagen mit dem Bau des künftigen Gemeindehauses, der das Projekt von 1937 bis 1938 realisierte. Kurz nach der Weihe erhielt das Gebäude den Namen »Tersteegenkirche«, womit des Schriftstellers, Seelsorgers, Predigers und Mystikers Gerhard Tersteegen (1697-1769) gedacht wird. Das von der Gießerei F. W. Rincker gegossene dreistimmige Geläut kam 1951 in den Turm. 1953 gestaltete der Architekt Jürgen Koerber den Raum neu und baute zugleich eine Empore in den ursprünglichen Gemeindesaal ein. Von dem Orgelbauer Willi Peter wurde 1963 eine Orgel erworben.

Kirche vor malerisch-idyllischer Naturkulisse.

Das Grundstück grenzt an einen schmalen, vom Mutzbach durchflossenen Grünstreifen. Er bildet jene malerisch-idyllische Naturkulisse, deren der Kirchenbau bedarf, um das seiner Konzeption zugrunde liegende Erscheinungsbild einer niederrheinischen Dorfkirche wirkungsvoll zur Geltung zu bringen. Die Kirche steht rechtwinklig zur Straße, so dass der wuchtige, nur etwa zwei Geschosse hohe Turm Repräsentant des Baues ist. Den kurzen quadratischen Schaft bekrönt eine wenig hohe vierseitige, von einem Kreuz bekrönte Knickhelmpyramide. Der Turm gibt die Breite des anschließenden rechteckigen Langbaues vor, den an seiner Nordseite über die gesamte Länge ein seitenschiffartiger Anbau begleitet. Das den Langbau überspannende Schopfwalmdach ist über dem Anbau als breite, leicht geknickte Schleppe weitergeführt. Dadurch entsteht eine recht große Dachfläche, die den gewünschten Eindruck des Gedrungenen, des sich Duckens, noch verstärkt. In diesem Baukörperensemble sind der Kirchsaal, der Gemeindesaal und eine Wohnung untergebracht.

Ein breites doppelfügeliges Portal führt zunächst in einen Vorraum, von dem aus eine der beiden Türen in den Turmraum, die andere in den Langraum vermittelt. Das durch eine Wandscheibe getrennte Türenpaar gibt die ursprüngliche Raumorganisation wieder, denn einst diente nur der Turmraum als Betsaal, doch war die Möglichkeit, den Betsaal nach Westen hin in den Langbau hinein zu verlängern, seinerzeit schon Bestandteil der Konzeption. Der etwas überquadratische, zwei Geschosse hohe Turmraum schließt mit einer Balkendecke ab, die von zwei kräftigen Unterzügen gehalten wird. Während die Altarwand, die Westwand, vollkommen geschlossen bleibt, werden die beiden Seitenwände jeweils von einem hoch sitzenden Paar schlanker und hoher Rundbogenfenster geöffnet. In der Südost-Ecke trägt eine quadratische Empore den Orgelprospekt.

Die zweistufige Altarestrade spannt sich über die gesamte Raumbreite, so dass sie den von einem großen Holzkreuz hinterfangenen Altar, den Ambo und das Taufbecken aufnehmen kann. Hinter der Taufe hängt ein Eisenguss in Form eines brennenden Busches, in den die Gemeinde Lichter einstellt, um ihrer Toten zu gedenken. Der über eine raumhohe Öffnung mit dem Turmraum verbundene Raumteil für die Gemeinde wird von einer aus Holzlatten gefügten Mansarddecke überspannt, die sich seitlich tief herabsenkt. Unter ihrem nördlichen Fuß zieht sich eine Reihe kleiner, zwischen Wandvorlagen jeweils paarweise gruppierter Fenster hin. Dem Langraum fügt sich ein kleiner Gemeindesaal an, der bei Bedarf zum Kirchsaal hin geöffnet werden kann.

Die Tersteegenkirche ist 1982 zum Baudenkmal erklärt worden.

Noah sendet eine Taube aus.

Dünnwald

Amselstraße 22
51069 Köln

☏ 0221-604192
www.kirche-koeln.de/duennwald

• Karte 2, g3
Ⓗ Leuchterstraße
Linie 4

Thomaskirche
Evangelische Gemeinde Köln

Thomaskirche

Innenstadt

Neusser Wall 61
50670 Köln

☏ 0221-9258460
www.ev-gemeinde-koeln.de

• Karte 1, h2
Ⓗ Reichenspergerplatz
Linien 16, 18, 19

Die Evangelische Gemeinde Köln hatte 1968 ein Gemeindehaus im Norden ihres Bezirks bauen lassen. Diesem wurde die von dem Architekt Ludwig Groth von 1986 bis 1987 errichtete Kirche angefügt – zur Weihe erklang erstmals die neue Willi-Peter-Orgel.

Gemeindehaus und Kirche bilden einen langen Riegel aus, der, auf einem Eckgrundstück stehend, eine der Straßen ein Stück begleitet. Durch diese Anordnung wird das dahinter liegende, parkartig gestaltete Grundstück mit dem sich dort befindenden Kindergarten abgeschirmt. Das auf einer gemeinsamen Achse stehende Bautenensemble fügt sich aus dem zweigeschossigen Gemeindehaus, einem schmaleren und weniger hohen, ebenfalls zweigeschossigen Gelenkbau und der anschließenden Kirche. Die Kirche erhebt sich über einem Souterrain, dessen Grundriss mit dem der Kirche identisch ist und das nicht über Erdgleiche hinausgeht. Der Zugang zu Gemeindehaus und Kirche erfolgt über das im Gelenkbau liegende Vestibül. Eine Treppe vermittelt auf die Empore der Kirche und zum Gemeindesaal.

Ein Gelenkbau verbindet Gemeindehaus und Kirche.

Der Grundriss der Kirche bildet ein gestrecktes Achteck, das aus einem Quadrat entwickelt worden ist, indem dessen Ecken mittels kurzer Abschrägungen eliminiert worden sind. Der Zugang in den etwa zwei Geschosse hohen Raum führt unter der Empore her, deren seitliche Ausläufer tiefer in den Raum eingreifen als ihr Mittelteil. Den außen wie innen mit Backsteinen verkleideten Wänden ruht ein umlaufender Betonbalken auf, der die flach ansteigende Sparrenpyramide trägt. In ihrem Zentrum sitzt eine kleine Laterne, die nur spärliches Licht einlässt. Zur Straßenseite lassen zwei Lichtschlitze etwas Licht in den Raum. Die eigentliche Durchlichtung leistet das raumhohe Fenster an der Gartenseite, das eine ganze Wand füllt – eine Fenstertür vermittelt von der Kirche direkt in den Garten. Die drei Prinzipalstücke stehen, ohne durch eine Estrade über das Laufniveau der

Das Emblem der Thomaskirche.

Kirche gehoben zu werden, dem Eingang gegenüber. Auf eine fächerförmige Anordnung des Gestühls, die der Grundriss und der Typus der Kirche als Zentralbau nahe legt, ist verzichtet worden. Eine Lichtkrone, die dem Grundriss des Raumes folgt, bindet den Raumteil der Gemeinde und den Altarbereich zusammen. Als besonderer Schmuck der Kirche ist auf das Altargerät ebenso zu verweisen wie auf den kleinen Corpus hinter dem Altar. Die von Kurt Wolf entworfenen Paramente sind in den vier liturgischen Farben gehalten. Von dem Maler Bernard Schultze, der seine Bilder »Geografische Situationen« nannte, stammt ein 1985 geschaffenes, zur Meditation einladendes Bild, das dem Raum etwas von seiner Farbe mitteilt.

Ein Lichterkranz senkt sich aus der Zeltspitze herab.

Thomaskirche Meschenich

Evangelische Kirchengemeinde Brühl

Sofern überhaupt im 19. Jahrhundert Protestanten in Meschenich gewohnt haben, wurden sie seelsorglich von der Kirchengemeinde Brühl betreut; 1967 wurden sie auch kirchenrechtlich Mitglieder der Brühler Gemeinde.

Als mit der Errichtung des Wohnkomplexes »Kölnberg« um 1970 viele evangelische Christen nach Meschenich zogen, wurde eine wohnungsnahe Predigtstätte dringend erforderlich. Doch erst nach 1975 konnte ein Grundstück im Ort erworben werden. Danach wurde der Architekt Walter Kenntner um Entwürfe für eine kleine, etwa 100 Plätze umfassende Kirche mit zugeordneten Gemeinderäumen ersucht, die er 1978 vorlegte. Bei der Weihe der von 1980 bis 1981 errichteten Kirche wurde sie nach dem Apostel Thomas benannt. Nachdem 1982 die aufgeständerte Glockenstube bereitstand, wurde 1983 eine Glocke der Gießerei Gebr. Rinker darin eingebracht.

Die Dachpyramide überragt den Gemeindebau.

Die Fassade des eingeschossigen Putzbaues ist durch zwei weit hinter die Flucht gesetzte Portale gekennzeichnet. Aus dem über rechteckigem Grundriss stehenden, mit einem flachgeneigten Satteldach schließenden Baukörper schiebt sich in der hinteren Hälfte das Oktogon der Kirche auf der Querachse über die Flucht der Rückseite hinaus. Es ist so weit in den Längsbau eingeschoben, dass es dessen Längsachse berührt. Der Kirchsaal übernimmt zwar die Höhe des Gemeindehauses, doch mit seiner steil aufgehenden achtseitigen Dachpyramide und dem abschließenden Kreuz überragt er es beträchtlich. Dadurch sind die beiden Baukörper, aus denen sich das Gemeindezentrum fügt, deutlich unterscheidbar.

Der Zugang zum Kirchsaal liegt genau auf der Querachse und wird durch einen attikaähnlichen Aufbau über der Traufe betont. Er führt in ein quer gelagertes Vestibül, das alle Räume des Gemeindezentrums verbindet. Innerhalb des Raumgefüges behauptet der Kirchsaal seinen Vorrang über einen verglasten doppelflügeligen Eingang, der eine der Oktogonseiten füllt. Durch diese optische Öffnung ist der Kirchsaal innerhalb des Gemeindezentrums stets präsent.

Grazile, dunkel getönte Holzbinder, die vor den Raumkanten stehen und sich in der Spitze der Raumpyramide treffen, bilden ein regelmäßiges Gerüst aus, das die Achtseitigkeit des Zentralraumes deutlich erfahrbar macht. Dieser Kranz der sich leicht vorneigenden Vertikalen bindet den kleinen Raum zusammen und verleiht ihm Intimität. Vor der Ostwand stehen, von einer Estrade erhöht, Kanzel und Altar, die beide auf einen Entwurf des Bildhauers Helmuth Uhrig zurückgehen. Das Ensemble wird von einem Gebirgsbachfindling flankiert, dem eine Taufmulde eingearbeitet ist. Kanzel und Altar sind aus dunkler Mooreiche gefertigt, deren feine Maserung ihnen eine gewisse Nobless verleiht. Bezugspunkt der Prinzipalstücke ist das große Kreuz mit dem bronzenen Corpus, das Jan Schlesinger 1995 geschaffen hat. Vom gleichen Künstler stammt das große bronzene Relief »Der Apostel Thomas begegnet dem Auferstandenen« aus dem Jahre 1991. An der Südseite lassen zwei jeweils eine Seite des Oktogons füllende künstlerisch verglaste Fenster Licht in den Zentralraum.

Ein Gebirgsbachfindling dient als Taufbecken.

Meschenich

Raiffeisenstraße 7
50997 Köln

☏ 02232-43602

• Karte 2, d8
Ⓗ Meschenich Kirche
Linie 132

TRINITATISKIRCHE

Evangelischer Stadtkirchenverband Köln

TRINITATISKIRCHE

Innenstadt

Filzengraben 4
50676 Köln

☎ 0221-33820

• Karte 1, h6
Ⓗ Heumarkt
Linien 1, 7, 8, 9

Die Trinitatiskirche ist die erste eigens für den Gottesdienst der evangelischen Gemeinde errichtete Kirche in Köln.

Die Antoniterkirche erwies sich schon wenige Jahre nach ihrer Übergabe an die Evangelische Gemeinde Kölns als zu klein, vgl. S. 164. Nachdem das Grundstück des aufgelassenen Servitessenklosters Sankt Lucia am Filzengraben zusammen mit einem benachbarten Grundstück erworben worden war, schrieb 1851 die Gemeinde einen Architektenwettbewerb aus, doch kam keiner der eingereichten 13 Entwürfe zur Ausführung. Stattdessen legte Friedrich August Stüler, der »Architekt des Königs« und nachmaliger Dezernent für den Kirchenbau, der zuvor die Pläne geprüft hatte, 1855 einen eigenen Entwurf vor. Dieses Konzept entsprach der Erwartung des Königs Friedrich Wilhelm IV., der 1845 seine Vorstellung von der neuen Kirche in einem Brief geäußert hatte. Er erwarte, so schrieb der König, *»daß für die neue Kirche der ... der ältesten christlichen Zeit entsprechende Basilikastyl gewählt werde, damit dem Gebäude ein in Cöln nicht durch Vergleichungen mit anderen dortigen Kirchen zu verdunkelnde, und demnach urchristliche Eigenthümlichkeit gegeben werden könne, während eine im byzantinischen* [gemeint ist der romanische Baustil, der seinerzeit als byzantinischer angesehen wurde] *oder gothischen Styl erbaute ev. Kirche in Vergleichung mit den verschiedenen, der katholischen Kirche gehörenden großartigen Bauwerke in Cöln immer bedeutend zurück – und damit im Nachtheil stehen würde«*. Unter

Der Kirche ist eine prächtige Portikus vorgespannt.

Einbeziehung einiger von Stüler selbst vorgenommener Modifikationen wurde sein Entwurf zur Ausführung bestimmt, und der Baumeister Eduard Kramer mit der Bauleitung beauftragt. Er begann 1857 mit den Bauarbeiten, und 1860 konnte der Neubau geweiht werden, wobei die Kirche den Namen »Trinitatiskirche« erhielt. 1861 erklangen erstmals die neue Ibach-Orgel und die drei von Christian Klaren 1861 gegossenen Glocken, die noch heute zum Gottesdienst rufen. Im April 1899 begann Gemeindebaumeister Arthur Eberhard mit der Renovierung der Kirche, bei der unter anderem auch die Prinzipalstücke nach den Entwürfen Eberhards erneuert wurden – erhalten hat sich nur das Taufbecken – und im Dezember feierte die Gemeinde die Wiedereröffnung ihrer Kirche.

Im Juni 1943 wurde die Kirche bis auf einen Rest der Außenmauern zerstört. Den Wiederaufbau übertrug die Gemeinde 1952 dem Gemeindebaumeister Georg Eberlein, der 1960 seine Aufgabe an Fritz Renné weitergab, und Juli 1965 war der protestantische Dom wieder hergestellt.

Die Trinitatiskirche heute

Die Trinitatiskirche ist eine dreischiffige, vierachsige Emporenbasilika, der eine säulengestützte Portikus vorgestellt ist. Ein integrierter, zweigeschossiger Eingangsbau übernimmt die Höhe und die Breite des in allen Raumteilen flachgedeckten Langhauses und tritt deshalb am Außenbau nicht als eigenständiger Baukörper in Erscheinung. Das Mittelschiff mündet in eine leicht abgeschnürte polygonal ummantelte Apsis, während den flach endenden Seitenschiffen zweigeschossige Anbauten angesetzt sind, welche den Chor flankieren. Ein hoher, schlanker Turm quadratischen Querschnittes fluchtet an der Westseite mit der südlichen Stirnseite des Langhauses. Der gesamte Bau ist in Ziegelmauerwerk über einem Basaltlavasockel aufgeführt. Lediglich der Fassade ist eine Tuffverkleidung vorbehalten. Für die Bauzier, einschließlich aller Säulen und Gesimse, ist grauer Sandstein verwendet, und im Inneren ist der plastische Schmuck in Stuck ausgeführt worden.

Die Fassade ist hinter die Flucht der Häuserzeile gesetzt, doch gleicht die Portikus diesen Rücksprung wieder aus, ja sie dringt mit ihrem dreistufigen Unterbau über die Flucht vor. Zudem tritt jeweils die äußere der Portikusachsen über die Flucht des Langhauses hinaus, so dass für eine respektvolle Distanz der flankierenden profanen Bebauung zum Kirchenbau gesorgt ist. Wandvorlagen definieren in der den Querschnitt der Basilika anzeigenden Fassade die Positionen der drei Schiffe. Allein die ungewöhnliche Höhe der Seitenschiffe lässt auf ein Emporengeschoss schließen. Aller Schmuck ist auf die Fassade des Mittelschiffes konzentriert: Ihr sind drei gleichdimensionierte und -gestaltete Portale zugewiesen, deren Tympana je in einem Medaillon ein Ankerkreuz zeigen. Oberhalb der Portikus sitzen eine »Tabula ansata« und direkt unter dem Giebelfeld eine zwölfspeichige Rosette. In ihrem Aufbau und in den Details der Gliederung gleicht die Chor- der Eingangsfassade. Unterhalb der weniger reich geschmückten Rosette schiebt

Säulengestützte Emporen umgreifen das Mittelschiff.

sich das Chorpolygon an, das mittels eines großformatigen Kassettenfrieses geziert ist; die beiden Sakristeien verzichten bis auf zwei Paare rundbogiger Fenster auf jegliche Gliederung. Der wie ein italienischer Campanile wirkende Glockenturm besticht durch seine straffe, vertikale Gliederung, die ihn höher erscheinen lässt als er es ohnehin schon ist.

Drei Portale führen in ein Vestibül, das über die Nordemporenhalle in den Kirchenraum und zu den Emporenaufgängen vermittelt. Das Langhaus fügt sich aus einem Mittelschiff und zwei es begleitenden, von Emporen überlagerten Seitenschiffen, wobei die baukünstlerische Gestaltung dem Mittelschiff eindeutigen Vorrang einräumt. Dieser drückt sich vornehmlich in der lichtbringenden Höhe aus, die durch die vier enorm hohen und weiten, von Pfeilern gestützten Arkaden und die Seitenschiffe vermittelt wird, die sehr niedrig wirken, weil die den Raum in gleichmäßiger Ruhe umgreifenden Emporen nur knapp bis zur halben Höhe der Arkaden reichen. Weite erhält das Mittelschiff oberhalb der Emporen, weil es in die begleitenden Räume so eindringen kann, dass eine Raumverschmelzung entsteht. Weil der Triumphbogen vor der Apsis die gleiche Höhe hat wie die Mittelschiffarkaden, trägt die somit sehr hohe Apsis genauso zur Erweiterung des Mittelraumes bei wie die ihr gegenüberstehende, hohe Rundbogen-Nische im Eingangsbau.

Engelköpfe zieren die Kapitelle der Pfeiler.

Über den Mittelschiffarkaden und über dem Triumphbogen steigt die Wand noch ein hohes Stück ungegliedert auf, um von einem Gebälk abgeschlossen zu werden, das den Mittelraum nahezu vollkommen umgürtet. Wegen dieses Gebälks und wegen seiner reichen architektonischen Gestaltung wirkt der Obergaden darüber wie ein dem Mittelraum zusätzlich in erhöhender Absicht aufgesetzter eigener Raum. Die vom Boden aus vorgegebenen Wandachsen werden jeweils von einer Dreiergruppe aus großen Rundbogenfenstern geöffnet, die von einer Blendbogenfolge umgriffen werden.

Die 1962 von Kurt-Wolf von Borries gestaltete Kassettendecke übernimmt die Achsteilung der Wände, so dass vier gleich große Felder ausgeschieden werden, die je eine Folge von vier mal fünf quadratischen Kassetten füllt. K.-W. von Borries stellte 1962 seinen aus Blaustein geschlagenen Altar in die um drei Stufen erhöhte Apsis. Mit seinem Volumen kann der breitlagernde Blockaltar seine stetige Präsenz in der Weite des Raumes garantieren. Sechs in seine Mensa eingelassene Bronzeleuchter geben ihm optisch die notwendige Höhe. Mit ihrer schlanken Kelchform und dem kurzen Schaft erinnert die 1962 in Bronze gefertigte Kanzel ein wenig an die Luther-Kanzel der Stadtkirchengemeinde Wittenberg. In den Triumphbogen hängte von Borries ebenfalls 1962 ein bronzenes, mit fünf quadratischen, leicht grünlich schimmernden Acrylglasplatten belegtes Kreuz, dessen Mittelplatte er einen bronzenen Dornenkranz einbeschrieb. Das im westlichen Seitenschiff stehende Taufbecken hat Wilhelm Fassbinder 1899 aus Carrara-Marmor geschlagen. Wolfgang Röhrig hat seine künstlerische Verglasung der Radfenster in zarten Grautönen gehalten, so dass sie gut in die Farbatmosphäre des Raumes eingepasst sind; jeweils in der kreisrunden Nabe einer jeden Rosette erscheint das Bild der Geist-Taube. 1962 ergänzte die Gießerei F. W. Rincker das dreistimmige überkommene Geläut um zwei Glocken.

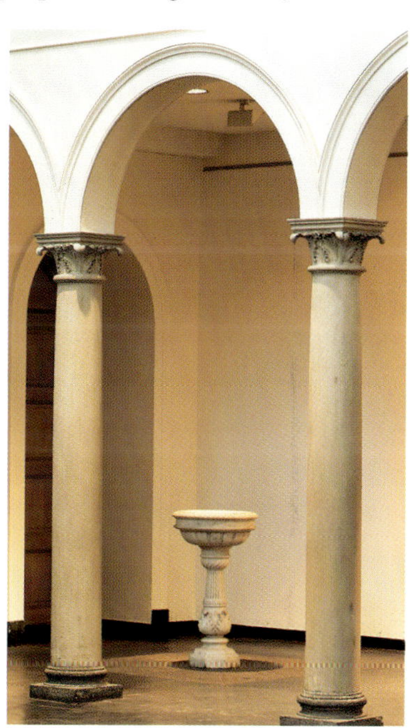

Wilhelm Fassbinder, Taufbecken, 1899.

Mit der Trinitatiskirche ist der Reigen der großen Kölner Kirchen um ein wertvolles Beispiel des an frühchristlichen Vorbildern orientierten preußisch-berlinerischen Spätklassizismus« bereichert worden, vgl. auch die Friedenskirche in Ehrenfeld und die Sankt Johannes-Kirche in Deutz, S. 188 und 235.

1982 wurde die Trinitatiskirche unter Denkmalschutz gestellt.

Trinitatiskirche
Evangelische Kirchengemeinde Neubrück

Trinitatiskirche

Neubrück

Europaring 31-35
51109 Köln

☏ 0221-894232

• Karte 2, g5
Ⓗ Straßburger Platz
Linie 157

In den Jahren von 1965 bis 1983 entstand südwestlich von Brück eine Großsiedlung mit über 3800 Wohneinheiten. Dieser neue Stadtteil erhielt den Namen Neubrück. Bereits bei der Planung wurden Grundstücke für eine katholische Kirche mit Gemeindezentrum und für ein evangelisches Gemeindezentrum ausgewiesen. Die in Neubrück lebenden evangelischen Christen waren zunächst Mitglieder der Kirchengemeinde Köln-Brück-Merheim, vgl. S. 203. Seit 1973 sind sie Angehörige der Kirchengemeinde Neubrück. Das 1966 von dem Architekten Wolfgang Schmidtlein errichtete Gemeindehaus erwies sich bald als zu klein, so dass eine Kirche angebaut werden musste.

Der Architekt Theodor Nießen legte 1986 einen Entwurf vor, den die Gemeinde 1989 zur Ausführung bestimmte. Nießen begann 1990 mit dem Bau der Kirche und übergab sie 1991 der Gemeinde. Von dem Bildhauer Egino Weinert stammen der bronzene Ambo, das bronzene Hängekreuz und das Bronzerelief »Not Gottes«. Die 1997 und 1998 eingesetzten Glasmalereien entwarf die Malerin Katja Ploetz.

Egino Weinert, Amboplatte, um 1965.

Die Kirche bildet auf dem weiten Eckgrundstück den Auftakt eines mehrgliedrigen Gemeindezentrums. Die zeltartig wirkende Saalkirche steht über einem Souterrain, für das eigens eine Einböschung ausgehoben worden ist, um es mit Tageslicht zu versorgen. Der mit Ziegeln verkleidete, etwa zwei Geschosse hohe Skelettbau ist aus einem Kubus entwickelt worden. Die Faltelung seines mit Kupfer abgedeckten Daches resultiert aus der gleichmäßigen Senkung der Seitenmitten des Kubus. Die Mitten werden jeweils mittels eines etwa ein Geschoss hohen Betonpfeilers markiert. Diese von zwei gleich hohen Vertikalfenstern flankierten Pfeiler stützen die abfallende Traufe. Aus dieser Konfiguration ergibt sich eine Prävalenz der vier hoch aufragenden Ecken, die dem Baukörper eine in das Umfeld drängende Dynamik verleihen. Weil bis auf die niedrigen Vertikalfenster auf eine weitere Öffnung der Wände verzichtet worden ist, wirkt der kleine Baukörper recht kompakt.

Katja Ploetz, Glasmalerei, 1997-1998.

Der Zugang zum Kirchsaal führt durch ein großes eingeschossiges Vestibül. Es ist mittels einer raumhohen und -breiten Falttür mit dem Kirchsaal verbunden. In dem quadratischen Saal steht der Altar auf einer einstufigen quadratischen Estrade, die in die Nordecke des Raumes eingeschoben ist. Damit ist die Raumdiagonale auch die liturgische Achse. Die Stellung des Altars, verbunden mit der geometrischen Figur der Estrade, ermöglicht es, an der Liturgie von drei Seiten aus teilzunehmen. Die zarte Farbigkeit der Fenster verleiht dem kleinen Raum zusammen mit seinen weiß gefassten Wänden eine heitere Beschwingtheit.

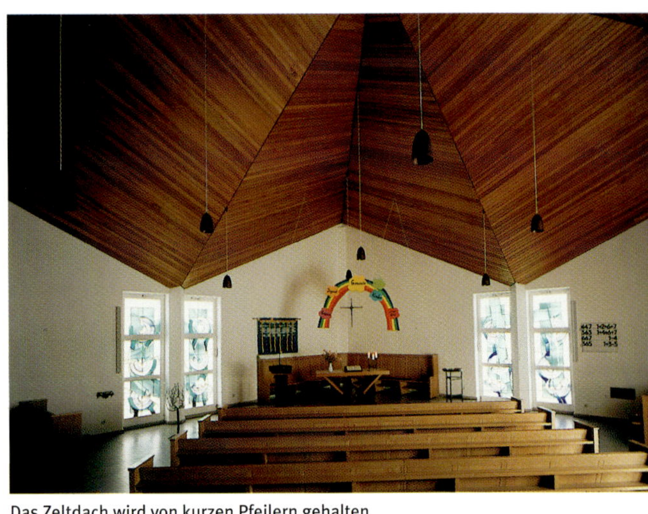

Das Zeltdach wird von kurzen Pfeilern gehalten.

1998 erhielt die Kapelle einen Boden aus feinem Sand.

Universitätskapelle

Evangelische Hochschulgemeinde

Nach 1945 wurden in sehr vielen deutschen Universitätsstädten Studentengemeinden beider christlicher Konfessionen gegründet. Die Studentengemeinden sind landeskirchliche Einrichtungen und deshalb von den Ortsgemeinden unabhängig.

Zur Konzeption des von dem städtischen Oberbaurat a. D. Walther Mayer von 1957 bis 1959 gebauten Studentenheimes an der Bachemer Straße gehörte auch eine Kapelle, so dass die Studenten ihre Gottesdienste in einem Raum feiern können, der auf ihre liturgischen Bedürfnisse abgestimmt ist. Beim Umbau der Kapelle durch den Baumeister des Landeskirchenamtes Manfred von Bentheim erhielt die Kapelle 1998 einen Boden aus angeschüttetem Sand.

Die »Sandkapelle« liegt im Souterrain eines an die Rückseite des Studentenheims angefügten Anbaues. Der querrechteckige Raum ist vollkommen weiß gefasst. Lediglich die künstlerische Verglasung von dem Kölner Künstler Otto Gerster bringt ein wenig Farbe in den Raum. Doch wird die Wirkung der Farbverglasung insofern sehr gemildert, als nur ein raumhohes schmales Fenster dem Raum Tageslicht zuführt. Die übrige künstlerische Verglasung trennt einen der Gemeinderäume von der Kapelle. Die Raumdecke ist in eine dichte Folge von schmalen Betonlamellen gegliedert, damit der Raum optisch etwas an Höhe gewinnt. An den Stirnseiten sind weiße, raumhohe Stoffbahnen in die Zwischenräume der Lamellen eingespannt, welche die Raumgrenze verwischen und den Raum somit ins Unbestimmte erweitern. Angeschütteter feinster Quarzsand gibt dem Raum auch farblich jene beruhigende Atmosphäre, die Voraussetzung für meditativ geprägte Gottesdienste ist. Schriftzeichen im Sand geben Zeugnis dafür, dass hier eine bestimmte, relativ homogene Gruppe ihre Gottesdienste mit einer auf sie zugeschnittenen Liturgie feiert. Deshalb bedarf es auch keines Abendmahlstisches, um die Gruppe zu konzentrieren. Diese Aufgabe übernehmen künstlerische Objekte zeichenhaften Charakters, die gelegentlich ausgetauscht werden.

Universitätskapelle

Lindenthal

Bachemer Straße 27
50931 Köln

☏ 0221-9405220
www.esg.uni-koeln.de

• Karte 1, d6
Ⓗ Hildegardis-Krankenhaus
Linie 136, 146

Unter Gottes Gnaden – Gemeindehaus

Evangelische Kirchengemeinde Widdersdorf

Nach 1945 hatte Widdersdorf einen beträchtlichen Zuwachs seiner Einwohnerzahl zu verzeichnen – heute leben dort etwa 1500 Protestanten. 1948 wurde Weiden mit Widdersdorf aus Frechen ausgepfarrt und selbstständige Kirchengemeinde.

Nachdem die politische Gemeinde ein Grundstück zur Verfügung gestellt hatte, wurde dort ein Fertigteilpavillon aufgestellt, der als Gemeindehaus und Betsaal diente. 1966 konnte eine Glocke erworben werden. Zur Erlangung eines wohnungsnahen Gemeindezentrums wurde 1984 ein Architektenwettbewerb ausgeschrieben, den der Architekt Jochen Jacobs gewann. Die Bauarbeiten begannen 1986 und 1988 war der Bau vollendet. Dieser dritten ihrer Predigtstätten gab die Gemeinde den Namen »Unter Gottes Gnaden«, der von einer gleichlautenden Flurbezeichnung veranlasst wurde. Die Prinzipalstücke gehen auf Entwürfe des Architekten zurück. Die Glasmalereien entwarf Fritz Hans Lauten, denen er das Thema »Hoffnung« unterlegt hatte. Noch am Tage der Weihe kam das von Willi Peter gebaute Orgelpositiv in den Kirchsaal, das er 1994 erweiterte.

Das Gemeindezentrum mit seinen auffälligen shedartigen Dachschlüssen säumt zusammen mit dem Wohnhaus des Pfarrers und einem L-förmig angelegten Altenheim, das nicht zu Gemeinde gehört, einen weiten, gärtnerisch gestalteten Platz. Die äußere Gestaltung des kompakten Gemeindehauses spiegelt mittels Vor- und Rücksprüngen sowie durch die unterschiedlichen Höhen einzelner Teile die Vielfältigkeit seiner Nutzungsmöglichkeiten. Dabei wird dem querbauartig eingefügten Betsaal durch seine alle anderen Baukörper überbietende Dimension Prävalenz gegeben. Während die Eingangsseite nur Geschosshöhe erreicht, ist die Rückseite mehrgeschossig, weil sie aus der Tiefe einer künstlich angelegten Absenkung aufsteigt. Gemeinsam ist allen Baukörpern der Abschluss mittels eines Satteldaches, wobei die einzelnen Flächen an der Eingangsseite tief herunterge-

Das Gemeindezentrum mit seiner reichen Dachlandschaft.

Unter Gottes Gnaden – Gemeindehaus

Widdersdorf

Zum Dammfelde 37
50859 Köln

☏ 02234-505307
www.ekir.de/widdersdorf

• Karte 2, ab4
Ⓗ Im Buschfelde
Linie 145

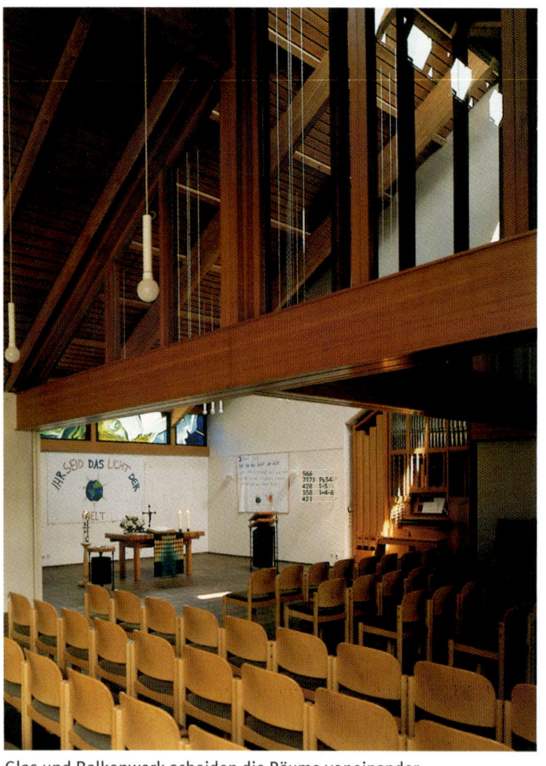

Glas und Balkenwerk scheiden die Räume voneinander.

schleppt sind. Bereits der Eingang zeigt mit seinem Vordach ein den Gesamtbau prägendes Gestaltungsmittel, die Verwendung von Holz und Glas zur Ergänzung der weiß verputzten Wände. Er führt in einen Vorraum, der in den Betsaal und in den Gemeinderaum und seitlich in das Souterrain mit seiner Vielzahl von Räumen vermittelt. Im Betsaal erweisen sich die Wechsel von Putzwänden zu Holz-Glas-Konstruktionen als prägender Grund für die Raumatmosphäre, die eine bergende ist. Der breite, längsrechteckige Betsaal steht quer zur Achse des Gesamtbaues, über dessen Flucht er beidseitig hinaustritt. Die Ausrichtung des Raumes auf den Altar ist insofern eindeutig, als in der hinter dem Altar stehenden Stirnwand direkt unter der Deckenlinie ein künstlerisch verglastes Fensterband sitzt, das die ganze Wandbreite füllt. Bei Bedarf kann der Raum durch eine Falttür gehälftet werden, die unterhalb einer sich vom Deckenfirst herabsenkenden Holz-Glas-Wand geführt wird. Dadurch sind beide Raumhälften zeitgleich unterschiedlich nutzbar. Eine in der Längswand sitzende Falttür verbindet den ebenfalls längsrechteckigen Gemeindesaal mit dem Betsaal.

Versöhnungskirche

Evangelische Kirchengemeinde Köln-Dellbrück-Holweide

Holweide

Buschfeldstraße 30
51067 Köln

☏ 0221-682465
www.dellbrueck2000.de

• Karte 2, g4
Ⓗ Buschfeldstraße
Linie 157

Die Versöhnungskirche ist die dritte und jüngste Predigtstätte der 1913 von der Muttergemeinde Mülheim am Rhein in die Selbstständigkeit entlassenen Kirchengemeinde Köln-Dellbrück/Holweide, vgl., S. 172 und S. 227.

Die eigentliche Geschichte der Versöhnungsgemeinde setzte, bedingt durch den intensiven Zuzug von Flüchtlingen und Vertriebenen, erst nach dem Zweiten Weltkrieg ein. Nach einem Architektenwettbewerb entschied sich die Gemeinde 1961 für den Entwurf des Architekten Georg Rasch. Nachdem das notwendige Grundstück beschafft war, konnten 1963 die Bauarbeiten beginnen. Im Juli 1965 waren die Versöhnungskirche und die Gemeindebauten vollendet. Der Abendmahlstisch, die Kanzel und der Taufstein sind nach Entwürfen von Georg Rasch gefertigt worden. Kurt-Wolf von Borries stellte 1966 sein in Neusilber gegossenes großes Lebensbaum-Standkreuz in den Kirchsaal. Die Willi-Peter-Orgel erklang erstmals 1971 in der Kirche, und das dreistimmige Geläut aus der Gießerei Petit & Gebr. Edelbrock kam schrittweise 1964, 1984 und 1990 in den Turm.

Alle Bauten des Gemeindezentrums, denen jeweils eine eigene Funktion zugewiesen ist, sind rechtwinklig aufeinander bezogen: Sie stehen in dem weiten Areal jeweils über quadratischem Grundriss und sind in sichtbar belassenem Kalksandstein aufgeführt. Bis auf den Turm haben alle kubische Gestalt und variieren in Höhe und Volumen, wobei der Kirche das größte Volumen zukommt, sie ist zudem höher als die Gemeindebauten. Der Campanile besetzt als höchstes Element die Straßenecke. Über zwei parallel zu den beiden Straßen gesetzten Mauern ist er mit dem Gemeindehaus und mit der Kirche so verbunden, dass sich ein quadratischer Innenhof ergibt. Der Kirchsaal hält mit ihm über die mauerhoch ver-

Rechte Winkel bestimmen das Bild des Ensembles.

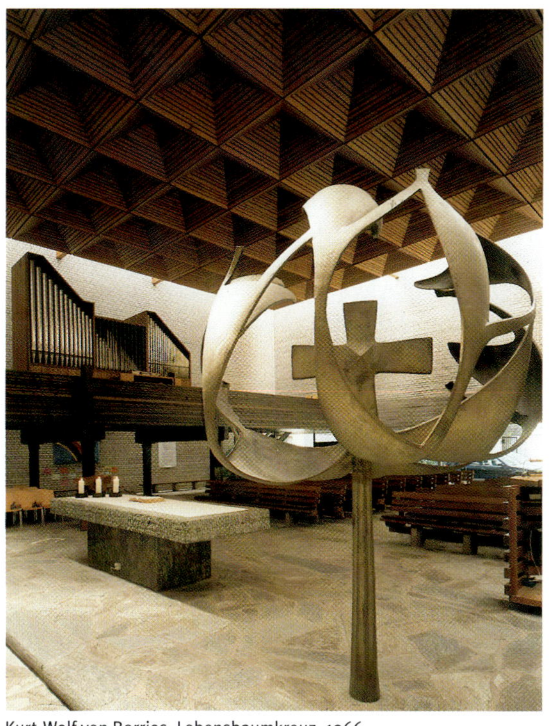

Kurt-Wolf von Borries, Lebensbaumkreuz, 1966.

glaste Öffnung seiner Eingangswand Verbindung. In das Gefüge ist ein eigenständiger, in Farbe und Material kontrastierender Baukörper zur Abdeckung des Eingangs eingeschoben: Als langgestreckter, aufgeständerter, kastenartiger, dunkler Holzkörper stößt er aus dem öffentlichen Raum über das Hoftor hinweg am Gemeindehaus entlang zur Kirche vor.

Im Inneren setzt sich der Holzkörper als frei stehende Empore bis kurz vor die Altarwand fort. Damit wird der Raum unter der Empore zur verteilenden Eingangshalle. Die steinsichtig belassenen, bis auf die Fassadenöffnung geschlossenen Wände der Saalkirche sind in ihrer gesamten Dimension ablesbar, weil die eingehangene, in offene Pyramidenkassetten aufgelöste Holzdecke deutlichen Abstand zu ihnen hält. Die Distanz überbrücken verglaste Sheds, über die der Raumkubus durchlichtet wird. Gegenüber der Eingangswand stehen Altar und Kanzel auf einer gemeinsamen Inselestrade, so dass dem Zentralraum Richtung gegeben ist. Die Taufe steht am Ende der den Eingangsweg schirmenden Pergola, nahe dem Altartisch. Zudem steht der Taufstein in einer kreisrunden Bodenabsenkung.

1967 erhielt das Ensemble den Architekturpreis der Stadt Köln.

Versöhnungskirche

Evangelische Kirchengemeinde Ehrenfeld

Die Versöhnungskirche ist die dritte und jüngste Predigtstätte der Kirchengemeinde Ehrenfeld, vgl. S. 188 und 195.

Den Wettbewerb zur Erlangung einer Konzeption für ein Gemeindezentrum und eine Kirche gewann 1961 die Architektengemeinschaft Bertram & Lang. Nachdem 1963 der Grundstein gelegt worden war, konnte 1964 die Weihe vollzogen werden. Bereits im Jahr zuvor hatte Elfriede Fulda die von ihr geschaffenen Glasmalereien einsetzen können. Auch die von dem Bildhauer Heinz Tobolla geschaffenen Prinzipalstücke – der Altar, die Kanzel und die Taufe – gehören ebenso zur ersten Ausstattungsphase wie das Kreuz und das Altargerät, die beide von dem Bildhauer Erich Görk aus Bensberg geschaffen worden sind. Die von Willi Peter gebaute Orgel erklang erstmals 1968; sie ist 1993 erweitert worden. 1988 musste das Flachdach der Kirche saniert und der Lichtkranz erneuert werden. Mittels eines kleinen, stufenfreien Vorhallenanbaus ist es seit 1991 behinderten Menschen möglich, unbeschwert am Gottesdienst und an anderen gemeinschaftlichen Zusammenkünften teilzunehmen.

Die neue Vorhalle vor dem hexagonalen Zentralbau.

Elfriede Fulda, Königsfenster, 1963.

Neu-Ehrenfeld

Eisheiligenstraße 32-42
50825 Köln

☏ 0221-82090-0

• Karte 1, d1
Ⓗ Nußbaumerstraße
Linien 5, 13

Die in Sichtbeton errichtete, etwa zwei Geschosse hohe Kirche steht so an einer Straßenecke, dass sie auf deren Winkelscheitel gerichtet ist. Die flachgedeckte Saalkirche erhebt sich über einer sechsseitigen Grundfläche. Eine der Seiten des Hexagons ist mittels eines vertikalen Betonstabwerks gebäudehoch perforiert, das zweite, gleichgestaltete Fenster öffnet dagegen nur die obere Hälfte einer Wand. Beide Fenster übergreift das schmale blankverglaste Lichtband, das dicht unter der Dachkante den gesamten Bau umzieht.

Im Gegensatz zum unverputzten Außenbau überzieht im Inneren ein weißer Verputz die Wände. Seitlich des Eingangs winkeln die Wände ab, so dass eine in den Raum drängende Bewegung ausgelöst wird. Sie gleitet an der Holzwand entlang, die den Raum unter der Empore so schließt, dass dort die Sakristei untergebracht werden konnte. Diese Bewegung findet ihr Ziel vor der in den Raum eingreifenden einstufigen Estrade, die den Altar und die Kanzel aus dem Gesamtraum besondert. Weil die Estrade weit vortritt und der Altar genau vor dem Raumwinkel steht, ist genügend Raum für den liturgischen Vollzug gegeben. Seitlich der mächtigen Kanzel ist der Boden hexagonal abgesenkt, so dass ein imaginäres Baptisterium geschaffen ist. Mit der Absenkung wird symbolisch darauf verwiesen, dass der Taufakt, dem christlichen Glauben entsprechend, den Menschen in eine neue Wirklichkeit emporhebt.

Die Farbpracht des Fensters gibt dem Raum Festlichkeit.

Versöhnungskirche

Evangelische Kirchengemeinde Köln-Rath-Ostheim

Rath

Erlöserkirchstraße 1
51107 Köln

0221-987950
www.kirchengemeinde-rath-ostheim.de

• Karte 2, h6
Ⓗ Königsforst
Linie 9

Die Protestanten Raths waren in der ersten Hälfte des 19. Jahrhunderts Mitglieder der Gemeinde Mülheim am Rhein, vgl. S. 190. 1877 wurden sie Angehörige der Gemeinde Köln-Kalk, vgl. S. 200, und seit 1957 gehören sie der Kirchengemeinde Köln-Rath-Ostheim an. Noch im gleichen Jahr errichtete der Architekt Siegfried Knoch das Pfarrhaus.

Nach einem Architektenwettbewerb erhielten die Architekten Dr. Walter Fleck (Entwurf) und Helmut Möller 1958 den Auftrag zum Bau der Kirche, deren Grundstein 1959 gelegt und deren Weihe 1960 gefeiert werden konnte. In zwei Schritten kam 1961 und 1963 das dreistimmige Geläut der Gebrüder Rincker in den Turm. Der Orgelbauer Willi Peter stellte 1964 seine Orgel in den Neubau. Der Bildhauer Karl Erich Görk schuf 1965 das große Hängekreuz und das kleine Altarkreuz. Die Prinzipalstücke gehen auf Entwürfe des Architekten Dr. Fleck zurück, die Taufschale dürfte K. E. Görk geschaffen haben. Die von Klaus Bönnighausen entworfenen Glasmalereien wurden 1968 eingesetzt. Die Versöhnungskirche und die ihr zugeordneten, 1979 durch den Architekten Gero Band erweiterten Gemeindebauten liegen direkt gegenüber der katholischen Kirche Zum Göttlichen Erlöser, vgl. S. 155.

Karl Erich Görk, Hängekreuz, 1965.

Die regelmäßig perforierte Fassade.

Die Gemeindebauten und die Versöhnungskirche sind in Skelettbauweise mit Ziegelausfachung beziehungsweise -verblendung errichtet. Die Fassade der Kirche lagert breit, aber wenig hoch, so dass der Bau auch physisch äußerst präsent ist. Regelmäßig gereihte, quadratische und verglaste Betonelemente perforieren sie und verleihen ihr zugleich eine dekorative Wirkung. In der Fassadenachse sitzt das nahezu quadratische, durch Betonlaibungen hervorgehobene Bronzeportal, das von einem Vordach geschützt wird, das einem feingliedrigen Betonrahmen aufliegt. Die Längswände der über rechteckiger Grundfläche stehenden Saalkirche ducken sich unter den weit ausladenden Flächen des Satteldaches. Die Westseite bietet sich dem Blick unverstellt. Über einem hohen Ziegelsockel zieht sich ein breites, von keinen Stützen unterbrochenes Fensterband hin, das lediglich von drei Öffnungsmöglichkeiten rhythmisiert wird. Gegen die Westseite ist ein Anbau gesetzt, der die Sakristei aufnimmt und zum Turm vermittelt. Deshalb ist das von der Fassadenseite ausgehende Lichtband nur sehr kurz. Es setzt sich südlich des Anbaues nicht fort, denn hier ist die Seite mittels eines bodenbündigen Fensters geöffnet, das von vier Betonholmen regelmäßig unterteilt wird. Mit dem Fenster ist der Ort des Altares am Außenbau bezeichnet. Die rückwärtige Stirnwand ist vollkommen geschlossen. An sie lehnt sich seit 1979 der Gemeindesaal.

Klaus Bönnighausen, Glasmalerei, 1968.

Das Kircheninnere wird vom Rhythmus der frei stehenden, sich konisch nach obenhin verbreiternden Sichtbetonstützen und den von ihnen getragenen Betonbindern geprägt. Die Art ihrer Konstruktion ermöglicht es, sowohl das Lichtband von Stützen freizuhalten, als auch je einen Korridor entlang den Längswänden auszubilden. Die Distanz zum Standort der Stützen und der Außenwand überbrückt der breite Ansatz der im First der Holzdecke in einer feinen Spitze endenden Binder. Zur Eleganz der Konstruktion trägt auch die Illusion bei, wonach sich die Binder im First nur in einem äußerst kleinen Punkt

Die genial konstruierten Rahmenbinder.

zu berühren scheinen. Die Rahmenbinderkonstruktion löst den breiten Saal in eine Folge von vier Jochen auf. Auf eine Empore ist verzichtet worden, so dass der Raummantel in seiner ganzen Dimension und Form ablesbar ist. Das nördliche Joch wird von dem um eine Stufung höher gelegten Altarbereich gefüllt. Der steinerne Tischaltar steht auf einer nur ihm vorbehaltenen einstufigen Estrade. Mit großen, den breiten Raum überbrückenden Abständen flankieren ihn die Kanzel und die zylindrische Taufstele mit dem linsenförmigen bronzenen Becken. Durch die symmetrische Anordnung wird der Raum auf den Altarbezirk zentriert, einen wesentlichen Beitrag leistet dazu auch das große Bronzekreuz mit seinen Keramik Einlagen und dem mittleren Bergkristall, das in der Raumachse und somit über dem Altar an der Rückwand hängt.

Pax im Schutz und Schatten von St. Gereon

Concordia
Lebens-Versicherungs-Bank Aktien-Gesellschaft
Vertragsgesellschaft
des
PAX
Verein von katholischen Priestern Deutschlands E. V.
Versicherungsschein Nr.
Versichertes Kapital
Beginn des ersten Versicherungsjahres am 1. April 1930
Versicherter:
Bezugsberechtigt: im Erlebensfalle der Versicherte selbst, im Todesfalle laut Testament.
Die Concordia, Lebens-Versicherungs-Bank Aktien-Gesellschaft versichert auf Grund der für den Abschluß dieser Versicherung abgegebenen schriftlichen Erklärungen im Vertrauen auf deren Richtigkeit und Vollständigkeit unter den nachstehenden allgemeinen und besonderen Bedingungen auf das Leben des Versicherten die oben angegebene Summe, zahlbar nach Vorlage der bedingungsgemäß beizubringenden Nachweise beim Tode des Versicherten oder spätestens an dem für den Erlebensfall vorgesehenen Ende der Versicherung.
Empfangsbescheinigung
Köln, den 1930
Concordia
Lebens-Versicherungs-Bank Aktien-Gesellschaft

Keine 200 Meter von St. Gereon entfernt hat sich zu Beginn des 20. Jahrhunderts eine kirchliche »Besonderheit« entwickelt. In der Steinfelder Gasse 15 steht die Zentrale der Pax-Vereinigung katholischer Kleriker e.V. Seit 100 Jahren befindet sich Sitz und Zentrale dieser Vereinigung in Köln.

Initiator der PAX-Vereinigung war der 1870 geborene Oberpfälzer Pfarrer Johann Baptist Barnickel. Seiner Idee nach sollte es einen genossenschaftlichen Zusammenschluss katholischer Priester unter dem Prinzip der Hilfe zur Selbsthilfe geben. Über den Weg einer eigens dafür gegründeten Versicherungsgesellschaft sollten Lebens- und Schutzversicherungen katholischen Geistlichen sowie kirchlichen Einrichtungen zu möglichst günstigen Konditionen angeboten werden.

Die zu erwirtschaftenden Überschüsse sollten im genossenschaftlichen Geiste nicht der Kapitalakkumulation dienen, sondern der Übernahme und Unterstützung karitativer Aufgaben.

Pfarrer Barnickels Überlegungen resultierten Anfang des 20. Jahrhunderts aus einem tatsächlichen Desiderat wirtschaftlicher und sozialer Sorgen für den geistlichen Stand.

Ein standesgenossenschaftliches Versicherungsunternehmen für Kleriker schien um die Jahrhundertwende jedoch nicht opportun. Bedenken um wirtschaftliche Tragfähigkeit sowie der Schatten antiklerikalen Vorurteils aus dem vergangenen Kulturkampf standen dagegen. Man entschloss sich deshalb zwar auf die Möglichkeiten bereits bestehender Versicherungsgesellschaften zurückzugreifen, jedoch waren im Auswahlverfahren mit diesen die bestmöglichen Konditionen zu ermitteln und für die Mitglieder der Vereinigung sowie den weiteren kirchlichen Bereich umzusetzen.

Mit diesem Gedanken gründete sich die PAX-Vereinigung 1905 auf dem Katholikentag in Straßburg; dies war damit auch die Geburtsstunde des Pax-Versicherungsdienstes und somit eines der ältesten Versicherungsmaklerunternehmen, die seit der Gründung bis in die Gegenwart diesem Gedanken treu geblieben sind.

Besonders der damals wie heute aktuelle Hinweis auf die finanzielle und bürokratische Entlastung des Sozialstaates durch die Bildung eines genossenschaftlichen Berufsverbandes wirkte nach. So konnte die prosperierende Vereinigung schon zwei Jahre nach ihrer Gründung auch die kirchlichen Laienangestellten in den Kreis der Versicherten aufnehmen.

Bald entstanden auch die ersten Erholungsheime der PAX in Bad Mergentheim, Unkel, Juist und Walgau, später dann die PAX-Bank, die PAX-Krankenkasse, die PAX-Hilfe oder noch 1980 der PAX-Grabpflegedienst. All diese sind heute selbstständige Unternehmen, die aber weiterhin ihren kirchlichen Bezug und die Sorge für die Mitarbeiter der Kirche pflegen. An den genossenschaftlichen Prinzipien der PAX-Einrichtungen, auch an den äußerst preiswerten Policen des Pax-Versicherungsdienstes, hat sich bis heute nichts geändert. Allerdings ist sein Aufgabenspektrum mit der Zeit als Spezialmakler für Bistümer, Orden, Caritas, kirchliche Einrichtungen, Krankenhäuser und deren Bedienstete erheblich gewachsen.

Da die Concordia-Lebensversicherungsgesellschaft als erster wichtiger Vertragspartner der PAX in Köln ansässig war, ließ sich auch die Vereinigung hier nieder. 1909 übernahm der Kölner Erzbischof Anton Kardinal Fischer das Protektorat über die Vereinigung und gab damit das Vorbild für alle seine Nachfolger im Amt. Auch deshalb ist die PAX nunmehr seit fast 100 Jahren mit Köln verbunden. Die Zentrale befindet sich heute in der Steinfelder Gasse, der Pax-Versicherungsdienst in der Gereonstraße, eingebettet im Kreis der Kirchen, Banken und Versicherungen um die ehrwürdige Basilika St. Gereon.

Glossar

Der **Altar** besteht aus einem Unterbau (Stipes) und der darauf liegenden **Mensa** (Tischplatte). Eine vordere, mit Bildern oder Ornamenten versehene Verhüllung des Altarunterbaus wird **Antependium** genannt; ein über dem hinteren Teil der Mensa angebrachter, ebenfalls mit Ornament oder Bildwerk verzierter Aufbau heißt **Retabel**.

Der **Ambo** ist das Lesepult zum Vortrag aus der Heiligen Schrift. In manchen Kirchen, wie dem Kölner Dom, gibt es einen Ambo auf der Südseite für die Epistel und einen an der Nordseite für die Verlesung des Evangeliums.

Anna selbdritt ist ein Drei-Generationenbild: Die Heilige Anna, ihre Tochter Maria und der Enkel Jesus. Zumeist sind die drei Personen dem Alter nach unterschiedlich groß dargestellt.

Annex wird gelegentlich ein geöffneter Anraum neben einem Chor oder ein geschlossener, allenfalls mit einer Tür zum Hauptraum versehener Nebenraum genannt.

Antependium > Altar

Apotropäisch bedeutet »Unheil abweisend«.

Apsis, Mehrzahl **Apsiden** > Konche

Archivolte bezeichnet hier die bandartige, vor die Wand gelegte Einfassung der Bogenöffnung zum > Chor.

Arkade ist die Bogenstellung: zwei > Stützen mit darüber liegendem Bogen.

Attika ist ein niedriges, in Höhe des Dachansatzes stehendes Wandfeld über der Hauptzone einer Fassade. Oft verdeckt die Attika den Dachansatz.

Ausfachung, **ausgefacht** meint »Verfüllung«, »verfüllt«. Die Wände im Stahlbeton-Skelettbau oder im Fachwerkbau entstehen, indem die leeren Felder zwischen den Trägern oder Balken mit Backstein, Lehm oder anderen mauerfähigen Materialien verfüllt, »ausgefacht« werden.

Das **Baptisterium** ist eine Taufkirche oder der architektonisch eigenständige Taufort.

Basilika bezeichnet einen Bau mit mehreren > Schiffen. Das > Mittelschiff der Basilika ist höher als die > Seitenschiffe und besitzt Fenster in der oberen Wand (**Obergaden**). Sind alle Schiffe eines Bauwerkes gleich hoch, spricht man von **Hallenbau**. Ist ein Bauwerk nicht in mehrere Schiffe unterteilt, sondern »einschiffig«, so handelt es sich um einen **Saal**.

Basis > Stütze

Binder, im Text als Dachbinder gemeint: die Trägerbalken des Daches. Sie können aus Holz, Stahl, Beton oder beliebigen anderen Konstruktionsmaterialien bestehen. **Flanschen** sind die waagerechten Elemente eines Binders. Sie treten beispielsweise bei stählernen U-Trägern deutlich hervor.

Binnenchor > Chor

Blendbogen heißt ein flach vor die Wand gelegter, nicht frei stehender Bogen.

Bosse, **Bossierung**, **bossiert** > Haustein

Der **Campanile** ist ein frei stehender, d.h. ohne bauliche Verbindung zur Kirche stehender Glockenturm.

Cella ist die Bezeichnung für das innere, fensterlose Gehäuse des römisch-antiken Tempelbaus. In der Cella stand das Bildnis der verehrten Gottheit.

Chor heißt der für Gottesdienst und (Chor-)Gebet der Geistlichen, Mönche oder Nonnen vorgesehene Ort in einer Kirche. Der Begriff bezeichnet zunächst die Funktion dieses Ortes, nicht eine bestimmte Form. Im Sinne der Funktion verfügt der Chor allermeist über einen > Altar. Das ist aber nicht zwingend. So heißt der von Altarraum oder > Langhaus durch Wände oder Gitter abgetrennte Gebetsraum der Frauenklöster **Nonnenchor**. Ist der mit einem Altar versehene Chorraum von einem (**Chor-**)**Umgang** eingefasst, heißt er auf seinen Ort bezogen **Binnenchor**. Das **Chorhaupt** schließlich ist der mit Wänden oder, beim Binnenchor, mit einer > Stützenreihe umgebene und mit einem Altar versehene Raumabschluss eines Chores. Das Chorhaupt tritt in der Regel am Außenbau hervor.

Chorhaupt > Chor

Chorumgang > Chor

Chrismon ist das Christusmonogramm. Es besteht aus den beiden übereinander gefügten griechischen Lettern Chi (geschrieben X) und Rho (geschrieben P) für »Ch-r-istos«, Christus, der Gesalbte. Ergänzt wird das Monogramm durch den ersten und letzten Buchstaben des griechischen Alphabets: Alpha und Omega – Christus ist Anfang und Ende. Das Chrismon ist frühchristlicher Herkunft und stammt noch aus der Zeit, bevor die personifizierte Darstellung Christi sich durchsetzte. Christussymbole wie das Chrismon finden in der kirchlichen Kunst des 20. Jahrhunderts vielfach neue Verwendung.

Diaphan (»durchscheinend«), Diaphanität ist ein Mitte des 12. Jahrhunderts entwickeltes Attribut im Kirchenbau: Das durch die weitgehend verglasten Wände gotischer Bauten fallende, selbst für formlos angesehene Licht gibt den Fensterscheiben ihre raumgestaltenden Farben. Das Licht als subtilste Emanation (Ausstrahlung) Gottes ist so Analogie und Erkenntnisgrund der über alle Form erhabenen Schönheit und Seinsweise Gottes.

Dienste nennt man die oft sehr langen, mit einer Wand oder einem > Pfeiler fest verbundenen und nicht komplett gerundeten > Säulen, über denen > Gewölberippen oder andere Bögen ansetzen. Dienste tragen einen Teil der Last dieser Gliederungselemente.

Dreibogenstaffel ist eine Gruppe dreier > Arkaden mit unterschiedlich hohen > Scheiteln.

Ein **Epitaph**, **Wandepitaph** ist ein an einer > Stütze oder einer Wand befestigtes plattenförmiges Grabmal – Gedächtnisstein, nicht Grabstein. Epitaphien sind mit Inschriften über den Verstorbenen und häufig mit Figurenwerk wie der Darstellung des auferstehenden Christus geschmückt.

Erker heißen ein- oder mehrgeschossige Vorbauten an den oberen Geschossen eines Gebäudes.

Estrade bedeutet Unterlage: eine um ein oder zwei Stufen erhöhte Fußbodenzone. Sie dient zur Hervorhebung eines besonderen Ortes oder bevorzugten Sitzes (Altar, Thron oder dergleichen).

Fensterfries > Fries

Die **Fiale** ist ein typisch gotisches Zierelement. Sie ist ein schlankes Türmchen von mehreren Metern bis wenige Zentimeter Höhe und wird beispielsweise als Bekrönung für > Strebepfeiler oder als seitliche Begrenzung für > Wimperge verwendet. Der obere, spitz zulaufende Helm der Fiale ist an den Seiten meist mit blattähnlichen Ausformungen, den **Krabben** besetzt.

Flansche > Binder

Flucht, **fluchten** meint »gerade Linie«, »in gerader Linie liegen«. Damit ist die als unendliche Gerade gedachte Grenzlinie von Wänden, die Richtung eines geraden Straßenverlaufs oder die Folge hintereinander liegender Räume oder Raumteile bezeichnet.

Fries bezeichnet jede Art von schmalem Streifen, der einer Fläche schmückend aufgelegt ist. Friese werden nach ihrem Anbringungsort unterschieden (z.B. Wandfries, Deckenfries) und nach Art ihrer Ausgestaltung: Es gibt Bogenfriese, Rautenfriese, Skulpturenfriese, Klötzchenfriese, gemalte Friese und viele mehr. Der **Fensterfries** ist ein Fries aus Fenstern.

Gebälk heißt in einem weiten Sinne die Gesamtheit aller Balken einer Decken- oder Dachkonstruktion. Im speziellen, antikischen Sinne ist damit die von > Stützen getragene, festgelegte Übereinanderfolge von steinernem Balken, > Fries und > Gesims gemeint. Diese Art Gebälk zeigt vor allem am Außenbau die obere Begrenzung eines Geschosses an.

Gesims ist ein meist horizontales, vorspringendes Bauelement, das eine Mauer in einzelne Abschnitte teilt.

Gewölbe heißt jede krummflächige konstruktive Raumdecke. Gewölbe sind äußerst vielgestaltig. So ist ein **Tonnengewölbe** ein Gewölbe, dessen Krummfläche einen halbkreisförmigen Querschnitt hat. Beim **Spitztonnengewölbe** beschreibt der Querschnitt einen spitzen Bogen. Durchdringen sich zwei Tonnengewölbe in gleicher Höhe gegenseitig, so entstehen an den Schnittpunkten Grate. Solche **Gratgewölbe** werden wegen der sich kreuzenden Grate auch **Kreuzgratgewölbe** genannt. Gewölbe deren Gratzonen aus selbstständig gemauerten, rippenähnlichen Tragelementen bestehen, sind **Rippen**- bzw. **Kreuzrippengewölbe**. Der zwischen zwei Graten oder Rippen befindliche Teil eines Gewölbes heißt (**Gewölbe-**)**Kappe**. Die kleinste Einheit mehrerer Kappen und Grate/Rippen ist das **Gewölbefeld**. Gewölbefelder werden meist von einer eigenen Gruppe unterstehender > Stützen getragen. Ab der Spätgotik werden mittels Gewölberippen stern- oder netzförmige Tragsysteme ausgebildet (**Sterngewölbe, Netzgewölbe**), die ganze > Schiffe überspannen können. Eine der vielen speziellen Gewölbebildungen ist das **Spiegelgewölbe**: ein Tonnengewölbe mit zusätzlich gewölbten Enden und nicht rund, sondern flach zulaufendem > Scheitel.

Gewölbefeld > Gewölbe

Gewölbekappe > Gewölbe

Gewölbeschub > Strebepfeiler

Gratgewölbe > Gewölbe

Grisaille meint »grau in grau«: ein Gemälde oder Glasfenster, das nur in Grau- und allenfalls Weißtönen ausgeführt wurde.

Halle, **Hallenbau** > Basilika

Haustein oder **Werkstein** ist ein an allen Seiten bearbeiteter Naturstein. Bleibt die Sichtfläche eines Mauersteines unbearbeitet oder roh, so spricht man von **Bosse** oder **bossiert**. Ein regelmäßig bearbeiteter Haustein mit parallelen und meist glatten Flächen heißt **Quader**.

Ikonostase bezeichnet die Altar- und Gemeinderaum trennende Bilderwand in orthodoxen Kirchen.

Das **Interkolumnium** ist der lichte Abstand zweier > Stützen, also »das, was zwischen den Stützen ist«.

Joch heißt der einem > Gewölbefeld entsprechende Raumteil.

Kämpfer heißt die Zone, an der die Krümmung eines Bogens oder eines > Gewölbes über einer Wand oder einer > Stütze beginnt. In der Regel ist mit »Kämpfer« jedoch eine häufig diese Zone betonende, vorspringende Platte gemeint.

Kanneluren sind Rillen längs des > Schaftes einer > Stütze.

Kapellenkranz heißt die radial um einen Chor angelegte Folge von Kapellen.

Kapitell > Stütze

Kappe > Gewölbe

Ein **Kompartiment** ist ein durch vertikale Begrenzungen (Wände, Pfeiler) umschriebener Raumteil, der aber nicht im Sinne eines Nebenraumes, > Annexes, > Schiffes oder dergleichen von einem Haupt- oder Gesamtraum gleichsam getrennt erscheint.

Konche ist ein halbrunder Anraum, ursprünglich immer mit einer Halbkuppel versehen. Seit dem 20. Jahrhundert kennt man auch deckenlose oder flach eingedeckte Konchen. Die **Apsis** ist eine Konche mit eingestelltem Altar.

Krabbe > Fiale

Kreuzgratgewölbe > Gewölbe

Kreuzrippengewölbe > Gewölbe

Die **Laibung** ist die seitlich begrenzende, innere Mauerfläche bei Fenstern, Portalen oder Bögen. Die den Raum schließende Unterseite eines > Gewölbes wird ebenfalls Laibung genannt.

Langhaus heißt der zwischen Fassade und > Chor gelegene Teil einer Kirche. Sehr häufig werden Langhaus und Chor von einem quer zwischen ihnen liegenden Bauteil, dem **Querhaus**, ergänzt. Der Raumabschnitt, in dem sich Lang- und Querhaus kreuzen, heißt **Vierung**.

Der **Levitensitz** ist ein ursprünglich mittelalterliches dreisitziges Gestühl für die Priester und Diakone (Leviten).

Mit **Lichtband** wird ein schmales durchgehendes Fensterband bezeichnet.

Lisene ist eine flache, senkrechte Mauervorlage ohne > Kapitell, meist auch ohne > Kämpfer und > Basis. Lisenen dienen der optischen Gliederung einer Wand.

Das **Manual** ist die Tastaturreihe der Orgel. Es gibt ein- und mehrmanualige Orgeln.

Mensa > Altar

Die **Mitra** ist die liturgische Kopfbedeckung der katholischen Bischöfe.

Mittelschiff > Schiff

Netzgewölbe > Gewölbe

Nischentriforium > Triforium

Nodus bedeutet »Knauf«.

Nonnenchor > Chor

Obergaden > Basilika

Der **Okulus** ist ein kleines, rundes Fenster.

Opäum ist eine kreisrunde, kleine Lichtöffnung am höchsten Punkt einer Kuppel oder einer offenen Bedachung.

Oratorium, hier im Sinne eines neben dem > Chor gelegenen, abgeschlossenen Betraumes.

Paramente sind alle für den Gottesdienst oder im Kirchraum verwendete Textilien: Messgewänder, Altartücher, Wandbehänge und dergleichen.

Das **Patrozinium** ist die Weihe einer Kirche auf den Namen eines Heiligen oder auf einen Aspekt der Gottesverehrung wie die Dreifaltigkeit oder Christi Geburt.

Das **Pentagramm** ist eine aus dem Fünfeck entwickelte fünfstrahlige Sternfigur. Sie hat > apotropäische Bedeutung.

Pfeiler > Stütze

Das **Piano nobile** ist die Beletage: das meist über dem Erdgeschoss liegende Hauptgeschoss eines Gebäudes mit den repräsentativen Räumen.

Pietà ist eine plastische Darstellung Mariens mit dem toten Christus auf dem Schoß.

Der **Pilaster** ist ein Wandpfeiler mit > Basis und > Kapitell.

Point de Vue ist der Blickpunkt, Blickfang.

Portikus heißt eine von > Stützen getragene Vorhalle.

Presbyter, **Presbyterium** heißt die evangelische Gemeindeleitung bzw. »Kirchenvorstand«.

Prinzipalstücke ist die Sammelbezeichnung für die wichtigsten Ausstattungsstücke einer evangelischen Kirche: > Altar, Kanzel und Taufe.

Der **Putzbau** ist ein Bauwerk, dessen Maueraußenflächen verputzt sind.

Quader > Haustein

Querhaus > Langhaus

Der Begriff **Register** wird mehrfach verwendet. Bei Orgeln bezeichnet er eine Gruppe von Pfeifen mit charakteristischer Klangfärbung. Zum anderen meint er horizontale und zu mehreren übereinander gelagerte Fenster- oder Bilderstreifen.

Reliquien sind Hinterlassenschaften von Heiligen, vor allem Gebein.

Retabel > Altar

Rippengewölbe > Gewölbe

Risalit wird ein vor die > Flucht eines Gebäudes springender Bauteil genannt. Er hat mindestens die volle Höhe des Hauptbaukörpers.

Rotunde meint den Rundbau: der Zentralbau mit kreisrundem Grundriss.

Saal, **Saalbau** > Basilika

Säule > Stütze

Schaft > Stütze

Schallarkaden sind > arkadenförmige Fenster der Glockenstuben.

Der **Scheitel** ist der höchste Punkt eines Gewölbes oder eines Bogens.

Schiff, **Kirchenschiff** heißt der zwischen Wänden oder Reihen von > Stützen gelegene, längsgerichtete Innenraum. Bei mehrschiffigen Anlagen spricht man je nach Position von **Mittelschiff** oder **Seitenschiff**.

Der **Schlussstein** ist der Stein im > Scheitel eines Bogens oder eines > Gewölbes. Da er wesentlich die Stabilität von Bogen oder Gewölbe garantiert, wird er in Kirchen oft mit Christus gleichgesetzt.

Der **Schmerzensmann** ist eine plastische Darstellung des stehenden und mit den Martermalen versehenen Christus.

Sedilien sind die Sitzmöbel für Zelebranten und Messdiener im Altarbereich.

Seitenschiff > Schiff

Sgraffito ist eine Wandbild-Technik: Die Bilder entstehen durch Auskratzen verschiedenfarbiger, übereinander liegender Putzschichten.

Shed bezeichnet eine sägezahnähnliche Dachform: Ein aufsteigendes Dachfeld trifft am höchsten Punkt mit einer steil abfallenden durchfensterten Wand oder Dachfläche zusammen.

Sohlbank ist die Fensterbank – der untere Abschluss eines Fensters. Bei gotischen Fenstern wird sie häufig steil nach unten geführt.

Die **Sopraporte** ist eine dekorierte und gerahmte Fläche über einem Türsturz.

Eine **Sparrendecke** ist aus den schräg ansteigenden, die Dachhaut tragenden Hölzern (Sparren) eines Daches gebildet.

Spiegelgewölbe > Gewölbe

Spitztonnengewölbe > Gewölbe

Stele meint allgemein eine aufrecht stehende, längliche Platte.

Sterngewölbe > Gewölbe

Stifte waren Gemeinschaften von Priestern und Laien zumeist adliger Herkunft. Ihre Hauptaufgabe bestand in der Pflege der Liturgie. Im Unterschied zu einer Klostergemeinschaft legten Stiftsangehörige keine ewigen Gelübde ab und hatten privates Vermögen.

Der **Strebebogen** ist ein schräg ansteigender Bogen, der im Außenbau den > Gewölbeschub des Mittelschiffes auf einen > Strebepfeiler überträgt.

Strebepfeiler sind außen oder innen angebrachte Mauerzungen, d.h. kurze, aus der Mauerflucht vorspringende Mauerstücke. Sie dienen der Verstärkung von Außenmauern, vor allem der Aufnahme des Gewölbeschubes. **Gewölbeschub** ist die Kraft, mit der > Gewölbe ihre Widerlager (die Mauerzonen oder oberen Stützenbereiche, denen sie aufliegen) auseinander drücken.

Stütze ist der Allgemeinbegriff für jedes aufrecht stehende, stabförmige Tragelement für Bögen, Balken, Wände und so fort. Der **Pfeiler** ist eine kantige Stütze; er trägt in jedem Fall einen deutlich ausgewiesenen > Kämpfer. Die **Säule** dagegen ist rund und besteht aus drei Teilen: **Basis** (der ausladende Fuß), **Schaft** (der Rumpf der Säule) und **Kapitell** (das ausladende Kopfstück).

Das **Synthronon** war die gemeinsame halbrunde Sitzbank der Priester an der Apsiswand frühchristlicher und byzantinischer Kirchen.

Die **Tabula ansata** ist eine Inschriftentafel.

Tonnengewölbe > Gewölbe

Traufe wird die untere, waagerechte Begrenzung eines Daches genannt.

Travée ist die quer zum > Schiff liegende Folge – das Nebeneinander – von mehreren > Jochen.

Tribuna bezeichnet eine tribünenartige Anhebung des Fußbodens vor allem im > Chorbereich. Die Tribuna tritt deutlicher als Raumabsatz hervor als die > Estrade und ist gegebenenfalls durch eine unter ihr befindliche Krypta bedingt.

Das **Triforium** ist ein unterhalb des > Obergadens in die Tiefe der Mauer eingelassener Laufgang. Das **Nischentriforium** ist nicht begehbar. Es besteht lediglich aus Mauervertiefungen (Nischen) statt wirklicher Maueröffnung.

Das **Triptychon** ist ein dreiteiliges Bild. Insbesondere ist damit das Flügelaltarbild mit einer feststehenden mittleren Tafel und seitlichen klappbaren Flügeln gemeint.

Tympanon ist ein bogenförmiges Feld über dem Sturz eines Portals. Tympana sind meist mit Figuren oder Bildern versehen. Das Tympanon ist im Unterschied zur > Sopraporte fester Bestandteil des Portals.

Die **VERA IKON** ist die Darstellung des Wahren Bildes Christi, des auf dem Schweißtuch der hl. Veronika geprägten Antlitzes Jesu. Solch ein Primärkonterfei, gleichsam selbstgewirkt durch Christus, war für die christliche Kunst ein wichtiges Indiz, dass und wie die göttliche Person dargestellt werden durfte.

VESTIBÜL ist die Vorhalle großer Gebäude.

VIERUNG > Langhaus

VOTIVTAFELN sind Tafeln mit Danksagungen für Gebetserhöhrungen.

WANGE bedeutet allgemein die seitliche Einfassung eines Möbels, Einbaus oder Anraumes.

WERKSTEIN > Haustein

Der **WIMPERG** ist die giebelförmige Bekrönung gotischer Portale und Fenster.

ZUNGENMAUERN sind kurze, einen Raum nicht trennende, sondern nur abschnürende Mauern.

Markus Eckstein

Biografien der Autoren

Markus Eckstein M.A.

Markus Eckstein M.A., 1964 in Köln geboren, studierte Kunstgeschichte, Philosophie und Germanistik. Seit 1996 ist er selbstständig als Dozent in der Erwachsenenbildung, als Kirchenführer und Publizist sowie halbzeitlich als Hausmann tätig.

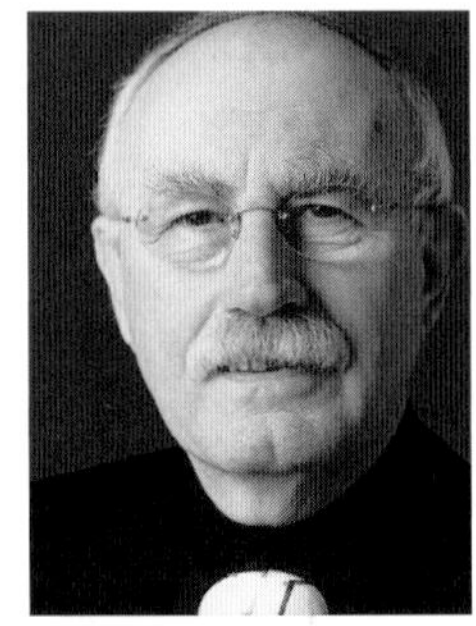

Dr. Helmut Fußbroich

Dr. Helmut Fußbroich, 1935 in Köln geboren, studierte Kunstgeschichte, Archäologie und Pädagogik. Im Bachem-Verlag veröffentlichte er unter anderem »Architekturführer Köln. Profane Architektur nach 1900«, »Skulpturenführer Köln. Skulpturen im öffentlichen Raum nach 1900« und 2004 »Architekturführer Köln. Sakralbauten nach 1900«.

Carsten Schmalstieg M. A.

Carsten Schmalstieg M.A., 1971 in Bergisch Gladbach geboren, studierte Geschichte, Kunst- und Rechtsgeschichte an der Universität zu Köln und am Sidney Sussex College der Universität Cambridge/Großbritannien. Er arbeitet freiberuflich als Dozent in der Erwachsenenbildung, Autor, Übersetzer und Gästeführer.

Dr. Monika Schmelzer

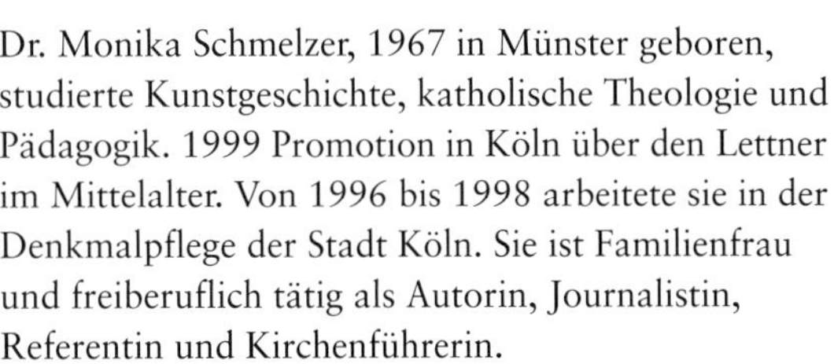

Dr. Monika Schmelzer, 1967 in Münster geboren, studierte Kunstgeschichte, katholische Theologie und Pädagogik. 1999 Promotion in Köln über den Lettner im Mittelalter. Von 1996 bis 1998 arbeitete sie in der Denkmalpflege der Stadt Köln. Sie ist Familienfrau und freiberuflich tätig als Autorin, Journalistin, Referentin und Kirchenführerin.

Biografien der Fotografen

Robert Boecker, 1961 geboren, studierte katholische Religion, Geschichte und Erziehungswissenschaft, er ist stellvertretender Chefredakteur der Kirchenzeitung für das Erzbistum Köln und Fotoautor mehrerer Bücher.

Robert Boecker

Markus Bollen, 1960 in Hamburg geboren, fotografiert seit seinem 15. Lebensjahr aus Leidenschaft. In Berlin Ausbildung zum Fotografen um sehen zu lernen. Er spezialisierte sich auf Architektur und »People«. Mitglied der Fotografenagentur Visum in Hamburg.

Markus Bollen

Karlheinz Ernser, 1946 in Neumarkt geboren, arbeitet seit 1968 für Bild- und Werbeagenturen in den Bereichen Layout und Werbefotografie – Spezialisierung auf Luftaufnahmen und Gesellschaftsfotografie – zahlreiche Veröffentlichungen.

Karlheinz Ernser

Celia Körber-Leupold, 1936 in Göttingen geboren war jahrelang als Bildjournalistin tätig. In den Siebzigerjahren arbeitete sie unter anderem für den Evangelischen Stadtkirchenverband Köln. Bis 1999 war sie Mitarbeiterin des Stadtkonservators Köln. Heute arbeitet sie als freie Fotografin.

Celia Körber-Leupold

Register

Katholische Kirchen

Hohe Domkirche Sankt Peter und Maria (Dom) *12*
Sankt Adelheid *22*
Sankt Ägidius *22*
Sankt Agnes *23*
Sankt Alban *25*
Alt Sankt Alban *27*
Sankt Albertus Magnus *28*
Sankt Amandus *28*
Sankt Andreas *30*
Sankt Anna *32*
Sankt Anno *33*
Sankt Antonius *34*
Sankt Aposteln *35*
Sankt Barbara *37*
Sankt Bartholomäus, Bickendorf *37*
Sankt Bartholomäus, Urbach *38*
Sankt Bernhard *38*
Sankt Blasius *39*
Sankt Bonifatius *39*
Sankt Brictius *40*
Sankt Bruder Klaus *40*
Sankt Bruno *41*
Sankt Cäcilien (Museum Schnütgen) *41*
Christ König *43*
Christi Auferstehung *43*
Christi Geburt *45*
Christi Verklärung *46*
Christus König *47*
Sankt Clemens, Langel *47*
Sankt Clemens, Mülheim *48*
Sankt Clemens, Niehl *49*
Sankt Cornelius *49*
Sankt Cosmas und Damian *50*
Sankt Dionysius *50*
Sankt Dreifaltigkeit *51*
Sankt Dreikönigen *51*
Elendskirche (Sankt Gregorius im Elend) *52*
Sankt Elisabeth (Krankenhauskirche), Hohenlind *54*
Sankt Elisabeth, Höhenberg *55*
Sankt Elisabeth, Mülheim *56*
Sankt Elisabeth, Pesch *56*
Sankt Engelbert, Humbold *57*
Sankt Engelbert, Riehl *57*
Sankt Franziskus *59*
Sankt Fronleichnam *59*
Sankt Georg, Innenstadt *60*
Sankt Georg, Weiß *62*
Sankt Gereon, Innenstadt *63*
Sankt Gereon, Merheim *65*
Sankt Gertrud *65*
Gross Sankt Martin *66*
Sankt Hedwig *68*
Heilige Drei Könige *69*
Heilig Geist, Gremberghoven *70*
Heilig Geist, Weiden *70*
Heilig Kreuz (Dominikanerkirche), Innenstadt *71*
Heilig Kreuz, Weidenpesch *72*
Sankt Heinrich *72*
Sankt Heinrich und Kunigund *73*
Sankt Heribert *73*
Herz Jesu, Mülheim *75*
Herz Jesu, Innenstadt *75*
Sankt Hildegard in der Au *76*
Sankt Hubertus, Brück *76*
Sankt Hubertus, Flittard *77*
Sankt Jakobus *77*
Sankt Johann Baptist, Höhenhaus *78*
Sankt Johann Baptist, Innenstadt *78*
Sankt Johann Baptist, Thenhoven *79*
Sankt Johannes der Evangelist *79*
Sankt Johannes der Täufer *80*
Sankt Johannes in der Neuen Stadt *80*
Sankt Johannes vor dem Lateinischen Tore *81*
Sankt Josef, Porz *81*
Sankt Joseph, Braunsfeld *82*
Sankt Joseph, Dellbrück *83*
Sankt Joseph, Dünnwald *84*
Sankt Joseph, Ehrenfeld *84*
Sankt Joseph, Kalk *85*
Sankt Joseph, Nippes *86*
Sankt Joseph, Poll *86*
Sankt Joseph, Rodenkirchen *87*
Sankt Karl Borromäus *87*
Sankt Katharina *88*

Sankt Katharina von Siena *88*
Alt/Neu Sankt Katharina *90*
Kirche der katholischen Hochschulgemeinde *91*
Klein Sankt Martin *92*
Sankt Kolumba *93*
Sankt Konrad *94*
Krieler Dömchen (Alt Sankt Stephan) *95*
Sankt Kunibert *96*
Sankt Laurentius, Ensen *98*
Sankt Laurentius, Lindenthal *98*
Liebfrauen *100*
Sankt Margareta *101*
Sankt Maria Ablass *101*
Maria Hilf *103*
Sankt Maria im Kapitol *103*
Sankt Maria in der Kupfergasse *105*
Sankt Maria in Lyskirchen *106*
Sankt Maria Königin *108*
Sankt Maria vom Frieden (Karmelitinnenkirche) *109*
Sankt Mariä Empfängnis *111*
Sankt Mariä Geburt, Stammheim *111*
Sankt Mariä Geburt, Zündorf *112*
Sankt Mariä Himmelfahrt, Grengel *112*
Sankt Mariä Himmelfahrt, Holweide *113*
Sankt Mariä Himmelfahrt, Innenstadt *113*
Sankt Mariä Namen *115*
Sankt Marien und Kalker Kapelle 115
Sankt Marien, Nippes *117*
Sankt Marien, Fühlingen *118*
Sankt Marien, Weiden *119*
Sankt Marien, Gremberg *119*
Sankt Markus *120*
Sankt Martin *120*
Sankt Martinus *121*
Sankt Maternus, Innenstadt *121*
Sankt Maternus, Rodenkirchen *122*
Alt Sankt Maternus *122*
Sankt Matthias *124*
Sankt Mauritius, Buchheim *124*
Sankt Mauritius, Innenstadt *125*
Sankt Maximilian Kolbe *126*
Sankt Mechtern *127*
Sankt Michael, Eil *127*
Sankt Michael, Innenstadt *128*
Sankt Michael, Zündorf *128*
Minoritenkirche (Sankt Mariä Empfängnis) *129*
Sankt Monika *130*
Sankt Nikolaus, Dünnwald *130*
Sankt Nikolaus, Sülz *131*
Sankt Norbert *131*
Sankt Pankratius, Junkersdorf *132*
Sankt Pankratius, Worringen *132*
Sankt Pantaleon *133*
Sankt Paul *134*
Sankt Peter, Ehrenfeld *135*
Sankt Peter, Innenstadt *135*
Sankt Petrus Canisius *137*
Sankt Pius *137*
Sankt Pius X. *138*
Sankt Quirinus *138*
Sankt Remigius *139*
Sankt Rochus *139*
Salvator *141*
Schmerzhafte Mutter *141*
Sankt Servatius, Immendorf *142*
Sankt Servatius, Ostheim *142*
Sankt Severin, Innenstadt *143*
Sankt Severin, Lövenich *145*
Sankt Stephan *145*
Sankt Theodor *147*
Sankt Theresia *149*
Sankt Thomas Morus *149*
Sankt Urban *151*
Sankt Ursula *151*
Ursulinenkirche (Sankt Corpus Christi) *153*
Sankt Viktor *154*
Sankt Vitalis *155*
Waisenhauskirche (Kapelle des städtischen Kinderheimes Sülz) *155*
Zu den heiligen Engeln *157*
Zum göttlichen Erlöser *157*
Zum Heiligen Geist *159*
Zur Heiligen Familie *159*

Register

Evangelische Kirchen

Andreae-Haus *162*
Andreas-Kirche *163*
Antoniterkirche *164*
Auferstehungskirche, Bocklemünd *167*
Auferstehungskirche, Buchforst *168*
Auferstehungskirche, Ostheim *169*
Auferstehungskirche, Sürth *170*
Begegnungsstätte Lindweiler *194*
Bodelschwingh-Kirchengemeinde *171*
Christuskirche, Dellbrück *172*
Christuskirche, Innenstadt *173*
Clarenbach-Kirche *175*
Dietrich Bonhoeffer Haus *176*
Dietrich-Bonhoeffer-Kirche, Deckstein *177*
Dietrich-Bonhoeffer-Kirche Köln-Junkersdorf *178*
Dreifaltigkeitskirche Köln-Ossendorf *179*
Emmanuelkirche *180*
Emmaus-Kirche Vogelsang *181*
Epiphaniaskirche Bickendorf *182*
Erlöserkirche, Rodenkirchen *183*
Erlöserkirche, Vingst *184*
Erlöserkirche Weidenpesch *185*
Erzengel-Michael-Kirche *186*
Evangelische Stadtkirche *187*
Friedenskirche, Ehrenfeld *188*
Friedenskirche, Mülheim *190*
Friedenskirche Urbach *192*
Friedenskirche Worringen *192*
Gemeindezentrum Magnet *193*
Gemeindezentrum Pesch *194*
Gemeindezentrum Stephanus *195*
Gustav-Adolf-Haus *195*
Hoffnungskirche Finkenberg *197*
Immanuelkirche *198*
Jeremiahaus *199*
Jesus-Christus-Kirche, Kalk 200
Jesus-Christus-Kirche Esch *201*
Jochen-Klepper-Haus Weiden *202*
Johanneskirche, Brück *203*
Johanneskirche, Klettenberg *204*
Johanneskirche Westhoven *205*
Kapelle am Haus Andreas *176*
Kapelle Poll *206*
Kartäuserkirche *206*
Kreuzkapelle Riehl *210*
Kreuzkirche, Innenstadt *211*
Kreuzkirche Köln-Buchheim *212*
Lukaskirche, Flittard *213*
Lukaskirche, Porz *214*
Lutherkirche, Innenstadt *215*
Lutherkirche, Nippes *216*
Luther-Notkirche mit Lutherturm *218*
Markuskirche Porz-Eil *219*
Martin-Luther-Kirche *220*
Matthäuskirche, Lindenthal *221*
Matthäuskirche Gremberghoven *222*
Melanchthonkirche *223*
Nathanaelkirche *224*
Paul-Gerhard-Haus *225*
Paul-Gerhard-Kirche *226*
Pauluskirche, Dellbrück *227*
Pauluskirche, Höhenhaus *228*
Pauluskirche, Zündorf *229*
Petrikirche *230*
Petruskirche *231*
Philipp-Nicolai-Kirche Mauenheim *232*
Philippuskirche *233*
Reformationskirche *234*
Sankt Johannes-Kirche *235*
Stephanuskirche *236*
Tersteegenhaus *237*
Tersteegenkirche *239*
Thomaskirche, Innenstadt *240*
Thomaskirche Meschenich *241*
Trinitatiskirche, Innenstadt *242*
Trinitatiskirche, Neubrück *244*
Universitätskapelle *245*
Unter Gottes Gnaden – Gemeindehaus *245*
Versöhnungskirche, Holweide *246*
Versöhnungskirche, Neu-Ehrenfeld *247*
Versöhnungskirche, Rath *248*

Bildnachweis

Archiv Domforum *S. 20 u.*

Archive der Gemeinden *S. 24 o. l., 45, 46 M., 55 u., 87, 120 o., 127 o., 130 o., 136 u., 141 o.*

Archiv Presseamt des Erzbistums Köln *S. 12 M., 13, 14 o.*

Archiv Presseamt des Erzbistums Köln/ERNSER BILD *S. 21 u., 22, 23 o., 37 u., 38 u., 40 o.,43, 47 o., 50, 51 u., 56 u., 59, 65 o., 70 o., 72 u., 75 o., 76 u., 79 o., 80 o., 81 o., 83 o., 84 o., 88, 98 o., 101 M., 103 u., 108 o., 111 o., 112 o., 115 o., 117 o., 118, 119 u., 122 o., 125 u. r., 127 u., 128 o., 134 o., 138 o., 139 u., 142 u., 144 o., 145 u., 149 o., 150 o., 157 o., 159*

Robert Boeker *S. 12 u., 14 u., 15, 16 o. l., M l. + r., 17 u. l. + r., 18,19 o. + M., 20 o., 21 21 o. + M., 23 u., 25 o. + u. l., 28 u., 29, 31, 32, 35 o., 36 u., 39 u., 40 u., 41, 42 o. r., 46 u., 48, 53 u., 58, 61 r., 64 u., 65 u., 68, 69 o., 70 u., 71 o., 72 o., 73, 74, 77 u., 82, 85, 90 o., 91, 92 o. l + r., M, 93 u., 94 o., 95 o., 96, 97 o., 99, 100, 103 o., 104 o., 105 u. l., 108 u. l. + r., 109, 110 o. + M., 112 u., 113 o., 114 o. + u., 116, 117 l. + u. r., 119 o., 121 u., 122 u., 123 o. + u. l., 129, 131, 140, 141 u., 143 o., 145 o., 146, 151 o., 152 u. l. + r., 155 u., 154, 157 u., 158*

Markus Bollen *S. 26, 33, 34, 37 o., 42 o., 49 u., 51 o., 56 o., 57 o., 62, 69 u., 71 u., 75 u., 76 o., 78, 79 u., 80 u., 81 u., 83 u., 84 u., 86, 88 u., 89, 111 u., 124 u., 126 u., 128 u., 132, 137, 138 u., 147, 153*

Christoph Heckeley *S. 12 o., 16 u., 19 u., 97 u.*

Dorothea Heiermann *S. 154 o. M.*

Celia Körber-Leupold *S. 11, 17 o., 24 u., 25 u. r., 27 o., 28 o., 30, 35 u., 36 o., 38 o., 39 o., 42 u., 47 u., 52, 53 o., 57 u., 60, 63 u., 64 o., 66, 67 u., 77 o., 87 o., 90 u., 92 u. l., 95 u. 97 M., 104 M. + u., 105 o., 106, 107, 114 M., 115 u., 120 u., 121 o., 124 o., 125 o., 130 u., 133, 134 u., 135 o., 139 o., 142 o., 143 u., 144 u., 151 u., 152 o., 155 o. sowie alle Fotos der evangelischen Kirchen S. 161-249 außer S. 245 o.*

Waltraud Paetzold *S. 148*

Rheinisches Bildarchiv *S. 27 u., 61 l., 63 o., 67 o., 93 o., 101 o., 105 u. r., 110 u., 113 u., 123 u. r., 125 u. l., 126 o., 136 o. r., 154 o. l. + o. r.*

Guido Schlimbach *S. 135, 136 o. l.*

Monika Schmelzer *S. 24 o., 44, 49 o.,54, 55 o., 94 u., 98 u., 101 u., 102, 111 M., 149 u., 150 M. + u., 154 u.*

Prof. Heinz Wedewardt *S. 245 o.*

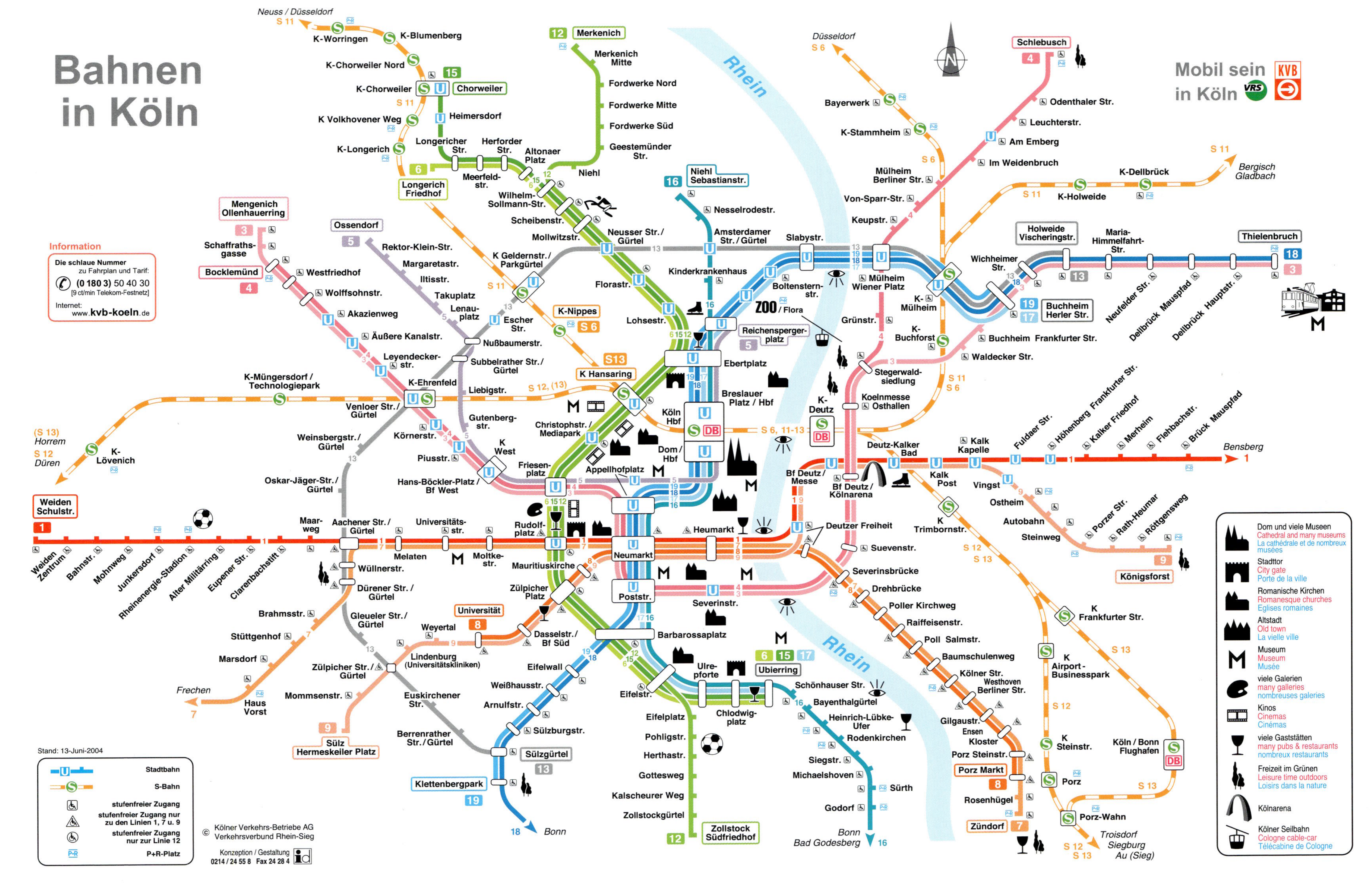

Bahnen in Köln
Mobil sein in Köln
KVB
VRS
Information
Die schlaue Nummer zu Fahrplan und Tarif:
(0 180 3) 50 40 30
[9 ct/min Telekom-Festnetz]
Internet: www.kvb-koeln.de
Stand: 13-Juni-2004
Stadtbahn
S-Bahn
stufenfreier Zugang
stufenfreier Zugang nur zu den Linien 1, 7 u. 9
stufenfreier Zugang nur zur Linie 12
P+R-Platz
© Kölner Verkehrs-Betriebe AG
Verkehrsverbund Rhein-Sieg
Konzeption / Gestaltung
0214 / 24 55 8 Fax 24 28 4
Dom und viele Museen
Cathedral and many museums
La cathédrale et de nombreux musées
Stadttor
City gate
Porte de la ville
Romanische Kirchen
Romanesque churches
Eglises romaines
Altstadt
Old town
La vieille ville
Museum
Museum
Musée
viele Galerien
many galleries
nombreuses galeries
Kinos
Cinemas
Cinémas
viele Gaststätten
many pubs & restaurants
nombreux restaurants
Freizeit im Grünen
Leisure time outdoors
Loisirs dans la nature
Kölnarena
Kölner Seilbahn
Cologne cable-car
Télécabine de Cologne
Rhein
Neuss / Düsseldorf
S 11
K-Worringen
K-Blumenberg
K-Chorweiler Nord
K-Chorweiler
Chorweiler
K Volkhovener Weg
Heimersdorf
K-Longerich
Longericher Str.
Herforder Str.
Altonaer Platz
Longerich Friedhof
Meerfeld-str.
Wilhelm-Sollmann-Str.
Scheibenstr.
Mollwitzstr.
Niehl
Merkenich
Merkenich Mitte
Fordwerke Nord
Fordwerke Mitte
Fordwerke Süd
Geestemünder Str.
Niehl Sebastianstr.
Nesselrodestr.
Amsterdamer Str. / Gürtel
Neusser Str. / Gürtel
Slabystr.
Kinderkrankenhaus
Boltenstern-str.
Mülheim Wiener Platz
ZOO / Flora
Florastr.
Lohsestr.
Ebertplatz
Reichensperger-platz
Breslauer Platz / Hbf
Köln Hbf
Dom / Hbf
K Geldernstr. / Parkgürtel
K-Nippes
S 6
S13
K Hansaring
Mengenich Ollenhauerring
Schaffrathsgasse
Bocklemünd
Westfriedhof
Wolffsohnstr.
Akazienweg
Äußere Kanalstr.
Leyendecker-str.
K-Ehrenfeld
Ossendorf
Rektor-Klein-Str.
Margaretastr.
Iltisstr.
Takuplatz
Lenau-platz
Escher Str.
Nußbaumerstr.
Subbelrather Str. / Gürtel
Liebigstr.
K-Müngersdorf / Technologiepark
Venloer Str. / Gürtel
Körnerstr.
Piusstr.
Gutenberg-str.
K West
Christophstr. / Mediapark
Appellhofplatz
Friesen-platz
Hans-Böckler-Platz / Bf West
Weinsbergstr. / Gürtel
Oskar-Jäger-Str. / Gürtel
(S 13) Horrem
S 12 Düren
K-Lövenich
Weiden Schulstr.
Weiden Zentrum
Bahnstr.
Mohnweg
Junkersdorf
Rheinenergie-Stadion
Alter Militärring
Eupener Str.
Clarenbachstift
Maar-weg
Aachener Str. / Gürtel
Melaten
Universitäts-str.
Moltke-str.
Rudolf-platz
Neumarkt
Heumarkt
Mauritiuskirche
Zülpicher Platz
Poststr.
Severinstr.
Barbarossaplatz
Wüllnerstr.
Dürener Str. / Gürtel
Brahmsstr.
Gleueler Str. / Gürtel
Stüttgenhof
Marsdorf
Frechen
Haus Vorst
Universität
Weyertal
Dasselstr. / Bf Süd
Lindenburg (Universitätskliniken)
Zülpicher Str. / Gürtel
Mommsenstr.
Euskirchener Str.
Sülz Hermeskeiler Platz
Berrenrather Str. / Gürtel
Eifelwall
Weißhausstr.
Arnulfstr.
Sülzburgstr.
Sülzgürtel
Klettenbergpark
Bonn
Eifelstr.
Ulre-pforte
Ubierring
Chlodwig-platz
Eifelplatz
Pohligstr.
Herthastr.
Gottesweg
Kalscheurer Weg
Zollstockgürtel
Zollstock Südfriedhof
Schönhauser Str.
Bayenthalgürtel
Heinrich-Lübke-Ufer
Rodenkirchen
Siegstr.
Michaelshoven
Sürth
Godorf
Bonn Bad Godesberg
Deutzer Freiheit
Bf Deutz / Messe
Bf Deutz / Kölnarena
K-Deutz
Koelnmesse Osthallen
Stegerwald-siedlung
Suevenstr.
Severinsbrücke
Drehbrücke
Poller Kirchweg
Raiffeisenstr.
Poll Salmstr.
Baumschulenweg
Kölner Str.
Westhoven Berliner Str.
Gilgaustr.
Ensen Kloster
Porz Steinstr.
Porz Markt
Rosenhügel
Zündorf
Deutz-Kalker Bad
Kalk Kapelle
Kalk Post
Vingst
Ostheim
Autobahn
Steinweg
Porzer Str.
Rath-Heumar
Röttgensweg
Königsforst
K Trimbornstr.
Fuldaer Str.
Höhenberg Frankfurter Str.
Kalker Friedhof
Merheim
Fiehbachstr.
Brück Mauspfad
Bensberg
K Frankfurter Str.
K Airport-Businesspark
K Steinstr.
Porz
Porz-Wahn
Köln / Bonn Flughafen
Troisdorf
Siegburg
Au (Sieg)
Grünstr.
K-Mülheim
K-Buchforst
Waldecker Str.
Buchheim Frankfurter Str.
Buchheim Herler Str.
Wichheimer Str.
Holweide Vischeringstr.
Maria-Himmelfahrt-Str.
Neufelder Str.
Dellbrück Mauspfad
Dellbrück Hauptstr.
Thielenbruch
Düsseldorf
Bayerwerk
K-Stammheim
Mülheim Berliner Str.
Von-Sparr-Str.
Keupstr.
Schlebusch
Odenthaler Str.
Leuchterstr.
Am Emberg
Im Weidenbruch
K-Holweide
K-Dellbrück
Bergisch Gladbach

VRS
KVB

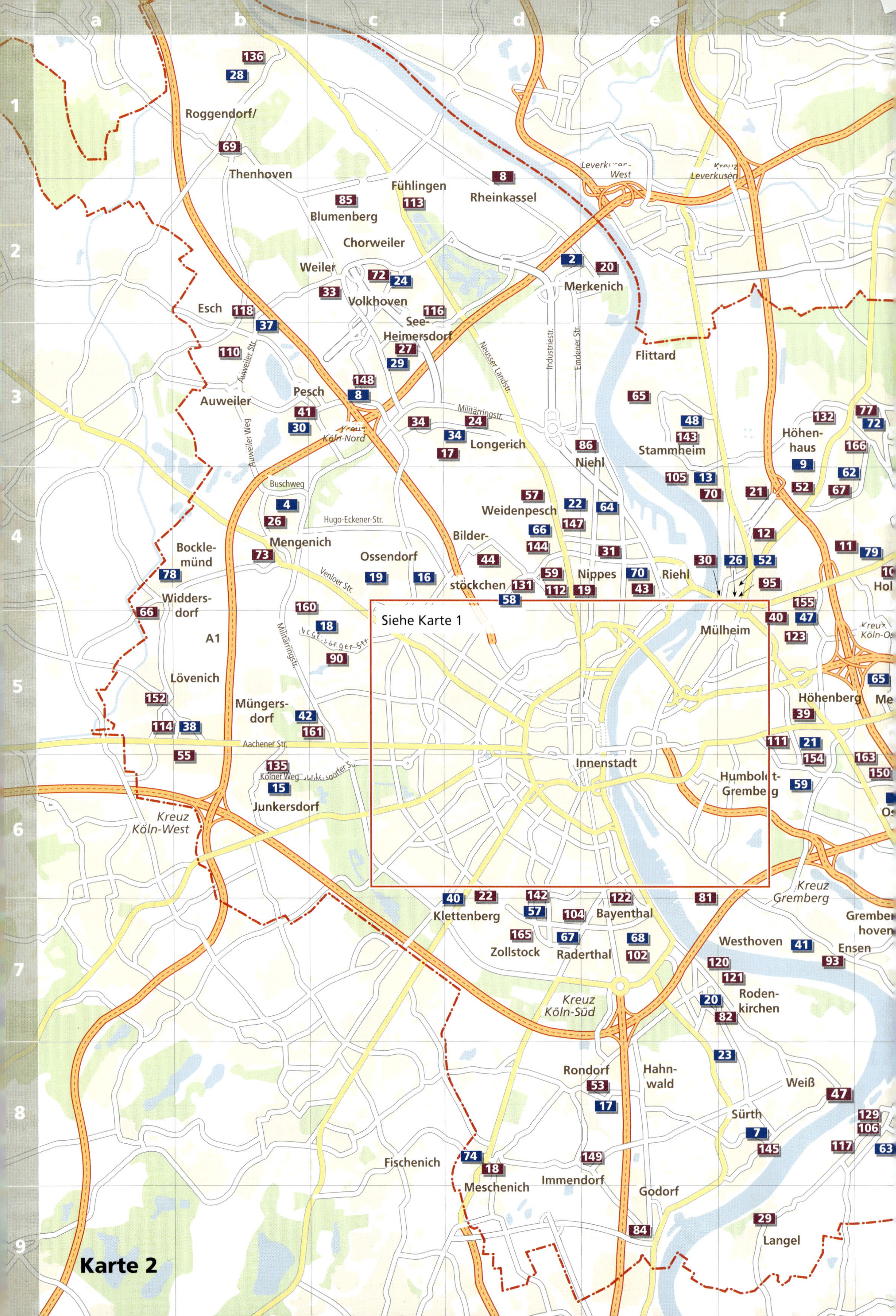

a
b
c
d
e
f
Roggendorf/
Thenhoven
Fühlingen
Rheinkassel
Leverkusen-West
Kreuz Leverkusen
Blumenberg
Chorweiler
Weiler
Volkhoven
Merkenich
Esch
Seeberg
Heimersdorf
Neusser Landstr.
Industriestr.
Emdener Str.
Flittard
Auweiler Str.
Pesch
Auweiler
Kreuz Köln-Nord
Militärringstr.
Longerich
Stammheim
Höhenhaus
Auweiler Weg
Niehl
Buschweg
Weidenpesch
Hugo-Eckener-Str.
Bilderstöckchen
Mengenich
Bocklemünd
Ossendorf
Venloer Str.
Nippes
Riehl
Widdersdorf
Siehe Karte 1
Mülheim
A1
Militärringstr.
Lövenich
Höhenberg
Müngersdorf
Aachener Str.
Innenstadt
Kölner Weg
Humboldt-Gremberg
Junkersdorf
Kreuz Köln-West
Kreuz Gremberg
Klettenberg
Bayenthal
Grembergshoven
Zollstock
Raderthal
Westhoven
Ensen
Kreuz Köln-Süd
Rodenkirchen
Rondorf
Hahnwald
Weiß
Sürth
Fischenich
Meschenich
Immendorf
Godorf
Langel
Karte 2